DICTIONNAIRE TOPOGRAPHIQUE

DE

LA FRANCE

COMPRENANT

LES NOMS DE LIEU ANCIENS ET MODERNES

PUBLIÉ

PAR ORDRE DU MINISTRE DE L'INSTRUCTION PUBLIQUE

ET SOUS LA DIRECTION

DU COMITÉ DES TRAVAUX HISTORIQUES ET DES SOCIÉTÉS SAVANTES.

DICTIONNAIRE TOPOGRAPHIQUE

DU

DÉPARTEMENT DE LA NIÈVRE

COMPRENANT

LES NOMS DE LIEU ANCIENS ET MODERNES

RÉDIGÉ SOUS LES AUSPICES

DE LA SOCIÉTÉ NIVERNAISE DES LETTRES, SCIENCES ET ARTS

PAR GEORGES DE SOULTRAIT

MEMBRE NON-RÉSIDANT DU COMITÉ IMPÉRIAL DES TRAVAUX HISTORIQUES
ET DES SOCIÉTÉS SAVANTES

PARIS

IMPRIMERIE IMPÉRIALE

M DCCC LXV

1865

INTRODUCTION.

Borné au nord par les départements du Loiret et de l'Yonne, à l'est par ceux de la Côte-d'Or et de Saône-et-Loire, au sud par celui de l'Allier et à l'ouest par celui du Cher, le département de la Nièvre n'a de limites naturelles qu'à l'ouest, où l'Allier et la Loire le séparent du département du Cher, et à l'est, où règne une ligne de hauteurs qui le sépare des départements de Saône-et-Loire et de la Côte-d'Or. Les limites du nord et du sud sont donc des lignes purement politiques, qui coupent transversalement des vallées ayant leur origine et leur chute dans des départements limitrophes.

La masse territoriale du département est comprise entre 46° 32' et 47° 24' de latitude septentrionale, 0° 27' et 1° 59' de longitude orientale. Sa plus grande longueur est de 125 kilomètres, depuis les Bertiers (commune de Neuvy), au nord-ouest, jusqu'à Montarmin (commune de Luzy), au sud-est, et sa plus grande largeur, de 110 kilomètres, depuis le Bas-Jarnois (commune de Saint-Agnan), à l'est, jusqu'à Chambon (commune de Livry), à l'ouest. Le territoire du département affecte la forme d'un quadrilatère irrégulier, un peu évasé du haut; la ligne politique qui le limite au nord étant plus longue que celle du sud, les lignes naturelles de l'est et de l'ouest se trouvent inclinées toutes deux en dehors.

Le périmètre du département peut être évalué à 434 kilomètres, qui se répartiraient ainsi sur les différents confins : limite commune à la Nièvre et au Loiret, 12 kilomètres; à l'Yonne, 115 kilomètres; à la Côte-d'Or, 43 kilomètres; à Saône-et-Loire, 96 kilomètres; à l'Allier, 67 kilomètres, et au Cher, 101 kilomètres.

D'après le cadastre, l'étendue de sa superficie est de 679,022 hectares 6 centiares, qui se subdivisent ainsi qu'il suit :

Terres labourables................................	320,864^h	77^c
Prairies naturelles.................................	90,811	27
Vergers, pépinières, jardins.......................	3,655	51
Oseraies, aunaies, saussaies.......................	254	23

INTRODUCTION.

Landes, pâtis, bruyères.	9.180	90
Pâtures et pâtures boisées.	5.016	33
Vignes.	9.767	86
Forêts domaniales.	15.454	93
Bois des communes et des particuliers.	198.551	45
Carrières et mines.	123	82
Cimetières, églises, presbytères, bâtiments publics.	168	57
Étangs, abreuvoirs, mares, canaux d'irrigation.	3.046	91
Rivières, lacs, ruisseaux, canaux de navigation, ports.	8.151	23
Routes, chemins, places publiques, rues.	13.993	98

Le climat, assez doux et tempéré dans les plaines, est en général froid et vif dans la partie montagneuse. Les pluies n'y tombent pas régulièrement, mais elles sont assez fréquentes.

Le sol de la Nièvre, généralement rocheux et sablonneux, est coupé par des ramifications abruptes, presque toujours boisées, des monts du Morvand qui le divisent en vallées nombreuses, étroites et profondes. Les terrains de cristallisation occupent la partie orientale du département: ils sont limités à l'ouest par une ligne à peu près droite, dirigée du nord au sud, passant par Lormes et Moulins-Engilbert. Ces terrains forment toute la contrée montagneuse connue sous le nom de *Morvand*; ils s'élèvent jusqu'à plus de 800 mètres au-dessus du niveau de la mer. Ils se montrent aussi, sur quelques points isolés, au milieu de terrains stratifiés: c'est ainsi qu'entre Rouy et Saint-Révérien ils forment une bande assez étroite dirigée du sud au nord; près de Corbigny, on les voit le long du cours de l'Yonne; enfin on trouve un mamelon granitique près de Neuville, dans le sud du département.

Les deux espèces de roches que l'on rencontre le plus fréquemment dans ces terrains ignés sont des granites et des porphyres. Les granites sont tantôt à grains fins, tantôt à grands cristaux de feldspath. Les porphyres sont souvent quartzifères, à pâte rouge ou grise; d'autres fois ils contiennent très-peu de quartz, et passent à des eurites d'une couleur verdâtre. Les porphyres sont arrivés au jour postérieurement à la formation des granites, ainsi que l'attestent les nombreux filons suivant lesquels ils la pénètrent. On rencontre dans le Morvand des filons de quartz contenant souvent du plomb à l'état de galène argentifère. Des exploitations ont eu lieu à Chitry-les-Mines, à Saint-Didier, à Gamais, commune de Glux, et à Crieure, commune d'Aunay. On trouve aussi quelques filons ferrugineux; le plus important est celui de Champrobert. On a exploité dans la même localité un filon de marbre blanc.

Les terrains stratifiés de la Nièvre, rangés dans l'ordre de leur formation successive, en commençant par les plus anciens, sont les suivants: 1° le terrain houiller;

2° le terrain de trias; 3° le terrain jurassique; 4° le terrain crétacé; 5° les terrains tertiaires.

Le terrain houiller existe au nord de la ville de Decize, sur une étendue d'environ 10 kilomètres carrés. On y a reconnu plusieurs couches de houille, dont cinq sont actuellement exploitées. Ce terrain disparaît sous les marnes argileuses du terrain de trias, qui se montrent encore dans plusieurs points du département, mais toujours sur des étendues assez restreintes. On les voit particulièrement près de Saint-Pierre-le-Moûtier, Decize, Rouy, Saint-Saulge, et sur le bord du canal du Nivernais, entre Châtillon et Corbigny. Ce terrain renferme quelques gisements de plâtre.

Le terrain jurassique constitue la plus grande partie du département de la Nièvre; on le voit sur le bord de la Loire, depuis Decize jusqu'au-dessous de Pouilly; vers l'est, il vient s'appuyer directement sur les terrains de cristallisation; souvent il est recouvert par des terrains tertiaires, mais ceux-ci n'ont jamais une grande épaisseur. Il est composé d'assises calcaires très-puissantes, alternant avec quelques couches de marne plus ou moins argileuse. Il fournit des matériaux de construction de natures très-variées. Il renferme aussi quelques mines de fer, dont les plus importantes sont situées près de Lurcy-le-Bourg. C'est sur ce terrain que se trouvent les sols les plus riches du département.

Le terrain crétacé se montre seulement dans le triangle compris entre Cosne, Saint-Amand-en-Puisaye et Neuvy-sur-Loire. Il se compose, à la partie inférieure, d'argiles et de grès ferrugineux, et, à la partie supérieure, de calcaires marneux qui peuvent être employés très-utilement pour l'amendement des terres.

Les terrains tertiaires du département de la Nièvre sont de deux natures différentes. Les uns se sont formés sur place des débris du terrain jurassique ou du terrain crétacé; ils recouvrent la partie supérieure de la plupart des plateaux formés par ces deux terrains, et sont généralement de nature argileuse. Les autres sont composés de débris siliceux provenant des terrains primitifs du centre de la France; on les rencontre le long du cours de la Loire et de celui de l'Allier, et ils ne s'élèvent jamais à une hauteur considérable au-dessus du niveau de ces deux rivières. Les premiers de ces terrains contiennent de nombreuses mines de fer.

On rencontre encore, le long de quelques cours d'eau du département, des terrains d'alluvion qui sont de formation très-récente; ces terrains ne contiennent pas de dépôts tourbeux susceptibles d'être exploités.

Le département de la Nièvre est borné à l'est et traversé du sud-est au nord-ouest par une ligne de hauteurs qui divise tout son territoire en deux grands versants. Les eaux du versant nord-est tombent dans la Cure, le Beuvron et les autres affluents

INTRODUCTION

de l'Yonne; les eaux du versant sud-ouest affluent vers la Loire par l'Aron, l'Ixeure, la Nièvre, etc.

Les monts du Morvand sont une ramification occidentale des monts de la Côte-d'Or: ils se relient, par le plateau d'Orléans, aux montagnes de la Normandie et de la Bretagne, pour former la grande ligne de faîtes entre la Loire et la Seine.

Les points culminants de ces montagnes sont : la montagne de Pranay ou de Prenay, à 887 mètres au-dessus du niveau de la mer; le mont Beuvray, à 860 mètres; la montagne de la Gravelle, à 792 mètres; Château-Chinon (le vieux château), à 626 mètres; la Vieille-Montagne, à 542 mètres; Montenoison, à 513 mètres, et Montsabot, à 416 mètres.

Le sol du département, tourmenté par les monts du Morvand et les collines qu'ils projettent, creusé par des vallées et des arrière-vallées nombreuses, offre peu de plateaux et de plaines de quelque étendue. Les plateaux les plus vastes sont dans le nord-ouest, où l'on trouve comme les avant-terrasses du grand plateau d'Orléans. C'est aussi dans cette partie de la Nièvre et sur les bords de la Loire et de l'Allier que l'on voit les plaines les plus étendues.

La Nièvre renfermait beaucoup d'étangs; le nombre en a singulièrement diminué. Les principaux sont les étangs de Vaux, des Usages et de Baye, qui alimentent le canal du Nivernais. Le plus important est le lac des Settons, près de Montsauche, destiné à grossir les eaux de la Cure et de l'Yonne, pour faciliter la navigation et le flottage.

Le département est arrosé par un grand nombre de cours d'eau, dont plusieurs sont navigables et servent au flottage; beaucoup de ruisseaux donnent le mouvement aux usines si multipliées dans le pays [1].

Au temps de la conquête romaine, le pays qui forma plus tard la province du Nivernais faisait partie du territoire des Éduens, sauf une petite portion du nord-ouest, qui était du pays des Sénonais. Vers l'an 500, la conquête fit passer ce territoire sous la domination des Francs. Dès ce moment la province du Nivernais, constamment comprise dans les partages qui se firent à la mort de leurs chefs, échut tantôt au roi de Bourgogne, tantôt au roi d'Austrasie, jusqu'à l'avénement des Carlovingiens. Le Nivernais prit alors sa physionomie individuelle, et se dessina dans la carte des Gaules. Les limites d'alors furent celles du diocèse de Nevers. L'adjonction de la baronnie de Donzy et d'une partie du comté d'Auxerre augmenta l'étendue de la province, qui se composait de cinq contrées principales : les Amognes, le Bazois, le Donziais, le Morvand et

---

[1] Nous avons emprunté la plupart de ces renseignements sur la constitution géologique du département au *Dictionnaire géographique de la Nièvre* de M. Paulin Fay (Nevers, 1860), in-12.

INTRODUCTION.

la Puisaye, et de quatre autres moins importantes : le Pays d'entre Loire et Allier, les Vallées ou Vaux-de-l'Yonne, les Vaux-de-Moutenoison et les Vaux-de-Nevers.

Le diocèse de Nevers fut divisé, vers la fin du XIIIe siècle, en deux archidiaconés, renfermant chacun quatre archiprêtrés.

On comptait dans le Nivernais trente-deux châtellenies, réduites à vingt-quatre à la fin du XVIIe siècle, qui dépendaient du duché de Nevers et qui ressortissaient au bailliage de cette ville. Outre ces châtellenies, il y avait deux cent cinquante autres justices subalternes.

Pour l'administration des finances, la province était, en grande partie, de la généralité de Moulins ; les élections de Nevers et de Château-Chinon dépendaient de cette généralité ; celle de Clamecy était de la généralité d'Orléans, et celle de la Charité, de la généralité de Bourges.

Le département de la Nièvre fut formé de la province du Nivernais, dont une petite partie, au nord-ouest, fut attribuée au département du Loiret, et une partie, à l'ouest, aux départements du Cher et de l'Allier.

A la suite du décret du 15 janvier 1790, le département de la Nièvre fut divisé en 9 districts et 49 cantons, comprenant 346 municipalités. Nous donnons dans notre Dictionnaire le détail de cette division.

Les districts ayant été supprimés par la loi du 28 pluviôse an VIII et par l'arrêté des Consuls du 17 ventôse suivant, le département fut partagé en 4 arrondissements communaux ou sous-préfectures ; enfin l'arrêté du 29 fructidor an IX réduisit le nombre des cantons à 25, répartis dans les 4 arrondissements précédemment décrétés. Telle est encore aujourd'hui la division du département ; seulement ses 346 municipalités ou communes sont réduites à 315 par suite de réunions successives. Voici le tableau de la division actuelle du département :

I. ARRONDISSEMENT DE CHÂTEAU-CHINON.

(5 cantons, 60 communes, 66,069 habitants.)

1er CANTON DE CHÂTEAU-CHINON.

(14 communes, 16,865 habitants.)

Arleuf, Château-Chinon-Ville, Château-Chinon-Campagne, Châtin, Corancy, Dommartin, Frétoy, Glux, Montigny-en-Morvand, Montreuillon, Poussignol-Blismes, Saint-Hilaire-en-Morvand, Saint-Léger-de-Fougeret, Sainte-Péreuse.

INTRODUCTION

2 CANTON DE CHÂTILLON-EN-BAZOIS.
(15 communes, 11,721 habitants.)

Achun, Alluy, Aunay-en-Bazois, Bazolles, Biches, Brinay, Châtillon-en-Bazois, Chougny, Dun-sur-Grandry, Limanton, Mont-et-Marré, Montigny-sur-Canne, Ougny, Tamnay, Tintury.

3° CANTON DE LUZY.
(11 communes, 10,776 habitants.)

Avrée, Chiddes, Fléty, Luzy, Millay, Poil, Rémilly, la Roche-Millay, Savigny-Poil-Fol, Sémelay, Tazilly.

4° CANTON DE MONTSAUCHE.
(10 communes, 14,133 habitants.)

Alligny-en-Morvand, Chaumard, Gien-sur-Cure, Gouloux, Montsauche, Moux, Ouroux, Planchez, Saint-Agnan, Saint-Brisson.

5° CANTON DE MOULINS-ENGILBERT.
(10 communes, 12,574 habitants.)

Isenay, Maux, Montaron, Moulins-Engilbert, Onlay, Préporché, Saint-Honoré, Sermages, Vandenesse, Villapourçon.

II. ARRONDISSEMENT DE CLAMECY.
(6 cantons, 93 communes, 76,140 habitants.)

1° CANTON DE BRINON-LES-ALLEMANDS.
(22 communes, 10,701 habitants.)

Asnan, Authiou, Beaulieu, Beuvron, Brinon-les-Allemands, Bussy-la-Pesle, Challement, Champallement, Chasnuil, Chevannes-Changy, Corvol-d'Embernard, Dompierre-sur-Héry, Germenay, Grenois, Guipy, Héry, Lâché-Asserts, Michaugnes, Moraches, Neuilly, Neuville-lez-Brinon, Saint-Révérien.

2° CANTON DE CLAMECY.
(14 communes, 14,280 habitants.)

Armes, Billy, Breugnon, Brèves, Chevroches, Clamecy, Dornecy, Oisy, Ouagne, Pousseaux, Rix, Surgy, Trucy-l'Orgueilleux, Villiers-sur-Yonne.

INTRODUCTION

3° CANTON DE CORBIGNY.
(15 communes, 12,486 habitants.)

Authiou, Cervon, Chaumot-sur-Yonne, Chitry-les-Mines, la Collancelle, Corbigny, Epiry, Girougne, Magny-Lormes, Marigny-sur-Yonne, Mhère, Mouron, Pazy, Sardy, Vauclaix.

4° CANTON DE LORMES.
(10 communes, 13,193 habitants.)

Bazoches, Brassy, Chalaux, Dun-les-Places, Empury, Lormes, Marigny-l'Église, Pouques, Saint-André-en-Morvand, Saint-Martin-du-Puits.

5° CANTON DE TANNAY.
(20 communes, 9,577 habitants.)

Amazy, Asnois, Dirol, Flez-Cuzy, Lys, la Maison-Dieu, Metz-le-Comte, Monceaux-le-Comte, Moissy-Moulinot, Neuffontaines, Nuars, Ruages, Saint-Aubin-des-Chaumes, Saint-Didier, Saint-Germain, Saisy, Talon, Tannay, Teigny, Vignol.

6° CANTON DE VARZY.
(12 communes, 13,903 habitants.)

La Chapelle-Saint-André, Corvol-l'Orgueilleux, Courcelles, Cuncy-lez-Varzy, Entrains, Marcy, Menou, Oudan, Parigny-la-Rose, Saint-Pierre-du-Mont, Varzy, Villiers-le-Sec.

III. ARRONDISSEMENT DE COSNE.
(6 cantons, 65 communes, 76,815 habitants.)

1° CANTON DE LA CHARITÉ-SUR-LOIRE.
(16 communes, 15,425 habitants.)

Beaumont-la-Ferrière, la Celle-sur-Nièvre, Champvoux, la Charité-sur-Loire, Chasnay, Chaulgnes, la Marche, Murlin, Nannay, Narcy, Raveau, Saint-Aubin-les-Forges, Tronsanges, Varennes-lez-Narcy.

2° CANTON DE COSNE.
(10 communes, 16,286 habitants.)

Alligny, Annay, la Celle-sur-Loire, Cosne, Cours-les-Cosne, Myennes, Neuvy-sur-Loire, Pougny, Saint-Loup, Saint-Père.

INTRODUCTION.

3° CANTON DE DONZY.
(10 communes, 12,893 habitants.)

Ceasy-les-Bois, Châteauneuf-Val-de-Bargis, Ciez, Colmery, Couloutre, Donzy, Ménestreau, Perroy, Sainte-Colombe, Saint-Malo.

4° CANTON DE POUILLY-SUR-LOIRE.
(11 communes, 12,651 habitants.)

Bulcy, Garchy, Mèves, Pouilly-sur-Loire, Saint-Andelain, Saint-Laurent, Saint-Martin-du-Tronsec, Saint-Quentin, Suilly-la-Tour, Tracy-sur-Loire, Vielmanay.

5° CANTON DE PRÉMERY.
(14 communes, 10,323 habitants.)

Arbourse, Arthel, Arzembouy, Champlemy, Champlin, Dompierre-sur-Nièvre, Giry, Lurcy-le-Bourg, Montenoison, Moussy, Oulon, Prémery, Saint-Bonnot, Sichamps.

6° CANTON DE SAINT-AMAND-EN-PUISAYE.
(8 communes, 9,238 habitants.)

Arquian, Bitry, Bouhy, Dampierre-sur-Bouhy, Saint-Amand-en-Puisaye, Saint-Verain.

IV. ARRONDISSEMENT DE NEVERS.
(8 cantons, 97 communes, 115,790 habitants.)

1° CANTON DE DECIZE.
(15 communes, 15,776 habitants.)

Aubigny-le-Chétif, Avril-sur-Loire, Béard, Champvert, Decize, Devay, Druy-Parigny, Fleury-sur-Loire, la Machine, Saint-Germain-Chassenay, Saint-Léger-des-Vignes, Saint-Ouen, Sougy, Thianges, Verneuil.

2° CANTON DE DORNES.
(9 communes, 8,096 habitants.)

Cossaye, Dornes, Lamenay, Lucenay-les-Aix, Neuville-les-Decize, Saint-Parize-en-Viry, Toury-Lurcy, Toury-sur-Jour, Tresnay.

INTRODUCTION.

3ᵉ CANTON DE FOURS.
(11 communes, 7,963 habitants.)

Cercy-la-Tour, Charrin, Fours, Maulaix, Montambert-Tannay, la Nocle, Saint-Gratien-Savigny, Saint-Hilaire-Fontaine, Saint-Seine, Ternant, Thaix.

4ᵉ CANTON DE NEVERS.
(13 communes, 29,700 habitants.)

Challuy-et-Aglan, Chevenon-Jougenay, Coulanges-lez-Nevers, Gimouille, Imphy, Magny-Cours, Marzy, Nevers, Saincaize-Meauce, Saint-Éloi, Sauvigny-les-Bois, Sermoise.

5ᵉ CANTON DE POUGUES-LES-EAUX.
(13 communes, 20,944 habitants.)

Balleray, Fourchambault, Garchizy, Germigny, Guérigny, Nolay, Ourouër, Parigny-les-Vaux, Poiseux, Pougues-les-Eaux, Saint-Martin-d'Heuille, Urzy, Varennes-lez-Nevers.

6ᵉ CANTON DE SAINT-BENIN-D'AZY.
(18 communes, 10,500 habitants.)

Anlezy, Beaumont-sur-Sardolles, Billy, Cizely, Diennes, la Fermeté, Fertrève, Fleury-la-Tour, Frasnay-Reugny, Limon, Montigny-aux-Amognes, Saint-Benin-d'Azy, Saint-Firmin, Saint-Jean-aux-Amognes, Saint-Sulpice, Sardolles, Trois-Vèvres, Ville-lez-Anlezy.

7ᵉ CANTON DE SAINT-PIERRE-LE-MOÛTIER.
(8 communes, 11,521 habitants.)

Azy-le-Vif, Chantenay, Langeron, Livry, Luthenay-Uxeloup, Mars-sur-Allier, Saint-Parize-le-Châtel, Saint-Pierre-le-Moûtier.

8ᵉ CANTON DE SAINT-SAULGE.
(11 communes, 11,290 habitants.)

Bona, Crux-la-Ville, Jailly, Montapas, Rouy, Saint-Benin-des-Bois, Saint-Franchy, Sainte-Marie, Saint-Maurice, Saint-Saulge, Saxy-Bourdon.

Nièvre.

INTRODUCTION.

LISTE ALPHABÉTIQUE

DES SOURCES

OÙ L'ON A PUISÉ LES RENSEIGNEMENTS CONTENUS DANS CE DICTIONNAIRE.

Aliénation des biens du clergé; Diocèse de Nevers. — Manuscrit du xvi° siècle; Bibliothèque impériale.

Aligny (terrier d'). — Manuscrit de 1639; archives du château de la Chaux (c"° d'Aligny).

A. D. — Archives non classées de la ville de Decize.

A. N. — Archives de la Nièvre. Ces archives, fort peu riches, n'étant point classées, il n'a pas été possible, à quelques rares exceptions près, d'indiquer les fonds auxquels appartenaient les chartes citées.

Archives de l'Yonne.

Baudiau. — Le Morvand, ou Essai géographique, topographique et historique sur cette contrée, par M. V. F. Baudiau. Nevers, Fay, 1854; 2 vol. in-8°.

Beauvoir (Plan terrier de la seigneurie de). — Plan de 1772; archives du château de Beauvoir (c"° de Saint-Germain-Chassenay), appartenant à M. Jordan de Sury.

Bellevaux (Terrier de l'abbaye de). — Manuscrit de 1567; collection de documents de M. Canat de Chisy, de Châlon-sur-Saône.

Bibliothèque historique de l'Yonne. — Bibliothèque historique de l'Yonne, ou Collection pour servir à l'histoire des différentes contrées qui forment aujourd'hui ce département, par M. J. M. Duru. Auxerre, 1850-1861; 2 vol. in-4°.

Bordes (Archives du château des). — Titres des xiii°, xiv° et xv° siècles, constituant une partie des archives de la seigneurie des Bordes (c"° d'Urzy), appartenant à M. Richard, de Nevers.

Bouchet (Terrier du). — Manuscrit de 1579; archives du château de Quincize, appartenant à M. de Sermizelles.

Bourgoing (Archives de la famille de). — Archives de M. le baron Paul de Bourgoing, sénateur.

Bourras (Cartulaire de l'abbaye de). — Manuscrit du xvii° siècle; archives de l'Yonne.

Bulliot. — Essai historique sur l'abbaye de Saint-Martin d'Autun, par J. Gabriel Bulliot. Autun, Dejussieu, 1849. Le second volume de cette importante publication renferme les chartes et pièces justificatives.

C. — Collection de documents originaux de M. Canat de Chisy.

Cartulaire de l'Yonne. — Cartulaire général de l'Yonne, recueil de documents authentiques pour servir à l'histoire des pays qui forment ce département, publiés par M. M. Quantin. Auxerre, Perriquet, 1854-1860; 2 vol. in-4°.

Cassini. — Carte de Cassini.

Censier du chapitre de Nevers. — Manuscrit de 1331; bibliothèque de la ville de Nevers.

Censier du chapitre de Nevers. — Manuscrit de 1355; Bibliothèque impériale, suppl. lat. n° 472.

Chassaigne (Terrier de). — Manuscrit de 1611; archives du château de Quincise (c"° de Poussignol-Blismes).

Châtelux (Archives du château de) (Yonne).

Chaulme (Terrier de la). — Manuscrit de 1543; archives du château de Quincize.

Chitry-sous-Montambot (Terrier de). — Manuscrit de 1455; archives de la Nièvre.

Contres (Terrier de). — Manuscrit de 1515; archives de la Nièvre.

Cougny (Terrier de). — Manuscrit de 1604; archives de la Nièvre.

Coutume du Nivernais, éd. de 1535.

Crisenon (Cartulaire de). — Manuscrit de 1201 environ; Bibliothèque impériale, cart. 154.

Dirol (Pouillé de la maladrerie de). — Manuscrit de la fin du xvi° siècle; archives de Saint-Saulge.

Divisions territoriales de la Gaule, par B. Guérard.

Eugny (Lièvre d'). — Manuscrit de 1505; archives de la Nièvre.

Extraits des manuscrits de Princerdé. — Archives de la famille de Thoisy.

Extraits des registres de la Chambre des comptes de Nevers, des manuscrits de Balaze, arm. iii, p. 1.

Extraits des titres de Bourgogne. — Manuscrit du xviii° siècle; Bibliothèque impériale, mss coll. Guignière, n° 658.

Jailly (Terrier de). — Manuscrit de 1630; archives de la Nièvre.

Lebeuf. — Mémoires concernant l'histoire civile et ecclésiastique d'Auxerre, etc., 2° éd. Auxerre, Perriquet, 1848; 4 vol. in-8°.

Lory. — Collection de titres originaux de M. Lory, à Moulins-Engilbert.

Lucenay (Terrier du prieuré de). — Manuscrit et plan de 1788; archives de la mairie de Lucenay-lès-Aix.

Manuscrits de D. Viole. — Manuscrits importants du xvii° siècle, concernant l'histoire de l'ancien diocèse d'Auxerre; bibliothèque d'Auxerre.

Marcilly (Archives du château de). — Riche dépôt de titres originaux des xv°, xvi° et xvii° siècles, concernant la seigneurie de Marcilly et divers

INTRODUCTION.

fiefs voisins, au château de Marcilly (c[ne] de Cervon), appartenant à M. le comte Octave Le Peletier d'Aunay.

Marolles. — Inventaire général des titres de la maison de Nevers, dressé en 1638 et 1639, par l'abbé de Marolles; 7 vol. mss in-fol. Bibliothèque impériale.

Marry (Terrier de). — Manuscrit de 1610, appartenant à M. Pougault de Mouresaux, à Moulins-Engilbert.

Maumigny (Archives de). — Archives de cette famille, appartenant à M. le comte de Maumigny, à Nevers.

Mhère (Archives de). — Quelques pièces du xvie et du xviie siècle, à la mairie de Mhère.

Miracula sancti Benedicti. — Les livres des miracles et autres opuscules de Georges Florent Grégoire, évêque de Tours, traduits par M. L. Bordier. Paris, Renouard, 1857; 2 vol. in-8°.

Moraches (Archives de). — Quelques documents peu importants à la mairie de cette commune.

Née de La Rochelle. — Mémoires pour servir à l'histoire du département de la Nièvre. Bourges, Souchois, 1827; 3 vol. in-8°.

Nevers (Cartulaire de Saint-Cyr de). — Manuscrit du xviiie siècle; bibliothèque de la ville de Lyon, ms n° 804.

Olim (Les). — Les Olim, ou registres des arrêts rendus par la Cour du roi sous les règnes de saint Louis, de Philippe le Hardi, de Philippe le Bel, de Louis le Hutin et de Philippe le Long, publiés par le comte Beugnot; 3 vol. in-4°.

Polyptyque d'Irminon. — Polyptyque de l'abbaye Saint-Germain-des-Prés, publié, d'après un ms du ixe siècle, par B. Guérard.

Pouillé du diocèse d'Autun, xie siècle. — Fragment d'un pouillé du diocèse d'Autun, manuscrit du xie siècle, conservé dans la bibliothèque du grand séminaire de cette ville et publié par M. Aug. Bernard dans la seconde partie du Cartulaire de Savigny (p. 1031).

Pouillé du diocèse d'Autun, xive siècle. — Manuscrit du xive siècle; archives de l'évêché d'Autun.

Pouillé du diocèse d'Autun, vers 1500. — Manuscrit du commencement du xvie siècle; archives de l'évêché d'Autun.

Pouillé du diocèse d'Auxerre, 1535. — Publié dans le tome IV des Mémoires de l'abbé Lebeuf, 2e éd.

Pouillé du diocèse de Nevers, 1478. — Copie manuscrite du xviiie siècle, appartenant à M. Pougault de Mouresaux.

Pouillé du diocèse de Nevers, 1617. — Manuscrit du xviie siècle, de la bibliothèque de M. le comte de Soultrait.

Poussery (Plan de la seigneurie de). — Plan manuscrit de 1704, archives du château de Poussery (c[ne] de Montaron).

Poussery (Terrier de). — Manuscrit de 1705; archives de Poussery (c[ne] de Montaron).

Procès-verbal de la rédaction de la coutume d'Auxerre, édition de 1507.

Procès-verbal des limites du comté de Nevers et du duché de Bourbon. — Pièce de 1389; arch. de la Nièvre.

Quincize (Archives de). — Archives du château de Quincize (c[ne] de Poussignol-Blismes).

Quincize (Terrier de). — Manuscrit de 1619; archives du château de Quincize.

Registre de l'Évêché de Nevers. — Manuscrit de 1287; Bibliothèque impériale, manuscrits, fonds latin, n° 5207.

Registre des Fiefs. — Manuscrit de 1689, contenant la nomenclature de tous les fiefs du duché de Nevers à cette époque; collection de documents originaux sur le Nivernais de M. le comte de Soultrait, au château de Toury-sur-Abron (c[ne] de Toury-Lurcy).

Registres d'Achun, d'Alligny, etc. — Registres de l'état civil des paroisses du département qui ont presque tous été compulsés, tant des xvie, xviie et xviiie siècles; archives des communes.

Roche-Millay (Archives de la). — Archives de cette ancienne seigneurie au château de la Roche-Millay.

Saint-Baudière (Terrier de). — Manuscrit de 1719; archives de la Nièvre.

Saint-Firmin (Terrier de). — Manuscrit de 1650; archives de la Nièvre.

Saint-Pierre-du-Mont (Terrier de). — Manuscrit de 1760; archives de la Nièvre.

Saint-Pierre-le-Moûtier (Archives de). — Dépôt d'archives fort peu considérable, à la mairie de cette ville; quelques pièces du xvie et du xviie siècle.

S. — Collection de documents originaux sur le Nivernais de M. le comte de Soultrait.

Sailly-la-Tour (Archives de). — Quelques pièces du xviie siècle à la mairie de cette commune.

Tannay (Archives de l'église de). — Quelques chartes du xiiie et du xive siècle, conservées au presbytère de Tannay.

Titres des familles. — Dossiers au cabinet des Titres de la Bibliothèque impériale.

Toury-sur-Abron (Livre et plan terriers de la seigneurie et justice de). — Plan et manuscrit de 1778; arch. du château de Toury.

Vandenesse (Archives de). — Archives importantes concernant la seigneurie de Vandenesse et divers fiefs du voisinage, au château de Vandenesse, appartenant à M. le duc de Périgord.

Veigneux (Archives de). — Archives assez considérables de ce château (c[ne] de Saint-Martin-du-Puits), appartenant à M. le comte de Bourbon-Busset.

Villapourçon (Archives de l'église de). — Quelques chartes conservées au presbytère de cette commune.

Villemoison (Inventaire de). — Inventaire de la commanderie de Villemoison (c[ne] de Saint-Père), manuscrit du xviiie siècle; archives de l'Yonne.

EXPLICATION

DES

ABRÉVIATIONS EMPLOYÉES DANS LE DICTIONNAIRE.

abb.	abbaye.	éc.	écart.
anc.	ancien.	écl.	écluse.
arch.	archives.	év.	évêché.
arrond.	arrondissement.	f.	ferme.
auj.	aujourd'hui.	h.	hameau.
autref.	autrefois.	hist.	histoire, historique.
baill.	bailliage.	inv.	inventaire.
bibl.	bibliothèque.	m.	maison.
c^{on}	canton.	m. de camp.	maison de campagne.
cart.	cartulaire.	mⁱⁿ.	moulin.
cens.	censier.	pr.	preuve.
chap.	chapitre.	prov.	province.
ch.	charte.	reg.	registre.
chât.	château.	riv.	rivière.
chatell.	châtellenie.	ruiss.	ruisseau.
comm^{ie}.	commanderie.	seign.	seigneurie.
c^{ne}.	commune.	territ.	territoire.
dép.	dépendance, dépendait.	tuil.	tuilerie.
dioc.	diocèse.	vill.	village.

DICTIONNAIRE TOPOGRAPHIQUE

DE

LA FRANCE.

DÉPARTEMENT

DE LA NIÈVRE.

A

Abbaye (L'), h. c^{ne} de Nolay. — *La Baye* (Cassini).

Abon, h. c^{ne} de Maux, autref. prieuré et paroisse. — *Abon*, 1287 (reg. de l'év. de Nevers). — *Prioratus de Alto-Bono*, 1478 (pouillé de Nevers). — *Abons*, 1567 (terrier de Bellevaux).

Abrigny, h. et mⁱⁿ, c^{ne} de Rouy. — *Abrigny*, 1659 (S.).

Abron (L'), écl. c^{ne} d'Avril-sur-Loire.

Abron (L'), riv. prend sa source dans la commune de Chézy (Allier) et se jette dans l'Acolin, après avoir traversé les communes de Lucenay-les-Aix, Toury-Lurcy, Saint-Germain-Chassenay et Avril. — *Abron*, 1281 (C.). — *Abro*, 1388 (S.). — *Habron*, 1512 (A. N.).

Accense (L'), f. c^{ne} d'Ouagne. — *La Cense* (Cassini).

Accense-de-Chevannes (L'), h. c^{ne} de Montaron. — *Faye ou les Forges* (Cassini).

Accense-de-la-Bretonnière (L'), éc. c^{ne} d'Isenay. — *La Bretonnière* (Cassini).

Accense-du-Garde (L'), m. de garde, c^{ne} d'Isenay.

Accense-Michel (L'), éc. c^{ne} de Fours.

Accense-Servant (L'), m. c^{ne} de Chevenon-Jaugenay.

Aché, h. c^{ne} de Préporché. — *Ache*, 1673 (S.).

Achun, c^{ne} de Châtillon-en-Bazois. — *Ecclesia Sancti-Georgii de Scaduno et de Escayo*, 1130 (Gall. christ. XII, col. 340). — *Eschaum*, 1266 (S.). — *Escha-*

dunum, 1270 (S.). — *Escadunum*, 1287 (reg. de l'év. de Nevers). — *Aschung*, 1547 (Lory). — *Aschuin*, 1614 (A. N.). — *Achain*, 1767 (C.). — Fief de la châtell. de Montreuillon, vassal du Coudray.

Acilly, seign. près de Montenoison, mentionnée en 1346 (Marolles).

Acolin (L'), écl. c^{ne} d'Avril-sur-Loire.

Acolin (L'), riv. prend sa source dans la commune de Chapeaux (Allier) et se jette dans la Loire, après avoir traversé les communes de Lucenay-les-Aix, Cossaye, Saint-Germain-Chassenay, Avril-sur-Loire et Decize. — *L'Acollin*, 1530 (A. D.).

Acotin (L'), ruiss. prend sa source dans la commune de Lurcy-le-Bourg et se jette dans la Nièvre. — *Rivière Daignelay*, 1455 (A. N.).

Acotin (L'), ruiss. prend sa source dans la commune de Sainte-Colombe et se jette dans le Nohain, après avoir traversé la commune de Suilly-la-Tour.

Acroux, h. c^{ne} de Moulins-Engilbert. — *Les Croz*, 1457 (C.). — *Les Croux*, 1633 (S.). — *Les Crots* (Cassini). — Le vrai nom de ce hameau est *les Crots*.

Acuilly (Grange d'), lieu détruit, c^{ne} de Saint-Père, mentionné en 1408 (arch. de l'Yonne, inv. de Villemoison).

Acatus (Le), fief vassal de Cerry-la-Tour, mentionné en 1309 (Marolles).

Aglan, h. c"" de Rous. — *Iglan*, 1425 (A. N.). *Illan*, 1513 (A. N.). — *Igland*, 1650 (A. N.).

Aglan, h. c"" de Challuy; anc. paroisse de l'archiprêtré de Saint-Pierre-le-Moûtier. — *Aalyentum*, 1287 (reg. de l'év. de Nevers). — *Parrochia de Aellenta*, 1320 (A. N.). — *Aillant*, 1330 (A. N.). — *Aglant*, 1412 (G.). — *Aiglant*, 1414 (A. N.). — *Asglan*, 1438 (ibid.). — *Agland*, 1469 (ibid. fonds du chap.). — Fief de la châtell. de Châteauneuf-sur-Allier.

Aglan, chât. et f. c"" de Lucenay-les-Aix. — *Aglain*, 1594 (reg. de Cossaye). — Fief de la châtell. de Decize.

Aglan, m""", c"" de Lucenay-les-Aix.

Agles (Ruisseau des), prend sa source dans l'étang d'Ouroux, commune d'Ouroux, et se jette dans la rivière de Chaluux, après avoir traversé la commune de Brassy.

Agnos, f. c"" de Saint-Pierre-le-Moûtier. — *Agnum et Alignum*, 1156 (Gall. christ. XII, col. 343). — *Aignon*, 1326 (C.). — *Agnon*, 1577 (Marolles).

Agolay (L'), h. c"" de la Nocle.

Agriès, h. c"" de Moraches. — *Agriex*, 1478 (extr. des titres de Bourgogne). — *Aigrie*, 1615 (arch. de Moraches). — *Agriers*, 1638 (Marolles). — Fief de la châtell. de Monceaux-le-Comte.

Aigrin-de-Lucenayo (Nemus de), bois, c"" de Lucenay-les-Aix, mentionné en 1231 (A. D. fonds de Lucenay). — C'est de ce bois que la commune de Lucenay a pris son surnom.

Aignault, h. c"" de Montreuillon. — *Aigneaux* (Cassini).

Aigne (L'), ruiss. prend sa source dans la commune de Thaix et se jette dans l'Alcaine. — *Ruisseau Daigne*, 1457 (C.).

Aiguillon (L'), f. c"" de Magny-Cours. — *L'Eguillon*, 1690 (A. N.).

Aiguillon (L'), f. et m. de camp. c"" de Varennes-les-Nevers.

Aiguillon (L'), m. c"" de Saint-Ouen.

Aiguillon (L'), ruiss. prend sa source dans la commune de Dampierre-sur-Bouhy et se jette dans la Vrille, après avoir traversé la commune de Saint-Amand.

Aisay, h. c"" de Guipy. — *Aisnay*, 1575 (Marolles).

Air (L'), h. c"" de Saint-Seine.

Aiseurs (Les), fief de la châtell. de Saint-Verain, mentionné en 1583 (Marolles).

Alarde, lieu détruit, près d'Aunay, fief mentionné en 1670 (reg. d'Aunay).

Alemannorum (Chemnum), près de Saint-Martin-d'Heuille, mentionné en 1270 (arch. des Bordes).

Alérons (Les), f. détruite, c"" de Saint-Verain, portée sur la carte de Cassini.

Almé, h. c"" de Saint-André-en-Morvand. — *Athe*, 1455 (terrier de Chitry-sous-Montsabot). — *Athee*, 1590 (arch. de Vésignoux). — Fief de la châtell. de Monceaux-le-Comte.

Alisboux (L'), h. et étang, c"" de Toury-Lurcy. — *L'Alliboux*, 1778 (terrier de la seign. de Toury-sur-Abron).

Alisnges, h. détruit, c"" de Sauvigny-les-Bois, mentionné en 1355 (censier du chap. de Nevers).

Allée (Bois de L'), c"" de la Celle-sur-Nièvre.

Allemagne (L'), h. c"" de Saint-Ouen.

Allemande (L'), f. c"" de Vignol. — *L'Almande* (Cassini).

Allemandes (Les), f. c"" de la Roche-Millay.

Alleux (Les), h. détruit, c"" de Thianges, mentionné en 1488 (A. N.).

Allier (L'), riv. importante qui prend sa source dans le département de la Lozère; elle borne le département de la Nièvre à l'ouest, depuis Tresnay jusqu'à son confluent avec la Loire, le séparant des départements de l'Allier et du Cher; elle se jette dans la Loire (rive gauche) au lieu dit le Bec-d'Allier, un peu au-dessous de Nevers. — *Alaricus*, 887 (Gall. christ. XII, col. 311). — *Alericum*, 1161 (Bulliot, II, 39). — *Alliger*, 1287 (reg. de l'év. de Nevers). — *Allier*, 1389 (A. N.).

Alligny, c"" de Cosne. — *Eliniacus*, vi" siècle (cart. de l'Yonne, II, xxxi). — *Grangia de Aligny*, 1165 (Gall. christ. XII, 132). — *Aligniacum*, 1219 (A. N. fonds de l'abb. de Roches). — *Alignyeum*, vers 1350 (A. N.). — *Alligny*, 1364 (A. N. fonds de Roches). — *Allegniacum*, 1535 (pouillé d'Auxerre).

Alligny, f. c"" de Tresnay. — *Aligny* (Cassini).

Alligny, h. c"" de Livry. — *Alligny*, 1282 (A. N.). — *Aligniacum*, 1368 (ibid.).

Alligny-en-Morvand, c"" de Montsauche. — *Aligneum*, 1281 (Bulliot, II, 137). — *Alignyum*, xiv" siècle (pouillé d'Autun). — *Aligny*, 1649 (terrier d'Alligny). — *La Tour d'Aligny*, 1689 (reg. des fiefs). — Fief de la châtell. de Liernais et Saint-Brisson.

Allins ou Gros-Buisson, h. c"" d'Arquian.

Alluy, c"" de Châtillon-en-Bazois. — *Alsincum* (Itin. d'Antonin). — *Alviniacum*, 1097 (Gall. christ. XII, col. 335). — *Ecclesia de Aluia*, 1151 (cart. de l'Yonne, I, 479). — *Parrochia de Alluya*, 1272 (S.). — *Villa de Alluye*, 1311 (A. N.). — *Alluye-les-Châtillon*, 1456 (C.).

Alnain (L'), ruiss. prend sa source dans l'étang de Baye, c"" de Bazolles, et se jette dans l'Aron, après avoir traversé les communes de Mont-et-Marré et de Mingot.

DÉPARTEMENT DE LA NIÈVRE

Amaizer, h. détruit, c⁽ⁿᵉ⁾ de Bona, mentionné en 1470 (A. N.). — *Villa Amangias*, 935 (*Gall. christ.* XII, col. 314).

Amazy, c⁽ⁿᵉ⁾ de Tannay. — *Amazas*, 1144 (Lebeuf, IV, 38). — *Amazyacum*, 1287 (reg. de l'év. de Nevers). — *Amazaacum*, 1391 (*Gall. Christ.* XII, col. 243). — *Amasi*, 1504 (Marolles). — Fief de la châtell. de Saint-Vérain.

Ambly, serge. près de Decize, mentionnée en 1497 (Marolles).

Ambry (Bois d'), c⁽ⁿᵉ⁾ de Prémery.

Amiot, h. détruit, c⁽ⁿᵉ⁾ de Préporché, mentionné en 1699 (S.).

Amiots (Les), h. détruit, c⁽ⁿᵉ⁾ de Cizely, porté sur la carte de Cassini.

Amiraux (Les), f. c⁽ⁿᵉ⁾ de Limanton. — *Lamirau*, 1587; *Moulin de Lamirault*, 1618 (arch. de Vandenesse).

Amisons (Les), f. c⁽ⁿᵉ⁾ de Chantenay.

Amognes (Les), petite contrée du Nivernais qui, au commencement du VIIIᵉ siècle, comprenait une partie des *pagus* de Nevers et d'Avallon; depuis, les limites de cette contrée se rétrécirent beaucoup, et, au moment de la Révolution, on ne donnait plus ce nom qu'au territoire qui forme maintenant le canton de Saint-Bénin-d'Azy et quelques communes des cantons limitrophes. — *In pago Avalinæ et Nivernense sive Ammonias*, 721 (cart. de l'Yonne, II, 2). — *Pagus Amoniensis sive Commarorum* (Guérard, Divisions territoriales de la Gaule). — *Ammoniæ*, 864 (cart. de l'Yonne, II, 2). — *Amoignie*, 1376 (A. N.). — *Les Amougnes*, 1479 (*ibid.*). — *Les Amoygnes*, 1544 (S.). — *Les Admoignes*, 1560 (A. N.). — *Les Admognes*, 1571 (S.). — *Les Admougnes*, 1619 (*ibid.*).

Amouloires (Les), lieu détruit, c⁽ⁿᵉ⁾ de Luzy, mentionné en 1781 (S.).

Ascies Moulin de Fleury-la-Tour, m. c⁽ⁿᵉ⁾ de Fleury-la-Tour.

Ascienne-Cure, m. c⁽ⁿᵉ⁾ de Langeron.

Ancray, h. c⁽ⁿᵉ⁾ de Pazy. — *Encroy*, 1505 (lièvre d'Eugny). — *Étang d'Ancray*, 1686 (A. N.).

Andoyse, lieu détruit, c⁽ⁿᵉ⁾ d'Urzy, mentionné en 1355 (censier du chap. de Nevers).

André (Les), f. c⁽ⁿᵉ⁾ de Champvert. — *Les Andres* (Cassini).

Anebières (Les), f. c⁽ⁿᵉ⁾ de Luzy, mentionnée en 1561 (S.).

Ange (L'), f. et anc. châtell. c⁽ⁿᵉ⁾ de Saint-Parize-le-Châtel. — *Lange*, 1265 (A. N.). — *Langir*, 1336 (*ibid.*). — *Langes*, 1524 (Marolles). — Fief de la châtell. de Châteauneuf-sur-Allier. Le vrai nom de cette ferme est *Lange*.

Angelières, châtell. c⁽ⁿᵉ⁾ de Dampierre-sous-Bouhy. — *Angellières*, 1684 (A. N.). — Fief de la châtell. de Saint-Vérain.

Angelières (Les Petits-), tuil. c⁽ⁿᵉ⁾ de Dampierre-sous-Bouhy. — *Les Pruas* (Cassini).

Angelières, h. c⁽ⁿᵉ⁾ de Couloutre.

Angelot (L'), ruiss. prend sa source à la ferme du Maguy, c⁽ⁿᵉ⁾ de la Fermeté, et se jette dans la Loire, après avoir traversé la commune de Sauvigny-les-Bois. — *L'Harlaut* (Cassini).

Anges (Les), h. et poterie, c⁽ⁿᵉ⁾ d'Arquian.

Anges (Les), h. et poterie, c⁽ⁿᵉ⁾ de Saint-Vérain.

Angles (Les), vill. c⁽ⁿᵉ⁾ de Saint-Révérien. — *Angle*, 1605 (A. N.).

Anglois (L'), h. c⁽ⁿᵉ⁾ de Saint-Seine. — *Langlois* (Cassini).

Anglois (Les), h. c⁽ⁿᵉ⁾ de Saint-Léger-de-Fougeret. — *Les Anglois*, 1579 (S.). — *Les Angles*, 1692 (reg. de Saint-Léger-de-Fougeret).

Anguy, h. c⁽ⁿᵉ⁾ de Ville-lez-Anlezy. — *Les Anglis* (Cass.).

Anguison (L'), riv. prend sa source dans la forêt d'Ouroux et se jette dans l'Yonne, après avoir traversé les communes de Gâcogne, Mhère, Vauclaix, Corvon, Corbigny et Chitry-les-Mines. — *Enguison*, 1450 (A. N.).

Anguy, fief de la châtell. de Luzy, mentionné en 1689 (reg. des fiefs).

Anisy (Le Grand), h. c⁽ⁿᵉ⁾ de Limanton. — *Domaine du Grand Anisy*, 1718 (A. N.).

Anisy (Le Petit), châtell. f. et église ruinée, c⁽ⁿᵉ⁾ de Limanton; anc. paroisse de l'archiprêtré de Moulins-Engilbert. — *Ecclesia de Anisiaco*, 1142 (cart. de Saint-Cyr de Nevers). — *Anesy*, 1223 (Marolles). — *Parrochia de Anasiaco*, 1277 (C.). — *Anenyacum*, 1287 (reg. de l'év. de Nevers). — *Nisy*, 1423 (C.). — *Anisi*, 1673 (S.). — Fief de la châtellenie de Moulins-Engilbert, vassal du comté de Château-Chinon, qui donne son nom à un ruisseau affluent de l'Aron, composé des ruisseaux du Garat et du Guignon réunis à Moulins-Engilbert.

Anlezy, c⁽ⁿᵉ⁾ de Saint-Bénin-d'Azy. — *Anleziacum*, 1438 (S.). — *Anlesiacum*, 1247 (*ibid.*). — *Anlisiacum*, 1282 (*ibid.*). — *Anlir*, vers 1300 (inscription funéraire à Anlezy). — *Anlesy*, 1391 (C.). — *Enlezy*, 1463 (A. N.). — *Anlezis*, 1699 (S.). — Fief du comté de Nevers qui a donné son nom à un bois voisin.

En 1790, le canton d'Anlezy, du district de Decize, fut composé des communes d'Anlezy, Aubigny-le-Chétif, Cizely, Crécy, Diennes, Fleury-la-Tour, Frasnay-le-Ravier, Langy, Reugny, Saint-Cy-Fertrève, Thianges et Ville-lez-Anlezy.

DÉPARTEMENT DE LA NIÈVRE

ABELIN (Bois d..), c^{ne} de Montigny-aux-Amognes.

ABNAY, c^{ne} de Cosne. — *Abundiacum*, 738 (Lebeuf, I. 479). — *Habandiacu*, *Abundiara*, 853 (cart. de l'Yonne, II, xxxii). — *Ibundiacus*, 863 (ibid. I. 78). *Lum cellam Abundiacum nomine*, 864 (ibid. I, 88). — *Habandiaco villa*, 886 (ibid. I. 117). *Ecclesia de Annaio*, 1151 (ibid. I. 479). — *Annay*, 1689 (A. N.). — Fief de la châtellenie de Saint-Verain.

ABALÊNES (Bois des), c^{ne} de Saint-Verain.

ABRIN (L'), ruiss. prend sa source dans la c^{ne} d'Ourouër et se jette dans le ruisseau de Minage, après avoir traversé la commune de Chaumard.

ACTUERS, c^{ne} de Cuzhigny. — *Antenum in pago Nivernensi*, 721 (cart. de l'Yonne, II. 2). — *Antunium*, 864 (Gall. christ. IV, col. 58). — *Antuen*, 1233 (arch. de l'Yonne, fonds de Crisenon). - *Antuen*, 1841 (ibid.). — *Enthien*, 1444 (Lory).

APILLY, f. c^{ne} de Druy; prieuré de filles dépendant de l'abb. de Notre-Dame de Nevers, ordre de Saint-Benoît. — *Prioratus Dapilli*, 1406 (A. D.).

APILLY, mⁿ. c^{ne} de Beard. *Moulin Dapilly*, 1406 (A. D.).

APIRY, h. et f. c^{ne} d'Ourouër. — *Aspiry*, 1560 (reg. d'Ourouër).

APIS, h. c^{ne} d'Entrains.

APPALLANT, fief de la châtell. de Donzy, mentionné en 1638 (Marolles). — *Appollard*, 1689 (reg. des fiefs).

APPENEAU, fief de la châtell. de Montenoison, mentionné en 1638 (Marolles).

APPONAY, chât. f. et église ruinée, c^{ne} de Rémilly; chartreuse fondée en 1185. — *Locum de Apponay*, 1185 (Gall. christ. XII, col. 345). — *Domus de Apponai*, 1219 (C.). — *Aponeium*, 1266 (S.). — *Domus Apponyaci*, 1269 (Lory). — *Conventus de Apponayo*, 1270 (S.). — *Nostre Dame de Ponay*, 1459 (C.). — *Domus Cartusiensis loci de Amponayo*, 1497 (S.). — *Apponnay*, 1512 (A. N.). — *Appona*, 1560 (S.). — *Aponai*, 1603 (C.). — *Amponay*, 1639 (S.). — Fief de la châtell. de Savigny-Poil-Fol.

APPONGE, f. c^{ne} de Mont-et-Marré. — *Aponge*, 1772 (C.).

APPRAS (Les), m. c^{ne} de Lucenay-les-Aix.

APPRAS-D'AGLAN (Les), m. c^{ne} de Lucenay-les-Aix.

APPRESSY, h. c^{ne} de Ternant. — *Appncy*, 1611 (C.).

ARAN, fief de la châtell. de Corvol-l'Orgueilleux, mentionné en 1689 (reg. des fiefs).

A. ..ES, fief de la châtell. de Montreuillon, mentionné en 1638 (Marolles).

ARBELATS (Les), h. c^{ne} de Charrin. — *Les Arbellats*, 1750 (A. N.).

ARBESIN, h. détruit, c^{ne} de Montigny-sur-Canne, mentionné en 1419 (C.).

ARBOURSE, c^{ne} de Prémery. — *Arbussa*, 1132 (cart. de Bourras, ch. 6). — *Arbour*, 1290 (arch. de l'Yonne, inv. de la comm^{dc} d'Auxerre). L'Hôpital de Rebourg, 1502 (arch. de l'Yonne, inv. de Villemoison). *Arida Bursa*, 1535 (pouillé d'Auxerre). *Le Plessis Rebourg*, 1538 (inv. de Villemoison). *Arbourse*, 1552 (ibid.). — *Aperbourse*, 1638 (Marolles). *Arbourse*, 1736 (A. N.). *Arbourse*, 1755 (arch. de l'Yonne). — Commanderie de l'ordre du Temple, puis de l'ordre de Saint-Jean-de-Jérusalem, et fief de la châtell. de Châteauneuf-au-Val-de-Bargis.

ARBRE-MORIN (L'), m. c^{ne} de Sermages.

ARCHÉ (L'), f. c^{ne} de Fours.

ARCHELAY, h. détruit, c^{ne} de Nolay, mentionné en 1355 (censier du chap. de Nevers). *Maison Duchelay*, 1388 (Marolles).

ARCHOTTE (L'), h. c^{ne} d'Alligny-en-Morvand.

ARCILLY, f. c^{ne} de Limanton. — *Acilliacum*, 1263 (Bulliot, II, 113). — *Arcilly*, 1718 (S.). — Fief de la châtell. de Moulins-Engilbert vassal, en partie, de Château-Chinon.

ARCY, fief, c^{ne} de Limanton, mentionné en 1689, comme faisant partie de la châtell. de Moulins-Engilbert (reg. des fiefs). — *Raynaudus de Arciaco*, 1277 (C.). — *Arciacum*, 1301 (S.). — *Aricy* et *Arysy*, 1492 (A. N.). — *Arcey*, 1500 (S.).

ARCY (L'), ruiss. affluent de l'Armance, c^{ne} de Nuars.

ARCY (MAISON D'), h. détruit, c^{ne} de Préporché, mentionné en 1464 (Marolles).

ARDAN, h. c^{ne} de Pazy. — *Ardan*, 1473 (A. N.). — *Ardam*, 1638 (Marolles). *Ardant*, 1705 (reg. de Guipy). — Fief de la châtell. de Montreaux-le-Comte.

ARDEAUX, f. c^{ne} de Varzy. *Ardeau*, 1538 (arch. de l'Yonne, fonds de Varzy).

ARDILLIS (Les), f. c^{ne} de Luzy. — *Lardilly*, 1529 (C.).

ARDILLON SITUS SUPRA RIPPARIAM DE DIRETE (MOLENDINUM DE), mⁱⁿ détruit, c^{ne} de Diennes, mentionné en 1285 (S.).

ARDILLY, h. c^{ne} de Corancy (Cassini).

ARDOUX, h. c^{ne} de Chaumard.

AREAU, éc. c^{ne} de Derize.

AREYN et ABEYN, lieu détruit, c^{ne} de Saint-Jean-aux-Amognes, mentionné en 1239 (A. N. fonds de Faye).

ARGENSOT, h. c^{ne} de Saint-Amand. — *Argeno*, 1191 (Gall. christ. XII, col. 140). — *Argenout*, 1607 (Marolles). — *Argenouille*, 1689 (A. N.). Fief de la châtell. de Saint-Verain.

DÉPARTEMENT DE LA NIÈVRE

Argoulais, chât. c⁰ⁿ de Saint-Hilaire. *Agra Legum*, 1686 (épitaphe dans l'église de Saincaize). — Fief de la châtell. de Montrouillon, vassal du comté de Château-Chinon.

Argoulais, h. c⁰ⁿ de Montaudin. *Argolus*, 1511 (A. N.). *Argoullays*, 1521 (ibid.). *Argoulais*, 1640 (reg. d'Ouroux). — *Argoulais*, 1689 (A. N.). Fief dont une partie était vassale du comté de Château-Chinon.

Argolat (L'), m. isolée, c⁰ⁿ de Maulais.

Ariage, h. c⁰ⁿ de Montigny-en-Morvand. *Arringe*, 1677 (reg. de Chaumard).

Ariagette, h. c⁰ⁿ de Chaumard. — *Arringetta*, 1673 (reg. de Chaumard). — Fief vassal du comté de Château-Chinon.

Ariagette (Bois d'), c⁰ⁿ de Frétoy.

Arleuf, c⁰ⁿ de Château-Chinon. *Parrochia de Arduloco*, 1317 (C.). *Aleuz*, 1447 (ibid.). — *Arleuf*, 1529 (ibid.). Arleuf fut, en l'an VIII, le chef-lieu d'un canton comprenant les communes d'Arleuf et de Glux.

Arlon, h. détruit, c⁰ⁿ de Luzy ou de la Roche-Millay, seigneurie mentionnée en 1580 (S.).

Arlot, fief de la châtell. de Châteauneuf-sur-Allier, mentionné en 1638 (Marolles).

Arlot, h. f. et usine, c⁰ⁿ de Saint-Éloi. — *La forge d'Arlot*, 1560 (A. N.). — *Hurlaut* (Cassini).

Armance, f. c⁰ⁿ de Bazoches.

Armance (L'), ruiss. prend sa source dans la commune de Neuffontaines et se jette dans l'Yonne, après avoir traversé les communes de Nuars, Teigny, Metz-le-Comte, la Maison-Dieu, Brèves et Dornecy. — *L'Armenot*, 1579 (terrier du Bouchot).

Armenay (L'), ruiss. c⁰ⁿ de Beaumont-sur-Sardolles.

Armes, c⁰ⁿ de Clamecy. — *Armes*, XIVᵉ siècle (pouillé d'Autun). — *Armez-les-Clameci*, 1456 (arch. de l'église de Tannay). — *Arma*, vers 1500 (pouillé d'Autun). — Fief de la châtell. de Clamecy.

Armonceaux, fief de la châtell. de Saint-Verain, mentionné en 1638 (Marolles). — *Armonceaux*, 1689 (reg. des fiefs).

Arnauds (Les), h. c⁰ⁿ de Saint-Agnan.

Arnoux (Les), c⁰ⁿ de Lucenay-les-Aix. — *Baize*, 1389 (A. N. procès-verbal des limites du Nivernais et du Bourbonnais). — *Beze*, 1621 (A. D.). — *Beize*, 1626 (reg. de Cossaye). — *Les Arnoux* (Cassini). — Fief de la châtell. de Decize.

Aron (L'), riv. a sa source dans la c⁰ⁿ de Crux-la-Ville et se jette dans la Loire, près de Decize, après avoir arrosé les communes de Montapas, Mingot, Châtillon, Brinay, Limanton, Isenay, Cercy-la-Tour, Verneuil et Champvert. — *Arronnum*, 1336 (C.).

— *Aron*, 1506 (ibid.). *Aron*, 1625 (Marolles).

Aron (L') ou ruisseau de Vauzelle, ruiss. a sa source dans l'étang de Luzy, c⁰ⁿ de Crux-la-Ville, et se jette dans le Beuvron, après avoir traversé les communes de Saint-Révérien, Neuilly et Beuvron. Rivière de Nailly, 1607 (A. N.).

Arquian, c⁰ⁿ de Saint-Amand. — *Arcuannum*, XIᵉ siècle (cart. de l'Yonne, II, XXXII). — *Villa et parrochia d'Arquian*, 1306 (Les Olim, III, 900). — *Arquian*, 1535 (pouillé d'Auxerre). — *Arquant*, 1689 (reg. des fiefs). — Fief de la châtell. de Saint-Verain.

Arraux (Domaine d'), f. c⁰ⁿ d'Oulon. *Arraux* (Cassini).

Arraux (Les), h. c⁰ⁿ de Cercy-la-Tour. *Les Arraux*, 1556 (A. N.).

Arraux, h. c⁰ⁿ de Balleray. *Arraux*, (chapelle des Bordes). — *Arrellum*, 1355 (censier du chap. de Nevers). — *Arraux*, 1659 (C.).

Ars, fief de la châtell. de Montreux-le-Comte, mentionné en 1638 (Marolles).

Arsenay, h. détruit, c⁰ⁿ d'Ouroux, mentionné en 1604 (reg. d'Ouroux).

Arteil, c⁰ⁿ de Prémery. — *Villa Artedo*, 849 (Gall. christ. XII, col. 301). — *Ecclesia de Arteio*, 1141-1142 (cart. de Saint-Cyr de Nevers). — *Art.*, 1287 (reg. de l'év. de Nevers). — *Artheyau*, 1331 (censier du chap. de Nevers). — *Cura de Arteyo*, 1518 (pouillé de Nevers). *Artel*, 1581 (arch. de Maumigny). *Arthe*, 1583 (A. N.). — Fief de la châtell. de Montenoison.

Artonne, h. c⁰ⁿ de Nurcy.

Arvillon, h. c⁰ⁿ d'Imphy.

Arzembouy, c⁰ⁿ de Prémery. — *Villa Arcus*, 849 (Gall. christ. XII, col. 301). — *Arceus*, 1223 (mss de Baluze, extrait du cart. de la chambre des comptes de Nevers). — *Ars*, 1287 (reg. de l'év. de Nevers). — *Cura de Arcubus-in-Baxo*, 1478 (A. N.). — *Cura de Arcubus*, 1518 (pouillé de Nevers). — *Arc-en-Bouy*, 1536 (extr. des titres de Bourgogne). — *Ars-en-Bouy*, 1638 (Marolles). — *Arc-en-Bouy*, 1649 (arch. de Quincize). — *Arzanbouy*, 1689 (A. N.). — Fief de la châtell. de Montenoison.

Asnan, c⁰ⁿ de Brinon. — *Ausantum*, 1287 (reg. de l'év. de Nevers). — *Asnantum*, 1406 (A. N.). — *Asnan*, 1602 (ibid.). — *Asnan*, 1638 (Marolles). Fief de la châtell. de Metz-le-Comte.

Assois, c⁰ⁿ de Tannay. — *Anays*, 1287 (reg. de l'év. de Nevers). — *Assenay et Asnays*, 1352 (cart. de la chambre des comptes de Nevers, mss de Baluze). — *Asnoys*, 1493 (A. N.). — *Anesium*, 1517 (pouillé

DÉPARTEMENT DE LA NIÈVRE

... Nevers.   Anno. 1689 (A. N.). — Fief de la châtell. de Saint-Verain, érigé en baronnie en 1606.

ACELONS, fief, c^ne de Cercy-la-Tour, mentionné en 1466 (Marolles).

ACERE, h. c^ne de Lurcy-Amare, anc. paroisse. — Esmaria, 1287 (reg. de l'év. de Nevers). — Cura de Incerlia, 1478 (pouillé de Nevers). — Assara, 1517 (ibid.). — Assardz, 1607 (A. N.). — Essards, 1664 (ibid.). — Fief de la châtell. de Saint-Saulge.

ACHENAY, fief de la châtell. de Moncenoux-le-Comte, mentionné en 1638 (Marolles).

ACHORT, h. c^ne de Chiddes. — Assard, 1610 (S.). — Assard, 1664 (reg. de Chiddes).

AMBARTINES, h. détruit, c^ne de Sauvigny-les-Bois, mentionné en 1355 (censier du chap. de Nevers).

ACHIN, c^ne de Châteauneuf-au-Val-de-Bargis. — Acin (Cassini).

Acy, c^ne de Saint-Seine. — Acy (Cassini).

ATELIER (L'), f. c^ne de Chevenon. — Lastelier, 1605 (S.). — Lathellier, 1605 (ibid.).

ATELIER (LE PETIT-), h. c^ne de Chevenon.

ATELIER, h. c^ne de Château-Chinon-Campagne. — Hatruye (Cassini).

ATEUX, m^on, c^ne de Saint-Hilaire. — Hatruye (Cassini).

ATRIVEAU (L'), f. c^ne de Chantenay.

AUBARON (L'), m. c^ne de Chantenay. — Barrau (Cassini).

AUBEPIN (L'), f. c^ne de Frasnay-le-Ravier. — Laubaspin, 1689 (C.).

AUBEPINS (LES), f. détruite, c^ne d'Amazy, mentionnée en 1676 (reg. d'Amazy).

AUBETERRE, h. c^ne de Saint-Éloi. — Oger (Cassini).

AUBIGNY, h. c^ne de Montenoison. — Aubigny-les-Montenoison, 1638 (Marolles). — Aubigny-sous-Montenoison, 1689 (A. N.). — Fief de la châtell. de Montenoison.

AUBIGNY, h. et m^ons détruits, c^ne de Préporché, mentionnés en 1673 (S.).

AUBIGNY-LE-CHÉTIF, c^ne de Decize. — Albiniacum, 1147 (Lebeuf, IV, 39). — Albigniacum, 1226 (A. N.). — Aubigny-le-Chétif, 1279 (ibid.). — Albigniacum Captivum, 1478 (pouillé de Nevers). — Aubigny-le-Chétif, 1602 (A. N.). — Fief de la châtell. de Decize, vassal de Thianges.

AUBOIS, f. c^ne de Cercy-la-Tour.

AUBRON (L'), h. c^ne de Donzy.

AUBUES (LES GRANDES-), h. c^ne de Chaulgnes. — Les Aubues; les Albues, 1331 (censier du chap. de Nevers). — Les Grands-Aubues, 1771 (reg. de Chaulgnes). — Les Obus, 1787 (ibid.).

AUBUES (LES PETITES-), h. c^ne de Chaulgnes. — Les

Petits-Aubues, 1771 (reg. de Chaulgnes). — Abbaye du Mont (ibid.).

AUBUES-DE-CLAIRY (LES), h. détruit, c^ne de Clairy, mentionné en 1455 (A. N.). — Les Aubues, 1473 (ibid.).

AUBUES (LES), fief de la châtell. de Saint-Saulge, mentionné en 1638 (Marolles). — Les Aubues, 1689 (reg. des fiefs).

AUBY (LES), h. c^ne de Saint-Jean-aux-Amognes. — Auby (Cassini).

AU-CHARNOT, m. c^ne de Sermages.

AUCERELLES (LES), m^on, c^ne de Champvoux.

AUDENAY, h. c^ne d'Alligny. — Audenaye, 1283 (C.). — Domus de Audenaye, 1295 (S.). — Audenay, 1466 (C.). — Audenaye, 1481 (S.). — Audenaye, 1485 (C.). — Audenay, 1506 (S.). — Fief de la châtell. de Saint-Saulge.

AUDES, h. c^ne de Langeron. — Auds, 1638 (Marolles). — Ods (Cassini). — Fief de la châtell. de Châteauneuf-sur-Allier.

AUDOIS (LES) ou LES ODOIS, h. c^ne de Nolay.

AUGERIES (LES), h. c^ne d'Alligny. — Angery, 1503 (A. N.). — Les Angeries (Cass.).

AUGES (LES), h. c^ne de Saint-Agnan.

AUGIARD, h. c^ne de Limanton. — Augiars, 1282 (C.). — Augiars, 1383 (ibid.). — Aulgiars, 1420 (ibid.). — Auger, 1535 (ibid.). — Augiars, 1611 (ibid.).

AULAIS (LES), éc. c^ne de Saint-Parize-en-Viry.

AULNEES (LES), h. détruit, c^ne de Cercy, fief de la châtell. de Cercy-la-Tour, mentionné en 1533 (C.). — Les Saulnes, 1689 (reg. des fiefs).

AULNEY, h. c^ne de la Nocle.

AUNAY (GRAND-), f. c^ne de la Nocle. — Onas, 1603 (A. D.). — Honat (Cassini).

AUNAY (PETIT-), f. c^ne de la Nocle.

AUNAY-EN-BAZOIS, c^ne de Châtillon. — Ecclesia Sancti Laurentii de Onacho et Ecclesia de Onaco, 1130 (Gall. christ. XII, col. 340). — Ecclesia de Orna, 1164 (Bulliot, II, 42). — Onayum, 1287 (reg. de l'év. de Nevers). — Aulenayum, 1357 (C.). — Onnay, 1443 (ibid.). — Onay, 1459 (ibid.). — Aunay, 1658 (reg. d'Aunay). — Fief de la châtell. de Montreuillon, relev. du comté de Château-Chinon.

En 1790, le canton d'Aunay, dépendant du district de Château-Chinon, fut composé des communes d'Achun, Aunay, Bazolles, Chougny, Marré, Ougny et Sainte-Péreuse.

AUNOSSEAU, f. c^ne de Fours.

AURONS (L'), riv. prend sa source à la ferme de Moulinot, dans la commune de Lormes, et se jette dans l'Yonne, après avoir traversé les communes de Cervon, Corbigny, Anthien et Chitry-les-Mines.

DÉPARTEMENT DE LA NIÈVRE

Autreville, fief de la châtell. de Champvert, mentionné en 1638 (Marolles).

Azaron, c^ne de Brinon. — Ecclesia de Aledro, 1111-1147 (cart. de Saint-Cyr de Nevers). — Altare Aledro, 1287 (reg. de l'év. de Nevers). — Cure de Ales Alodo, 1517 (pouillé de Nevers). — Auzerol, 1638 (Marolles). — Oluro, 1685 (reg. de Cossot-l'Orgueilleux). — Fief de la châtell. de Montenoison.

Autreville (L'), h. c^ne de Crux-la-Ville. — Lautrevol (Cassini).

Autrelin, h. détruit, c^ne de Corvol-l'Orgueilleux, mentionné en 1273 (A. N. fonds de Roches). — Autry, 1523 (A. N.).

Autrey, f. c^ne de Saint-Pierre-le-Moûtier. — Autry (Cassini).

Auverly, fief de la châtellenie de Clamecy, mentionné en 1638 (Marolles). — Auerly, 1689 (Marolles).

Auzon, h. c^ne d'Anthien.

Auzon, h. c^ne de Corbigny. — Auzous (Cassini).

Auzon (L'), petite rivière formée, dans la commune de Lormes, de la réunion des ruisseaux du Goulot et de Curailbot ; elle se jette dans l'Yonne, après avoir traversé les communes de Magny-Lormes, Corbigny et Ruages.

Auzon, vill. détruit, c^ne de Saint-Pierre-du-Mont, mentionné en 1689 (reg. des fiefs).

Auzon (L'), riv. prend sa source dans le département de l'Allier et se jette dans l'Acolin, après avoir traversé les communes de Lucenay-les-Aix et Cossaye.

Avaises, fief de la châtellenie de Clamecy, mentionné en 1689 (reg. des fiefs).

Avantignable (Grangia), lieu détruit, près de Bourras, mentionné en 1184 (Gall. christ. XII, col. 138).

Avault, h. c^ne de Moulins-Engilbert. — Les Veaux (Cassini).

Avaux, h. c^ne de Villapourçon. — Avau, 1776 (reg. de Villapourçon).

Avaux, h. c^ne de Ruages.

Avenières, f. c^ne de Lusy. — Avenures, 1285 (S.). — La Mex des Avenyeres, 1575 (C.).

Averts (Les), h. c^ne de Mouz.

Averts (Les), h. c^ne de Saint-Verain.

Avet, h. détruit, c^ne de Lamenay, porté sur la carte de Cassini.

Axis (Les), fief de la châtell. de Saint-Verain, mentionné en 1638 (Marolles).

Azoudierres (Les), h. c^ne de Montsauche. — Les Azourierres (Cassini).

Azoudierres Les, m.^n c^ne de la Roche-Millay.

Azoudierres (Les), h. c^ne de Saint-Pierre-le-Moûtier. — Les Azourrres (Cassini).

Azes, c^ne de Lusy. — Ecclesia de Azeron et de Aseron, 1111-1147 (cart. de Saint-Cyr de Nevers). — Azeron, 1287 (reg. de l'év. de Nevers). — Azeron, 1578 (pouillé de Nevers). — Azero, 1558 (A.). — Aperon, 1619 (reg. de Sermoise). — Aperon, 1656 (reg. de Lusy). — Fief de la châtell. de Savigny-Poil-Fol.

Azile (Bois d'), forêt. c^ne de Vermenot et d'Aubigny-le-Châtel.

Azile-les-Loups, h. c^ne d'Aubigny-le-Châtel. — Aseroncum, 1339 (A. N.). — Acrol-les-Loups, 1419 (ibid.). — Aperol-les-Loups, 1507 (ibid.). — Aperoy, 1615 (ibid.). — Fief de la châtell. de Decize.

Azile-sur-Loire, c^ne de Decize. — Parrochia de Aperolo, 1211 (A. N. fonds du chap. de Nevers). — Acroacum, 1271 (ibid.). — Aeryaenum, 1369 (S.). — Acrol, 1406 (A. N.). — Acrol-sur-Loire, 1489 (A. D.). — Azry-sur-Loire, 1675 (reg. de Saint-Loup-sur-Aheon). — Fief de la châtell. de Decize, mouv. de Rosemont.

Azille, f. c^ne de Charrin. — Azerilly, 1610 (A. D.). Fief de la châtell. de Decize.

Ayllers (Les), lieu détruit, près de Nevers, mentionné en 1270 (A. N.). — Les Aillers, 1285 (S.).

Azy, chât. c^ne de Saint-Benin-d'Azy, bâti en 1847.

Azy, h. c^ne de Garchizy. — Aziacum, 1355 (censier du chap. de Nevers). — Asy, 1437 (A. N.). — Azy-lez-Garchizies, 1536 (ibid.). — Azy-les-Vignes, 1748 (ibid.). — Fief de la châtell. de Nevers, mouv. de Chanes.

Azy (Le Vieux Château d'), f. c^ne de Saint-Benin-d'Azy.

Azy-le-Vif, c^ne de Saint-Pierre-le-Moûtier. — Aziacum, 1156 (Gall. christ. XII, col. 342). — Ecclesia de Aziaco, 1161 (Bulliot, II, 42). — Aziacum, 1318 (A. N.). — Cura de Azaco Vivo, 1478 (pouillé de Nevers). — Azi, 1554 (S.). — Azy-le-Vif, 1572 (Aliénation du bien de l'Église, dioc. de Nevers).

B

Babaudière (La), fief de la châtell. de Saint-Verain, mentionné en 1638 (Marolles).

Babias, m^in c^ne de Moulins-Engilbert. — Village de Babias, 1551 (terrier de Commagny). — Babas (Cassini).

Babias (Les), h. c^ne d'Alligny.

DÉPARTEMENT DE LA NIÈVRE.

BABIER, f. c^{ne} de Diennes. — Arrière-fief de la Loge (A. N.).

BACAILLER, f. c^{ne} de Neuville-lez-Decize.

BACAIRES (LES), h. c^{ne} de Saint-Franchy.

BAGATELLE, f. c^{ne} de Clamecy.

BAGATELLE, m. de camp. c^{ne} de Nevers.

BAGNELLE, h. c^{ne} de Livry.

BAGNELLES (LES), h. c^{ne} de Livry.

BAGNEUX, m. c^{ne} de Donzy; anc. paroisse. — *Balneolum*, 1535 (pouillé d'Auxerre). — *Baigneaux*, 1571 (inv. de Villemoison). — *Bagneaux*, 1595 (reg. de Donzy). — *Baignault*, 1605 (A. N.). — *Baigneux*, 1638 (Marolles). Fief de la châtellenie de Donzy.

BAGNETS, h. c^{ne} d'Azy-le-Vif.

BAIN (LA), ruiss. prend sa source dans les étangs de la Baie et de Chanvé, c^{ne} de Poussignol-Blismes, et se jette dans l'Yonne, après avoir traversé la commune de Montreuillon.

BAILLI, grange détruite, c^{ne} de Sauvigny-les-Bois, mentionnée en 1331 (censier du chap. de Nevers).

BAILLI (LE), h. c^{ne} de Decize.

BAILLIS (LES), h. c^{ne} de Dornes, donne son nom à un ruisseau affluent de la Dornette.

BAILLY, chât. et h. c^{ne} de Magny-Lormes. — *Bailly*, 1598 (reg. de Corson).

BAILLY, f. c^{ne} de Montigny-sur-Canne.

BAILLY, f. c^{ne} de Saint-Germain-Chassenay. — *Les Baillys*, 1753 (reg. de Saint-Germain). — *Les Baillifs*, 1761 (ibid.).

BAILLY, h. c^{ne} de la Collancelle. — 1515 (A. N.).

BAILLY, usine, c^{ne} de Donzy.

BAILLYS (LES), h. c^{ne} de Perroy. — *Valliacus*, vers 810 (Polypt. d'Irminon, II, 117). — *Bailly*, 1689 (reg. des fiefs). — C'était un fief de la châtell. de Saint-Verain.

BAINS DE SAINT-HONORÉ (LES), établissement thermal, c^{ne} de Saint-Honoré.

BALAIS (LES), h. c^{ne} de Mont-et-Marré. — *Le Ballet* (Cassini).

BALANDERIE (LA), h. c^{ne} d'Urzy.

BALANGERIE (LA), m. de garde, c^{ne} de Saint-Aubin-les-Forges.

BALLAIN-LEZ-SAVIGNY-SUR-CANNE, fief, c^{ne} de Saint-Gratien, dépendait de la châtell. de Decize, 1743 (A. D.).

BALLERAY, c^{ne} de Pougues. — *Altare situm in provincia Nivernensium in loco quem vocitamus Capellam*, 986 (Gall. christ. XII, col. 321). — *Capella Ballere*, 1287 (reg. de l'év. de Nevers). — *La chapelle Balleray*, 1442 (A. N. fonds de l'év.). — *Cura de capella Ballerey*, 1478 (pouillé de Nevers). — *Cura de Ballereto*, vers 1500 (A. N.). — *Baulleray*, 1566 (A. N. fonds de l'év.).

BALLEBORDE (BOIS DE LA), c^{ne} de Montigny-aux-Amognes.

BANCHOT (LE), h. c^{ne} de Villapourçon.

BANEGOS, h. détruit, c^{ne} de Magny-Cours, mentionné en 1600 (S.).

BANGES, h. détr. c^{ne} d'Alluye, mentionné en 1564 (C.).

BANLAY, m. de camp. et h. c^{ne} de Varennes-les-Nevers. — *Banlay, Banlayum*, 1355 (censier du chap. de Nevers).

BANNEREAU, f. c^{ne} de Saint-Pierre-le-Moûtier. — *Les Bannereaux* (Cassini).

BANQUET (BOIS DE), c^{ne} de Mhère.

BARAQUE (LA), m. c^{ne} de Rémilly.

BARATON (LE), ruiss. affluent de la Landarge, c^{ne} de Thianges. — *Rivière de Baraton, autrement de Thianges*, 1626 (A. N.).

BARATONS (LES), h. c^{ne} de Bouhy.

BARATS (LES), f. c^{ne} de Germigny (Cassini).

BARATS (LES), h. c^{ne} d'Arleuf. — *Les Baras* (Cassini).

BARATTE (LA), h. et chât. c^{ne} de Saint-Éloi. — 1597 (A. N.).

BARAUDES (LES), h. et f. c^{ne} de Moulins-Engilbert.

BARAVELLE (LA), f. c^{ne} de Livry.

BARBARIN, f. c^{ne} de Chantenay.

BARBEAU, f. c^{ne} de Fours. — *Barbot*, 1466 (A. D.). — *Barbo*, 1689 (reg. des fiefs). — *Le Barbeau*, 1719 (S.). — *Barbot-lez-Fours*, 1771 (A. D.). — Fief de la châtell. de Charrin, puis de celle de Decize.

BARBES, h. détruit c^{ne} d'Imphy, mentionné en 1355 (censier du chap. de Nevers).

BARBELEINE, éc. c^{ne} de Champlemy.

BARBELOUP, h. c^{ne} de Tronsanges.

BARBERY, m. de camp. et f. c^{ne} de Montigny-aux-Amognes. — *Barbere*, 1506 (extrait des titres de Bourgogne).

BARBETTE, f. c^{ne} de Sougy. — *Les Barbets*, 1604 (A. N.). — Fief vassal de Thianges.

BARBEZANS (LES), h. c^{ne} d'Alligny. — *Les Barberons* (Cassini).

BARBIER, h. c^{ne} de Verneuil. — *Les Barbes*, 1452 (A. N.). — *Les Barbiers*, 1456 (ibid.). — Fief vassal de Thianges.

BARBIER (ÉTANG), c^{ne} de Toury-Lurcy. — *Les Barbiers* (Cassini).

BARBIERS (LES), f. c^{ne} de Lucenay-les-Aix.

BARBIERS (LES), h. c^{ne} de Châteauneuf.

BARBOULLIÈRE (LA), h. entre les deux bras de la Nièvre, près de Nevers, mentionné en 1695 (A. N.); donne son nom à un canal qui fait communiquer ces deux bras l'un avec l'autre.

DÉPARTEMENT DE LA NIÈVRE.

Bardiaux (Les), h. c^{ne} d'Arleuf. — *Bardiots* (Cassini).
Barberie, m. c^{ne} de Champlemy.
Bardins (Les), h. c^{ne} de Garchizy. — 1536 (A. N.).
Bardins (Les), h. c^{ne} de Menou.
Bardonet (Le), f. c^{ne} de Magny-Cours. — *Pasturellum de Bardone*, 1414 (A. N.). — *Bardenot* (Cassini).
Bardy, f. c^{ne} de Limanton. — *La Bardy*, 1537 (S.).
Barelles (Les), éc. c^{ne} de Toury-sur-Jour.
Barellière (Les), h. c^{ne} de Gimouille. — *Le molin Barrillier*, 1530 (A. N.). — *Les Barrilliers* (Cassini).
Bargis (Val de), petite contrée dont Châteauneuf-Val-de-Bargis était le chef-lieu; sa circonscription était à peu près la même que celle de la châtellenie de Châteauneuf (voy. ce nom).
Barlets (Les), f. c^{ne} de Pousseaux.
Barnau, h. c^{ne} de Tazilly. — *Barnault*, 1772 (reg. de Poil).
Baron (Le), h. détruit, c^{ne} de Saint-Jean-aux-Amognes, porté sur la carte de Cassini.
Barraque (La), h. c^{ne} de Glux.
Barraques (Les), h. c^{ne} de la Machine.
Barré, f. c^{ne} de Montigny-sur-Canne.
Barre (La), chât. c^{ne} de Livry.
Barre (La), f. et anc. chât. c^{ne} de Garchy. — 1712 (inscription de la cloche de Garchy).
Barre (La), f. ruinée, c^{ne} de Lys.
Barre (La), h. c^{ne} de Rouy. — *Occhia de la Barre*, 1295 (S.). — Fief de la châtell. de Saint-Saulge.
Barre-d'Escuilly (La), fief de la châtell. de Saint-Verain, mentionné en 1628 (Marolles).
Barreau (Le), m. c^{ne} de Druy. — *Les Barons*, 1580 (A. N.).
Barelles, h. c^{ne} de la Fermeté.
Barrerie (La), h. c^{ne} de Thianges.
Barres (Les), fief de la châtell. de Donzy, mentionné en 1638 (Marolles).
Barres (Les), fief de la châtell. de Saint-Verain, mentionné en 1638 (Marolles).
Barres (Les), h. c^{ne} de Chasnay, — 1629 (A. N.).
Barres (Les), m. et ruines, c^{ne} de la Celle-sur-Loire. — Fief de la châtell. de Cosne.
Barres (Les), vill. de la c^{ne} de Lucenay, mentionné dans le procès-verbal des limites du Bourbonnais et de Nivernais de 1389 (A. N.).
Barret, f. c^{ne} de Livry. — *Le Barrois* (Cassini).
Barrières (Les), h. détruit, c^{ne} de Ternay.
Barsondras (La), h. c^{ne} de Chevannes-Changy. — xviiie siècle (reg. de Chevannes).
Bas-Charnat (Le), m. c^{ne} de Rémilly.
Bas-d'Avrée (Le), f. c^{ne} d'Avrée.
Bas-de-Fours, h. c^{ne} de Fours.
Bas-de-la-Celle (Le), h. c^{ne} de la Celle-sur-Nièvre.

Bas-de-la-Garenne, m. c^{ne} de Saint-Hilaire-Fontaine.
Bas-de-Riotte, h. c^{ne} de Livry. — *Bas-Rousse* (Cassini).
Bas-d'Heuille (Le), h. c^{ne} de Saint-Martin-d'Heuille.
Bas-du-Goulost (Le), m. c^{ne} de Gien-sur-Cure.
Bas-Montceaux (Le), h. c^{ne} de Nevers. — *Le Bas du Montot*, 1573 (A. N.).
Bas-Riot (Le), h. c^{ne} de Chantenay.
Bas-Buisseral (Le), f. c^{ne} de Chantenay.
Bassats (Les), h. c^{ne} de Couloutre. — *Les Bassots* (Cassini).
Basse-Cour, h. c^{ne} de Cercy-la-Tour.
Basse-Cour (La), m. c^{ne} de Saincaize.
Basse-Cour-de-Saint-Cy, f. c^{ne} de Fertrève.
Basse-Meule (La), f. c^{ne} de la Machine. — *La Meule* (Cassini).
Basse-Noue, h. c^{ne} de Moulambert-Tannay.
Basseporte, f. c^{ne} de Sougy.
Basserie (La), h. c^{ne} d'Arquian.
Basseville, chât. c^{ne} de Pousseaux; chartreuse. — *Conventus Basse Vallis*, 1285 (S.). — *Ecclesia prioratus Vallis Sancti Johannis de Bassa Villa ordinis Carthusiensis*, 1331 (Gall. christ. XII, col. 183). — *Prioratus Sanctæ Mariæ Vallis Sancti Johannis*, 1339 (ms de Baluze, extr. du cart. de la chambre des comptes de Nevers). — *Cartusia de Bassa Villa*, 1535 (pouillé d'Auxerre). — *Chartreuse de Notre-Dame du Val Saint-Jean de Basseville*, 1763 (arch. de la mairie de Pousseaux).
Bassillerie (La), h. détruit, c^{ne} de Saint-Franchy, porté sur la carte de Cassini.
Basson ou Bassoy, fief de la châtell. de Donzy, mentionné en 1689 (reg. des fiefs). — *Bassotum*, 1335 (A. N.).
Bassy, h. détruit, c^{ne} d'Ouroux, mentionné en 1596 (reg. d'Ouroux).
Batanterie (La), h. c^{ne} d'Annay. — *La Battotterie* (Cassini).
Bateau, chât. c^{ne} de Sougy. — *Maison Batteau* (Cassini).
Batier, f. c^{ne} de Saint-Germain-Chassenay. — *Battier*, 1772 (plan terrier de Beauvoir). — *Baquet* (Cassini).
Batillier, vill. détruit, c^{ne} d'Ouroüer, mentionné en 1445 (A. N. fonds de l'év.).
Batisse (La), f. c^{ne} de Corancy.
Batisse (La), h. détruit, c^{ne} de Saint-Aubin-les-Forges, mentionné en 1636 (A. N.).
Batoir (Le), mⁱⁿ détruit, c^{ne} d'Alligny (Cassini).
Batonnière (Ruisseau de), c^{ne} de Varennes-lez-Narcy.
Battant, h. c^{ne} de Fours.
Battants (Les), tuil. c^{ne} de Prémery.
Battoir (Le), m. de camp. et tuil. c^{ne} de Champvoux. — *Batoir*, 1689 (reg. des fiefs).

BATTOIR (LE), m., c⁽ⁿᵉ⁾ de Varzy. — *Le fief du moulin du Batoir*, 1689 (reg. des fiefs). — Fief de la châtell. de Monceaux-le-Comte.

BATTOIR (MOULIN DU), à Clamecy, mentionné en 1581 (Marolles).

BAUBÉES (LES), h. c⁽ⁿᵉ⁾ de Montaron.

BAUBEAU, fief de la châtell. de Montreuillon, mentionné en 1575 (Marolles).

BAUBULAINE (LA), h. c⁽ⁿᵉ⁾ de la Celle-sur-Loire.

BAUCHET (LE), h. c⁽ⁿᵉ⁾ de Saint-Pierre-du-Mont. — *Le Beauchet*, Cassini.

BAUDIN, m. de camp. et h. c⁽ⁿᵉ⁾ d'Isenay. — *Baudoin*, 1469 (extr. des titres de Bourgogne). — *Baudoing*, 1500 (A. N.). — *Bauduin*, 1627 (C.). — *Baudouin, dit la Broussière*, 1638 (Marolles). — *Baudouin*, 1723 (plan terrier d'Isenay). — Fief de la châtell. de Decize.

BAUDIN (Bois), c⁽ⁿᵉ⁾ de Myennes.

BAUDINS (LES), h. c⁽ⁿᵉ⁾ de Luzy. — 1691 (reg. de Luzy).

BAUDIONS (LES), h. c⁽ⁿᵉ⁾ de Corvol-l'Orgueilleux (Cass.).

BAUDOUX, éc. c⁽ⁿᵉ⁾ de Luthenay.

BAUDRAIS (LES), h. c⁽ⁿᵉ⁾ de Montaron.

BAUDREUILLE, f. c⁽ⁿᵉ⁾ de Saint-Pierre-le-Moûtier. — *Baudreuil*, 1621 (A. N.).

BAUDUROT, f. c⁽ⁿᵉ⁾ de Saint-Hilaire-Fontaine. — *Beauduron* (Cassini).

BAUGERY, éc. c⁽ⁿᵉ⁾ de Montapas.

BAUGOUCHON, lieu détruit de la paroisse de Charrin, mentionné en 1763 parmi les fiefs de la châtell. de Decize (A. D.). — *Beaugucho*, 1489 (Marolles). — *Beaugachon*, 1581 (ibid.).

BAUGY, h. c⁽ⁿᵉ⁾ de Montigny-aux-Amognes. — *Baugy*, 1410 (arch. des Bordes). — *Les Baulgis*, 1543 (Lory).

BAUGY (LE), h. compris dans le Haut-Cheugny, c⁽ⁿᵉ⁾ de Varennes-lez-Nevers.

BAULLAY, fief de la châtell. de Luzy, mentionné en 1689 (reg. des fiefs).

BAULON (BOIS DE), c⁽ⁿᵉ⁾ de Guérigny.

BAUMONT, h. c⁽ⁿᵉ⁾ de Saint-Hilaire-Fontaine.

BAUNAY, chât. et f. c⁽ⁿᵉ⁾ d'Avril-sur-Loire. — *Bonnay*, 1778 (A. D.). — Fief de la châtell. de Decize.

BAUNÉS (LES), h. c⁽ⁿᵉ⁾ de Préporché. — *Les Biaunés*, 1673 (S.). — *Beaunes* (Cassini).

BAURON, fief de la châtell. de Metz-le-Comte, mentionné en 1689 (reg. des fiefs).

BAVEROLLES, h. c⁽ⁿᵉ⁾ de Parigny-les-Vaux. — *Baverolles ou Forge-Neuve* (Cassini).

BAVESLE, h. c⁽ⁿᵉ⁾ de Champlin.

BAYE, h. et étang servant à alimenter le canal du Nivernais, c⁽ⁿᵉ⁾ de Bazolles. — 1549 (A. N.).

BAYOLLE (LA), m. de camp. c⁽ⁿᵉ⁾ de Livry.

BAZARNES, chât. c⁽ⁿᵉ⁾ de Courcelles. — *Bazarne*, 1760 (terrier de Saint-Pierre-du-Mont).

BAZAT, fief de la paroisse d'Anisy, mentionné en 1500 (S.).

BAZOCHES, c⁽ⁿᵉ⁾ de Lormes. — *Basoches*, 1283 (extrait des titres de Bourgogne). — *Basochiæ*, 1284 (ibid.). — *Basoiches*, 1291 (ibid.). — Fief de la châtell. de Monceaux-le-Comte; donne son nom à un bois voisin.

BAZOIS (LE), petite contrée du Nivernais qui comprenait le canton actuel de Châtillon, une grande partie de celui de Moulins-Engilbert et une petite partie de ceux de Château-Chinon, Fours et Saint-Benin-d'Azy. — *Bazoys*, 1236 (S.). — *Bazeium*, 1262 (C.). — *Bazeyum*, 1271 (S.). — *Bazeysii*, 1272 (ibid.). — *Baizois*, 1443 (C.).

BAZOIS (LE), f. c⁽ⁿᵉ⁾ de Montaron.

BAZOLLE, h. c⁽ⁿᵉ⁾ d'Alligny-en-Morvand. — 1649 (terrier d'Alligny).

BAZOLLE (LA), f. c⁽ⁿᵉ⁾ de la Roche-Millay. — *Étang et bois de la Bazeules*, 1452 (C.). — *La Bazolle*, 1608 (ibid.). — Fief relevant de la baronnie de la Roche-Millay.

BAZOLLE (LA), h. c⁽ⁿᵉ⁾ de Villapourçon. — 1752 (reg. de Villapourçon).

BAZOLLES, c⁽ⁿᵉ⁾ de Châtillon. — *Ecclesia de Bazolis*, 1229 (Gall. christ. XII, col. 339). — *Ecclesia de Bazolliis*, 1130 (ibid.). — *Bazolium*, 1287 (reg. de l'év. de Nevers). — *Baseules*, 1399 (A. N.). — *Bazoules*, 1457 (C.). — *Cura de Bazolliis*, 1478 (pouillé de Nevers). — *Bazole*, 1485 (A. N.). — *Bazeulle*, 1564 (C.). — *Basole*, 1673 (S.).

BAZOT, fief de la châtell. de Luzy, mentionné en 1638 (Marolles).

BAZOZIÈRE (LA), fief, c⁽ⁿᵉ⁾ de Ternant, mentionné en 1529 (S.).

BÉARD, c⁽ⁿᵉ⁾ de Decize. — *Beardum*, 1287 (reg. de l'év. de Nevers). — *Beart*, 1470 (A. N.). — *Biard*, 1739 (A. D.). — Ancienne paroisse et fief de la châtell. de Decize.

En 1790, le canton de Béard, dépendant du district de Decize, fut composé des communes de Béard, Beaumont-sur-Sardolles, Druy, Parigny-sur-Sardolles, Saint-Ouen, Sougy et Trois-Vèvres.

BEAUBRY, f. c⁽ⁿᵉ⁾ de Chantenay. — *Baubry* (Cassini).

BEAUBUTAINE (LA), f. c⁽ⁿᵉ⁾ de Cosne.

BEAUBUTAINE (LA), m. c⁽ⁿᵉ⁾ de Saint-Verain.

BEAUCHATS (LES), f. c⁽ⁿᵉ⁾ de Bitry. — *Les Bochards, les Bauchards*, XVIIIᵉ siècle (reg. de Bitry).

BEAU-CRÊNE, h. c⁽ⁿᵉ⁾ de Donzy.

BEAUCHÊNE, f. et tuil. c⁽ⁿᵉ⁾ de Saint-Verain (Cassini).

BEAUCHOT, h. c⁽ⁿᵉ⁾ de Saint-Malo. — *Le Bochon* (Cassini).

DÉPARTEMENT DE LA NIÈVRE

BEAUCIRIEUX, h. c^{ne} de Saint-Léger-des-Vignes. — *Beausirdieu*, 1582 (Marolles). — Fief de la châtell. de Decize.

BEAUCORPS, éc. c^{ne} d'Azy-le-Vif.

BEAUDEDUIT, m. de garde, c^{ne} de Champvert. — *Beauldeudhuy*, 1503 (Lory). — *Beaudesduiet*, 1507 (A. N.). — *Beauldeduict*, 1538 (A. D.). — *Beaudeduy*, 1546 (A. N.). — Fief de la châtell. de Decize.

BEAUDINS (LES), f. c^{ne} de Tresnay. — *Beudin* (Cassini).

BEAUFILS, h. et f. c^{ne} de Langeron.

BEAUFORET, fief de la châtell. de Metz-le-Comte, mentionné en 1689 (reg. des fiefs).

BEAUFRÈRE (BOIS DU), c^{ne} de Sermoise.

BEAUGIS, f. c^{ne} de Balleray. — *Baugis*, 1757 (reg. d'Azy).

BEAUGODERIE (LA), mine de fer, c^{ne} de la Chapelle-Saint-André.

BEAUGOIX, f. c^{ne} de Charrin.

BEAUGY, h. c^{ne} d'Avril-sur-Loire. — *Baugi*, 1341 (A. D.). — *Baugys*, 1512 (ibid.). — *Baugy*, 1607 (ibid.). — Fief de la châtell. de Decize.

BEAUGY, h. mⁱⁿ et f. c^{ne} de Clamecy. — *Baugiacum et Balgiacum*, 1076-1084 (Lebeuf, IV, 27). — *Baugy*, 1562 (arch. de Clamecy). — Fief de la châtell. de Clamecy.

BEAULIEU, c^{ne} de Clamecy. — *Cura de Belloloco*, 1478 (pouillé de Nevers). — Fief de la châtell. de Montenoison.

BEAULIEU, chapelle détruite, c^{ne} de Neuville-lez-Decize, portée sur la carte de Cassini.

BEAULIEU, f. c^{ne} de Clamecy; ancien prieuré. — *Capella Beate Marie de Bello Loco prope Clameriacum*, 1400 (C.). — *Chapelle de Notre Dame de Beaulieu-lez-Clamecy*, 1545 (S.).

BEAULIEU, h. c^{ne} de Chaulgnes. — *Beaulieu-le-Pavillon*, 1771 (reg. de Chaulgnes).

BEAULIEU, lieu détruit de la paroisse de Luthenay, anc. prieuré de l'ordre de Saint-Benoît dépendant du prieuré de Souvigny. — *Prioratus de Bello Loco*, 1478 (pouillé de Nevers).

BEAULON (BOIS DE), c^{ne} de Guérigny.

BEAULRAYS, lieu détruit, c^{ne} de Magny-Cours, mentionné en 1549 (terrier de Saint-Pierre-le-Moûtier).

BEAUNE (LA), f. c^{ne} de Sémelay.

BEAUNE (LA), m. c^{ne} de Sermages (Cassini).

BEAUNE-DE-LA-TAREILLE (LA), m. de camp. c^{ne} de Villapourçon.

BEAUNES (LES), m. c^{ne} de la Roche-Millay.

BEAUMONT, chât. et f. c^{ne} de Saint-Pierre-le-Moûtier.

BEAUMONT, f. c^{ne} de Saint-Gratien-Savigny.

BEAUMONT, h. c^{ne} d'Alligny-en-Morvand. — *Beaulmont*, 1649 (terrier d'Alligny).

BEAUMONT, h. c^{ne} de Guipy. — 1689 (reg. des fiefs). — Fief de la châtell. de Monceaux-le-Comte, qui a donné son nom à un bois situé dans la même commune.

BEAUMONT, point trigonométrique, c^{ne} de Clamecy. *Croix de Beaumont* (Cassini).

BEAUMONT (BOIS DE), c^{ne} de Prémery.

BEAUMONT-LA-FERRIÈRE, c^{ne} de la Charité-sur-Loire. — *Bellus Mons*, 1245 (S.). — *Beaulmont-la-Ferrière*, 1384 (A. N.). — *Bellus-Mons-Ferrarum*, 1478 (pouillé de Nevers). — *Bellus-Mons-Ferraria*, 1514 (A. N.). — *Beaumont-les-Forges* (Cassini). — Fief de la châtell. de Montenoison.

En 1790, Beaumont-les-Forges devint le chef-lieu d'un canton du district de la Charité, qui fut composé des communes de Beaumont-les-Forges, la Celle-sur-Nièvre, Murlin et Saint-Aubin-les-Forges.

BEAUMONT-SUR-MONTENOISON, fief de la châtell. de Montenoison, mentionné en 1689 (reg. des fiefs).

BEAUMONT-SUR-SARDOLLES, c^{ne} de Saint-Benin-d'Azy. — *Bellus Mons*, 1287 (reg. de l'év. de Nevers). — *Beaumont-sur-Sardoille*, 1485 (A. N.). — *Cura de Bello-Monte super Sardollam*, 1478 (pouillé de Nevers). — *Beaulmont-sur-Sardolle*, 1539 (A. N.). — Donne son nom à un bois.

BEAUMOTE (LA), h. c^{ne} de Sermages.

BEAUREGARD, f. c^{ne} de Courcelles.

BEAUREGARD, f. c^{ne} de Saint-Germain-Chassenay, 1594 (A. D.). — Fief de la châtell. de Decize.

BEAUREGARD, fief, c^{ne} de Béard, châtell. de Decize, mentionné en 1750 (A. N.).

BEAUREGARD, h. c^{ne} de Champvoux. — 1628 (A. N.). — *Bellus Respectus*, 1355 (censier du chap. de Nevers).

BEAUREGARD, h. c^{ne} de Châtillon-en-Bazois.

BEAUREGARD, h. c^{ne} de Chaumot-sur-Yonne. — *Beaulregard*, 1473 (A. N.). — Fief de la châtell. de Monceaux-le-Comte.

BEAUREGARD, h. c^{ne} de Jailly.

BEAUREGARD, h. c^{ne} de Saint-Amand. — *Beau Regard*, 1689 (reg. des fiefs). — Fief de la châtell. de Saint-Verain, qui donne son nom à un bois dont une partie est du département de l'Yonne.

BEAUREGARD, h. c^{ne} de Saint-Saulge.

BEAUREGARD, h. c^{ne} de Varennes-lez-Narcy. — *Grand et Petit Beauregard* (Cassini).

BEAUREGARD, m. c^{ne} d'Anlezy.

BEAUREGARD, m. c^{ne} de Cours-lez-Corne. — Fief de la châtell. de Donzy.

BEAUREGARD, m. c^{ne} de Gâcogne.

BEAUREGARD, m. c^{ne} de la Roche-Millay.

BEAUREGARD, m. de camp. c⁻⁻ de Coulanges-lez-Nevers.
BEAUREGARD, m¹⁻, c⁻⁻ de Cercy-la-Tour.
BEAUREGARD, f. c⁻⁻ de Fertrève. — *Borneaux* (Cassini).
BEAUREPAIRE, f. c⁻⁻ de Toury-Lurcy. — *Beaurepere*, 1610 (A. D.). — Fief de la châtell. de Decize.
BEAUREPAIRES (LES), m. de camp. c⁻⁻ de Luceney-les-Aix. — *Les Lourotors* (Cassini).
BEAUREUIL (LE), m. c⁻⁻ de Saint-Amand.
BEAUVAIS, éc. c⁻⁻ de Magny-Cours. — *Beauvoir* (Cass.).
BEAUVETRISE (LA), lieu détruit, c⁻⁻ de Cizely, porté sur la carte de Cassini.
BEAUVOIR, chât. et f. c⁻⁻ de Saint-Germain-Chassenay. — *Beauboir*, 1349 (A. N.). — *Bellus Visus*, 1386 (ibid.). — *Beauvoir*, 1512 (ibid.). — *Beauvays*, 1560 (ibid.). — *Beauvais*, 1678 (S.). — Fief de la châtell. de Decize.
BEAUVOIR, fief de la châtell. de Donzy, mentionné en 1689 (reg. des fiefs).
BEAUVOISIN, lieu détruit, c⁻⁻ d'Oudan, porté sur la carte de Cassini.
BEAU-VOISIN, grange et m. mentionnées en 1281 comme étant près du couvent des frères mineurs de Nevers.
BEAUX-PÈRES (LES), h. détruit, c⁻⁻ de Lucenay, porté sur la carte de Cassini.
BÉCHINS (LES), f. c⁻⁻ de Perroy.
BÉDISIES (LES), h. c⁻⁻ de Nevers. — *Budicie*, 1283 (A. N.). — *Grange des Budices*, 1408 (ibid.). — *Les Bédices*, 1684 (ibid.).
BÉDOIRS (LES), f. c⁻⁻ de Gimouille. — *Les Bedoires* (Cassini).
BEDUER (LA), h. c⁻⁻ de Savigny-Poil-Fol.
BEZ, f. c⁻⁻ de Chevenon.
BEL-AIR, f. c⁻⁻ de Montapas.
BEL-AIR, f. c⁻⁻ de Myennes.
BEL-AIR, h. c⁻⁻ d'Annay.
BEL-AIR, h. c⁻⁻ de Champvoux.
BEL-AIR, h. c⁻⁻ de Magny-Cours.
BEL-AIR, h. c⁻⁻ de Villiers-sur-Yonne.
BEL-AIR, m. c⁻⁻ d'Alligny.
BEL-AIR, m. c⁻⁻ de la Charité.
BEL-AIR, m. c⁻⁻ de Ménestreau.
BEL-AIR, m. de camp. c⁻⁻ de Dornes.
BELAIR, forge ruinée, c⁻⁻ de Murlin.
BELAIS (LE), éc. c⁻⁻ de Toury-sur-Jour.
BELAUDIÈRE, fief de la châtell. de Champallement, mentionné en 1638 (Marolles).
BELINS (LES), h. c⁻⁻ de Sardy, donne son nom à un ruisseau qui se jette dans le ruisseau de la Forêt.
BELLAGUE, h. c⁻⁻ de Luzy. — *Belagus*, 1408 (extr. des titres de Bourgogne). — *Bellaigue*, 1493 (C.). — Fief de la châtell. de Luzy.

BELLARY, f. c⁻⁻ de Châteauneuf; chartreuse fondée en 1209. — *Beaularrix*, 1207-1220 (Bibl. hist. de l'Yonne, I, 474). — *Villa Salcigiarum*, 1222 (Marolles). — *Maison de Beaulieu de Bellary*, 1230 (ibid.). — *Domus Bellilarici ordinis Cartusiensis*. xv⁻ siècle (sceau de Bellary).
BELLE-ÉTOILE (LA), f. c⁻⁻ de Saint-Parize-le-Châtel.
BELLE-ÉTOILE (LA), h. c⁻⁻ de Donzy.
BELLE-ÉTOILE-DE-CHALLANT (LA), m. c⁻⁻ de Saint-Parize-le-Châtel.
BELLEFAYE (FORÊT DE), près de Donzy, mentionnée en 1219 (Marolles). — Cette forêt fut l'objet d'un procès commencé en 1210 entre le comte de Nevers et la commune de Donzy, et terminé seulement en 1848 (arch. de Donzy).
BELLE-FONTAINE, h. c⁻⁻ de Villapourçon. — *En Belle Fontaine*, 1770 (reg. de Villapourçon).
BELLE-FONTAINE, m. de garde, c⁻⁻ d'Arquian.
BELLEPERCHE (ÉTANG et RUISSEAU DE), sources de l'Yonne, c⁻⁻ de Glux.
BELLEUE, f. c⁻⁻ de Millay.
BELLEVAULT, h. et m¹⁻, c⁻⁻ d'Épiry. — *Belevaux* (Cassini).
BELLEVAUX, f. c⁻⁻ de Limanton; abbaye importante de l'ordre de Prémontré. — *Abbatia Belle Vallis*, 1194 (C.). — *Ecclesia Bellevallensis*, 1218 (S.). — *Ecclesia Bellevallis*, 1233 (ibid.). — *Bellevaux*, 1284 (ibid.). — *L'église de Belle Vax*, 1300 (ibid.). — *Couvent de Belle Vaux*, 1375 (ibid.). — *Bellevault*, 1407 (C.). — *Bellevaulx*, 1462 (S.). — *Nostre-Dame de Bellevaulx*, 1481 (ibid.). — *Belvaux*, 1699 (ibid.). — *Bellevaulx*, 1709 (ibid.). — *Bellevaux* (Cassini).
BELLEVAUX, m. c⁻⁻ de Brinay, dépendait de l'abb. de Bellevaux.
BELLEVUE, f. c⁻⁻ de Châteauneuf.
BELLEVUE, f. c⁻⁻ de Perroy.
BELLEVUE, f. c⁻⁻ de Saint-Éloi. — *Grangia de Bello Visu*, 1239 (A. N. fonds de la Ferneté).
BELLEVUE, f. et m. de camp. c⁻⁻ de Varennes-lez-Narcy.
BELLEVUE, h. c⁻⁻ de Moux.
BELLEVUE, m. c⁻⁻ d'Arquian.
BELLEVUE, m. c⁻⁻ de Beaumont-la-Ferrière.
BELLEVUE, m. c⁻⁻ de Saint-Benin-d'Azy.
BELLINS, h. c⁻⁻ d'Épiry. — *Blain* (Cassini).
BELLUS RESPECTUS, h. détruit, c⁻⁻ de Pougues, mentionné en 1355 (censier du chap. de Nevers).
BELOUZE (LA), fief de la paroisse et de la châtell. de Decize, mentionné de 1486 à 1778 (A. D.).
BELOUZE (LA), fief de la châtell. de Luzy, mentionné en 1456 (A. N. liste d'hommages).
BELOUZE (LA), h. de la paroisse d'Alluye, mentionné en 1564 (C.).

BELOUZE (LA), h. et chât. c⁻ᵉ de Poiseux. — *La Belouze*, 1331 (censier du chap. de Nevers).

BELUCIACO (VILLA DE), près de la Charité, mentionné dans une charte du prieuré de la Charité de 1143 (*Gall. Christ.* XII, col. 114).

BELVAC, m. c⁻ᵉ de Mouron.

BELVÉDÈRE (LE), éc. c⁻ᵉ de Corancy.

BELVART, localité de la paroisse de Challuy, mentionnée en 1259 (A. N.).

BENARDERIE (LA), m. de camp. et f. c⁻ᵉ de Saint-Amand. — *La Bernarderie* (Cassini).

BENIOL, fief de la châtell. de Moncoeux-le-Comte, mentionné en 1575 (Marolles).

BENOIST-BERT, f. c⁻ᵉ de Chaumot-sur-Yonne. — *Monabert* (Cassini).

BÉRAULX (LES), f. de la paroisse de Blismes, mentionnée en 1477 (G.).

BERBERACT (NEMUS DE), paroisse de Sermages, mentionné en 1377 (S.).

BERCEAU (LE), f. c⁻ᵉ de Champlemy.

BERCHAUD (BOIS DE), c⁻ᵉ de Vignol.

BERCE, h. détruit, c⁻ᵉ de Tracy, porté sur la carte de Cassini.

BERCE (LA), h. c⁻ᵉ de Chaulgnes. — 1515 (terrier de Contres).

BERCOTTERIE (LA), h. c⁻ᵉ de Saint-Agnan.

BERCY, f. c⁻ᵉ de Saint-Germain-Chassenay. — 1738 (reg. de Saint-Germain).

BERGERAULT, fief de la châtell. de Corvol-l'Orgueilleux, mentionné en 1689 (reg. des fiefs).

BERGÈRE (GUÉ DE LA), gué de la riv. d'Abron, c⁻ᵉ de Toury-Lurcy.

BERGERIE (LA), f. c⁻ᵉ de Varennes-lez-Nevers. — *Domaine de la Bergerie*, 1669 (A. N.).

BERGERIE (LA), f. c⁻ᵉ de Montigny-en-Morvand.

BERGERIE (LA), f. c⁻ᵉ de Saint-Malo.

BERGERIE (LA), h. c⁻ᵉ de Châteauneuf.

BERGERIE (LA), h. c⁻ᵉ de Coulanges-lez-Nevers.

BERGERIE-DU-PAVILLON (LA), f. c⁻ᵉ de Moulins-Engilbert.

BERGERON, f. c⁻ᵉ d'Azy-le-Vif. — Fief de la châtell. de Decize, mentionné en 1778 (A. D.).

BERGERON, f. c⁻ᵉ de Saint-Pierre-le-Moûtier.

BERGERYE (LA), h. détruit de la paroisse de Neuilly, mentionné en 1678 (A. N.).

BERGES, h. c⁻ᵉ de Magny-Cours. — *Barges*, 1347 (A. N.). — *Berges*, 1458 (ibid.). — *Burges*, 1518 (Marolles). — *Barge*, 1608 (A. N.). — Fief de la châtell. de Châteauneuf-sur-Allier.

BERGES, h. c⁻ᵉ de Saint-Martin-du-Puits. — 1590 (arch. du chât. de Vésigneux).

BERGINON, h. détruit, c⁻ᵉ de Charrin, porté sur la carte de Cassini.

BERGROS, h. c⁻ᵉ de Corvol-l'Orgueilleux. *Bougeraux* (Cassini).

BERJATTERIE (LA), f. c⁻ᵉ de Bitry. — *La Bergetterie* (Cassini).

BERLAND, f. c⁻ᵉ de Charrin.

BERLE, h. c⁻ᵉ de Cruz-la-Ville. — *La Berle*, 1678 (S. N.).

BERLIÈRE, f. détruite, c⁻ᵉ de Suilly-la-Tour (reg. de Suilly-la-Tour).

BERLIÈRE (LA), m⁻ⁿ, c⁻ᵉ de Sainte-Colombe. — *La Berlière*, 1600 (S.).

BERNARD, f. c⁻ᵉ de Livry. — *Le Bernard* (Cassini).

BERNARD, m. c⁻ᵉ de Lucenay-les-Aix.

BERNARDINS (LES), h. détruit, c⁻ᵉ de Dornes, porté sur la carte de Cassini.

BERNARDS (LES), f. c⁻ᵉ de Lucenay-les-Aix. — *Barnat*, 1389 (procès-verbal des limites du Nivernais et du Bourbonnais. A. N.). — *Les Bernas* (Cassini).

BERNART, m. détruite, c⁻ᵉ d'Arthel, portée sur la carte de Cassini.

BARNAY, h. c⁻ᵉ de Brinay. — *Barnay*, 1506 (extr. des titres de Bourgogne). — Fief de la châtell. de Moulins-Engilbert, vassal du comté de Château-Chinon.

BERNERIE (LA), h. c⁻ᵉ de Saint-Loup.

BERNETS (LES), f. c⁻ᵉ de Prémery. — Ce lieu a donné son nom à un bois voisin.

BERNIER, f. c⁻ᵉ de Chantenay.

BERNIÈRE, h. c⁻ᵉ de Châtillon. — *Bernières*, 1434 (S.). — *Bernyère*, 1559 (G.). — Fief de la châtell. de Saint-Saulge.

BERNOT, h. c⁻ᵉ de Guipy.

BERNOTS (LES), f. c⁻ᵉ d'Entrains.

BERNOTTERIE (LA), h. c⁻ᵉ de Marcy.

BERTELLEAUX (LES), f. c⁻ᵉ d'Avrée.

BERTHELONS (LES), fief de la châtell. de Montreuillon, mentionné en 1689 (reg. des fiefs).

BERTHELOTS (LES), h. c⁻ᵉ de la Celle-sur-Loire. — *Les Bertellots* (Cassini).

BERTHELOTS (LES), h. et f. c⁻ᵉ de la Roche-Millay.

BERTHERIE (LA), h. résidence des gardes forestiers, c⁻ᵉ de Varennes-lez-Narcy.

BERTHES (LES), h. et f. c⁻ᵉ de la Chapelle-Saint-André. — *Les Bertes* (Cassini).

BERTHES (LES), h. c⁻ᵉ de Saint-Verain. — *Bethléem*, 1619 (arch. de Saint-Verain). — *Les Bertes* (Cassini). — Le nom primitif de ce hameau lui avait été donné par les sires de Saint-Verain, qui, au retour des croisades, voulurent rappeler dans leurs domaines le souvenir des saints lieux; c'est ainsi que l'on verra plus loin les noms de Jérusalem, de Bethphagé, du Jourdain, portés par des hameaux et par un ruisseau des environs de Saint-Verain,

BERTHILLE (LA), h. c^ne de Beaumont-sur-Sardolles.
BERTHIERS (LES), f. c^ne d'Entrains. — Faubourg d'Entrains en 1598 (arch. de l'Yonne).
BERTHIERS (LES), h. c^ne de Neuvy-sur-Loire.
BERTHIERS (LES), h. c^ne de Saint-Andelain. — Les Bertiers (Cassini).
BERTIGNEAUX (LES), h. c^ne de Raveau. — Les Bertignats (Cassini).
BERTIGNELLES, fief, c^ne de Donzy, mentionné en 1566 (Marolles).
BERTIGNES, fief de la châtell. de Châteauneuf-au-Val-de-Bargis, mentionné en 1689 (reg. des fiefs).
BERTINE (LA), m^n, c^ne de Donzy.
BERTOUX (LA), h. c^ne de Saint-Brisson. — La Bertou (Cassini).
BERTRAND, f. c^ne de Cossaye.
BERTRANDS (LES), m. c^ne de Moulins-Engilbert.
BERTRANGE (Bois de la), c^nes de Murlin et de Narcy.
BERTRANGE (LA), fief de la châtellenie de Saint-Verain, mentionné en 1689 (reg. des fiefs).
BERTRIN, h. et f. c^ne d'Aunay. — *Bois de Bertroy*, 1263 (Bulliot, II, 114). — *Bretrir*, 1486 (Marolles). — *Bertrys*, 1594 (A. N.). — *Bertry*, 1670 (reg. d'Aunay). — *Bois de Brery*, 1689 (reg. des fiefs). — Fief de la châtell. de Montreuillon.
BESACERIE (LA), f. c^ne de Saint-Martin-d'Heuille.
BESACES (LES), h. c^ne de Dampierre-sous-Bouhy.
BESIGNARD (Bois), c^ne de Saint-Germain-Chassenay. — *Le champ Boissignard*, 1500 (A. N.).
BESNE, anc. châtl. c^ne de Sainte-Pereuse. — *Bene*, 1346 (C.). — *Baisne*, 1558 (extr. des titres de Bourgogne). — *Beaues*, 1571 (Lory). — *Beane-soubz-Dun*, 1689 (reg. des fiefs). — Fief de la châtellenie de Montreuillon.
BESNE, f. c^ne de Decize. — *Besne*, 1405 (A. D.). — *La Motte de Besne*, 1689 (reg. des fiefs). — *Baisne* (Cassini). — Fief de la châtell. de Decize.
BESOLLES, m. c^ne de Sainte-Pereuse.
BESSAUGERIE, f. c^ne de Bitry.
BESSAY (LE), chât. et f. c^ne de Toury-sur-Jour. — *Le Becay*, 1369 (Marolles). — *Bessay*, 1389 (A. N.). — *Le Bessays*, 1665 (A. D.). — Fief de la châtell. de Decize.
BESSAY (LE), tuil. c^ne de Toury-sur-Jour.
BESSIAS (LE), m. c^ne de Tazilly.
BESMONNAT, fief de la paroisse et de la châtell. de Decize, mentionné en 1789 (A. D.).
BESSONS (LES), m. c^ne de Lucenay-les-Aix.
BESTIAUT, fief de la châtell. de Decize, mentionné en 1770 (A. N.).
BETHLÉEM, faubourg de Clamecy; ancien siège épiscopal établi au XIIIe siècle. — *Capella de Bethleem apud Clameciacum*, 1211 (Gall. christ. XII, col. 150). — *Pantenor*, 1223 (Marolles). — *Ecclesia de Bethleem. Burgum Pantenorii*, 1223; *Capella Sanctæ Mariæ de Bethleem juxta pontem Clameciaci*, 1291; *Burgum Pantenorii*, 1291 (ms de Baluze, extrait du cart. de la chambre des comptes de Nevers). — *Burgus Pantenorii*, 1291 (Gall. christ. XII, col. 244). — Bethléem-lez-Clamecy; Belleam; Hôpital ou Maison-Dieu de Bethléam; l'hôpital ou Maison-Dieu de Clamecy appellée communement la Maison-Dieu de Bethléam, 1408; *Ecclesia Bethleemitana seu capella hospitalis Beatæ Mariæ de Bethleem*, XVIIIe siècle (arch. de l'Yonne, fonds de Bethléem). — L'hôpital de Panthenor, à Clamecy, fut fondé en 1147 par Guillaume II, comte de Nevers; le comte Guillaume IV, étant sur le point de mourir en Terre-Sainte, en 1168, fit don de cet hôpital et de la chapelle qui en dépendait à l'évêque de Bethléem, pour le cas où il serait chassé de son siège par les infidèles. L'évêque de Bethléem, ayant en effet été expulsé peu de temps après, vint s'établir à Panthenor, qui prit le nom de Bethléem. Cet évêché sans diocèse, à la nomination des comtes, puis des ducs de Nevers, a subsisté jusqu'à la Révolution.
BETHUNÉ (Bois de), c^ne d'Oulon.
BETIAUX (LES), f. c^ne de Toury-Lurcy. — *Communauté des Betiaux*, 1632 (reg. de Toury-sur-Abron).
BETPHAGÉ, h. c^ne de Saint-Verain. — *Betphagé*, 1750 (reg. de Saint-Verain); donne son nom à un ruisseau.
BEUCHINOT, m^n détruit, c^ne d'Anthien, porté sur la carte de Cassini. — *Moulin de Burcinot*, 1647 (A. N.).
BEUCHOT (LE), m^n, c^ne d'Arthel. — *Le Bouchot* (Cassini).
BEUDAT, h. détruit, c^ne de Tresnay, porté sur la carte de Cassini.
BEUGNON, fief vassal d'Asnois, mentionné en 1407 (extr. des titres de Bourgogne).
BEUGNON (LE), ruines d'un châtl. c^ne de Cervon, mentionné en 1600 (reg. de Cervon). — *Bugnon*, 1540 (extr. des titres de Bourgogne).
BEUGNON (LE), f. dép. de la comm^té de Villemoison, c^ne de Cours, mentionné en 1461 (arch. de l'Yonne, inv. de Villemoison).
BEUNERAY (LE), ruiss. c^ne de Brassy.
BEURAS, h. c^ne de Maux; prieuré dép. de l'abb. de Saint-Martin d'Autun. — *Buenacum in pago Nivernensi*, 924 (Bulliot, II, 25). — *Bunas*, 1256 (ibid. 112). — *Domus de Burnays*, 1278 (ibid. 133). — *Bunays*, 1389 (ibid. 196). — *Bunais*, 1367 (ibid. 222). — *Prioratus de Bunaio*, 1478 (pouillé de Nevers). — *Bunal*, 1789 (S.).

DÉPARTEMENT DE LA NIÈVRE.

Becbaière (La), h. c⁵ᵉ de Magny-Cours. — *Beurière* (Cassini).

Belt, fief du duché, mentionné en 1789 (reg. des fiefs).

Beuvray (Le), l'une des plus hautes montagnes du département de la Nièvre, c⁵ᵉ de Glux et de la Roche-Millay, sur laquelle se trouvaient une chapelle, dédiée à saint Martin, et un couvent de Cordeliers, fondé au xivᵉ siècle et ruiné en 1538. Sur cette montagne se tenaient d'importantes foires. — *Beuvray*, 1236 (S. charte des seigneurs de Châtillon au sujet des foires du Beuvray). — *Biffractus*, 1281 (C.). — *Couvent de Beuvray*, 1538 (Lory).

Beuvron, c⁵ᵉ de Brinon-les-Allemands. — *Bovron*, 1287 (reg. de l'év. de Nevers). — *Bovron*, 1331 (censier du chap. de Nevers). — *Maison forte de Beuvron*, 1370 (Marolles). — *Cura de Beuvrone*, 1478 (pouillé de Nevers). — Fief de la châtell. de Clamecy.

Beuvron (Le), riv. prend sa source dans la c⁵ᵉ de Saint-Franchy et se jette dans l'Yonne (rive gauche), après avoir traversé les communes de Neuilly, Brinon, Neuville, Beuvron, Saint-Germain, Ouagne, Rix et Clamecy. — *Rivière de Beuvron*, 1501 (inv. de Villemoison).

Bèze, fief de la châtell. de Châteauneuf-au-Val-de-Bargis, mentionné en 1689 (reg. des fiefs).

Bèze, fief de la châtell. de Corvol, mentionné en 1689 (reg. des fiefs).

Bèze, fief de la paroisse de Moissy-Molinet et de la châtell. de Monceaux-le-Comte, mentionné en 1689 (reg. des fiefs).

Biat, h. détruit, près de la Nocle, mentionné en 865 (Gall. christ. IV, col. 60).

Biausse, f. c⁵ᵉ de Saint-Pierre-le-Moûtier.

Bibault, fief du duché de Nivernais, mentionné en 1703 (S.).

Bicherolles, éc. c⁵ᵉ de Saint-Maurice.

Biches, c⁵ᵉ de Châtillon-en-Bezois; prieuré dépendant de la Charité et commⁱᵉ de l'ordre de Saint-Jean-de-Jérusalem. — *Agricultura mea de Bischen*, 1219 (A. N. Testament de Hugues, sire de Lormes). — *Biches*, 1275 (S.). — *Byches*, 1287 (reg. de l'év. de Nevers). — *Prior de Bichiis*, 1326 (C.). — *Lospital de Bischen*, 1461 (S.). — *Prioratus de Bichiis annexus cum cameraria de Charitate*, 1478 (pouillé de Nevers).

Biches (Les), f. c⁵ᵉ de Dompierre-sur-Nièvre.

Bicay, lieu détruit, près de Pougues, mentionné en 1335 (Marolles).

Bicoque (La), éc. c⁵ᵉ de Diennes.

Bidan, fief de la châtell. de Saint-Verain, mentionné en 1638 (Marolles).

Bidaux (Les), h. c⁵ᵉ de Dornecy.

Bidos, h. c⁵ᵉ d'Anney. — *Seigneurie de Bidon*, 1030 (A. N.). — Fief réuni à la baronnie d'Anneis en 1606.

Bié (La), m. détruite, c⁵ᵉ de Saint-Aubin, portée sur la carte de Cassini.

Bief (Le), h. c⁵ᵉ de Saint-Hilaire-Fontaine.

Bièze, f. c⁵ᵉ de Saint-Parize-le-Châtel.

Bièz (Le), f. c⁵ᵉ de Sémelay. — *Le moulin du Bièz*, 1446 (A. N.). — *Biè*, 1685 (reg. de Sémelay).

Bièz (Le), h. et chât. c⁵ᵉ de Trois-Vèvres.

Bijaudrerie (La), h. c⁵ᵉ de Buley.

Billard, f. c⁵ᵉ de Chantenay. — *Louche-Billat* (Cassini).

Billebaux (Les), m⁵ⁿ c⁵ᵉ de Saint-Sulpice. — *Moulin Ballebaut*, 1579 (A. N.). — *Bilebot*, 1781 (A. D.). — Fief vassal du comté de Château-Chinon.

Billesette, h. confondu avec Fromenteau, c⁵ᵉ de Ternant.

Billiens (Les Grands-), h. c⁵ᵉ de Saint-Amand. — *Les Grands-Billins* (Cassini).

Billiens (Les Petits-), h. c⁵ᵉ de Saint-Amand. — *Les Petits-Billins* (Cassini).

Billos (Les), f. c⁵ᵉ de Toury-Lurcy. — *Chez Bouthier*, 1667 (arch. du chât. de Toury-sur-Abron). — *Domaine Boatier ou Billon*, 1704; *Chez Billon*, 1706; *Chez Bootier*, 1720 (reg. de Toury-sur-Abron).

Billy, fief, c⁵ᵉ d'Alligny-en-Morvand, dép. de la châtell. de Saint-Brisson, mentionné en 1689 (reg. des fiefs). — *Billiacum*, 1244 (Gall. Christ. IV, col. 103).

Billy-sur-Oisy, c⁵ᵉ de Clamecy. — *Biliacum*, ixᵉ siècle (cart. de l'Yonne, II, 28). — *Billiacum*, 1214 (Gall. christ. XII, col. 152). — *Terre de Billi*, 1325 (mss de Baluze, extr. du cart. de la chambre des comptes de Nevers). — *Billy*, 1398 (A. N.). Billy fut le siège de l'une des trente-deux châtellenies primitives du comté de Nevers; à la fin du xviᵉ siècle, cette châtellenie avait été réunie à celle de Corvol-l'Orgueilleux.

Billox, m⁵ⁿ c⁵ᵉ de Nolay. — *Billox* (Cassini).

Bion (Bois de), c⁵ᵉ de la Celle-sur-Nièvre.

Bions (Bois des), c⁵ᵉ de Saint-Aubin-les-Forges.

Bions (Les), f. c⁵ᵉ de Lucenay-les-Aix.

Biot, h. c⁵ᵉ de Mhère.

Biourre (Le), h. c⁵ᵉ de Dornes. — *Les Biourres* (Cassini).

Biry, fief de la châtellenie de Donzy, mentionné en 1638 (Marolles).

Bischerolles, h. c⁵ᵉ de Crux-la-Ville. — *Bizerolles*, 1600 (A. N.).

Bissatte, m. c⁵ᵉ de Chantenay. — *Bissat* (Cassini).

Bisson (Le), f. c⁵ᵉ de Saint-Pierre-le-Moûtier.

Bistardié, m. c⁵ᵉ de Ternant.

Bist, fief de la châtell. de Saint-Saulge, mentionné en 1689 (reg. des fiefs).

Bitry, c^ne de Saint-Amand. — *Vitriacus*, vers 600 (Bibl. hist. de l'Yonne, I, 329). — *Bitriacum*, 1157 (cart. de l'Yonne, II, 77). — *Ecclesia de Betriaco*, 1207-1220 (Bibl. hist. de l'Yonne, II, 469). — *Bitryum*, 1402 (A. N. fonds du chap. de Nevers). *Bitri-les-Mulions* (Cassini).

Billy, bois, c^ne de Sardolles. — *Foresta de Biulli*, 1317 (S.).

Bize, h. c^ne de Moux. — 1649 (terrier d'Alligny). — Ce lieu a donné son nom à un ruisseau.

Bizi, f. c^ne de Charrin.

Bizoterie (La), éc. c^ne de Ménestreau.

Bizy, chât. et haut fourneau, c^ne de Parigny-les-Vaux. — *Bisyacum*, 1254 (A. N.). — *La Maison fort de Bisi*, 1409 (ibid.). — *Bisy*, 1486 (ibid.). — Fief vassal de Grenan.

Bizy, h. c^ne de Toury-Lurcy. — *Bisy*, 1322 (Marolles). — *Bise*, 1448 (A. N.). — *Bize-la-Bruere*, 1659 (reg. de Cossaye). — *Bezy*, 1689 (A. N.). — Fief de la châtell. de Decize.

Blaignet, fief de la châtell. de Luzy, mentionné en 1638 (Marolles).

Blain, h. c^ne d'Épiry; anc. paroisse. — *Blayn*, 1287 (reg. de l'év. de Nevers). — *Cura de Blano*, 1478 (pouillé de Nevers).

Blains (Les), f. c^ne de Diennes. — *Les Belins*, 1736 (A. N.).

Blaise-Valet, m. détruite, c^ne de Cossaye, portée sur la carte de Cassini.

Blaise, m. c^ne d'Avril-sur-Loire. — *Domaine Blaise* (Cassini).

Blaisy, h. c^ne de Chaumard. — *Blaisy*, 1472 (C.). — *Moulin de Blaisy*, 1673 (reg. de Chaumard).

Blanay, fief de la châtell. de Monceaux-le-Comte, mentionné en 1689 (reg. des fiefs).

Blancfort (Grangia de), dép. de l'abb. de Roches, mentionnée en 1165 (Gall. christ. XII, col. 132).

Blancoiseau, m^in à farine et à écorce, c^ne de Donzy.

Blanchards (Les), partie du h. de Villegeneray, c^ne de Ciez.

Blancheserie (La), terrain sur le bord de la Loire, en face de Nevers.

Blanchots (Les), h. c^ne de Garchy.

Blancs (Les), h. c^ne de Lucenay-les-Aix.

Blancs (Les), h. c^ne de Saint-Agnan; donne son nom à un ruisseau affluent du Cousin, qui prend sa source dans le bois des Renardiers.

Blandins (Les), h. c^ne d'Arleuf.

Blanzy, h. c^ne de Châtillon-en-Bazois. — *Blanzy*, 1209 (C.).

Blaudière, fief de la châtell. de Champallement, mentionné en 1689 (reg. des fiefs).

Blauger, fief du duché, mentionné en 1689 (reg. des fiefs).

Blénan (Le), h. c^ne de Magny-Cours. — *Amblenayum*, 1336 (A. N.). — *Amblenay*, 1489 (ibid.). — Le vrai nom de ce hameau est *Amblenay*.

Blessau (Le), m^in, c^ne de Dampierre-sur-Bouhy.

Blesets (Les), m. c^ne d'Arquian.

Bleterie (La), m. de camp. et f. c^ne d'Arquian.

Bligny, h. chât. et f. c^ne de Saint-Firmin.

Blismes, c^ne de Château-Chinon. — *Belisma*, 1287 (reg. de l'év. de Nevers). — *Belisme*, 1442 (C.). — *Beliames*, 1477 (ibid.). — Fief de Belesme, 1689 (reg. des fiefs). — Poussignol-Blismes, depuis la réunion de Poussignol. — Fief de la châtell. de Montreuillon, vassal du comté de Château-Chinon.

Blosdeau, f. c^ne d'Isenay.

Blondeaux (Les), m. de camp. et f. c^ne de Dornes.

Blots (Les), h. c^ne de Dornes.

Blouse (La), h. et f. c^ne de Jailly. — *La Belouse* (Cassini).

Boats (Les), h. c^ne de Marzy, mentionné en 1320 (C.).

Bocard (Le), m. c^ne de Donzy.

Bocard (Le), m^in, c^ne de Saint-Aubin-les-Forges. — *Forge de Bouquard*, 1659 (arch. du chât. de Villars).

Bodan, fief de la châtell. de Saint-Verain, mentionné en 1689 (reg. des fiefs).

Boëne (La), m. c^ne de Fleury-sur-Loire.

Boëne (La), f. c^ne de Varennes-les-Nevers. — *La Bène* (Cassini).

Boësse, h. c^ne de Cosne.

Boige, h. c^ne de Magny-Cours.

Boirats (Les), h. c^ne de Guérigny. — *Les Boirnots*, 1659 (arch. du chât. de Villars).

Boire, h. c^ne de Reugny. — *Board* (Cassini).

Boire-à-Raquet, m. c^ne de Decize.

Bois, fief de la châtell. de Donzy, mentionné en 1638 (Marolles).

Bois, fief de la châtell. de Moulins-Engilbert, mentionné en 1689 (reg. des fiefs).

Bois, fief, c^ne d'Onlay. — *Villa de Bosco*, 1301 (S.). — Fief de la châtell. de Moulins-Engilbert.

Bois, lieu détruit, c^ne de Château-Chinon. — *Villa de Bosco*, 1311 (A. N. fonds de Bellevaux).

Bois, lieu détr. c^ne de Limanton. — *Boscum*, 1289 (S.).

Bois, lieu détruit, c^ne de Sermoise, anc. fief. — *Boys*, 1575 (A. N.).

Bois, m. c^ne de Thaix.

Bois (Le), fief de la châtell. de Saint-Verain, mentionné en 1638 (Marolles).

DÉPARTEMENT DE LA NIÈVRE.

Bois (Les), f. c^{ne} de Saint-Parize-le-Châtel.

Bois (Les), h. détruit, c^{ne} de Montaron, mentionné en 1672 (reg. de Montaron).

Bois (Les), h. c^{ne} de Moux.

Bois-Abbalu, fief de la châtell. de Monceaux-le-Comte, mentionné en 1638 (Marolles).

Bois-au-Merle, fief de la châtell. de Nevers, mentionné en 1638 (Marolles).

Bois-Barat, fief, c^{ne} de Saint-Germain-Chassenay, mentionné en 1689 (reg. des fiefs). — Fief de la châtell. de Decize.

Bois-Bertha, fief de la châtell. de Montreuillon, mentionné en 1638 (Marolles).

Bois-Billallt, fief de la châtell. de Moulins-Engilbert, mentionné en 1638 (Marolles).

Bois-Boisseaux, h. c^{ne} de Cerron.

Bois-Bosse, fief de la châtell. de Montenoison, mentionné en 1638 (Marolles).

Bois-Bouché, m. c^{ne} de Montsauche.

Bois-Bouchet, fief de la châtellenie de Clamecy, mentionné en 1638 (Marolles).

Bois-Boutenon, fief de la châtell. de Montreuillon, mentionné en 1638 (Marolles).

Bois-Brûlés (Les), h. c^{ne} de Menou.

Bois-Caius, vill. c^{ne} de Tracy.

Bois-Cerveau (Le), h. c^{ne} d'Alligny.

Bois-Chambault, fief, c^{ne} de Saint-Léger-de-Fougeret, mentionné, en 1689, comme étant compris dans la châtellenie de Moulins-Engilbert (reg. des fiefs).

Bois-Champdussu, fief, c^{ne} de Lys, mentionné, en 1689, comme étant de la châtell. de Monceaux-le-Comte (reg. des fiefs).

Bois-Château, m. ruinée, c^{ne} de Billy-Chevannes.

Bois-Chevaliers, f. c^{ne} de Sémelay. — Le Bois Chevalier, 1685 (reg. de Sémelay).

Bois-Clair, m. c^{ne} de Livry.

Bois-Clairs (Les), h. c^{ne} de Fours.

Bois-d'Aignon, f. c^{ne} de Champlemy.

Bois-Damoiseau, fief de la châtell. de Montreuillon, mentionné en 1689 (reg. des fiefs).

Bois-d'Ardenay (Le), h. c^{ne} de Nevers.

Bois-de-Beaumont (Les), h. c^{ne} de Murlin. — Bois de Beaumont (Cassini).

Bois-de-Berrat, f. c^{ne} de Brinay.

Bois-de-Billy, m. de camp. c^{ne} de Billy-Chevannes.

Bois-de-Boire, fief de la châtell. de Montenoison, mentionné en 1689 (reg. des fiefs).

Bois-de-Brety, fief de la châtell. de Montreuillon, mentionné en 1689 (reg. des fiefs).

Bois-de-Bruit, m. de garde, c^{ne} de Saint-Pierre-le-Moûtier.

Bois-de-Baillay, fief de la châtell. de Cerry-la-Tour, mentionné en 1638 (Marolles).

Bois-de-Biart, fief de la châtell. de Montenoison, mentionné en 1689 (reg. des fiefs).

Bois-de-Bussière, fief de la châtell. de Corvol-l'Orgueilleux, mentionné en 1638 (Marolles).

Bois-de-Buxy, fief de la châtell. de Cerry-la-Tour, mentionné en 1638 (Marolles).

Bois-de-Chambeau, fief de la châtell. de Moulins-Engilbert, mentionné en 1638 (Marolles).

Bois-de-Chanoy, fief de la châtell. de Montreuillon, mentionné en 1638 (Marolles).

Bois-de-Champ-Mol (Le), m. c^{ne} de Sémelay.

Bois-de-Champy, fief de la châtell. de Montreuillon, mentionné en 1689 (reg. des fiefs).

Bois-de-Chasserat, fief de la châtell. de Donzy, mentionné en 1689 (reg. des fiefs).

Bois-de-Chidde, m. c^{ne} de Chiddes.

Bois-de-Coise, fief de la châtell. de Châteauneuf-au-Val-de-Bargis, mentionné en 1689 (reg. des fiefs).

Bois-de-Devay, m. c^{ne} de Decize.

Bois-de-Faulin (Le), fief de la châtell. de Moulins-Engilbert, mentionné en 1689 (reg. des fiefs).

Bois-de-Ferté, fief de la châtell. de Billy, mentionné en 1638 (Marolles).

Bois-de-Flery, f. c^{ne} de Flety.

Bois-de-Foulis (Le), fief de la châtell. de Corvol-l'Orgueilleux, mentionné en 1689 (reg. des fiefs).

Bois-de-Fréton, fief de la châtell. de Corvol-l'Orgueilleux, mentionné en 1638 (Marolles).

Bois-de-Fuzillas, fief de la châtell. de Châteauneuf-sur-Allier, mentionné en 1638 (Marolles).

Bois-de-Fuzon, fief de la châtell. de Corvol-l'Orgueilleux, mentionné en 1638 (Marolles).

Bois-de-Gamais, h. c^{ne} de Glux.

Bois-de-Giry (Les), h. c^{ne} de Giry.

Bois-de-la-Chaboisse, fief de la châtell. de Montreuillon, mentionné en 1638 (Marolles).

Bois-de-la-Chasseigne, fief de la châtell. de Champvert, mentionné en 1638 (Marolles).

Bois-de-la-Chaude, fief de la châtell. de Donzy, mentionné en 1638 (Marolles).

Bois-de-la-Cosse, fief de la châtell. de Moulins-Engilbert, mentionné en 1638 (Marolles).

Bois-de-la-Croix, fief de la châtell. de Châteauneuf-sur-Allier, mentionné en 1638 (Marolles).

Bois-de-la-Jarrie, fief de la châtell. de Nevers, mentionné en 1638 (Marolles).

Bois-de-Laleu, fief de la châtell. de Clamecy, mentionné en 1638 (Marolles).

Bois-de-Langy, m. c^{ne} de Ville-les-Anlezy.

Bois-de-la-Ragerie, fief de la châtell. de Clamecy, mentionné en 1638 (Marolles).

Bois-de-la-Roche (Le), h. c⁽ᵉ⁾ de Sémelay.

Bois-de-la-Sablle, fief de la châtell. de Cercy-la-Tour, mentionné en 1638 (Marolles).

Bois-de-l'Aine, h. c⁽ⁿᵉ⁾ de Saint-Andelain. — Bois de l'Aine (Cassini).

Bois-de-Lalie, h. c⁽ⁿᵉ⁾ de Saint-Quentin.

Bois-de-Lilay, fief de la châtell. de Montenoison, mentionné en 1638 (Marolles).

Bois-de-Longue-Silve, fief de la châtell. de Cercy-la-Tour, mentionné en 1638 (Marolles).

Bois-de-Luzy, h. c⁽ⁿᵉ⁾ de Luzy.

Bois-de-Marry, h. c⁽ⁿᵉ⁾ de Glux.

Bois-de-Marry (Le), h. c⁽ⁿᵉ⁾ de Sémelay. — Les Bois de Mary, 1714 (S.).

Bois-de-Mingle, fief de la châtell. de Montreuillon, mentionné en 1638 (Marolles).

Bois-de-Mites, fief de la châtell. de Corvol-l'Orgueilleux, mentionné en 1638 (Marolles).

Bois-de-Moscolon, fief de la châtell. de Montreuillon, mentionné en 1638 (Marolles).

Bois-de-Montaultier, fief de la châtell. de Montreuillon, mentionné en 1638 (Marolles).

Bois-de-Montcourlais, fief de la châtell. de Montreuillon, mentionné en 1638 (Marolles).

Bois-de-Montmeral, fief de la châtell. de Billy, mentionné en 1638 (Marolles).

Bois-de-Montrognes, fief de la châtell. de Donzy, mentionné en 1638 (Marolles).

Bois-de-Montreuillon, fief de la châtell. de Montreuillon, mentionné en 1638 (Marolles).

Bois-de-Montribault, fief de la châtell. de Corvol-l'Orgueilleux, mentionné en 1638 (Marolles).

Bois-de-Montpierre, fief de la châtell. de Montreuillon, mentionné en 1638 (Marolles).

Bois-de-Mussart, fief de la châtell. d'Entrains, mentionné en 1638 (Marolles).

Bois-de-Pessery, fief de la châtell. de Châteauneuf-au-Val-de-Bargis, mentionné en 1638 (Marolles).

Bois-de-Petitval, fief de la châtell. d'Entrains, mentionné en 1638 (Marolles).

Bois-de-Pierrepercée, fief de la châtell. de Montreuillon, mentionné en 1638 (Marolles).

Bois-de-Pornay, fief de la châtell. de Châteauneuf-sur-Allier, mentionné en 1638 (Marolles).

Bois-de-Pouligny (Les), h. c⁽ⁿᵉ⁾ de Montigny-sur-Canne.

Bois-de-Poyras, fief de la châtell. de Decize, mentionné en 1638 (Marolles).

Bois-de-Ratilly, fief de la châtell. de Montenoison, mentionné en 1638 (Marolles).

Bois-de-Raveau, h. c⁽ⁿᵉ⁾ de Raveau.

Bois-de-Rerges, fief de la châtell. de Châteauneuf-sur-Allier, mentionné en 1638 (Marolles).

Bois-de-Rocat, fief de la châtell. de Montenoison, mentionné en 1638 (Marolles).

Bois-de-Rouseal ou Rousral, fief de la châtell. de Donzy, mentionné en 1638 (Marolles).

Bois-de-Sleres, fief de la châtell. de Montreuillon, mentionné en 1638 (Marolles).

Bois-de-Sillery, fief de la châtell. de Moulins-Engilbert, mentionné en 1638 (Marolles).

Bois-Doiss, bois, c⁽ⁿᵉ⁾ de Lurcy-Assars, mentionné en 1540 (arch. de Vandenesse).

Bois-de-Tremblay, fief de la châtell. de Montenoison, mentionné en 1638 (Marolles).

Bois-de-Troncay ou les Garcieres, m. de garde, c⁽ᵉ⁾ de Moulins-Engilbert. — Bois-de-Troncay, 1451 (arch. de Vandenesse, terrier de Commagny).

Bois-de-Vaux, f. c⁽ⁿᵉ⁾ de Fleiz.

Bois-de-Velles, h. c⁽ⁿᵉ⁾ de Millay. — Bois de Velle, 1567 (Lory).

Bois-de-Ville, h. c⁽ⁿᵉ⁾ de la Roche-Millay.

Bois-de-Viastre, fief de la châtell. de Corvol-l'Orgueilleux, mentionné en 1689 (reg. des fiefs).

Bois-de-Vivelin, fief de la châtell. de Corvol-l'Orgueilleux, mentionné en 1689 (reg. des fiefs).

Bois-des-Essarts, fief de la châtell. de Montreuillon, mentionné en 1638 (Marolles).

Bois-des-Feix, fief de la châtell. de Billy, mentionné en 1638 (Marolles).

Bois-Diex, h. c⁽ⁿᵉ⁾ de Donzy.

Bois-Dieu, h. c⁽ⁿᵉ⁾ de Raveau. — Le Bois Dieu, 1654 (arch. de l'Yonne, fonds de Roches).

Bois-de-Bateix, fief de la châtell. de Monceaux-le-Comte, mentionné en 1638 (Marolles).

Bois-de-Chasselots, fief de la châtell. de Monceaux-le-Comte, mentionné en 1638 (Marolles).

Bois-de-Courday, fief de la châtell. de Montenoison, mentionné en 1638 (Marolles).

Bois-du-Jault, h. c⁽ⁿᵉ⁾ d'Avril-sur-Loire.

Bois-du-Lac, fief de la châtell. de Donzy, mentionné en 1638 (Marolles).

Bois-de-Morcau ou Verdée, h. c⁽ⁿᵉ⁾ de la Roche-Millay. — Bois-du-Morceau (Cassini).

Bois-de-Petit-Vaultries, fief de la châtell. de Billy, mentionné en 1638 (Marolles).

Bois-de-Pré, h. c⁽ᵗᵉ⁾ de Menou, porté sur la carte de Cassini.

Bois-Durt, h. c⁽ⁿᵉ⁾ de Toury-Lurcy.

Bois-en-Grosse-Forêt, fief de la châtell. de Montreuillon, mentionné en 1638 (Marolles).

Bois-Flanart, fief de la châtell. de Nevers, mentionné en 1638 (Marolles).

DÉPARTEMENT DE LA NIÈVRE.

Bois-Fleury, vill. c^ne de Tracy.
Bois-Fort, f. c^ne de Brinay.
Bois-Fort, f. c^ne de Limanton.
Bois-Fillé (Le), fief de la châtell. de Montreuillon, mentionné en 1689 (reg. des fiefs).
Bois-Gaubelu (Le), h. c^ne de la Marche.
Bois-Galoppe, fief, c^ne de Sauvigny-les-Bois. — Tire son nom de la famille Galoppe, qui le possédait au xvie siècle.
Bois-Gavard (Le), h. c^ne de Champvoux. — Fief de la châtell. de la Marche.
Bois-Gibault (Le Petit-), vill. c^ne de Tracy. — Seigneurie de Bois-Gibault, 1423 (A. N.).
Bois-Girard, fief de la châtell. de Cosne, mentionné en 1638 (Marolles).
Bois-Gilet, f. c^ne de Savigny-Poil-Fol. — Boigiset (Cassini).
Bois-Grandval, fief de la châtell. d'Entrains, mentionné en 1638 (Marolles).
Bois-Grattos (Le), h. c^ne de Donzy. — Boingrattos (Cassini).
Bois-Guillem, bois, c^ne de Martin.
Bois-Guillis, fief de la châtell. d'Entrains, mentionné en 1638 (Marolles).
Bois-Guillot, h. c^ne de Cessy.
Bois-Henry (Le), f. c^ne de Saint-Aubin-les-Forges. — Seigneurie de Bois-Henry, 1572 (A. N.).
Bois-Jardin, m. de garde, c^ne de Ciez. — Boorum Jardini, 1226 (charte pour l'abb. de Saint-Germain d'Auxerre, cart. de Saint-Germain). — Boisjardin, 1664 (A. N.). — Fief de la châtell. de Donzy.
Bois-Joffrenet, fief de la châtell. de Donzy, mentionné en 1638 (Marolles).
Bois-Joly, f. c^ne d'Alligny.
Bois-Laracle, m. c^ne de Fléty.
Bois l'Abbesse (Le), c^ne de Montsauche. — Tire son nom de l'abbesse de Bougemont, à qui il appartenait.
Bois-Lebeuf, fief de la châtell. de Moncaux-le-Comte, mentionné en 1638 (Marolles).
Bois-Leblanc, fief de la châtell. de Clamecy, mentionné en 1638 (Marolles).
Bois-Lorraillat, fief, c^ne d'Oulay, châtell. de Moulins-Engilbert, mentionné en 1689 (reg. des fiefs).
Bois-Martin (Le), f. c^ne d'Entrains. — Seigneurie de Boismartin, 1733 (reg. de Donzy).
Bois Mauduit, bois, c^ne de Sermages, mentionné en 1689, comme étant un fief de la châtell. de Moulins-Engilbert.
Bois-Moine, m. c^ne de Luzy.
Bois-Mont-Sauvage (Le), f. c^ne de Moux.
Bois Musset, près d'Apponay, mentionné en 1288 (extrait des titres de Bourgogne).

Bois-Pille, h. c^ne de Bouhy.
Boispron, fief du duché, mentionné en 1689 (reg. des fiefs).
Bois-Ramoral, puid. et m. c^ne de Montambert-Tannay.
Bois-Rape, f. c^ne de Clamecy.
Boisrassier, f. c^ne de Mesves, relevant de la châtell. de Donzy, mentionné en 1680 (A. N.).
Bois-Renard, f. c^ne de Saint-Andelain.
Bois-Renard, h. c^ne de Millay.
Bois-Renu, h. c^ne de Billy-Chevannes. — Fief de la châtell. de Saint-Saulge.
Bois-Rond, bois, c^ne de Brinon-les-Allemands.
Bois-Rond, f. c^ne de Garchy. — Seigneurie de Boisrond, 1709 (reg. de Garchy).
Bois-Rousseau (Le), f. c^ne de Saint-Pierre-le-Moûtier. — Fief de la châtell. de Châteauneuf-sur-Allier.
Boussevas (La), fief, c^ne de Troigne, mentionné en 1721 (reg. de Dampierre-sur-Bouhy).
Boisset (Le), m. c^ne de Limanton.
Boisseouderms (La), h. c^ne de Colmery. — La Boisseourie, 1655 (reg. de Colmery).
Boissons (Les), h. c^ne de Narcy. — Boisson, 1689 (reg. des fiefs). Fief de la châtell. de Donzy.
Boutagré, fief de la châtell. de Donzy, mentionné en 1689 (reg. des fiefs). — Bois Tachiva, 1638 (Marolles).
Bois-Vert, châtell. c^ne de Magny-Cours. — Terra de Buero Viridi, 1333 (S.). — Boisert, 1476 (A. N.). — Boisvard, 1606 (A. N.). Fief de la châtell. de Châteauneuf-sur-Allier.
Bois-Vieux, vill. c^ne de Thianges.
Boite-à-Beurre (La), maison, c^ne de Rémilly. L'Hermitage du Goulot, xviiie siècle (reg. de Rémilly).
Boite-aux-Loups (La), h. et c^ne de Champlemont.
Boloype (La), h. détruit, c^ne de Ville-les-Anlezy, mentionné en 1272 (S.).
Bona, c^ne de Saint-Saulge. — Bonna, 1196 (Gall. christ. XII, col. 346). — Villa de Bornai, 1196 (abandon de la justice de Bona au couvent de Saint-Étienne de Nevers par le comte de Nevers, A. N.). — Villa de Bonnay, 1226 (A. N.). — Bonnayum, 1287 (reg. de l'év. de Nevers). — Bonay, 1393 (A. N.). — Bonnay, 1417 (ibid.). — Bonay-en-Adminignes, 1481 (ibid.). — Bonna, 1645 (ibid.). — Bonat, 1694 (ibid.). — Fief de la châtell. de Saint-Saulge.
Bonay, f. c^ne de Langeron. — Maison de Bonay, 1406 (Marolles). — Bonnay, 1607 (A. N.).
Bonnery, h. c^ne de Corcy-la-Tour.
Bonde (La), h. c^ne de Saint-Benin-des-Bois. — 1613 (S.).

Bonboise, h. c^{ne} de Crux-les-Bois.
Bonbonelle (La), h. c^{ne} de Guipy.
Bonbois, mⁱⁿ, c^{ne} de Villapourcon.
Bonce, h. c^{ne} d'Ourouer.
Boncoîte (Les), tuil. c^{ne} de Saint-Verain.
Bongrands (Les), f. c^{ne} de Saint-Jean-aux-Amognes. — *Les Bongrandz*, 1641 (S.).
Bonhommerie (La), m. détruite, c^{ne} de Saint-Aubin-les-Forges, portée sur la carte de Cassini.
Bonin, h. c^{ne} de Brassy. — *Bounain*, 1688 (reg. de Brassy).
Bonin, h. c^{ne} de Moulesaurhe.
Bonnard, h. c^{ne} de Dun-les-Places. — *Bonnart*, 1590 (arch. du chât. de Vésigneux).
Notre-Dame-de-l'Orme (La), chapelle ruinée et h. c^{ne} de Varennes-lez-Nevers. — *Notre-Dame-de-l'Orme* (Cassini). — Cette chapelle, de la fin du xve siècle, doit son nom à une pieuse tradition qui rapporte qu'on trouva en ce lieu une statue de la Vierge dans le tronc d'un gros orme, dont il fut impossible de la retirer.
Bonne-Feuue, f. c^{ne} de Sermoise.
Bonnefemme, h. c^{ne} de Langeron.
Bonnefond, h. c^{ne} de Dornes.
Bonne-Fonde, h. c^{ne} de Saint-Maurice.
Bonne-Maison (La), faubourg de Vandenesse.
Bonnereau, mⁱⁿ, c^{ne} de Mars-sur-Allier.
Bonnerie, h. c^{ne} de Ménestreau. — *La Bouinerie-Belair* (Cassini).
Bonnesson, h. c^{ne} de Nuars. — *Bovecon*, 1479 (A. N.). — *Bouresson*, 1611 (reg. de Rix). — *Bovesson*, 1689 (reg. des fiefs). — *Bonnesson* (Cassini). — Fief de la châtell. de Monceaux-le-Comte. — Le vrai nom de ce hameau est *Bouresson*.
Bonneterie (La), f. c^{ne} de Châteauneuf.
Bonneterie (La), m. de camp. c^{ne} de Vielmanay.
Bonnetré, h. c^{ne} de Brassy; donne son nom à un bois voisin.
Bonnet-Rouge, h. détruit, c^{ne} de Courcelles, porté sur la carte de Cassini.
Bonneuil, fief, c^{ne} de Suilly, mentionné en 1407 (A. D.).
Bonniard, h. c^{ne} de Brassy.
Bonnot, f. c^{ne} de Saincaize.
Bonnots (Les), h. c^{ne} de Luzy. — 1689 (reg. des fiefs).
Bon-Saint-Jean (Le), m. c^{ne} de Saint-Verain.
Bons (Bois de), c^{ne} de Saint-Parize-le-Châtel.
Bonse (Bois de), fief, c^{ne} de Champvert, mentionné en 1689 (reg. des fiefs).
Borde (La Grande-), h. c^{ne} d'Arquian. — *La Borde*, 1671 (reg. d'Arquian).
Borde (La Petite-), h. c^{ne} d'Arquian.

Borde-à-Peace (La), h. c^{ne} de Varzy.
Bordeau, fief de la châtell. de Luzy, mentionné en 1689 (reg. des fiefs).
Borderie (La), h. c^{ne} de Cuncy-les-Varzy.
Borderies, h. détruit, c^{ne} de Pougues. — 1331 (censier du chap. de Nevers).
Bordes (Les), chât. et h. c^{ne} d'Urzy. — *Bordes*, 1249 (arch. des Bordes). — *Villa de Bordis*, 1285 (ibid.). — *Les Bordes*, 1293 (ibid.). — Fief vassal de l'évêché de Nevers, à cause d'Urzy.
Bordes (Les), f. c^{ne} de Saint-Hilaire-Fontaine. 1689 (reg. des fiefs). — Fief de la châtell. de Champvert.
Bordes (Les), fief de la châtell. de Monceaux-le-Comte, mentionné en 1638 (Marolles).
Bordes (Les), fief de la châtell. de Saint-Verain, mentionné en 1689 (reg. des fiefs).
Bordes (Les), h. c^{ne} d'Anthien. — *Maison des Bordes*, 1327 (Marolles). — Fief de la châtell. de Montreuillon.
Bordes (Les), h. c^{ne} de Crux-la-Ville. — 1602 (A. N.).
Bordes (Les), h. c^{ne} de Marzy. — *Bordes*, 1638 (Marolles). — Fief de la châtell. de Nevers.
Bordes (Les), h. c^{ne} de Neuilly. — 1658 (reg. de Neuilly). — Fief de la châtell. de Champallement.
Bordes (Les), h. c^{ne} de Saxy-Bourdon.
Bordets (Les), h. c^{ne} de Saint-Léger-de-Fougeret.
Bordis, fief de la châtell. de Monceaux-le-Comte, mentionné en 1638 (Marolles).
Bornay, f. c^{ne} de Champvert. — *Bornay*, 1463 (A. D.). — *Bourney*, 1566 (ibid.). — *Bornay* (Cassini). Fief de la châtell. de Champvert.
Borne (Bois de), c^{ne} de Montenoison.
Borne-Chèvre, f. c^{ne} de la Nocle.
Bornet, f. c^{ne} de la Celle-sur-Nièvre.
Bornets (Les), h. c^{ne} de Châteauneuf. — 1720 (reg. de Châteauneuf).
Bornoux, h. c^{ne} de Dun-les-Places. — *Bournoult*, 1480 (arch. d'Autun).
Borson, h. détruit, c^{ne} de Challuy, mentionné en 1441 (A. N.).
Bors, fief de la châtell. de Montreuillon, mentionné en 1689 (reg. des fiefs).
Borsart, mⁱⁿ détruit, c^{ne} de Rémilly, mentionné en 1451 (C.).
Boscum-Longum, h. détruit, c^{ne} d'Ourouer, mentionné en 1355 (censier du chap. de Nevers).
Bosnin, h. c^{ne} de Montigny-en-Morvand. — *Bonin* (Cassini).
Bossot, h. c^{ne} de Limanton.
Bost, h. c^{ne} d'Arleuf.
Bost, anc. chât. et h. c^{ne} de Rémilly. — *Le Bar*, 1434

(arch. de Maumigny). — *Bax*, 1443 (C.). — *Boux*, 1443 (arch. de Maumigny). — *Boschet*, 1540 (*ibid.*). — *Botz*, 1568 (C.). — *Boetz*, 1620 (*ibid.*). — *Le Boet*, 1659 (A. N.). — *Boes*, 1687 (reg. de Rémilly). — *Bois*, 1689 (reg. des fiefs). — *Baulx* (Cassini). Fief de la châtell. de Luzy.

Boet, éc. c^{ne} de Saint-Hilaire. — *Bes*, 1670 (reg. de Saint-Hilaire).

Boet, mⁱⁿ, c^{ne} de Rémilly. — *Molin de Bes*, 1488 (C.).

Boet (Le), h. détruit, c^{ne} de Livry, porté sur la carte de Cassini.

Box, f. c^{ne} de Saint-Pierre-le-Moûtier; autref. comm^{rie} de l'ordre de Saint-Jean-de-Jérusalem. — *Maison de Box*, 1448 (A. N.). — *La Croix-au-Boet*, 1611 (arch. de Vandenesse).

Bouard, h. c^{ne} de Rouigny. — *Board* (Cassini).

Bocus (La), lieu détruit et chât. ruiné, c^{ne} de Rouy. *La Boüe*, 1394 (S.).

Boubière (La), f. c^{ne} de Neuvy. — 1649 (reg. d'Arquian).

Boucard, mⁱⁿ, c^{ne} de Saint-Aubin-les-Forges.

Boucaille, fief de la châtell. de Châteauneuf-sur-Allier, mentionné en 1689 (reg. des fiefs).

Bouchanderie (La), c^{ne} de la Celle-sur-Nièvre.

Boucharris, c^{ne} de Savigny-Poil-Fol.

Bouchat, f. c^{ne} de Tracy. — *Vinea de Boschet*, 1132 (cart. de Bourras, ch. 6).

Bouchats (Les), h. détruit, c^{ne} de Lucenay-les-Aix, mentionné en 1389 (procès-verbal des limites du comté de Nevers).

Bouchaut, fief de la châtell. de Moncaux-le-Comte, mentionné en 1638 (Marolles).

Bouchelin, f. c^{ne} de Saint-Pierre-le-Moûtier.

Bouchet (Le), anc. chât. et mⁱⁿ, c^{ne} de Nuars. — *Le Bochet*, 1310; *le Boschet*, 1385 (extr. des titres de Bourgogne). — *Le Boichet*, vers 1410 (épitaphe dans l'église de Metz-le-Comte). — *Le Bochet*, 1455 (terrier de Chitry-sous-Montsabot). — *Le Bouchet*, 1543 (arch. de Quinrize). — Fief de la châtell. de Metz-le-Comte.

Bouchet (Le), h. et chât. c^{ne} de Chaulenay. — *La Maison du Bouchet*, 1330 (Marolles).

Bouchet (Le), h. c^{ne} de Villapourçon.

Bouchetault (Le), fief près de Ruages, mentionné en 1569 (extr. des titres de Bourgogne).

Bouchet-du-Mesle (Le), h. c^{ne} de la Roche-Millay.

Bouchosse (La), partie du h. de Lhuis-Tardy, c^{ne} de Pouques.

Bouchot, f. c^{ne} de la Fermeté. — *Terra den Bouchot*, 1331 (censier du chap. de Nevers). — *Boschet*, 1435 (A. N.).

Bouchot ou la Chassaize, fief de la châtell. de Donzac. *Le Boschet*, 1512 (A. D.).

Bouchot (Le), h. c^{ne} de Frétoy. *Le fief du Mota-Bouchot*, 1689 (reg. des fiefs). — Fief de la châtell. de Liernais et Saint-Brisson.

Bouchot (Le Grand-), h. c^{ne} de Pouilly-sur-Loire. *Monbouchoux* (Cassini).

Bouchot (Le Petit-), h. c^{ne} de Saint-Andelain.

Bouchoux (Les), h. c^{ne} d'Arbouf. *Bourbon* (Cassini).

Boudelle, h. et f. c^{ne} de Thaix.

Boudissay, fief de la châtell. de Montenoison, mentionné en 1689 (reg. des fiefs).

Boudot, éc. c^{ne} de Lucenay.

Boudots (Les), f. détruite, c^{ne} de Maulais, se trouve dans Cassini.

Boue (La), chât. et h. c^{ne} de Rémilly. — *La Boke*, 1357 (extr. des titres de Bourgogne). — *La Boe*, 1410 (A. N.). — *La Boubee et la Bohee*, 1518 (arch. de Maumigny). — *Boue*, 1526 (*ibid.*). — *La Boue-en-Longue-Salle*, 1661 (S.). — Fief de la châtell. de Luzy.

Boue (La), f. c^{ne} de Varennes-les-Nevers. *La Boue* (Cassini).

Bougarot, éc. c^{ne} de Lucenay-les-Aix.

Bougardais (La), h. c^{ne} de Colmery. — 1655 (reg. de Colmery).

Bougaults (Les), f. c^{ne} de Saint-Martin-du-Puits. *Bougault*, 1590 (arch. du chât. de Vézigneux).

Bougibault, vill. c^{ne} de Tracy-sur-Loire.

Bougiers (Les), h. c^{ne} de Saint-Père.

Bougerons (Les), h. c^{ne} de Château-Chinon-Campagne.

Bouhy, c^{ne} de Saint-Amand. — *Baugiacus*, vers 600 (cart. de l'Yonne, II, p. XXVII). — *Vicaria Balgiacus*, xe siècle (*ibid.*). — *Ecclesia Sancti-Peregrini de Boiaco*, 1164 (Gall. Christ. XII, col. 128). — *Bohy*, 1512 (arch. de l'Yonne). — *Boyacum*, 1535 (pouillé d'Auxerre). — *Bohy-le-Tertre*, 1638 (arch. de l'Yonne). — *Bouy*, 1689 (reg. des fiefs). — Fief de la châtell. de Saint-Verain.

Bouhy, f. c^{ne} de Saint-Ouen. — *Bouy*, 1479 (A. N.). — *Boy*, 1528 (*ibid.*). — *Justice de Bohy*, 1571 (*ibid.*). — *Bouix*, 1624 (reg. de Cossaye). Fief vassal de la baronnie de Druy.

Bouillant, h. c^{ne} de Couloutre.

Bouillards (Les), lieu détruit, c^{ne} de Devay, porté sur la carte de Cassini.

Bouille (La), f. c^{ne} de Champallement. — 1678 (A. N.).

Bouillet, f. c^{ne} de Saint-Gratien.

Bouilletos, m. c^{ne} de Fleury-sur-Loire.

Bouillons (Les), h. c^{ne} de Saint-Verain; donne son nom à un ruisseau affluent de la Vrille, qui traverse la commune d'Arquian.

Bouillons (Les), h. c⁽ᵉ⁾ d'Arquian.
Bouillons (Les), h. c⁽ᵉ⁾ de Mouron.
Bouillons (Les), h. c⁽ᵉ⁾ de Sermelay.
Bouillons (Les), m. de garde, c⁽ᵉ⁾ de Dirol.
Bouillons (Les), f. c⁽ᵉ⁾ de Garchy.
Bouillots (Les), f. c⁽ᵉ⁾ de Limanton.
Bouillots (Les), h. c⁽ᵉ⁾ de Magny-Cours.
Bouillotterie (La), h. c⁽ᵉ⁾ de Rouy.
Bouin (Le), fief de la châtell. de Lury, mentionné en 1638 (Marolles).
Boulaire (La), h. c⁽ᵉ⁾ d'Alluy.
Boulaire (La), h. c⁽ᵉ⁾ de Châtillon-en-Bazois.
Boulard, m. c⁽ᵉ⁾ de la Roche-Millay. *Boulard*, 1540 (Marolles).
Boulard (Le), h. c⁽ᵉ⁾ d'Ouroux. *Boullar*, 1586 (reg. d'Ouroux).
Boulas (Les), éc. c⁽ᵉ⁾ de Fertrève. *Bois des Boulas* (Cassini).
Boulay (Les), h. c⁽ᵉ⁾ de Charrin.
Boulay (Les), m. c⁽ᵉ⁾ de Chaulgnes. *Boulait*, 1735 (reg. de Chaulgnes).
Boulassot (Le), m. c⁽ᵉ⁾ de Rémilly.
Boulitre (Bois), bois, c⁽ᵉ⁾ d'Imphy.
Boulats (Les), h. c⁽ᵉ⁾ de Luthenay.
Boulats (Les), h. c⁽ᵉ⁾ de Montaron.
Boulay (Le), h. c⁽ᵉ⁾ de Perroy. *La Boulaye*, 1638 (reg. de Perroy).
Boulay (Le), h. c⁽ᵉ⁾ de Rouy. — *Terra de Boelei*, 1194 (C. charte de donation à l'abb. de Bellevaux). — *Le Boulay*, 1294 (C.). — *Le Boulay*, 1295 (S.). *Boullay*, 1639 (C.).
Boule-Cochereau (La), h. c⁽ᵉ⁾ de Fours.
Boules (Bois de), c⁽ᵉ⁾ de Donzy, mentionné en 1333 (extr. des titres de Bourgogne).
Boulet (Le), h. c⁽ᵉ⁾ de Chasnay. — *Boulay*, 1355 (censier du chap. de Nevers). — *Beloy*, 1638 (Marolles). — *Boullay*, 1667 (S.). — Fief de la châtell. de Châteauneuf-au-Val-de-Bargis.
Boulet (Le), m⁽ᵃˢ⁾, c⁽ᵉ⁾ de Chasnay. — *Le Boulay* (Cassini).
Boulèverie (La), f. c⁽ᵉ⁾ de Neuvy. — *La Boulezerie*, 1600 (reg. de Neuvy).
Boulins (Les), h. c⁽ᵉ⁾ de Bouhy. *Le Nous* (Cassini).
Boulois, h. c⁽ᵉ⁾ d'Ouroux. — *Boulonoy*, 1591; *le Boulay*, 1597; *Boulloys*, 1670 (reg. d'Ouroux).
Bouloises (Les), h. c⁽ᵉ⁾ de Varennes-lez-Nevers.
Boulon, chât. et h. c⁽ᵉ⁾ de Lury-le-Bourg. — *Boulon*, 1384 (Marolles). — *Boullon*, 1663 (A. N.). — Fief de la châtell. de Montenoison.
Boulon, h. c⁽ᵉ⁾ de Cossaye. — *Cros Boulon*, 1743 (A. D.).
Boulonges, h. c⁽ᵉ⁾ de Varennes-lez-Nevers. - *Belorges*, 1355 (censier du chap. de Nevers). - *Bolorges*, 1352 (A. N. fonds de l'év.). *Villagium de Belurgiis*, 1413 (A. N.). — *Bolorges*, 1515 (terrier de Coutres).
Boulot (Le), m. de garde, c⁽ᵉ⁾ de Dienne.
Boulots, f. c⁽ᵉ⁾ d'Imphy.
Boulotes (Les), h. détruit, près de Decize, mentionné en 1364 (A. D.).
Bouquot, fief, c⁽ᵉ⁾ de Béard, mentionné en 1780 (A. D.).
Bouquard (Le), m. de garde, c⁽ᵉ⁾ de Giry.
Bouquettes (Les), h. c⁽ᵉ⁾ d'Oudan. — *Les Banquetes* (Cassini).
Bouquis, f. c⁽ᵉ⁾ de Saint-Gratien.
Bouquis, m⁽ᵃˢ⁾ détruit, c⁽ᵉ⁾ de Montsauche, porté sur la carte de Cassini.
Bouquis, anc. m⁽ᵃˢ⁾ banal de la seigneurie du Parc, détruit, c⁽ᵉ⁾ de Dun-les-Places.
Bouquis (Le), f. et chât. c⁽ᵉ⁾ de Chaumot-sur-Yonne. — *Le Boquin*, 1555 (A. N.). — *Le Bourquain*, 1563 (ibid.). — Fief de la châtell. de Monceaux-le-Comte.
Bourbais (Les), h. c⁽ᵉ⁾ de Saint-Seine. *La Motte-Bourbery*, 1689 (reg. des fiefs).
Bourbon, f. c⁽ᵉ⁾ de Saint-Germain-Chassenay. — 1752 (reg. de Saint-Germain).
Bourbon (Le), f. c⁽ᵉ⁾ de Cossaye. — *Domaine Bourbon*, 1778 (plan de la seigneurie de Toury-sur-Abron).
Bourbonnot, f. c⁽ᵉ⁾ de Saint-Amand.
Bourbons (Les), h. c⁽ᵉ⁾ de Saint-Sulpice. — *Bourbon* (Cassini).
Bourbon (Les), h. c⁽ᵉ⁾ de Villapourçon.
Bourchot, h. c⁽ᵉ⁾ de Saint-Pierre-le-Moûtier.
Bourdeaux (Les), h. c⁽ᵉ⁾ de Dun-les-Places.
Bourdeaux (Les), h. détruit, c⁽ᵉ⁾ de Limon, porté sur la carte de Cassini.
Bourdeizeau, h. détruit, c⁽ᵉ⁾ de Chaulgnes, mentionné en 1627 (A. N.).
Bourdillerie (La), h. c⁽ᵉ⁾ de Bona.
Bourdisseau, f. détruite, c⁽ᵉ⁾ de Saint-Jean-aux-Amognes, mentionnée en 1560 comme dépendant de la terre de Cougny (S.). — *Bourdesau*, 1638 (Marolles). — Fief de la châtell. de Montenoison.
Bourdizeau, h. c⁽ᵉ⁾ de la Collancelle. — *Bourdient* (Cassini).
Bourdoiseau, h. c⁽ᵉ⁾ de Cours-lez-Cosne. — *Bordosellum*, 1145 (Gall. christ. XII, col. 119). — *Boite Doyseau*, 1638 (Marolles). — *Bourdoisel*, 1638 (ibid.). — *Bourdoizeau*, 1689 (reg. des fiefs). — Fief de la châtell. de Saint-Verain.
Bourdons (Les), m. de camp. et h. c⁽ᵉ⁾ de Varennes-lez-Nevers.
Bourdy (Le), h. et f. c⁽ᵉ⁾ de Sauvigny-les-Bois. *Les Bourdys*, 1542 (A. N.).

DÉPARTEMENT DE LA NIÈVRE.

Bourg (Le), h. c⁰⁰ de Cuncy-lez-Varzy.
Bouras (Moulin de), m¹⁰, c⁰⁰ de Villapourçon.
Bourgaraux (Les), h. c⁰⁰ de Nolay. — *Borguerant* (Cassini).
Bourgarre, f. c⁰⁰ de Monteroison.
Bourg-Bassot, h. c⁰⁰ de Bazoches.
Bourg-de-la-Villeneuve-lez-Donzy (Le), fief de la châtell. de Donzy, mentionné en 1689 (reg. des fiefs).
Bourg-des-Moulins (Le), h. c⁰⁰ de Champallement.
Bourgelé, h. c⁰⁰ de Poiseux.
Bourgeoiserie (La), h. c⁰⁰ de Couloutre.
Bourgignon, f. c⁰⁰ de Charrin.
Bourgnon (Le), éc. c⁰⁰ de Decize.
Bourgniérault, h. c⁰⁰ de Billy-Chevannes.
Bourg-Jolly (Le), h. c⁰⁰ d'Isenay.
Bourgneuf, f. et fourneau, c⁰⁰ de Beaumont-la-Ferrière. — *Moulin de Bourneuf*, 1395 (arch. des Bordes). — *Bourneuf* (Cassini).
Bourgneuf, h. c⁰⁰ de Pougues. — *Burgum-Novum versus Pogam*, 1355 (censier de l'év. de Nevers). — *Borneuf*, 1419 (A. N.).
Bourg-Neuf, h. c⁰⁰ de Saint-Hilaire.
Bourgneuf, h. c⁰⁰ de Varennes-lez-Nevers.
Bourg-Raveau, fief, c⁰⁰ de Menou, mentionné en 1689 comme étant de la châtell. de Donzy (reg. des fiefs).
Bourg-Rétif, fief de la châtell. de Champallement, mentionné en 1689 (reg. des fiefs). — *Bois Ratis*, 1638 (Marolles).
Bourg-Rousot, fief de la châtell. de Donzy, mentionné en 1689 (reg. des fiefs).
Bourguériault ou Blouereau, fief de la châtell. de Saint-Verain, mentionné en 1638 (Marolles).
Bourguernaut, h. c⁰⁰ de Biches.
Bourgousseau, h. c⁰⁰ de la Collancelle.
Bourguignon, m. c⁰⁰ de Cessy-les-Bois.
Bourie (La), f. c⁰⁰ de Pougues. — 1689 (reg. des fiefs). Fief de la châtell. de Corvol-l'Orgueilleux.
Bourie (La), m. détruite, c⁰⁰ de Vielmanay, portée sur la carte de Cassini.
Bouron, h. c⁰⁰ de Mont-et-Marré.
Bourons (Les), h. c⁰⁰ de Pougny. — *Les Bouzons* (Cassini).
Bouron, m¹⁰, c⁰⁰ de Saint-Gratien. — Anc. moulin qui prenait son nom d'un ruisseau affluent de l'Aron, lequel a sa source dans la commune de Montigny-sur-Canne et traverse celles d'Isenay et de Saint-Gratien. — *Le Ruisseau de Bouron*, 1418 (A. N.).
Bourras, h. c⁰⁰ de Saint-Saulge.
Bourras-l'Abbaye, chât. et f. c⁰⁰ de Saint-Mâlo; abb. importante de l'ordre de Citeaux, *Première fille de Pontigny*, fondée en 1119. — *Bonus Radius*, 1120

(cart. de Bourras. ch. 1). — *Sancta-Maria de Bono-Radio*, 1178 (ibid. ch. 2). — *Bon Rays*, 1466 (arch. de l'Yonne, fonds de Bourras). — *Notre Dame de Bouras*, 1555 (inv. de Villemoison). — *Bouras-l'Abbaye*, 1562 (ibid.). — Ce lieu a donné son nom à un bois voisin.
Bourras-la-Grange, h. c⁰⁰ de Champlemy. — *Grangia Boni Radii*, 1120 (cart. de Bourras, ch. 1). — Ce lieu était une dépendance de l'abb. de Bourras.
Bourreaux (Les), fief près de Decize, mentionné en 1490 (Marolles).
Bourres (Les), f. c⁰⁰ de Saint-Parize-en-Viry. — *Les Bourres* (Cassini).
Bourrie (La), h. détruit, c⁰⁰ de la Celle-sur-Loire, porté sur la carte de Cassini.
Boussards (Les), h. c⁰⁰ de Saint-Loup.
Boussay, fief de la châtell. de Donzy, mentionné en 1689 (reg. des fiefs).
Boussegré, f. et h. c⁰⁰ de Lormes. — *Boussgré*, 1733 (reg. de Lormes). — Fief vassal de la baronnie de Lormes.
Boussey, h. c⁰⁰ de Chiddes. — *Moulin de Boussay*, 1548 (C.).
Bousson, h. c⁰⁰ de Parigny-la-Rose. — *Maison forte de Bousson*, 1326 (extr. des titres de Bourgogne). — *Le Boussou* (Cassini).
Bout (Le), f. c⁰⁰ de Druy. — 1739 (A. D.).
Boutaret (Le), fief de la châtell. de Donzy, mentionné en 1638 (Marolles).
Bout-de-Brille, éc. c⁰⁰ de Fours.
Bout-de-Pouligny (Le), f. c⁰⁰ de Montigny-sur-Canne. — *Poligny-le-Bout*, 1485 (arch. de Vandenesse). — *Poligny-le-Bour*, 1547 (ibid.). — *Pouligny-le-Bour*, 1567 (A. N.). — *Pouligny-le-Bout* (Cassini).
Bout-de-Bois-de-Montigny (Le), éc. c⁰⁰ de Montigny-sur-Canne. — *Maisons-de-Bout*, 1572 (A. N.). — *Les Maisons-du-Bout* (Cassini).
Boutefeuille, m¹⁰, c⁰⁰ de Neuville. — *Moulin de Boutefeuille ou Champignolles*, 1602 (A. N.).
Bouteille (La), éc. c⁰⁰ de Chantenay, fief de la châtell. de Châteauneuf-sur-Allier. — *Le fief du Bois de la Bouteille*, 1638 (Marolles).
Bouteille (La), h. c⁰⁰ de Millay. — *Bouteilles*, 1581 (extr. des titres de Bourgogne).
Bouteillère (La), fief de la châtell. de Luzy, mentionné en 1638 (Marolles). — *La Boutillère*, 1689 (reg. des fiefs).
Boutéliorde, m. c⁰⁰ de Savigny-Poil-Fol.
Boutenot, h. c⁰⁰ de Planchez. — 1491 (C.). — *Boutenet*, 1600 (reg. d'Ouroux). — *Boullenot* (Cassini).
Bouterlat, h. détruit, c⁰⁰ de Planchez, mentionné en 1692 (reg. de Planchez).

BOUTEIL, h. c^ne d'Alluy. — *Bouteille*, 1419 (C.). — *Boteuille*, 1461 (S.). — *Bouteuille*, 1466 (C.). — *Le Petit Bouteville* (Cassini).

BOUTEUIL (LE GRAND-), h. c^ne d'Alluy. — *Le Grand Bouteville* (Cassini).

BOUTHIER (LA), fief, c^ne de Sermages, mentionné en 1689 (reg. des fiefs); châtell. de Moulins-Engilbert.

BOUTIEREAU, h. détruit, c^ne de Cruz-la-Ville, porté sur la carte de Cassini.

BOUTILOIN, h. c^ne de Saint-Léger-de-Fougeret. — *Bouteloing* (Cassini).

BOUTONNERIE (LA), h. c^ne de Tannay.

BOUTOUX, m^on, c^ne d'Ouroux.

BOUX, fief de la châtell. de Luzy, mentionné en 1638 (Marolles).

BOUX, h. c^ne de Mhère. — *Bo:*, 1660 (reg. de Mhère). — Fief de la châtell. de Montreuillon.

BOUX, vill. détruit, c^ne d'Alluye, mentionné en 1518 (C.).

BOUX (FORÊT DE), c^ne de Prémery. — *Boy*, 1402 (A. N. fonds de l'év.).

BOVARDS (LES), h. c^ne de Devay. — *Les Bouillards* (Cassini).

BOYE-FORBER, h. détruit, c^ne de Sauvigny-les-Bois, mentionné en 1355 (censier du chap. de Nevers).

BRAISERIERE (LA), lieu détruit, c^ne d'Arquian, fief de la châtell. de Saint-Verain, mentionné en 1638 (Marolles).

BRAITS (LES), m. c^ne de Saint-Parize-le-Châtel.

BRAIN, châtell. f. h. et carrière, c^ne de Decize, ancienne paroisse. — *Ecclesia Beate-Marie de Breno*, 1268 (A. N. fonds du chap. de Nevers). — *Branum*, 1287 (reg. de l'év. de Nevers). — *Brain*, 1396 (A. N.). — Fief de la châtell. de Decize.

BRAMPEPAIN (LA), f. c^ne de Pougues. — *Bramepin* (Cassini).

BRANJANE (LE), ruiss. prend sa source dans la commune de Lormes et se jette dans la Cure, après avoir traversé les communes d'Empury et de Saint-André.

BRANLASSES (LES), h. c^ne de Moux.

BRANLESSE (FORÊT DE LA), c^ne d'Arleuf et de Corancy.

BRAS-DE-FER, fief de la châtell. de Liernais et Saint-Brisson, mentionné en 1638 (Marolles).

BRASSIOT, m. de camp. et f. c^ne de Brassy.

BRASSY, c^ne de Lormes; prieuré-cure dépendant de la Charité. — *Braceyum*, xive siècle (pouillé d'Autun). — Siège d'un baill. seigneurial connu sous le nom de *bailliage de Brassy et Dun*, réuni vers 1760 à celui de Lormes.

En 1790, le canton de Brassy, dépendant du district de Corbigny, comprenait les communes de Brassy, Chalaux, Dun-les-Places, Gâcogne, Marigny-l'Église et Mhère.

BRASY, vill. c^ne de Tracy. — *Les Breaux* (Cassini).

BRATSE (MOULIN DE), c^ne d'Urzy, mentionnés en 1392 (arch. des Bordes).

BRAZE (LA), h. c^ne de Cossaye.

BRÉAU (LE), h. c^ne de Perroy.

BRÉAU (LE), h. c^ne de Sainte-Colombe. — *La Breau*, 1327 (A. N.).

BRÉAUX, h. c^ne de Cion. — *Le Bréau* (Cassini).

BRÉCHATS (LES), h. c^ne de Cosne.

BRÈCHE (LA), m. de camp. c^ne de Montigny-sur-Canne.

BRÊCHE (LA), m. c^ne de Saint-Seine.

BRÉCHES (LES), vill. c^ne de Saint-Révérien. — *Bresche*, 1678 (A. N.). — Fief ressortissant pour la justice à Champallement.

BRÉE ou HAULTE-FEUILLE, fief au vill. d'Auzon, c^ne de Saint-Pierre-du-Mont, mentionné en 1689 comme étant de la châtell. de Clamecy (reg. des fiefs).

BRÉGNON (LE), ruiss. affluent de l'Auzon, c^ne de Lucenay.

BRELANDERIE (LA), h. c^ne de Narcy.

BRELANDIER, f. c^ne de Decize. — *Berlandier* (Cassini).

BRENETS (LES), h. c^ne d'Arleuf. — *Brenet* (Cassini). — Ce lieu a donné son nom à l'une des montagnes les plus élevées du Morvand.

BRENON, éc. c^ne de Moulaix.

BRENOTS (LES), h. c^ne d'Arleuf.

BRENOTS (BOIS DES), près d'Entrains, mentionné en 1581 (A. N.).

BRES (LES), h. c^ne de Lucenay-les-Aix. — *Bray*, 1389 (A. N. charte des limites du Nivernais et du Bourbonnais). — *Domaine Berrier ou les Brets*, 1788 (terrier du prieuré de Lucenay).

BRESSON, f. c^ne de Moulaix.

BRESTON, h. c^ne de Rémilly.

BRETAIS (LES), h. détruit, c^ne de Saint-Pierre-le-Moûtier, porté sur la carte de Cassini.

BRETAUCHE (LA), f. c^ne de Cosne. — *La Bertauche*, 1570 (Marolles). — *La Bretauche*, 1689 (reg. des fiefs). — Fief de la châtell. de Cosne.

BRETAUCHE (LA), m. c^ne d'Arquian. — *La Bertauche*, 1720 (reg. d'Arquian).

BRETRY (LA), f. c^ne de Saint-Pierre-le-Moûtier.

BRETIGNELLES, h. c^ne de Pougny. — *Brethignelle*, 1571 (arch. de l'Yonne, fonds de Varzy). — *Bertignelle*, 1582 (ibid.). — *Bretelogne*, 1644 (ibid.). — Fief de la châtell. de Châteauneuf-au-Val-de-Bargis.

BRETINS (LES), h. c^ne de Narcy. — *Bretin*, 1457 (A. N.).

BRETOLLIES, f. c^ne de Châteauneuf.

BRETON, f. c^ne de Montigny-sur-Canne.

BRETONNERIE (LA), m. c^ne de Saint-Agnan.

DÉPARTEMENT DE LA NIÈVRE

Bretonnière (La), f. c⁽ⁿ⁾ d'Isenay. — *La Bretonnère,* 1593 (Marolles).

Bretonnière (La), h. c⁽ⁿ⁾ de Bazolles. — *La Bretonnere,* 1500 (A. N.). — Fief vassal de Châtillon-en-Bazois.

Bretonnière (La), h. c⁽ⁿ⁾ de Bona. — *Britonnaria villa,* 1248 (A. N.). — *La Brethonnière,* 1618 (ibid.). — *La Bourtonnière,* 1699 (reg. de Bouvron). — Fief de la châtell. de Saint-Saulge.

Bretonnière (La), h. c⁽ⁿ⁾ d'Entrains.

Bretonnières-d'en-Bas (La), h. c⁽ⁿ⁾ de Donzy.

Bretonnières-d'en-Haut (La), h. c⁽ⁿ⁾ de Donzy. — *La Bretonnère* (Cassini).

Breu, h. c⁽ⁿ⁾ de Saint-Hilaire-Fontaine.

Breu (Le), f. c⁽ⁿ⁾ de la Nocle.

Breugnon, c⁽ⁿ⁾ de Clamecy. — *Ecclesia de Brungnone,* 1286 (arch. de l'Yonne, fonds de Clamecy). — *Brugne,* 1535 (pouillé d'Auxerre). — *Brugnon,* 1638 (Marolles). — Fief de la châtell. de Clamecy.

Breugnon, m. c⁽ⁿ⁾ de Saint-Martin-du-Tronce.

Breugnot, m. c⁽ⁿ⁾ de Moulins-Engilbert.

Breugny, h. c⁽ⁿ⁾ d'Empury. — *Brugny,* 1335 (Marolles). — *Brugny,* 1689 (reg. des fiefs). — Fief de la châtell. de Monceaux-le-Comte, vassal de Vésigneux.

Breuil, f. c⁽ⁿ⁾ de Dun-les-Places.

Breuil, m. c⁽ⁿ⁾ de la Roche-Millay.

Breuil, m. de garde, c⁽ⁿ⁾ de Dun-les-Places.

Breuil (Bois du), c⁽ⁿ⁾ de Neuville-lez-Brinon.

Breuil (Le), f. c⁽ⁿ⁾ de Millay.

Breuil (Le), h. c⁽ⁿ⁾ de Bresny. — *Breuil,* 1688 (reg. de Bresny).

Breuil (Le), h. c⁽ⁿ⁾ de Goulous.

Breuil (Le), lieu détruit, près de Decize, mentionné en 1296 (Marolles).

Breuil (Le), m. c⁽ⁿ⁾ de Lurcy-le-Bourg. — *Breuille* (Cassini).

Breuillard, h. c⁽ⁿ⁾ de Saint-Martin-du-Tronce.

Breuille, h. c⁽ⁿ⁾ de Lucenay-les-Aix. — *Le Breul,* 1389 (A. N. procès-verbal des limites du Nivernais et du Bourbonnais).

Breuille, h. c⁽ⁿ⁾ de Prémery.

Breuille (Bois de), c⁽ⁿ⁾ de Lormes.

Breuille (La), f. c⁽ⁿ⁾ de Fertrève. — *La Breulle,* 1653 (A. N.). — Fief de la châtell. de Cercy-la-Tour.

Breuille (La), fief, c⁽ⁿ⁾ de Saint-Révérien, mentionné en 1489 (Marolles).

Breuille (La), m⁽ⁿ⁾, c⁽ⁿ⁾ de Fertrève.

Breuille (La), ruiss. affluent de la Cure. c⁽ⁿ⁾ de Dun-les-Places.

Breuillot (Le), ruiss. c⁽ⁿ⁾ de Dun-les-Places.

Breul (Le), h. détruit, c⁽ⁿ⁾ de Maux, mentionné en 1503 (C.).

Breul ou la Busse, h. c⁽ⁿ⁾ de Lucenay-les-Aix. — *Le Breul,* 1597 (S.).

Breul (Les), h. c⁽ⁿ⁾ de Cours-lez-Cosne.

Breuzard (Bois), c⁽ⁿ⁾ d'Entrains.

Brèves, c⁽ⁿ⁾ de Clamecy. — *Terra de Breves,* 1156 (Gall. christ. XII, col. 342). — *Brèves,* XIII⁽ᵉ⁾ siècle (pouillé d'Autun). — *Forteresse de Breuves,* 1385 (Marolles). — *Bréves,* 1511 (A. N.). Fief de la châtell. de Metz-le-Comte, érigé en comté en 1635 pour la famille Savary.

Brèves (Domaine de), f. c⁽ⁿ⁾ de Nevers. — *Domaine du Bout-du-Pont* (Cassini).

Briant, fief de la châtell. de Cercy-la-Tour, mentionné en 1638 (Marolles). — *Étang du Briaud ou de Brial,* 1610 (S.).

Bridat, f. c⁽ⁿ⁾ de Saint-Hilaire-Fontaine.

Brienne, fief de la châtell. de Châteauneuf-sur-Allier, mentionné en 1638 (Marolles).

Brienne, h. et m⁽ⁿ⁾, c⁽ⁿ⁾ de Brinay.

Briet, f. c⁽ⁿ⁾ de Cercy-la-Tour. — *Brios* (Cassini).

Brieu, h. détruit, c⁽ⁿ⁾ d'Isenay, porté sur la carte de Cassini.

Brieux (Le), f. c⁽ⁿ⁾ de Fertrève. — *Fief de la prairie de Brieux,* 1785 (A. N.).

Brieux (Les), f. c⁽ⁿ⁾ de Fours. — *Brieulle,* 1663 (A. N.). — *Le Guay des Brieux,* 1647 (C.).

Brifaut, châtell. c⁽ⁿ⁾ de Saint-Hilaire-Fontaine. — *Brifault,* 1459 (C.). — *Forge de Brifaut,* 1773 (reg. de Saint-Germain). — Fief de la châtell. de Decize qui a donné son nom à une forêt qui s'étend dans les communes de Saint-Hilaire-Fontaine, Charrin, Montambert et Fours.

Brignon (Le), h. c⁽ⁿ⁾ de Magny-Cours, qui a donné son nom à un bois voisin.

Brille-Poignée, m. c⁽ⁿ⁾ de la Roche-Millay.

Brin, m. c⁽ⁿ⁾ de Champvert.

Brinance (La), riv. prend sa source dans la c⁽ⁿ⁾ de Saint-Martin-du-Puits, et se jette dans la Cure, près de Domecy (Yonne), après avoir traversé les communes d'Empury et de Basoches.

Brinay, c⁽ⁿ⁾ de Châtillon. — *Terra de Brienayo et Terra de Brinay,* 1245 (S.). — *Brynaium,* 1287 (reg. de l'év. de Nevers). — *Brinaix,* 1364 (arch. des Bordes). — *Brineium,* 1478 (pouillé de Nevers). — *Brynay,* 1520 (C.). — Fief de la châtell. de Moulins-Engilbert, vassal du comté de Château-Chinon.

Brinon (Bois de), c⁽ⁿ⁾ de Neuville-lez-Brinon.

Brinon-les-Allemands, arrond. de Clamecy. — *Villa Brinnensis in pago Nivernensi,* 935 (Gall. christ. XII, col. 318). — *Brinonium,* 1287 (reg. de l'év. de Nevers). — *Brinon-les-Alemenz,* 1390 (C.). — *Brinon-les-Allemans,* 1656 (reg. de Brinon).

Nièvre.

Maison-Dieu et fief de la châtell. de Montenoison, qui doit son surnom à une famille Allemand qui le possédait au XIII° et au XIV° siècle.

En 1790, le canton de Brinon, dépendant du district de Clamecy, fut composé des communes d'Authiou, Brinon-les-Allemands, Bussy-la-Pesle, Changy, Chasnuil, Chevannes, Corvol-d'Embernard, Huban, Michaugues et Treigny.

Brinon-lez-Nevers, fief de la châtell. de Nevers, mentionné en 1638 (Marolles).

Brion, f. c^{ne} de Thaix. — *Bryon*, 1689 (reg. des fiefs). — Fief de la châtell. de Decize.

Briody, h. c^{ne} d'Onlay. — *Brion*, 1673 (S.). — *Brion*, 1689 (reg. des fiefs). — Fief de la châtell. de Moulins-Engilbert.

Briot, m. et bains, c^{ne} de Château-Chinon-Campagne.

Briotte, m. de camp. c^{ne} de Saint-Saulge. — *Briollet*, 1689 (reg. des fiefs). — *Briollette* (Cassini). — Fief de la châtell. de Saint-Saulge.

Briottes (Les), f. c^{ne} de Saint-Éloi.

Briot (Le), éc. c^{ne} de Luthenay. — *Brioux*, 1726 (S.).

Brioux, h. c^{ne} d'Arquian.

Briques (Les), f. détruite, c^{ne} de Bitry, mentionnée au XVIII° siècle (reg. de Bitry).

Brissotterie (La), h. c^{ne} d'Entrains. — *La Brissotterie* (Cassini).

Brive, lieu détruit, c^{ne} de Pouques, mentionné en 1233 (Gall. christ. IV, col. 96).

Brivets (Les), m. c^{ne} de Saint-Léger-des-Vignes.

Brizon, h. c^{ne} de Brassy. — *Brisson*, 1756 (reg. de Brassy). — *Haut et Bas Brison* (Cassini).

Brocards (Les), h. c^{ne} de Gouloux.

Brochats (Les), h. détruit, c^{ne} de Lucenay-les-Aix, mentionné en 1389 (A. N. limites du Nivernais et du Bourbonnais).

Broc (Les), h. c^{ne} de la Celle-sur-Loire. — *Les Broults*, XVIII° siècle (reg. de la Celle).

Broin, f. c^{ne} d'Aunay. — *Broin super Seenne*, 1293 (S.). — *Brein*, 1455 (Marolles). — *Broing*, 1566 (Lory). — *Brun*, 1598 (C.). — Fief de la châtell. de Montreuillon.

Brossa (Le), m. de camp. c^{ne} de Saxy-Bourdon.

Brossanderie (La), h. c^{ne} de Saint-Sulpice.

Brosse, h. détruit, c^{ne} de Langeron, porté sur la carte de Cassini.

Brosse (La), anc. chât. c^{ne} de Sougy. — 1444 (Marolles). — Fief vassal de Druy.

Brosse (La), chât. c^{ne} de Varennes-lez-Nevers. — *Brosis*, 1355 (censier du chap. de Nevers).

Brosse (La), fief de la châtell. de Decize, mentionné en 1638 (Marolles). — *La Brosse-du-Guay*, 1575 (Marolles).

Brosse (La), h. c^{ne} de Bouhy. — *La Brosse-sous-Bussy*, 1689 (reg. des fiefs). — Fief de la châtell. de Saint-Verain.

Brosse (La), h. c^{ne} de Devay. — 1483 (A. N.). — *Les Brosses*, 1566 (A. D.). — Fief de la châtell. de Decize.

Brosse (La), h. c^{ne} d'Empury.

Brosse (La), h. c^{ne} de Germenay.

Brosse (La), h. c^{ne} de Guipy. — 1643 (A. N.). — Fief de la châtell. de Montenoison.

Brosse (La), h. et mⁱⁿ. c^{ne} de Livry.

Brosse (La), h. c^{ne} de Luzy.

Brosse (La), h. c^{ne} de Moulins-Engilbert. — *Moulin-de-la-Brosse*, 1673 (S.).

Brosse (La), h. détruit, c^{ne} de Cossaye, mentionné en 1658 (reg. de Cossaye).

Brosse (La), h. détruit, c^{ne} de Montigny-sur-Canne, mentionné en 1654 (A. N.).

Brosse (La), m. c^{ne} de Montsauche.

Brosse (La), m. de camp. et f. c^{ne} de Ruages. — 1615 (terrier de Moissy). — Fief de la châtell. de Monceaux-le-Comte.

Brosse (La Grande-), éc. c^{ne} de Lanty. — *La Brosse-au-Malade*, 1309 (Marolles). — *La Brosse-au-Malade*, 1689 (reg. des fiefs). — Fief de la châtell. de Luzy ; donne son nom à un bois voisin.

Brosse (La Grande-), h. c^{ne} de Donzy ; autrefois chapelle à la collation du prieur du Pré-lez-Donzy. — *Capella Sancti Stephani*, 1535 (pouillé d'Auxerre).

Brosse (La Petite-), h. c^{ne} de Donzy.

Brosse-au-Bouquin (La), h. confondu avec celui des Montarons, c^{ne} de Sémelay.

Brosse-aux-Bacus (La), h. c^{ne} d'Alligny. — *La Brosse*, 1501 (inv. de Villemoison).

Brosses, h. c^{ne} de la Fermeté. — *Les Brosses*, 1600 (A. N.).

Brosses (Bois des), c^{ne} de Léché-Assaris, mentionné en 1540 (arch. de Vandenesse).

Brosses (Bois des), c^{ne} de Marcy.

Brosses (Bois des), c^{ne} de Prémery.

Brosses (Bois des), c^{ne} de Ruages.

Brosses (Bois des), c^{ne} de Teigny.

Brosses (Les), fief de la châtell. de Luzy, mentionné en 1638 (Marolles).

Brosses (Les), fief de la châtell. de Monceaux-le-Comte et Neuffontaines, mentionné en 1669 (reg. des fiefs).

Brosses (Les), h. c^{ne} d'Authiou.

Brosses (Les), h. c^{ne} de Gouloux.

Brosses (Les), h. c^{ne} de Nolay. — *Brosse* (Cassini).

DÉPARTEMENT DE LA NIÈVRE.

Brosses (Les), h. c⁰⁰ d'Ouroux. 1591 (reg. d'Ouroux).

Brosses (Les), h. c⁰⁰ de Saint-Seine.

Brosses (Les), m. c⁰⁰ de Ville-lez-Anlezy.

Brosses-Bouillot (Les), m. c⁰⁰ d'Isenay.

Brossiers (Les), h. c⁰⁰ de la Celle-sur-Loire.

Brots (Les), m. c⁰⁰ de Cosne.

Brouille (Moulin de la), c⁰⁰ d'Ouroux.

Brouillat (Le), h. et tuil. c⁰⁰ de Rémilly. — *Le Brouillat*, 1611 (C.).

Broncille (La), ruiss. affluent de l'Oumière, c⁰⁰ du Planchez.

Brous, h. c⁰⁰ de Dun-sur-Grandry.

Brulaidat, fief de la châtell. de Montreuillon, mentionné en 1689 (reg. des fiefs).

Bruère (La), m. c⁰⁰ de Tazilly, 1689 (reg. des fiefs). — Fief de la châtell. de Luzy.

Bruère (Le Grand-), f. c⁰⁰ de Saint-Martin-du-Tronsec.

Bruère (Le Petit-), h. c⁰⁰ de Saint-Martin-du-Tronsec.

Bruère-du-Mont, h. c⁰⁰ de Montambert-Tannay. — *Bruères-du-Mont* (Cassini).

Bruères, f. c⁰⁰ de Saint-Pierre-le-Moûtier. — *Les Bruerre*, 1781 (A. N.). — Arrière-fief d'Azy-le-Vif.

Bruères, f. c⁰⁰ de Tronsanges. — *Seigneurie des Bruerre*, 1588 (S.).

Bruères (Les), h. c⁰⁰ de Château-Chinon-Campagne. — *Villa de Brueriis*, 1311 (A. N. fonds de Bellevaux).

Bruères (Les), m. c⁰⁰ de Lormes.

Bruères (Maison des), m. détruite, c⁰⁰ de Saint-Parize-en-Viry, portée sur la carte de Cassini. — *La Bruyère-Jobert*, vers 1500 (A. N.).

Bruères-Chanrins (Les), h. c⁰⁰ de Luzy. — *Les Brueres-Chavenet*, 1775 (reg. de Luzy).

Bruères-de-Crécy (Les), h. c⁰⁰ d'Avril.

Bruérot (Le), m. d'école, c⁰⁰ de Chantenay.

Bruit (Le), fief près de Poussignol-Blismes, mentionné en 1763 (arch. de Quincize). — *Bruy-en-Morvand, Bruyt ou Bruuil*, 1638 (Marolles). — Fief de la châtell. de Montreuillon.

Bruit (Le), lieu détruit, c⁰⁰ d'Anlezy, mentionné en 1430 (C.).

Bruit (Ruisseau du), affluent de l'Yonne, traverse les communes de Montigny-en-Morvand et de Montreuillon.

Brûlats (Les), éc. c⁰⁰ de Saint-Germain-Chassenay.

Brûlé (Bois), bois, c⁰⁰ de Sichamps.

Brûlé (La), m. c⁰⁰ de Saint-Honoré.

Brûlé (La), h. c⁰⁰ de Sainte-Péreuse.

Brûlés (La), h. c⁰⁰ de Jailly. — *Les Brûlés* (Cassini).

Brûlés (Les), h. c⁰⁰ de Cruz-la-Ville.

Brûlés (Les), h. c⁰⁰ de Saint-Aubin-les-Forges. — *Les Brûlés* (Cassini).

Brûlé-Jacquet, h. c⁰⁰ de Fours.

Brûlés (Les), h. c⁰⁰ de Fours. *La Motte-des-Brulés*, 1461 (C.). *Les Brullés*, 1623 (ibid.). *Les Bruslés*, 1688 (ibid.).

Brûlés (Les), h. c⁰⁰ de la Collancelle. — *Les Brulés*, 1610 (A. D.).

Brûlés (Les), h. c⁰⁰ de la Nocle. *Les Granz-Brulés*, 1461 (C.). — *Les Brulés*, 1762 (A. D.). — Fief de la châtell. de Decize.

Brûlés (Les), m. c⁰⁰ d'Avrée. *Les Brullés*, 1447 (C.). *Les Brullés*, 1451 (ibid.). *Les Brulés*, 1574 (ibid.).

Brûlés (Les), m. c⁰⁰ de Millay. *Les Bruslés*, 1649 (terrier d'Alligny).

Brulin (Bois de), c⁰⁰ de Nuars.

Brullat (Le), h. détruit, c⁰⁰ de Garchizy, mentionné en 1392 (A. N. fonds de l'év.). — *Bruillotum*, 1331 (censier du chap. de Nevers). *Bruyllat*, 1355 (ibid.).

Brulons (Les), h. c⁰⁰ de Saint-Agnan.

Brun, fief de la châtell. de Montreuillon, mentionné en 1638 (Marolles).

Bruneaux (Les), h. c⁰⁰ d'Annay.

Bruneteau, fief, c⁰⁰ de Decize. *Bruneteaul*, 1489 (A. D.). — *Bruneteau-Rapain*, 1689 (reg. des fiefs). — Châtell. de Decize.

Brunetelet, lieu détruit, c⁰⁰ de Decize, mentionné en 1489 (A. D.).

Brunets (Les), h. c⁰⁰ de Vielmanay.

Brunettes (Les), h. et tuil. c⁰⁰ de Cercy-la-Tour.

Bruxo, éc. c⁰⁰ de Lucenay-les-Aix.

Bruns (Les), h. c⁰⁰ de Narcy.

Bruns-Langerons, f. c⁰⁰ de Fours. — *Brure*, 1610 (S.). — *Brurre*, 1689 (reg. des fiefs). — Fief de la châtell. de Cercy-la-Tour, qui prit son surnom de la famille Andrault de Langeron, qui le posséda au XVIIIᵉ siècle.

Bruyère (La), chât. c⁰⁰ d'Entrains.

Bruyère (La), f. c⁰⁰ de Millay.

Bruyère-Bateau (La), h. c⁰⁰ de Sougy.

Bruyères, h. c⁰⁰ de Livry.

Bruyères (Les), h. c⁰⁰ de Challuy. — *Les Bruerres*, 1477 (A. N.). — *Brières* (Cassini).

Bruyères (Les), h. c⁰⁰ de Coulanges-lez-Nevers. *Vines de Brueriis*, 1331 (censier du chap. de Nevers).

Bruyères (Les), h. et m⁰⁰, c⁰⁰ de Dun-les-Places.

Bruyères (Les), h. c⁰⁰ de Fleury-sur-Loire.

Bruyères (Les), h. c⁰⁰ de Mhère.

Bruyères (Les), h. c⁰⁰ de Saint-Germain-Chassenay.

4.

Bruyères (Les), h. c⁻ⁿᵉ de Saint-Sauge.
Bruyères (Les), lieu détruit, c⁻ⁿᵉ de Saint-Laurent, mentionné en 1496 (arch. de l'Yonne, fonds de Cosne). *Bruveria prope Cosnam*, xiiⁱᵉ siècle (Bibl. hist. de l'Yonne, I, p. 425).
Bruyères (Les Grandes-), h. c⁻ⁿᵉ de Tracy. — *Les Bruyeres* (Cassini).
Bruyères (Les Petites-), h. c⁻ⁿᵉ de Tracy. — *Les Bruyeres* (Cassini).
Bruyères-Barbier (Les), h. c⁻ⁿᵉ d'Azy-le-Vif.
Bruyères-Buffères (Les), h. c⁻ⁿᵉ de Moulais.
Bruyères-Coulon (Les), h. c⁻ⁿᵉ de Lucenay-les-Aix.
Bruyères-de-Bey (Les), lieu dit, c⁻ⁿᵉ de Saint-Pierre-le-Moûtier.
Bruyères-de-Cadey (Les), h. c⁻ⁿᵉ de Dorcis.
Bruyères-de-Lafay (Les), h. c⁻ⁿᵉ de Neuville-les-Decize. — *Les Loges-Lafa* (Cassini).
Bruyères-de-Ray (Les), h. c⁻ⁿᵉ de Dornes. — *Raye* (Cassini).
Bruyères-des-Arrouls (Les), m. c⁻ⁿᵉ de Lucenay-les-Aix.
Bruyères-des-Charbonnats (Les), h. c⁻ⁿᵉ de Cossaye. — *Bruveria*, 1332 (A. D.).
Bruyères-des-Granges (Les), h. c⁻ⁿᵉ de Chantenay.
Bruyères-des-Loges (Les), h. c⁻ⁿᵉ de Neuville-les-Decize. — *Les Loges-des-Loges* (Cassini).
Bruyères-Durraux (Les), h. c⁻ⁿᵉ de Dornes. — *Les Derus* (Cassini).
Bruyères-du-Haut-de-May (Les), h. c⁻ⁿᵉ de Dornes.
Bruyères-de-Quartier (Les), f. et m. c⁻ⁿᵉ de Lucenay-les-Aix.
Bruyères-Fréticht (Les), h. c⁻ⁿᵉ de Chantenay.
Bruyères-Lebeau (Les), h. c⁻ⁿᵉ de Fleury-sur-Loire. *Le Beau* (Cassini).
Bruyères-Notaires (Les), éc. c⁻ⁿᵉ de Chantenay.
Bruyères-Ouellles (Les), h. c⁻ⁿᵉ de Toury-Lurcy.
Bruyères-Radon (Les), h. c⁻ⁿᵉ de Luthenay. — *Les Bruères-Radon* (Cassini).
Bruyères-Seraud (Les), h. c⁻ⁿᵉˢ de Dornes et de Saint-Parize-en-Viry.
Bruyères-Voudoux (Les), h. c⁻ⁿᵉˢ de Lucenay-les-Aix et de Toury-Lurcy. — *Nemus de Vosdor*, 1231 (A. D. ch. du prieuré de Lucenay-les-Aix). — *Loges de Voidour*, 1778 (plan de la seigneurie de Toury-sur-Abron).
Bruzeau, f. c⁻ⁿᵉ de Mars-sur-Allier. — *Les Bruzeaux*, 1660 (A. N.). — *Bruzeaux*, 1689 (reg. des fiefs). — Fief de la châtell. de Châteauneuf-sur-Allier.
Bucheraud, h. c⁻ⁿᵉ de Cruz-la-Ville.
Bucherolles, h. c⁻ⁿᵉ de Sainte-Pereuse.
Bucherolles, h. c⁻ⁿᵉ de Marsy. — *Terra des Bocherolles*, 1156 (Gall. christ. XII, col. 342). — *La Croix de Bucherolles*, 1719 (terrier de Saint-Baudière).

Bucson (Le), éc. c⁻ⁿᵉ de Cossaye. — *Beaulieu* (Cassini).
Buchot, h. c⁻ⁿᵉ de Poussignol-Blismes. — *Le Bouchot*, vers 1730 (arch. du chât. de Quincize). Fief vassal du comté de Château-Chinon.
Bué (Mont), montagne, c⁻ⁿᵉ de Neuffontaines.
Buffats (Les), h. et f. c⁻ⁿᵉ de Donzy. *Le fief du dismo de Buffard*, 1689 (reg. des fiefs).
Buffères (La), h. c⁻ⁿᵉ de Suilly-la-Tour, 1660 (reg. de Suilly).
Buis (Le), h. c⁻ⁿᵉ de Sardy.
Buis (Les), h. c⁻ⁿᵉ de Poussignol-Blismes. — *Les Bouis, Esbuis*, xviiⁱᵉ siècle (arch. du chât. de Quincize). *Ebuy* (Cassini). — Fief mouvant de Quincize.
Buis (Les), m. c⁻ⁿᵉ de Millay. — *Le Bouy*, 1635 (S.). — *Bouis*, 1689 (reg. des fiefs). — Fief de la châtell. de Luzy.
Buisson, f. c⁻ⁿᵉ de Druy. — 1739 (A. D.).
Buisson (Les), fief de la châtell. de Moulins-Engilbert, mentionné en 1638 (Marolles).
Buisson (Le), h. c⁻ⁿᵉ de Bona.
Buisson (Le), h. c⁻ⁿᵉ de Cossaye.
Buisson (Le), h. c⁻ⁿᵉ de la Chapelle-Saint-André.
Buisson-aux-Prêtres, m. de garde, c⁻ⁿᵉ de Sougy.
Buisson-Bas (Le), f. c⁻ⁿᵉ de Jailly.
Buisson-Boulanger, bois, c⁻ⁿᵉ d'Oulon.
Buisson-Brûlé, f. c⁻ⁿᵉ de Murlin.
Buisson-de-la-Caille (Le), m. c⁻ⁿᵉ de Montigny-sur-Canne.
Buisson-de-Malsclay, fief de la châtell. de la Marche, mentionné en 1638 (Marolles). — *Buisson de Maichatte*, 1689 (reg. des fiefs).
Buisson-des-Prés, h. c⁻ⁿᵉ d'Avrée.
Buisson-de-Tronsay (La), bois, c⁻ⁿᵉ de Lurcé-Assarts, mentionné en 1540 (arch. de Vandenesse).
Buisson-du-Roi, m. c⁻ⁿᵉ d'Avrée.
Buisson-Guipier (Le), m. comprise dans les dépendances du chât. de la Roue, c⁻ⁿᵉ de Rémilly.
Buisson-Rose (Le), h. c⁻ⁿᵉ de Saint-Benin-des-Bois.
Buissons (Les), f. c⁻ⁿᵉ de Chantenay. — *Les Bouzauts*, 1684 (A. N.).
Bulcy, c⁻ⁿᵉ de Pouilly. — *Bulciacum*, 1535 (pouillé d'Auxerre). — *Bullery*, 1689 (reg. des fiefs). — Fief de la châtell. de la Marche.
Bulis (Le), bois, c⁻ⁿᵉ de Neuffontaines.
Bulvin (Le), ruiss. prend sa source dans la c⁻ⁿᵉ de Savigny-Poil-Fol et se jette dans l'Halaine, après avoir traversé la c⁻ⁿᵉ de Rémilly. — *Vellerin*, 1497 (S.). — *Le Boullevain*, 1530 (C.). — *Bullevin*, 1659 (C.).
Busières, lieu détruit, c⁻ⁿᵉ de Sougy, mentionné en 1488 (A. D.).
Buse (La), f. c⁻ⁿᵉ de Luthenay, 1607 (A. D.).
Buseaux (Les), f. c⁻ⁿᵉ de Cossaye.

Bureaux (Les), f. c.ⁿᵉ de Millay.
Bureaux (Les), f. c.ⁿᵉ de Saint-Amand. — *les Bureaux* (Cassini).
Burgnot, h. c.ⁿᵉ de Montaron, a donné son nom à un bois qui s'étend aussi sur la c.ⁿᵉ de Thaix.
Bury, h. détruit, c.ⁿᵉ de Marcy, mentionné en 1452 (arch. de l'Yonne, fonds de Varzy).
Buson (Bois de), c.ⁿᵉ de Chiddes et de la Roche-Millay.
Bussars, h. c.ⁿᵉ de Moussy. — *Villa de Bussaou Rousseau*, 1263 (A. N.). — *Bussoulx*, 1502 (arch. du chât. de Marcilly). — Fief de la châtell. de Montenoison, qui a donné son nom à un bois voisin.
Bussière, fief, c.ⁿᵉ de Fleury-sur-Loire, porté sur la carte de Cassini.
Bussière, h. c.ⁿᵉ de Champvert. — *Buissières*, 1418 (A. N.). — *Bussière-soubz-Tiange*, 1519 (ibid.). — *Buzière-soubz-Thianges*, 1566 (A. D.). — *Bus-sur-soubz-Thianges*, 1607 (ibid.). — *Bussière-sous-Tiange*, 1689 (reg. des fiefs). — Fief de la châtell. de Champvert.
Bussière, h. c.ⁿᵉ de Luzy. — *Le fief de Bussière et Goulatte*, 1689 (reg. des fiefs). — Fief de la châtell. de Luzy.
Bussière, h. et anc. chât. c.ⁿᵉ d'Ouroux. — *Buyssière*, 1543 (reg. d'Ouroux). — Fief vassal du comté de Château-Chinon.
Bussière (La), chât. et h. c.ⁿᵉ de Sémelay. — *La Buzière*, 1463 (A. N.). — *La Bussyère*, 1553 (C.). — Fief de la châtell. de Luzy.
Bussière (La), chât. ruiné et ancien fief, c.ⁿᵉ de Chavannes-Changy, mentionné en 1686 (reg. de Dampierre-sur-Bouhy).
Bussière (La), f. c.ⁿᵉ de Rix. — *Métairie de la Bussière*, 1646 (reg. de Rix).
Bussière (La), fief de la châtell. de Saint-Verain, mentionné en 1638 (Marolles).
Bussière (La), h. c.ⁿᵉ de Fleury-sur-Loire. — 1575 (A. N.). — Fief de la châtell. de Decise.
Bussière (La), h. c.ⁿᵉ de Lormes. — 1703 (reg. de Lormes).
Bussières (La Grande et La Petite), f. c.ⁿᵉ de Garchizy. — *Territorium de Buzeria*, 1374 (A. N. fonds de Saint-Arigle). — *Molendum de Busseria apud Bus-serian*, 1390 (A. N. fonds de l'év.). — *La Bussière*, 1511 (A. N.). — Ce lieu a donné son nom à un ruisseau qui prend sa source dans la commune de Varennes-lez-Nevers et se jette dans la Loire, après avoir traversé les communes de Garchizy et de Marzy.
Bussières, h. c.ⁿᵉ de Bazolles. — *Terra de Buisseriis*, 1328 (C.). — *Bussière*, 1689 (reg. des fiefs). — Fief de la châtell. de Saint-Saulge.
Bussières, h. c.ⁿᵉ de Charrin. — *Bussière*, 1689 (reg.

des fiefs). — *Bussière*, 1750 (A. N.). — Fief de la châtell. de Decise.
Bussilliages, lieu détruit, près de Montambaix, mentionné en 1097 (Gallia christ. XII, col. 335).
Bussiats (Les), h. c.ⁿᵉ de Cercy-la-Tour.
Busso-Boulot, fief de la châtell. de Mono-aux-Moines et Neuffontaines, mentionné en 1638 (Marolles).
Bussou (La), f. c.ⁿᵉ de Sermoise. — *Bussou*, 1258 (A. N.). — *Villagium de Bussou*, 1323 (ibid.). — *Bussouz* (Cassini).
Busy, f. c.ⁿᵉ d'Achun. — *Busi*, 1500 (A. N.).
Busy, f. c.ⁿᵉ de Cossaye. — Fief de la châtell. de Decize.
Busy, fief de la châtell. de Cercy-la-Tour, c.ⁿᵉ de Verneuil, mentionné en 1689 (reg. des fiefs).
Busy, h. détruit, c.ⁿᵉ d'Avril. — Fief de la châtell. de Decize, mentionné en 1638 (Marolles).
Busy, h. c.ⁿᵉ d'Ouroux. — Fief de Buis-de-Bussy-lès-Charry, 1689 (reg. des fiefs). — Châtell. de Montreuillon.
Busy, h. c.ⁿᵉ de Poussignol-Blismes. — *Busy*, 1677 (arch. du ch. de Quincize). — Dép. de Quincize.
Busy (Le Grand-), m. de camp. et f. c.ⁿᵉ de Saint-Maurice. — *Bussiacum*, 1360 (A. N.). — *Busy*, 1649 (ibid.).
Busy (Le Petit-), m. de camp. c.ⁿᵉ de Saint-Maurice.
Busy-la-Pesle, c.ⁿᵉ de Brinon. — *Ecclesia de Busiaco*, 1129 (Gall. christ. XII, col. 339). — *Busiacum*, 1130 (ibid.). — *Quoddam castrum dictum Bussinum-en-Pesle*, 1270 (les Olim, I, p. 700). — *Busiacum prope Montem Varium*, 1478 (pouillé de Nevers). — *Bussy-la-Pesle*, 1659 ; *Bussy-la-Pesle*, 1735 (reg. de Brinon). — Fief de la châtell. de Montenoison.
Buteaux (Les), h. c.ⁿᵉ de Villapourçon.
Butte-de-Roseau, h. c.ⁿᵉ de Saint-Saulge. — *Rouseau* (Cassini).
Buttes (Les), éc. c.ⁿᵉ de Luthenay.
Buttes (Les), h. c.ⁿᵉ d'Ursy. — *Butes*, 1485 (A. N. fonds de l'év.).
Buttots (Les), h. c.ⁿᵉ de Saint-Amand. — *les Buteaux* (Cassini).
Buzière, h. c.ⁿᵉ de Montigny-sur-Canne. — *Busseria*, 1318 (A. N.). — *Buzes*, 1480 (ibid.). — *Bussière*, 1567 (S.). — Fief de la châtell. de Decize, vassal du comté de Château-Chinon.
Buy, chât. et f. c.ⁿᵉ de Saint-Pierre-le-Moûtier. — 1600 (A. N.).
Buy, fief de la châtell. de Liernais et Saint-Brisson, mentionné en 1638 (Marolles).
Buy, m. c.ⁿᵉ de Saint-Pierre-le-Moûtier.
Buzon, h. c.ⁿᵉ de la Roche-Millay.

DÉPARTEMENT DE LA NIÈVRE.

[...] de la Chapelle-Saint-André, donne son [...] aux ruines, affluent du ruiss. de Corbelin.

Bary, 1635 (Marolles). — Fief de la châtell. de Douzy.

C

Cababats (Les), hams, c⁽ⁿᵉ⁾ de la Celle-sur-Nièvre.
Cabets (Les), h. et maison, c⁽ⁿᵉ⁾ de Donzy.
Cabets (Les), h. c⁽ⁿᵉ⁾ de Suilly-la-Tour.
Cabet, m. c⁽ⁿᵉ⁾ de Druy.
Cachelat, m⁽ⁿ⁾, c⁽ⁿᵉ⁾ de Trucy, prend son nom du ruiss. sur lequel il se trouve, lequel formait, en 1389, la limite du comté de Nevers et du duché de Bourbon. — Ruisseau Cacherat, 1389 (procès-verbal des limites du Nivernais et du Bourbonnais).
Cadot (Le), f. c⁽ⁿᵉ⁾ de Perroy.
Cadot, f. c⁽ⁿᵉ⁾ de la Celle-sur-Loire. — Les Cadoux (Cassini).
Cafondras (Les), fief de la châtell. de Montrouillon, mentionné en 1649 (reg. des fiefs). — La Cafondra, 1317 (Marolles).
Caillette (La), h. c⁽ⁿᵉ⁾ d'Avrée.
Caillonnerie (La), h. c⁽ⁿᵉ⁾ de Chevenon.
Caillonnerie (La), h. c⁽ⁿᵉˢ⁾ d'Imphy et de Sauvigny-les-Bois.
Caillons (Les), h. c⁽ⁿᵉ⁾ de Corvol-l'Orgueilleux. — 1690 (A. N.).
Caillot, m⁽ⁿ⁾, c⁽ⁿᵉ⁾ de Saint-Brisson.
Caillot (Le), ruiss. affluent de la Cure, c⁽ⁿᵉ⁾ de Gouloux.
Caillots (Les), f. c⁽ⁿᵉ⁾ de Decize. Les Caillots, 1526 (A. D.). — Les Cailloux-Vauxelle, 1689 (reg. des fiefs). — Caillots-les-Decize, 1770 (A. D.). — Fief de la châtell. de Decize.
Caillots (Les), h. c⁽ⁿᵉ⁾ de Beaumont-la-Ferrière.
Caissenat (Dom.), c⁽ⁿᵉ⁾ de Parigny-les-Vaux, mentionné en 1331 (censier du chap. de Nevers).
Caillot, éc. c⁽ⁿᵉ⁾ de Saint-Pierre-le-Moûtier. — Lieu Calot (Cassini).
Calons (Les), h. c⁽ⁿᵉ⁾ d'Alligny.
Cambères (Les), h. c⁽ⁿᵉ⁾ de Langeron.
Caméléon (Le), f. c⁽ⁿᵉ⁾ de la Chapelle-Saint-André. — La Camelon (Cassini).
Camins (Les), h. c⁽ⁿᵉ⁾ d'Arbourse.
Campania, lieu détruit, près de Saint-Loup, mentionné en 1136 (A. N.).
Canal du Nivernais. Ce canal établit une communication entre le bassin de la Seine et celui de la Loire. Projeté sous Louis XIII, commencé en 1784 et terminé en 1842, il prend son origine dans la Loire, à Decize, et se termine dans l'Yonne, à Auxerre. Il traverse les c⁽ⁿᵉˢ⁾ de Champvert, Verneuil, Cercy-la-Tour, Saint-Gratien, Issy, Limanton, Brinay, Alluy, Châtillon, Mingot, Mont-et-Marre, Bazolles, puis, arrivé à Baye, point de partage des deux versants, il traverse la montagne sous un tunnel de 4,600 mètres de longueur et suit sa nouvelle pente par les c⁽ⁿᵉˢ⁾ de la Collancelle, Sardy, Pazy, Chaumot, Chitry, Marigny, Dirol, Monceaux-le-Comte, Saint-Didier, Tannay, Amazy, Asnois, Villiers-sur-Yonne, Chevroches, Clamecy et Pousseaux.

Canal Latéral. Il est destiné à remplacer, de Digoin à Briare, le lit encombré et difficile de la Loire, dont il suit la rive gauche. Il ne parcourt le département de la Nièvre qu'à l'extrémité sud-ouest. Il y entre près de Lamenay, traverse les c⁽ⁿᵉˢ⁾ de Cossaye, Decize, Avril, Fleury, Luthenay, Chevenon, Sermoise, avec embranchement sur Nevers, Challuy, Gimouille, et le quitte en traversant l'Allier sur un pont-aqueduc.

Canard (Les), h. c⁽ⁿᵉ⁾ de Cien.
Candre, f. et forge détruites, c⁽ⁿᵉ⁾ de Murlin.
Canelles (Les), m⁽ⁿ⁾, c⁽ⁿᵉ⁾ de Préporché. — Moulin des Canettes, 1673 (S.).
Canne (La), h. c⁽ⁿᵉ⁾ d'Azy-le-Vif.
Canne (La), m. c⁽ⁿᵉ⁾ de Neuville-lez-Decize, donne son nom à un ruisseau affluent de la Caldère.
Canne (La), riv. prend sa source dans la c⁽ⁿᵉ⁾ de Saint-Marie et se jette dans l'Aron, près de Cercy-la-Tour, après avoir arrosé les c⁽ⁿᵉˢ⁾ de Jailly, Saint-Saulge, Saxy-Bourdon, Rosy, Fleury-la-Tour, Crécy-sur-Canne, Saint-Cy, Montigny-sur-Canne, Saint-Gratien, Savigny et Cercy-la-Tour. — Cauda, 1342 (A. D.). — La Canne, 1395 (A. N.). — La Quenne, 1452 (ibid.). — Canne, 1518 (ibid.).
Cannerie (La), m⁽ⁿ⁾, c⁽ⁿᵉ⁾ de Saint-Verain.
Canot (Le), m. de c. et tuil. c⁽ⁿᵉ⁾ de Moulins-Engilbert.
Canotier, m. détruite, c⁽ⁿᵉ⁾ de Decize, portée sur la carte de Cassini.
Capella Montcorbi alias des Folz, près de Prie, mentionnée en 1518 (pouillé de Nevers).
Caquessaux (Les), f. c⁽ⁿᵉ⁾ d'Avrée.
Caqueterie (La), f. c⁽ⁿᵉ⁾ de Cisely.
Carabinerie (La), m. c⁽ⁿᵉ⁾ de Donzy.
Caras, h. c⁽ⁿᵉ⁾ de Montigny-aux-Amognes.
Carcot, f. et mine de fer, c⁽ⁿᵉ⁾ de la Charité.
Cardonneaux (Les), h. c⁽ⁿᵉ⁾ de Saint-Ouen. — Domaine Bureau ou Cardonneau, 1740 (A. N.).

DÉPARTEMENT DE LA NIÈVRE.

Cannots (Les), h. c⁰⁰ d'Arquian. — Les Cardreux (Cassini).

Cane (La), partie du bourg de Vandenesse.

Cannoto (Les), h. c⁰⁰ d'Ouroux. — Cargo (Cassini).

Carpouses, m. c⁰⁰ de Tremanges.

Cannes, f. c⁰⁰ de Saint-Léger-des-Vignes. — Carre (Cassini).

Canilles (Les), h. c⁰⁰ de Pouuignol-Blanno.

Capitaineire (La), f. c⁰⁰ de Saint-Franchy. — La Capitainerie (Cassini).

Cannes (Les), f. c⁰⁰ de Decize.

Cannat, hud. c⁰⁰ de Sougy.

Cannés (Les), h. c⁰⁰ d'Arbout.

Canolée (La), m. c⁰⁰ de Sermages.

Caporse (Le), m. de camp. c⁰⁰ de Villapourçon. — Le Quarrouge, 1405 (arch. de l'église de Villapourçon).

Carrage, h. c⁰⁰ de Luzy. — Carage, 1730 (reg. de Luzy).

Cannage (Les), h. c⁰⁰ de Bellerry.

Cannage (Les), m. c⁰⁰ de Poiseux.

Cannoges (Le), faubourg de Nevers.

Cannées (Le), h. dép. du bourg de Sichamps.

Cannés-Bos, f. c⁰⁰ de Villapourçon.

Cané-Roces (La), f. c⁰⁰ de Sainte-Colombe.

Cannés (Les), f. c⁰⁰ d'Alligny.

Cannés (Les), f. c⁰⁰ d'Entrains.

Cannés (Les), h. c⁰⁰ de la Nocle. — Carrarum, 864 (Gall. christ. IV, col. 58).

Cannés (Les), h. c⁰⁰ de Saint-Malo. — Les Quarres (Cassini).

Cannière (La), m. c⁰⁰ de Poiseux.

Carrières-de-Jares (Les), m. c⁰⁰ de Moulins-Engilbert.

Carrières-Vollerons (Les), h. c⁰⁰ de Varennes-lez-Nevers.

Cannoués (Les), h. c⁰⁰ d'Alligny.

Cannoues, h. détruit, c⁰⁰ de Cruz-la-Ville, mentionné en 1602 (A. N.).

Cannotes (Le), m. c⁰⁰ de Château-Chinon-Campagne.

Cannoues-au-Loup, lieu détruit, entre Garchizy et Pougues, mentionné en 1462 (A. N. fonds du chap.). — Terra dou Quarrugo, 1331 (censier du chap. de Nevers). — Carrage, 1602 (S.).

Cannot (Le), h. c⁰⁰ de la Celle-sur-Loire. — Les Brusière-de-Carey (Cassini).

Canry (Le), h. c⁰⁰ de Saint-Honoré.

Cauus (Les), f. c⁰⁰ de Lucenay-les-Aix. — Les Carrues (Cassini).

Caruse, m. c⁰⁰ de Chiddes.

Cauzot (La), h. c⁰⁰ de la Roche-Millay.

Cassières (Les), h. c⁰⁰ de Saint-Audelain.

Cassade (La), h. c⁰⁰ de Chartin.

Cassades (Les), h. c⁰⁰ de Cheraseau.

Cassouns (Les), éc. c⁰⁰ de Saulx-la-Tour.

Catas-Gannot, m⁰⁰. c⁰⁰ de Cerey-la-Tour.

Caubens (Les), h. c⁰⁰ de Tours-sur-Yonne.

Cava, lieu détruit, c⁰⁰ de Saincaize, mentionné en 1383 (A. N.).

Cave (La), châl. c⁰⁰ de Beaumont-sur-Sardolle. — Le Noir de la Cave-Souls-Thiange, 1456 (A. N.). — La Cave, 1588 (A. D.). — Fief de Thiauges.

Cave (La), h. c⁰⁰ de Chaures.

Cave (La), h. c⁰⁰ de Varennes-lez-Narcy. — Maison, grange et pressoir de la Cave, 1533 (A. D.). — Fief de la châtell. de Châteauneuf-Val-de-Bargis.

Cézais, h. c⁰⁰ de Mars-sur-Allier. — Scise, 1387 (A. N.). — Fief de la châtell. de Châteauneuf-sur-Allier.

Celle-des-Bas (La), f. c⁰⁰ de Lucenay-les-Aix; anc. paroisse de l'archiprêtré de Decize. — Cella, 1287 (reg. de l'ev. de Nevers). — La Selle-les-Lucenay, 1607 (A. D.). — La Selle, 1689 (reg. des Aides). — Fief de la châtell. du Darize.

Celle-des-Hart (La), f. c⁰⁰ de Lucenay-les-Aix.

Celle-sur-Loire (La), c⁰⁰ de Cosne. — Cellula Sancti Remigii, 849 (Lebeuf, pr. ch. n⁰ 69). — Cella super Ligeriis, 1323 (A. N. fonds de l'abb. de Roches). — La Selle, 1611 (arch. de l'Yonne).

Celle-sur-Nièvre (La), c⁰⁰ de la Charité. — Cella Salvii, vers 600 (cart. gén. de l'Yonne, t. II, p. xxix). — Cella Sancti Dionysii in pago Nivernensi (?), 908 (Bulliot, t. II, p. 20). — La Celle, 1445 (A. N.). — La Selle-sur-Nyerre, 1480 (C.). — Cella super Nivernum, 1535 (pouillé d'Auxerre).

Celle-sur-Nièvre (La), m⁰⁰. c⁰⁰ de la Celle-sur-Nièvre.

Cellin ou Baselin, lieu détruit, c⁰⁰ de Gimouille, mentionné en 1553 (A. N.).

Cendreux (Les), h. c⁰⁰ d'Arquian.

Cendrezes (Les), h. c⁰⁰ de Saint-Vérain.

Cendrouveries (La), h. c⁰⁰ de Saint-Vérain.

Centaine, h. c⁰⁰ de Glux. — Cenferve, 1603 (A. N. fonds des filles accouchées).

Cercéac, h. c⁰⁰ d'Alluy.

Cercy-la-Tour, c⁰⁰ de Fours. — Cerciacum, 1238 (S.). — Cercia a Turris, 1478 (pouillé de Nevers). — Sercy-la-Tour, 1494 (C.). — Sarcey-la-Tort, 1604 (ibid.). — Cercy-sur-Arron, 1794 (A. N. ventes de biens nationaux). — Cercy-la-Tour, qui doit son nom à une grosse tour dont la base est encore visible, fut le siège de l'une des trente-deux châtellenies primitives du comté de Nevers; cette châtellenie comprenait 78 fiefs situés dans le c⁰⁰ de Fours; elle fut réunie au XVIII⁰ siècle à la châtellenie de Decize.

En 1790, le c⁰⁰ de Cercy-la-Tour, dép. du district

de Decize, comprenait les c⁽ⁿᵉˢ⁾ de Carcy-la-Tour, Saint-Gratien, Savigny-sur-Canne, Thaix et Verneuil.

Cessier (Le), m. c⁽ⁿᵉ⁾ de Villapourçon.

Cessaut (Bois de), c⁽ⁿᵉ⁾ de Lichè-Amarin, mentionné en 1540 (arch. de Vandenesse).

Cesses (Le), h. c⁽ⁿᵉ⁾ de Moux. — *Les Cernet* (Cassini).

Certaines, anc. chât. et h. c⁽ⁿᵉ⁾ de Cervon. — *Sertaines*, 1664 (C.). — *Certaines*, 1518 (A. N.). — Fief de la châtell. de Montreuillon, vassal de la baronnie de Lormes.

Certaines-le-Moulin, h. c⁽ⁿᵉ⁾ de Cervon. — *Le Moulin-de-Certaine*, 1689 (reg. des fiefs). — Fief de la châtell. de Montreuillon.

Certines, f. c⁽ⁿᵉ⁾ d'Imphy.

Certhieux, h. c⁽ⁿᵉ⁾ de Villapourçon.

Cert (Villa de), près de Clamecy, mentionnée au xɪvᵉ siècle (ms. de Baluze, extrait du cart. de la chambre des comptes de Nevers).

Cervenon, h. c⁽ⁿᵉ⁾ de Prémery — *Cervenon*, 1336 (A. N.). — *Sirvenon et Servenon*, 1466 (A. N. fonds de l'évêché).

Cervenon, h. c⁽ⁿᵉ⁾ de Saint-Germain-des-Bois. — *Justice de Servenon*, 1352 (ch. des franchises de Tannay, cart. de la chambre des comptes de Nevers).

Cervon, c⁽ⁿᵉ⁾ de Corbigny; abb. fondée au vɪᵉ siècle, sécularisée et érigée en collégiale, dont le doyen conserva le titre d'abbé. — *Corridunum*, 843 (*Gall. christ.* IV, col. 47). — *Cervon*, 1408 (A. N.). — *Ecclesia secularis et collegiata de Corriduno*, 1463 (Bulliot, t. II, p. 277).

En 1790, Cervon devint le chef-lieu d'un canton du district de Corbigny, qui fut composé des c⁽ⁿᵉˢ⁾ de Cervon, Épiry, Mouron, Sardy et Vauclaix.

Cessoines, h. c⁽ⁿᵉ⁾ de Bouhy. — *Sessigne*, 1614 (C.). — *Cessigne*, 1689 (reg. des fiefs). — *Cervigne* (Cassini). — Fief de la châtell. de Donzy.

Cessy-les-Bois, c⁽ⁿᵉ⁾ de Donzy, prieuré dont il est fait mention dès la fin du vɪᵉ siècle. — *Sassiacense monasterium*, v. 600 (cart. gén. de l'Yonne, t. II, p. xxɪɪ). — *Agrum Sassiacum situm in territorio Antissiodorensi*, ɪxᵉ siècle (Bibl. hist. de l'Yonne, t. I, p. 338). — *Cenobium Sariacense*, ɪxᵉ siècle (ibid. p. 376). — *Monasterium de Sariaco*, 1152 (*Gall. christ.* t. XII, col. 182). — *Prior de Sessyaco*, 1271 (S.). — *Prioratus de Sessiaco in Nemoribus*, 1535 (pouillé d'Auxerre). — *Cessy*, 1538 (C.). — *Prioratus Sancti Baudelii de Cessiaco in Nemoribus*, 1540 (Bibl. d'Auxerre, ms de D. Viole). — *Cessny*, 1687 (S.). — *Cissy-les-Bois*, 1755 (A. N.).

Cevene, h. c⁽ⁿᵉ⁾ de Bazoches.— *Quesgnes*, 1526 (Lory).

Cezeau, m. de camp. c⁽ⁿᵉ⁾ de Moulins-Engilbert. — *Le Sezeul*, 1567 (terrier de Bellevaux).

Challier (Villa de), lieu détruit, c⁽ⁿᵉ⁾ de Château-Chinon, mentionné en 1311 (A. N. fonds de Bellevaux).

Chabas, fief de la châtell. de Corcy-la-Tour, mentionné en 1689 (reg. des fiefs).

Chabet, f. c⁽ⁿᵉ⁾ de Chantenay. — *Chabèt*, 1668 (A. N.). — *Chabay* (Cassini). — Ce lieu a donné son nom à une forêt qui s'étend dans les c⁽ⁿᵉˢ⁾ de Chantenay et d'Azy-le-Vif.

Chabins (Les), f. détruite, c⁽ⁿᵉ⁾ de Bouhy, portée sur la carte de Cassini.

Chabourreaux (Les), h. c⁽ⁿᵉ⁾ de Bitry. — *Les Chats Bourreaux*, 1750 (reg. de Bitry).

Chabelat, h. c⁽ⁿᵉ⁾ de Sauvigny-les-Bois.

Chabl (Villa), près Cosne, mentionnée au xɪɪᵉ siècle (Bibl. hist. de l'Yonne, t. I, p. 425).

Chabette (La), h. c⁽ⁿᵉ⁾ de Luthenay.

Chagnon (Le), h. c⁽ⁿᵉ⁾ de Corancy. — *Chagnon* (Cassini).

Chagnons (Les), h. c⁽ⁿᵉ⁾ de la Celle-sur-Loire.

Chagnot (Les), h. c⁽ⁿᵉ⁾ de Mont-et-Marré. — *Les Chaisgnoeuls*, 1513 (C.). — *Le Chagnot*, 1436 (arch. du chât. de Marcilly). — *Le Chaignot*, 1665 (reg. d'Aunay). — *Le Chagneau* (Cassini).

Chagnot (Le), m. de camp. c⁽ⁿᵉ⁾ de Saint-Sulpice.

Chagnoux, f. c⁽ⁿᵉ⁾ de Magny-Lormes. — *Chaniout* (Cassini).

Chaillant, vieux chât. f. et h. c⁽ⁿᵉ⁾ de Poiseux. — *Chaillentum*, 1315 (arch. des Bordes). — *Chailant*, 1571 (A. N.). — *Chailliant*, 1610 (ibid.). — Fief vassal de Grenant.

Chaillo (Le), lieu détruit, c⁽ⁿᵉ⁾ de Montaron, mentionné en 1544 (Lory).

Chailloteu, lieu détruit, près d'Ursy, mentionné en 1324 (arch. des Bordes).

Chaillou (Le Grand et le Petit), h. et f. c⁽ⁿᵉ⁾ de Prémery. — *Chaille*, 1402 (A. N. fonds de l'év.).

Chailloux (Le), chât. et tuil. c⁽ⁿᵉ⁾ de Fertrève. — *Le Chaille*, 1508 (inscript. dans l'église de Saint-Cy). — *Chatel et Maison forte du Chaillou*, 1648 (A. N.). — Fief de la châtell. de Saint-Saulge.

Chailloux (Le), f. c⁽ⁿᵉ⁾ de la Celle-sur-Loire. — *Les Chailloux* (Cassini).

Chailloux (Le), h. c⁽ⁿᵉ⁾ de Suilly-la-Tour. — *Le Chaillou* (Cassini).

Chailloux (Le), m⁽ⁿ⁾, c⁽ⁿᵉ⁾ de Moulins-Engilbert. — *Chaluye*, 1457 (C.). — *Chaluy*, 1673 (S.). — Le nom véritable de ce lieu est *Chaluy*.

Chailloux (Le), m⁽ⁿ⁾, c⁽ⁿᵉ⁾ de Prémery.

Chailloux (Les), f. détruite, c⁽ⁿᵉ⁾ de Saint-Jean-aux-Amognes, mentionnée en 1565 (S.). — *Les Chaillo:*. 1560 (ibid.).

DÉPARTEMENT DE LA NIÈVRE.

CHAILLOUX (Les), h. c^{ne} de Chaulgnes. — *Challi*, 1341; *le Chaille*, 1503; *le Chailloux*, 1612 (A. N.).

CHAILLOT, h. c^{ne} de Suilly-la-Tour. — *Chaylo*, 1256 (A. N.). — *Challoy*, 1664 (S.).

CHAILLÉ, h. c^{ne} de Cruz-la-Ville. — *Chalar* (Cassini).

CHAILLY, lieu détruit, c^{ne} de Saint-Pierre-du-Mont, mentionné en 1760 (terrier de Saint-Pierre-du-Mont).

CHAINTRES (Les), h. c^{ne} d'Arleuf.

CHAISE (La), chât. et h. c^{ne} de Pazy. — 1600 (reg. de Pazy).

CHAISE (La), f. c^{ne} de Saint-Hilaire-Fontaine.

CHAISE (La), h. c^{ne} de Planches. — *La Cheze*, 1649 (terrier d'Alligny).

CHAISE-À-BEYEUX (La), bloc de rocher, maintenant détruit, que l'on pensait être un monument druidique, c^{ne} de Villapourçon.

CHAISES (Les), h. c^{ne} de Brassy.

CHAISES (Les), lieu détruit, c^{ne} de Chantenay. — *Les Cheses*, 1332 (extr. de Baluze, cart. de la chambre des comptes de Nevers). — *Les Petites-Chaises*, 1614 (A. N.). — *Les Grandes-Chaises*, 1684 (ibid.). — *La Motte-des-Chaises*, 1685 (ibid.).

CHAISES (Les), m. c^{ne} de Diennes. — *Les Cheses*, 1548 (A. N.). — *Cheze*, 1591 (ibid.). — *Les Chaizes*, 1688 (ibid.). — Fief de la châtell. de Decize.

CHAIST, f. c^{ne} de Lamenay.

CHALAUX, c^{ne} de Lormes. — *Chalaya*, 1262 (extrait des titres de Bourgogne). — *Chaillo*, 1147 (cart. de l'Yonne, t. I, p. 436). — *Chalaulx*, commencement du XVe siècle (inscription tumulaire à Metz-le-Comte). — *Chalaus*, XVIe siècle (pouillé d'Autun). — *Chalaud*, 1689 (reg. des fiefs). — Fief de la châtell. de Monceaux-le-Comte.

La rivière de Chalaux prend sa source dans la c^{ne} de Planches et se jette dans la Cure, après avoir traversé les communes d'Ouroux, Brassy, Chalaux et Marigny-l'Église. — *Chalot* (Cassini).

CHALAY (Le), m. de camp. c^{ne} de Cours-les-Cosne.

CHALIGNY, châtel. et f. c^{ne} de Saint-Hilaire. — 1543 (C.). — *Chaligny* (Cassini). — Fief érigé en 178... vassal du comté de Château-Chinon.

CHALIGNY (ÉTANG DE), c^{ne} de Chevenon. À la place de cet étang se trouvait une chapelle sous le vocable de Sainte-Geneviève. — *Capella de Chaligniaco*, 1268 (A. N.). — *Capella de Challiniaco*, 1517 (pouillé de Nevers). — *Saligny* (Cassini).

CHAILLAST, h. c^{ne} de Saint-Parize-le-Châtel.

CHALLEMENT, c^{ne} de Brinon. — *Ecclesia de Charemente*, 1136 (Gall. christ. XII, col. 341). — *Chalomentum*, 1287 (reg. de l'év. de Nevers). — *Chalomont*, 1332 (arch. de Maumigny). — *Chalmont*, 1689

(reg. des fiefs). — Fief de la châtell. de Monceaux-le-Comte et Neuffontaines.

CHALLEMESTEAU, h. c^{ne} de Challement. — 1500 (A. N.). — *Chalmenteau*, 1689 (reg. des fiefs). Fief de la châtell. de Monceaux-le-Comte et Neuffontaines.

CHALLERAY, fief de la châtell. de Donzy, mentionné en 1689 (reg. des fiefs).

CHALLIER (Bois), c^{ne} de Giry.

CHALLIER, h. c^{ne} de Cruz-la-Ville. — *Challuis*, 1689 (A. N.).

CHALLUY, c^{ne} de Nevers. — *Parrochia de Chaylus*, 1259 (A. N.). — *Chailluir*, 1286 (reg. de l'év. de Nevers). — *Chailloyarum*, 1300 (A. N.). — *Chaillur*, 1318 (ibid.). — *Chaluy*, 1385 (ibid.). — *Preposituru et parrochia de Chailluyaro*, 1429 (ibid.). — *Chaillui*, 1435 (ibid.). — *Challuiarum*, 1478 (pouillé de Nevers). — *Challui*, 1437 (A. N. fonds de l'év.). — *Prepositura de Chollucaro*, 1460 (A. N. fonds du chap.). — *Chailluy*, 1479 (A. N.). — *Chalsys*, 1527 (ibid.). — *Challuy-et-Aglan* depuis la réunion d'Aglan en 1790.

CHALLY, f. c^{ne} de Toury-Lurcy. — *Chasliet*, 1616; *Chasly*, 1632 (reg. de Lurcy-sur-Abron). — *Chaly*, 1753 (reg. de Saint-Germain-Chassenay). — *Chailly*, 1773 (A. N.). — *Les Bruières-Chaly*, 1776 (reg. de Lurcy-sur-Abron). — Fief de la châtell. de Decize.

CHALMA, lieu détruit, près de Limon, mentionné en 1145 (cart. de l'Yonne, I, p. 391).

CHALNOT (Le), h. c^{ne} de Chiddes. — *Chailnot*, 1120 (cart. de Bourras, ch. 3). — *Challenau* (Cassini).

CHALOIRE, f. et h. c^{ne} d'Azy-le-Vif.

CHALON, f. c^{ne} de Donize. — *Challons*, 1607 (A. D.). — *Chalons*, 1619 (C.).

CHALONIÈRE (La), fief de la paroisse de Cerry-la-Tour. mentionné en 1779 comme étant de la châtell. de Decize (A. D.).

CHÂLONS-LES-COQUES, h. c^{ne} de Chaulgnes. — *Chalo...* 1059 (Gall. christ. XII, col. 103). — *Chaillons*, 1331 (cens. du chap. de Nevers). — *Chaslon*, 1341 (A. N.). — *Terre et seigneurie de Chalons*, 1456 (A. N. reg. d'hommages). — *Chalon*, 1511 (C.). — *Challons*, 1586 (S.). — *Chaslons*, 1627 (A. N.). — *Chaslon-les-Cocques*, 1677 (ibid.). — *Challon*, 1689 (reg. des fiefs). — Fief de la châtell. de la Marche.

CHALUÉ, f. en partie détruite, c^{ne} d'Asnan. — *Challuée*, 1679 (A. N.).

CHALUMEAU, h. c^{ne} d'Entrains. — *Les Challumeaux*, 1575 (arch. de l'Yonne).

CHALUREAU (Le), h. c^{ne} d'Alligny.

CHALUREAU (Le), m. c^{ne} de Ménestreau.

CHALMEAUX (Les), h. c⁰⁰ de Colmery. — *Chalmeaux*, 1655 (reg. de Colmery).

CHALUZY, h. et anc. église, c⁰⁰ de Saint-Éloi; autref. paroisse. — *Charusiacum*, 1275; *Charusi*, 1338; *Charrisiacum*, 1390 (A. N.). — *Cura de Chazumaru*, 1478 (pouillé de Nevers). — *Chaluzier*, 1518 (pouillé de Nevers). — *Cherrusy*, 1579 (terrier de la seign. du Bouchet).

CHALVRON, h. c⁰⁰ de Saint-Aubin-des-Chaumes. *Chalerron*, 1520 (A. N.). — *Challerron*, 1689 (reg. des fiefs). — Fief de la châtell. de Monceaux-le-Comte et Neuffontaines.

CHAMBEAU, h. détruit, c⁰⁰ de Saint-Andelain.

CHAMBEAU (Les), h. c⁰⁰ de Château-Chinon-Campagne.

CHAMBOIN, h. c⁰⁰ d'Alligny-en-Morvand.

CHAMBON, h. c⁰⁰ de Livry; ancienne maladrerie réunie à la fin du XVIIᵉ siècle à l'hôpital de Saint-Pierre-le-Moûtier. — *Domus Dei de Chambon*, 1478 (pouillé de Nevers). — *Chapelle de Saint-Jacques de Chambon*, 1584 (A. N.).

CHAMBON (Le), h. c⁰⁰ de Sainte-Marie. — *Camboitum*, 924 (Gall. christ. IV, col. 71). — *Chamonium*, 1255 (S.). — *Le Chamon-Maillot ou le Chamon-aux-Maillot*, 1604 (A. N.). — *Chamon-aux-Maillour*, 1637 (ibid.).

CHAMBOSSE, h. c⁰⁰ de Châtillon.

CHAMBOUX, f. c⁰⁰ de Druy. — *Chamboux*, 1739 (A. D.).

CHAMBOUT, h. c⁰⁰ d'Alligny-en-Morvand.

CHAMBOUTIER, fief de la châtell. de Monceaux-le-Comte et Neuffontaines, mentionné en 1689 (reg. des fiefs).

CHAMBOYARD, h. c⁰⁰ de Châteauneuf.

CHAMBRE, h. c⁰⁰ de Pougny.

CHAMBREUIL, éc. c⁰⁰ de Decize.

CHAMBRIAS, h. c⁰⁰ de Brassy.

CHAMBRER, ruines d'un chât. et d'une chapelle, c⁰⁰ de Montreuillon. — 1689 (reg. des fiefs). — Fief de la châtell. de Montreuillon.

CHAMBUFFIÈRE, lieudit, c⁰⁰ de Chaumard. — 1518 (C.). — *Champhiffière*, 1548 (C.). — *Justice de Champhuffière*, 1633 (C.). — *Chambussière*, 1689 (A. N.). — Fief de la châtell. de Moulins-Engilbert.

CHAMEAUX (Les), locat. c⁰⁰ de Toury-Lurcy.

CHAMECO (DOMPS DE), lieu détruit, près de Dornecy, mentionné en 1299 (les Olim, III, 21).

CHAMENAY, h. c⁰⁰ de Menz. — 1455 (C.). — *Maison seigneuriale de Chamenet*, 1466 (Marolles). — Fief de la châtell. de Montreuillon.

CHAMERELLE, h. c⁰⁰ d'Ouroux. — *Chamerel* (Cassini).

CHAMERON, h. c⁰⁰ de Parigny-les-Vaux. — *Chameron*, 1355 (censier du chap. de Nevers). — *Chameron*, 1360 (A. N.). — *Les Chamerons* (Cassini).

CHAMERON, m. c⁰⁰ de Cossaye. — 1488 (A. D.).

CHAMERY, h. c⁰⁰ de Châteauneuf. — *Chamaru*, 1142 (cart. de Bourras). — *Chamerri*, 1156 (ibid. ch. 14). — *Chamery*, 1488 (inv. de Villemoison). C'était un fief de la châtell. de Châteauneuf-Val-de-Bargis.

CHAMERY, h. détruit, c⁰⁰ de Chaulgnes, mentionné en 1355 (censier du chap. de Nevers).

CHAMIAUX (Les), colline, c⁰⁰ de Marigny-l'Église.

CHAMILLERIE (La), chapelle détruite, c⁰⁰ de Chantenay, portée sur la carte de Cassini.

CHAMILLY, h. et m⁰⁰, c⁰⁰ de Saint-Aubin-les-Forges. — *Chamilly*, 1355 (censier du chap. de Nevers).

CHAMISY, h. et f. c⁰⁰ d'Aunay. — *Chamisy*, 1669 (reg. d'Aunay).

CHAMON-CHEMINEAU, vill. détruit, c⁰⁰ de Sauvigny-les-Bois, mentionné en 1578 (A. N.). — *Le Chamon-des-Chemineaulx*, 1604 (ibid.). — Tirait son nom d'une famille de laboureurs qui possédait ce lieu au XVIᵉ siècle.

CHAMOROT, h. c⁰⁰ de Brinay.

CHAMONS (Les), f. c⁰⁰ de Chevenon. — *Chamon*, 1265 (A. N.). — *Chamon*, 1355 (censier du chap. de Nevers). — *Locus de Chamone*, 1366 (A. N. fonds de Saint-Lazare de Nevers). — *Saulmon*, 1529 (A. N.).

CHAMONS (Les), h. c⁰⁰ de Fours. — *Chamonge* (?), 1639 (reg. des fiefs). — Fief de la châtell. de Cercy-la-Tour.

CHAMONT, h. c⁰⁰ de Biches.

CHAMONT (Le), f. c⁰⁰ de Luthenay. — *Chaumolium*, 1243 (A. N.). — *Chamon*, 1653 (ibid.).

CHAMONOTS (Les), h. c⁰⁰ de Tallon.

CHAMP, f. c⁰⁰ de Saint-Léger-de-Fougeret. — *Champs*, XVIᵉ et XVIIᵉ siècles (arch. de la famille de Champs). — Fief de la châtell. de Moulins-Engilbert, relevant du comté de Château-Chinon.

CHAMP, h. c⁰⁰ de Montreuillon.

CHAMPAGNE, h. c⁰⁰ de Champallement. — *Champaigne*, 1584 (A. N.). — Fief de la châtell. de Champallement qui a donné son nom à un bois voisin.

CHAMPAGNE, h. c⁰⁰ de Meis-le-Comte. — *Maison de Champaigne-soubs-Meivers*, 1323 (Marolles). — *Champaigne-sobz-Meis-le-Comte*, 1403 (A. N.). — Fief de la châtell. de Monceaux-le-Comte et Neuffontaines.

CHAMPAGNE (La), pièce de terre dép. du domaine de la Bourrie, c⁰⁰ de Pouques. — *Champania*, 1233 (Gall. christ. IV, col. 96).

CHAMPAGNES (Les), f. c⁰⁰ d'Urzy. — *La Champaigne*, 1447 (A. N. fonds de l'év.).

CHAMPAILLEUX, fief, c⁰⁰ de Cosne, mentionné en 1667 (arch. de l'Yonne, fonds de Cosne).

CHAMPALLEMENT, c^ne de Brinon. — *Castellum cui vocabulum est Campus Alemannus*, vers 1060 (Bibl. hist. de l'Yonne, I, 393). — *Champalemant*, 1263 (Bulliot, II, 113). — *Campus Alemandi*, 1287 (reg. de l'év. de Nevers). — *Champartement*, 1430 (Marolles). — *Champlement*, 1441 (A. N.) — *Champallement*, 1462 (A. N. fonds du chap. de Nevers). — *Cura de Campus Allemandi*, 1478 (pouillé de Nevers). — *Champt Aleman*, 1617 (reg. de Toury-sur-Abron). — Cette seigneurie tirait son nom de la famille Allemand (voy. l'art. BRINON-LES-ALLEMANDS).

La châtell. de Champallement avait dans son ressort 16 fiefs seulement, qui se trouvaient dans la partie orientale du canton de Brinon-les-Allemands.

CHAMPARDOLLE, h. c^ne de Limanton. — *Champardolle*, 1456 (C.). — *Champardolle*, 1501 (ibid.).

CHAMPAS, fief de la châtell. de Montreuillon, mentionné en 1638 (Marolles). — *Champartes de Turault*, 1689 (reg. des fiefs).

CHAMPAS, f. c^ne de Chiddes. — *Champays*, 1572 (A. N.).

CHAMPAUL, h. c^ne d'Urzy. — *Champault*, 1323 (Marolles). — *Champeaur*, 1381 (cens. du chap. de Nevers).

CHAMP-AUBRY (LE), h. c^ne de la Nocle.

CHAMPAUSSAIN, h. détruit, c^ne de Dun-sur-Grandry; fief de la châtell. de Moulins-Engilbert.

CHAMPBARNAULT, h. détruit, c^ne de Magny-Cours, mentionné en 1572 (S.).

CHAMP-BARRAULT, h. c^ne de Saint-Amand.

CHAMPBEAU (LE), h. c^ne de Saint-Andelain. — *Chambreau* (Cassini).

CHAMP-BEIN, h. c^ne de Fléty.

CHAMP-BLANC (LE), h. c^ne de Neuville-lès-Decize.

CHAMP-BLANC (LE), m. c^ne de Cours-les-Cosne.

CHAMP-BOBOIS, m. c^ne de Moulins-Engilbert.

CHAMP-BONOT, h. c^ne de Chiddes.

CHAMP-BOUDOT, h. c^ne de Fléty.

CHAMP-BRIDOT, m. de camp. c^ne de Moulins-Engilbert.

CHAMP-CASIMIR, h. c^ne de Chougny.

CHAMP-CHARNOT, h. c^ne d'Aunay. — *Champcharmo*, 1608 (A. N.). — *Champcharmey*, 1651 (arch. de Vandenesse, terrier de Commagny). — *Chancharmon*, 1556 (arch. de Vandenesse). — *Champcharmour*, 1666 (reg. d'Aunay).

CHAMP-CHENOT, h. c^ne d'Urzy.

CHAMP-CRUX, h. c^ne de Château-Chinon-Campagne. — *Champcrur*, 1671 (reg. de Château-Chinon). — *Champfeur*, 1713 (reg. de Planchez). — Fief relevant du comté de Château-Chinon.

CHAMP-CHEVRIER, h. c^ne de Chantenay. — 1525 (A. N.).

— C'était un fief vassal de la baronnie de la Ferté-Chauderon.

CHAMPCLOS, m. dép. du bourg de Saint-Honoré; ancien fief vassal de la Montagne.

CHAMP-COGNARD (LE), h. c^ne de Sermages.

CHAMP-COMBEAU, f. c^ne de Montreuillon. — *Champcombeau* (Cassini).

CHAMP-CORBEAU, h. c^ne d'Alligny-en-Morvand. — *Magnum et modendinum Champcombeaul in parrochia de Alignesio*, 1284 (Bulliot, II, 137). — *Champt Cormour; Champ q. Maur; Champcommault*, 1649 (terrier d'Alligny).

CHAMP-CORBET, f. c^ne de la Roche-Millay.

CHAMP-CORNILLE (LE), bois, c^ne de la Maison-Dieu.

CHAMPCORROT, fief de la châtell. de Montreuillon, mentionné en 1689 (reg. des fiefs).

CHAMP-COULANT, h. c^ne de Mhère. — *Champroulant*, 1660 (reg. de Mhère).

CHAMP-COULOS, m. c^ne de Gouloux.

CHAMPCOURT, f. c^ne de Fresnay-le-Ravier. — *Champcourt*, 1585 (S.).

CHAMPCOURT, h. c^ne de Moulins-Engilbert, 1481 (Lory). — Fief de la châtell. de Moulins-Engilbert.

CHAMPCOURT, lieu détruit, c^ne d'Achun, mentionné en 1686 (A. N.).

CHAMP-CRUX, f. c^ne de Villapourçon.

CHAMPCREUX, h. c^ne d'Alligny-en-Morvand. — *Champtcreux*, 1649 (terrier d'Alligny). — *Champerreux* (Cassini).

CHAMP-CRUX (LE), m. c^ne de Château-Chinon-Campagne.

CHAMP-D'AUTUN OU HUILERIE, huil. c^ne de Luzy.

CHAMP-DE-BATAILLE (GRAND-), m. c^ne de Varennes-lez-Nevers.

CHAMP-DE-BATAILLE (PETIT-), m. c^ne de Varennes-lez-Nevers.

CHAMP-DE-BEAU, h. c^ne de Fours.

CHAMP-DE-BOULAT (LE), h. c^ne de Decize.

CHAMP-DE-COULOIRE, h. c^ne de Dammartin. — *Le Couloir et Moulin du Couloir* (Cassini).

CHAMP-DE-LAC, fief de la châtell. de Châteauneuf-Val-de-Bargis, mentionné en 1689 (reg. des fiefs).

CHAMP-DE-LA-CROIX, m. c^ne de Châlin.

CHAMP-DE-LA-MOUSSE, m. c^ne de Villapourçon.

CHAMP-DE-LA-PERCHE (LE), m. c^ne de Saint-Seine.

CHAMP-DE-LA-VIGNE-MONTRIGAULT, h. c^ne de Dommartin.

CHAMP-DENOT, f. c^ne de Rémilly. — *Chandenot* (Cassini).

CHAMP-DE-PIERRE (LE), m. c^ne de Mars-sur-Allier.

CHAMP-DE-ROXOT, fief, c^ne de Neuilly, châtell. de Champallement, mentionné en 1678 (A. N.).

Champ-derriere-le-Château (Bois de), c⁰⁰ de Léché-Assarts.
Champ-des-Ais, h. détruit, c⁰⁰ de Saint-Révérien, porté sur la carte de Cassini.
Champ-des-Bois, f. c⁰⁰ de Fléty.
Champ-des-Gaulois, plaine marécageuse, c⁰⁰ de Moux.
Champ-des-Oiseaux (Le), éc. c⁰⁰ de Sardolles.
Champ-des-Pierres, éc. c⁰⁰ de Lucenay-les-Aix.
Champ-des-Places, h. c⁰⁰ de Villapourçon.
Champ-des-Prels (Le), m. c⁰⁰ d'Avrée.
Champ-des-Rus, h. c⁰⁰ de Luzy.
Champ-de-Vellotte, m. c⁰⁰ de Sermages.
Champdioux, anc. châtell. et h. c⁰⁰ de Moux. — *Chandron*, 1286 (C.). — *Chandrol*, 1336 (S.). — *Chandreu*, 1400 (C.). — *Champdreu*, 1406 (ibid.). — *Champdreul*, 1423 (ibid.). — *Champdru*, 1455 (ibid.). — *Chaudreu*, 1462 (ibid.). — *Champdiou*, 1501 (ibid.). — *Champdye*, 1527 (A. N.). — *Chandiou*, 1553 (C.).— Fief de la châtell. de Moulins-Engilbert.
Champdoux, f. c⁰⁰ de Diennes. — *Tenement de Champdoul*, 1407 (S.). — *Champdoux*, 1456 (C.). — *Chandoux*, xviii° siècle (A. N.). — Fief de la châtell. de Devize.
Champdoux, usine, c⁰⁰ de Sainte-Colombe. — *Champdou*, 1686 (A. N.). — Fief de la châtell. de Donzy.
Champ-du-Chenin (Le), fief de la châtell. de Moulins-Engilbert, mentionné en 1689 (reg. des fiefs).
Champ-du-Clou, m. c⁰⁰ de Crécy-sur-Canne.
Champ-du-Caot, m. c⁰⁰ de Fertrève.
Champ-du-Mois, f. c⁰⁰ de Fertrève.
Champ-du-Moulin, f. c⁰⁰ de Brassy.
Champ-du-Pont, f. c⁰⁰ de Montsauche.
Champ-du-Puits (Le), h. c⁰⁰ de Saint-Léger-des-Vignes.
Champ-du-Ruz, h. c⁰⁰ de Sainte-Pereuse. — *Le Chandirry* (Cassini).
Champeau, h. c⁰⁰ de Corvol-d'Embernard. — *Champeaus*, 1662 (A. N.).
Champeau, lieu détruit, c⁰⁰ de Sémelay, mentionné en 1714 (S).
Champeaux, h. c⁰⁰ de Frétoy. — *Champeaulx*, 1470 (C.). — *Champeau*, 1689 (reg. des fiefs). — Fief de la châtell. de Montreuillon.
Champeaux, h. c⁰⁰ de Tannay. — *Champeaulx*, 1419 (C.).
Champeaux (Bois), c⁰⁰ de Gouloux, porté sur la carte de Cassini.
Champeclés, h. c⁰⁰ de Suilly-la-Tour. — *Chanclet*, 1689 (reg. des fiefs). — Fief de la châtell. de Donzy.
Champelin, m. c⁰⁰ d'Avrée. — *Le Champplain*, 1670 (reg. de Château-Chinon).
Champeloup, h. c⁰⁰ de Cercy-la-Tour. — *Chancereau* (Cassini).
Champendu, f. c⁰⁰ d'Azy-le-Vif.

Champéas, m. de camp. c⁰⁰ d'Avril-sur-Loire.
Champenoux, châtl. et f. c⁰⁰ de Cercy-la-Tour, mentionné en 1689 (reg. des fiefs). *Champeroux*, 1327 (Marolles).
Champercoux, fief de la châtell. de Montenoison, mentionné en 1689 (reg. des fiefs).
Champeroux, vill. c⁰⁰ de Germenay, détruit vers 1750.
Champeroux, lieu détruit, c⁰⁰ de Varennes-lez-Nevers, mentionné en 1441 (A. N.).
Champfleury, f. c⁰⁰ de Suilly-la-Tour.
Champ-Fourreau, h. c⁰⁰ de Moulins-Engilbert. — *La Motte-Chanfoureau* (Cassini).
Champ-Fresnet, fief de la châtell. de Cercy-la-Tour, mentionné en 1689 (reg. des fiefs).
Champ-Gazon, h. c⁰⁰ de Montsauche.
Champ-Gérard, m. de garde, c⁰⁰ de Vandenesse.
Champigneres (Les), f. c⁰⁰ de Montsauche.
Champignolle (Le Bas et le Haut), h. c⁰⁰ de Bazoches. — *Champignol*, 1687 (reg. des fiefs). — Fief de la châtell. de Monceaux-le-Comte et Neuffontaines.
Champignorerie (La), h. c⁰⁰ d'Anasy.
Champigny, f. c⁰⁰ de Saint-Hilaire.
Champis (La), faubourg de Château-Chinon, mentionné en 1671 (reg. de Château-Chinon).
Champ-Joly (Le), h. c⁰⁰ de Millay. — *Le Champjoly*, 1681 (reg. de Millay). — *Les Champjolis*, 1768 (ibid.).
Champlaire, lieu détruit, c⁰⁰ de Billy, mentionné en 1710 (A. N.).
Champlateau, lieu dit, c⁰⁰ de Neuvy. — *Champlasteau*, 1682 (reg. de Neuvy).
Champlay, fief de la châtell. de Cercy-la-Tour, mentionné en 1323 (A. N.).
Champlemy, c⁰⁰ de Prémery. — *Campus Lemetii*, vers 600 (Lebeuf, IV, 2). — *Camplemeuii*, ix° siècle (Bibl. hist. de l'Yonne, I, 355). — *Prepositus de Campomilii*, 1120 (Lebeuf, IV, 30). — *Campimilium*, 1120 (cart. de Bourras, ch. 1). — *Joannes sacerdos Campilimi*, 1145 (ibid. ch. 9). — *Candemisium*, 1186 (Gall. christ. XII, col. 138). — *Chamlemis*, 1290 (A. N.). — *Champnemys*, 1335 (Marolles). — *Campus dimissus*, 1335 (A. N. fonds du chap.). — *Camplemis*, vers 1350 (épitaphe dans l'église de Bourres, ms. de D. Viole). — *Champlemis*, 1433 (C.). — *Champlemy*, 1507 (procès-verbal de la coutume d'Auxerre). — *Champlemys*, 1633 (inscription de la cloche de l'église paroissiale). — *Chanlemi*, 1660 (épitaphe dans l'église paroissiale). — Fief de la châtell. de Châteauneuf-Val-de-Bargis.
En 1790, Champlemy devint le chef-lieu d'un canton du district de la Charité qui fut composé

DÉPARTEMENT DE LA NIÈVRE.

des communes d'Arthel, Arzembouy, Champlemy, Champlin, Saint-Bonnot et Saint-Malo.

CHAMPLEVOIS, anc. chât. et h. c⁰⁰ de Cercy-la-Tour. — *Champlevois*, 1355 (Marolles). — *Champlevoys*, 1417 (arch. de Maumigny). — *Champlovais*, 1459 (C.). — *Champlevois*, 1555 (ibid.). — *Chanlevoy*, 1715 (ibid.). — *Champlois*, 1771 (A. D.). — Fief de la châtell. de Decize.

CHAMPLEVOIS, m. de garde, c⁰⁰ de Rémilly.

CHAMPLEVRIER, chât. c⁰⁰ de Chiddes. — *Champlevrier*, 1389 (extr. des titres de Bourgogne). — *Chanlevrier*, 1556 (arch. de Vandenesse). — *Chanlevrier*, 1698 (A. D.).

CHAMP-LIARDIN, f. c⁰⁰ de Brinay.

CHAMPLIN, c⁰⁰ de Prémery. — *Ecclesia de Canalu*, 1136 (Gall. christ. XII, col. 341). — *Champlin*, 1480 (épitaphe dans l'église de Giry). — Fief de la châtell. de Montenoison.

CHAMPLIN, fief de la châtell. de Monceaux-le-Comte et Neuffontaines, mentionné en 1689 (reg. des fiefs).

CHAMPLOIS, f. c⁰⁰ de Montaron. — Ces deux localités tirent, sans nul doute, leur nom de celui de la seigneurie, autrefois fort importante, de Champlevois, dont elles sont voisines; elles devraient donc s'appeler *Champlevois*.

CHAMPLOIS, huil. c⁰⁰ de Cercy-la-Tour.

CHAMPLONG, éc. c⁰⁰ de Toury-sur-Jour. — *Champlon*, 1394 (A. N.). — *Champ Rond*, 1700 (reg. de Toury-sur-Jour).

CHAMPLONG, lieu détruit, c⁰⁰ de Varennes-lez-Nevers, mentionné en 1502 (A. N.).

CHAMP-MAGNY, m. c⁰⁰ de Millay.

CHAMP-MARGOT, h. c⁰⁰ de la Fermeté.

CHAMP-MARION, m. c⁰⁰ de Saint-Hilaire-Fontaine.

CHAMP-MARTIN, f. c⁰⁰ de Sermages. — *Champmartin*, 1501 (C.). — *Chammartin*, 1580 (S.). — Fief qui relevait du comté de Château-Chinon.

CHAMP-MAURS, m. c⁰⁰ de Moulins-Engilbert.

CHAMP-MEUNIER, h. c⁰⁰ de Saint-Hilaire-Fontaine.

CHAMP-MEUNIER (Le), h. c⁰⁰ de Vielmanay.

CHAMP-MONTÉ, m. c⁰⁰ de Lamenay.

CHAMPMONTSORT, h. détruit, c⁰⁰ de Rémilly, mentionné en 1514 (C.).

CHAMP-MOREAU, f. et m⁰⁰, c⁰⁰ d'Ouagne. — *Champmoreau*, 1530 (A. N.). — *Campmorot*, 1605 (A. N. fonds des filles aumônées).

CHAMP-MORIN, f. c⁰⁰ de Tracy-l'Orgueilleux.

CHAMP-MORIN, lieu détruit, c⁰⁰ de Saint-Jean-aux-Amognes, mentionné en 1560 (S.).

CHAMP-MORIN (La), f. c⁰⁰ de Saint-Seine.

CHAMP-MOCHAUD (La), m. c⁰⁰ de Varennes-lez-Nevers.

CHAMPOCRAIN, h. c⁰⁰ de Dun-sur-Grandry. — *Cham-

paucrain*, 1689 (reg. des fiefs). — *Champouin* (Cassini). — Fief de la châtell. de Montreuillon.

CHAMPODOS, h. c⁰⁰ de Balleray. — *Champaudou*, 1389 (arch. des Bordes). — *Champaudon*, 1255 (A. N.). — *village de Champauldon*, 1589 (ibid.). — Fief de la châtell. de Montenoison.

CHAMPOELLE, h. détruit, c⁰⁰ de Jailly, porté sur la carte de Cassini.

CHAMPOIS, fief de la châtell. de Moulins-Engilbert, mentionné en 1638 (Marolles). — *Champoys*, 1689 (reg. des fiefs).

CHAMPOIZET, f. c⁰⁰ de Vandenesse. — *Champoizey* (Cassini).

CHAMP-PAIRS, m. c⁰⁰ de Varennes-lez-Nevers.

CHAMP-PALLOT, h. c⁰⁰ de Montenoison.

CHAMP-PHILIPPON, f. et m. c⁰⁰ de la Roche-Millay. *Champflipon*, 1741 (reg. de Poil).

CHAMP-PILLET, m. c⁰⁰ de Savigny-Poil-Fol.

CHAMP-PLÂTRE, f. détruite, c⁰⁰ de Billy-sur-Oisy, 1729 (reg. de Billy-sur-Oisy).

CHAMP-POCARD, éc. c⁰⁰ de Saint-Marie.

CHAMP-POCRAY, h. c⁰⁰ de Moulins-Engilbert.

CHAMP-RAGOT, h. c⁰⁰ de Villapourçon.

CHAMPRANDON, h. détruit, c⁰⁰ de Varennes-lez-Nevers ou de Parigny-les-Vaux, mentionné en 1331 (censier du chap. de Nevers).

CHAMPRESSIAUD, h. c⁰⁰ de Chiddes. — *Champrergnault*, 1666 (reg. de Chiddes).

CHAMPREVEAU, m. c⁰⁰ de Millay.

CHAMPRIGAULT, lieu détruit, c⁰⁰ de Challuy-et-Aglan, mentionné en 1469 (A. N. fonds du chap. de Nevers). — *Territorium de Campo Rigaudi*, 1320 (A. N.).

CHAMPROBERT, m. c⁰⁰ de Poussignol-Blismes. — *Champrobert*, XVIIᵉ siècle (arch. de Quinçise). — Fief de la châtell. de Moulins-Engilbert, dont le vrai nom est *Champrobert*.

CHAMP-ROBERT, chât. c⁰⁰ de Sougy. — 1538 (A. D.). — Fief de la châtell. de Decize.

CHAMP-ROBERT, h. c⁰⁰ de la Roche-Millay. *Champrobert*, 1598 (C.).

CHAMP-RODON, fief de la châtell. de Moulins-Engilbert, mentionné en 1689 (reg. des fiefs). — Tirait son nom de la famille de Rodon.

CHAMPRONAIS, chât. et f. c⁰⁰ de Donzy. — 1655 (reg. de Sainte-Colombe).

CHAMPROTIN, f. c⁰⁰ d'Alligny.

CHAMPS, f. c⁰⁰ de Montreuillon. — *La Motte et fossez de Champs*, 1666 (Marolles). — *Le fief de Champs ou Champsrosses*, 1689 (reg. des fiefs). — Châtell. de Montreuillon.

CHAMPS (Les), f. c⁰⁰ de Tannay. — *Champs*, 1522 (C.).

CHAMPS (Les), h. c^ne d'Anlezy. — Grand-Champ (Cassini).

CHAMP-SAINT-MARTIN (Le), f. c^ne de Cuncy-lez-Varzy. Métayrie de Champs-Saint-Martin, 1568 (A. N.).

CHAMP-SALÉ OU FORTERESSE, m. c^ne de Châtillon-en-Bazois.

CHAMPS-BLANCS (Les), h. c^ne de Coulanges-lez-Nevers.

CHAMPS-BOURREAU (Les), h. c^ne de Saint-Aignan. — Ancienne dépendance du comté de Chastelluz; hameau fondé par un comte de Chastelluz en 1610.

CHAMPS-BOURGEAUX (Les), h. c^ne de Sery-Bourdon.

CHAMPS-CLISO (Les), h. c^ne de Rémilly.

CHAMPS-DE-LA-BATAILLE (Les), hauteurs, c^ne de Sermages, ainsi nommées en mémoire de la bataille qui s'y livra, le 20 juillet 1475, entre les troupes de Louis XI, commandées par le duc de Bourbon, et celles de Charles le Téméraire.

CHAMPS-DE-LA-GRANGE (Les), h. c^ne de Sainte-Péreuse.

CHAMPS-DES-CROCS, f. c^ne de la Roche-Millay.

CHAMPS-DITS-JEU (Les), h. c^ne de Trois-Vèvres.

CHAMPS-DONJONS (Les), h. c^ne de Fours. — Les Loges-du-Champ-Donjon (Cassini).

CHAMPS-DU-PARC (Les), h. c^ne d'Alligny-en-Morvand.

CHAMPOISON, h. c^ne de Courcelles. — Le Champ-Simon, fief, 1689 (reg. des fiefs).

CHAMP-SIBODET, f. c^ne de Savigny-Poil-Fol.

CHAMPS-LORES, m. c^ne de Limanton.

CHAMPS-LORES (Les), m. c^ne de Brinay.

CHAMPS-MARTINS, h. c^ne de Poiseux.

CHAMPS-MORANDS (Les), f. c^ne de Fours.

CHAMPS-ROGERS (Les), h. c^ne de Rémilly.

CHAMPTELLE, lieu détruit, c^ne de Pougues, mentionné en 1355 (censier du chap. de Nevers).

CHAMPTELOUP, h. détruit, près de Druy, mentionné en 1405 (A. D.).

CHAMPTELOUP, h. détruit, c^ne d'Isenay, mentionné en 1621 (A. N.).

CHAMPTIBER, h. détruit, c^ne de Guérigny, mentionné en 1331 (censier du chap. de Nevers).

CHAMPTON, h. c^ne d'Alligny. — Champeton (Cassini).

CHAMPVÉ, f. c^ne de Montreuillon.

CHAMPVERT, c^ne de Decize. — Campus Vertus, 1097 (Gall. christ. XII, col. 335). — Campus Verosus, 1287 (reg. de l'év. de Nevers). — Champver, 1460 (C.). — Champverz, 1726 (A. N.). — Champvert était le siège de l'une des châtellenies de la province, qui comprenait 33 fiefs situés dans la partie orientale du canton de Decize. Au XVIII° siècle, cette châtellenie fut réunie à celle de Decize.

CHAMPVOUX, c^ne de la Charité; prieuré de l'ordre de Saint-Benoît. — Campus Votus, 1287 (reg. de l'év. de Nevers). — Villa de Champveu, 1392 (A. N.). Champvoul, 1473 (ibid.). — Champvou, 1481 (ibid.). Champvou, 1564 (S.).

CHAMPY, éc. c^ne de Ville-lez-Anlezy.

CHAMPYS (Les), h. c^ne de Sainte-Péreuse.

CHANCELOS (MOTTE DE), chât. détruit, c^ne de Cercy-la-Tour, mentionné en 1382 (Marolles).

CHANCENOT, fief de la châtell. de Luzy, mentionné en 1689 (reg. des fiefs).

CHANDELIER, h. c^ne d'Épiry.

CHANDELIERS (Le), f. c^ne de Moulins-Engilbert.

CHANDON, lieu détruit, c^ne de Montigny-sur-Canne, mentionné en 1648 (A. N.).

CHANGENOIS, h. c^ne de Saint-Léger-de-Fougeret. Changenoy, 1611 (arch. de Vandenesse). — Changenier, 1692 (reg. de Saint-Léger-de-Fougeret).

CHANGEUIL, f. c^ne de Saint-Léger-de-Fougeret.

CHANGY, éc. c^ne de Champvert. — Changy, 1419 (C.). — Fief de la châtell. de Decize.

CHANGY, h. c^ne de Chevannes-Changy; autref. paroisse. — Changi, 1550 (Bibl. imp. titres de la famille Andras de Marcy). — Chaulgy, 1609 (ibid.). Fief de la châtell. de Montenoison.

CHANGY, m^n, c^ne de Neuville.

CHANISOT (Le), h. c^ne de Villapourçon.

CHANISOT (Le), h. c^ne de Biches.

CHANOT, h. c^ne de Fléty. — Chenaulx, 1521 (A. N.). — Chenault, 1533 (C.).

CHASTELOUP, chât. c^ne de Guipy. — Chasteloup, 1500 (A. N.). — Champtsloup, 1573 (ibid.). — Fief de la châtell. de Moncoeux-le-Comte.

CHASTELOUP, f. c^ne de Cours-lez-Cosne.

CHASTELOUP, h. c^ne de Dompierre-sur-Héry. Anc. dépendance du château mentionné ci-dessus.

CHASTENELLE, f. c^ne de Bitry.

CHASTENELLE, h. c^ne d'Ursy; donne son nom à un étang et à un ruisseau affluent de la Nièvre. — Communes de Campus-Morula, 1355 (censier du chap. de Nevers). — Fourneau de Chastenerie (Cassini).

CHASTENELLE, h. c^ne de Varzy.

CHASTENAY, c^ne de Saint-Pierre-le-Moûtier; prieuré de l'ordre de Saint-Benoît dép. du prieuré de Souvigny (Allier). — Chantenayum, 1287 (reg. de l'év. de Nevers).

CHASTENOT, h. et écluse sur le canal du Nivernais, c^ne de Chevroches. — Chaudnot, 1692 (reg. de Chevroches). — Chantenau (Cassini).

CHASTENERIE, f. c^ne de Neuvy-sur-Loire.

CHASTENESSE, m. c^ne de la Celle-sur-Loire.

CHANTOIS, h. c^ne de Brinon.

CHANTOIS, f. c^ne de Pougues. — Chantolis, 1479 (arch. des Bordes). — Chantolus, 1638 (Marolles).

DÉPARTEMENT DE LA NIÈVRE.

Chanlotte (Cassini). — Fief de la châtellenie de Pougues.

Chantreau, h. c⁰ⁿ de la Celleneuve. — Chantereau, 1339 (Marolles). — Maison seigneuriale de Chantereau, 1615 (reg. de Toury-sur-Abron). — Fief de la châtell. de Montreuillon.

Chaoué, h. c⁰ⁿ de Villapourçon.

Chapvres, vill. détruit, c⁰ⁿ de Saint-Verain, mentionné en 1465 (Marolles).

Chaput, m. de camp. c⁰ⁿ de Villapourçon.

Chaottes (Forests de), près de la Fermeté, mentionné en 1317 (S.).

Chapelle, fief, c⁰ⁿ de Devay, mentionné depuis 1466 (A. D.).

Chapelle (La), f. c⁰ⁿ de Toury-Lurcy. — Domaine Chapelain, 1772 (plan de la seigneurie de Beauvoir).

Chapelle (La), f. c⁰ⁿ d'Alligny-en-Morvand.

Chapelle (La), f. c⁰ⁿ de Taxilly.

Chapelle (La), fief de la châtell. de Châteauneuf-Val-de-Bargis, mentionné en 1689 (reg. des fiefs).

Chapelle (La), h. c⁰ⁿ d'Azy-le-Vif.

Chapelle (La), h. c⁰ⁿ d'Empury.

Chapelle (La), h. c⁰ⁿ de Guipy. Capella. 1178 (cart. de Bourras).

Chapelle (La), h. c⁰ⁿ de Magny-Cours.

Chapelle (La), h. c⁰ⁿ de Ville-les-Anlezy.

Chapelle (La), m. c⁰ⁿ d'Arquian. — Fief de la châtell. de Saint-Verain.

Chapelle (La), m. c⁰ⁿ de Chiddes.

Chapelle (La), tuil. et m. c⁰ⁿ de Corbigny.

Chapelle au Chêne (La), chapelle détr. c⁰ⁿ de Château-Chinon-Campagne, portée sur la carte de Cassini.

Chapelle-de-Bou, m. c⁰ⁿ de Saint-Pierre-le-Moûtier. Elle prend son nom de la chapelle de l'ancienne commanderie de Bou, de l'ordre de Saint-Jean-de-Jérusalem.

Chapelle-de-Lavault, m. c⁰ⁿ d'Ouroux.

Chapelle de Montrois, chapelle, c⁰ⁿ de Château-Chinon-Campagne. — Saint-Roch-de-Montrois (Cassini).

Chapelle de Notre-Dame-d'Arcenou, chapelle, c⁰ⁿ d'Arquian. — Notre-Dame (Cassini).

Chapelle de Saint-Laurent, chapelle détruite, à Migny, c⁰ⁿ de Varzy, portée sur la carte de Cassini.

Chapelle de Lac, chapelle détr. c⁰ⁿ de Poussignol-Blismes, mentionnée en 1777 (Baudiau, I, 293).

Chapelle-Goux (La), m. c⁰ⁿ de Saint-Ouen.

Chapelle-Saint-André (La), c⁰ⁿ de Varzy. — Villa capella Sancti Andree, 1178 (Gall. christ. XII, col. 133). — La Chapelle-Saint-Andrieu, 1381 (Marolles). — Fief de la châtell. de Donzy.

Chapelle Sainte-Anne, chapelle, c⁰ⁿ de Bouhy. Sainte-Anne (Cassini).

Chapelle Sainte-Brigitte, chapelle, c⁰ⁿ de Cosne. Sainte-Brigitte (Cassini).

Chapelle-Sainte-Radegonde, m. de camp. c⁰ⁿ de Montigny-sur-Canne; ancienne chapelle. Sainte-Radegonde, 1709 (reg. de Montigny-sur-Canne).

Chapelle-Saint-Marc, h. c⁰ⁿ de la Fermeté; ancienne chapelle. Saint-Marc (Cassini).

Chapelle Saint-Roch, chapelle, c⁰ⁿ de Saint-Aubin-des-Chaumes. Saint-Roch (Cassini).

Chapels (La), h. détruit, c⁰ⁿ de Chauligues, mentionné en 1356 (S.).

Chapot (Le), fief, c⁰ⁿ de Beuvron, mentionné en 1689 comme étant de la châtell. de Chamery (reg. des fiefs).

Chappe, fief de la châtell. de Saint-Verain, mentionné en 1689 (reg. des fiefs).

Chappe, m⁰ⁿ, c⁰ⁿ de Menou.

Chappe (La), m. c⁰ⁿ de Beaumont-sur-Sardolles; ancien moulin (Cassini).

Chappeday, h. détruit, c⁰ⁿ de Garchisy, mentionné en 1462 (A. N. fonds du chap. de Nevers).

Chappes, f. c⁰ⁿ de Lichy-Asnois. — Cappes, 1293 (S.). — Chappe, 1661 (reg. de Brinon). — Fief de la châtell. de Monteneison.

Chapuis, h. c⁰ⁿ de Ternant. — Les Chapuis (Cassini).

Charancy, f. c⁰ⁿ de Champvert. Charency, 1419 (arch. de Maumigny). — Charancey, 1508 (Lury). — Charencey, 1598 (A. N.).

Charancy, h. c⁰ⁿ de Saint-Aubin-des-Chaumes. Charrency, 1478 (A. N.).

Charant, m. de garde et f. c⁰ⁿ de Mèves, 1640 (reg. de Mèves).

Charault, f. c⁰ⁿ de Savigny-Poil-Fol.

Charbonneau, f. c⁰ⁿ de Cercy-la-Tour.

Charbonnées (Les), éc. c⁰ⁿ de Saint-Parize-en-Viry.

Charbonnière, éc. c⁰ⁿ de Saincaize.

Charbonnières, h. et usine, c⁰ⁿ de Sauvigny-les-Bois.

Charbonnière (La), bourg, c⁰ⁿ de Saint-Léger-des-Vignes, 1775 (A. D.).

Charbonnière (La), h. c⁰ⁿ d'Arleuf.

Charbonnière (La), h. c⁰ⁿ de Ravou.

Charbonnière, f. c⁰ⁿ de Tracy. — La Charbonnière (Cassini).

Charbouge, h. c⁰ⁿ de Luzy. — Carbouge, 1540 (A. N.).

Chardonnay (La), éc. c⁰ⁿ de Decize. — Chardonay, 1507 (A. N.).

Chardonnet (Le), h. c⁰ⁿ de Saint-Andelain. — Chardonnet (Cassini).

Charenton, tuil. c⁰ⁿ de Pouilly.

CHARESTOT, vill. c^ne de Pouilly. — *Villa de Charestour*, 1143 (*Gall. christ.* XII, col. 114).

CHARLELOUP, h. c^ne de Moux. — *Le Lac de Chargeloup*, 1872 (C.). *Chardeloup* (Cassini).

CHARITÉ-DE-L'ARSOUDE (La), h. c^ne de Moux. — *La Charité* (Cassini).

CHARITÉ-SUR-LOIRE (La), arrond. de Cosne. — *Monasterium Caritatis super Ligerim*, 11e siècle (Bibl. hist. de l'Yonne, I, 397). — *Charitas*, 1052-1085 (cart. de l'Yonne, I, 217). — *Sancta Maria de Caritate*, 1094 (*Gall. christ.* XII, col. 103). — *Karitas*, 1163 (Lebeuf, IV, 45). — Célèbre prieuré de l'ordre de Saint-Benoît fondé entre 1052 et 1059. Le prieur était seigneur temporel de la ville.
La Charité avait un grenier à sel qui comprenait 41 paroisses dans sa juridiction. — L'élection de la Charité, qui dépendait de la généralité d'Orléans, puis de celle de Bourges, avait été établie sous Louis XIII, supprimée, puis créée définitivement en 1696; elle se composait de 63 paroisses, dont une grande partie est actuellement du département du Cher. Le bailliage de la Charité ressortissait à celui de Saint-Pierre-le-Moûtier.
En 1790, lors de l'organisation départementale, la Charité fut le chef-lieu d'un district formé des cantons de Beaumont-les-Forges, Champlemy, la Charité, Châteauneuf-Val-de-Bargis, Pouilly et Prémery. — Le canton de la Charité comprenait les c^nes de Champvoux, la Charité, Chaulgnes, la Marche, Narcy, Raveau, Tronsanges et Varennes-les-Narcy.
Les armoiries de la ville de la Charité sont d'azur, à trois tours d'argent ajourées et maçonnées de sable, rangées en fasce, surmontées de trois fleurs de lys d'or également en fasce, les tours posées sur une terrasse ébréquetée d'or et de gueules.

CHARLAY, h. c^ne de Varzy. — *Dime de Charlay*, 1300 (arch. de l'Yonne, fonds de Varzy). — *Montcharlays*, 1463 (ibid.).

CHARLEUF, f. c^ne de Montigny-sur-Canne. — *La Maison Charleuf et Chez Charleuf*, 1676 (A. N.).

CHARLY, anc. chât. c^ne de Chaulgnes. — *Mansum Charliaci*, 1094 (*Gall. christ.* XII, col. 103). — *Le Grand-Charly*, 1781 (reg. de Chaulgnes).

CHARLY, f. c^ne de Lucenay-les-Aix.

CHARLY (Le Petit-), f. c^ne de Chaulgnes. — *Charli*, 1355 (censier du chap. de Nevers). — *Charly-le-Petit*, 1689 (reg. des fiefs). — Fief de la châtell. de la Marche.

CHARNAI (Bois de), c^ne de Sardy, mentionné en 1415 (arch. de Marcilly).

CHARNE (Le), h. c^ne de Brinay.

CHARNE (Le), h. c^ne de Bouhy.

CHARNES, bois, c^ne de Prémery.

CHARNES, fief, c^ne de Saint-Brisson-des-Bois, mentionné en 1689 comme étant de la châtellenie de Montenoison.

CHARNES (Les), h. c^ne de Cosne. — *Charnay*, 1334 (A. N. fonds de l'abb. de Roches).

CHARNES (Les), h. c^ne de la Roche-Millay.

CHARNES (Les), h. c^ne de Trois-Vèvres. — *Les Charnes*, 1331 (censier du chap. de Nevers).

CHARNETTES (Les), m. c^ne de Mars-sur-Allier.

CHARNETEU, lieu détruit, près de Dornecy, mentionné en 1214 (*Gall. christ.* XII, col. 152).

CHARNOS (Neufs et Camps des), faisaient partie du fief de Charennes-les-Crus, commune de Dienne, en 1285 (S.).

CHARNOY, h. c^ne de Billy-sur-Oisy. — 1289 (A. N. fonds de l'abb. de Roches). — *Charnois*, 1781 (reg. de Billy). — Fief de la châtellenie de Clamecy.

CHARNOIE (La), f. c^ne de Tronsanges. — *Charnay*, 1355 (censier du chap. de Nevers). — *Fief du dixme de La Charnoye*, 1689 (reg. des fiefs).

CHARNATERIE (La), h. c^ne de Saint-Loup.

CHARNAY, fief de la châtell. de Champcert, mentionné en 1689 (reg. des fiefs).

CHARNAY (Le), éc. c^ne de Toury-sur-Jour.

CHARNAY (Le), h. c^ne de Rémilly. — *Le Charnay*, 1443 (C.). — *Charnay*, 1611 (ibid.).

CHARNAYE ou CHAUME-DE-NYCE, fief de la châtell. de Montenoison, mentionné en 1689 (reg. des fiefs).

CHARNAYE (La), f. c^ne de Rouzy.

CHARNS, h. détruit, c^ne de Châtillon, mentionné en 1622 (C.).

CHARNETS (Les), h. c^ne de Giry.

CHARNOUVEAU (Forêt de), c^ne de Saint-Bonnot et de Champlemy.

CHARNOY, h. c^ne de Montigny-en-Morvand. — 1715 (S.). — Fief de la châtell. de Montreuillon.

CHARNOY, h. détruit, c^ne de Saincaize, mentionné en 1349 (A. N.). — *Chanay*, 1418 (ibid.).

CHARPOIS, lieu détruit, près d'Aignon, c^ne de Saint-Pierre-le-Moûtier, mentionné en 1301 (Marolles). — *Sarpeil; Maison de Sarpeil, appelée la grande métairie d'Aignon*, 1526 (Marolles).

CHARPUIS, h. et f. c^ne d'Anthien. — *Charpaye*, 1219 (D. Viole, Hist. manuscr. de l'abb. de Rogny).

CHARRANDIER, h. c^ne de la Roche-Millay.

CHARRIER, f. c^ne de Billy-sur-Oisy. — *Charrière*, XVIIIe siècle (reg. de Billy).

CHARRIÈRES, f. et m^ln, c^ne de Lormes. — *Charière*, 1703 (reg. de Lormes).

DÉPARTEMENT DE LA NIÈVRE.

Charrière (Les), h. cⁿᵉ de Dampierre-sous-Bouhy.
Charras, cⁿᵉ de Fours. — Villa parrochialis de Charays, 1299 (C.). — Charrais, xiv⁰ siècle (pouillé d'Autun.) — Charrais, 1559 (C.). — Fief de la châtell. de Decize.
Charras, éc. cⁿᵉ de Toury-sur-Jour.
Charros (Bois), cⁿᵉ de la Celle-sur-Nièvre.
Charry, m. de camp. et f. cⁿᵉ de Bona. Villa Charraicum, 1255 (A. N.). Charri, 1326 (C.). Chary, 1678 (A. N.). — Fief relevant du château de Billy.
Charter, h. cⁿᵉ de Mhère. — Charrtte, 1673 (reg. de Mhère).
Charton, fief, cⁿᵉ de Planches, mentionné en 1773 (Boudiau, II, 113).
Chartot (Le), m. cⁿᵉ de Poussignol-Blismes.
Charizeray, fief de la châtell. de Saint-Saulge, mentionné en 1689 (reg. des fiefs).
Chazeau, f. cⁿᵉ de Ville-les-Arnay. Chazauls, 1465 (C.). Chazauls, 1487 (ibid.).
Chazelles (Les), f. cⁿᵉ de Pouilly.
Chassay, cⁿᵉ de la Charité. — Cassiacus, vers 600 (cart. de l'Yonne, II, 23). Chassiacus, 1132 (cart. de Bourras, ch. 6). — Cassiacus, 1163 (ibid. ch. 12). — Cassai, 1164 (ibid. ch. 13). — Territorium Chaari, 1164 (ibid.). — Chassay, 1174 (Gall. christ. XII, col. 134). — Chassay-au-Val-de-Bargis, 1605 (A. N. fonds des filles aumônières). — Fief de la châtell. de Châteauneuf-Val-de-Bargis, qui relevait de la baronnie de Fresnay-les-Chanoines.
Chasnay (La), châtl. et h. cⁿᵉ de Marzy. — Chasnayum, 1261 (A. N.). — Chasnyum, 1265 (ibid.). — Chasnayum, 1307 (A. N. comptes du chap. de Nevers). — Chasnayum, 1331 (cens. du chap. de Nevers). — Le Chasny, 1492 (A. N.). — Capella du Chasnay, vers 1515 (pouillé de Nevers). — Chasnay-lez-Nevers, 1536 (A. N.). — Fief de la châtell. de Nevers.
Chassagne, h. cⁿᵉ de Moux. — Chassaigne (Cassini).
Chassagne, h. cⁿᵉ d'Ouroux. — Sachaigne, 1591 (reg. d'Ouroux). — Chassagne, 1618 (ibid.).
Chassagne (La), f. cⁿᵉ de la Roche-Millay. — La Chassaigne, 1405 (arch. de la cure de Villapourçon). — Sauvagne, 1575 (C.). — Fief vassal de la Roche-Millay.
Chassaigne (La), f. cⁿᵉ d'Avrée. — Moulin-de-Chassaigne, 1564 (C.). — La Chassagne, 1733 (reg. de Sémelay).
Chassaigne (La), fief, cⁿᵉ de Cossaye, confondu depuis avec Godde. — Chassaigne, 1448 (A. N.). — Chassaigne, 1607 (A. D.).
Chassaigne, fief de la châtell. de la Marche, mentionné en 1689 (reg. des fiefs).

Chassaigne, h. cⁿᵉ d'Anthien. Cassanea in pago Nivernensi, 928 (Gall. christ. IV, col. 71). Chassagne, 1464 (Marolles). — Chassaignes, 1575 (Luzy). Sauvagne (Cassini). — Fief de la châtell. de Monceaux-le-Comte.
Chassaigne (Bois de la), cⁿᵉ de Montigny-sur-Canne, mentionné en 1676 (A. N.).
Chassaigne (La), châtl. et tuil. cⁿᵉ de Saint-Parize-le-Châtel. — La Chassaigne, 1251 (A. N.). — La Chassaigne, 1599 (Marolles). — La Chassaigne, 1602 (S.).
Chassaigne (La), h. cⁿᵉ de Rémilly. — Terra de Chassaignes, 1262 (C.). — Terra de Chassaignes, 1390 (A. N.). — Chassaigne, 1575 (C.). — La Chassaigne, 1698 (A. N.). — Fief de la châtell. de Luzy.
Chassaigne (La), lieu détruit, cⁿᵉ de Limanton. — La Chachaigne, 1495 (arch. de Vandenesse). — La Chassaigne, 1501 (ibid.). — Fief vassal d'Anizy.
Chassaigne (La), vill. détruit, cⁿᵉ de Préporché, mentionné en 1678 (S.).
Chassenay, h. cⁿᵉ de Chevannes-Changy. — Chassenay, 1689 (reg. des fiefs). — Fief de la châtell. de Champallement, relevant de Corvol-d'Embernard.
Chasserat, h. et forge, cⁿᵉ de Saint-Germain-Chassenay. — Sassenayum, 1287 (reg. de l'év. de Nevers). — Chastenayum, 1290 (A. D.). — Chassenayum, 1478 (pouillé de Nevers). — Chassenay, 1745 (reg. de Chassenay). — Ancienne paroisse réunie au xviiⁱᵉ siècle à celle de Saint-Loup, puis à celle de Saint-Germain-en-Viry ; commune réunie à celle de Saint-Germain après 1830. — Fief de la châtell. de Decize.
Chassenay, h. détruit, cⁿᵉ de Diennes. — Chassenay, 1248 (S.). — Chassenay, 1460 (C.).
Chassenay, h. détruit, cⁿᵉ de Marzy, mentionné en 1719 (terrier de Saint-Baudière).
Chassenet, f. cⁿᵉ de Donzy. — Chassenay, 1689 (reg. des fiefs). — Fief de la châtell. de Donzy.
Chassenay, h. cⁿᵉ de Saint-Jean-aux-Amognes. — Chassenay, 1360 (A. N.). — Sacenay, 1604 (ibid.).
Chassenos, éc. cⁿᵉ de Saint-Germain-Chassenay.
Chasses-Guéret (Les), f. cⁿᵉ de Fours.
Chassigny, h. et f. cⁿᵉ de Druy. — 1580 (A. N.).
Chassis, partie du h. de Boux, cⁿᵉ de Mhère.
Chassy, châtl. cⁿᵉ de Montreuillon. — 1305 (Marolles). — Chary, 1575 (ibid.). — Fief de la châtell. de Montreuillon.
Chassy, châtl. cⁿᵉ de Vignol. — Cassiacus, 864 (Gall. christ. V, col. 58). — Villa et decima de Chassy, 1269 (S.). — Chassy-le-Hault, 1601 (A. N.). — Chassy-Caroulle, 1689 (reg. des fiefs). — Fief de la châtell. de Monceaux-le-Comte.
Chassy, h. cⁿᵉ de Montreuillon.

Chasoy, f. c^ne d'Ouroux. — Chary, 1610 (arch. des Bordes). — Chasy-sous-Lormes, 1661 (reg. de Brinon). — Fief de la châtell. de Nevers.

Chasoy, f. c^ne de Sauvigny-les-Bois.

Chasoy, h. c^ne d'Alluy. — Chary, 1619 (C.). — Chasoy, 1654 (S.).

Chasoy, h. c^ne de Mhère. — 1603 (reg. de Mhère).

Chasoy, h. c^ne de Montigny-en-Morvand. — Chary, 1433 (extrait des titres de Bourgogne).

Chasoy, h. c^ne de Ville-lez-Aulnay. — Chariacum, 1251 (A. N.). — Chary, 1440 (ibid.). — Ce lieu a donné son nom à un bois voisin.

Chastelupluc, fief de la châtell. de Corvol-l'Orgueilleux, mentionné en 1638 (Marolles).

Chastelet (Bois de), mentionné en 1540 comme étant non loin de Lurcy-Annerts (arch. de Vandenesse).

Chastenay, lieu détruit, c^ne de Chevrin. — Chatenay, 1292 (C.). — Villa de Chatenayo, 1299 (ibid.). — Fief de la châtell. de Chevrin.

Chastenette-le-Bas, fief de la châtell. de Saint-Verain, mentionné en 1689 (reg. des fiefs). La Chastelotte, 1599 (S.).

Châtaigneraie (La), h. c^ne de Fléty.

Châtaigneraie (La), m. c^ne de Sémelay.

Châtaigneries (Les), m. c^ne de Poil.

Chateau, h. et f. c^ne de Planches. — Chasteau-lez-Montrouillon, 1689 (reg. des fiefs). — En Chastien, 1616 (reg. de Planches). — Ce lieu a donné son nom à un bois voisin. Fief de la châtell. de Montrouillon.

Château (Le), chât. c^ne d'Arbourse.

Château (Le), chât. c^ne de Brinon.

Château (Le), chât. et f. c^ne de Châtillon.

Château (Le), chât. c^ne de Chasnay-Levault.

Château (Le), chât. c^ne de Courcelles.

Château (Le), anc. chât. et f. c^ne de Tannay.

Château (Le), anc. chât. et f. c^ne de Trucy-l'Orgueilleux.

Château (Le) ou La Bezzardière, m. de camp. et f. c^ne d'Arquian.

Château Anglais, chât. c^ne de Vandenesse.

Château-aux-Chèvres (Le), bois, c^ne de Champlemy.

Château-Chinon, ch.-l. d'arrond. — Castellania de Castro Canino, 1193 (C. charte de Seguin, sire de Château-Chinon). — Chasteauil-Chignon, 1372 (C.). — Chastel Chinon, 1584 (S.). — Chinon-la-Montagne, 1793 (A. N. vente de biens nationaux). — Chinon, an III (carte du département).

Il y avait à Château-Chinon un prieuré dépendant de Cluny et un couvent de Capucins fondé en 1637. Château-Chinon était la capitale du Morvand, petite contrée qui faisait autrefois partie du Nivernais et de la Bourgogne, et qui est maintenant partagée entre les départements de la Nièvre, de Saône-et-Loire, de la Côte-d'Or et de l'Yonne. — La ville eut une commune au commencement du xiiie siècle. — La seigneurie de Château-Chinon, la baronnie de Lormes et la châtellenie d'Ouroux furent érigées en comté par Charles VI, en 1389.

Château-Chinon était le siège d'un bailliage seigneurial ressortissant au bailliage de Saint-Pierre-le-Moûtier et ayant dans son ressort 42 justices seigneuriales. Il eut un grenier à sel sous Louis XI, puis une maîtrise particulière des eaux et forêts et une direction des aides. — L'élection de Château-Chinon, établie en 1462, dépendait de la généralité de Moulins, comprenait 42 paroisses formant aujourd'hui la plus grande partie des cantons de Château-Chinon, Châtillon, Montsauche et quelques communes des cantons de Corbigny, de Lormes et de Moulins-Engilbert.

En 1790, lors de l'organisation du département, Château-Chinon fut le chef-lieu d'un district composé des cantons d'Arnay, Château-Chinon, Montrouillon, Montsauche et Ouroux. Le canton de Château-Chinon comprenait les communes d'Arleuf, Château-Chinon, Château-Chinon-Campagne, Châtin, Dommartin, Glux-en-Glenne, Saint-Hilaire-en-Morvand et Saint-Léger-de-Fougeret. (Arleuf et Glux formèrent quelque temps un canton.)

Château-Chinon-Campagne, c^ne de Château-Chinon.

Château d'Azy, chât. bâti en 1854, c^ne d'Azy-le-Vif.

Château de Beaumont, chât. et f. c^ne de Beaumont-la-Ferrière.

Château de Champalement, anc. chât. et f. c^ne de Champalement.

Château de Charry (Le), chât. c^ne de Sichamps.

Château-de-Domin, h. c^ne de la Collancelle. — Chastel de Domain, 1403 (C.). — Chastel et maison-fort de Domain, 1515 (A. N.). — Fief de la châtell. de Saint-Saulge.

Château de Dompierre-sur-Nièvre (Le), anc. chât. h. et m^on, c^ne de Dompierre-sur-Nièvre.

Château de l'Asile, monticule et ruines, c^ne d'Entrains.

Château-de-la-Collancelle, f. c^ne de la Collancelle.

Château-de-la-Foille, m. de garde, c^ne de Champlemy.

Château-de-la-Tour (Le), h. c^ne de Châteauneuf. — 1740 (reg. de Châteauneuf).

Château-de-Moussy (Le), f. c^ne de Moussy.

Château de Saint-Brisson (Le), chât. c^ne de Saint-Brisson.

DÉPARTEMENT DE LA NIÈVRE.

Château-des-Fées, menhir actuellement détruit, se voyait dans la forêt de Haute-Roche, c^ne de Dun-les-Places.

Château-des-Roches (Le), h. c^ne de Cuzu.

Chatel de Trucherres (Le), chât. c^ne de Trucherres.

Château-du-Bois (Le), h. c^ne d'Entrains. — Chatel-du-Bois, 1510 (tab. des titres de Bourgogne). Fief de la châtell. de Donzy.

Château de Pué (Le), chât. c^ne de Gampe. Le Pre, 1610 (Marolles). — Dupré (Cassini).

Château-Gaillard, h. c^ne d'Épiry. — Chastel Gaillard, 1350 (arch. de Montaigu).

Château-Gaillard ou la Grange-Bazeot, h. c^ne de Neuffontaines.

Château-Gaillard, m. c^ne de Champdenis.

Château-Gaillard, m. c^ne de Millay.

Château-Gaillard (Le), m. c^ne de Toury-Lurcy.

Château-Mallèze, h. c^ne de la Marche.

Château-Neuf, h. tuilerie et f. c^ne de Mars. — Chastel-Neuf-sur-Allier, 1459 (A. N.). — Chasteauneuf-Neuf-sur-Allier, 1534 (ibid.). — Châtellenie du duché qui comprenait la partie occidentale du canton de Saint-Pierre et la partie sud-ouest du canton de Nevers; 50 fiefs en dépendaient.

Châteauneuf-Val-de-Bargis, c^ne de Donzy. — Bargia eus, vers 600 (cart. gén. de l'Yonne, II, 28). — Novum Castrum, 1120 (cart. de Bourras, ch. 1). — Castrum de Castronovo, 1157 (traité entre l'év. d'Auxerre et le comte de Nevers, arch. de l'Yonne, fonds de l'év.). — Chateauneuf-au-Val-de-Bargis, 1610 (Marolles). — Chateauneuf de Bargy, 1292 (Marolles). — Chateauneuf en Bargis, 1344 (ibid.). — Chasteauf Neuf, 1497 (A. N. fonds de l'év.). — Châtellenie qui comprenait la partie sud du canton de Donzy et la partie nord des cantons de la Charité et de Prémery; 55 fiefs en dépendaient.

En 1792, le canton de Châteauneuf, dépendant du district de la Charité, fut composé des communes d'Arbourse, Champy, Châteauneuf-Val-de-Bargis, Dompierre-sur-Nièvre et Nannay.

Château Vert, chât. c^ne d'Ougne.

Chatel, f. c^ne de Savigny-Poil-Fol. — Chatelle (Cass.).

Châtelains, h. c^ne de Donzy.

Chatelet, m^in à vent, c^ne de Varzy.

Châtelet (Le), f. c^ne de Châteauneuf. — Nemus quod dicitur Castelet, 1184 (Gall. christ. XII, col. 138).

Châtelet (Le), h. c^ne d'Arleuf.

Châtelet (Le), h. c^ne de Colmery. — Chastellet, 1655 (reg. de Colmery).

Châtelet (La), lieu détruit, c^ne de Parigny-les-Vaux, porté sur la carte de Cassini.

Châtelet (Le), ruines, c^ne de Planchez.

Châtelet (Les), h. c^ne d'Annay.

Châtelier, f. c^ne de Verneuil. Maison des Chasteliers, 1350 (A. N.). — Chastelier, 1687 (reg. de la forêt). Fief de la châtell. de Corvol-du-Tour.

Châtellot, f. c^ne de Lurbuon.

Châtelot (Le), h. c^ne de Saint-Vérain.

Château (Le Gros), h. et chât. détruit, c^ne de Beau-Champ, 1639 (S.).

Châteaux (La Pièce-), h. c^ne de Beau.

Châteaumor (Le), ruine, affluent de l'Auxois, c^ne de Pouques.

Châtillon, m. c^ne de Flez.

Châtillon (Fonds de), s'étend dans les c^nes de la Roche-Millau et de Villapourçon.

Castillon (Ruisseau de), se jette dans l'Yonne, après avoir traversé les communes de Chalaux-aval, de Dirol et de Lys.

Châtillon-en-Bazois, arrond. de Château-Chinon. — Monasterium de Castellione, 1185 (Gall. christ. XII, col. 183). — Castellio in Bazeio, 1236 (Bulliot, t. II, p. 3). — Castellio Embazoes, 1260 (ibid. p. 112). — Castellio in Bazeto, 1263 (C.). — Castillio en Bazoys, 1264 (S.). — Prioratus de Castellione in Bazoyo, 1271 (ibid.). — Castellio in Bazoyeis, 1272 (ibid.). — Chastillon en Bazoie, 1284 (ibid.). — Castellionum, 1287 (reg. de l'év. de Nevers). — Forum Castellionis, 1293 (S.). — Chastoillon, 1318 (Bulliot, II, 159). — Chastellion en Bezois, 1335 (C.). — Chastillon en Bazoie, 1421 (ibid.). — Chastillon en Baizois, 1446 (ibid.). — Chastellon, 1498 (ibid.). — Fief fort important de la châtellenie de Saint-Saulge, qui prenait son surnom d'une petite contrée nommée le Bazois.

Châtillon était le chef-lieu d'un archiprêtré du diocèse de Nevers comprenant, au XIIIe siècle, les paroisses d'Alon, Arleun, Alluy, Aunay, Biches, Blain (lieu détruit), Biâmes, Brinay, Château-Chinon, Châtillon, Châtin, Chevannes-Gavroux, Chougny, Crécy-sur-Canne, Dommartin, Dun-sur-Grandry, Fleury-la-Tour, Frasnay-le-Revier, Frasnay-les-Châtillon, Lyon, Marré, Maux, Minget, Mont, Montapas, Montigny-en-Morvand, Montreuillon, Ougny, Pouilly, Preuignaud, Roux, Sainny, Saint-Benin-des-Champs, Saint-Franci–, Saint-Hilaire, Saint-Léger-de-Fougeret, Sainte-Péreuse, Sermages, Tamnay, Tintury. — Il y avait à Châtillon un prieuré de Bénédictins, dépendant de l'abbaye de Saint-Germain d'Auxerre, et une léproserie.

En 1790, le canton de Châtillon, dép. du district de Moulins-Engilbert, fut composé des c^nes d'Alluy, Biches, Brinay, Châtillon, Minget, Tamnay et Tintury.

Châtillon a donné son nom à une forêt voisine.

CHÂTILLONS (LES), h. c⁻ᵉ de Tresnay, donne son nom au ruisseau de Châtillon, affluent de l'Allier.

CHÂTIN, c⁻ᵉ de Château-Chinon. — *Chatinges*, 1193 (C. donation à l'abb. de Bellevaux). — *Chatayn*, 1287 (reg. de l'év. de Nevers). — *Castinum*, 1478 (pouillé de Nevers). — *Chastin*, 1071 (reg. de Château-Chinon).

CHATOSIÈRES (LA), f. c⁻ᵉ de Montigny-sur-Canne. — *La Chastonyere*, 1531 (A. N.). — *La Chattonniere en Vincence*, 1676 (*ibid.*). — Fief de la châtell. de Cercy-la-Tour, qui a donné son nom à un bois compris dans la forêt de Vincence.

CHATRÉ, f. c⁻ᵉ de Saxy-Bourdon. — *Chastray*, 1689 (reg. des fiefs). — Fief de la châtell. de Champallement.

CHÂTRE, m. de camp. et m⁻ⁿ, c⁻ᵉ de Donzy.

CHÂTREFIEUX, h. c⁻ᵉ de Villapourçon.

CHÂTRES, h. c⁻ᵉ d'Entrains.

CHÂTRES, h. et anc. f. c⁻ᵉ de Guérigny. — *Chatres*, 1331 (censier du chap. de Nevers). — *La Châtre* (Cassini).

CHÂTREUX (LES), h. c⁻ᵉ de Dornes.

CHATS (LES), h. c⁻ᵉ de Couloutre.

CHATTE (LA), h. c⁻ᵉ de Glux.

CHAUBIGNY, f. c⁻ᵉ de Langeron.

CHAUDIÈRES (LES), h. détruit, c⁻ᵉ de Champvoux, porté sur la carte de Cassini.

CHAUFFOUR, fief de la châtell. de Clamecy, mentionné en 1638 (Marolles). — *Chanfourge*, 1689 (reg. des fiefs).

CHAUFFOUR, h. c⁻ᵉ de Saint-Loup. — *Chauffourt*, 1590 (reg. de Neuvy). — *Chaufourt*, 1621 (inscription dans l'église de Neuvy). — Il donne son nom à un bois voisin.

CHAULNES, c⁻ᵉ de la Charité. — *Chooigne*, 1287 (reg. de l'év. de Nevers). — *Chougnia*, 1356 (S.). — *Choigne*, 1422 (A. N.). — *Choignia*, 1433 (*ibid.*). — *Chaugne*, 1438 (A. N. fonds de l'év.). — *Chougne*, 1449 (A. N.). Le vrai nom de cette commune est *Chaulgne*.

CHAULME, fief de la châtell. de Châteauneuf-Val-de-Bargis, mentionné en 1689 (reg. des fiefs).

CHAULNAUSSE, h. détruit, c⁻ᵉ de Chaumot-sur-Yonne, mentionné en 1505 (lièvé d'Eugny).

CHAUMARD, c⁻ᵉ de Montsauche. — *Chaumoy*, xiv° siècle (pouillé d'Autun). — *Chaulmoys*, 1472 (C.). — *Chaulmoy*, 1484 (*ibid.*). — *Chaumayum*, vers 1500 (pouillé d'Autun). — *Chaulmar*, 1518 (C.). — En 1681, Chaumard fit partie du marquisat de la Tournelle.

CHAUMARD (MOULIN DE), c⁻ᵉ de Chaumard. — *Le fief de l'étang du moulin de Chaumoy*, 1689 (reg. des fiefs).

CHAUME, f. c⁻ᵉ de Varennes-lez-Nevers. — *Calma*, 1331 (censier du chap. de Nevers). — *Chaulmes*, 153⁰ (A. N.).

CHAUME (LA), anc. chât. et f. c⁻ᵉ de Cervon. — *La Chaulme*, 1415 (arrh. de Marcilly). — *La Chaume de Cervon*, 1611 (reg. de Rix).

CHAUME (LA), éc. c⁻ᵉ d'Avril.

CHAUME (LA), f. c⁻ᵉ de Châtillon. — *Chaumers*, 1294 (S.).

CHAUME (LA), f. c⁻ᵉ de Decize.

CHAUME (LA), f. c⁻ᵉ de Gimouille. — *La Chaume de Muledon*, 1651 (A. N.).

CHAUME (LA), f. c⁻ᵉ de Moulins-Engilbert. — *La Chaulme*, 1508 (C.). — *Chaulmes*, 1587 (*ibid.*).

CHAUME (LA), f. c⁻ᵉ de Poussignol-Bliames.

CHAUME (LA), f. c⁻ᵉ de Saint-Léger-de-Fougeret.

CHAUME (LA), h. c⁻ᵉ d'Alluy.

CHAUME (LA), h. c⁻ᵉ de la Collancelle.

CHAUME (LA), h. c⁻ᵉ de la Machine.

CHAUME (LA), h. c⁻ᵉ de Rémilly.

CHAUME (LA), h. c⁻ᵉ de Saint-Honoré.

CHAUME (LA), h. c⁻ᵉ de Saint-Quentin.

CHAUME (LA), h. c⁻ᵉ de Saxy-Bourdon. — *La Chome*, 1566 (A. N.). — *La Chaulme*, 1650 (terrier de Jailly).

CHAUME (LA), h. détruit, c⁻ᵉ de Cours-lez-Cosne, porté sur la carte de Cassini.

CHAUME (LA), m. c⁻ᵉ de Millay. — *Chaulme ou Savigny-l'Étang*, 1689 (reg. des fiefs). — Fief de la châtell. de Luzy.

CHAUME (LA), m¹⁰, c⁻ᵉ de Livry. — *Chaume*, 1406 (Murolles). — *Chome* (Cassini). — Dépendance de la baronnie de la Ferté-Langeron, qui a donné son nom à un ruisseau affluent de l'Allier.

CHAUME (MOULIN DE LA), m¹ⁿ, c⁻ᵉ d'Alligny-en-Morvand.

CHAUME-AU-CUL-ROND, h. c⁻ᵉ de Coulanges-lez-Nevers. — *Calma*, 1355 (censier du chap. de Nevers). — *La Chaume* (Cassini).

CHAUME-AU-LOUP (LA), m. c⁻ᵉ d'Isenay.

CHAUME-AU-PETIT (LA), m. c⁻ᵉ d'Isenay.

CHAUME-AU-POIDS (LA), m. c⁻ᵉ de Luthenay.

CHAUME-AU-RENARD (LA), f. c⁻ᵉ de Marigny-l'Église.

CHAUME-AUX-VEAUX (LA), m. c⁻ᵉ de Brassy.

CHAUME-BLANCHE (LA), m. c⁻ᵉ de Saint-Verain.

CHAUME-BONIN (LA), éc. c⁻ᵉ de Tresnay.

CHAUME-BRINDIAU, h. c⁻ᵉ de Tintury.

CHAUME-CARRÉE, éc. c⁻ᵉ de Luthenay.

CHAUME-CHEVIGNY (LA), h. détruit, c⁻ᵉ de Saint-Germain-Chassenay, mentionné en 1536 (A. D.).

CHAUME-CONTENT (LA), f. c⁻ᵉ de Magny-Cours.

CHAUME-COTTET (LA), h. c⁻ᵉ de Crux-la-Ville.

DÉPARTEMENT DE LA NIÈVRE.

Chaume-de-Bâties (La), lieu détruit, c^{ne} de Saint-Germain-Chassenay.

Chaume-de-Grandry (La), m. et f. c^{ne} de Moulins-Engilbert.

Chaume-de-la-Forêt (La), h. c^{ne} de Montigny-sur-Canne.

Chaume-de-la-Garenne-des-Levées (La), h. c^{ne} de Moulins-Engilbert. — *Les Levées* (Cassini).

*Chaume-de-la-Maladrerie (La), m. c^{ne} de Châtillon. — Tire son nom de la léproserie de Châtillon.

Chaume-de-Lauvis, h. c^{ne} de la Collancelle.

Chaume-de-l'Étang (La), h. c^{ne} de Prémery.

Chaume-des-Champs (La), h. c^{ne} d'Isenay.

Chaume-des-Dets (La), h. réuni à celui de Tazières, c^{ne} de Marzy.

Chaume-des-Os (La), h. c^{ne} de Challuy.

Chaume-des-Perdus (La), tuil. c^{ne} de Sermoise. — Le chapitre de Nevers avait en ce lieu ses fourches patibulaires.

Chaume-des-Ponts, f. c^{ne} de Gâcogne.

Chaume-d'Orange (La), h. c^{ne} de Saint-Seine.

Chaume-de-Bois (La), m. c^{ne} d'Achun.

Chaume-du-Château, h. c^{ne} de Brinay.

Chaume-du-Four (La), h. détruit, c^{ne} de Rix, mentionné en 1649 (reg. de Rix).

Chaume-du-Gros-Bois (La), m. c^{ne} de la Fermeté.

Chaume-du-Mousseau (La), f. c^{ne} de Limanton.

Chaume-du-Rault (La), h. détruit, c^{ne} de Montigny-sur-Canne.

*Chaume-du-Riaut (La), éc. c^{ne} de Saincaize.

Chaume-Glot (La), h. c^{ne} de Livry.

Chaume-Guelot (La), h. c^{ne} de Maux.

Chaume-Guichard (La), h. c^{ne} de Gimouille. — *Guychard*, 1603 (A. N.).

Chaume-Longue, h. détruit, c^{ne} de Garchizy, mentionné en 1479 (A. N. fonds de l'év.).

Chaume-Longue (La), h. détruit, c^{ne} de Saint-Parize-le-Châtel. — *Calma-Longa*, 1355 (censier du chap. de Nevers).

Chaume-Lucas (La), tuil. c^{ne} de Chevannes-Changy.

Chaume-Misoure, h. c^{ne} de Challuy.

Chaume-Pannier, m. c^{ne} de Saint-Quentin.

Chaume-Pigault (La), éc. c^{ne} de Luthenay.

Chaume-Pillard (La), tuil. c^{ne} de Saint-Saulge.

Chaume-Pinet (La), h. c^{ne} de Beaumont-sur-Sardolles.

Chaume-Piot (La), éc. c^{ne} de Luthenay.

Chaume-Pré-Martin, f. c^{ne} de Mars.

Chaumereuil, éc. c^{ne} de Livry. — *Chaulnereuil*, 1535 (A. N.).

Chaume-Rousseau (La), éc. c^{ne} de Saint-Maurice.

Chaume-Saint-Nicolas (La), h. c^{ne} de Prémery.

Chaume-Simonin (La), m. c^{ne} de Limanton.

Chaume-Siobbais (La), f. détruite, c^{ne} de Saincaize, portée sur la carte de Cassini.

Chaume-Temporolle (La), f. commune de Saint-Benin d'Azy.

Chaumes, f. c^{ne} de Varennes-lez-Nevers. — *Chaulmes*, 1528 (A. N.).

Chaumes, h. c^{ne} de Chantenay.

Chaumes, anc. mⁱⁿ, c^{ne} de Chantenay.

Chaumes, mⁱⁿ, f. c^{ne} de Châteauneuf-Val-de-Bargis.

Chaumes (Les), f. c^{ne} de Clamecy.

Chaumes (Les), f. c^{ne} de Frétoy.

Chaumes (Les), f. c^{ne} de Saint-Saulge.

Chaumes (Les), h. c^{ne} de Chaulgnes. — *Calma*, 1331 (censier du chap. de Nevers). — *Les Chaumes*, 1355 (ibid.). — Fief du duché.

Chaumes (Les), h. c^{ne} d'Oulon.

Chaumes (Les), h. c^{ne} de Saint-Bonnot. — *Terra quæ dicitur Caumes*, 1184 (Gall. christ. XII, col. 138).

Chaumes (Les), h. c^{ne} de Saint-Parize-le-Châtel.

Chaumes (Les), m. c^{ne} de Cours-lez-Cosne.

Chaumes (Les), m. c^{ne} de Saint-Seine.

Chaumes (Les), mⁱⁿ, c^{ne} de Prémery.

Chaumes (Les), tuil. c^{ne} de Guérigny.

Chaumes (Les), vill. c^{ne} de Champallement.

Chaumes-Colas (Les), h. c^{ne} d'Ougny.

Chaumes-de-Billy (Les), h. c^{ne} de Billy-Chevannes.

Chaumes-de-Grandry, h. c^{ne} de Sermages. — Fief qui prit son nom de la famille de Grandry, qui le possédait au XVIe siècle.

Chaumes-de-la-Dupé (Les), h. c^{ne} de Châteauneuf.

Chaumes-de-Mary (Sur les), h. c^{ne} de Moulins-Engilbert.

Chaumes-de-Moncenaux, h. c^{ne} de Fertrève.

Chaumes-de-Saint-Cy, h. c^{ne} de Fertrève.

Chaumes-de-Sauzay (Les), h. c^{ne} d'Isenay.

Chaumes-de-Sermages (Les), h. c^{ne} de Sermages.

Chaumes-de-Villeneuve (Les), h. et tuilerie, c^{ne} de Biches.

Chaumes-du-Clou (Les), h. c^{ne} de Sainte-Péreuse.

Chaumes-Grandjean (Les), h. c^{ne} de Prémery.

Chaumes-Jarrand (Les), tuil. c^{ne} de Saint-Saulge.

Chaumes-Mathé (Les), h. c^{ne} d'Ougny.

Chaumes-Pouries (Les), h. c^{ne} de Murcy.

Chaumes-Pouries (Les), h. c^{ne} de Saint-Martin-d'Heuille.

Chaumes-Préaux, f. c^{ne} de Vauclaix.

Chaumes-Ravanges (Les), h. c^{ne} de Saint-Jean-aux-Amognes.

Chaumes-Rondes (Bois des), c^{ne} de Giry, prend son nom du fief de *la Chaulme Ronde*, 1689 (reg. des fiefs).

Chaumes-Vertes, m. c^{ne} de Cercy-la-Tour.

CHAUMESELLE (La), h. détruit, c⁰⁰ de Saint-Pierre-du-Mont, mentionné en 1760 (terrier de Saint-Pierre-du-Mont).

CHAUMETTES (Les), m¹ⁿ, c⁰⁰ de Langeron. — *Chomay*, 1460 (A. N.).

CHAUMIER, h. c⁰⁰ de Moux. — *Chaulmier*, 1649 (terrier d'Alligny).

CHAULMIÈRE (La), châtel. c⁰⁰ de Saint-Verain.

CHAUMIGNY, h. c⁰⁰ de Cercy-la-Tour. — *Chaumigni*, 1315 (A. N.). — *Chaumegny*, 1401 (*ibid.*). — *Choumigny*, 1450 (*ibid.*). — *Chaulmigny*, 1636 (C.). — Fief de la châtell. de Cercy-la-Tour.

CHAUMIGNY, h. c⁰⁰ de Saint-Gratien-Savigny.

CHAULMIARDS (Les), f. c⁰⁰ de Toury-sur-Jour.

CHAUMOIS, h. c⁰⁰ de Châtillon.

CHAUMOIS, h. c⁰⁰ d'Empury. — *Chaumoin*, 1590 (arch. de Vézignoux). — *Chaumoy*, 1689 (reg. des fiefs). — Fief de la châtell. de Monceaux-le-Comte.

CHAUMONT, f. c⁰⁰ de Courcelles. — *Territorium de Chaulmont*, 1481 (arch. de l'Yonne).

CHAUMONT, fief de la châtell. de Cosne, mentionné en 1689 (reg. des fiefs).

CHAUMONT, fief de la châtell. de Montreuillon, mentionné en 1689 (reg. des fiefs).

CHAUMONT, h. c⁰⁰ de Limanton. — *Campus de Calido Monte*, 1256 (A. N.). — *Chaulmont*, 1516 (C.).

CHAUMONT, h. c⁰⁰ de Saint-Léger-des-Vignes. — *Chaumum*, 1615 (A. D.). — *La Motte de Chaumont*, 1638 (Marolles). — Fief de la châtell. de Decize.

CHAUMONT, h. détruit, c⁰⁰ de Luzy, mentionné en 1607 (C.).

CHAUMONT, h. détruit, c⁰⁰ de Varennes-lez-Nevers, mentionné en 1515 (terrier de Contres).

CHAUMONT (Le), f. c⁰⁰ de Charrin. — *La grange de Chaulmont*, 1376 (Marolles).

CHAUMONT (Le), h. et m¹ⁿ à vent, c⁰⁰ de Chevenon. — *Chaumon*, 1272 (A. N. fonds du chap.). — *Grangia de Chaumont*, 1331 (*ibid.*). — Fief qui relevait de la trésorerie du chapitre de Nevers.

CHAUMONT-DESSUS, h. c⁰⁰ de Planchez. — *Chaumont*, 1696 (reg. de Planchez). — *Haut-Chaumont* (Cassini).

CHAUMONT-SOUS-LE-BOIS, h. c⁰⁰ de Planchez. — *Bas-Chaumont* (Cassini).

CHAUMOT (ÉCLUSE DE), écluse sur le canal du Nivernais, c⁰⁰ de Chaumot-sur-Yonne.

CHAUMOT-SUR-YONNE, c⁰⁰ de Corbigny. — *Chaomo*, 1283 (Gall. christ. XII, col. 353). — *Chaumeyum*, 1287 (reg. de l'év. de Nevers). — *Chaulmot-sur-Yonne*, 1458 (A. N.). — *Chomot*, 1473 (*ibid.*). — *Chaumetum*, 1478 (pouillé de Nevers). — Fief de la châtell. de Monceaux-le-Comte.

CHAUMOTTE (La), h. c⁰⁰ de Saint-Hilaire-en-Morvand. — *Chaumotte*, XVII⁰ siècle (A. N.).

CHAUMOTTES (Les), m. c⁰⁰ de Coulanges-lez-Nevers.

CHAUPRIX, h. c⁰⁰ de Nolay.

CHAURECON, lieu détruit, c⁰⁰ de Chaumot-sur-Yonne, mentionné en 1505 (lièvre d'Euguy).

CHAUSSADE (FORGES DE LA), c⁰⁰ de Guérigny. — Les forges de Guérigny, fondées en 1638, reçurent ce nom, par ordonnance royale de 1814, en mémoire de Babaud de la Chaussade, qui, au milieu du XVIII⁰ siècle, en était devenu propriétaire et en avait tellement augmenté l'importance qu'elles rendirent de grands services à la marine pendant la guerre d'Amérique. Ces forges furent achetées par le roi Louis XVI pour le compte de l'État en 1781.

CHAUSSE, h. et f. c⁰⁰ d'Aunay. — 1668 (reg. d'Aunay).

CHAUSSÉES DE PRAILLON (Les), près de Nevers, sur la Nièvre, mentionnées en 1499 (A. N.).

CHAUSSELETTE, fief de la châtell. de Donzy, mentionné en 1680 (A. N.).

CHAUVEAUX (Les), h. c⁰⁰ d'Arleuf. — *Chauvau*, 1689 (A. N.).

CHAUVETIÈRE, h. c⁰⁰ de Fléty. — *Chaulmetière*, 1545 (C.). — *Chaulvetière*, 1548 (*ibid.*).

CHAUX, f. c⁰⁰ de Dommartin.

CHAUX, f. et étang, c⁰⁰ de Dun-les-Places, détruits au XIV⁰ siècle (Baudiau, I, 135). — *Grange de Calzen-Morvient*, 1165 (*ibid.* II, 234).

CHAUX (La), chât. et dépend. c⁰⁰ d'Alligny-en-Morvand. — 1649 (terrier d'Alligny). — Fief de la châtell. de Liernais et Saint-Brisson.

CHAUX (La), h. c⁰⁰ de Villapourçon.

CHAVANCE, f. c⁰⁰ de Decize. — *Chauvance*, 1785 (A. N.).

CHAVANNES, chât. et f. c⁰⁰ de Tresnay. — *Maison de Chavennes*, 1332 (mss de Baluze, extrait du cart. de la chambre des comptes de Nevers). — *Chevaignes et Chevaines*, 1389 (A. N. procès-verbal des limites du comté de Nevers et du duché de Bourbon). — *Cheranne*, 1709 (A. N.). — Fief de la châtell. de Châteauneuf-sur-Allier.

CHAVERCLY, lieu détruit, c⁰⁰ de Savigny-Poil-Fol, mentionné en 1664 (C.).

CHAZ (Le), h. c⁰⁰ d'Arleuf. — *Le Chat* (Cassini).

CHAZEAU, h. m¹ⁿ et f. c⁰⁰ de Tintury. — *Chazault*, 1553 (C.).

CHAZEAU (Le), h. c⁰⁰ de Chaulgnes. — *Le Chazaut*, 1626 (A. N.). — *Le Chazault*, 1643 (S.).

CHAZEAU (Le), h. c⁰⁰ d'Imphy. — *Chassenna*, 1145 (cart. de l'Yonne, I, 391). — *Chazault*, 1547 (A. N.).

CHAZEAU (Le), h. c⁰⁰ de Saint-Benin-des-Bois. — *Chezault*, 1499 (A. N.).

CHAZEAU (Le), m. c^{ne} d'Isenay.
CHAZEAULX, h. détruit, c^{ne} de Moulins-Engilbert, mentionné en 1580 (S.). — *Chezault*, 1689 (reg. des fiefs). — C'était un fief de la châtell. de Moulins-Engilbert.
CHAZEAUX, fief de la châtell. de Saint-Verain, mentionné en 1689 (reg. des fiefs).
CHAZEAUX (LES), h. c^{ne} de Chevannes-Changy.
CHAZELLE, chât. c^{ne} de Chaulgnes. — *Territorium de Charles*, 1356 (S.). — *Chasellum*, 1433 (A. N.).
CHAZELLE, f. c^{ne} de Marigny-sur-Yonne. — *Chaseles*, 1076-1084 (Lebeuf, IV, 27). — *Chasoulle*, 1483 (A. N.).
CHAZELLE, h. c^{ne} de Moux. — *Moulin de Chazel* (Cassini).
CHAZEUIL, fief de la châtell. de Montenoison, mentionné en 1638 (Marolles). — *Chazel*, 1689 (reg. des fiefs).
CHAZEUIL-LAVAULT, c^{ne} de Brinon. — *Chazuil*, 1231 (arch. de l'Empire, J. 251). — *Chaseum*, 1287 (reg. de l'év. de Nevers). — *Cura de Caseo Oculo*, 1478 (pouillé de Nevers). — *Chaseul*, 1484 (A. N.). — *Chazeuille*, 1778 (A. N.). — Fief vassal de Corvol-d'Embernard.
CHAZEUL, h. détruit, c^{ne} de Germenay, mentionné en 1513 (A. N.).
CHAZOT, h. c^{ne} de Ville-lez-Anlezy. — *Villa de Chazeux*, 1352 (C.). — *Chazeaux*, 1402 (A. N.).
CHAZUÉ, h. c^{ne} de Raveau. — *Chasuil*, 1356 (cens. du chap. de Nevers).
CHAZY, h. c^{ne} de Morsches. — 1699 (reg. de Monceaux-le-Comte).
CHÉCHIBARD (LE), ruiss. affluent de l'Aron, c^{ne} de Liché-Assarts.
CHEF-DU-BOIS, fief de la châtell. de Donzy. — *Chief-du-Bois*, 1455 (A. N.).
CHEIZE (LA), m. de camp. et f. c^{ne} de Luzy. — *La Cheze*, 1527 (C.).
CHEMAUBIN, fief, c^{ne} de Saint-Jean-aux-Amognes, mentionné en 1518 (S.).
CHEMIER, h. c^{ne} de Saint-Parize-en-Viry. — *Myé* (Cassini).
CHEMIGNY, h. détruit, c^{ne} de Pougues, mentionné en 1462 (C.).
CHEMIN (LE), h. c^{ne} d'Anthien. — *Le Chemain*, 1611 (terrier de Chasseigne). — Fief vassal du comté de Château-Chinon.
CHEMIN (LE), h. c^{ne} de Sainte-Pereuse. — *Chemin*, 1477 (C.). — C'était un fief vassal du comté de Château-Chinon.
CHEMIN-DE-FER (LE), m. c^{ne} de Champvert.
CHEMINÉS, f. c^{ne} de Tronsanges.

CHEMIN DE LA ROYNE BURBICHEDE, chemin de Château-Chinon à Vandenesse, passant par Saint-Léger-de-Fougeret, mentionné en 1451 (arch. de Vandenesse, terrier de Commagny). — *Le grand chemin real que fit faire feu de bonne memoyre pour le temps qu'elle vivoyt la royne Burnichede; le pavé de la Burnichede* (ibid.).
CHÊNE (LE), f. c^{ne} de Cervon.
CHÊNE (LE), f. c^{ne} de Luthenay.
CHÊNE (LE), h. et mⁱⁿ. c^{ne} de Chaumard. — *Chaine*, 1789 (reg. de Chaumard).
CHÊNE (LE), h. c^{ne} de Saint-Germain-Chassenay, 1772 (terrier de Beauvoir).
CHÊNE (LE), m. c^{ne} de Druy.
CHÊNE-AU-FRANC (LE), f. c^{ne} de Cuncy-lez-Varzy.
CHÊNE-AU-ROI (LE), h. c^{ne} de Rémilly. — *Chenauroi*. 1703 (reg. de Rémilly).
CHÊNE-BÉNIT (LE), h. c^{ne} de Fours.
CHÊNE-CHAMPRIS (LE), h. c^{ne} de Montigny-sur-Canne.
CHÊNE-ROCROY, h. c^{ne} de Gouloux.
CHÊNES (LES), h. c^{ne} de Saint-Saulge.
CHÊNES (LES), m. c^{ne} de Saint-Seine.
CHENET, h. c^{ne} de Ménestreau. — *Chenets* (Cassini).
CHENIZOT, f. c^{ne} de Chougny. — *Chanisot*, 1459 (terrier de Bellevaux). — *Chanizot*, 1464 (ibid.). — Fief de la châtell. de Montreuillon.
CHENNECHOT, h. c^{ne} de Coulanges-lez-Nevers. — *Sénéchaux* (Cassini). — Le vrai nom de ce hameau doit être les *Sénéchaux*.
CHENOSSE, f. c^{ne} de Mars. — *Senosse* (Cassini).
CHENOY (LE), f. c^{ne} d'Entrains. — *Le Chenoy*, 1772 (A. N.).
CHENU (FOREST), bois, c^{ne} de Saint-Brisson, porté sur la carte de Cassini.
CHEPRELANCHE, lieu détruit, c^{ne} de Garchizy, mentionné en 1331 (cens. du chap. de Nevers).
CHÉRAULT, h. c^{ne} de Saint-Benin-d'Azy. — 1518 (S.). — *Cherau*, 1604 (C.).
CHERIGNY, écl. et f. c^{ne} de Biches. — 1598 (A. N.).
CHÉRIOTS (LES), h. c^{ne} de la Celle-sur-Loire. — *Les Chereaux* (Cassini).
CHÉRON, h. c^{ne} de Saint-Parize-le-Châtel.
CHERRIERS (LES), h. c^{ne} de Neuvy.
CHÉSAULT (LES), h. et poterie, c^{ne} de Saint-Verain.
CHÉSAULT-ES-AMOGNES, fief de la châtell. de Nevers, mentionné en 1638 (Marolles).
CHÊNE-AU-LOUP (LE), lieu détruit, c^{ne} de Châtillon, mentionné en 1520 (C.).
CHESNOY, h. c^{ne} d'Entrains. — *Le Chasnoy-lez-Entrains*. 1484 (A. N.). — *Le Chasnoy*, 1562 (épitaphe dans l'église d'Entrains).
CHESNOY (LE), mⁱⁿ à vent, c^{ne} d'Entrains.

CHESSAIGNE (RIVIÈRE DE), ruiss. c^{ne} d'Avrée, mentionné en 1564 (C.).

CHESSAIGNES (LES) et MOULIN DES CHESSAIGNES, lieux détruits, c^{ne} de Sermages, mentionnés en 1555 (C.).

CHETAUDIEUX (LES), h. c^{ne} de la Roche-Millay. — *Chestaudeaul*, 1529 (C.). — *Chetandiot* (Cassini).

CHÉTIF-BOIS (LE), h. c^{ne} de Cours-les-Cosne.

CHÉTIF-FOUR (LE), h. c^{ne} de Saint-Benin-des-Bois. — *Le Chetifour* (Cassini).

CHÉTIF-MOULIN, m. c^{ne} de la Roche-Millay.

CHÉTIF-MOULIN, m. c^{ne} de Saint-Pierre-le-Moûtier.

CHÉTIF-VILLAGE, f. c^{ne} d'Entrains.

CHÉTIFS-QUARTIERS (LES), m. c^{ne} de Montigny-sur-Canne.

CHÉTIVE (LA), vill. détruit, c^{ne} de Préporché, mentionné en 1673 (S.).

CHÉTIVES-MAISONS (LES), éc. c^{ne} de Luthenay.

CHÉTIVES-MAISONS (LES), h. c^{ne} de Saint-Andelain.

CHEUGNY, chât. et h. c^{ne} de Varennes-lez-Nevers. — *Chungny, Suygniacum Altum, Suygniacum Bassum*, 1355 (censier du chap. de Nevers). — *Seugny-le-Hault*, 1477 (A. N.). — *Suigny-le-Bas*, 1490 (ibid.). — *Seugny*, 1737 (terrier de Saint-Baudière).

CHEURON, h. c^{ne} de Charrin.

CHEVALIER, f. c^{ne} de Saint-Germain-Chassenay. — *Le Lieu-Chevalier*, 1579 (A. N.). — *Les Chevalliers*, 1676 (reg. de Saint-Loup). — Fief de la châtell. de Decize en 1783.

CHEVALIER (BOIS), c^{ne} de Sauvigny-les-Bois.

CHEVALIERS (CHEMIN DES), anc. chemin mentionné en 1772 (terrier de Beauvoir), c^{ne} de Saint-Germain-Chassenay.

CHEVANNE, f. c^{ne} de Diennes. — *Chivania-les-Croz*, 1238 (S.). — *Villa de Chevanniis Ascroz*, 1285 (S. hommage de ce fief à l'abb. de Bellevaux). — *Chevance-les-Croz*, 1407 (S.). — *Chevanez*, 1452 (A. N.). — *Chevaynez-les-Crox*, 1456 (S.). — *Chevainez-lez-Croz*, 1463 (C.). — *Chevane-les-Crotes*, 1689 (reg. des fiefs). — Fief de la châtell. de Cercy-la-Tour, puis de celle de Decize, qui relevait de l'abb. de Bellevaux.

CHEVANNE, f. c^{ne} du Mars. — *Chevannes* (Cassini).

CHEVANNE, f. c^{ne} de Montaron. — *Chevanum*, 1287 (reg. de l'év. de Nevers). — *Cura de Chevanniis prope Montem Errantem*, 1478 (pouillé de Nevers). — *Chevannes-soubz-Montarron*, 1550 (C.). — Ancienne paroisse réunie à celle de Vandenesse. Ce lieu a donné son nom à un bois qui s'étend sur les communes de Montaron et de Sémelay.

CHEVANNE (DOMAINE DE), f. c^{ne} de Montaron. — *Le Grand Chevannes* (Cassini).

CHEVANNES, c^{ne} de Brinon. — *Chevannes*, 1287 (reg. de l'év. de Nevers). — *Cura de Chevanniis*, 1478 (pouillé de Nevers). — *Chevanne-soubz-Monthenoison*, 1637 (reg. de Chevannes). — *Chevannes-soubz-Corvol*, 1658 (ibid.). — *Chevanne*, 1661 (reg. du Brinon). — *Chevannes-Changy*, depuis la réunion de Changy en 1790. — Fief de la châtell. de Montenoison.

CHEVANNES, anc. chât. et h. c^{ne} de Coulanges-lez-Nevers. — *Chevannis*, 1300; *Chevannes*, 1423 (A. N.).

CHEVANNES, éc. c^{ne} de Decize. — *Decina de Chevanniis*, 1154 (A. N. fonds de Decize). — *Chevanes*, 1341 (A. D.). — *Chevanne*, 1774 (ibid.). — Fief de la châtell. de Decize.

CHEVANNES, f. c^{ne} de Saint-Ouen. — *Chevanes*, 1676 (A. N.).

CHEVANNES, h. c^{ne} d'Amazy. — *Chevannes-les-Amazy*, 1689 (reg. des fiefs). — Fief de la châtell. de Saint-Verain.

CHEVANNES, h. c^{ne} de Billy-Chevannes. — *Chevannes-Gazeaulx*, 1275 (S.). — *Chavannes-Gazeaux*, 1287 (reg. de l'év. de Nevers). — *Chevanes-Ganeaux*, 1461 (C.). — *Cura de Chevannis Gazellorum*, 1478 (pouillé de Nevers). — *Chevaynes-Ganeaulx*, 1511 (C.). — *Chevane-Gazeaux*, 1689 (reg. des fiefs). — Ancien prieuré dépend. de l'abb. de Saint-Léonard de Corbigny, et ancienne paroisse. — Fief de la châtell. de Champallement.

CHEVANNES, h. c^{ne} de Gimouille. — *Chevannia* et *Chavenes*, 1320 (A. N.). — *Villagium de Chevaniis*, 1335 (ibid.). — *Chevanes*, 1384 (ibid.).

CHEVANNES, h. c^{ne} de Moulins-Engilbert. — *Chevannes-aux-Bureau*, 1561 (Lory). — *Chevanes Bureau*, fin du XVIe siècle (C.). — *Chevannes-Bureau*, 1689 (reg. des fiefs). — Fief de la châtell. de Moulins-Engilbert, qui prit son surnom d'une famille qui le possédait au XVIe siècle.

CHEVANNES (LES), h. c^{ne} de Corancy. — *Les Chevannes* (Cassini).

CHEVANNES (LES), h. c^{ne} de Saint-Hilaire-en-Morvand. — *Villa de Chevanes*, 1311 (A. N. fonds de Bellevaux).

CHEVANNES-DOZON, fief de la commune et de la châtell. de Luzy, mentionné en 1689 (reg. des fiefs). — *Chevannes-Dagou*, 1577 (C.).

CHEVENET, h. c^{ne} de Cessy-les-Bois.

CHEVENON, c^{ne} de Nevers. — *Cheveno*, 1268 (A. N.). — *Chevanon*, 1287 (reg. de l'év. de Nevers). — *Ecclesia de Chevanone*, 1384 (A. N.). — *Cura de Chavanone*, 1518 (pouillé de Nevers). — *Chevenon-Jaugenay*, depuis la réunion de Jaugenay. — Fief de la châtell. de Nevers qui a donné son nom à un bois voisin.

DÉPARTEMENT DE LA NIÈVRE.

Chevigny, chât. c^{ne} de Decize. — *Chiviniacum*, 1368 (A. N.). — Fief de la châtell. de Decize, vassal de Roche-sur-Aron.

Chevigny, h. c^{ne} d'Anlezy.

Chevigny, h. c^{ne} de Germigny. — *Cherigni*, 1331 (censier du chapitre de Nevers). — *Chavigny*, 1355 (*ibid.*).

Chevigny, h. c^{ne} de Lormes. — *Cherigni* (Cassini).

Chevigny, h. c^{ne} de Moux.

Chevigny, h. c^{ne} de Sermoise. — *Chevygni*, 1234 (A. N. fonds de l'abb. de Notre-Dame de Nevers). — *Chevigniacum versus Sarwasiam*, 1270 (A. N.).

Chevigny, lieu détruit, près de Saint-Saulge, mentionné en 1470 (A. N.).

Chevillon, mⁱⁿ, c^{ne} de Cercy-la-Tour. — *Le Moulin-Chevillon*, 1610 (S.).

Chevinias (Villa), près d'Alluy, mentionné en 1097 (*Gall. christ.* XII, col. 335).

Chèvre, f. c^{ne} de Montarou.

Chèvre, f. tuil. et m. de garde, c^{ne} de Vandenesse. — *Chèvres* (Cassini).

Chevret, h. c^{ne} d'Épiry. — *Chevrier*, 1550 (arch. de Maumigny).

Chevrenot, h. et f. c^{ne} de Montapas.

Chèvres, ruiss. affluent de l'Aron, traverse les c^{nes} de Sémelay et de Montaron.

Chèvres (Les), éc. c^{ne} de Saincaize.

Chevret, f. c^{ne} de Saint-Ouen. — *Chevre*, 1578 (A. N.).

Chevrette, h. c^{ne} de Millay. — 1577 (C.). — Fief de la châtell. de Luzy.

Chevrière (Bois de la), c^{ne} de Dun-les-Places.

Chevrins (Les), h. c^{ne} de Billy-Chevannes.

Chevrins (Les), h. c^{ne} de Cizely.

Chevroches, c^{ne} de Clamecy. — *Ecclesia de Cavaroca in pago Nivernensi*, 935 (*Gall. christ.* XII, col. 314). — *Cava Ruppis*, 1287 (reg. de l'év. de Nevers). — *Prata Cavæ Ruppis*, 1291 (*Gall. christ.* XII, col. 243). — *Chievroche*, 1329 (Marolles). — *Chievroche-les-Clamecy*, 1468 (*ibid.*). — *Cheveroche*, 1591 (*ibid.*). — Fief de la châtell. de Clamecy.

Chevron (Le), h. c^{ne} de Moulins-Engilbert.

Chevroux, h. c^{ne} de Saint-Quentin. — *Les Chevroux* (Cassini).

Chez-Baret, f. et carrière de pierre, c^{ne} de Dornes. — *Le Bas* (Cassini).

Chez-Baron, m. de camp. et f. c^{ne} de Montigny-aux-Amognes. — *Le Baron* (Cassini).

Chez-Bodoux, f. c^{ne} de Luthenay.

Chez-Bourg, h. c^{ne} d'Avril. — *Les Bourgs* (Cassini).

Chez-Boursier, f. c^{ne} de Luthenay. — *Bouassier* (Cassini).

Chez-Briot, h. c^{ne} de Saint-Sulpice.

Chez-Brisson, f. c^{ne} de Toury-Lurcy. — *Brissons* (Cassini).

Chez-Caillet, f. c^{ne} de Saint-Parize-le-Châtel.

Chez-Coignet, f. c^{ne} de Toury-Lurcy. — *Le Pasturreau Coignet*, 1469 (arch. du chât. de Toury-sur-Abron). — *Coignet* (Cassini).

Chez-Colin, f. c^{ne} de Luthenay. — *Les Colins* (Cassini).

Chez-Courtin, éc. c^{ne} d'Azy-le-Vif.

Chez-Daré, m. c^{ne} de Saint-Hilaire-Fontaine.

Chez-d'Avaux, h. c^{ne} de Villapourçon. — *Les Vaux*. 1690 (reg. de Villapourçon).

Chez-Delafond, m. c^{ne} de Toury-Lurcy. — *Chez de La Font*, 1698 (reg. de Toury-sur-Abron).

Chez-Desbœufs, h. c^{ne} de Sougy.

Chez-Dubier, m. c^{ne} de Montambert. — *Les Dubies* (Cassini).

Chez-Duffoux, f. c^{ne} d'Azy-le-Vif. — *Lieu Duffou* (Cassini).

Chez-Duray, f. c^{ne} de Fleury-sur-Loire. — *Lieu Duré* (Cassini).

Chez-Dureau, f. c^{ne} de Saint-Ouen. — *Duraux* (Cassini).

Chez-Genty, f. c^{ne} d'Avril-sur-Loire. — *Gentil* (Cassini).

Chez-Gogneaux, f. c^{ne} de Fléty.

Chez-Grillot, f. c^{ne} de Sougy.

Chez-Guillot, f. c^{ne} de Luthenay. — *Le Lieu Guillot* (Cassini).

Chez-Jaclot, éc. c^{ne} de Villapourçon.

Chez-Jaillette, f. c^{ne} de Saint-Ouen.

Chez-Jeandin, f. c^{ne} de Saint-Germain-Chassenay. — *Les Gendins* (Cassini).

Chez-Lebas, h. c^{ne} de Jailly. — *Le Bas* (Cassini).

Chez-Le-Beau, f. c^{ne} de Savigny-Poil-Fol.

Chez-Le-Blanc, f. c^{ne} de Luthenay.

Chez-Le-Boué, h. c^{ne} de Verneuil. — *Les Bouez* (Cassini).

Chez-Le-Gain, f. c^{ne} de Tazilly.

Chez-les-Bards, m. de campagne et f. c^{ne} de Villapourçon.

Chez-les-Princes, h. c^{ne} de Saint-Brisson.

Chez-l'Évêque, h. c^{ne} de Saint-Ouen.

Chez-Le-Verne, f. et tuil. c^{ne} de Ternant.

Chez-Martin, h. c^{ne} de Verneuil.

Chez-Maupoil, f. c^{ne} de Luthenay.

Chez-Mignot, f. c^{ne} de Cossaye. — *Mignot* (Cassini).

Chez-Mirot, f. c^{ne} de Champvert.

Chez-Moreau, f. c^{ne} de Luthenay.

Chez-Pillot, f. c^{ne} de Luthenay. — *Pillot* (Cassini).

Chez-Pizet, m. c^{ne} de Toury-Lurcy. — *Lieu Pizet*, 1778 (plan de la seigneurie de Toury-sur-Abron).

Nièvre.

Chez-Plautard, f. c^{ne} de Verneuil. — *Plautard* (Cassini).

Chez-Poussin, m. c^{ne} d'Avril-sur-Loire.

Chez-Pournot, f. c^{ne} de Fleury-sur-Loire.

Chez-Prat, f. c^{ne} d'Azy-le-Vif. — *Lieu Prat* (Cassini).

Chez-Ragot, f. c^{ne} de Champvert. — *Ragot* (Cassini).

Chez-Ravier, f. c^{ne} de Luthenay. — *Ravier* (Cassini).

Chez-Renouard, f. et bois, c^{ne} de Cossaye. — *Maison des Renouards*, 1610 (A. D.).

Chez-Rousse, h. c^{ne} d'Azy-le-Vif. — *Rousse* (Cassini).

Chez-Sebot, h. c^{ne} de Toury-Lurcy. — *Chebaut*, 1772 (plan terrier de Beauvoir). — *Les Sebaux* (Cassini).

Chez-Talet, h. c^{ne} de Toury-Lurcy. — *Chez Myé*, 1789 (reg. de Toury-sur-Abron).

Chez-Thomas-Mathé, lieu détruit, c^{ne} de Cossaye, mentionné en 1658 (reg. de Cossaye).

Chez-Travet, locaterie, c^{ne} de Luthenay. — *Le Lieu Travet* (Cassini).

Chicot, m^{on}, c^{ne} d'Ouroux.

Chicotterie (La), h. c^{ne} de la Celle-sur-Nièvre.

Chiddes, c^{ne} de Luzy. — *Chides*, XIVe siècle (pouillé d'Autun). — *Cheiddes*, 1548 (C.). — *Chidda*, 1620 (reg. de Sémelay). — *Chide*, 1689 (reg. des fiefs). — Fief de la châtell. de Luzy.

Chien-Crotté (Le), h. faisant partie de Lavault-de-Ferrière, c^{ne} de la Roche-Millay.

Chiffort, h. c^{ne} de La Fermeté. — *Chuffort*, 1466 (A. N.). — *Chuffot*, 1669 (ibid.). — *Chanfort*, 1664 (reg. de Saint-Loup).

Chizy, chât. et h. c^{ne} de Tazilly. — *Chizy-le-Gros*, 1491 (Marolles). — *Chizy-le-Gros*, 1611 (ibid.). — *Chizy-le-Monial*, 1614 (C.). — *Chizy*, 1735 (reg. de Millay). — *Sizy*, 1784 (A. N.). — Fief double de la châtell. de Luzy. Le second fief, qui eut toujours des seigneurs particuliers, se nomma *Chissy* et *Migin*, 1540 (Marolles). — *Chizy-le-Migyen*, 1554 (C.). — *Chizy-Le-Mezien*, 1575 (Marolles). — Le nom véritable de ce lieu est *Chizy*. Il a donné son nom à un petit ruisseau affluent de la Somme.

Chitry, h. c^{ne} de Varzy. — 1557 (arch. de l'Yonne, fonds de Varzy).

Chitry, h. c^{ne} de Neuffontaines. — *Chitry-soubz-Monsalnot*, 1455 (terrier de Chitry). — *Chitry-Montanhot*, 1689 (reg. des fiefs). — C'était un fief de la châtell. de Monceaux-le-Comte et Neuffontaines, vassal du Bouchet.

Chitry-les-Mines, c^{ne} de Corbigny. — *Villa quae dicitur Castrincus*, XIe s^e (Lebeuf, IV, 21). — *Chitriacus*, XIVe s^e (pouillé d'Autun). — *Chitry-soubz-Chaumot*, 1331 (Marolles). — *Chitry-sur-Yonne*, 1471 (C.). — *Citry*, 1480 (ibid.). — *Chitriacum*, 1535 (pouillé d'Auxerre). — *Chitry-les-Sennet-Leonard*, 1546 (A. N.). — *Chitry-les-Mines*, 1657 (C.). — *Chitry-sur-Yonne* ou *Chitry-la-Mine*, 1689 (reg. des fiefs). — Fief de la châtell. de Monceaux-le-Comte et Neuffontaines.

Cette commune doit son surnom à une mine de plomb argentifère, qui était connue dès le XVe siècle; il existe aux Archives de l'Empire (reg. 196, n° 40) une charte de 1469 par laquelle le roi permit au seigneur de Chitry d'exploiter ces mines.

Chivotterie (La), h. détruit, c^{ne} de Chasnay, portée sur la carte de Cassini.

Chivres, h. c^{ne} de Courcelles. — *Furnum de Chivre*, 1262 (A. N.). — *Chevre*, 1402 (ibid.). — Ce lieu a donné son nom à un ruisseau qui se jette dans le Sozay, après avoir arrosé les communes de Varzy, Courcelles et Corvol-l'Orgueilleux.

Chizelles, lieu détruit, c^{ne} de Saint-Germain-Chasnay, mentionné en 1459 (A. D.).

Choasse, fief de la châtell. de Saint-Verain, mentionné en 1638 (Marolles).

Cholet (Le), chât. h. et f. c^{ne} de Sauvigny-les-Bois. — *Maison de Chollet*, 1481 (A. N.). — *Cholet*, 1605 (A. N. fonds des filles aumônées). — Fief de la châtell. de Nevers.

Cholet (Le), mⁱⁿ, c^{ne} de Saint-Éloi. — Ce moulin était une dépendance de la seigneurie du Cholet.

Chomards (Les), h. c^{ne} de la Roche-Millay.

Chomonnerie, fief de la châtell. de Montenoison, mentionné en 1689 (reg. des fiefs). — *Chaumonnerie*, 1738 (A. N.).

Chons (Les), h. c^{ne} de Gouloux.

Chopillet, h. c^{ne} de Villiers-sur-Yonne. — *Choupillet* (Cassini).

Chopinerie (Bois de la), c^{ne} de Prémery.

Chopines (Les), f. c^{ne} de la Celle-sur-Loire.

Choquar, faubourg de la ville de Château-Chinon, mentionné en 1671 (reg. de Château-Chinon).

Chossillons, fief de la châtell. de Moulins-Engilbert, mentionné en 1689 (reg. des fiefs).

Chouatar, h. c^{ne} de Trois-Vèvres.

Choury, f. c^{ne} de Fleury-la-Tour.

Chouix, f. c^{ne} de Ville-lez-Anlezy. — *Chuys*, 1422; *Chouys*, 1597; *Chuy*, 1651 (A. N.). — *Suy* (Cassini). — Petit fief qui relevait de Thianges.

Chougny, c^{ne} de Châtillon. — *Ecclesia Chaineniaci*, 1151 (cart. gén. de l'Yonne, t. I, p. 479). — *Chooignae*, 1236 (A. N. fonds du chap. de Nevers). — *Choygna*, 1267 (ibid.). — *Choigniacum*, 1287 (reg. de l'év. de Nevers). — *Choigne*, 1456 (S.). — *Choigny*, 1459 (C.). — *Chogoni*, 1478 (pouillé de Nevers). — *Chogniacum*, 1518 (pouillé de Nevers).

CHOCLOT, f. et m^on. c^ne de Beaumont-la-Ferrière, 1694 (reg. de Sainte-Colombe).

CROUPILLET, h. détr. c^ne de Villiers-sur-Yonne, porté sur la carte de Cassini.

CROUX, lieu détruit, c^ne de Saint-Gratien-Savigny, mentionné en 1604 (A. N.).

CHOVANCE, chât. c^ne d'Achun. — *Chevance* (Cassini).

CHOVANCE, écl. c^ne d'Achun.

CHOUX (LES), h. c^ne d'Entrains.

CIEZ, c^ne de Donzy. — *Cyez*, 1535 (pouillé d'Auxerre). — *Siez*, 1689 (reg. des fiefs). — Fief de la châtell. de Donzy.

CIGOGNE, chât. c^ne de la Fermeté. — *Cigonia*, 1145 (cart. gén. de l'Yonne, I, 391). — *Sigoignia*, 1495 (A. N.). — *Sigoignes, Cigoignes, Sigoingnes, Sicoignes*, 1565 (S.). — *Sigoignes*, 1611 (ibid.). — *Cigoignes*, 1622 (ibid.). — *Cicoignes*, 1641 (ibid.).

CIGOGNE, f. c^ne de la Fermeté. — *Parrochia de Cigoniis*, 1232 (A. N. fonds de Faye). — *Cygoine*, 1287 (reg. de l'év. de Nevers). — Ancienne paroisse de l'archiprêtré de Lurcy-le-Bourg.

CIGOGNE (PETIT-), h. c^ne de la Fermeté.

CISTRE (LA GRANDE-), h. c^ne de Vandenesse.

CISON, h. c^ne de Devay. — *Chiron* (Cassini).

CISOT, ruiss. affluent du Beuvron, traverse les c^nes de Beuvron et de Cuncy-lez-Varzy.

CISSEAU, m^on. c^ne de Cessy-les-Bois.

CITADELLE (LA), h. c^ne de Cervon.

CITERNE (LA), m. c^ne de Courcelles.

CIVILA, f. c^ne de Saint-Pierre.

CIZELY, c^ne de Saint-Benin-d'Azy. — *Cisilliacum*, vers 1100 (Bulliot, II, 30). — *Ecclesia de Cisselliaco*, 1161 (ibid. 39). — *Ecclesia de Cissiliaco*, 1164 (ibid. 42). — *Cura de Siseliaco*, 1278 (A. N.). — *Cysilliacum*, 1287 (reg. de l'év. de Nevers). — *Sizely*, 1433 (C.). — *Sizelly*, 1595 (A. N.). — *Sizely*, 1602 (ibid.). — Donne son nom à un bois voisin.

CLAIE (LA), h. c^ne de Druy.

CLAIES (BOIS DES), c^ne de Saint-Sulpice.

CLAIX (LA), m^on. c^ne d'Anthien. — *La Cloix* (Cassini).

CLAMECY, ch.-l. d'arrond. — *Clamiciacus*, 634 (cart. gén. de l'Yonne, II, xxx). — *Clameciacum*, 1076-1084 (Lebeuf, IV, 26). — *Clamiceium*, 1078-1084 (cart. gén. de l'Yonne, II, 17). — *Clamiciacum*, 1079 (Bibl. Clun. col. 528). — *Clamciacum*, 1260 (Bulliot, II, 113). — *Castellania de Clamecci*, 1299 (les Olim, III, 21). — *Clamiei*, 1289 (A. N. fonds de Faye).

Il y avait à Clamecy une église collégiale fondée à la fin du xie siècle. Le chantre du chapitre était curé de la paroisse qui faisait partie du diocèse, de l'archidiaconé et de l'archiprêtré d'Auxerre. C'est dans un faubourg de la ville que se trouvait l'évêché de Bethléem.

Clamecy eut une commune en 1213. — C'était le siège d'une châtellenie de la province, composée de soixante-trois fiefs, qui s'étendait dans le canton de Clamecy et la partie nord-est de celui de Varzy. — Il y avait dans la ville un fief que l'on nommait la Petite-Vicomté ou la Vicomté de la Tour du Châtelot.

Clamecy eut, au xve siècle, un grenier à sel et une élection dépendant de la généralité d'Orléans, qui comprenait soixante-cinq paroisses formant aujourd'hui la plus grande partie des cantons de Clamecy, de Tannay, de Varzy, et de celui de Brinon, sauf le sud-ouest, le nord du canton de Corbigny et quelques paroisses seulement au nord du canton de Lormes.

En 1790, lors de l'organisation départementale, Clamecy fut le chef-lieu d'un district formé des cantons de Brinon-les-Allemands, Clamecy-ville, Clamecy-extra-muros, Entrains, Tannay et Varzy. Le canton de Clamecy-extra-muros comprenait les communes d'Armes, Billy, Breugnou, Chevroches, Clamecy, Corvol-l'Orgueilleux, Dornecy, Oisy, Ouaigne, Rix, Saint-Pierre-du-Mont, Surgy et Trucy-l'Orgueilleux.

Les armoiries de la ville de Clamecy sont *d'azur, semé de billettes d'or, au lion du même, armé et lampassé de gueules brochant sur le tout.*

CLAMOUR, h. c^ne de Germigny. — *Clamouse*, 1355 (censier du chap. de Nevers). — *Clamoura*, vers 1600 (A. N.).

CLANCY, lieu détruit, c^ne de Lucenay-les-Aix, mentionné en 1788 (terrier du prieuré de Lucenay).

CLAUNES (LES), h. c^ne de Bouhy.

CLAVAUX (LES), ruines d'un chât. c^ne de Magny-Lormes.

CLAVE (LA), f. c^ne de Corbigny. — *La Cave* (Cassini).

CLEMENTS (LES), h. c^ne de Glux.

CLEMENT, m. de camp. et f. c^ne de Rémilly. — *Bois de Clamecy*, 1695 (C.).

CLERFAY, f. c^ne d'Azy-le-Vif.

CLINZEAU, h. c^ne de Saint-Léger-de-Fougeret.

CLOCHET-LOQUET, f. c^ne d'Arquian.

CLOISEAU, h. c^ne de Crux-la-Ville. — *Cluizeau*, 1629 (A. N.). — *Cloizot* (Cassini).

CLOITRE (LE), h. et f. c^ne de Sougy. — *Le Cloîntre*, 1686 (A. N.). — *Le Clouastre*, 1687 (ibid.). — Fief de la châtell. de Decize.

CLORIE (LA), m. de camp. et dép. c^ne de Sermoise.

CLOS-BOURGOIN, m. c^ne de Moulins-Engilbert. — *Le fief de Maison-Bourgoing*, 1689 (reg. des fiefs). — Fief de la châtell. de Moulins-Engilbert qui con-

7.

sistait en un jardin. Il avait pris son nom de la famille de Bourgoing.

Closeaux (Les), h. détruit, c"° de Biches, mentionné en 1326 (C.).

Closerie (La), partie du h. de Curty, c"° d'Imphy. — *Clauerllum*, 1331 (censier du chap. d. Nevers). — *Territorium de Clozellis*, 1350 (A. N.).

Clos-Franc (Le), h. compris dans le Haut-Cheugny, c"° de Varennes-lez-Nevers.

Clos-Morin, h. c"° de Saint-Léger-des-Vignes. — 1459 (Marolles). — Fief de la châtell. de Decize.

Clou (Le), chât. ruiné et h. c"° de Sainte-Pereuse.

Clou (Le), h. c"° de Montigny-aux-Amognes.

Clou (Le), h. c"° de Prémery.

Clou-au-Marle (Le), m. détruite, c"° de Gimouille, mentionnée en 1485 (A. N.).

Clouvré (Le), h. c"° de Sainte-Pereuse.

Cloux (Le), h. c"° de Lâché-Assars. — *Cloux*, 1637 (arch. de Marcilly).

Cloux (Les), h. détruit, c"° de Magny-Cours, mentionné en 1381 (A. N.).

Clus (Les), éc. c"° de Moussy.

Cluzeau, fief de la châtell. de Monceaux-le-Comte, mentionné en 1689 (reg. des fiefs).

Cluzeau, lieu détruit, c"° de Varennes-lez-Nevers, mentionné en 1712 (A. N.).

Cluze-Bardaine, h. c"° de Saint-Honoré. — *Cluze-Bardaine*, 1596 (C.).

Cocarde (La), m. c"° de Pougues.

Cocas (Les), m. de camp. et f. c"° de Lucenay. — *La Matterie Coquat*, 1616 (reg. de Toury-sur-Abron). — *Les Coquats*, 1788 (terrier de Lucenay).

Cocau (Le), f. c"° de Diennes.

Cochaut (Maison de), fief près de Monceaux-le-Comte, mentionné en 1335 (Marolles).

Cocheriot, h. c"° de Chantenay. — *Cacheriot* (Cassini).

Coches, h. c"° de Vielmanay; abbaye mentionnée par Lebeuf, dans son Histoire de la prise d'Auxerre, comme ayant été entièrement détruite pendant les guerres de religion. — *Les Coches*, 1755 (A. N.).

Cocos (Les), f. c"° de Menou. — *Les Coques* (Cassini).

Cocques (Les), m. c"° de Cosne.

Cocus (Les), f. détruite, c"° de Bitry.

Cocus (Les), h. c"° de Neuvy-sur-Loire.

Cocus (Les Grands-), h. et m^in, c"° d'Annay.

Cocus (Les Petits-), h. c"° d'Annay.

Codde, h. c"° de Cercy-la-Tour; paroisse réunie à celle de Cercy au XVIII° siècle. — *Coden*, 1287 (reg. de l'év. de Nevers). — *Cura de Codin*, 1293 (A. D.). — *Moulin de Condes*, 1450 (A. N.). — *Coddes*, 1539 (S.). — *Condes*, 1547 (C.). — *Couldde*, 1715

(ibid.). — Fief de la châtell. de Cercy-la-Tour, puis de celle de Decize.

Coeuillon, h. c"° de Châtillon-en-Bazois. — *Cueillon*, vers 1520 (C.). — *Moulin banal de Ceuillon*, 1548 (Lory). — *Moulin-de-Ceuillon*, 1659 (S.). — *Moulin de Queuillon*, 1717 (C.).

Coeurlin, h. c"° d'Ouroux. — *Cœurlin* (Cassini).

Coeurs, h. c"° de Marcy. — *Cheurs*, 1677 (reg. de Chevannes-Changy). — *Cheurs*, 1696 (ibid.). — *Cueurs* (Cassini).

Coeurty, h. c"° de Sainte-Pereuse. — *Courty*, 1671 (reg. de Sainte-Pereuse). — *Curtil*, 1677 (ibid.).

Coeuzon, h. c"° d'Ouroux. — *Queuzon*, XVIII° siècle (A. N.).

Cognants, h. et f. c"° d'Ourouer. — *Coignant*, 1445 (A. N. fonds de l'év.). — *Cognault*, 1638 (Marolles). — *Couguaut*, 1681 (A. N.). — Fief de la châtell. de Nevers. Le vrai nom de ce hameau est *Cognaut*.

Cognand, f. détruite, c"° de Maulnix, portée sur la carte de Cassini.

Cognées, h. c"° de Bouhy. — *Les Cosniers* (Cassini).

Cognet, h. c"° de Saint-Martin-du-Tronsec. — *Coguier* (Cassini).

Cognerie (La), h. détruit, c"° de Cizely, porté sur la carte de Cassini.

Coigherraul, h. détruit, c"° de Ville-lez-Anlezy, mentionné en 1465 (C.).

Coignets (Les), h. c"° de Menou.

Coinche-de-Legriot (La), h. détruit, c"° de Neuilly.

Coing, h. c"° d'Aunay. — *Coin* (Cassini).

Coiterie (La), m. de camp. et f. c"° de Jailly.

Colarderie (La), h. c"° d'Arquian.

Colas (Les), f. et éc. c"° de Toury-sur-Jour.

Colas (Les), f. c"° de Saint-Parize-en-Viry.

Colas (Les), h. c"° de Thianges.

Colaterie (La), h. c"° de Narcy.

Colâtre (La), riv. prend sa source dans les étangs du Perray, c"° d'Azy-le-Vif, et se jette dans la Loire, après avoir traversé les communes de Luthenay-Uxeloup et Chevenon-Jaugenay. — *Rippia de la Colatre*, 1315 (A. N.). — *Riviera Dacolastra*, 1431 (ibid.).

Colâtre (La), h. c"° de Chevenon. — *La Coldtre ou Chanon-Maillot* (Cassini).

Collancelle (La), c"° de Corbigny. — *Ecclesia de Coluncella*, 1129 (Gall. christ. XII, col. 339). — *Ecclesia de Colancella*, 1130 (ibid.). — *Parrochia de Colancella*, 1266 (S.). — *La Colancelle*, 1515 (A. N.). — *La Corancelle*, 1534 (C.). — *La Courancelle*, 1616 (reg. de Toury-sur-Abron). — *La Collanuelle*, 1689 (reg. des fiefs). — Fief de la châtell. de Saint-Saulge qui a donné son nom à un bois qui s'étend dans les communes de la Collancelle, Sardy et Épiry.

COLLARDERIE (LA), f. c^{ne} de Saint-Verain.

COLLERETTE (LA), m. c^{ne} de Suilly-la-Tour. — *La Collerette*, 1760 (A. N.).

COLLOTS (LES), h. c^{ne} de Glux.

COLMERY, c^{ne} de Donzy. — *Columbariacus*, vers 600 (cart. gén. de l'Yonne, II, LXXIII). — *Colmeri*, 1246 (cart. de Bourras, ch. 16). — *Cormery*, 1382 (Marolles). — *Colomeriacum*, 1535 (pouillé d'Auxerre). — *Cormery*, 1689 (reg. des fiefs). — Fief de la châtell. de Donzy.

COLOMBE, lieu détruit, c^{ne} de Montapas; prieuré de l'ordre de Grandmont. — *Domus de Colomma*, 1219 (C. testament de Hugues, sire de Lormes). — *Coloma*, 1482 (A. N.). — *Prioratus de Colomba*. 1518 (pouillé de Nevers).

COLOMBIER (LE), chât. et h. c^{ne} de Gimouille.

COLOMBIER (LE), éc. c^{ne} de la Roche-Millay.

COLOMBIER (LE), éc. c^{ne} de Mars-sur-Allier.

COLOMBIER (LE), f. c^{ne} de Dornes.

COLOMBIER (LE), f. et tuil. c^{ne} de Donzy. — *Colombier*. 1685 (reg. de Donzy).

COLOMBIER (LE), f. c^{ne} de Pouilly.

COLOMBIER (LE), f. c^{ne} de Raveau.

COLOMBIER (LE), f. c^{ne} de Saint-Aubin-les-Forges.

COLOMBIER (LE), h. c^{ne} de Biches.

COLOMBIER (LE), h. c^{ne} de Billy-sur-Oisy.

COLOMBIER (LE), h. c^{ne} de Saint-Léger-des-Vignes. — *Le Colombier*, 1689 (reg. des fiefs). — *Colombier-lès-Saint-Privé-lès-Decize*, 1774 (A. D.). — Fief de la châtell. de Decize.

COLOMBIER-DU-PRESSOIR (LE), fief de la châtell. de Châteauneuf-sur-Allier, mentionné en 1638 (Marolles). — *Le Coullombier-antour-du-Pressoir*, 1689 (reg. des fiefs).

COLOMBIER (LE), fief de la châtell. de Moulins-Engilbert, mentionné en 1456 (A. N.). — *Le Colombier*, 1689 (reg. des fiefs).

COLONNE (LA), f. c^{ne} de Moussy. — *La Coulone. la Couloume*, XVIIe siècle (reg. de Moussy).

COLONS (LES), f. c^{ne} de Chevenon.

COMAGNE (LA), m. détruite, c^{ne} de Dornecy, portée sur la carte de Cassini.

COMBES, lieu détruit, c^{ne} de Pouques, mentionné en 1233 (*Gall. christ.* IV, col. 96).

COMBLOT (BOIS DE), c^{ne} de Saint-Bonnot.

COMBRES, h. c^{ne} de Chitry-les-Mines.

COMBRIERS (NEMUS DE), près de Pouques, mentionné en 1233 (*Gall. christ.* IV, col. 96).

CÔME-MANTEAU (LA), m. c^{ne} de Sermages.

COMMAGNY, h. c^{ne} de Moulins-Engilbert; paroisse réunie à celle de Moulins-Engilbert; ancien prieuré important de l'ordre de Saint-Benoît, dépendant de Saint-Martin d'Autun, fondé au XIe siècle. *Prioratus de Commagniaco*. 1161 (Bulliot, II, 39). — *Ecclesia de Colmanisco*. 1164 (ibid. 42). — *Comaguiacum*, 1180 (ibid. 48). — *Comagny*. 1194 (C.). — *Comeigniacum*, 1287 (reg. de l'év. de Nevers). — *Comaigny*. 1293 (S.). — *Commagnerum*, 1336 (Bulliot, II, 188). — *Comagny*. 1367 (ibid. 223). — *Commaignacum*, 1367 (ibid 309). — *Comagny*, 1567 (C.). — Fief de la châtell. de Moulins-Engilbert. — Donne son nom à une rivière qui se jette dans l'Aron, après avoir traversé les communes de Château-Chinon-Campagne, Saint-Hilaire, Sainte-Péreuse, Maux et Moulins-Engilbert.

COMMAGNY (MOULIN DE), mⁱⁿ c^{ne} de Moulins-Engilbert.

COMMANDERIE (LA), f. c^{ne} de Saint-Père; commanderie de l'ordre de Malte, dont le nom primitif n'est plus en usage. — *Villemusum*, 1180 (Lebeuf, IV, 55). — *Frater Gervasius preceptor de villa Mosmis*. 1244 (arch. de l'Yonne, fonds de Villemoison). — *Villemosvin*, 1244 (ibid.). — *Villemosum*, 1334 (A. N. fonds de l'abb. de Roches). — Chapelle de la Madeleine de Villemoison, 1554 (arch. de l'Yonne, invent. de Villemoison). — *Villemuson*, 1611 (ibid.). — *Villemoisan*, 1772 (arch. de l'Yonne). — Le vrai nom de ce lieu est *Villemoison*.

COMMANDERIE (LA), chât. et h. c^{ne} de Biches; siège de la commanderie de Biches, de l'ordre de Saint-Jean-de-Jérusalem, qui a donné son nom au bois de la Commanderie, qui fait partie de la forêt de Vincence.

COMMANDEUR (LE), mⁱⁿ. c^{ne} de Donzy.

COMME (LA), h. c^{ne} de Château-Chinon-Campagne. *Villa de Coma*, 1311 (A. N. fonds de Bellevaux). *Com*, 1670 (reg. de Château-Chinon).

COMME (LA), h. c^{ne} de Crux-la-Ville.

COMME (LA), h. c^{ne} de la Collancelle.

COMMÉS, ruiss. affluent de l'Anguison, c^{ne} de Gâcogne.

COMME-FOURCHER, m. c^{ne} de Sémelay.

COMME-NAUDIN, m. c^{ne} de Millay.

COMMES (LES), h. c^{ne} d'Imphy.

COMMESEINE, m. c^{ne} de Fléty.

COMMUN (LA), tuil. c^{ne} de Dornecy.

COMOTERIE (LA) ou LE PETIT-MOULIN, h. c^{ne} d'Imphy.

COMPIERRE (FONT DE), c^{ne} de Saint-Révérien, renferme des ruines gallo-romaines importantes.

CONTES (LES), h. c^{ne} de Beaumont-la-Ferrière.

CONTES (LES), h. c^{ne} de Poiseux.

CONTES (LES), h. c^{ne} de Saint-Aubin-les-Forges.

CONAILLE (LA), f. c^{ne} d'Avril. — *La Connaille*. 1597 (S.).

Coscille (Bourde de), près de Varzy, mentionné en
1248 (Gall. christ. XII, col. 164).
Coscille, lieu détruit, près de Bourras, mentionné
en 1155 (cart. de Bourras, ch. 11). — *Grangia
Cossini*, 1184 (Gall. christ. XII, col. 138).
Coslay, chât. et f. c^{ne} de la Roche-Millay. — *Couclo-
(C.). — Couclayet*, 1689 (A. N.). — Fief
vassal de la Roche-Millay.
Coudemine (La), h. c^{ne} d'Alluy. — *La Coudemine*, 1639
(S.).
Coudemine (L'), h. c^{ne} de Saint-Parize-le-Châtel.
1356 (A. N.). — *La Coudemaine*, 1690 (ibid.).
Coudemine (La), vill. détr. c^{ne} de Fleury-sur-Loire,
mentionné en 1619 (A. N.).
Coulet, h. c^{ne} de Ternant, donne son nom à un ruis-
seau.
Couny, h. c^{ne} de Saint-Andelain.
Cousin (Bois de), c^{ne} de Beaumont-la-Ferrière.
Couseuille, h. c^{ne} de Rouy. — *Couseuille*, 1567 (A.
N.).
Coutençin, f. c^{ne} de Chantenay.
Contre, chât. et h. c^{ne} d'Urzy. — *Terra de Contris*,
1276 (S.). — *Contre*, 1395 (A. N.). — *Coutres*,
1515 (terrier de Contre). — Fief vassal d'Urzy.
Copise (La), m. c^{ne} de Decize.
Coppe (Bois de la), c^{ne} de Montigny-sur-Canne.
Coppe (La), éc. c^{ne} de Diennes.
Coppes (Les), h. c^{ne} de Druy. — *Les Cops* (Cassini).
Coquat, h. détruit, c^{ne} de Verneuil, porté sur la carte
de Cassini.
Coques (Les), chât. et f. c^{ne} de Chaulgnes.
Coques (Les), f. c^{ne} de Courcelles.
Coques (Les), h. c^{ne} de Tracy.
Coques (Les), h. c^{ne} de Vandenesse.
Coques (Les), mⁿ, c^{ne} de Champvoux.
Coquet, ruiss. affluent de l'Abron, c^{ne} de Toury-Lurcy.
Coquillerie (La), h. détruit, c^{ne} de Guérigny, porté sur
la carte de Cassini.
Coquillerie (La), m. de camp. et f. c^{ne} d'Urzy.
Coquillières (Les), h. c^{ne} de Bitry, donne son nom à un
ruiss. affluent de la Malaise.
Corancy, c^{ne} de Château-Chinon. — *Ecclesia de Corensi*,
1193 (C. donation à l'abb. de Bellevaux). — *Coran-
ceyum*, XIVe siècle (pouillé d'Autun). — *Courancy*,
1435 (C.). — *Courancy*, 1600 (reg. d'Ouroux).
— *Courrancy*, 1671 (reg. de Château-Chinon). —
L'une des paroisses qui dépendaient du marquisat
de la Tournelle.
Corancy, mⁿ, c^{ne} de Corancy.
Corbelin, chât. forge, mⁱⁿ et chapelle ruinée, c^{ne} de la
Chapelle-Saint-André; ancienne paroisse. — *Corbo-
lanum*, 1174 (Gall. christ. XII, col. 134). — *Cor-

belain*, 1689 (reg. des fiefs). — Fief de la châtell.
de Donzy.
Corbes (Les), h. c^{ne} de Sainte-Pereuse.
Corbes (La), m. c^{ne} de Maux. — Fief de la châtell. de
Moulins-Engilbert.
Corbières (Les), h. c^{ne} de Saint-Agnan.
Corbigny, arrond. de Clamecy; doit son origine à une
abb. de l'ordre de Saint-Benoît fondée, au IXe siècle,
sous le vocable de saint Léonard. — *Dumanus.....
in pago Avalense et Nevernense sive Ammonias, curtem
qui vocatur Corbiniacus et Autunum cum omnibus
adjacentiis.....* 721 (cart. gén. de l'Yonne, II, 2).
— *Corbiniacum*, commencement du IXe siècle (Gall.
christ. IV, col. 44). — *Ecclesia de Corbegni*. 1191
(cart. gén. de l'Yonne, II, 433). — *Conventus mo-
nachorum de Corbigniaco*, 1293 (S.). — *Couventus
Sancti-Leonardi de Corbigniaco*, 1315 (les Olim, III,
949). — *Courbigny*, 1415 (arch. de Marcilly). —
Saint-Liénard, 1477 (C.). — *Église et monastère
de Saint-Léonard-de-Corbigny*, 1528 (ibid.). —
Saint-Leonard-les-Corbigny, 1585 (S.). — *Corbigny*,
1678 (A. N.).

Corbigny avait aussi deux paroisses, dont l'une
était le siège d'un archiprêtré du diocèse d'Autun
comprenant, outre les deux paroisses de la ville,
celles d'Anthien, Cervon, Chitry-les-Mines, Empury,
Flez, Gâcogne, Lormes, Magny, Mhère, Monceaux,
Montsabot, Moulinot, Mouron, Neuffontaines, Nuars,
Pouques, Ruages, Saint-Aubin, Saint-Martin-du-
Puy, Saisy, Teigny, Vauclaix et Vignol.

En 1790, lors de l'organisation départementale,
Corbigny fut le chef-lieu d'un district formé des cantons de Brassy, Cervon, Corbigny, Lormes, Monceaux et Saint-Révérien. — Le canton de Corbigny
comprenait les communes de Chaumot, Chitry, la
Collancelle, Corbigny, Germenay, Héry, Marigny-
sur-Yonne, Morasches et Pazy.

Les armoiries de la ville de Corbigny sont *d'azur,
à trois corbeilles d'or*.

Corcelle, chât. f. et carrière de pierre, c^{ne} de Champ-
vert. — 1607 (A. D.).
Corcelles, f. c^{ne} de la Roche-Millay. — *Corcelles*, 1539
(C.). — Fief vassal de la Roche-Millay.
Corcelle, f. c^{ne} de Lucenay. — *Corcelles*, 1389 (A. N.).
Procès-verbal des limites du comté de Nevers et du
duché de Bourbon.
Corcelle, f. c^{ne} de Neuville-lez-Decize. — *Territorium
de Corcellis*, 1290 (A. D.).
Corcelle, h. c^{ne} de Marzy. — *Castellum de Corcellis*,
1331 (censier du chap. de Nevers). — *Courcelle*,
1581 (A. N.). — *Courcelles*, 1718 (terrier de Saint-
Baudière).

Corcelles, f. cne de Montaron. — *La Courcelle*, 1545 (arch. de Vandenesse). — *Corcelle*, 1672 (reg. de Montaron).

Corcelles, h. cne de Préporché. — *Corcelle*, 1670 (reg. de Château-Chinon). — *Fief de l'étang de Courcelle*, 1689 (reg. des fiefs). — *Courcelle*, 1736 (S.). — Fief de la châtell. de Moulins-Engilbert.

Corcery, f. cne de Corancy.

Cordas, f. détruite, près de Vandenesse, mentionnée en 1429 (arch. de Vandenesse). — *Cordat*, 1486 (ibid.).

Cordas (Les), éc. cne de Saint-Saulge.

Cordeliers (Les), h. cne de Fours. — *Lhostel Cordillier*, 1554 (C.).

Cordes (Les), bois, cne d'Azy-le-Vif.

Cordes (Les), bois, cne de Toury-Lurcy.

Cordes (Les), h. cne de Dampierre-sur-Bouhy.

Cordier (Le), m. cne de Limanton.

Cordinnerie (La), h. cne de Saint-Aignan.

Cordonnier (Bois du), cne de Sichamps.

Cornies (Le), fief de la châtell. de Decize, mentionné en 1638 (Marolles).

Cornay, f. cne de Cossaye. — *Cornu* (Cassini).

Corne (Bois de la), cne de Bussy-la-Pesle.

Corne (La), h. cne de Chantenay.

Corne (La), h. cne de Luceuay. — Fief de la châtell. de Decize en 1776.

Corneau (Le), h. détruit, cne de Decize, mentionné en 1619 (A. N.). — *Les Corneaux*, 1689 (reg. des fiefs). — Fief de la châtell. de Decize.

Corne-au-Cerf (La), h. cne de Moux. — Fief vassal du comté de Château-Chinon.

Corne-au-Lièvre, f. cne de Luzy.

Corne-Biquet, h. cne de la Fermeté.

Corne-Cassin (La), h. cne de Saint-Léger-des-Vignes.

Corne-du-Bois, f. cne de la Roche-Millay.

Corneforest, h. cne de Montambert, mentionné sur la carte de Cassini.

Cornejons (Les), h. cne d'Alligny. — *Les Cournojons* (Cassini).

Cornet, louage, cne de Toury-Lurcy. — *Champ-Cornet*, 1778 (plan de la seign. de Toury-sur-Abron).

Corneuil, fief près de la Marche, mentionné en 1088 (Marolles).

Corniats (Bois des), cne de Guipy.

Cornière, fief de la châtell. de Decize, mentionné en 1689 (reg. des fiefs).

Cornillat (Ruisseau), cne de Lormes. — Ce petit cours d'eau, réuni au ruisseau du Goulot, forme la rivière d'Auxois.

Cornillats (Les), h. cne de Saint-Amand.

Cornille, h. cne de Châtillon-en-Bazois.

Cornille, m. cne de Luthenay.

Cornilles (Les), f. cne d'Entrains.

Corsot (Ruisseau de) prend sa source dans la commune de Guipy et se jette dans le Beuvron, après avoir traversé les communes de Dompierre-sur-Héry, Moraches, Neuville et Brinon.

Cortillats (Les), h. cne de Cosne.

Cosvas (La), m. de camp, cne de Villapourçon.

Corvée (La), f. cne de Moulins-Engilbert. — *La Courrure*, 1673 (S.). — *La Courvée*, 1700 (ibid.).

Corvée (La), h. cne de Chiddes.

Corvol-d'Embernard, cne de Brinon. — *Corvolum*, 1287 (reg. de l'év. de Nevers). — *Corvolium-Dompni-Bernardi*, 1331 (censier du chap. de Nevers). — *Courvol-in-Dampbernard*, vers 1420 (A. N.). — *Corvol-en-Damp-Bernard*, 1500 (ibid.). — *Corville-Damphernard*, 1507 (procès-verbal de la coutume d'Auxerre). — *Corvol Dambernard*, 1564 (A. N.). — *Corvole d'Embernard*, 1778 (ibid.). Fief de la châtell. de Montenoison. — Le vrai nom de cette commune est *Corvol-Dambernard*.

Corvol-l'Orgueilleux, cne de Varzy. — *Corvallis*, ve siècle (cart. gén. de l'Yonne, II, xvii). — *Corcacus*, viie siècle (ibid. xxi). — *Villa Corvillo*, 696 (Gall. christ. IV, col. 43). — *Corvol*, 1167-1181 (Bibl. hist. de l'Yonne, I, 424). — *Corvolium*, 1205 (A. N. fonds du prieuré de Fontenay). — *Corvolium Superbum*, 1239 (S.). — *Curvo*, 1246 (A. N. fonds de Fontenay). — *Courvaul Lourguilleux et Courvol*, 1289 (A. N. fonds de Faye). *Corvol Lorguilleux*, 1335 (A. N.). — *Corvaul*, 1453 (ibid.). — *Courvaul*, 1510 (ibid.). — *Sanctus Vincentius et Sanctus Mauricius Curvo vallis Superbæ*, 1535 (pouillé d'Auxerre). — *Corvoul Lorguilleulx*, 1538 (A. N.).

Corvol-l'Orgueilleux fut le siège de l'une des châtellenies du duché qui avait dans son ressort, fort peu étendu, trente-quatre fiefs, situés au nord du canton de Varzy et au sud-ouest de celui de Clamecy.

Cosme, h. cne de Bouhy. — 1605 (A. N. fonds des filles aumônées). — Fief de la châtell. de Saint-Verain.

Cosne, ch.-l. d'arrond. — *Condate* (Itin. d'Antonin). — *Condida*, vers 600 (Lebeuf, IV, 13). — *Villa Condita super fluvium Ligerim*, 849 (ibid. IV, 22). — *Cona, Conada, Castellania Conade*, 1157 (arch. de l'Yonne, fonds de l'év. d'Auxerre). — *Li chatiau de Cona*, 1250 (Marolles). — *Villa Conade*, 1263 (les Olim, I, 185). — *Conne-sur-Loire*, 1403 (arch. de l'Yonne, fonds de l'év. d'Auxerre). — *Cosne-sur-Loire*, 1469 (ibid.).

Cosne possédait une collégiale fondée en 1212; un prieuré de l'ordre de Saint-Benoît, sous le vocable de saint Agnan, dépendant du prieuré de la Charité, fondé au xi° siècle : chacun de ces établissements religieux ayant une paroisse annexée ; une chapelle dite de Notre-Dame-de-Galles : *Capella Nostre-Dumiæ-de-Galles*. 1385 (règlement donné à la collégiale par Ferry Cassinel, évêque d'Auxerre; Lebeuf, IV. 211); des Augustins, des Bernardines, des Bénédictines et une léproserie.

L'évêque d'Auxerre avait à Cosne un bailliage dont toute la ville et le faubourg Saint-Agnan dépendaient. — La ville fut aussi le siège d'un grenier à sel, d'une subdélégation de la généralité d'Orléans, et de l'une des châtellenies de la province, dont le ressort ne s'étendait qu'à treize fiefs, compris dans la partie sud du canton de Cosne.

En 1790, lors de l'organisation du département de la Nièvre, Cosne devint le chef-lieu d'un district qui comprenait les cantons de Cosne, Donzy, Neuvy, Saint-Amand et Saint-Verain — Le canton de Cosne était composé des communes d'Alligny, Cosne, Cours, Myennes, Pougny, Saint-Laurent, Saint-Loup, Saint-Martin-du-Tronsec, Saint-Père, Saint-Quentin et Tracy.

La ville de Cosne porte pour armoiries *d'azur, à trois canettes d'argent, becquées et membrées d'or.*

Cossay, fief de la paroisse de Thaix, mentionné en 1760 (A. D.).

Cossaye, c"° de Dornes ; prieuré-cure dépendant de Jaligny (Allier). — *Cocuyum*, 1287 (reg. de l'év. de Nevers). — *Parrochia de Cocnio*, 1332 (A. D.). — *Coussayum*, 1343 (ibid.). — *Coussy*, 1401 (A. N.). — *Cassaie*, 1438 (A. D.). — *Cossa*, 1448 (A. N.). — *Coussay*, 1499 (ibid.). — *Coussaye*, 1512 (ibid.). — *Coussaye*, 1594 (ibid.). — Fief de la châtell. de Decize.

Cossière, h. c"° de Gien-sur-Cure.

Cosson, f. c"° de Limanton, détr. depuis 1789. — *Cousson*, 1457 (arch. de Vandenesse). — *Maison de Cousson*, 1573 (ibid.). — *Corson*, 1673 (ibid.). — *Domaine Cosson*, 1692 (ibid.). — Fief de la châtell. de Moulins-Engilbert, vassal d'Anisy.

Coteau (Le), éc. c"° de Sougy.

Côte-Bacon (La), m. c"° de Devay. — *Bacon* (Cassini).

Cotereaux (Les), f. détruite, c"° de Chevenon. — *Maison des Cothereaux*, 1595 (A. N.).

Cottereaux (Les), h. c"° de Cosne. — *Les Cotreaux* (Cassini).

Cottets (Les), h. c"° d'Entrains. — *Les Cottez* (Cassini).

Couant, f. c"° de Chalaux ; donne son nom à un ruisseau affluent de la rivière de Chalaux.

Couarde (La), f. c"° de Neuvy.

Couault (Le), h. c"° de Diennes. — *Les Coueaux*, 1699 (reg. de Millay). — *Les Coueaulx*, 1701 (A. N.). — *Les Gouots* (Cassini).

Couches, fief de la châtell. de Nevers, mentionné en 1638 (Marolles).

Couday, fief de la paroisse de Balleray, mentionné en 1689.

Coudray (Bois de), c"° de Limanton, mentionné en 1462 (S.).

Coudray (Le), f. c"° de Neuvy. — *Le Couldray*, 1591 (reg. de Neuvy). — *Coudreau*, vers 1600 (Marolles). — Fief de la châtell. de Cosne.

Coudray (Le), h. c"° d'Achun. — *Coudrayum*, 1303 (S.). — *Le Couldray*, 1440 (A. N.).

Coudray (Le), h. c"° de Challuy. — *Le Couldray*, 1423 (A. N.).

Coudray (Le), h. c"° de Couloutre. — *Coudreau*, 1689 (reg. des fiefs). — Fief de la châtell. de Donzy.

Coudray (Le), h. c"° de Neuvy. — *Le Couldray*, 1469 (A. N.).

Coudray (Le), m. c"° de Saint-Ouen. — *Codrayum*. 1331 (censier du chap. de Nevers).

Coudray (Le), vill. c"° de Marzy, détruit depuis 1789. — *Le Couldray*, 1643 (A. N.).

Coudraye (La), h. c"° de Lys. — *La Coudroye*, 1605 (A. N. fonds des filles sommées). — Fief de la châtell. de Monceaux-le-Comte et Neuffontaines.

Coudres (Les), bois, c"° de Clamecy.

Coudrays (Les), h. c"° d'Alligny.

Coudrois (La), f. c"° de Prémery.

Couer, f. c"° d'Annay. — *Coin* (Cassini).

Couèze (La), vill. c"° de Chiddes. — 1667 (reg. de Chiddes).

Couéron, chât. f. et m"°, c"° de Thaix. — *Coeron*, 1315 (A. N.). — *Coheron*, 1527 (S.). — *Coueron et Coueron*, 1610 (ibid.). — *Queron*, 1647 (reg. de Fours). — *Quoiron*, 1664 (S.). — Fief de la châtell. de Cercy-la-Tour, vassal de Vandenesse.

Couétou (Le), h. c"° de Chantenay.

Couex (Les), f. c"° de Champlemy. — *Les Escouits* et *les Escouex*, 1689 (reg. des fiefs). — Fief de la châtell. de Châteauneuf-Val-de-Bargis.

Cougnier (Le), h. détruit, c"° de Druy, mentionné en 1580 (A. N.).

Cogny, chât. et h. c"° de Saint-Jean-aux-Amognes. — *Coenni*, 1145 (cart. gén. de l'Yonne, I, 391). — *Cogniacum*, 1312 (A. D.). — *Mota de Coigny*, 1351 (S.). — *Cosgny*, 1499 (ibid.). — *Cogny*, 1529 (ibid.). — *Cogny-es-Amoygnes*, 1544 (ibid.). — *Cougny-aux-Admognes*, 1571 (ibid.). — *Congny*, 1611 (ibid.). — *Cougny-aux-Admougnes*, 1689 (reg. des fiefs). — Fief de la châtell. de Nevers.

Cougny, chât. et dépend. c^{ne} de Saint-Pierre-le-Moûtier; ancienne paroisse. — *Ecclesia de Coniaco*, 1164 (Baillard, II, 42). — *Ecclesia de Coygniaco*, 1234 (A. N.). — *Coigniacum*, 1287 (reg. de l'év. de Nevers). — *La mota de Coigny*, 1443 (A. N. fonds de l'év.). — *Cura de Cogniaco*, vers 1500 (pouillé de Nevers). — *Cogny*, 1518 (arch. de Saint-Pierre-le-Moûtier). — *Cougny-lez-Saint-Pierre-le-Moustier*, 1598 (A. N.). — *Cougnye*, 1668 (ibid.). — Fief de la châtell. de Nevers.

Couillot, f. c^{ne} de Verneuil.

Couillard, m. de camp. et f. c^{ne} de Château-Chinon-Campagne. — 1671 (reg. de Château-Chinon).

Coulanges-lez-Nevers, c^{ne} de Nevers. — *Parrochia de Colengiis prope Nivernis*, 1266 (A. N.). — *Colangia*, 1287 (reg. de l'év. de Nevers). — *Coloangia*, 1336 (S.). — *Colengia*, 1355 (cens. du chap. de Nevers). — *Colenges*, 1450 (A. N.). — *Colanges-les-Nevers*, 1605 (A. N. fonds des filles sainbonées).

Coulangette (La), m. de camp. c^{ne} de Cercy-la-Tour. — *Colungetes*, 1486 (A. N.). — *Collangette*, 1558 (ibid.).

Coulâtre (Ruisseau de la), affluent de la Colâtre, c^{ne} de Saint-Parize-le-Châtel.

Coulaureaux (Les), h. c^{ne} de Magny-Cours.

Coulisse (La), h. c^{ne} de Chassnay.

Coulelle (La), f. et tuil. c^{ne} de Nevers.

Couloire, h. c^{ne} de Doumartin. — *Moulin du Couloir* (Cassini).

Couloise, h. c^{ne} de Chiddes. — *Coulloize*, 1648 (A. N.). — *Couloize*, 1683 (reg. de Sémelay). — Fief vassal de la Roche-Millay.

Coulon, chât. et h. c^{ne} de Mouron. — *Colon*, 1511 (extr. des titres de Bourgogne). — Fief qui relevait du comté de Château-Chinon et de la baronnie de Lormes.

Coulonges, m. de camp. c^{ne} de Cercy-la-Tour; ancien prieuré de l'ordre de Saint-Benoît. — *Colongia*, 1310 (C.). — *Colenges-sous-Sarcy*, 1327 (cart. de la chambre des comptes de Nevers, mss de Baluze). — *Colenges*, 1473 (arch. de Maumigny). — *Colonges*, 1533 (S.). — *Coulonges*, 1610 (ibid.). — Prieuré de Notre-Dame-de-Coulonges, 1688 (A. N.). — *Collange*, 1689 (reg. des fiefs). — Fief de la châtell. de Decize.

Couloutre, c^{ne} de Donzy. — *Curia Ultra*, 1535 (pouillé d'Auxerre). — *Couloutre*, 1689 (reg. des fiefs). — Fief de la châtell. de Donzy.

Coupe-Baudiau (La), f. c^{ne} de Moux.

Coupe-Gorge, éc. c^{ne} de Saint-Parize-en-Viry.

Coupe-Launay (La), h. c^{ne} de Gien-sur-Cure; détruit par un incendie en 1854.

Coupes (Les), f. c^{ne} de la Nocle.

Coupes (Les), h. c^{ne} de Montigny-sur-Canne.

Coupes (Les), h. c^{ne} de Rémilly.

Coupes-de-Limanton (Les), éc. c^{ne} de Limanton.

Coupes-de-Postiers (Les) ou Les Bois de Postiers, h. c^{ne} de Montigny-sur-Canne. — *Les Loges de Postigny*, XVIIIe siècle (reg. de Montigny-sur-Canne).

Cour (La), f. c^{ne} de Bicken.

Cour (La), h. détruit, c^{ne} de Champlemy.

Cour (La), h. c^{ne} de Colmery. — *Aula*, 1144 (cart. de Bourras, ch. 7). — *La Court*, 1655 (reg. de Colmery).

Cour (La), h. c^{ne} de Poussignol-Blismes. — *Cours-sous-Blisme*, 1689 (reg. des fiefs). — Fief de la châtell. de Montreuillon.

Couraucy, f. c^{ne} de Gimouille. — *Cosengiacus*, 1279 (A. N.). — *Villagium de Cosangiaco*, 1320 (ibid.). — *Molin de Gozangy*, 1468 (ibid.). — *Gorangy*, 1536 (ibid.). — Le vrai nom de ce lieu est *Gosangy*.

Couraud, f. c^{ne} de Luzy. — *Les Correaux*, 1675 (reg. de Luzy).

Cour-au-Loup (La), h. c^{ne} de Montambert-Tannay.

Cour-Basse (La), f. c^{ne} de Varennes-lez-Nevers.

Coubasse (La), f. c^{ne} de Villapourçon. — 1752 (reg. de Villapourçon). — Le château des seigneurs de Villapourçon, détruit au XVe siècle, était en ce lieu.

Courbelon, h. c^{ne} de Chantenay. — *Corbelium*, 1331 (cens. du chap. de Nevers).

Courbette (La), h. c^{ne} de la Roche-Millay.

Courbaud (La), h. c^{ne} de Tronsanges. — *La Cour Blau* (Cassini).

Courbois, h. c^{ne} d'Ouroux.

Courcelanges, h. c^{ne} de Chitry-les-Mines. — *Courlange*, 1709 (reg. de Guipy).

Courcelle (La), h. c^{ne} de Chaumard. — *La Corcelle*, 1474 (C.).

Courcelles, c^{ne} de Varzy. — *Courcelle*, 1535 (pouillé d'Auxerre).

Courcelles, h. c^{ne} de Brinon. — *Corcelles*, 1475 (A. N.). — Fief de la châtell. de Montenoison, qui a donné son nom à un bois voisin.

Courcelles, h. c^{ne} de Dun-sur-Grandry. — *Courcelle* (Cassini).

Courcelles, m. de camp. et f. c^{ne} de Saint-Hilaire-en-Morvand. — *Corcelle*, 1673 (S.). — *Coursel*, 1731 (reg. de Saint-Hilaire).

Courcier (Bois de), c^{ne} de Prémery, Sichamps et Beaumont-la-Ferrière.

Cour-des-Laignets (La), h. c^{ne} de Saint-Agnan.

Cour-des-Maréchaux (La), h. c^{ne} de Couloutre.

Cour-du-Bois (La), h. c^{ne} de Lucenay. — *La maison-fort de la Cour du Bois*, 1385 (Marolles). — Fief de la châtell. de Decize.

Couée (La), f. c⁽ⁿᵉ⁾ de Thaix.

Cou-Enferrée (La), h. c⁽ⁿᵉ⁾ d'Entrains.

Cour-Gacdin (La), h. c⁽ⁿᵉ⁾ de Trossanges. — *La Cour Godin* (Cassini).

Cource (La), m. c⁽ⁿᵉ⁾ de Saint-Verain.

Courgeon, partie du h. de Boulon, c⁽ⁿᵉ⁾ de Lurcy-le-Bourg.

Courgemain, h. c⁽ⁿᵉ⁾ de Chaumard. — *Corgemain*, 1586 (reg. d'Ouroux). — *Courgemain*, 1672 (reg. de Chaumard).

Cour-Girault (La), h. c⁽ⁿᵉ⁾ de Bouhy.

Cour-Marchand (La), h. c⁽ⁿᵉ⁾ de Moulins-Engilbert.

Cour-Marigot (La), h. et f. c⁽ⁿᵉ⁾ de Varennes-lez-Nevers.

Cour-Martin (La), m. c⁽ⁿᵉ⁾ de Château-Chinon-Campagne.

Courmos, h. c⁽ⁿᵉ⁾ de Châtin.

Cour-Rosse-sous-Fachery (La), vill. détruit, c⁽ⁿᵉ⁾ de Château-Chinon, mentionné en 1695 (reg. de Saint-Léger-de-Fougeret).

Courotte, h. c⁽ⁿᵉ⁾ de Marigny-l'Église. — *La Courotte*, 1543 (arch. de Quincize). — *Ville-de-Courotte*, 1617 (arch. de Chastellux).

Couroux (Les), f. c⁽ⁿᵉ⁾ de Toury-Lurcy. — *Coroux*, 1307 (Marolles). — *Couroux*, 1617 (reg. de Toury-sur-Abron). — *Courou*, 1625 (ibid.). — Fief de la châtell. de Decize.

Cour-Poulet, h. c⁽ⁿᵉ⁾ de Langeron.

Courrault (Les), h. c⁽ⁿᵉ⁾ de Glux.

Courreau (Le), m. c⁽ⁿᵉ⁾ de Dampierre-sur-Bouhy.

Cours, h. c⁽ⁿᵉ⁾ de Magny-Cours; ancienne paroisse. — *Parrochia de Curtis*, 1267 (A. N.). — *Parrochia de Curtis-versus-Magniacum*, 1283 (S.). — *Curtis*, 1287 (reg. de l'év. de Nevers). — *Ecclesia de Curtis*, 1331 (censier du chap. de Nevers). — *Curtis-subtus-Magniacum*, 1336 (A. N.). — *Cultis-subtus-Maigniacum*, 1414 (ibid.). — *Cours-soub-Maigny*, 1477 (ibid.). — *Cours-sous-Maigny*, xviii⁽ᵉ⁾ siècle (pouillé de Nevers).

Courz, h. détruit, c⁽ⁿᵉ⁾ de Champallement, mentionné en 1679 (A. N.).

Cours-aux-Poulets, f. faisant partie du h. de la Maxille, c⁽ⁿᵉ⁾ de Rémilly.

Coursereaume (Les), h. c⁽ⁿᵉ⁾ de Saint-Benin-des-Bois. — *Les Cours-Bonnés* (Cassini).

Cours-Blond, h. c⁽ⁿᵉ⁾ de Saint-Parize-le-Châtel. — *Domaine-des-Cours-Belons*, 1782 (plan des terres du prieuré de Saint-Pierre-le-Moûtier).

Cours-Gornet (Les), h. c⁽ⁿᵉ⁾ de Fours. — *Courgornet* (Cassini).

Cours-lez-Cosne, c⁽ⁿᵉ⁾ de Cosne. — *Ecclesia Sancti Simphoriani de Curte*, 1147 (Lebeuf, IV, 39). — *A. domina de Curte*, 1198 (S.). — *Aaliz dame de Courz*, 1203 (Marolles). — *Cours*, 1307 (procès-verbal de la coutume d'Auxerre). — *Curis*, 1535 (pouillé d'Auxerre). — Prieuré-cure de l'ordre de Saint-Augustin.

Cours-aux-Près (Les), fief près de Dienne, mentionné en 1483 (A. N.).

Courteille, f. c⁽ⁿᵉ⁾ de Courcelles.

Courtil-au-Loup (Les), f. c⁽ⁿᵉ⁾ de Donzy. — *Courty-au-Loup* (Cassini).

Courtillats (Les), f. c⁽ⁿᵉ⁾ d'Entrains. — *Maison de Courtil*, 1519 (arch. de l'Yonne).

Courtille, fief, c⁽ⁿᵉ⁾ de Corvol-l'Orgueilleux, mentionné en 1689 (reg. des fiefs).

Courtille, lieu détruit, c⁽ⁿᵉ⁾ de Lys. — *La maison du Courtiz*, 1335 (Marolles). — *Courtiz*, 1638 (Marolles). — Fief de la châtell. de Monceaux-le-Comte et Neuffontaines.

Courtis, f. c⁽ⁿᵉ⁾ de Saint-Pierre-le-Moûtier. — *Domaine de Coutin*, xviiiᵉ siècle (arch. de Saint-Pierre-le-Moûtier).

Courtois, h. c⁽ⁿᵉ⁾ de Nolay.

Courty, h. c⁽ⁿᵉ⁾ de Château-Chinon-Campagne.

Courveau (La), m. de camp. c⁽ⁿᵉ⁾ d'Avrée.

Couz, lieu détruit, près de Rouy, mentionné en 1326 (C.).

Cousseille, h. c⁽ⁿᵉ⁾ de Rouy. — *Corziliacum*, 1290 (A. N.). — *Cousseulle*, 1639 (C.).

Cousin (Le), riv. qui prend sa source dans le département de la Côte-d'Or et va, dans celui de l'Yonne, se joindre à la Cure après avoir traversé la commune de Saint-Agnan.

Cousson, m⁽ⁿ⁾. c⁽ⁿᵉ⁾ de Moissy-Moulinot. — *Courson* (Cassini).

Coussons (Les), h. c⁽ⁿᵉ⁾ de Préporché.

Couteau (Bois du), c⁽ⁿᵉ⁾ de Saint-Didier.

Coutellier, f. c⁽ⁿᵉ⁾ de Druy. — *Domaine Coutelier*, 1739 (A. D.).

Couterreau, h. c⁽ⁿᵉ⁾ de Beaumont-sur-Sardolles.

Couthioux, h. c⁽ⁿᵉ⁾ de Sainte-Colombe. — *Couthiou* (Cassini).

Coutious (Les), f. c⁽ⁿᵉ⁾ de Luzy.

Couture, lieu détruit, c⁽ⁿᵉ⁾ de Préporché, mentionné en 1673 (S.).

Coutureaux (Les), f. c⁽ⁿᵉ⁾ de Marzy. — *Coustures*, 1279 (A. N.).

Couturiers (Les), h. c⁽ⁿᵉ⁾ de la Roche-Millay.

Couveau, h. c⁽ⁿᵉ⁾ de Luzy.

Couvaux, f. c⁽ⁿᵉ⁾ de la Roche-Millay. — *Étang de Couvault*, 1541 (C.). — Fief vassal de la Roche-Millay.

Couvent, f. c⁽ⁿᵉ⁾ de Sauvigny-les-Bois.

Couvent (Bois du), c⁽ⁿᵉ⁾ de Vignol.

Couvent (Le), m. c⁽ⁿᵉ⁾ de Chaulgnes.

DÉPARTEMENT DE LA NIÈVRE.

Coce, h. c^{ne} de Moraches. — *Les Couts*, 1697 (reg. de Garchy).

Couy (Mont), c^{ne} de Donzy.

Couze, f. c^{ne} de Moulins-Engilbert. — *Cousse*, 1451 (arch. de Vaudenesse). — *Couze*, 1547 (ibid.). — Fief de la châtell. de Moulins-Engilbert.

Cozas, fief de la châtellenie de Monceaux-le-Comte, mentionné en 1689 (reg. des fiefs).

Crais (Le), m. c^{ne} de Toury-Lurcy.

Cramain, h. c^{ne} de Chasnay.

Crancy, h. c^{ne} de Châtillon-en-Bazois. — *Cransy*, vers 1520 (C.).

Crase, éc. c^{ne} de Germenay, autrefois hameau avec chapelle détruite vers 1670.

Craspaudière-à-Tisserat (La), h. c^{ne} de Charrin.

Cras, h. c^{ne} de Rouy.

Craux, h. c^{ne} de Lamenay; anc. paroisse. — *Crais*, 1287 (reg. de l'év. de Nevers). — *Curatus de Crays*, 1293 (A. N. comptes du chap.). — *Cura de Cray*, 1517 (pouillé de Nevers). — *Craux ou Creux*, 1689 (reg. des fiefs). — En 1663, la paroisse de Craux était composée de deux métairies et de trois maisons; elle fut réunie à Cossaye (reg. de Craux). Fief de la châtell. de Decize.

Cray, h. c^{ne} de Germenay.— *Aurigny*, vers 1650 (reg. de Germenay). — *Monin-Cris*, 1670 (ibid.). — *Crez*, 1689 (reg. des fiefs). — Fief de la châtell. de Monceaux-le-Comte.

Cray (Gros-), f. c^{ne} d'Anlezy. — *Cray*, 1405 (C.). — Le grand Cray (Cassini).

Cray (Le), h. et mⁱⁿ, c^{ne} de Biches. — *Lou Cray*, 1272 (S.).

Cray (Petit-), m. c^{ne} de Fertrève. — *Crey*, 1248 (S.). — *Crey*, 1462 (C.). — *Craiz*, 1472 (ibid.). — *Crais*, 1689 (reg. des fiefs). — Fief de la châtell. de Cercy-la-Tour, vassal de l'abb. de Bellevaux.

Crayes (Le), h. détruit, c^{ne} de Challuy, mentionné en 1331 (cens. du chap. de Nevers).

Créantay, h. c^{ne} de la Chapelle-Saint-André. — *Coiantey*, 1551 (arch. de l'Yonne). — *Créantois* (Cassini).

Crécy, mⁱⁿ, c^{ne} de Fertrève.

Crécy, usine et vill. c^{ne} de Decize.— *Creciacum*, 1290 (A. D.). — *Cressy*, 1457 (ibid.). — Fief de la châtell. de Decize.

Crécy (Pavillon de), f. c^{ne} de Decize.

Crécy-sur-Canne, h. c^{ne} de Fertrève; anc. paroisse. — *Crisiaco Villa*, 966 (Gall. christ. XII, col. 318). — *Ecclesia de Crisiaco*, 1222 (S. accord entre l'abb. de Bellevaux et l'abbé de Saint-Martin de Nevers au sujet de cette paroisse, qui passe sous la dépendance de Bellevaux). — *Ecclesia de Cressiaco*, 1272 (S. testament de Séguin de Bourges). — *Crissiacum*, 1287 (reg. de l'év. de Nevers). — *Crissy*, 1306 (C.). — *Cressy*, 1306 (ibid.). — *Ecclesia parrochialis Sancti-Petri de Cressiaco*, 1400 (ibid.). — *Cressy-lez-Fleury-la-Tour*, 1471 (ibid.). — *Cressi-les-Bois*, 1550 (ibid.). — *Ecclesia Beati-Petri de Creciaco*, 1551 (S.).

Crèges, f. c^{ne} de Chevenon. — *Croges*, 1251 (A. N.). — *Graiges*, 1429 (ibid.). — *Cruges*, 1553 (S.).

Crèges, h. c^{ne} de Magny-Cours.

Crézeux, h. c^{ne} de Cossaye. — *Croijeux*, 1311 (Marolles). — *Crezeux*, 1689 (reg. des fiefs). — Fief de la châtell. de Decize.

Crémaise (La), h. c^{ne} d'Alligny-en-Morvand. — *Le Cremain*, 1649 (terrier d'Alligny).

Crenas, h. c^{ne} de Sémelay. — *Crenas*, 1610 (Lory).

Creselles (Les), h. c^{ne} de Saint-Aubin-les-Forges.

Cresis, h. détruit, c^{ne} de Saint-Germain-Chassenay, porté sur la carte de Cassini.

Crespillons (Les), h. c^{ne} de Metz-le-Comte.

Cressangy, h. détruit, c^{ne} d'Alluy, mentionné en 1419 (C.).

Cressonne (La), riv. prend sa source dans l'étang de la Loge et se jette dans la Loire, après avoir traversé les communes de Saint-Seine, Maulaix, Montambert-Taunay et Saint-Hilaire. — *Pont de Cressonne*, 1453 (A. N. procès-verbal des limites du Nivernais).

Crétaux, h. c^{ne} de Cossaye. — *Crete*, 1341 (A. D.).

Creteuille, h. c^{ne} de Vauclaix.

Creteneux (Bois), c^{ne} de la Celle-sur-Nièvre.

Creuilles (Les), h. c^{ne} de Rouy. — *Les Creules*, 1659 (S.).

Creule, h. c^{ne} de Montaron. — *Creusle*, 1672 (reg. de Montaron).

Creuse (La), h. c^{ne} de Lys.

Creuse (La), h. c^{ne} de Thianges. — *Le Queurdrie* (Cassini).

Creuses-Terrées (Les), h. c^{ne} de Charrin.

Creuse-Verse (La), h. c^{ne} de Dun-sur-Grandry.

Creuvis, f. c^{ne} d'Épiry.

Creux, anc. mⁱⁿ et locat. c^{ne} de Sougy, donne son nom à un ruisseau affluent de la Loire.

Creux, h. et tuil. c^{ne} de Villiers-sur-Yonne. — *Creux*, 1689 (reg. des fiefs). — Fief de la châtell. de Clamecy.

Creux, lieu détruit, c^{ne} de Sainte-Pereuse, mentionné en 1293 (Marolles).

Creux (Le), h. c^{ne} de Villapourçon. — 1694 (reg. de Villapourçon).

Creux-de-Fortuny, h. c^{ne} de Montsauche.

Creuzard (Le), m. c^{ne} de Brassy.

K.

DÉPARTEMENT DE LA NIÈVRE.

Creuze, fief de la châtell. de Luzy, mentionné en 1689 (reg. des fiefs).

Creuze (La), f. c^{ne} de Saint-Hilaire-en-Morvand. — *La Creuse*, 1672 (reg. de Saint-Hilaire).

Creuze (La), fief, c^{ne} de Garchizy, mentionné en 1640 (A. N.).

Creuze (La), m. c^{ne} d'Alligny. — *Creuset*, 1878 (S.).

Creuzet, f. c^{ne} de Sardy. — *Le Creuzay*, 1513 (A. N.). — *Le Creuzet*, 1631 (S.).

Creuzet (Le), chât. et f. c^{ne} de Champvert.

Creuzet (Le), chât. c^{ne} de Neuville-lez-Decize. — *La Creusey*, 1439 (A. N.).

Creuzet (Le), m. de camp. h. et f. c^{ne} de Rouy. — *Creuse*, 1326 (C.). — *Le Creuzey*, 1339 (A. N.). — *Le Creusay*, 1361 (ibid.). — *Creuset*, 1689 (reg. des fiefs). — Fief de la châtell. de Saint-Saulge.

Creuzille (La), h. c^{ne} de Millay. — *La Crousille*, 1688 (reg. de Millay). — *La Cruisille*, 1768 (ibid.).

Creuzot, h. c^{ne} de Goulous. — *Le Creusot*, 1649 (terrier d'Alligny).

Creuzot (Le), h. c^{ne} de Chaumard.

Creuzot (Le), m. de camp. c^{ne} de Villapourçon.

Creuzots (Les), m. c^{ne} de Montapas. — *En Creuzot*, 1678 (A. N.).

Creve, fief près de Clamecy, mentionné en 1464 (Marolles).

Crevée (La), h. c^{ne} de Charrin.

Crezan (Le Grand et Le Petit), m. de camp. et f. c^{ne} de Donzy. — *Les Cresans* (Cassini).

Crezancy, f. c^{ne} de Chevenon. — *Cresanciacum*, 1268 (A. N.). — *Cresancy*, 1386 (ibid.). — *Cresency*, 1511 (ibid.). — Fief de la châtell. de Châteauneuf-sur-Allier, vassal de Meauce.

Criens, h. c^{ne} de Billy-Chevannes. — *Crien*, 1433 (C.). — *Cryens*, 1457 (ibid.).

Crisestis (Grangia de), près de Ménestreau, mentionné en 1165 (Gall. christ. XII, col. 132).

Crieurs, h. c^{ne} d'Aunay. — *Crieurs*, 1670 (reg. d'Aunay).

Crilange, h. c^{ne} de Narcy.

Criot-l'Épeau (Les), m. c^{ne} de Donzy.

Crisenons (Les), h. c^{ne} d'Oudan.

Crisnoniacum, h. détruit, près de Château-Chinon, mentionné en 1311 (A. N.). — *Crissei*, 1156 (Gall. christ. XII, col. 34a).

Croc (Le), h. c^{ne} de Brassy.

Croc-Saulot (Le), h. c^{ne} d'Annay.

Crocs (Les), h. c^{ne} de Coulanges-lez-Nevers.

Crocs-à-Vins (Les), h. c^{ne} de la Celle-sur-Loire.

Croisée (La), m. c^{ne} d'Azy-le-Vif.

Croisette (La), h. c^{ne} d'Alligny-en-Morvand.

Croisettes (Les), m. c^{ne} de Dun-les-Places.

Croix (La), anc. chât. et f. c^{ne} de Saint-Germain-Chassenay. — 1491 (Marolles). — Fief de la châtell. de Decize.

Croix (La), chât. c^{ne} de Varennes-lez-Nevers. — *Crux de Varennis*, 1331 (cens. du chap. de Nevers). — *La Croix de Varennes*, 1478 (A. N. fonds de l'év.).

Croix (La), éc. c^{ne} d'Azy-le-Vif.

Croix (La), faubourg de Luzy, mentionné en 1781 (C.).

Croix (La), f. c^{ne} de la Fermeté.

Croix (La), f. c^{ne} de Bénilly.

Croix (La), f. c^{ne} de Thuix.

Croix (La), fief de la paroisse de Vauclaix et de la châtell. de Montreuillon, mentionné en 1689 (reg. des fiefs). — *La Croix de Tartre*, 1705 (S.). — Ce fief était vassal du comté de Château-Chinon.

Croix (La), h. c^{ne} de Garchizy. — 1500 (A. N.).

Croix (La), h. c^{ne} de Jailly.

Croix (La), h. c^{ne} de Pougues.

Croix (La), h. c^{ne} de Pougues. — 1662 (reg. de Pougues).

Croix (La), h. c^{ne} de Rouy.

Croix (La), h. c^{ne} de Saint-Benin-des-Bois.

Croix (La), m. c^{ne} de Béard.

Croix-Biche (La), h. c^{ne} de Ternant.

Croix-Blanche (La), h. c^{ne} de Toury-Lurcy.

Croix-Blanche (La), h. c^{ne} de Villapourçon.

Croix-de-Bois (La), m. c^{ne} de la Charité.

Croix-de-Bois (La), h. c^{ne} de Montigny-en-Morvand.

Croix-de-Chèvres (La), m. c^{ne} de Gien-sur-Cure.

Croix-de-Coulanges (La), h. c^{ne} de Coulanges-lez-Nevers.

Croix-de-Fer (La), f. c^{ne} de Saint-Benin-des-Bois.

Croix de la Dame, limite de commune, c^{ne} de Saint-Agnan.

Croix-de-Lernot (La), h. c^{ne} de Biches.

Croix-de-l'Heure (La), h. c^{ne} de Lucenay-les-Aix.

Croix-de-l'Orme (La), éc. c^{ne} de Chantenay.

Croix de Mais (La), près d'Entrains, mentionnée en 1505 (inv. de Villemoison).

Croix-de-Mission (La), m. c^{ne} de Saint-Seine.

Croix-de-Mounot (La), m. de camp. c^{ne} de Sermages.

Croix-de-Pierre (La), h. c^{ne} de Sougy.

Croix-de-Pierre (La), mⁱⁿ, c^{ne} de Moulins-Engilbert.

Croix de Saint-Aroux, croix et éc. détruits, c^{ne} d'Annay, portés sur la carte de Cassini.

Croix-de-Sainte-Reine (La), m. c^{ne} de Prémery.

Croix des Bois (La), signal, c^{ne} de Challuy.

Croix-des-Chaumes (La), m. c^{ne} de Luthenay.

Croix-des-Chazelles (La), f. c^{ne} de Montsauche.

Croix-des-Chèvres (La), h. c^{ne} de Cervon.

Croix-des-Feuillets (La), h. c^{ne} de Decize.

DÉPARTEMENT DE LA NIÈVRE.

Croix-des-Forêts (La), h. c⁻ᵉ de Chantenay.
Croix des Gendarmes (La), limite de commune, c⁻ᵉ de Saint-Gratien.
Croix-des-Gouttes (La), m. c⁻ᵉ de Chiddes.
Croix des Morts, c⁻ᵉ de T...ry-Lurcy.
Croix-des-Sergoles (La), c⁻ᵉ de Dun-les-Places.
Croix-de-Trucy (La), f. c⁻ᵉ de Bouy.
Croix-d'Or (La), h. c⁻ᵉ de Saint-Pierre-le-Moûtier. — *La Croix-au-Goust*, 1632 (S.). — Dépendance de la commanderie de Bou.
Croix-de-Foce (La), h. détruit, c⁻ᵉ de Bix, mentionné en 1699 (reg. de Bix).
Croix-du-Grand-Quartier (La), f. c⁻ᵉ de Toury-Lurcy, créée en 1861; prend son nom d'un rendez-vous de chasse voisin.
Croix-du-Pavé (La), h. c⁻ᵉ de Saint-Léger-des-Vignes.
Croix Gavart, croix détruite, c⁻ᵉ de Bouhy, portée sur la carte de Cassini.
Croix-Guichard (La), f. c⁻ᵉ de Tazilly.
Croix-Guillier (La), h. c⁻ᵉ de Moulins-Engilbert.
Croix-Milan (La), h. c⁻ᵉ de Mhère.
Croix-Mistrot (La), h. c⁻ᵉ de Dun-sur-Grandry.
Croix-Monteigne (La), éc. c⁻ᵉ de Neuffontaines.
Croix-Morienne (La), h. c⁻ᵉ de Dun-les-Places.
Croix Morin (La), c⁻ᵉ de Marzy, mentionnée en 1719 (terrier de Saint-Baudière).
Croix-Pallette (La), h. c⁻ᵉ d'Arleuf.
Croix-Rapin (La), m. c⁻ᵉ de Saint-Saulge.
Croix Rogge, croix détruite, c⁻ᵉ de Menou, portée sur la carte de Cassini.
Croix-Séguin (La), f. c⁻ᵉ de Maulais.
Croix-Vieille (La), h. c⁻ᵉ de Brassy.
Croix, h. f. m⁻ⁿ et forges, c⁻ᵉ de la Chapelle-Saint-André. — 1789 (reg. des fiefs). — Fief de la châtell. de Corvol.
Crop (Le Grand-), h. c⁻ᵉ de Saint-Laurent.
Crop (Le Petit-), h. c⁻ᵉ de Saint-Laurent.
Cropigny, h. c⁻ᵉ de Ruages. — *Craupigny*, 1684 (A. N.).
Croquant, h. c⁻ᵉ de Saint-Père. — *Crocant* (Cassini).
Cros-du-Sauré, h. c⁻ᵉ de Villapourçon.
Croslie (Chapelle de) près de Bellevaux, mentionnée en 1699 (S.).
Crot (Le), f. c⁻ᵉ de Tresnay. — *Le Cros* (Cassini).
Crot (Le), f. c⁻ᵉ d'Ursy. — *Crotum*, 1331 (censier du chap. de Nevers).
Crot (Le), h. c⁻ᵉ de Brassy.
Crot (Le), h. c⁻ᵉ de Saint-Aubin-les-Forges.
Crot (Le), h. c⁻ᵉ de Saint-Jean-aux-Amognes. — *Villagium de Croto*, 1351 (S.).
Crot (Le), h. c⁻ᵉ de Saint-Père.
Crot (Le), h. c⁻ᵉ de Sougy.

Crot (Le), m. c⁻ᵉ de Challuy.
Crot (Moulin du), c⁻ᵉ de Saint-Benin-des-Bois. — Moulin du Croc (Cassini).
Crot-Bedeau (Le), h. c⁻ᵉ de Decize.
Crot-Belsche (Le), h. c⁻ᵉ de la Charité.
Crot-Cassin (Le), m. c⁻ᵉ de Saint-Aubin-les-Forges.
Crot-d'Achun (Le), fief de la paroisse d'Achun, mentionné en 1555 (Jarry).
Crot-d'Achun (Le), fief de la paroisse d'Anthien, vassal du comté de Château-Chinon, à cause de Lormes, mentionné en 1703 (A. N.).
Crot-de-Fourneaux (Le), h. détruit près de Premery, mentionné en 1466 (A. N. fonds de l'év.).
Crot-de-la-Bolise (Le), h. c⁻ᵉ de Magny-Cours.
Crot-de-la-Selle (Le), h. détruit, c⁻ᵉ de la Celle-sur-Nièvre, porté sur la carte de Cassini.
Crot-de-Mont-Morey (Le), h. c⁻ᵉ de Planchez. — La montagne du Crot-de-Mont-Morey est l'un des sommets les plus élevés du Morvand.
Crot-de-Savigny (Le), h. c⁻ᵉ de Sermoise. — *Chavigny*, 1355 (cens. du chap. de Nevers). — *Le Crot de Chavigny* (Cassini).
Crot-des-Fossés (Le), m. détruite, c⁻ᵉ de Murlin.
Crot-des-Trembles (Le), m. c⁻ᵉ de Saint-Loup.
Crot-d'Ouroux (Le), partie du bourg d'Ouroux, c⁻ᵉ de ce nom.
Crot-du-Glat (Le), m. c⁻ᵉ de Cercy-la-Tour.
Crotées (Le), h. c⁻ᵉ de Sainte-Pereuse.
Crot-Fondu (Le), h. c⁻ᵉ de Raveau.
Crot-Girouet (Le), h. c⁻ᵉ de Sermages.
Crot-Guillot (Le), h. c⁻ᵉ de Varennes-lez-Narcy. — *Le Croc-Guillot*, 1689 (reg. des fiefs). — Fief de la châtell. de Cosne.
Crotiss (La), m. c⁻ᵉ de Poiseux.
Crot-Maçon (Le), h. c⁻ᵉ de Neuville-lez-Decize.
Crot-Marion (Le), fief de la châtell. de Decize, mentionné en 1689.
Crot-Martin (Tuilerie du), tuil. c⁻ᵉ de Champlemy.
Crot-Maugrat (Le), f. et tuil. c⁻ᵉ de Saint-Aubin-les-Forges.
Crot-Moignon (Le), éc. c⁻ᵉ de Marzy, mentionné en 1420 (A. N.).
Crot-Mosset (Le), m. c⁻ᵉ de Saint-Martin-d'Heuille.
Crot-Noir (Le), f. c⁻ᵉ de Mars.
Crot-Noir (Le), masure, c⁻ᵉ de Rémilly. — *Crot de la Noir*, 1530 (C.).
Crot-Ravard (Le), f. c⁻ᵉ de Châteauneuf.
Crots (Les), bois, c⁻ᵉ de Saint-Didier.
Crots (Les) ou le Domaine des Allouettes, f. c⁻ᵉ de Coulanges-lez-Nevers.
Crots (Les) ou les Fossés, emplacement d'un camp romain, c⁻ᵉ de Gâcogne.

CROTS (BLE DES), chemin conduisant de la Croix-de-Varennes à Bunlay, cⁿᵉ de Varennes-lez-Nevers, mentionné en 1534 (A. N.).
CROTS-FAHELS (LES), h. cⁿᵉ de Fours.
CROTS-MAILLOTS (LES), h. cⁿᵉ de Cussye. — *Bois des Crots-Maillots*, 1713 (S.).
CROTTE, faubourg de Decize. — *Vinea de Crota*, 1264 (Gall. christ. XII, col. 350). — *Territorium de Crota*, 1273 (A. D.). — *Bourg de Crota*, 1433 (ibid.). — *Crocte faubourg*, 1512 (A. N. fonds de Decize). — *Pons de Crocta*, 1512 (ibid.). — *Vicaria Beatae Mariae in Crota*, 1517 (pouillé de Nevers). — *Le Bourg de Crotte-lez-Decize*, 1689 (reg. des fiefs). — Fief de la châtell. de Decize.
CROTTE (LA), h. cⁿᵉ de Perroy.
CROTTEFOU, h. cⁿᵉ de Marigny-l'Église.
CROTTET (LE), m. cⁿᵉ de Druy.
CROUPILLON, h. cⁿᵉ de la Fermeté.
CROUPILLONS (LES) ou MAISON BARGÉ, m. cⁿᵉ d'Imphy.
CROUPS (LES), h. cⁿᵉ de Cercy-la-Tour.
CROUX (PORTE DE), anc. porte fortifiée de la ville de Nevers, à l'ouest. — *Crox*, 1097 (Gall. christ. XII, col. 335). — *Porte du Crox*, 1427 (A. N. fonds de l'év.).
CROZ-DE-BERGES (LE), h. détruit, cⁿᵉ de Livry, mentionné en 1599 (A. N.).
CUCIN (LA), h. cⁿᵉ d'Isenay.
CRUX-LA-VILLE, cⁿᵉ de Saint-Saulge. — *Guillelmus presbyter de Cruso*, v. 1100 (Bulliot, II, 29). — *Ecclesia de Cruso-Villa in prioratu de Sancto Salvio*, 1161 (ibid. 39). — *Crux-Villa*, 1277 (ibid. 337). — *Leprosaria de Crus* (ibid.). — *Ecclesia de Crous*, 1279 (A. N. fonds du chap.). — *Crux-Villa*, 1287 (reg. de l'év. de Nevers). — *Cura de Cruce-Villa*, 1478 (pouillé de Nevers). — *Croux-la-Ville*, 1588 (arch. de l'Yonne). — *Crux*, 1589 (C.).
CRUX-LE-CHATEL, chât. ruiné et h. cⁿᵉ de Crux-la-Ville. — *Capella de Crus-Castro*, 1121-1142 (cart. de Saint-Cyr de Nevers). — *Crus*, 1147 (Lebeuf, IV, 39). — *Ecclesia de Cruso-Castro in prioratu de Sancto-Salvio*, 1161 (Bulliot, II, p. 39). — *Castellum de Crus*, 1277 (ibid. 337). — *Crux-Castrum*, 1287 (reg. de l'év. de Nevers). — *Crux-le-Chastel*, 1599 (A. N.). — Ancienne paroisse réunie dès le XVIIᵉ siècle à celle de Crux-la-Ville, et fief important de la châtell. de Saint-Saulge.
CRUTOT (LE), h. cⁿᵉ de Villapourçon.
CRUZE, h. cⁿᵉ de Tazilly.
CRY (LE), f. cⁿᵉ de Narcy. — *Crie*, 1289 (S.).
CUDOT, h. détruit, près de Sermoise, mentionné en 1272 (A. N.).

CUELL, fief de la châtell. de Châteauneuf-Val-de-Bargis, mentionné en 1689 (reg. des fiefs). — *Cueilles*, 1638 (Marolles).
CUELGES, h. cⁿᵉ de Bazoches.
CUFFIER, f. cⁿᵉ de Saint-Pierre-le-Moûtier. — *Cuffi* (Cassini).
CULLY, h. détruit, près d'Alligny, mentionné en 1531 (inv. de Villemoison).
CUISIÈRES (LA), h. cⁿᵉ de Chanteney.
CUL-DE-LOUP (LE), m. cⁿᵉ de Toury-sur-Jour.
CULTIN, fief de la châtell. de Châteauneuf-Val-de-Bargis, mentionné en 1689 (reg. des fiefs).
CUNCY, chât. f. tuil. et église ruinée, cⁿᵉ de Villiers-sur-Yonne; anc. paroisse de l'archiprêtré de Prémery. — *Cuntis*, 1287 (reg. de l'év. de Nevers). — *Cuntis*, 1329 (Marolles). — *Quincy*, 1355 (ibid.). — *Quincy-le-Vicomte*, 1510 (ibid.). — *Cunciacum-super-Yonam*, 1517 (pouillé de Nevers). — Fief de la châtell. de Clamecy.
CUNCY-LE-HAUT, h. détruit, cⁿᵉ de Cuncy-lez-Varzy, porté sur la carte de Cassini.
CUNCY-LEZ-VARZY, cⁿᵉ de Varzy. — *Ecclesia de Quinciaco*, 1143 (arch. de l'Yonne). — *Cunciacum*, 1535 (pouillé d'Auxerre).
CUNCY, h. cⁿᵉ de Challement. — 1500 (A. N.). — Fief de la châtell. de Monceaux-le-Comte.
CURA (LA), f. cⁿᵉ de Thaix.
CURE (LA), m. cⁿᵉ de Béard.
CURE (LA), riv. prend sa source dans la cⁿᵉ de Gien-sur-Cure, traverse les communes de Moux, Planches, Montsauche, Gouloux, Dun-les-Places, Marigny-l'Église et Saint-André-en-Morvand, et entre dans le département de l'Yonne pour se jeter dans la rivière de ce nom. — *Cora*, VIᵉ siècle (Bibl. hist. de l'Yonne, I). — *Chora*, VIIᵉ siècle (ibid. 164). — *Fluvium Chore*, IXᵉ siècle (ibid. 337). — *Queure*, 1380 (arch. de l'Yonne, fonds de Crisenon). — *Quere*, 1382 (ibid. fonds de Joigny). — *Chores*, 1579 (arch. d'Avallon, ch. 30, n° 1). — *Quehure*, 1531 (arch. de l'Yonne, fonds de Reigny).
CURERE (VICARIA DE), dans l'archiprêtré de Saint-Pierre-le-Moûtier, mentionné en 1478 (pouillé de Nevers).
CURE-DE-LURCY (LA), m. cⁿᵉ de Toury-Lurcy. — Presbytère de l'ancienne paroisse de Lurcy.
CURE-DE-SAUZAY (LA), m. cⁿᵉ d'Isenay. — Presbytère de l'ancienne paroisse de Sauzay.
CURIOT, f. cⁿᵉ de Saint-Didier. — 1689 (reg. des fiefs). — Fief de la châtell. de Monceaux-le-Comte.
CURTICELLE (VILLA QUAE DICITUR), près de la Fermeté et de Limon, mentionné en 1209 (cart. de Saint-Cyr de Nevers, ch. 2).

DÉPARTEMENT DE LA NIÈVRE.

Cest, f. détruite, c^{ne} de Cossaye, portée sur la carte de Cassini.

Cesty, h. c^{ne} d'Imphy. — *Cortilis*, 1452 (Marolles). — *Curtys*, 1621 (A. M.).

Cesty, h. c^{ne} de Sainte-Pereuse.

Cesty, f. c^{ne} de Magny-Cours. — *Cuciacum*, 1387 (S.).

Cessy, four à chaux, c^{ne} de Lormes.

Cessy, h. c^{ne} de Villapourçon. — 1679 (reg. de Villapourçon).

Cest, chât. et h. c^{ne} de Cervon. — *Cessy*, 1543 (terrier de la Chaume).

Cevigny, h. c^{ne} de Fléty.

Cey, m^{on} c^{ne} de Chougny.

Cey, h. c^{ne} de Chougny. — 1296 (Marolles). — *Cays*, 1568 (arch. de Marcilly). — Fief de la châtell. de Montreuillon, vassal du comté de Château-Chinon.

Cesy, h. c^{ne} de Flez-Cuzy; ancienne paroisse. — *Villa quæ dicitur Cusiu*, 1252 (cart. de Bourras, ch. 5). — *Cuvy*, xive siècle (pouillé d'Autun). — *Cuvy*, 1352 (cart. de la chambre des comptes de Nevers; mss de Baluze). — *Villa de Cuvy sur Yonne*, 1415 (arch. de Marcilly). — Fief de la châtell. de Monceaux-le-Comte, vassal de Château-Chinon.

Cioles, fief de la châtell. de Moulins-Engilbert, mentionné en 1638 (Marolles). — *Cilles*, 1689 (reg. des fiefs).

Cythiere (La), f. c^{ne} de la Celle-sur-Loire.

D

Dagues (Ruisseau des), affluent du Nohain, c^{ne} de Couloutre.

Dalinet, h. c^{ne} d'Alligny.

Dalivaterie (La), h. c^{ne} d'Arquian. — *La Dolivaterie* (Cassini).

Damberts (Les), f. c^{ne} de Lucenay-les-Aix.

Dame-Thomasse, fief de la châtell. de Douzy, mentionné en 1689 (reg. des fiefs).

Dampierre-sur-Bouhy, c^{ne} de Saint-Amand. — *Dampetra-subtus-Boyacum*, 1535 (pouillé d'Auxerre). — *Dompierre-sous-Bouhy*, 1627 (Marolles).

Dandons (Les), f. c^{ne} de Lucenay-les-Aix.

Danguy, m^{on} c^{ne} de Millay. — *Anguy*, 1629 (reg. de Luzy). — *Moulin d'Anguy*, 1700 (reg. de Poil).

Danloup (Bois), h. c^{ne} d'Ourouer, mentionné au XVIIe siècle. — *Nemus de Sancto-Lupo*, 1266 (arch. des Bordes). — *Pre Danlou*, 1285 (ibid.). — *Pratum Domini Lupi*, 1293 (ibid.).

Dardault, h. c^{ne} de Druy. — *Dardeau*, 1739 (A. D.).

Dardeau, m^{on} c^{ne} de Lucenay-les-Aix.

Dariots (Les), h. c^{ne} d'Alligny-en-Morvand.

Dartelières (Les), f. détruite, c^{ne} de Cossaye, portée sur la carte de Cassini.

Daubois (Les), f. c^{ne} de Dornes.

Daubins (Les), h. c^{ne} de Cosne.

Davids (La), m. c^{ne} de Chantenay. — *Tuilerie de Davides* (Cassini).

Davids, f. c^{ne} de Corvol-l'Orgueilleux. — *Les Davides* (Cassini).

Davin, ruiss. affluent de la Dornette, c^{ne} de Dornes.

Davion (Le Grand et le Petit), h. c^{ne} de Saint-Pierre-du-Mont. — *Davyon*, 1561 (A. N.).

Debout, m. c^{ne} de Limanton. — *Boscum*, 1269 (S.). — *Le Bux*, 1423 (C.). — *Boux*, 1530 (Lory). — *Le Boux*, 1664 (S.). — *Boux*, 1700 (ibid.).

Decize, arrond. de Nevers. — *Decetia* (César, *Comm.*). — *Degena*, *Deccida* (Itin. d'Antonin). — *Disesia*, 1130 (*Gall. christ.* XII, col. 340). — *Disisia*, 1155 (cart. gén. de l'Yonne, I, 391). — *Monasterium Sancti Petri de Disesia*, 1151 (ibid. 479). — *Burgum Sancti Petri de Disisia*, 1188 (ibid. II, 286). — *Dyesia*, 1231 (mss de Baluze, extr. du cart. de la chambre des comptes de Nevers). — *Archipresbyteratus de Disesia*, 1285 (reg. de l'év. de Nevers). — *Dysis*, 1364 (A. D.). — *Disise*, 1407 (S.). — *Disese*, 1461 (C.). — *Decise*, 1539 (S.). — *Decize-le-Rocher*, 1793 (A. N.).

Il y avait à Decize un prieuré de Bénédictins, donné à l'abbaye de Saint-Germain d'Auxerre par Landry, comte de Nevers, au commencement du XIe siècle, et remplacé en 1621 par un couvent de Minimes; un couvent de Clarisses, fondé en 1419; une maison de filles du Saint-Sacrement, établie au XVIIIe siècle; un prieuré dans le faubourg de Saint-Privé, et une maladrerie. — L'archidiaconé de Decize ou du Morvand avait dans son ressort les archiprêtrés de Châtillon-en-Bazois, Decize, Moulins-Engilbert et Thianges. — L'archiprêtré de Decize comprenait les paroisses d'Avril-sur-Loire, Brain, la Celle, la Chapelle-aux-Chasses (Allier), Chassenay, Cossaye, Craux, Decize, Devay, Dornes, Lurcy-sur-Abron, Neuville-lez-Decize, Saint-Genest de Lucenay, Saint-Germain-en-Viry, Saint-Loup, Saint-Maurice, Saint-Parize-en-Viry, Saint-Privé, Saint-Romain de Lucenay, Saint-Symphorien (actuellement Saint-Emmeland, Allier), Toury-sur-Abron et Vaucoulemin (Allier).

Decize était le siège de l'une des plus importantes châtellenies du duché, qui avait dans son ressort, en 1689, cent quarante-neuf fiefs situés dans la partie sud-est du canton de Decize, dans quelques communes du même canton, en remontant au nord, et dans la moitié est du canton de Bornes.

En 1790, lors de l'organisation du département, Decize fut le chef-lieu d'un district composé des cantons d'Aulezy, Béard, Cercy-la-Tour, Decize, Lucenay-les-Aix et la Nocle. — Le canton de Decize comprenait les communes de Brain, Champvert, Charrin, Chassenay, Decize, Devay, la Machine, Saint-Léger-des-Vignes, Saint-Maurice et Saint-Privé.

La ville de Decize porte pour armoiries d'or, au lion de sable, armé et lampassé de gueules, à la bordure componée d'argent et de gueules.

DECORCELLERIE (LA), f. c^{ne} de Saint-Amand. — *La Decarcellerie* (Cassini).

DÉFEND (LE), h. c^{ne} d'Alligny-en-Morvand.

DEFFEND (LE), fief de la châtell. de Decize, mentionné en 1689 (reg. des fiefs). — *Le Defens*, 1638 (Marolles).

DEMEURS, h. et usine, c^{ne} d'Urzy. — 1325 (arch. des Bordes). — *Demures*, 1379 (A. N.). — *Meure*, 1593 (*ibid.*). — *Meurs*, 1624 (*ibid.*). — *Demeure*, 1752 (*ibid.*). — Fief vassal d'Urzy.

DENAUT, h. c^{ne} de Corancy. — *Denault* (Cassini).

DENAY, f. c^{ne} d'Isenay. — *Denay*, 1772 (A. D.). — Fief de la châtell. de Decize.

DENNECY, h. c^{ne} d'Onlay. — *Denecy*, 1284 (Marolles). — *Denessy*, 1638 (*ibid.*). — Fief de la châtell. de Moulins-Engilbert, vassal de la Montagne.

DESSEN, h. détruit, c^{ne} de Beaumont-la-Ferrière, porté sur la carte de Cassini.

DÉPÔT (LE), éc. c^{ne} de Charrin.

DÉSERT (LE), h. c^{ne} de Chaumot-sur-Yonne.

DÉSERT (LE), m. c^{ne} de Decize.

DERUES (LES), h. c^{ne} de Bouhy. — *Les Derués* (Cassini).

DÉTRAPIS, h. c^{ne} de Montsauche. — *Les Détrapés* (Cassini). — Le nom véritable de ce hameau est *les Trapis*.

DEUMELESNE, mⁱⁿ, c^{ne} de la Chapelle-Saint-André.

DEUX-MOULINS (LES), mⁱⁿ, c^{ne} de Myennes.

DEUX-VILLES, h. c^{ne} de Saint-Benin-d'Azy. — *Villa de Duabus Villis*, 1326 (A. N.). — *Deurville*, 1485 (A. N. fonds de l'év.). — *Deuville* (Cassini).

DEVALOT (LE), m. c^{ne} de Limanton.

DEVANT (LE), h. c^{ne} de Saint-Seine.

DEVANTS, h. c^{ne} de Ternant.

DEVAY, c^{ne} de Decize. — *Ecclesia de Dacacu*, 1121-1142 (cart. de l'év. de Nevers). — *Ecclesia de Davaiacu*, 1268 (A. N.). — *Devay*, 1287 (reg. de l'év. de Nevers). — *Devaciacum*, 1394 (A. D.). — *Devay*, 1482 (C.). — *Cura de Devés*, 1478 (pouillé de Nevers). — *Cura de Devayo*, 1517 (*ibid.*). — Fief de la châtell. de Decize.

DEZIZÉ, vill. c^{ne} de Langeron. — *Darie*, 1310 (les Olim, III, 573). — *Villa de Dari*, 1311 (*ibid.* II, 542). — *Dary*, 1454 (A. N.). — *Diry*, 1689 (reg. des fiefs). — *Moulin de Deres*, 1782 (plan des terres du prieuré de Saint-Pierre-le-Moûtier; arch. de Saint-Pierre). — *Déri* (Cassini). — Donne son nom à un ruisseau affluent de l'Allier.

DIENNES, c^{ne} de Saint-Benin-d'Azy. — *Diana*, 1147 (Lebeuf, IV, 39). — *Domus leprosorum de Dyana*, 1285 (S.). — *Dyane*, 1456 (C.). — *Dienne*, 1464 (S.). — *Dyenne*, 1513 (C.). — *Dhine*, 1699 (S.). — Fief de la châtell. de Cercy-la-Tour.

DIETTE (LA), h. c^{ne} de Cercy-la-Tour.

DIGÈTE (LA), ruiss. c^{ne} de Diennes. — *Ripparia de Dinete*, 1288 (C.). — *Dygneta*, 1452 (A. N.). — *Diguete*, 1463 (*ibid.*).

DIGOIS (LES), f. c^{ne} de Parigny-les-Vaux.

DIGOIS (LES), mⁱⁿ, c^{ne} de Parigny-les-Vaux. — *Forge et moulin de Dinon* (Cassini).

DIOLOTS (LES), h. c^{ne} de Château-Chinon-Campagne.

DIROL, c^{ne} de Tannay. — *Durellum*, 1287 (reg. de l'év. de Nevers). — *Diroul*, 1473 (C.). — *Dirou*, (A. N.). — *Maladrerie de Saint-Jean de Dirol*, vers 1550 (pouillé de la maladrerie de Dirol). — *Cura de Dirolliis*, xviiie siècle (pouillé de Nevers). — Fief de la châtell. de Monceaux-le-Comte, qui donne son nom à un bois voisin.

DOBINETS (LES), f. c^{ne} de Lucenay-les-Aix. — *Les Daubinets* (Cassini).

DOIES, f. c^{ne} de Champvert.

DOLIVATERIE (LA), h. détruit, c^{ne} de Saint-Amand, porté sur la carte de Cassini.

DOMAINE (LE), fief de la châtell. de Luzy, mentionné en 1689 (reg. des fiefs).

DOMAINE-BARÉ (LE), h. c^{ne} de Saint-Parize-le-Châtel.

DOMAINE-BAS (LE), maison de campagne et f. c^{ne} de Jailly.

DOMAINE-BRÛLÉ (LE), éc. c^{ne} de Saincaize.

DOMAINE-BRÛLÉ (LE), f. c^{ne} de Millay.

DOMAINE-D'ALPHONSE (LE), m. c^{ne} de Béard.

DOMAINE-DAUTHAULT (LE), f. c^{ne} de Moulins-Engilbert.

DOMAINE-DE-L'ÉCOLE (LE), f. c^{ne} de Saint-Germain-Chassenay. — *Les Descolles*, 1676 (reg. de Saint-Loup).

DÉPARTEMENT DE LA NIÈVRE.

Domaine-de-l'Orme (Le), f. détr. c^{ne} de Mars, mentionnée en 1782 (arch. de Saint-Pierre-le-Moûtier).

Domaine-du-Loup (Le), m. c^{ne} de Limanton.

Domaine-d'en-Haut (Le), f. c^{ne} de Suilly-la-Tour.

Domaine-des-Barrières (Le), h. c^{ne} de Saint-Pierre-le-Moûtier. — *Les Brouères* (Cassini).

Domaine-des-Champs (Le), f. c^{ne} d'Isenay.

Domaine-des-Vertus (Le), f. c^{ne} de Saint-Pierre-le-Moûtier, mentionnée en 1782 (arch. de Saint-Pierre).

Domaine-du-Loup (Le), h. c^{ne} d'Anlezy.

Domaine-Dubeau (Le), f. c^{ne} de Saint-Ouen. — 1766 (A. N.).

Domaine-Neuf (Le), f. c^{ne} d'Azy-le-Vif. — *Métairie Neuve* (Cassini).

Domaine-Neuf (Le), f. c^{ne} de Charrin.

Domaine-Neuf (Le), f. c^{ne} de Saint-Hilaire-Fontaine.

Domaine-Neuf (Le), f. c^{ne} de Saint-Jean-aux-Amognes.

Domaine-Neuf (Le), f. c^{ne} de Sémelay.

Domaine-Neuf (Le), h. c^{ne} de Fourchambault.

Domaine-Perralut (Le) ou Domaine-Préau, f. détr. c^{ne} de Saint-Pierre-le-Moûtier, mentionnée en 1782 (arch. de Saint-Pierre).

Domaine-Perreau (Le), f. c^{ne} de Decize. — *Les Perrots* (Cassini).

Domaine-Racot (Le), f. c^{ne} de Champvert. — *Orlange*, 1566 (A. D.). — *Durlange* (Cassini).

Domaine-Rénord (Le), f. c^{ne} de Saint-Pierre-le-Moûtier.

Domaine-Saint-Éloi (Le), h. et f. c^{ne} de Saint-Éloi.

Domaine-Trotet (Le), f. c^{ne} de Cercy-la-Tour.

Domixon, h. c^{ne} de Dampierre-sur-Bouhy.

Dommartin, c^{ne} de Château-Chinon. — *Dominus Martinus*, 1287 (reg. de l'év. de Nevers). — *Ecclesia de Dompno Martino*, 1331 (cens. du chapitre de Nevers). — *Donpmartin*, 1589 (S.).

Domont, h. c^{ne} de Mhère. — *Domon*, 1673 (arch. de Mhère). — *Daumont, d'Aumont, Daumon*, 1685 (reg. de Mhère).

Dompierre-sur-Héry, c^{ne} de Brinon-les-Allemands. — *Ecclesia Beati Petri de Domno Petro*, 1147 (Lebeuf, II, 39). — *Willelmus de Donna Petra*, 1163 (ibid. IV, 45). — *Cura de Dompna Petra unita cum de Bello Loco*, 1517 (pouillé de Nevers). — *Dompierre-sur-Hery*, 1623 (A. N.). — Fief de la châtell. de Montenoison.

Dompierre-sur-Nièvre, c^{ne} de Prémery. — *Apud Donam Petrum*, 1231 (arch. de l'Emp. J, 251, n° 11). — *La maison-fort de Dompierre-sur-Nièvre*, 1354 (Marolles). — *Dampre*, 1488 (A. N.). — *Dompetra-super-Nievram*, 1537 (pouillé d'Auxerre). — Fief de la châtell. de Donzy.

Domzy-Sancti-Germani, h. détruit, c^{ne} de Varennes-lès-Nevers, mentionné en 1331 (cens. du chap. de Nevers).

Don (Le), f. c^{ne} de Saint-Parize-en-Viry. — *Dudon-le-Terrier*, 1772 (A. D.). — Fief de la châtell. de Decize.

Donato, lieu détruit près d'Entrains, mentionné en 680 (cart. gén. de l'Yonne, II, p. xxxi).

Done (Le mont), c^{ne} de Millay, l'une des montagnes les plus élevées du Morvand.

Donjon ou de la Crèpe (Ruisseau de), affluent de la rivière du Saint-Michel, traverse les communes de Saint-Honoré et de Montaron.

Donjon (Le), h. c^{ne} de Nevers.

Donjon (Ruisseau de), affluent de l'Aron, c^{ne} de Champvert.

Donse (Bois de la), c^{ne} de Murlin.

Donziois (Le), petite contrée enclavée dans le Nivernais, qui, dans l'origine, faisait partie du pays des Sénonais; sa capitale était Donzy. Cette contrée s'étendait dans la partie nord du canton de Donzy, la partie ouest du canton de Varzy et le département de l'Yonne.

Donzy, arrond. de Cosne. — *Domiciacus*, vers 600 (cart. gén. de l'Yonne, I, p. xxxi). — *Donziacum*, 1190 (cart. de Bourras, ch. 3). — *Donzi*, xiie siècle (Bibl. hist. de l'Yonne, I, 425). — *Danziacum*, 1309 (*les Olim*, III, 357). — Chef-lieu d'une baronnie importante, vassale de l'évêché d'Auxerre, qui eut des seigneurs connus depuis le commencement du xie siècle. En 1199, Hervé IV, baron de Donzy, devint comte de Nevers; la baronnie de Donzy fut alors réunie au Nivernais.

Il y avait à Donzy une collégiale sous le vocable de saint Caradeuc, fondée au xiiie siècle; elle se composait d'un trésorier et de six chanoines. Il y avait aussi un couvent d'Augustines, congrégation de Notre-Dame.

Donzy était le chef-lieu d'un bailliage ressortissant au présidial d'Auxerre et d'une châtellenie qui comprenait cent quatre-vingt-quatre fiefs et s'étendait dans presque tout le canton de Donzy, dans la partie ouest des cantons de Varzy, de Saint-Amand et de Cosne et dans la partie nord-ouest du canton de Pouilly.

En 1790, le canton de Donzy, du district de Cosne, fut composé des communes de Colmery, Couloutre-la-Rivière, Donzy, Ménestreau-sous-Couloutre, Perroy, Sainte-Colombe-des-Bois, Suissy-les-Bois et Suilly-la-Tour.

La ville de Donzy porte pour armoiries *d'azur, à trois pommes de pin d'or*.

DÉPARTEMENT DE LA NIÈVRE.

Donzy-le-Pré, h. et cpl. ruinés, c⁰⁰ de Donzy. — Sancta Maria Donziaci, 1164 (Gall. christ. XII, col. 128). — Prioratus Beatæ Mariæ de Prato, 1515 (pouillé d'Auxerre). — Le Pré-lès-Donzy, 1709 (A. N.). — Prieuré de l'ordre de Saint-Benoît fondé en 1109.

Dordan, h. c⁰⁰ de Druy. — Durdain, 1580 (A. N.). — Jourdan (Cassini).

Doras, h. c⁰⁰ de Corvol-l'Orgueilleux. — Dordres (Cassini).

Doré, h. détruit, c⁰⁰ de Montambert, porté sur la carte de Cassini.

Doreaux (Les), f. c⁰⁰ de Diennes. — 1607 (A. N.). — Doreau, 1772 (A. D.). — Fief de la châtell. de Decize, vassal de la seigneurie de Châtillon-en-Bazois.

Doridots (Les), h. c⁰⁰ d'Arleuf.

Dornant, éc. c⁰⁰ de Devay. — Fief de la châtell. de Decize. — Dornand (Cassini).

Dornecy, c⁰⁰ de Clamecy. — Durneciacum villa, 1103 (cart. gén. de l'Yonne, II, 40). — Dornei, 1299 (les Olim, III, 20). — Dournecy, 1324 (mss de Baluze, cart. de la chambre des comptes de Nevers). — Dornecy, 1689 (reg. des fiefs). — Fief de la châtell. de Metz-le-Comte.

Dornes, arrond. de Nevers. — Villa quæ a nonnullis vocatur Dorna sacrata in honore sancti Juliani, 900 (arch. de l'év. d'Autun, charte de Saint-Andoche). — Dorne, 1332 (mss de Baluze, extr. de la chambre des comptes de Nevers). — Dornes eut une collégiale, composée d'un doyen et de quatre chanoines, fondée au commencement du XVIᵉ siècle; cet établissement religieux n'existait plus dès les premières années du XVIIIᵉ. — Fief important vassal de la baronnie de la Ferté-Chauderon. — Le vrai nom de ce bourg est Dorne.

Dornette (La), riv. prend sa source dans la commune de Dornes, et se jette dans l'Abron, après avoir traversé les communes de Saint-Parize-en-Viry et de Saint-Germain-Chassenay.

Dorne, h. c⁰⁰ de Luzy. — Dorne, 1757 (reg. de Luzy).

Dots (Les), f. c⁰⁰ de la Charité.

Douages (Les), h. et f. c⁰⁰ de Chantenay.

Douaire (La), éc. c⁰⁰ de Verneuil. — La Douare, 1607 (A. D.). — La Dohere, 1638 (Marolles). — Fief de la châtell. de Champvert.

Doucelline (La), riv. qui se jette dans la Loire, après avoir traversé les communes de la Marche et de la Charité.

Docdois, h. c⁰⁰ de Prémery. — Dodois (Cassini).

Doué (Le), éc. anc. fief, c⁰⁰ de Dommartin.

Douée (La), m. de camp. f. et forge, c⁰⁰ de Saint-Aubin-lès-Forges. — La Dohée, 1551 (A. N.). — La Douhée, 1579 (ibid.). — La Dhoué, 1658 (arch. de Soultrait). — Les Dhoues, 1660 (A. N.). — Fief vassal de la baronnie de Frasnay-les-Chanoines.

Doudos, h. c⁰⁰ de Baveau.

Doussas, h. c⁰⁰ de Cervon. — Dumsatio, vers 721 (cart. gén. de l'Yonne, II, 2). — Dumsatium, 864 (Gall. christ. IV, col. 58). — Douzas, XVIIᵉ siècle (reg. de Cervon). — Le fief de Brosse de Doussains, 1689 (reg. des fiefs). — Fief de la châtell. de Montreuillon.

Dousseaux, fief de la châtell. de Monceaux-le-Comte, mentionné en 1638 (Marolles). — Douceaux, 1689 (reg. des fiefs).

Dracy, h. c⁰⁰ de Sauvigny-les-Bois. — Druciacum, 1233 (A. N. fonds de Faye). — Drapey, 1444 (Marolles). — Le moulin neuf de Dracy, 1618 (C.). — Fief de la châtell. de Decize.

Dragée, h. c⁰⁰ de Moulins-Engilbert.

Draigne, h. c⁰⁰ de Villapourçon. — La Draigne, 1668 (reg. de Villapourçon). — Ce lieu donne son nom à un ruisseau qui se jette dans l'Aron, après avoir traversé les communes de Villapourçon, Onlay, Moulins-Engilbert et Vandenesse. — Rivière du Dragne, 1610 (terrier de Marry). — Rivière de Vandenesse, 1664 (S.). — La Draigne, 1673 (ibid.).

Draimont, f. c⁰⁰ d'Anthien.

Drazilly, f. anc. asile agricole, c⁰⁰ de Montaron. — 1764 (terrier de Poussery).

Drigny, h. c⁰⁰ de Colmery. — Drigny, 1655 (reg. de Colmery). — Dragny, XVIIᵉ siècle (ibid.).

Drillots (Les), h. c⁰⁰ de Millay.

Druzy, h. c⁰⁰ d'Héry. — Druzy, 1438 (A. N.).

Druvale (Les), h. détruit, c⁰⁰ de Lucenay-lès-Aix, mentionné en 1389 (A. N. procès-verbal des limites du Nivernais et du Bourbonnais).

Druy, c⁰⁰ de Decize. — Ecclesia Druiaeus, 966 (Gall. christ. XII, col. 318). — Druiacum, 1287 (reg. de l'év. de Nevers). — Moulin de Druy, 1368 (A. D.). — Drouy, 1580 (A. N.). — Druy-le-Marnai, 1760 (ibid.). — Druy-Parigny, depuis la réunion de la paroisse de Parigny, en 1790. — Première baronnie de l'évêché de Nevers, érigée en comté en octobre 1658, en faveur de Claude Marion, seigneur de Villeneuve et de Massonvilliers. A cette époque, le comté de Druy comprenait les paroisses de Béard, Druy, Marnay, Moûtiers-en-Glénon, Parigny, Saint-Ouen, Sougy et Varennes; il avait un bailliage où étaient portés les appels de cinq prévôtés, et qui ressortissait lui-même au bailliage de Saint-Pierre-le-Moûtier.

Dubanderie (La), h. c⁰⁰ de Couloutre.

Dubois (Les), h. c⁰⁰ de Cessy-les-Bois.

DÉPARTEMENT DE LA NIÈVRE.

Demets (Les), f. c⁽ⁿᵉ⁾ de Tresnay.

Dez (La), vill. détruit, c⁽ⁿᵉ⁾ de Parigny-les-Vaux, mentionné en 1585 (A. N.).

Drbotte (La), f. c⁽ⁿᵉ⁾ d'Alligny.

Dulcis, Dulciacus, lieu détruit, près d'Entrains, mentionné en 680 (cart. gén. de l'Yonne, II, p. xxx et xxxi).

Demesnils (Les), m. de camp. c⁽ⁿᵉ⁾ de Saint-Parize-en-Viry. — Les Demesnils, 1772 (terrier de Beauvoir).

Demphles, chât. et f. c⁽ⁿᵉ⁾ de Billy-Chevannes. — Dumflau, 1500 (A. N.). — Dumflaug, 1578 (ibid.). — Dumflaug, 1595 (ibid.). — Dumphlain, 1610 (A. D.). — Fief de la châtell. de Saint-Saulge.

Dun-les-Places, c⁽ⁿᵉ⁾ de Lormes. — Dunus, xiiiᵉ siècle (pouillé d'Autun). — Dung, 1514 (A. N.). — Du-

num, commencement du xvᵉ s. (pouillé d'Autun). — Dun-les-Places, 1590 (arch. de Vézignœux).

Dun-sur-Grandry, c⁽ⁿᵉ⁾ de Châtillon-en-Bazois. — Dunum, 1287 (reg. de l'év. de Nevers). — Dumgy, 1521 (C.). — Dun-sur-Grandrye, 1668 (reg. d'Aunay). — Dhun, Dun, D'hun, Dhung, 1760 (reg. de Dun). — Fief de la châtell. de Montreuillon, vassal du comté de Château-Chinon.

Duplessis, h. détruit, c⁽ⁿᵉ⁾ de Jailly.

Dupréz (Les), h. c⁽ⁿᵉ⁾ de Colmery. — Duprez, 1655 (reg. de Colmery).

Durand, f. c⁽ⁿᵉ⁾ de Chazrin.

Durand, f. c⁽ⁿᵉ⁾ de Decize.

Durands (Les), f. c⁽ⁿᵉ⁾ de Chantenay.

Dureines (Les), h. c⁽ⁿᵉ⁾ de Sémelay.

Duriat, f. c⁽ⁿᵉ⁾ de Cossaye.

E

Eaubues (Les), f. et chât. c⁽ⁿᵉ⁾ de Lormes. — Les Aubus, 1673; Aubus, 1701; Hauts-Buts, 1757 (reg. de Pouques). — Fief vassal de Lormes, dont le vrai nom est les Aubus.

Eau-Salée (L'), f. c⁽ⁿᵉ⁾ de Decize.

Eaux-de-Baches (Les), m⁽ⁿ⁾ et f. c⁽ⁿᵉ⁾ de Saint-Saulge.

Eaux-de-Marée (Les), m. c⁽ⁿᵉ⁾ de Mars.

Eaux Minérales (Les), établissement thermal, c⁽ⁿᵉ⁾ de Pougues.

Échaloirs, m. c⁽ⁿᵉ⁾ d'Imphy.

Échalotte (L'), h. c⁽ⁿᵉ⁾ de Préporché.

Échaneaux (Les), f. c⁽ⁿᵉ⁾ d'Ary-le-Vif.

Écharas (Bois des), c⁽ⁿᵉ⁾ de Challement.

Échard, m. c⁽ⁿᵉ⁾ de Rémilly.

Échelle (L'), m. c⁽ⁿᵉ⁾ de Saint-Ouen.

Écheneaux (Les), f. c⁽ⁿᵉ⁾ de Saint-Saulge.

Échenault (L'), h. c⁽ⁿᵉ⁾ de Saint-Honoré. — Lochenault, 1689 (reg. des fiefs). — L'Echenaut, vers 1700 (S.). — Fief de la châtell. de Moulins-Engilbert.

Échereau, f. c⁽ⁿᵉ⁾ de Corbigny. — Eschereust, 1463 (arch. de l'Yonne).

Échon, f. c⁽ⁿᵉ⁾ d'Anthien.

Échos (Les), h. c⁽ⁿᵉ⁾ de Saint-Léger-des-Vignes.

Écluse (L'), écl. sur le canal du Nivernais, c⁽ⁿᵉ⁾ d'Asnois.

Écluse (L'), m. c⁽ⁿᵉ⁾ de Fleury-sur-Loire.

Écluse (L'), m. c⁽ⁿᵉ⁾ de Marigny-sur-Yonne.

Écluse (Moulin de l'), à Clamecy, mentionné en 1581 (Marolles).

Écluse d'Armes, écluse sur le canal du Nivernais, c⁽ⁿᵉ⁾ de Chevroche.

Écluse de Basseville, écl. sur le canal du Nivernais, c⁽ⁿᵉ⁾ de Pousseaux.

Écluse de Brèves, écl. sur le canal du Nivernais, c⁽ⁿᵉ⁾ d'Asnois.

Écluse de Châtillon, écluse sur le canal latéral, c⁽ⁿᵉ⁾ de Cossaye.

Écluse des Mortes (L'), m. c⁽ⁿᵉ⁾ de Tannay.

Écluse du Mont, écluse sur le canal du Nivernais, c⁽ⁿᵉ⁾ de Dirol.

Écorchiers (L'), m. c⁽ⁿᵉ⁾ de Lormes. — Lacorchien, 1701: Corchechien, 1779 (reg. de Lormes).

Écorsin (L'), h. et f. c⁽ⁿᵉ⁾ d'Annay.

Écossin, f. c⁽ⁿᵉ⁾ de Bazoches.

Écots (Les Grands-), chât. c⁽ⁿᵉ⁾ de la Machine. — Villagium de Escotis, 1382 (A. N.). — Les Escoz, 1382 (ibid.). — Les Escaux, 1386 (Marolles). — Les Escoetz, 1542 (A. N.). — Les Escots, 1604 (ibid.). — Les Escots, 1610 (A. D.). — Fief de la châtell. de Decize, vassal de Thianges.

Écots (Les Petits-), f. c⁽ⁿᵉ⁾ de la Machine.

Écourieux (Les), h. c⁽ⁿᵉ⁾ de Menou.

Égaré (L'), f. c⁽ⁿᵉ⁾ de Saint-Parize-le-Châtel. — Les Esgarez, 1534 (A. D.).

Église (L'), faubourg de la ville de Lormes.

Église (L'), m. c⁽ⁿᵉ⁾ de Béard.

Église (Bois de l'), c⁽ⁿᵉ⁾ de Brèves.

Égreuil, château et moulin, commune d'Aunay. — Aigreuille, 1669 (reg. d'Aunay). — Egreuille, 1675 (ibid.).

Éguilly, f. et écluse, c⁽ⁿᵉ⁾ d'Alluy. — Aguilly, 1428 (A. N.). — Aguillin, 1440 (ibid.). — Aiguilly, 1500

9.

(Lury). — Aiguely, 1668 (reg. d'Aunay). — Le vrai nom de ce lieu est Aiguilly.

Élans (Bois des), c^ne de Planchez. — Les Landes, 1177 (arch. de l'Yonne, fonds de Reigny).

Émerys (Les), f. c^ne de Saint-Ouen. — Les Emerys, 1650 (A. N.).

Émiercy (L'), h. et tréfilerie, c^ne de Donzy. — Cette usine fut fondée, en 1659, par ordre du cardinal Mazarin.

Empoissonné, h. c^ne de Dampierre-sur-Bouhy. — Le Poussuit (Cassini).

Empury, c^ne de Lormes. — Ampuregum, xive siècle (pouillé d'Autun). — Fief de la châtell. de Montreaux-le-Comte et Neuffontaines.

Ès-Bel-Air, m. c^ne de Brinon.

Ès-Champconey, lieu détruit, c^ne de Saint-Révérien, mentionné en 1678 (A. N.).

Esdrages (Les), f. c^ne de Saint-Honoré. — Les Laurents, xviiie siècle (reg. de Saint-Honoré).

Esves, éc. c^ne de Magny-Cours.

Enfert, h. c^ne de Mhère. — Enffert, 1575 (Marolles). — Enfer, 1636 (ibid.). — Fief de la châtell. de Montreuillon.

Ès-Leray, m. détruite, c^ne de Saint-Léger-des-Vignes, mentionnée en 1607 (A. D.).

Ès-Meigny, h. c^ne de Planchez.

Ès-Piéau, m. c^ne de Châtin.

Ès-Riaulon, m. de camp. c^ne de Sermages.

Ensèches (Les), h. c^ne de Bitry. — Les Ansêches, xviie siècle (reg. de Bitry).

Ès-Sus, f. c^ne de Beaumont-la-Ferrière.

Estonnois (L'), f. c^ne de Donzy.

Entrains-sur-Nohain, c^ne de Varzy. — Intaranum, iie siècle (inscription d'Autun). — Interanum, vi^e siècle (Bibl. hist. de l'Yonne, I, 124). — Interamnis, vers 600 (Lebeuf, IV, 2). — Intranimeis, vers 680 (cart. gén. de l'Yonne, I, 120). — Interranum, ixe siècle (Bibl. hist. de l'Yonne, I, 311). — Interrannis, 1120 (cart. de Bourras, ch. 1). — Hugo de Interamiis, 1205 (A. N. fonds de Fontenay). — Interranum villa, vers 1210 (Lebeuf, IV, 71). — Antrain, 1496 (arch. de l'Yonne). — Entrain, 1562 (épitaphe dans l'église paroissiale). — Antrain, 1672 (arch. de l'Yonne). — Entrin, 1678 (ibid.). — Entrains possédait un prieuré simple, de l'ordre du Val-de-Choux, du nom de Saint-Nicolas de Réveillon, et une communauté de religieuses urbanistes. — Cette ville était le siège de l'une des châtellenies du duché, comprenant quarante-cinq fiefs, situés pour la plupart dans le département de l'Yonne.

En 1790, le canton d'Entrains, dépendant du district de Clamecy, était composé des communes de la Chapelle-Saint-André, de Corbelin et d'Entrains.

Entrezy, m. de camp. c^ne d'Avrée. — 1390 (A. N.). Antrezy, 1507 (ibid.).

Envers, h. c^ne de Glux. — Anvers (Cassini).

Ès-Volis, f. c^ne de Brinon.

Épeau - L'Abbaye (L'), c^ne de Donzy, église ruinée, m. de camp. et forge, c^ne de Donzy ; prieuré important de l'ordre du Val-de-Choux, fondé en 1214 par Hervé de Donzy, comte de Nevers. — Spallum, vers 1215 (Bibl. hist. de l'Yonne, I, 374). — Espallum, Lepau, 1246 (ms. de Baluze, extr. du cart. de la chambre des comptes de Nevers).

Épenoux (L'), f. c^ne de Nevers. — Leperou, 1651 (A. N.).

Épinay, lieu détruit, c^ne de Saint-Jean-aux-Amognes, mentionné en 1650 (S.). — Aspinay, Appinay, 1499 (S.).

Épinières (Bois des), c^ne de Saint-Parize-le-Châtel.

Épiry, c^ne de Corbigny. — Sipiciacum, 721 (cart. gén. de l'Yonne, II, 2). — Sipitiacum, 864 (Gall. christ. IV, col. 58). — Ecclesia de Spiriaco, 1129 (ibid. XII, col. 339). — Espiriacum, 1287 (reg. de l'év. de Nevers). — Espiry, 1406 (arch. de Marcilly). — Apiry, 1527 (Marolles). — Piry, 1689 (reg. des fiefs). — Fief de la châtell. de Montenoison.

Époisses (Bruyère des), champ renfermant une motte considérable entourée de fossés, c^ne de Toury-Lurcy. — Johannes de Espoissiis, 1292 (C.). — La terre des Espoisses de Lurcy, 1464 (Marolles). — Les Espoisses, 1512 (A. D.). — La Motte-ès-Espoisses, 1638 (Marolles). — Fief de la châtell. de Decize.

Ermitage (L'), h. c^ne de Rix. — L'Hermitage (Cassini).

Ermitage (L'), m. c^ne de Coulanges-lez-Nevers ; anc. dépendance de la maison des Capucins de Nevers.

Escame, h. c^ne de Moulins-Engilbert.

Eschameaux (Les), h. détruit, c^ne d'Alligny - en - Morvand, mentionné en 1649 (terrier d'Alligny).

Eschenault (L'), h. c^ne de Glux. — Les Chenault, 1657 (A. N.). — Le Chenau (Cassini).

Eschines (Les), fief de la châtell. de Monceaux-le-Comte, mentionné en 1689 (reg. des fiefs).

Espesse (Nemus de), c^ne de Pouques, mentionné en 1233 (Gall. christ. IV, col. 96).

Espeuilles, chât. et h. c^ne de Montapas. — Apuille, 1309 (Marolles). — Espeuille, 1339 (ibid.). — Aspeuille, 1367 (ibid.). — Espeuilles, 1557 (Lory). — Fief de la châtell. de Saint-Saulge.

Espinard, fief de la châtell. de Montenoison, mentionné en 1689 (reg. des fiefs).

Essard (L'), fief, c^{ne} de Chevenon, mentionné en 1352 (Marolles).

Essards (Les), fief de la châtell. de Clamecy, mentionné en 1689 (reg. des fiefs).

Essards (Les), fief de la châtell. de Montenoison, mentionné en 1689 (reg. des fiefs).

Essards-Chesnot (Les), fief de la châtell. de Montreuillon, mentionné en 1689 (reg. des fiefs).

Essart, lieu détruit, c^{ne} de Châtillon, mentionné en 1293 (S.).

Essart (L'), lieu détruit, c^{ne} de Chaulgnes, mentionné en 1521 (A. N.).

Essartées (Champs des), près de Châtillon, mentionné en 1272 (S.). — *Maison d'Assarties*, 1326 (Marolles).

Essarts (Bois des), près de Moulins-Engilbert, mentionné en 1673 (S.).

Essarts (Les), vill. c^{ne} de Saint-Ouen. — *Rodulphus de Essartis*, 1097 (Gall. christ. XII, col. 335). — *Johannes de Essartiz*, 1355 (cens. de l'év. de Nevers). — *Les Essards*, 1650 (A. N.).

Esselier (L'), écluse sur le canal du Nivernais, c^{ne} de Villiers-sur-Yonne.

Essert (Bois d'), c^{ne} d'Oulon.

Estang-Aubout (L'), fief de la châtell. de Cercy-la-Tour, mentionné en 1638 (Marolles).

Estang-Berthelon (L'), fief de la châtell. de Luzy, mentionné en 1638 (Marolles).

Estang-Daply (L'), fief de la châtell. de Luzy, mentionné en 1638 (Marolles).

Estang-Dardenas (L'), fief de la châtell. de Saint-Saulge, mentionné en 1638 (Marolles).

Estang-de-Besse (L'), fief de la châtell. de Decize, mentionné en 1638 (Marolles).

Estang-de-Fontjudas (L'), fief de la châtell. de Decize, mentionné en 1638 (Marolles).

Estang-de-la-Besarde (L'), fief de la châtell. de Decize, mentionné en 1638 (Marolles).

Estang-de-Laudras (L'), fief de la châtell. de Saint-Saulge, mentionné en 1638 (Marolles).

Estang-de-la-Varnée (L'), fief de la châtell. de Luzy, mentionné en 1638 (Marolles).

Estang-de-la-Vernaye (L'), fief de la châtell. de Decize, mentionné en 1638 (Marolles).

Estang-de-Marry (L'), fief de la châtell. de Moulins-Engilbert, mentionné en 1638 (Marolles).

Estang-de-Montmartinge (L'), fief de la châtell. de Decize, mentionné en 1638 (Marolles).

Estang-de-Montreuillon (L'), fief de la châtell. de Montreuillon, mentionné en 1638 (Marolles).

Estang-de-Moulin-de-la-Chapelle (L'), fief de la châtell. de Luzy, mentionné en 1638 (Marolles).

Estang-de-Richery (L'), fief de la châtell. de Savigny-Poil-Fol, mentionné en 1638 (Marolles).

Estang-de-Varriol (L'), fief de la châtell. de Decize, mentionné en 1638 (Marolles).

Estang-de-Crot-Guillaume (L'), fief de la châtell. de Cercy-la-Tour, mentionné en 1638 (Marolles).

Estang-de-Moulin-de-Chosat (L'), fief de la châtell. de Luzy, mentionné en 1638 (Marolles).

Estang-Morand (L'), fief de la châtell. de Champallement, mentionné en 1638 (Marolles).

Estang-de-Moulin-de-la-Planche (L'), fief de la châtell. de Luzy, mentionné en 1638 (Marolles).

Estang-Neuf-de-Cossaye (L'), fief de la châtell. de Decize, mentionné en 1638 (Marolles).

Estang-Nottre-de-la-Guette (L'), fief de la châtell. de Cercy-la-Tour, mentionné en 1638 (Marolles).

Estang-Poirroy (L'), c^{ne} de Brassy; donne son nom au bois dans lequel il se trouve.

Estang-Pré-Coquille (L'), fief de la châtell. de Champvert, mentionné en 1638 (Marolles).

Estapes (Les), fief de la châtell. de Monceaux-le-Comte, mentionné en 1689 (reg. des fiefs).

Esthire (Forest d'), c^{ne} de Montpas, mentionnée en 1453 (A. N.).

Estolle, fief de la châtell. de Châteauneuf-Val-de-Bargis, mentionné en 1689 (reg. des fiefs).

Estolles (Les), fief de la châtell. de Clamecy, mentionné en 1689 (reg. des fiefs).

Estocs, fief de la châtell. de Luzy, mentionné en 1689 (reg. des fiefs).

Estroches, f. c^{ne} de Lâché-Assart. — *Estraulches*, 1582 (Marolles). — *Les Trouches*, 1591 (ibid.). — *Les Troches*, 1602 (A. N.). — *Les Trosses*, 1604 (S.). — Fief de la châtell. de Saint-Saulge, vassal de Crux.

Étang (L'), f. c^{ne} de Moulins-Engilbert. — *Lestang*, 1554 (arch. de Vaudenesse). — Fief de la châtell. de Moulins-Engilbert.

Étang (L'), f. c^{ne} de Neuvy. — *L'Estang*, 1580 (reg. de Neuvy).

Étang (L'), f. c^{ne} de Sardolles. — *Stagnum*, 1355 (censier du chap. de Nevers). — Fief de la châtell. de Decize.

Étang (L'), f. c^{ne} de Tracy.

Étang (L'), h. et mⁱⁿ, c^{ne} d'Aunay. — *Moulin de Lestang*, 1588 (C.).

Étang (L'), m. c^{ne} de Saxy-Bourdon. — *La Queue-de-l'Étang* (Cassini).

Étang-Arrault (Ruisseau de l'), affluent de l'Aron, c^{ne} de Cercy-la-Tour. — 1610 (S.).

Étang-au-Prot (Ruisseau de l'), affluent de la Colâtre, c^{ne} de Saint-Parize-le-Châtel.

Étang-Bourdeau (L'), m. de garde, c.ⁿᵉ de Saint-Pierre-le-Moûtier.
Étang-Casse (L'), h. cⁿᵉ de Luzy.
Étang-Chols (L'), m. cⁿᵉ de Dommartin.
Étang-Closet (Ruisseau de L'), affluent de la Dornette, cⁿᵉ de Neuville-lez-Decize.
Étang-de-Charrière (Ruisseau de L'), prend sa source dans l'étang de ce nom, cⁿᵉ d'Empury, et se jette dans la Cure à Domecy (Yonne).
Étang-de-Chourat (L'), fief de la châtell. de Donzy, mentionné en 1689 (reg. des fiefs).
Étang-de-Grenadci (Ruisseau de l'), affluent de la Loire, cⁿᵉ de Decize. — Ruisseau des Chagrines, 1743 (A. D.).
Étang de la Perle (L'), faubourg de Lormes.
Étang de Ligny (L'), cⁿᵉ de Saint-Franchy.
Étang-des-Alouettes (Ruisseau de l'), affluent de l'Anguison, cⁿᵉ de Gâcogne.
Étang-des-Granges (L'), h. cⁿᵉ de Cosne. — L'Étang-les-Granges (Cassini).
Étang-des-Poids (L'), h. cⁿᵉ d'Alligny-en-Morvand.
Étang-Doré (Ruisseau de L'), affluent de l'Auxois, cⁿᵉ de Lormes.
Étang du Fond-Thomas (L'), cⁿᵉ de Crux; prend son nom de l'Ermitage de Saint-Thomas, porté sur la carte de Cassini.
Étang-de-Fourneau (L'), m. cⁿᵉ de Fleury-sur-Loire.
Étang du Merle (L'), cⁿᵉ de Saint-Franchy.
Étang-Fourché (L'), h. cⁿᵉ de Fours.
Étang Godille (L'), près de Sémelay, mentionné en 1648 (C.).
Étang-Millet (L'), h. cⁿᵉ de Toury-Lurcy.
Étang-Millot (L'), h. cⁿᵉ de Sougy.
Étang-Neuf (L'), éc. cⁿᵉ de Lucenay-les-Aix.
Étang Neuf (L'), cⁿᵉ de Parigny-la-Rose. — Étang de Bechereau (Cassini).
Étang Neuf (L'), cⁿᵉ de la Collancelle, grand étang servant à alimenter le canal du Nivernais.
Étang-Paul (L'), m. cⁿᵉ de Lormes.
Étang-Poirrot (Bois de l'), cⁿᵉ de Brassy et de Dun-les-Places.
Étang-Poulain (L'), f. cⁿᵉ de Saint-Seine.
Étang-Quincampoix (L'), f. cⁿᵉ de Sardy; fief vassal du comté de Château-Chinon, mentionné en 1702 (Marolles).
Étang-Serot, h. cⁿᵉ de Lucenay-les-Aix.
Étang-Tortereau (L'), h. cⁿᵉ de Fours. — L'estang de Hartehier, 1638 (Marolles). — Fief de la châtell. de Cercy-la-Tour.
Étang Vallon (L'), cⁿᵉ de Saint-Saulge.
Étang-Verbois (L'), éc. cⁿᵉ de Lucenay-les-Aix.
Étang (Les), éc. cⁿᵉ de Cosne. — Bussy (Cassini).
Étoile (L'), h. cⁿᵉ de Neuville-lez-Decize. — Loteil (Cassini).
Étoille (L'), f. cⁿᵉ de Poussignol-Bléume. — Estoules, 1490 (arch. de Quincize). — Estoulles, 1689 (reg. des fiefs). — Fief de la châtell. de Moulins-Engilbert, vassal du comté de Château-Chinon.
Etteraux, chât. et f. cⁿᵉ de Poil. — Esteraul, 1281 (C.). — Estevaulx, 1518 (reg. de Poil). — Estuaulx, 1520 (C.). — Esteraulx, 1529 (ibid.). — Esterault, 1556 (S.). — Etuau, 1558 (C.). — Estuelle, 1626 (reg. de Luzy). — Estiat, Estuaul, 1628 (ibid.). — Fief double de la châtell. de Luzy.
Ettivaux (Les), h. cⁿᵉ de la Charité. — Étireau (Cassini).

Eugnes, h. cⁿᵉ de Chaulgnes. — Huygnes, 1355 (censier du chap. de Nevers). — Euguen, 1600 (A. N.). — Eugne, 1604 (ibid.). — Heugne, 1731 (reg. de Chaulgnes). — Heugnes, 1761 (ibid.).
Eugny, écluse, cⁿᵉ de Chaumot-sur-Yonne.
Eugny, f. cⁿᵉ de Chaumot-sur-Yonne. — Ugny, 1451 (Marolles). — Eugny-sur-Yonne, 1473 (A. N.). — Ugnes, 1504 (ibid.). — Heugny, 1505 (lièves d'Eugny). — Fief de la châtell. de Monceaux-le-Comte, dont une partie relevait d'Ardan.
Eugny, mⁿ, cⁿᵉ de Chaumot-sur-Yonne. — Les Molins d'Heugny, 1505 (lièves d'Eugny).
Eubosse (L'), h. cⁿᵉ de Langeron.
Évêque (L'), h. cⁿᵉ de Châteauneuf. — L'Évesque, 1660 (reg. de Châteauneuf).
Évry (Les), mⁿˢ, cⁿᵉ de Neuvy-sur-Loire.
Évry-d'en-Bas et Évry-d'en-Haut, h. cⁿᵉ de Saint-Loup. — Evry, 1503 (inv. de Villemoison).
Ézeville, h. détruit, cⁿᵉ de Saint-Loup, mentionné en 1351 (inv. de Villemoison).

F

Faches, h. cⁿᵉ d'Anlezy. — La Fache, 1650 (terrier de Saint-Firmin).
Fachin, h. cⁿᵉ de Château-Chinon-Campagne. — Villa de Faschien, 1317 (C. accord entre l'abbé de Bellevaux et le curé de Château-Chinon). — Faschen, 1670; Fachins, 1671 (reg. de Château-Chinon). — Fief faisant partie du marquisat de la Tournelle.
Il donne son nom à un ruisseau affluent de l'Yonne.

DÉPARTEMENT DE LA NIÈVRE

FICHES (MOULIN DE), m⁺⁵. C⁽ᵉ⁾ de Château-Chinon-Campagne.

FABRAS (BOIS DE), c⁽ᵉ⁾ de Lormes.

FALAIS, fief de la châtell. de Luzy, mentionné en 1638 (Marolles).

FANCY, h. c⁽ᵉ⁾ de Courcelles.

FANCY, h. c⁽ᵉ⁾ de Saint-Pierre-du-Mont. 1766 (terrier de Saint-Pierre-du-Mont).

FARD (RUISSEAU DE), affluent de la rivière de Chaluux, c⁽ᵉ⁾ de Brassy.

FARGEATS (LES), m. de camp. et f. c⁽ᵉ⁾ de Varennes-lès-Nevers. — Rue des Fargeats, 1432 (A. N.).

FARIAS, éc. c⁽ᵉ⁾ d'Azy-le-Vif.

FAU (LA), m. de camp. c⁽ᵉ⁾ de Boulon.

FATISSÉ, f. c⁽ᵉ⁾ d'Azy-le-Vif. — Luvagerie Fatisget. 1750 (arch. de Saint-Pierre-le-Moûtier).

FAUBOULAIS, chapelle, c⁽ᵉ⁾ de Corancy. — Notre-Dame-de-Fouboulais (Cassini). — Ce lieu a donné son nom à un ruisseau affluent de l'Oussière.

FAUCRAY, fief de la châtell. de Donzy, mentionné en 1638 (Marolles).

FAULLES (LES), f. c⁽ᵉ⁾ d'Arquian. — Les Faulles (Cassini).

FAULIEC, m. c⁽ᵉ⁾ de Druy.

FAULIN, m⁺⁵. c⁽ᵉ⁾ de Saint-Léger-de-Fougeret. — Foresta de Faulin, 1243 (arch. de l'église de Villapourçon). — Folains, 1314 (Marolles). — Maison de Faulin, 1356 (A. N.). — Folin, 1691 (reg. de Villapourçon). — Autrefois chapelle et fief de la châtell. de Luzy.

FAULNAU, h. c⁽ᵉ⁾ de Cosne.

FAUX (LES GRANDS ET LES PETITS), h. c⁽ᵉ⁾ de Crux-la-Ville. — Grand et Petit Faux (Cassini).

FAVEROLLES, fief de la châtell. de Donzy, mentionné en 1689 (reg. des fiefs). — Faverolles, 1638 (Marolles).

FAVILLIERS (MOULIN DE), près de Meauce, c⁽ᵉ⁾ de Saincaize, mentionné en 1557 (A. N.).

FAVOTTERIE (LA), m. c⁽ᵉ⁾ d'Arquian. — La Favotterie (Cassini).

FAVRAY, chât. c⁽ᵉ⁾ de Saint-Martin-du-Tronsec. — Favaray, 1369 (Marolles). — Favaray, 1454 (ibid.). — Fief de la châtell. de Donzy.

FAVRAY (GRAND et PETIT), éc. c⁽ᵉ⁾ de Saint-Martin-du-Tronsec. — Haut et Bas Favri (Cassini). — Ces lieux ont donné leur nom à un ruisseau affluent du ruisseau de Jaigne.

FAY (BOIS DE), c⁽ᵉ⁾ de Nannay. — Faia, 1120 (cart. de Bourras, ch. 3). — Nemus quod vocatur Fey, 1132 (ibid. ch. 6). — Bois de Faye, 1352 (mss de Baluze, extr. du cart. de la chambre des comptes de Nevers).

FAY (BOIS DE), lieu-dit, c⁽ᵉ⁾ de Parigny-lès-Vaux, mentionné en 1249 (S.).

FAY, chât. et c⁽ᵉ⁾ de Verneuil. — La Faye, 1243 (Marolles). — Fay, 1370 (ibid.). — Fay, 1441 (ibid.). — Fays, 1610 (A. D.). — Fays, 1700 (Plan à la Bibl. imp.). — Fief de la châtell. de Cercy-la-Tour, puis de celle de Decize, qui donne son nom à un bois voisin. — Bois de Faye, 1512 (A. N.).

FAYE, h. c⁽ᵉ⁾ de Saurigny-lès-Bois; prieuré de l'ordre de Grandmont. — Faia, 1120 (Lebeuf, II. 30). — Faya, 1203 (A. N.). — Prioratus de Lafaye, 1300 (ibid. fonds de Faye). — Nostra-Dama de Foye-lès-Nevers, 1506 (S.).

FAYE (BOIS DE), c⁽ᵉ⁾ de Sermaize. — Maison de Fay. 1362 (Marolles).

FAYE (BOIS DE), c⁽ᵉ⁾ de Sichamps.

FAYE (BOIS DE LA), près de Marzy, mentionné en 1263 (Bulliot, II. 114).

FAYE (LA), h. c⁽ᵉ⁾ de Châtin.

FAYE (LA), h. c⁽ᵉ⁾ de Montsauche. — La Faux, 1618 (reg. de Montsauche).

FAYE (LA), h. c⁽ᵉ⁾ de Rémilly. — Faye, 1678 (A. N.).

FAYE (LE GRAND), f. c⁽ᵉ⁾ de Sougy. — Le Fay, 1488 (A. D.).

FAYE (LE PETIT), f. c⁽ᵉ⁾ de Sougy. — Le Petit-Fay. 1488 (A. D.).

FERMES (LOCATURE DES), locaturie, c⁽ᵉ⁾ de Chevenon.

FERASGE, h. c⁽ᵉ⁾ d'Azy-le-Vif.

FERASGE (LA), f. c⁽ᵉ⁾ de Saincaize.

FERELLERIE (LA), h. c⁽ᵉ⁾ de Guérigny.

FERANDERIE (LA), forge. c⁽ᵉ⁾ de Champlemy.

FERBLANTERIE (LA), h. et anc. usine, c⁽ᵉ⁾ de Coulanges-lès-Nevers. Cette usine avait été établie en 1665.

FERME-DES-PLATS (LA), m. c⁽ᵉ⁾ de Marigny-l'Église.

FERME-DE-VRAC (LA), f. c⁽ᵉ⁾ d'Arvril.

FERMETÉ (LA), c⁽ᵉ⁾ de Saint-Benin-d'Azy; prieuré de femmes de l'ordre de Saint-Benoît, fondé en 1145. — Monasterium de Firmitate, 1145 (Gall. christ. XII, col. 117). — La Ferté, 1191 (cart. gén. de l'Yonne, II, 433). — Firmitas monialium, 1290 (A. N. fonds de l'abb. de Notre-Dame de Nevers). — La Ferté es Nonnains, 1630 (C. charte de l'abb. de Bellevaux). — La Ferté aux Nonnains, 1494 (A. N.). — Couvent de La Ferté-sur-Lizaurre, 1535 (S.). — Le Prieuré aux Nonnains de La Ferté, 1560 (aliénation des biens du clergé). — La Fermeté-sur-Lizaurre, 1575 (A. N.). — Fief de la châtell. de Nevers.

Ce lieu a donné son nom à un bois voisin, dont une partie est appelée, en 1317, Foresta de Deffens (S.) et dont l'autre, à la même date, est nommée Foresta de Pomart (S.).

FERMETÉ (LA). m. de camp. c^ne de Varennes-lez-Nevers.
FERMETÉ (LA). m^on. c^ne de la Fermeté.
FERRASSERIE (LA). m. c^ne de Champvoux.
FERRECHAT, fief de la châtell. de Cercy-la-Tour, mentionné en 1638 (Marolles).
FERRE (LE). m. c^ne de Saint-Amand.
FERRIÈRE, f. c^ne d'Entrains. — Ferrieres, 1389 (Marolles). — Fief de la châtell. d'Entrains, vassal du Chesnay.
FERRIÈRE, f. c^ne de Montigny-sur-Canne; donne son nom à un ruiss. affluent de la Canne. — Ferrières, 1689 (reg. des fiefs). — Fief de la châtell. de Cercy-la-Tour.
FERRIÈRE, fief, c^ne de Saint-Verain, mentionné en 1689 (reg. des fiefs).
FERRIÈRE, h. c^ne de Chatillement. — Ferrières, 1689 (reg. des fiefs). — Fief de la châtell. de Moncenoux-le-Comte.
FERRIÈRE (LE GRAND et LE PETIT), h. c^ne de Sainte-Colombe. — Ferrières, 1382 (Marolles). — Ferrières, 1604 (reg. de Cercy-les-Bois). — Fief de la châtell. de Donzy. — Le vrai nom de ces six dernières lieux est Ferrières.
FERRIÈRE (LA), f. c^ne de Champlemy.
FERRIÈRE (LA), h. c^ne d'Alligny-en-Morvand.
FERRIÈRES, fief de la châtell. de Montenoison, mentionné en 1638 (Marolles).
FÉSAY (LE), f. c^ne de Corvol-l'Orgueilleux. — Le Fesy (Cassini).
FERTÉ (LA), châtell. et dépend. c^ne de Chantenay. — Caldarus dominus Firmitatis, 1195 (A. N.). — Feritas, 1231 (arch. de l'Emp. charte d'affranchissement de Nevers). — La Ferté, 1262 (Marolles). — Arnulphus Chauderon, dominus de Firmitate, 1267 (A. N.). — Firmitas-Chalderonis, 1269 (les Olim, I, 297). — La Ferte-Chauderon, 1389 (A. N.). — La Ferte Chaulderon, 1480 (ibid.). — Vicaria de Firmitate Calderonis, 1478 (pouillé de Nevers). — La Ferte Chaudron, 1668 (A. N.). — Fief de la châtell. de Nevers. — Première baronnie du Nivernais, dont les seigneurs avaient, entre autres droits importants, celui de battre monnaie; ils étaient chanoines de la cathédrale de Nevers. La baronnie de la Ferté avait pris son nom de ses premiers seigneurs; ayant été acquise au XVIIIe siècle par la famille Andrault de Langeron, elle prit le nom de la Ferté-Langeron, qu'elle a porté jusqu'à la Révolution.
FERTÉ (LA), fief de la châtell. de Decize, mentionné en 1689 (reg. des fiefs).
FERTÉ (LA), m^on détruit, c^ne de la Fermeté, porté sur la carte de Cassini.

FERTERAIL, lieu détruit, c^ne de Varennes-lez-Nevers mentionné en 1543 (A. N.).
FERTEROT, chât. et h. c^ne de Gimouille.
FERTREVE, c^ne de Saint-Benin-d'Azy. — Fertreve, 1300 (A. N.). — Paroisse de Saint-Cy-Ferterive, 1513 (ibid.). — Ecclesia parrochialis Sancti Sipheriani de Siaunciaco Vetere Rapis, 1547 (ibid.). — Ferterive, 1610 (S.). — Cette commune a porté jusqu'en 1856 le nom de Saint-Cy-Ferterive.
FESLOT (LE), h. c^ne du Bouhy.
FESSEL (Étang de), grand étang auj. détruit, c^ne de Neuville-lez-Decize, mentionné en 1670 comme appartenant au prieuré de Montenuzon (aliénation des biens du clergé).
FESSELI, fief de la châtell. de Clamecy, mentionné en 1638 (Marolles).
FÉTIGNY, h. c^ne d'Alligny-en-Morvand. — La maison forte de Fetigny, 1233 (Marolles). — Fief de la châtell. de Liernais et Saint-Brisson.
FEUILLATS (LES), h. c^ne d'Anlezy.
FEUILLE, h. c^ne de Saint-Révérien. — Feuille, 1678 (A. N.).
FEUILLE, h. c^ne d'Ursy. — Feule, 1316 (A. N.). — Feule, 1355 (cens. du chap. de Nevers). — Feulle, 1513 (A. N.).
FEUILLÉE (LA), h. c^ne de Cercy-la-Tour.
FEUILLERS (LES), h. c^ne d'Avril.
FEUILLOT (LE), h. c^ne de Ciez. — Feuillot (Cassini).
FEUILLOUX, h. et chapelle ruinée, c^ne d'Avril; ancienne commanderie de l'ordre du Temple, puis de celui de Saint-Jean-de-Jérusalem. — Foulloux, 1287 (reg. de l'év. de Nevers). — Maison des Fos Loux, 1319 (Marolles). — Foulloux, 1389 (ibid. limites du Nivernais et du Bourbonnais). — Feuilloux, 1389 (A. N.). — Les Hospitalliers de Feuillox, 1443 (A. N. fonds de l'év.). — Lospital de Fouloux, 1518 (S.). — Folioux, 1525 (ibid.). — Le Feuilloux, Foulloux, 1554 (ibid.). — Le Feuilloux, 1632 (ibid.). — Ce lieu a donné son nom à un bois voisin, situé sur la commune de Saint-Parize-le-Châtel.
FEUILLOCZ, h. c^ne de Brinon. — Foulloux, 1479 (A. N. fonds du chap.).
FEULLE, h. détruit, c^ne de Magny-Cours, mentionné en 1487 (A. N.).
FÈVRES (LES), h. c^ne de Planchez.
FEY (LA), f. c^ne de Billy-sur-Oisy. — Fey-Saint-Estienne, 1638 (Marolles). — Fief de la châtell. de Billy.
FEZ, f. c^ne d'Alligny. — Le Fey (Cassini). — Le vrai nom de ce lieu est le Fey.
FILLE-MORTE (LA), m. c^ne de Limanton.

DÉPARTEMENT DE LA NIÈVRE.

Fillots (Les), f. c^{ne} de Dornes.

Filloise (La), h. c^{ne} de Suilly-la-Tour. — *La Folaise*, 1371 (Marolles). — *La Grange de La Foilloise*, 1667 (ibid.). — *Feuilloase*, 1775 (arch. de Suilly-la-Tour). — Fief vassal de Suilly-la-Tour.

Filos (Le), m. c^{ne} de Surgy. — *Le Foulas* (Cassini).

Fis, h. détruit, c^{ne} d'Ourouer, mentionné en 1322 (Marolles).

Fis, h. c^{ne} de Sain. — *Rafain*, 1648 (reg. de Soulfontaines). — Fief de la châtell. de Monceaux-le-Comte.

Fiole (La), h. c^{ne} de Planchez. — *La Phiole*, 1696 (reg. de Planchez).

Flacy, fief de la châtell. de Savigny-Poil-Fol, mentionné en 1638 (Marolles).

Flassot, h. c^{ne} de Neuilly. — *Flacy*, 1478 (A. N.).

Flety, c^{ne} de Luzy. — *Flatty*, 1309 (Marolles). — *Flaty*, 1412 (C.). — *Flactiacus* (pouillé d'Autun). — *Fleity*, 1530 (C.). — *Flogty*, 1548 (ibid.). — *Fleicty*, 1555 (ibid.). — *Chastel de la Mouthe de Flaty*, 1557 (ibid.). — *Flatty*, 1594 (ibid.). — *Flaithy*, 1622 (reg. de Luzy). — Fief de la châtell. de Savigny-Poil-Fol, vassal de Ternant.

Flèze-de-Las (La), éc. c^{ne} de Soincaize.

Flèze-de-Las (La), f. c^{ne} de Neuvy-sur-Loire; anc. seigneurie. — 1589 (reg. de Neuvy).

Fleury, éc. et h. c^{ne} de Biches. — *Moulin banal de Fleuri-le-Moulier*, 1690 (A. N.). — *Fleury-le-Métier* (Cassini).

Fleury, f. c^{ne} de Decize.

Fleury-la-Tour, c^{ne} de Saint-Benin-d'Azy. — *Flori*, 1287 (reg. de l'év. de Nevers). — *Flory-en-Bazois*, 1335 (Marolles). — *Floriacum*, 1339 (A. N.). — *Flory*, 1366 (ibid.). — *Flury*, 1399 (ibid.). — *Flury-la-Tour*, 1400 (ibid.). — *Fleury-la-Tour*, 1567 (S.).

Fleury-sur-Loire, c^{ne} de Decize. — *Floriacum*, 1287 (reg. de l'év. de Nevers). — *Floriacum-super-Ligerim*, 1381 (A. N.). — *Flory-sur-Loire*, 1482 (ibid.). — *Fleuriacum-super-Ligerim*, vers 1500 (pouillé de Nevers). — Fief de la châtell. de Decize, vassal de Rosemont.

Flez, c^{ne} de Tannay. — *Flaiacum villa*, 1103 (cart. gén. de l'Yonne, II, 40). — *Fleyacum*, 1231 (arch. de l'Empire, J, 251). — *Plaiacus*, xive siècle (pouillé d'Autun). — *Flez-Cuzy*, depuis la réunion de Cuzy.

Flez, h. c^{ne} de Neuffontaines. — *Fley*, 1455 (terrier de Chitry-sous-Montsabot). — *Flesz*, 1543 (terrier de Quincize). — *Flez-Flancœur* (Cassini).

Flez, h. c^{ne} de Saint-Pierre-du-Mont. — *Ville de Flez*, 1610 (arch. de l'Yonne, fonds de Varzy). — *Fley*, 1638 (Marolles). — *Ville de Fler ou Flix*, 1760 (terrier de Saint-Pierre-du-Mont). — Fief de la châtell. de Clamecy.

Floupière, h. c^{ne} de Planchez. — *Flupière*, 1743 (reg. de Planchez).

Flix, f. c^{ne} de Marzy.

Flix, h. c^{ne} de Varzy. — *Disme de Flix*, 1250 (A. N.).

Fonelzel-en-Cressigny, h. détruit, c^{ne} de Sermoise, mentionné en 1293 (A. N.).

Fonds (Les), h. c^{ne} de Cosne.

Fonds (Les), h. c^{ne} de Ciez. — *Les Loins* (Cassini).

Fonx-de-Bazin (Le), f. c^{ne} de Decize.

Fossas (Les), h. c^{ne} de Villapourçon. — *Les Fossats*, 1681 (reg. de Villapourçon). — *Les Foissards*, 1740 (reg. de Poil).

Fossy, fief de la châtell. de Monceaux-le-Comte, mentionné en 1689 (reg. des fiefs).

Fosseaux (Les), f. c^{ne} de Saint-Seine.

Folie (La), éc. c^{ne} de Livry. — *Moulin de La Folie* (Cassini).

Folie (La), éc. c^{ne} de Magny-Cours. — *La Folle*, 1618 (A. N.).

Folie (La), f. c^{ne} de Brinay.

Folie (La), f. c^{ne} de Sainte-Colombe.

Folie (La), h. c^{ne} de la Charité.

Folie (La), h. c^{ne} de la Collancelle.

Folie (La), h. c^{ne} de Marzy.

Folie (La), h. c^{ne} de Moux.

Folie (La), m. c^{ne} d'Arquian.

Folie (La), m. c^{ne} de Fleury-sur-Loire.

Folie (La), m. c^{ne} de Toury-sur-Jour.

Folie (La), m. c^{ne} de Varennes-lez-Nevers.

Folie (La), m. de camp. et f. c^{ne} de Cosne.

Folies (Bois des), c^{ne} de Saint-Sulpice.

Folotte (La), fief, c^{ne} de Saint-Hilaire-en-Morvand.

Fossoux, f. c^{ne} de Saint-Pierre-le-Moûtier.

Foncelis, f. c^{ne} de Garchizy, dépendant du hameau ci-après.

Foncelis, h. c^{ne} de Varennes-lez-Nevers. — *Gulbertus de Fonte-Sereno*, vers 1080 (cart. de Saint-Cyr de Nevers). — *Territorium de Foncersyus*, 1311 (A. N.). — *Villa de Foncerains*, 1318 (ibid.). — *Foncelins*, 1445 (ibid.).

Foncouvert (La), f. c^{ne} de Saint-Pierre-le-Moûtier. — *Foncovert*, 1364 (A. D.).

Fond (La), m. c^{ne} de Luzy.

Fond-à-Grillos (La), m. c^{ne} de Fleury-sur-Loire.

Fond-aux-Verdes (La), éc. c^{ne} d'Avril. — *La Font-du-Vernay*, 1306 (A. N.).

Fond-de-Cais, f. c^{ne} de Saint-Pierre-le-Moûtier.

Fondelin, h. c^{ne} de Billy-sur-Oisy. — *Terra de Fundelino*, 1165 (Gall. christ. XII, col. 132). — *Fondre-*

..., 1869 (reg. des fiefs). — Fief de la châtell. de Billy, ressort de Saint-Verain.

Fondraux (Les), h. c^{ne} de Marzy. — Les Fondraux, 1636 (A. N.). — Les Fondraux, 1718 (terrier de Saint-Baudière).

Fonderie (La), fonderie de canons, c^{ne} de Nevers.

Fond-Judas (Grand-), h. c^{ne} de Champvert. — Font-Judas, 1311 (Marolles). — Fonjudas, 1548 (A. N.). — Fief de la châtell. de Champvert.

Fond-Judas (Petit-), h. et forge, c^{ne} de Champvert, dépend du hameau ci-dessus.

Fond-Moras (La), h. c^{ne} de Luthenay.

Fondrailles (Les), lieu détruit, c^{ne} de Ternant, mentionné en 1527 (S.).

Fondrailles (Les), h. détruit, c^{ne} de Lurcy-le-Bourg, mentionné en 1687 (A. N. fonds de l'év.).

Fondrolle (La), f. c^{ne} de Dornes. — La Fondrerois (Cassini).

Fond-Saint-Jean, m. de camp. c^{ne} de Lamenay.

Fonds-Bouillants (Les), h. et source thermale, c^{ne} de Saint-Parize-le-Châtel. — Le vrai nom de ce lieu est les Fonts Bouillants.

Fonfay, chât. c^{ne} de Châteauneuf-Val-de-Bargis. — L'usuarium lapidicium de Fonfay, 1164 (cart. de Bourras, ch. 12). — Ville de Fonfay, 1492 (Marolles). — Fief de la châtell. de Châteauneuf-Val-de-Bargis.

Fonfay (Le Petit-), h. c^{ne} de Châteauneuf-Val-de-Bargis; dépend du château du même nom.

Fongeres (Ruisseau de), affluent de l'Aumoise, c^{ne} de Pouques.

Fonjay, fief, c^{ne} de Decize, mentionné en 1689 (reg. des fiefs). — Fonzay, 1607 (A. D.).

Fonsegré, chât. et f. c^{ne} de Magny-Cours. — Villa de Fonte Secreta, 1283 (S.). — Foncegraye, 1514 (arch. d'Uxeloup). — Village de Foncegraye, 1525 (A. N.). — Foncegray, 1669 (arch. d'Uxeloup).

Fontaine, f. c^{ne} de Charrin. — Fontanes, 1512 (A. N.).

Fontaine, f. c^{ne} de Saint-Pierre-le-Moûtier.

Fontaine, h. c^{ne} de Saint-Hilaire-Fontaine; prieuré de l'ordre de Saint-Benoît. — Guy Prieur de Fontaires, 1258 (mss de Baluze, extrait du cart. de la chambre des comptes de Nevers). — Fontane, xive siècle (pouillé d'Autun). — Fontaine, 1614 (A. N.).

Fontaine, h. détruit, c^{ne} de Jailly, porté sur la carte de Cassini.

Fontaine (Domaine de la), f. c^{ne} de Villiers-sur-Yonne. — La Fontaine (Cassini).

Fontaine (La), fief de la châtell. de Clamecy, mentionné en 1689 (reg. des fiefs).

Fontaine (La), h. c^{ne} d'Alluy. — Fons Sancti Germani,

1352 (C.). — La maison et grange de la Fontaine Saint Germain, 1426 (A. N.).

Fontaine (La), h. c^{ne} de Ceux-les-Bois.

Fontaine (La), h. c^{ne} de Suily-Bourdon.

Fontaine (La), m. c^{ne} d'Annay.

Fontaine-à-l'Ane (La), m. c^{ne} de Millay.

Fontaine-du-Roy (La), m. en ruine, c^{ne} de Saint-Verain.

Fontaine-aux-Chats, h. c^{ne} de Moulins-Engilbert.

Fontaine-aux-Loups (Bois de la), c^{ne} de la Maison-Dieu.

Fontaine-aux-Rats, m. c^{ne} de Saint-Franchy.

Fontaine-Barbier (Ruisseau de la), affluent du Nohain, c^{ne} de Ciez.

Fontaine-Blanche, h. c^{ne} d'Alligny-en-Morvand. — La Fontaine-Blanche, 1649 (terrier d'Alligny).

Fontaine-Blanche, h. c^{ne} de Gouloux.

Fontaine-Blanche, h. c^{ne} de Luzy.

Fontaine-Blanche, h. c^{ne} de Moux.

Fontaine-d'Asta, h. c^{ne} de Donzy. — La Fontaine-d'Esta (Cassini).

Fontaine-de-Brare (La), h. c^{ne} d'Urzy.

Fontaine-de-la-Sorbe (La), mⁱⁿ, c^{ne} de Champroux. — Molin de la Fontaygne, 1588 (S.).

Fontaine-de-la-Vache (Ruisseau de la), affluent du Mazou; traverse les communes de Bazeau, Narcy et Varennes-lez-Narcy.

Fontaine-Dérable, écluse sur le canal du Nivernais, c^{ne} de Surgy.

Fontaine-du-Petot (Ruisseau a la), c^{ne} de Bona, mentionné en 1579 (A. N.).

Fontaine-de-Saint-Gervais, fontaine dont les eaux passent pour avoir des vertus curatives, près de l'église de Commagny, c^{ne} de Moulins-Engilbert. — La chapelle Saint-Gervais, la fontaine Sainct-Gervais, ruisseau de la fontaine Sainct-Gervais, 1431 (arch. de Vandenesse).

Fontaine-des-Forges (La), éc. c^{ne} de Montsauche.

Fontaine-des-Grees, c^{ne} de Saint-Hilaire.

Fontaine-des-Gueux (La), h. c^{ne} de Château-Chinon-Campagne.

Fontaine-des-Proux (La), m. de camp. c^{ne} d'Arquian.

Fontaine-de-Villette (La), fief de la châtell. de Saint-Verain, mentionné en 1689 (reg. des fiefs).

Fontaine-du-Bois (La), h. c^{ne} de Poiseux.

Fontaine-du-Part (La), h. c^{ne} d'Alligny-en-Morvand.

Fontaine Guignard, c^{ne} de Magny-Cours, mentionnée en 1471 (A. N.).

Fontaine-Jamais (La), h. c^{ne} de Gimouille.

Fontaine-Lambert (La), lieu détruit, c^{ne} de Rix, mentionné en 1654 (reg. de Rix).

Fontaine-Linet (La), m. c^{ne} de Varennes-lez-Nevers.

Fontaine-Melon (La), h. c^ne de Gouloux.
Fontaine-Morin (La), h. c^ne de Lurcy.
Fontaine-Pouge-Deze (La), m. c^ne de Champvert.
Fontaine-Pugeeau (La), h. c^ne de Menou.
Fontaine-Saint-Jean (Ruisseau de la), affluent du Mazou, c^ne de Varennes-les-Narcy.
Fontaine-Saint-Loup, près de Nevers. — *Fons Sancti Luppi*, 1368 (A. N.).
Fontaine-Saint-Martin (Ruisseau de la), affluent du Nohain, c^ne de Ciez.
Fontaine-sous-Jailly (La), éc. c^ne de Tannay. — *Fontenella-subtus-Jangi*, 1309 (arch. de l'église de Tannay).
Fontaine-Vieille, h. c^ne de Saint-André-en-Morvand.
Fontaines, fief de la châtell. de Clamecy, mentionné en 1638 (Marolles).
Fontaines (Les), h. c^ne de Belleray.
Fontaines (Les). h. c^ne de Pougny. — *Fontaine* (Cassini).
Fontaines (Les), h. c^ne de Saint-Aubin-les-Forges.
Fontaines (Les), h. c^ne de Suilly-la-Tour. — *Fontaignes*, 1638 (Marolles). — Fief de la châtell. de Donzy.
Fontaines-Noires (Les), m. c^ne de Cercy-la-Tour.
Fontallier, m. de camp. et f. c^ne de Saint-Pierre-le-Moûtier. — *Fontalier*, 1310 (*les Olim*, III, 573). — *Fontaillier*, 1681 (A. N.).
Fontaquis, fief de la châtell. de Decize, mentionné en 1638 (Marolles).
Fontarabie (La), m. ruinée, c^ne de Luthenay.
Fontarabi, h. c^ne de Sainte-Colombe. — *Fontarabia* (Cassini).
Font-Couverte (La), m. c^ne de Chantenay.
Fonte-à-Marie, h. c^ne d'Azy-le-Vif.
Fontenaille, h. c^ne de Châteauneuf. — *Fontenailles*, 1597 (C.). — *Fontenville*, 1656 (reg. de Brinon).
Fontenasse (Ruisseau de), affluent du ruisseau de Grenotte; traverse les communes de Montenoison, Oulon et Lurcy-le-Bourg.
Fonteneau ou Champ-Solé, m. c^ne de Châtillon-en-Bazois.
Fonteneille (Ruisseau de), affluent de l'Yonne, c^ne de Saisy.
Fontenelle, f. c^ne de Jailly. — *Fontanelle*, 1739 (A. N.).
Fontenille, h. réuni à Tazières, c^ne de Marzy. — *Fontenilles*, 1347 (S.).
Fontenille, vill. c^ne de Tracy.
Fontenilles (Bois de), c^ne de Léché-Assars.
Fontenilles (Les), h. c^ne de Magny-Cours. — *Fontenilles*, 1390 (A. N.).
Fontenotte, f. c^ne de Saint-Éloi.
Fontenottes (Les), h. c^ne de Saint-Brisson.

Fontenos, h. c^ne de Suilly-la-Tour.
Fontenay, h. c^ne d'Ourouer. — *Fontenys*, 1578 (C.).
Fontenoy, 1624 (épitaphe dans l'église de Saxi-les-Bois).
Fontis-de-Sancto-Salvio (Ecclesia), chapelle dans l'archiprêtré de Lurcy-le-Bourg, mentionnée en 1277 (Bulliot, II, 333). — *Capella Fontis Sancti Salvii*, 1578 (pouillé de Nevers).
Fontrady, h. c^ne de Glux.
Fontvieille, fief, près de Corvol-l'Orgueilleux, mentionné en 1551 (cabinet des titres, dossier Blosset).
Forest, m^on. c^ne de la Maison-Dieu.
Forboissele (La), f. c^ne de Saint-Verain. — *Forbuisie*, 1635 (A. N.).
Forcy, h. c^ne de Crux-la-Ville. — *Farcy*, 1601 (A. N.).
Forest (Bois de la), c^ne de Saint-Hilaire-Fontaine, mentionné en 1258 (ms de Baluze, extr. du cart. de la chambre des comptes de Nevers).
Forest (La), fief de la châtell. de Moulins-Engilbert, mentionné en 1689 (reg. des fiefs).
Forest (La), h. détruit, c^ne de Saint-Parize-en-Viry, mentionné en 1500 (A. N.).
Forest (La), h. détruit, c^ne de Sougy, mentionné en 1407 (A. D.).
Forest-du-Genevray (La), fief de la châtell. de Saint-Verain, mentionné en 1689 (reg. des fiefs).
Forest-de-Losne (La), fief, c^ne de Donzy, mentionné en 1685 (Marolles).
Forest-de-Plysase (La), fief de la châtell. de Donzy, mentionné en 1680 (Marolles).
Forestière (La), lieu détruit, près de la Chartreuse d'Apponay, mentionné en 1469 (C.).
Forestilles, fief de la châtell. de Decize, mentionné en 1512 (A. N.).
Forêt (Bois de la), bois renfermant une motte fossoyée, c^ne de Toury-Lurcy. — *La Forest*, XVIIe siècle (arch. de la famille de Soultrait). — *Motte de la Forest*, 1778 (terrier de Toury-sur-Abron). — Fief de la châtell. de Decize.
Forêt (La), anc. nom du chât. de Lurcy-sur-Abron, c^ne de Toury-Lurcy. — *La Forestz*, 1521 (arch. de Toury-sur-Abron). — *Maison et colombier de La Forest de Lurcy*, 1574 (Marolles). — *La Forest-de-Leurcy*, 1610 (A. D.). — *La Forest-de-Lurcy*, 1689 (reg. des fiefs). — Fief de la châtell. de Decize.
Forêt (La), f. c^ne de Châteauneuf.
Forêt (La), f. c^ne de Metz-le-Comte.
Forêt (La), f. c^ne de la Roche-Millay. — *La Forest-Vermoy*, 1737 (reg. de la Roche-Millay). — *La Forest-Vermoise* (Cassini).
Forêt (La), h. c^ne d'Alligny.

Forêt (La), h. c⁰⁰ de Bouhy. — *La Forest-sous-Bouy*, 1608 (Marolles). — *La Forest-soubs-Bouhy*, 1689 (reg. des fiefs). — Fief de la châtell. de Donzy.

Forêt, h. c⁰⁰ de Chassenay.

Forêt (La), h. c⁰⁰ de la Nocle. — *La Foraye*, 1664 (C.). — Fief vassal de Vandenesse.

Forêt (La), h. c⁰⁰ de Saint-Aubin-les-Forges. — *Foresta*, 1355 (censier du chap. de Nevers). — *La Forest Vingueur*, 1571 (Marolles).

Forêt (La), h. c⁰⁰ de Saint-Gratien. — *La Forest*, 1513 (A. N.). — Fief de la châtell. de Decize.

Forêt (La), h. c⁰⁰ de Saint-Maurice.

Forêt (La), h. c⁰⁰ de Saint-Sulpice. — *La Forest*, 1323 (Marolles). — *La Forest-des-Chaumes*, 1434 (A. N.). — *La Fourest-des-Chaulmes*, 1481 (ibid.). — *La Forestz*, 1514 (arch. des Bordes). — *La Forest-de-Chaulme*, 1524 (ibid.). — Fief de la châtell. de Nevers.

Forêt (La), h. c⁰⁰ de Surgy. — *La Forest*, 1689 (reg. des fiefs). — Fief de la châtell. de Clamecy.

Forêt (La), lieu détruit, anc. fief, c⁰⁰ de Mars. — *La Forest*, 1390 (A. N.). — *La Forest-en-Taulnier*, 1470 (ibid.). — *La Forest-Thaulnier*, 1508 (ibid.). — *La Foresz-Taulnier*, 1517 (ibid.).

Forêt au Duc, bois, c⁰⁰ de Dun-les-Places.

Forêt-Chailloy (La), lieu détruit, ancien fief, c⁰⁰ de Suilly-la-Tour. — *La Forrest-Chailloy*, 1663 (reg. de Suilly-la-Tour). — *La Forest*, 1694 (reg. de Garchy).

Forêt Chenue, bois, c⁰⁰ de Saint-Brisson. — *Forest Chenu* (Cassini).

Forêt Nertin (La), bois, c⁰⁰ de Prémery.

Forge (La), forge, c⁰⁰ de Saint-Benin-des-Bois. — *La Forge-du-Marais* (Cassini).

Forge (La), h. et m¹⁰, c⁰⁰ d'Ouroux.

Forge (La), h. c⁰⁰ de la Roche-Millay.

Forge (La), m. c⁰⁰ de Saint-Franchy.

Forge (La), m. de camp. et f. c⁰⁰ de Surgy. — *La Forgère*, 1660 (reg. de Surgy).

Forge (La), m¹⁰, c⁰⁰ d'Anlezy.

Forge (La), m¹⁰, c⁰⁰ de Dampierre-sur-Bouhy. — *Village de Forges*, 1639 (arch. de l'Yonne).

Forge (La), m¹⁰ et poterie, c⁰⁰ de Saint-Amand ; donne son nom à un ruisseau affluent de la Vrille.

Forge (La), m¹⁰, c⁰⁰ de Sichamps.

Forge (La Petite), h. et anc. forge, c⁰⁰ de la Fermeté.

Forge-Bas, h. et usine dépend. des forges de la Chaussade, c⁰⁰ de Guérigny. — *Forge-Basse* (Cassini).

Forge-de-Beaumont (La), h. c⁰⁰ de Beaumont-la-Ferrière.

Forge de Fours (La), forge détruite, c⁰⁰ de Fours, mentionnée en 1681 (reg. de Fours).

Forge de Guisard, forge, c⁰⁰ de Saint-Benin-d'Azy. — *La Forge* (Cassini).

Forge-de-la-Loge (La), h. et usine, c⁰⁰ de Saint-Seine.

Forge d'Uxeloup (La), anc. forge dépendant d'Uxeloup, c⁰⁰ de Luthenay.

Forge Neuve, anc. forge, c⁰⁰ de Toury-sur-Jour.

Forge-Neuve, h. c⁰⁰ d'Avril. — *La Forge du Moulin-neuf*, 1323 (S.). — *Le Moulin-neuf*, 1519 (ibid.). — *Forge neuve*, 1673 (ibid.). — Terre dépendant du fief de Mussy.

Forge-Neuve, h. et usine, c⁰⁰ de Coulanges-lez-Nevers.

Forgeot (Le), f. c⁰⁰ de Mhère. — 1651 (reg. de Mhère).

Forgeotte (Bois de la), c⁰⁰ de Moussy.

Forges, fief de la châtell. de Monceaux-le-Comte, mentionné en 1689 (reg. des fiefs).

Forges, h. c⁰⁰ de Bouhy. — *Les Forges*, 1638 (arch. de l'Yonne).

Forges, h. c⁰⁰ de Saint-Sulpice.

Forges, h. c⁰⁰ de Savigny-les-Bois. — *Forga, Forges*, 1355 (cens. du chap. de Nevers). — *Forge*, 1507 (A. N.). — *Forges-lez-Nevers*, 1638 (Marolles). Fief de la châtell. de Nevers.

Forges (Les), h. c⁰⁰ de Chiddes. — 1621 (reg. de Luzy). — Ancien moulin banal qui a donné son nom à un ruisseau affluent de l'Halcine, qui arrose les communes de Villapourçon, Chiddes et Avrée.

Forges (Les), h. c⁰⁰ de Dampierre-sur-Bouhy.

Forges (Les), h. c⁰⁰ de Sémelay.

Forges royales aux Ancars, nom donné, sur la carte de Cassini, aux forges de Guérigny.

Forgette (La), m. c⁰⁰ de Chantenay.

Forgia-de-Hostia, près Varennes-lez-Nevers, mentionné en 1331 (cens. du chap. de Nevers).

Forgiis (Terra de), près de Montenoison, mentionnée en 1097 (Gall. christ. XII, col. 335).

Forgues, anc. fief, démembré de celui des Granges, c⁰⁰ de Suilly-la-Tour, mentionné au xvi⁰ et au xvii⁰ siècle (arch. du chât. des Granges et reg. de Suilly-la-Tour). — *Forgue*, 1709 (reg. d'Uxeloup).

Fort (La Motte de), lieu détruit, c⁰⁰ de Saint-Parize-en-Viry, mentionné en 1500 (A. N.).

Fort-Chevresse (Le), dolmen (?), c⁰⁰ de Saint-Brisson.

Fort-de-Lanty (Le), ruines, c⁰⁰ de Rémilly. — *La Fort-de-Lanty*, 1391 (C.). — *Le Fort*, 1513 (ibid.). — Fief de la châtell. de Savigny-Poil-Fol.

Forticut, f. c⁰⁰ de Livry.

Fortunés (Les), h. c⁰⁰ d'Annay.

Fossaye (Le), h. c⁰⁰ de Marzy.

Fosse, h. c⁰⁰ d'Arleuf. — *Folle*, 1670 (reg. de Château-Chinon).

Fossé (La), h. c⁰⁰ de Saint-Hilaire.

Fosse (La), lieu détruit, c^ne de Fertrève, mentionné en 1525 (A. N.).
Fosse (La), m^on, c^ne d'Urzy. — *Molendinum de Fossa*, 1130 (Gall. christ. XII, col. 339). — *Moulin de la Fousse*, 1404 (A. N.).
Fossé (Le), lieu détruit, c^ne de Gluz, mentionné en 1676 (A. N.).
Fosse-au-Porc (La), lieu détruit, c^ne de Châtillon, mentionné en 1659 (S.).
Fosse-Martin (La), lieu détruit, c^ne de Saint-Révérien, mentionné en 1678 (A. N.).
Fossés (Les), éc. c^ne de Champlemy. — *Les Fossez*, 1554 (Marolles). — *Les Fousses*, vers 1650 (ibid.). — Fief de la châtell. de Châteauneuf-Val-de-Bargis.
Fosses (Les), f. c^ne de Lormes.
Fossés (Les), h. c^ne d'Ourouer. — *Les Fossez*, 1628 (A. N.). — *Les Fossez*, 1650 (terrier d'Ourouer). — Fief vassal des Bordes.
Fouchée (La), h. c^ne de Dampierre-sous-Bouhy. — *Les Fouchés* (Cassini).
Fou-des-Forges (Le), h. c^ne de Montsauche.
Fou-de-Varenne (Le), m. c^ne de la Roche-Millay.
Fou-de-Verdun (Le), h. c^ne de Frétoy, bâti vers 1820.
Foudon (Le), h. c^ne de Villapourçon. — *Foudon* (Cassini).
Fougeraterie (La), m. c^ne de Saincaize.
Fougerats (Les), m. c^ne de Cosne.
Fougeray (Le), lieu détruit, près de Neuffontaines, mentionné en 1455 (terrier de Chitry-sous-Montsabot).
Fougère, h. c^ne d'Alluy.
Fougère, h. c^ne de Millay. — *Fougières*, 1548 (C.).
Fougère (La), f. et m^on, c^ne de Champvert. — *Fougeres*, 1297 (Marolles). — *La Fougiere*, 1566 (A. D.). — *Moulin de La Fouguere*, 1610 (ibid.). — *Moulin de La Fouchere al. La Faugero*, 1712 (A. N.). — Fief de la châtell. de Cercy-la-Tour.
Fougère (La), f. c^ne de Dornes.
Fougères, h. c^ne de Garchizy. — *Fougeres*, 1355 (cens. du chap. de Nevers).
Fougereulx, lieu détruit, c^ne d'Ourouer, mentionné en 1443 (A. N. fonds de l'év.).
Fougillet, h. c^ne d'Arquian. — *Fossegillet*, 1638 (Marolles). — *Faugillet*, 1689 (reg. des fiefs). — Fief de la châtell. de Donzy.
Fougillet, h. c^ne de la Cello-sur-Loire.
Fougues (La), h. détruit, c^ne de Champvert, mentionné en 1607 (A. D.).
Fouillois (Bois du), c^ne d'Annay.
Fouillou (Le), h. c^ne de Garchizy.
Foularderie (La), h. c^ne de Giry. — *La Poularderie* (Cassini).

Foulat, lieu détruit, c^ne de Neuvy-sur-Loire, mentionné en 1508 (inv. de Villemoison).
Foulenoux, fief de la châtell. de Cercy-la-Tour, mentionné en 1689 (reg. des fiefs).
Foulon (Le), f. c^ne de Moulins-Engilbert.
Foulon (Le), foulonnerie, c^ne de Surgy.
Foulon (Le), h. c^ne de Narcy.
Foulon (Le), h. détruit, c^ne de Saint-Amand, porté sur la carte de Cassini.
Foulon (Le), h. c^ne d'Urzy. — *Papeterie* (Cassini).
Foulon (Le), m. c^ne de Cosne.
Foulon (Le), m^on, c^ne de Chevannes-Changy.
Foulon (Le), m^on, c^ne de Colmery.
Foulon (Le), m^on, c^ne de Dornecy.
Foulon (Le), m^on, c^ne de Narcy.
Foulon (Le), m^on détruit, c^ne de Saint-Germain-Chassenay (Cassini).
Foulon (Le), m^on, c^ne de Sichamps.
Foulon-de-la-Roche (Le), m. du hameau de la Fosse, c^ne de Saint-Hilaire-en-Morvand.
Foulon-de-Bois (Le), m^on, c^ne de Lormes.
Foulon-Marbre (Le), foulonnerie, c^ne de Couloutre. *Le Foulon* (Cassini).
Foulon-Marchebault (Le), usine à écorces, c^ne de Clamecy. — *Moulin de Marchebaut* (Cassini).
Foulot (Le), m^on, c^ne de Champlin.
Fouquette, fief, c^ne de Dienne, mentionné en 1573 (A. N.).
Four (Bois du), c^ne de Nuars.
Four (Bois du), c^ne de Parigny-la-Rose.
Four-au-Verre (Le), f. c^ne de Murlin. — *Le Fourt au Voueuvres*, 1539 (Lory).
Four-aux-Voires (Le Viel), lieu détr. c^ne de Sainte-Marie, mentionné en 1478 (S.).
Fourras, f. c^ne de Couloutre.
Fourchambault, c^ne de Pougues. — Simple moulin et fief de l'évêché avant 1789, maintenant l'une des premières usines de la France, fondée en 1821; une paroisse y a été érigée en 1839.
Fourcherenne, anc. châtell. et f. c^ne de Saxy-Bourdon. — *Fourcheretnes*, 1394 (Marolles). — *Fougerainne*, 1464 (ibid.). — *Foucherenes*, 1500 (A. N.). — *Fourcherayne*, 1567 (ibid.). — *Foucherayne*, 1639 (C.). — *Faucheraine*, 1650 (terrier de Jailly). — *Fourcherainne*, 1673 (A. N.). — Fief de la châtell. de Saint-Saulge, vassal de Saxy. — Ce lieu a donné son nom à un bois voisin.
Fourches (Les), h. c^ne de Couloutre.
Fourches (Les Grandes-), h. c^ne de Saint-Brisson.
Fourches (Les Petites-), h. c^ne de Saint-Brisson.
Fourchure, h. c^ne de Chiddes. — *Fouschure*, 1670 (reg. de Chiddes). — Fief mouvant de la Roche-Millay.

Foublos, fief de la châtell. de Cercy-la-Tour, mentionné en 1689 (reg. des fiefs).

Four-de-Corbelin-Saint-Maurice (Le), fief, c⁵⁵ de Corvol-l'Orgueilleux, mentionné en 1689 (reg. des fiefs).

Four-de-Corvol-Saint-Vincent (Le), fief, c⁵⁵ de Corvol-l'Orgueilleux, mentionné en 1689 (reg. des fiefs).

Four-de-Vaux (Le), châtell. et h. c⁵⁵ de Varennes-les-Nevers. — *Le Fordeau*, 1454 (A. N.). — *Le Fourt-de-Vaul*, 1460 (ibid.). — *Le Four-de-Vaulx*, 1524 (ibid.).

Fourillos, m. c⁵⁵ de Chazeuil-Lavault. — *Faurillon* (Cassini).

Fourleau, éc. c⁵⁵ de Lucenay-les-Aix.

Fourlos, h. c⁵⁵ de Saint-Martin-du-Puits.

Fourmonstat (Le), f. c⁵⁵ de Saint-Honoré.

Fourneau (Bois de), c⁵⁵ de la Maison-Dieu.

Fourneau (Le), h. c⁵⁵ de Biches.

Fourneau (Le), h. c⁵⁵ de Brinay.

Fourneau (Le), h. c⁵⁵ de Couloutre.

Fourneau (Le), h. c⁵⁵ de Limanton.

Fourneau (Le), h. c⁵⁵ de Prémery.

Fourneau (Le), partie du h. de Meulot, c⁵⁵ de Montigny-aux-Amognes.

Fourneau (Ruisseau du), affluent de la Loire; traverse les communes de Druy et de Béard.

Fourneau (Le), m. c⁵⁵ de Beaumont-sur-Sardolles.

Fourneau (Sur le), f. c⁵⁵ de Moulins-Engilbert.

Fourneau d'Azy (Le), haut fourneau, c⁵⁵ de Saint-Benin-d'Azy. — *La Fourneau* (Cassini).

Fourneau de Druy, haut fourneau, c⁵⁵ de Druy. — *Le Fourneau* (Cassini).

Fourneau-de-la-Belouze (Le), m. c⁵⁵ de Poiseux.

Fourneau du Mont-Chanson (Le), haut fourneau, c⁵⁵ de Montreuillon.

Fourneaux (Les), bois, c⁵⁵ de Clamecy.

Fourneral, fief de la châtell. de Decize, mentionné en 1638 (Marolles).

Fourneneuf, lieu détruit, c⁵⁵ de Saint-Ouen, mentionné en 1368 (A. D.).

Foursy (Le), lieu détruit, c⁵⁵ de Diennes, mentionné en 1285 (S.).

Fours, arrond. de Nevers. — *Bois de Forz*, 1229 (A. N. fonds de l'abb. de Notre-Dame de Nevers). — *Foura*, 1250 (C.). — *Villa et boscum de Furnis*, 1261 (S.). — *Maysons*, 1287 (reg. de l'év. de Nevers). — *Campipartus de Fourz*, 1290 (C.). — *Fours, village de la paroisse de Maisons-en-Longue-Salle*, 1459 (ibid.). — *Maisons-en-Longue-Silva*, 1494 (ibid.). — *Cura de Domibus-in-Longa-Sylva*, 1517 (pouillé de Nevers). — *Terre, paroisse et seigneurie de Maison-à-Longue-Sale, dite de Fours*, 1719 (S.). — Fours était un hameau fort voisin de l'ancienne paroisse de Maisons-en-Longue-Salle, qui, dès la fin du XVII⁵ siècle, avait donné son nom à cette paroisse. — Fours était un fief de la châtellenie de Cercy-la-Tour, qui a donné son nom à un bois voisin; ce bois s'étend aussi sur les communes de Montambert et de la Nocle.

Fours (Bois des), c⁵⁵ de Cercy-les-Bois.

Fourt (Maison de), lieu détruit, c⁵⁵ de Limanton, mentionné en 1573 comme étant près d'Anizy (arch. de Vandenesse).

Four-Vieux (Le), h. c⁵⁵ de Saint-Benin-d'Azy. — *Fourviel*, 1565 (A. N.). — *Fouvelle*, 1697 (ibid.). — Fief de la châtell. de Montenoison, vassal de Saint-Benin-d'Azy.

Foussez, fief de la châtell. de Châteauneuf-Val-de-Bargis, mentionné en 1638 (Marolles).

Foutures (Les), h. c⁵⁵ de Dampierre-sur-Bouhy. — *Les Foultriers* (Cassini).

Fouvry, m. c⁵⁵ de Ternant.

Foux (Domes de), près de la Fermeté, mentionné en 1239 (A. N. fonds de la Fermeté).

Fragne, h. c⁵⁵ de Varzy.

Fragniot, h. c⁵⁵ de Moux. — *Les Franios* (Cassini).

Fragny, h. c⁵⁵ de Gâcogne.

Fragny, m⁵⁵, c⁵⁵ de Villapourçon. — *Molin de Fraigny*, 1679 (reg. de Villapourçon).

Fragny-sur-Gocey, h. c⁵⁵ de Villapourçon. — *Fragny*, 1494 (S.). — *Fraigny*, 1638 (Marolles). — Fief de la châtell. de Moulins-Engilbert.

Fraifontaine, chât. et h. c⁵⁵ de Lormes. — *Frayfontaine*, 1701 (reg. de Lormes). — *Froit-Fontaine*, 1704 (ibid.).

Fraigne (Le), h. détruit, c⁵⁵ de Châtillon-en-Bazois, mentionné en 1398 (A. N.).

Fraitis (Les), m. c⁵⁵ de Tintury. — *Bois de Fretiz*, 1369 (A. N.).

Frameau, f. c⁵⁵ de Tronsanges. — *Frimay*, 1515 (terrier de Contres).

Franais (Les), lieu détruit, c⁵⁵ de Saint-Jean-aux-Amognes, mentionné en 1750 (S.).

Franay, h. c⁵⁵ d'Aunay; prieuré et paroisse annexée dès le X⁵ siècle à la cure de Saint-Franchy. — *Cura de Franneyo-Case-Dei*, vers 1500 (pouillé de Nevers). — *Prioratus de Fransayo-Case-Dei*, 1517 (ibid.).

Franay, h. c⁵⁵ de Châtillon-en-Bazois; anc. paroisse. — *Ecclesia de Frarineto*, 1151 (cart. gén. de l'Yonne, I, 479). — *Frannayum-juxta-Castrum*, 1287 (reg. de l'év. de Nevers). — *Fraynay*, 1386 (C.). — *Cura de Frannio-subtus-Castellum*, 1517 (pouillé de Nevers). — *Frasnay-les-Chastillon*, 1659 (S.). — Fief de la châtell. de Montreuillon.

DÉPARTEMENT DE LA NIÈVRE.

Francheville, h. c⁰ᵉ de Saint-Pierre-le-Moûtier.
Franchillods (Les), h. c⁰ᵉ de Glux. — *Les Franchillons* (Cassini).
Francoars (Les), h. c⁰ᵉ de Glux.
Francoc, h. et anc. forge, c⁰ᵉ de la Fermeté. — *Francon* (Cassini).
Francourt, fief de la châtell. de Monceaux-le-Comte, mentionné en 1689 (reg. des fiefs).
Franvaché, h. c⁰ᵉ de Préporché.
Frasse (La), f. c⁰ᵉ de Gâcogne.
Frassat, h. c⁰ᵉ de Saint-Aubin-les-Forges. — *Fraxiniacum*, 1059 (*Gall. christ.* XII, col. 103). — *Fraxinetum*, 1185 (*ibid.* col. 183). — *R. canonicus Freximaci*, 1194 (A. N. fonds du chap.). — *Odo dominus Fremhiaci*, 1199 (*ibid.*). — *Fresinacensis canonicus*, 1249 (arch. des Bordes). — *Franayum*, 1287 (reg. de l'év. de Nevers). — *Frasnay-les-Chanoines*, 1403 (A. N.). — *Frasnoy*, 1456 (S.). — *Cura de Frasnay Canonicorum*, 1517 (pouillé du Nevers). — *Frasnay-les-Chanoines*, 1632 (C.). — Collégiale composée de douze chanoines et d'un doyen et paroisse. — Frasnay-les-Chanoines était la troisième baronnie du Nivernais.
Frasnay-le-Ravier, c⁰ᵉ de Saint-Benin-d'Azy. — *Frasniacum*, 1130 (*Gall. christ.* XII, col. 340). — *Ecclesia de Franayo Raverii*, 1272 (S.). — *Franay*, 1275 (*ibid.*). — *Curatus de Frasnayo-lou-Ravier*, 1276 (*ibid.*). — *Fraynayum-lou-Ravier*, 1287 (reg. de l'év. de Nevers). — *Frasnayum-Raverii*, 1292 (C.). — *Franayum-le-Ravier*, 1306 (*ibid.*). — *Franay*, 1373 (*ibid.*). — *Frasnoy-le-Ravier*, 1433 (*ibid.*). — Fief de la châtell. de Saint-Saulge.
Frasse (La), h. c⁰ᵉ de Glux.
Fraternité (La), m. c⁰ᵉ de Pousseaux, construite en 1849.
Fray, f. c⁰ᵉ de Billy-sur-Oisy.
Frayons (Les), f. c⁰ᵉ d'Azy-le-Vif. — *Fralion* (Cassini).
Frebaults (Les), h. c⁰ᵉ de Saint-Sulpice.
Fressé (Le Grand-), f. c⁰ᵉ de la Nocle.
Fressé (Le Petit-), éc. c⁰ᵉ de la Nocle.
Fréchaude (Les), h. c⁰ᵉ de la Roche-Millay.
Frédéfonds (Les), m. c⁰ᵉ de Maulaix. — *Froidefond*, 1672 (A. N.).
Frédèrerie (La), h. détruit, c⁰ᵉ de Guérigny, porté sur la carte de Cassini.
Frelord, f. c⁰ᵉ de Saint-Germain-Chassenay. — *Decima de Foyleor*, 1264 (*Gall. christ.* XII, col. 350).

— *Domaine Frelor*, 1772 (plan de la seigneurie de Beauvoir).
Frémière, m. c⁰ᵉ de Magny-Cours.
Frémises, fief de la châtell. de Châteauneuf-sur-Allier, mentionné en 1638 (Marolles).
Frémouget, f. c⁰ᵉ de Sémelay. — *Fremouget*, 1635 (C.). — *Fromouget*, 1648 (*ibid.*). — *Fremouzet*, 1727 (reg. de Semelay). — *Fromuger* (Cassini). — Fief vassal de la Montagne.
Frénigot, f. c⁰ᵉ de Narcy.
Fresse (Bois de), c⁰ᵉ de Gouloux, porté sur la carte de Cassini.
Fresse (La), f. c⁰ᵉ de Lormes. — *Fragna*, 1731; *Fraigna*, 1703 (reg. de Lormes).
Fresse (Le), h. c⁰ᵉ de Mont-et-Marré. — *Fragna*, 1785 (A. N.).
Fretefond, lieu détruit près de Saint-Pierre-le-Moûtier, mentionné en 1588 (arch. de Saint-Pierre).
Freticht, f. c⁰ᵉ de Saint-Pierre-le-Moûtier.
Fretoy, c⁰ᵉ de Château-Chinon. — *Frotuy*, 1181 (Lebeuf, IV, 55). — *Fretei*, 1215 (cart. de Crisenon). — *Froteyum*, 1230 (*ibid.*). — *Fretey*, 1277 (Huilliot, II, 339). — *Frotoy*, 1298 (*ibid.*). — *Frotuie*, 1693 (reg. de Planchez).
Friault, h. c⁰ᵉ de Magny-Cours.
Fricots (Les) ou Gultes-Corrioux, h. c⁰ᵉ de Gouloux.
Frisés (Les), h. c⁰ᵉ de Villapourçon.
Froids (Les), vill. c⁰ᵉ de Tracy.
Fromagrot (Le), h. c⁰ᵉ de Rouy.
Fromajots (Les), h. c⁰ᵉ de la Machine. — *Les Fromajeux* (Cassini).
Fromentaule (Les Petits-), h. détruit, c⁰ᵉ de Varennes-lez-Nevers, mentionné en 1524 (A. N.).
Fromentrau, h. c⁰ᵉ de Ternant.
Frossards (Les), h. c⁰ᵉ d'Annay. — *Les Frossarts* (Cassini). — Donne son nom à un ruisseau affluent de la Loire.
Fucilly, h. c⁰ᵉ d'Achun. — *Villa de Fuyreli*, 1266 (S.). — *Fussille*, 1403 (C.).
Fule, lieu détruit, près de Nevers, mentionné en 1375 (A. N.).
Funerie (La), h. c⁰ᵉ d'Azy-le-Vif.
Furnen, lieu détruit, c⁰ᵉ d'Urzy, mentionné en 1355 (cens. du chap. de Nevers).
Fussy, h. c⁰ᵉ de la Collancelle. — 1515 (A. N.). — Fief de la châtell. de Montreuillon.

G

Gabeterie (La), m. cne de Fleury-la-Tour.
Gaburés (Les), f. et poterie, cne de Saint-Amand.
Gachat (Le), h. cne de Churrin.
Gacnats (Le), h. cne d'Oulay.
Gachotes (Les), fief de la châtell. de Montenoison, mentionné en 1689 (reg. des fiefs).
Gachots (Les), f. cne de Toury-Lurcy. — La communauté Gachot, 1632 (reg. de Toury-sur-Abron). — Chez Gachot, 1713 (ibid.).
Gachotte (La), f. cne d'Arnes. — Le Lac-Gachot (Cassini).
Gâcogne, cne de Corbigny. — Gacongne, 1596 (C.). — Gaconne, 1598 (ibid.). — Gascoigne, 1602 (S.). — La Gascoigne, 1607 (C.). — Gacongne, 1768 (reg. de Gâcogne). — Fief de la châtell. de Montreuillon.
Gadat, f. cne de Chantenay.
Gadat, f. cne de Saint-Germain-Chassenay. — Domaine Gadut, 1752 (reg. de Saint-Germain).
Gadelle, m. détruite, cne de Toury-Lurcy, portée sur la carte de Cassini.
Gadelles (Les), m. cne de la Roche-Millay.
Gagères (Le), m. cne de Luzy.
Gages (Les), f. cne de Saint-Parize-en-Viry.
Gagnard, f. cne de Saint-Parize-le-Châtel.
Galmepierre (La), h. cne de Saint-Aubin-les-Forges.
Gagy, h. cne de la Celle-sur-Nièvre.
Gaillard, ruiss. affluent de l'Aron, cne de Champvert.
Gaillardox, m. de camp. et f. cne d'Arquian. — Galurdun, 1330 (A. N.).
Gaillots (Les), h. cne de Ciez. — Les Galliots (Cassini).
Gain, f. cne de Saincaize, ancienne maladrerie. — Going, 1349 (A. N.). — Hospital-de-Saint-George-de-Going, 1491 (A. N. fonds de l'év.). — Guain, 1517 (pouillé de Nevers). — Hopital de Guyin, 1505 (A. N.).
Gaios (Le ryacl des Molins de), cne de Coulanges-lez-Nevers, mentionné en 1450 (A. N.).
Galants (Les), f. cne de Saint-Verain. — Les Gallans, 1730 (reg. de Saint-Verain).
Galants (Les), m. cne de Saint-Père.
Gallemards (Grange des), cne de Saint-Jean-aux-Amognes, mentionnée en 1618 (S.).
Galonnerie (La), f. cne de Sainte-Colombe.
Galoury (Le), h. cne de la Chapelle-Saint-André.
Galuché (Bois), cne de Saint-Pierre-le-Moûtier.

Gamards (Les), h. forge et f. cne de Saint-Benin-d'Azy. — La Haulte-Cour-Bourgoing, 1605 (A. N.). — Le fief Daute-Cour-de-La-Bourgoing, 1685 (ibid.). — La Haute-Cour-Bourgoing, autrement les Gamards, 1732 (ibid.). — Ce lieu avait pris ce nom de la famille de Bourgoing, qui le possédait vers la fin du XVIe siècle. — C'était un fief vassal de Montgouldia.
Gamez, montagne, cne de Glux.
Gabonnerie (La), f. cne de Diennes.
Garambert, lieu détruit, cne de Tresnay, ancien prieuré et fief. — Garambez, 1505 (Marolles). — Prioratus de Garemberto, 1517 (pouillé de Nevers). — Guremker, 1538 (A. N.). — Guarambe, 1560 (aliénés des biens du clergé). — Garambe, 1589 (A. N.).
Garat (Le), ruiss. qui prend sa source dans la commune de Saint-Léger-de-Fougeret et qui vient se réunir, à Moulins-Engilbert, au ruisseau de Guignon pour former l'Anisy.
Garchère (La), f. cne de la Roche-Millay.
Garchizy, cne de Pougues. — Garchesiacum, 1270 (A. N.). — Garchisi, 1287 (reg. de l'év. de Nevers). — Garchisiacum, 1295 (A. N. fonds du chap. de Nevers). — Garchisot, 1331 (censier du chap. de Nevers). — Garchigy, 1498 (A. N.).
Garchy, cne de Pouilly. — Warchi, 1085 (cart. gén. de l'Yonne, II, p. XXXVII). — Ecclesia Sancti Martini de Garchiaco, 1147 (Lebeuf, IV, 39). — Garchaux, 1173 (Gall. christ. XII, col. 344). — Guerchy, 1506 (A. N.). — Gaichy, vers 1600 (Marolles). — Fief de la châtell. de Châteauneuf-Val-de-Bargis.
Garde (La), chât. et f. cne de Millay. — 1682 (reg. de Millay).
Garde (La), chât. et f. cne de Perroy. — 1371 (Marolles). — La Garde-lez-Donzy, 1462 (ibid.). — Fief de la châtell. de Saint-Verain.
Garde (La), f. cne de Saint-Pierre-le-Moûtier. — Garda, 1288 (A. N. fonds du chap.).
Garde (La), fief de la châtell. de Decize, mentionné en 1678 (S.).
Gardebois (Les), h. cne d'Arleuf. — Garde-Bois (Cassini).
Gardefort, f. cne de Neuvy-sur-Loire.
Gardes (Les), f. cne de Saint-Mâlo.
Gardes (Les), m. cne de Sémelay.
Garenne (La), écluse sur le canal du Nivernais, cne de Surgy.

GARENNE (Bois de la), c^ne de Beaumont-la-Ferrière.
GARENNE (Bois de la), c^ne d'Ouagne, porté sur la carte de Cassini.
GARENNE (La), chât. c^ne de Challement.
GARENNE (La), f. c^ne de Châtillon-en-Bazois. — La Garenne, 1669 (S.). — Fief de la châtell. de Saint-Saulge.
GARENNE (La), f. c^ne de Suilly-la-Tour. — Les Garennes, 1485 (Marolles). — La Garenne-de-Suilly, 1689 (reg. des fiefs). — Fief de la châtell. de Donzy.
GARENNE (La), fief de la châtell. de Billy, mentionné en 1638 (Marolles).
GARENNE (La), h. c^ne de Maux.
GARENNE (La), h. c^ne de Bouy.
GARENNE (La), h. c^ne de Ville-lez-Anlezy. — 1595 (A. N.). — La Garenne-du-Gui, 1720 (ibid.).
GARENNE (La), m. c^ne de Rémilly.
GARENNE (La), m. c^ne de Saint-Hilaire-Fontaine.
GARENNE (La), m. de camp. et f. c^ne d'Avril. — La Garenne-d'Avril, 1406 (A. N.). — La Guarenne d'Apvril, 1610 (A. D.). — La Garaine, 1621 (A. N.).
GARENNE (La), m. de camp. c^ne de Corbigny.
GARENNE (La), m. de garde, c^ne de Brinon.
GARENNE (Bu de la), ruiss. c^ne de Montsauche; c'est un affluent de la Cure.
GARENNE-DE-CORNAGRY (La), h. c^ne de Moulins-Engilbert.
GARENNE-DE-DRUY (La), fief de la châtell. de Decize, c^ne de Fleury-sur-Loire, mentionné en 1780 (A. D.).
GARENNE-DE-LURCY (La) ou le Rival, fief de la châtell. de Decize, c^ne de Toury-Lurcy, mentionné en 1780 (A. D.).
GARENNE-DE-NIÈVRE (La), bois, c^ne de Saint-Éloi.
GARENNE-DE-PERS (La), fief de la châtellenie de Montreuillon, mentionné en 1689 (reg. des fiefs). — Garenne de Pers, 1638 (Marolles).
GARENNES (Bois des), c^ne de Nannay.
GARGOTIÈRE (La), éc. c^ne d'Oulay.
GARGOUILLE (La), f. c^ne de Brinon.
GARJOTS (Les), h. c^ne d'Ourouer. — Carjo (Cassini).
GARNIERS-CORNE-AU-CERF (Les), h. c^ne de Moux.
GARON, h. c^ne de Verneuil.
GARRE (La), éc. c^ne de Luthenay.
GASRIAUX (Les), h. c^ne de Préporché.
GASTERON (Domaine), f. c^ne de Saint-Parize-le-Châtel. — Métairie Gasteron, 1698 (arch. de Villars).
GATINE (La), f. c^ne d'Annay.
GATINE (La), h. c^ne de Saint-Loup. — Gastina, 1219 (A. N. fonds de l'abb. de Roches).
GATINE (La), m. c^ne d'Alligny.
GÂTINES (Les), f. détruite, c^ne de Perroy.
GÂTINES (Les), h. c^ne de Cours-lez-Cosne. — Les Gâtins (Cassini).

GAUCHOTTERIE (La), h. c^ne d'Entrains. — La Gaucheterie (Cassini).
GAUDIER (Mont), montagne, c^ne de Marigny-l'Église.
GAUDIS, f. c^ne de Cossaye. — Les Godins (Cassini).
GAUDIS, h. détruit, c^ne de Tresnay. porté sur la carte de Cassini.
GAUDES (Les), h. c^ne de Cosne.
GAUDES (Les), f. détruite, c^ne de Donzy. portée sur la carte de Cassini.
GAUPIÈRE (La), m. c^ne de Myennes.
GAUTHÉ, f. c^ne de Biches.
GAUTHÉ (Les), h. c^ne de Préporché. — Les Gauthés, 1673 (S.).
GAUTHIÈRE (La), h. c^ne de Saint-Aubin-lez-Forges. — La Gautiererie (Cassini).
GAUTHIERS (Les), h. c^ne d'Annay.
GAUTHIERS (Les), h. c^ne de Cours-lez-Cosne.
GAUTHIERS (Les), m. de camp. c^ne de Diennes.
GAUTIER, f. détruite, c^ne de Vandenesse.
GAUX (Les), f. et bois, c^ne de Saint-Martin-du-Puits. — Nemus Deoga: et Domus Esseca:, 1233 (Gall. christ. IV, col. 96).
GAUX (Moulin des), c^ne de Saint-Martin-du-Puits.
GAVARS, fief de la châtell. de Châteauneuf-Val-de-Bargis, mentionné en 1638 (Marolles).
GAY (Le), h. c^ne de la Roche-Millay.
GAYET, ruiss. affluent de la Dornette, c^ne de Saint-Parize-en-Viry.
GAYTE (La), éc. c^ne de Ville-lez-Anlezy. — Nemus dictus La Gayte, 1292 (S.).
GAZON (Le), h. c^ne de Corancy.
GEAI (Le), éc. c^ne de Sougy.
GEAIS (Les), f. c^ne de Sainte-Colombe.
GEBISE, lieu détruit, près de Nevers, mentionné en 1513 (A. N. fonds de l'év.).
GÈDE-D'EN-BAS (Le), f. c^ne de Cossaye.
GÈDE-D'EN-HAUT (Le), f. c^ne de Cossaye. — Gedes, 1448 (A. N.). — Geddes, 1610 (A. D.). — La Chassaigne et Gedde, fief de la châtell. de Decize, 1786 (ibid.).
GÉMIGNY, f. et m^n, c^ne de Magny-Lormes. — Germigny, xviiie siècle (reg. de Magny-Lormes).
GENARD ou la Seigne, vill. détruit, c^ne de Limanton, mentionné en 1678 (S.). — Genay, 1496; Métairie de Genar, 1553; Gener, 1556 (arch. de Vandenesse).
GENDIOT, f. c^ne de Sougy.
GENDRE (Le), chât. et f. c^ne de Maulaix.
GENÉ, m. c^ne de Préporché. — la Baulme-de-Genay, 1482 (C.). — Genay, 1689 (reg. des fiefs). — Fief de la châtell. de Moulins-Engilbert.
GENÊTS (Les), h. c^ne de Dampierre-sur-Bouhy.

DÉPARTEMENT DE LA NIÈVRE.

Genêts (Les), h. c⁵ d'Urzy.

Genêt-Vert (Le), m. c⁵ de Chiddes.

Genevray, h. c⁵ de Saint-Loup. — *Terra et seigneuria de Geneuray*, 1467 (Marolles). — *Geneveraye* (Cassini).

Genevrières, m. de camp. c⁵ de Chantenay.

Genièvre (Mont), montagne, c⁵ de Préporché.

Genièvres (Les), f. c⁵ de Brinon.

Genièvres (Les), h. c⁵ de Vandenesse.

Genièvres (Les), h. c⁵ de Varennes-lez-Narcy.

Genot, fief vassal de Vandenesse, mentionné en 1638 (Marolles).

Gentiers (Les Grands et les Petits), h. c⁵ de Saint-Vérain. — *Genthiera*, xviii° siècle (reg. de Saint-Vérain).

Gentilhomme (Le), f. c⁵ d'Azy-le-Vif.

Gentilshommes (Les), fief, c⁵ de Chasnay, mentionné en 1689 (A. N.).

Georgerie (La), f. et m. de garde, c⁵ de Donzy.

Gérault, h. c⁵ de Vauclaix.

Gerbault, h. c⁵ de Villapourçon.

Géricey, anc. chât. et f. c⁵ de la Charité. — 1586 (Marolles).

Gerland, f. c⁵ de Neuville-lez-Decize. — *Jarlan*, 1486 (A. N.). — *Jarlend*, 1500 (ibid.). — *Jarlant*, 1529 (ibid.). — *Jiarlan*, 1655 (ibid.).

Germancy, chât. et fuil. c⁵ de Decize. — 1296 (A. D.). — Ancienne seigneurie érigée en fief en 1710, châtell. de Decize.

Germancy (Ancien moulin de), c⁵ de Decize.

Germantay, m¹⁵, c⁵ de Ménestreau. — *Moulin de Germanté* (Cassini).

Germenay, c⁵ de Brinon. — *Germanayum*, 1287 (reg. de l'év. de Nevers). — *Germenet*, 1689 (reg. des fiefs). — Fief de la châtell. de Monceaux-le-Comte et Neuffontaines.

Germenay, f. c⁵ de Poiseux.

Germignon, vill. c⁵ de Thianges.

Germigny, c⁵ de Pougues. — *Villa Germiniacum*, 849 (Gallia christ. XII, col. 301). — *Ecclesia de Germiniaco*, 887 (ibid. 312). — *Germiniacus*, 998 (cart. de Saint-Cyr de Nevers, ch. 22). — *Germegniacum*, 1251 (A. N.). — *Germigniacum*, 1287 (reg. de l'év. de Nevers). — *Germiniacum-supra-Ligerim*, 1461 (A. N.). — *Germigny-sur-Loyre*, 1481 (C.). — Fief de la châtell. de la Marche.

Germigny, fief de la châtell. de Saint-Verain, mentionné en 1689 (reg. des fiefs).

Germigny (Moulin de), c⁵ de Germigny.

Germine (La), h. c⁵ de Coulanges-lez-Nevers.

Geuril-lez-Nevers (Moulin de), m¹⁵ sur la Nièvre, c⁵ de Coulanges-lez-Nevers, mentionné en 1429 (A. N.).

Gerzet, fief de la châtell. de Moulins-Engilbert, mentionné en 1638 (Marolles).

Gibelou, m. c⁵ de Cervon. — *Moulin de Gibou*, 1511 (A. N.). — Ce lieu a donné son nom à un ruisseau affluent de l'Anguison, qui arrose les communes de Cervon et de Corbigny.

Giblins (Les Grands et les Petits), h. c⁵ de Saint-Amand.

Gid, m. c⁵ de Pouques. — *Gyra*, 1780 (arg. de Pouques).

Gien-sur-Cure, c⁵ de Montsauche. — *Prioratus de Joen*, xii° siècle (pouillé d'Autun). — *Gien*, 1649 (terrier d'Alligny). — Seigneurie relevant du comté de Château-Chinon.

Gigny, château, c⁵ de Saincaize-Meauce. — 1472 (A. N.).

Gigots (Les), h. c⁵ de Germigny.

Gilbons (Les), f. c⁵ de Lucenay-les-Aix. — *Les Gilbons* (Cassini).

Gilgeaux (Bois), c⁵ de Giry.

Gilles-Jaset (Bois de), c⁵ de Giry.

Gillet, éc. c⁵ de Saint-Hilaire-Fontaine.

Gillots (Les) ou Ravarts, h. c⁵ de Moux. — *Les Gillots* (Cassini).

Gimouille, c⁵ de Nevers. — *Cura de Gimalliis*, 1287 (reg. de l'év. de Nevers). — *Parrochia de Gimoilliis*, 1340 (A. N.). — *Gymailles*, 1382 (ibid.). — *Gimouilles*, 1600 (S.). — *Gimouilles*, 1689 (reg. des fiefs). — C'était un fief de la châtell. de Châteauneuf-sur-Allier. — Le vrai nom de cette commune est Gimouilles.

Giolies (Les), h. c⁵ de Suilly-la-Tour.

Gipy, h. et m¹⁵, c⁵ de Giry. — *Gyppy*, 1386 (arch. de l'Yonne). — *Gippy*, 1505 (A. N.). — Fief de la châtell. de Montenoison.

Girardine (La), h. c⁵ de Châteauneuf-Val-de-Bargis.

Girardins (Les), h. c⁵ d'Annay.

Girards (Les), f. c⁵ de Saint-Parize-en-Viry.

Girards (Les), f. c⁵ de Toury-Lurcy.

Girardue, h. c⁵ de Tracy.

Giraud, f. c⁵ de Cossaye. — *Les Girards* (Cassini).

Giraud (Bois), c⁵ de Ciez.

Giraudrie (La), h. c⁵ de Colmery. — *Giraudrie*, 1655 (reg. de Colmery).

Giraudrerie (La), h. c⁵ de Parigny-les-Vaux.

Girauds (Les), f. c⁵ de Neuville-lez-Decize. — *Les Girault*, 1720 (A. N.).

Girodeau, f. c⁵ de Ternant.

Giroux (Les), h. c⁵ de Varennes-lez-Narcy.

Giry, c⁵ de Prémery. — 1176 (A. N. fonds de l'év.). — *Giriacum*, 1287 (reg. de l'év. de Nevers). — *Giri*, commencement du xiv° siècle (épitaphe dans

DÉPARTEMENT DE LA NIÈVRE

l'église de Giry). — Giry, 1369 (A. N.). — Fief de la châtell. de Montenoison.

GIRS-LES-PRÉS-DES-TOURES, fief de la châtellenie de Nevers, mentionné en 1638 (Marolles).

GIVRY, chât. et h. c⁹⁹ de Sainte-Marie; anc. paroisse. — Gyrziacum, 1287 (reg. de l'év. de Nevers). — Givardy, 1436 (A. N.). — Givardy, 1503 (ibid.). — Giradiacum, 1517 (pouillé de Nevers). — Guynardy, 1535 (A. N.). — Givardy, 1601 (ibid.). — Fief de la châtell. de Montenoison.

GIVRY, h. et f. c⁹⁹ de Vandenesse. — Maison fort de Givery, 1335 (Marolles). — Givriacum, 1390 (A. N.). — Fief de la châtell. de Moulins-Engilbert, réuni au marquisat de Vandenesse.

GIVRY, m⁹⁹ c⁹⁹ de Coulanges-lès-Nevers, mentionné en 1517 (A. N.). — Fief de la châtell. de Nevers.

GLANON, h. et f. c⁹⁹ de Limon. — Glenon (Cassini). Voir GLENON (Bois des).

GLANS (LES), f. c⁹⁹ de Lucenay. — Les Glus (Cassini).

GLANDS (LES), f. c⁹⁹ de Toury-Lurcy. — Village de Moncoureux, 1520 (arch. de Toury-sur-Abron). — Montcourouls, 1617 (reg. de Toury-sur-Abron). — Chez Guelaud, 1667 (ibid.). — Dixme de Moncouroux, fief de la châtell. de Decize, mentionné en 1689 (reg. des fiefs). — Les Gudaux, 1704 (reg. de Toury-sur-Abron). — Il ne reste du village de Montcourous, détruit vers le milieu du xviii⁹ siècle, que la ferme actuelle, qui a pris son nom d'une famille Guelaud que l'on trouve à Toury dès 1600. Le fief de Montcouroux dépendait de la seigneurie de Toury-sur-Abron.

GLENON (BOIS DES), c⁹⁹ de la Machine et de Saint-Léger-des-Vignes. — Foresta de Glenum, 1312 (A. D.). — Bois de Glanon, 1422 (A. N.). — Forest de Gleynon, 1512 (ibid.). — Ce bois est le reste d'une forêt très considérable qui s'étendait, au nord de Decize, dans une partie du canton de ce nom et dans le sud du canton de Saint-Benin-d'Asy.

GLOES, lieu détruit, c⁹⁹ de Saint-Germain-en-Viry, mentionné en 1536 (A. D.). — Gloued, 1650 (arch. d'Uxeloup). — Fief de la châtell. de Decize.

GLOUPS, f. c⁹⁹ de Lamenay.

GLUX, c⁹⁹ de Château-Chinon. — Luen, 1287 (reg. de l'év. de Nevers). — Cura de Luco, 1478 (pouillé de Nevers). — Glus, 1701 (reg. de Glux). — Glux-en-Glenne (Cassini). — Ce dernier nom vient de la baronnie de Glenne ou Glaine (Saône-et-Loire), dont dépendait une partie du territoire de Glux; l'autre partie était de la justice de la baronnie de la Roche-Millay.

GOBETS (LES), h. c⁹⁹ de Nolay.

GOBILLOT, h. c⁹⁹ de Varennes-les-Nevers.

GODARD (LES), f. c⁹⁹ de Saint-Amand. — Les Gouard (Cassini).

GODELÉE (LES), h. détruit. c⁹⁹ d'Arzay, portée sur la carte de Cassini.

GOBETS (LES), f. c⁹⁹ de Saint-Amand.

GUIMARE (LES), h. détruit, c⁹⁹ de Bouilly, près de Pouilly, mentionné en 1641 (S. I.).

GOELLE, m. c⁹⁹ de la Fermeté.

GOBAS, ruiss. affluent de la Cressonne, c⁹⁹ de Saint-Seine.

GOBLARD (LES), h. c⁹⁹ de Saint-Amand.

GIGAUX (LES), m. détruite, c⁹⁹ de Saint-Germain-Chassenay, portée sur la carte de Cassini.

GOBOR, f. c⁹⁹ de Luthenay.

GOFFIBRIRIE (LA), m. de camp. et f. c⁹⁹ d'Arquian.

GOBAILLE, h. c⁹⁹ de Chiddes.

GOGE (LA) ou LA MAISON GOGE, f. dér. c⁹⁹ de Limanton, mentionnée en 1610 (arch. de Vandenesse).

GOY, h. c⁹⁹ de Moux. — Goy (Cassini).

GOLBEAU, h. c⁹⁹ d'Alligny-en-Morvand.

GOBRY, h. détruit, c⁹⁹ de Garchizy, mentionné en 1355 (censier du chap. de Nevers).

GODELINS (LES), h. c⁹⁹ de Guérigny. — Godelain, 1331 (cens. du chap. de Nevers). — Godelaum, 1355 (ibid.).

GODIÈRES, f. c⁹⁹ de Saint-Éloi.

GOMBOSSERIE (LA), f. c⁹⁹ de Sainte-Colombe.

GOËTS (LES), éc. c⁹⁹ de Saincaize.

GOGES, h. c⁹⁹ de Ville-lez-Anlezy.

GOULEAUX (LES), f. c⁹⁹ de Lucenay.

GOUIS (LES), h. c⁹⁹ de Château-Chinon-Campagne. — Gouris (Cassini).

GOETS (LES), h. c⁹⁹ d'Arleuf.

GOTUS (LES), f. c⁹⁹ de Chalaux.

GOTUS (LES), h. c⁹⁹ de Donzy.

GOUARDS (LES), h. c⁹⁹ de Marzy. — 1719 (terrier de Saint-Baudière).

GOUATS (LES), f. c⁹⁹ de Saint-Pierre-le-Moûtier. — Les Gouas (Cassini).

GOUES (DOMAINE AUX), lieu détruit, c⁹⁹ de Cercy-la-Tour, mentionné en 1687 (arch. de Vandenesse).

GOUET (LE), f. c⁹⁹ de Villapourçon.

GOUET (LE PETIT-), éc. c⁹⁹ de Villapourçon.

GOUFFIER (ÉTANG), c⁹⁹ de la Collancelle. — Les Gouffiers, 1606 (inscription à Anlezy).

GOULIATERIE (LA), h. c⁹⁹ de Thianges.

GOUJON, f. c⁹⁹ de Cosnye. — Gougeon (Cassini).

GOULARD, tuil. c⁹⁹ de Corvol-l'Orgueilleux.

GOULARD, tuil. c⁹⁹ de Cosnye.

GOULÈNE-SAUVRY, mine de fer, c⁹⁹ de Saint-Ouen.

GOULETTE, h. c⁹⁹ de Millay.

GOUILLAT, f. cⁿᵉ de Chaumard-sur-Yonne. — *Le Gouilla* (Cassini).
GOULEOT, m¹ⁿ, cⁿᵉ de Saint-Saulge. — *Moulin Gouleot* (Cassini).
GOLLOT, f. cⁿᵉ de Saint-Parize-le-Châtel.
GOULOT, fief de la châtell. de Luzy, mentionné en 1684 (reg. des fiefs). — *Goulot-Bussière*, 1382 (Marolles).
GOULOT (RUISSEAU DE), cⁿᵉ de Larnes; ce petit cours d'eau, réuni au ruisseau Cornillat, forme la rivière d'Auxois.
GOULUX, cⁿᵉ de Montsauche. — *Goulis in pago Avalensi*, 721 (cart. de l'Yonne, II, 2). — *Gobilinus*, commencement du XIVᵉ siècle (pouillé d'Autun). — *Goulux*, 1535 (épitaphe dans l'église de Marzy). — *Goulout*, 1649 (terrier d'Alligny). — Fief de la châtell. de Liernais et Saint-Brisson.
GOUNARDS (LES), h. cⁿᵉ de Saint-Loup.
GOUPEAUX, h. cⁿᵉ de Raveau.
GOUPOTS (LES), f. cⁿᵉ de Lucenay. — *Les Goupots* (Cassini).
GOUPILLIÈRE ou GOUPOTIÈRE, fief de la châtell. de Cosne, mentionné en 1638 (Marolles).
GOUR (LE), f. cⁿᵉ de Decize.
GOURCHAMBOUDET, fief, cⁿᵉ de Saint-Hilaire, mentionné en 1689 (A. N.).
GOURIAMON, bouage, cⁿᵉ d'Azy-le-Vif.
GOURS (LES), m. de camp. cⁿᵉ de Decize. — 1486 (A. D.).
GOURS (LOUAGERIE DES), cⁿᵉ de Decize.
GOUT-À-MIOD, m. cⁿᵉ de Saint-Seine.
GOUTELLES (LES), h. auj. détruit, cⁿᵉ de Varennes-lez-Nevers, mentionné en 1580 (A. N.).
GOUTILLAT, h. cⁿᵉ d'Avrée.
GOUTTE (LA), anc. châtell. et f. faisant partie du bourg de Fléty. — *La Goucte*, 1480 (C.). — *La grange de la Goutte*, 1556 (ibid.). — *La Goute*, 1623 (reg. de Luzy).
GOUTTE-DE-LA-BARRE (LA), h. cⁿᵉ de Villapourçon.
GOUTTE-DU-CHARME (LA), h. cⁿᵉ de Crux-la-Ville.
GOUTTE-LONGE, m. cⁿᵉ de Chiddes.
GOUTTE-NOIRE, h. cⁿᵉ de Chiddes. — *La Goutte-Tillot*, XVIIᵉ siècle (arch. de la Roche-Millay).
GOUTTE-NOIRE (LA), m. cⁿᵉ de la Roche-Millay.
GOUTTES (LES), f. cⁿᵉ de Tazilly.
GOUTTES (LES), f. cⁿᵉ de Lucenay.
GOUTTES (MOULIN DES), m¹ⁿ, cⁿᵉ d'Onlay. — *Les Gouttes-Godard*, 1673 (S.).
GOUTTES-DU-LOUAGE-ROUGE (LES), éc. cⁿᵉ de Lucenay.
GOUTTES-DU-PONT, lieu détruit, cⁿᵉ d'Onlay, qui doit son nom à un pont servant à une voie romaine que l'on y voyait autrefois.

GOUTTES-GELÉES (LES), terr. cⁿᵉ de la Sorte.
GOUTTES-LARGES (LES), terr. cⁿᵉ de Remilly.
GOUTTALLY, h. cⁿᵉ de Remot. — *Haut et Bas Kourté* (Cassini).
GOZOBRE (HÔTEL DE LA), lieu détruit, cⁿᵉ de Remot, mentionné en 1579 (A. N.).
GRÂCE (LA), chât. cⁿᵉ de Gimouille.
GRAILLOTS (LES), h. cⁿᵉ d'Azy-le-Vif.
GRAILLOTS (LES), h. cⁿᵉ de Clamecy.
GRAND (LES), h. cⁿᵉ de Château-Chinon-Campagne.
GRAND (LE), f. cⁿᵉ de Limanton, mentionnée en 1718 (S.).
GRANDEAU, h. cⁿᵉ de Saint-Seine. — *Grandeau* (Cassini).
GRAND BOIS (LE), bois, cⁿᵉ de Saint-Éloi.
GRAND-BOIS (LE), f. cⁿᵉ de la Roche-Millay. — *Les Grands-Bois* (Cassini).
GRAND BOIS DE NEVERS (LE), bois, cⁿᵉ de Bussy-la-Pesle.
GRAND-BOURG (BOIS DE), cⁿᵉ de Saint-Pierre-le-Moûtier.
GRAND-CHAMP, f. cⁿᵉ de Druy. — *Grandchampt*, 1462 (Marolles).
GRAND-CHAMP, f. cⁿᵉ de Saint-Éloi.
GRAND-CHAMP, fief de la châtell. d'Entrains, mentionné en 1638 (Marolles).
GRAND-CHAMP, h. cⁿᵉ de Fertrève.
GRAND-CHAMP, h. cⁿᵉ de Montigny-sur-Canne.
GRAND-CHAMP, h. cⁿᵉ de Bouy. — *Colardus de Grandi-Campo*, 1293 (C.).
GRAND-CHAMP, h. cⁿᵉ de Tazilly.
GRANDCHAMPCOURT, fief de la châtell. de Moulins-Engilbert, mentionné en 1638 (Marolles).
GRAND-CHAMP-DE-VILLARS, fief de la châtell. de Châteauneuf-sur-Allier, mentionné en 1689 (A. N.).
GRAND-CHAMP-LONG, f. cⁿᵉ de Chantenay. — *Grand et Petit Chanlon* (Cassini).
GRAND-CHATPOUR, h. cⁿᵉ de Menou. — *Chaufour* (Cassini).
GRAND'CORDES (LES), h. cⁿᵉ de Planchez.
GRAND'COUR (LA), chât. h. et f. cⁿᵉ de Saint-Éloi. — *La Grande Court* (Cassini).
GRAND-CROIX, h. cⁿᵉ de Saint-Léger-de-Fougeret.
GRAND-CROT (LE), h. cⁿᵉ de Saint-Loup.
GRAND-DOMAINE (LE), f. cⁿᵉ de Chantenay. — *Les Noiras* (Cassini).
GRAND-DOMAINE (LE), f. cⁿᵉ de Rémilly.
GRAND-DOMAINE (LE), h. cⁿᵉ de Giry.
GRAND-DOMAINE-DE-L'HÔPITAL (LE), f. cⁿᵉ de Marzy.
GRANDE-BROSSE (BOIS DE LA), cⁿᵉ d'Avrée.
GRANDE-BROSSE (LA), h. cⁿᵉ de Rémilly.
GRANDE-BUSSIÈRE (LA), éc. cⁿᵉ de Varennes-lez-Nevers. — *Magna Busseria*, 1355 (cens. du chap. de Nevers).
GRANDE-CINTRE (LA), h. cⁿᵉ de Vandenesse.

DÉPARTEMENT DE LA NIÈVRE.

GRANDE-COUR (LA), f. cne de Champlemy.
GRANDE-COUR (LA), h. cne de Marlin.
GRANDE-CROIX (LA), f. cne de Langeron.
GRANDE-FONTAINE (LA), faubourg de Château-Chinon. — 1670 (reg. de Château-Chinon).
GRANDE-FONTAINE (RUISSEAU DE LA), affluent de l'Yonne, cne de Dignol.
GRANDE-GABRIELLE (FORÊT DE LA), près de la Roche-Millay.
GRANDE-MAISON, éc. cne d'Urzy.
GRANDE-MAISON (LA), f. cne de Cizely. — *Grandemaison*, 1613 (A. N.).
GRANDE-MARE (LA), h. cne de Giry.
GRANDE-MARE (LA), h. cne de Saint-Aubin-les-Forges. — *Les Brulés*, xviiie siècle (A. N.).
GRANDE-MÉTAIRIE (LA), f. cne de Ciez.
GRANDE-NOUE (LA), h. cne de Ciez.
GRANDE-PIÈCE (LA), h. cne d'Imphy.
GRANDE-RAIE (LA), m. cne de Gouloux.
GRANDE-VALLÉE (LA), m. cne de Cosne.
GRANDE-VARRE (LA), h. cne d'Urzy.
GRANDES-CHISTRES (LES), h. cne de Glux.
GRANDES-GOUTTES (LES), m. cne de la Roche-Millay.
GRANDES-HERBES (LES), h. cne de Ménestreau.
GRAND-FOST (LE), m. cne de Chazeuil-Lavault.
GRAND-FOST (RUISSEAU DE), affluent de la Manou; traverse les communes de Châteauneuf-Val-de-Bargis, Nannay et Chasnay.
GRAND-FOST (RUISSEAU DE), affluent de l'Anguison, cne de Cervon.
GRAND-GAILLÉ (BOIS DU), cne de Gresnois.
GRAND-HÈBRE (MONTAGNE DU), cne d'Alligny-en-Morvand.
GRAND-HUGUE, h. cne de Beaumont-sur-Sardolle. — *Le Grand et le Petit Hugue* (Cassini).
GRAND-JEAN, f. cne de Decize.
GRAND'MAISON (LA), f. cne de Luthenay.
GRAND'MAISON (LA), m. cne de Chazeuil-Lavault.
GRAND-MASSÉ (LE), h. cne de Maux. — *Marcy*, 1260 (Bulliot, II, 112). — *Marsiacum Magnum*, 1289 (ibid. 139). — *Le Grand-Masse*, 1548 (Lory). — *Le Grand-Mace*, vers 1600 (arch. de Vandenesse). — Fief vassal de Châtillon.
GRAND-MERISIER (LE), h. cne d'Arquian.
GRAND-MINIER (LE), h. cne de Narcy. — *Myniers*, 1575 (A. N.).
GRAND-MONT, montagne, cne de Gâcogne.
GRAND-MOUÊSSE (LE), faubourg de Nevers. — *Moessia*, 1300 (A. N. fonds du chap.). — *Magna Moissia*, 1346 (A. N.). — *Moesse*, 1461 (ibid.).
GRAND-MOULARD (LE), f. cne de Fléty.
GRAND-MOULIN, min, cne d'Épiry.

GRAND-MOULIN (LE), éc. cne de Dornes.
GRAND-MOULIN (LE), éc. cne de Sardolle.
GRAND-MOULIN-DE-FOURS, min, cne de Saint-Sulpice.
GRAND-MOULIN-DE-THIANGES (LE), f. cne de Thianges.
GRAND-MUSSY, f. cne de Parigny-les-Vaux. — *Le Mussy* (Cassini).
GRAND-NEUILLY (LE), h. cne de Montapas. — *Nouilly*, 1243 (S.).
GRAND-NOEL, h. cne de Montigny-aux-Amognes. — *Norlle* (Cassini).
GRANDOLE, fief près de Montigny-sur-Canne, mentionné en 1579 (A. N.).
GRAND-PIERRE (LES), f. cne de la Nocle.
GRAND-PRÉ, m. de camp. cne d'Arquian.
GRAND-PRÉ, m. de camp. et f. cne de Lormes. — *Grandpré*, 1696 (reg. de Saint-Mélo).
GRAND-RAUCOURT (LE), f. cne de Saint-Pierre-le-Moûtier. — *Raugoux*, 1400 (arch. de Saint-Pierre). — *Raugoux*, 1473 (ibid.). — *Domaine du Rangon*, 1750 (ibid.).
GRAND-RIGNY (LE), h. et f. cne de Nolay. — *Rillon ou le Grand Rigny* (Cassini).
GRANDRIS, ruiss. affluent de l'Yonne, cne de Cervon.
GRAND-ROND-DE-VINCENCES (LE), m. cne de Tintury.
GRANDROY, h. et min, cne de Dun-sur-Grandry. — *Grandrye*, 1224 (Marolles). — *Granrie*, 1573 (G.). — *Grant-Rye*, 1588 (ibid.). — Fief de la châtell. de Montreuillon.
GRANDRY, h. cne de Sermage. — *Grant Rye*, 1462 (C.).
GRAND-SAINT-GEORGES, h. cne de Saint-Parize-le-Châtel.
GRANDS-BOIS (LES), bois, cne de Montsauche et de Planchez; partie du bois de Montsauche.
GRANDS-BOIS (LES), bois, cne de Prémery.
GRANDS-BOIS (LES), chât. et h. cne de la Chapelle-Saint-André. — *Le Lac-des-Rues*, 1551 (arch. de l'Yonne).
GRANDS-BOIS (LES), h. cne de la Roche-Millay.
GRANDS-BOIS-GOUTILLATS (LES), h. cne d'Avrée.
GRANDS-BUISSONS (LES), bois, cne de Giry.
GRANDS-BUISSONS (LES), h. cne de Saint-Saulge.
GRANDS-CHAMPS (Bois), cne de Montsauche, porté sur la carte de Cassini.
GRANDS-CHAMPS (LES), h. cne de Lucenay-les-Aix.
GRANDS-CHAMPS (LES), h. cne de Troisanges.
GRANDS-CHAMPS (LES), h. cne de Vandenesse.
GRANDS-COTEAUX (BOIS DES), cne de Beaumont-la-Ferrière.
GRANDS-ÉTANGS (LES), éc. cne de Cossaye.
GRANDS-JARDINS (LES), h. cne de Nevers.
GRANDS-MARTINS (LES), f. détruite, cne de Saint-Hilaire-Fontaine, mentionnée en 1719 (S.).
GRANDS-MÉCHINS, f. cne de Lucenay. — *Les Méchins* (Cassini).

Girard-Matard (Le), f. c⁰⁰ de Lucenay.
Girard-Moulins (Les), m⁰⁰, c⁰⁰ de Coulouvre.
Girard-Taillis (Bois des), partie de la forêt de Poiseux, c⁰⁰ de Poiseux.
Girard-Taillis (Les), bois, c⁰⁰ de Beaumont-la-Ferrière.
Girard-Usages (Les), bois, c⁰⁰ de Giry.
Girard-Verdets (Bois des), c⁰⁰ de Lormes.
Girauvigne (La), vigneronnerie, c⁰⁰ de Remilly.
Grange (La), châl. et f. c⁰⁰ de Cossaye. — *La Motte de la Grange*, 1323 (Marolles). — *La Grainge*, 1532 (A. D.). — Fief de la châtell. de Decize.
Grange (La), m. détruite, c⁰⁰ de la Charité, portée sur la carte de Cassini.
Grange-Astré (La), h. c⁰⁰ de Châtillon.
Grange-Bauli, h. et f. c⁰⁰ de Saint-Éloi. — *Grand Gibault*, 1659 (Marolles). — *Grand Gybeau*, 1481 (ibid.). — *Grange Brau ou Grange Boyau*, vers 1640 (ibid.). — *Grangebault*, 1776 (S.). — Fief de la châtell. de Nevers, dont le vrai nom est Grand-Gibault.
Grange-Billon, h. c⁰⁰ de Lormes. — *Grange Billon*, 1733 (reg. de Lormes).
Grange-Bœuf (La), éc. c⁰⁰ de Donzy. — *Grange-au-Plart*, 1638 (Marolles). — *Grangebœuf*, 1668 (reg. de Suilly). — *La Grange-au-Polard ou Grange-Bœuf*, 1689 (reg. des fiefs). — Fief de la châtell. de Donzy.
Grange-Carteau (La), f. c⁰⁰ de Coulanges-lez-Nevers. — *Grangia Rubea*, 1260 (A. N.). — *Metayrie de la Grange-Quartaul*, 1550 (ibid.). — *La Grange-Cartel* (Cassini).
Grange-Coquillat (La), fief de la châtell. de Decize, c⁰⁰ de Decize, mentionné en 1762 (A. D.).
Grange-Cotat (La), fief de la châtellenie de Monceaux-le-Comte, mentionné en 1638 (Marolles).
Grange-d'Armence (La), fief de la châtell. de Monceaux-le-Comte, mentionné en 1638 (Marolles). — *La Grange-d'Armence*, 1689 (reg. des fiefs).
Grange-de-Champcourt (La), partie du h. de Léonard, c⁰⁰ de Moulins-Engilbert, mentionnée en 1650 (S.).
Grange-de-Cosay-Saint-Georges (La), fief de la châtell. de Saint-Verain, mentionné en 1638 (Marolles).
Grange-de-Fors (La), lieu détruit, c⁰⁰ de Rouy, mentionné en 1361 (A. N.).
Grange-de-la-Chèze (La), fief de la châtell. de Saint-Verain, mentionné en 1638 (Marolles).
Grange-de-la-Forest (La), fief de la châtell. de Donzy, mentionné en 1680 (A. N.).
Grange-des-Roteaux (La), fief de la châtell. de Metz-le-Comte, mentionné en 1638 (Marolles).
Grange-du-Bois, f. c⁰⁰ de Ruages.

Grange-du-Moulin (La), h. anc. détruit, c⁰⁰ de Saint-Parize-le-Châtel, mentionné en 1618 (A. N.).
Grange-Gemelle (La), lieu détruit, près de Brinon-les-Allemands, mentionné en 1686 (A. N.).
Grange-Journeaux (La), h. c⁰⁰ de Neuilly. — *La Grange-Journeau*, 1762 (reg. de Neuilly).
Grange-Loiselet (La), h. c⁰⁰ de Saint-André. — *Grange-Loiselot*, 1726 (reg. de Saint-André).
Grange-Messe (La), lieu détruit, c⁰⁰ de Remilly, mentionné en 1534 (C.).
Grange-Mostée (La), h. c⁰⁰ de Sermages.
Grange-Moulon (La), h. c⁰⁰ de Dampierre-sur-Nièvre.
Grange-Bibault (La), h. c⁰⁰ de Lormes. — *Grange Braud*, 1757 (reg. de Lormes). — *Grangerureaux*, 1779 (ibid.).
Grange-Rostis (La), c⁰⁰ de Pazy, fief de la châtellenie de Monceaux-le-Comte, mentionné en 1689 (reg. des fiefs). — *Les murailles de la grange appellée la Grange Rotir*, 1457 (arch. de Vandenesse).
Grange-Rouge, h. détruit, c⁰⁰ de Vielmanay, porté sur la carte de Cassini.
Grange-Rouge (La), f. c⁰⁰ de Cuncy-lez-Varzy.
Grange-Rouge (La), m. de camp. c⁰⁰ d'Arquian.
Grange-Saint-Georges (La), fief de la châtell. de Saint-Verain, mentionné en 1689 (reg. des fiefs).
Grange-Tibault (La), h. c⁰⁰ de Sermages.
Grange-Treillard (La), h. c⁰⁰ de Cuncy-lez-Varzy. — *La Grange-Troliard* (Cassini).
Grange-Vermot (La), h. c⁰⁰ de Frétoy.
Grange-Vérot (La), h. c⁰⁰ de Chevenon.
Grange-Voids (La), m. de camp. et f. c⁰⁰ de la Charité. — *La Grange* (Cassini).
Granges (Les), châl. et dépend. c⁰⁰ de Suilly-la-Tour. — *Maison des Granges*, 1351 (Marolles). — *Les Granges*, XVIᵉ siècle (arch. du châl. des Granges). — Fief de la châtell. de Donzy.
Granges (Les), f. c⁰⁰ de Lormes.
Granges (Les), f. c⁰⁰ de Millay.
Granges (Les), h. c⁰⁰ de Corbigny. — 1705 (A. N.). — Fief du comté de Château-Chinon.
Granges (Les), h. c⁰⁰ de Gâcogne.
Granges (Les), h. c⁰⁰ de Préméry.
Granges (Les), h. c⁰⁰ de Saint-Martin-du-Puits. — Seigneurie qui relevait Saint-Martin-du-Puits.
Granges (Les), h. c⁰⁰ de Sermages. — *Grangiæ*, 1289 (Bulliot, II, 139).
Granges (Les), m. c⁰⁰ de Cours-lez-Cosne. — Fief de la châtell. de Saint-Verain, mentionné en 1689 (reg. des fiefs).
Granges (Les), m⁰⁰, c⁰⁰ de Cosne.
Granges (Les Petites-), f. c⁰⁰ de Saint-Parize-le-Châtel. — *Village des Granges*, 1596 (arch. d'Uxeloup).

DÉPARTEMENT DE LA NIÈVRE.

Granges (Moulin des), h. et m^in, c^ne de Magny-Cours. — Terre des Granges, 1323 (Marolles). — Les Granges, 1644 (A. N.). — Les Granges-les-Magnys, 1689 (reg. des fiefs). — Les Granges-de-Magny, 1705 (A. N.). — Fief de la châtell. de Châteauneuf-sur-Allier.

Grangle, h. détruit, c^ne de Pougues, mentionné en 1355 (cens. du chap. de Nevers).

Granjole ou Maison-Blanche, f. c^ne d'Arleuf.

Grappes, h. c^ne de la Ferté. — Les Grapes (Cassini).

Gras (Ruisseau de), affluent de l'Allier, c^ne de Chantenay.

Graté, f. c^ne d'Azy-le-Vif. — La Brosse-de-Grateix, 1381 (Marolles). — Grateix, 1489 (ibid.). — Le Grateye, 1536 (A. N.). — Le Gratais, 1604 (ibid.). — Le Grate (Cassini).

Gratis, m. c^ne de Rémilly. — Grattay, 1621 (A. N.).

Grattechien, h. c^ne de Bouhy.

Gratteloup, éc. c^ne de Luzy. — Grateloup, 1401 (Marolles). — Grathelous, 1529 (C.). — Grateloupt, 1689 (reg. des fiefs). — Fief de la châtell. de Luzy.

Gravé (Le), h. c^ne de Gâcogne.

Gravelat (Le), f. c^ne de Saint-Pierre-le-Moûtier. — Les Gravelats (Cassini).

Gravelle (La), h. c^ne de Brassy.

Gravelle (La), montagne et forêt, c^nes de Saint-Léger-de-Fougeret, Onlay et Villapourçon.

Gravières, h. c^ne de Pougues. — Gravares, 1355 (cens. du chap. de Nevers). — Grevrier (Cassini).

Gravière (La), éc. c^ne de Mars. — Étang de Grehières, 1299 (S.).

Gravières (Bois des), c^ne de Lormes.

Gravillot, h. et m^in, c^ne de Château-Chinon-Campagne.

Gravoche (La), h. c^ne de Saint-Germain-Chassenay. — La Graveroche, 1772 (Plan de la seigneurie de Beauvoir).

Gravots (Les), f. c^ne de Saint-Amand. — Les Graveaux (Cassini).

Gresant, anc. forge et h. c^ne de Beaumont-la-Ferrière. — Grenan, 1132 (cart. de Bourras, ch. 6). — Grenai, 1184 (Gall. christ. XII, col. 138). — Granan, 1508 (A. N.). — Fief de la châtellenie de Montenoison.

Gresnaud, m. détruite, c^ne de Toury-Lurcy, portée sur la carte de Cassini.

Grenesset, f. c^ne de Limanton. — Greneissart villa, 1311 (C.). — Grynissart, 1322 (ibid.). — Grenyssart, 1443 (ibid.). — Grenesien, 1500 (S.). — Granesso, 1542; Grenesay, 1629 (Lory). — Cette seigneurie relevait de l'abb. de Bellevaux.

Grenetas, lieu détruit, c^ne de Saint-Germain-Chassenay, mentionné en 1457 (A. D.).

Grenon, c^ne de Brinon. — Ecclesia de Sancta Genuefa 1136 (Gall. christ. XII, col. 341). — Grenois, 1421 (A. N.). — Grenoiz, 1512 (ibid.). — Fief de la châtell. de Monceaux-le-Comte.

Grenotte (Ruisseau de), affluent de la Nièvre, c^nes de Mouroy et de Lurcy-le-Bourg.

Grenouillat (Le), éc. c^ne de Champvert.

Grenouillat (Le), h. c^ne de la Nocle.

Grenouillat (La), h. c^ne d'Aunay. — La Grenouillère, 1669 (reg. d'Aunay).

Grenouillère (La), h. c^ne d'Épiry. — La Grenollière, 1598 (C.). — Fief de la châtell. de Montreuillon.

Grenouillerie (La), tuil. c^ne de Saint-Pierre-du-Mont.

Gressigny (Molin et Belterre de), c^ne de Dornes, mentionnés en 1669 (aliénation des biens de l'Église).

Grevardes (La), h. c^ne de Moulins-Engilbert.

Greux (Le), forge et h. c^ne d'Urzy. — Domaine du Greux, v. 1550 (S.).

Grevelas (Le), f. huj. détruite, c^ne de Saint-Pierre-le-Moûtier, mentionné en 1750 (arch. de Saint-Pierre).

Grève (La), c^ne de Dienne, fief de la châtell. de Decize, mentionné en 1772 (A. D.). — Nemus de La Greve, 1285 (S.).

Grève (La), f. c^ne de Luthenay.

Griffon, h. détruit, c^ne de Saint-Léger-des-Vignes, porté sur la carte de Cassini.

Grignauderie (La), h. et poterie, c^ne d'Arquian. — La Vrignauderie (Cassini).

Grillerie (La), h. c^ne de Saint-Benin-des-Bois.

Grillet, m. c^ne de Saint-Pierre-le-Moûtier.

Grilloss (Les), h. c^ne de Neuvy.

Grilloterie (La), h. c^ne de Donzy.

Grillot-Perruse, m^in, c^ne de Coulanges-lez-Nevers.

Grimace (La), éc. c^ne de Montigny-sur-Canne.

Grimongi, fief de la châtell. de Monceaux-le-Comte, mentionné en 1668 (Marolles).

Griotier (Le), h. et f. c^ne de Tresnay. — Les Groitiers (Cassini).

Grippe (La), h. c^ne de Saint-Martin-d'Heuille.

Grippe (Moulin de la), m^in, c^ne de Saint-Martin-d'Heuille.

Gris (Les), h. c^ne d'Avrée. — Le Gris, 1726 (reg. de Semelay).

Griveau, ruiss. affluent de l'Oussière, c^nes de Frétoy et de Corancy.

Gron, h. et f. c^ne de Tintury. — Oschia de Gron, 1348 (S.). — Fief de la châtell. de Saint-Saulge, qui donne son nom à un bois voisin.

Gros (Les), h. c⁹⁹ de Saint-Agnan.
Gros-Aulnes (Bois des), c⁹⁹ de Saint-Malo.
Gros-Bois (Bois de), c⁹⁹ de Beaumont-la-Ferrière.
Gros-Bois (Le), h. c⁹⁹ de Dampierre-sur-Bouhy.
Gros-Bois (Le Moulin), m⁹⁹, c⁹⁹ de Dampierre-sur-Bouhy.
Gros-Bout, f. c⁹⁹ de Gimouille. — *Gros-Bout*, 1421 (A. N.).
Gros-Bucher (Le), h. c⁹⁹ de Varennes-lez-Narcy.
Gros-Buisson (Le), f. c⁹⁹ de Rémilly.
Gros-Buissons (Bois des), c⁹⁹ de Beaumont-la-Ferrière.
Gros-Chêne, h. c⁹⁹ de Moulins-Engilbert.
Gros-Chênes (Les), f. c⁹⁹ de Saint-Martin-d'Heuille.
Groseillers (Les), m. c⁹⁹ de Varennes-lez-Nevers.
Gros-Louis (Le), h. c⁹⁹ de Gouloux. — *Grolotz*, 1649 (terrier d'Alligny).
Grosmont, montagne, c⁹⁹ de Corancy.
Gros-Riot (Ruisseau de), c⁹⁹ de Beaumont-sur-Sardolles et de Thianges.
Gros-Sabots (Les), m. c⁹⁹ de Lormes.
Grosse, h. c⁹⁹ de Planchez. — *Terra de Grosso*, 1177 (arch. de l'Yonne; donation à l'abb. de Reigny). — *Les Grosses*, 1694 (reg. de Planchez). — *Haut et Bas Grosse* (Cassini).
Grosse-Forge, usine, c⁹⁹ de Poiseux. — *Forge* (Cassini).
Grosse-Maison-de-Sozay (La), f. c⁹⁹ d'Isenay.
Grosse-Métairie (La), h. c⁹⁹ de Saint-Verain. — *Grosse Metayrie*, 1740 (reg. de Saint-Verain).
Grosse-Pierre (La), h. c⁹⁹ d'Arquian.
Grosses-Pierres (Les), lieu-dit, c⁹⁹ d'Alligny-en-Morvand. — *Grosse Pierre*, 1640 (terrier d'Alligny).
Grosses-Pierres (Les), lieu-dit, c⁹⁹ d'Entrains.
Guay-d'Outre-Laigue (Le), lieu détruit, c⁹⁹ de Saint-Jean-aux-Amognes, mentionné en 1584 (S.).
Guayreau (Ruisseau de), près de Crux-la-Ville, mentionné en 1602 (A. N.).
Gué (Le), f. c⁹⁹ de Chaulgnes.
Gué (Le), fief de la châtell. de Montenoison, mentionné en 1638 (Marolles).
Gué (Le), h. c⁹⁹ de Prémery. — 1522 (A. N.). — Fief de la châtell. de Montenoison.
Gué (Le), h. c⁹⁹ de Saint-Laurent.
Gué (Moulin du), c⁹⁹ de la Roche-Millay. — *Les Guay*, 1608 (C.).
Gué-Blanc (Le), f. c⁹⁹ d'Arquian.
Gué-Botron (Le Petit et le Grand), h. c⁹⁹ de Saint-Père. — *Gué-Botron* (Cassini).
Gué-de-Chandelay (Le), h. c⁹⁹ de Saint-Saulge.
Gué-de-Flin (Le), h. c⁹⁹ de Suilly-la-Tour. — *Le Gué-de-Flin* (Cassini).

Gué-de-Frise (Le), h. et poterie, c⁹⁹ de Saint-Verain. — *Guette-Frise*, 1718, et *Guay-de-Frise*, 1750 (reg. de Saint-Verain).
Gué-de-Frise-d'en-Bas (Le), h. c⁹⁹ d'Arquian.
Gué-de-Frise-d'en-Haut (Le), h. c⁹⁹ d'Arquian.
Gué-de-la-Bergère (Le), gué sur l'Abron, c⁹⁹ de Toury-Lurcy. — *Le Guès-de-la-Bergère*, 1788 (terrier de Lucenay).
Gué-de-la-Chaise (Le), h. et m⁹⁹, c⁹⁹ de Saint-Aubin-les-Forges.
Gué-de-Long (Le), étang, c⁹⁹ de Chezeaune-Change. — *Seigneurie du Gué-de-Long*, 1636 (reg. de Dampierre-sur-Bouhy).
Gué-des-Fourmis (Ruisseau de), affluent de la Canne, c⁹⁹ de Rouy.
Gué-d'Heuillon (Le), h. c⁹⁹ de Saint-Martin-d'Heuille. — *Vadon-de-Ullon*, *Vadum-Duyllon*, 1293 (arch. des Bordes). — *Le Guedeullon*, 1614 (S.).
Gué-du-Bois-Cuetet (Ruisseau de), affluent de la rivière de Chalaux.
Gué-Franci (Le), f. c⁹⁹ de Bitry. — *Lieu-Franci* (Cassini).
Gué-Girault (Le), m⁹⁹, c⁹⁹ de Château-Chinon-Campagne.
Guénâbre, m⁹⁹, c⁹⁹ de Saint-Germain-Chassenay. — *Pont de Grenabre*, 1406 (A. N.). — *Moulin de Guenabre*, 1610 (A. D.).
Guéniffets (Les), h. c⁹⁹ de Saint-Agnan.
Guérault, ruiss. affluent de l'Aron, c⁹⁹ de Lâché-Assarts.
Gué-Renard (Le), h. c⁹⁹ d'Empury.
Guérignault (Le), h. c⁹⁹ de Crux-la-Ville. — *Les Guérignaux* (Cassini).
Guérigny, c⁹⁹ de Pougues. — *Villa Wariniacum*, 849 (Gall. christ. XII, col. 301). — *Variniacum*, 887 (ibid. XII, col. 311). — *Garigniacum*; *Villa Garigniaca*, 986 (ibid. XII, col. 321). — *Garigni*, 1355 (cens. du chap. de Nevers). — *Garigny*, 1404 (A. N.). — *Guarigny*, 1569 (A. N. fonds de l'év.). — Lors de l'organisation départementale, le canton de Guérigny, dépendant du district de Nevers, fut composé des communes de Guérigny, Nolay et Rigny, Ourouer, Poiseux, Saint-Martin-d'Heuille et Urzy.
Guérigny, éc. c⁹⁹ de Parigny-les-Vaux.
Guérins (Les), h. c⁹⁹ de Cosne.
Guérot, f. c⁹⁹ de Langeron. — *Guerau* (Cassini).
Guesse (Le), m. c⁹⁹ de Varennes-lez-Nevers.
Guet (Le), f. c⁹⁹ de Saint-Honoré. — *La Motte et les maisons dou Guet*, 1339 (A. N.).
Guet (Rivière du), ruiss. c⁹⁹ de Montigny-sur-Canne, mentionné en 1689 (A. N.).
Guette (La), fief de la châtell. de Luzy, mentionné en

DÉPARTEMENT DE LA NIÈVRE.

1689 (reg. des fiefs). — *La Guette*, 1638 (Marolles).

Guette (La), éc. c^{ne} de Montsauche. — *La Guette*, 1407 (Marolles). — Fief de la châtellenie de Saint-Brisson.

Guette (La), f. c^{ne} de Cercy-la-Tour. — *Campardum de la Guette*, 1269 (S.). — *Le ry de l'estang de la Guete*, 1361 (arch. de Vandenesse). — *Village de la Guette*, 1551 (*ibid.*). — *La Guecte*, 1554 (Lory). — *La Guiste*, 1664 (S.). — Fief de la châtell. de Cercy-la-Tour.

Guette (La) ou Ruess, fief de la châtell. de Corvol-l'Orgueilleux, mentionné en 1689 (reg. des fiefs).

Guesses, h. f. et tuilerie, c^{ne} de Saint-Pierre-le-Moûtier.

Guichanderie (La), éc. c^{ne} de Vielmanay. — Locaterie mentionnée en 1755 (A. N.).

Guiche (La), éc. c^{ne} de Diennes. — Fief mentionné en 1638 (Marolles).

Guicherand, éc. c^{ne} de Tamnay. — *Moulin de Guicherant* (sur la rivière du Trait), 1284 (S. charte des limites des justices de Passy et de Châtillon). — *Guicherand*, 1500 (Lory).

Guichets (Les), h. c^{ne} de Glux.

Guichy (Le), h. c^{ne} de Nannay. — *Terra de Guachiuco, Guacheiuna*, 1223 (mss de Baluze, extr. du cart. de la chambre des comptes de Nevers). — *Guachy*, 1327 (Marolles). — *Gaichy*, 1329 (*ibid.*). — *Le Mex-Guichy*, 1638 (*ibid.*). — *Mezeguichy*, 1689 (reg. des fiefs). — Fief de la châtell. de Châteauneuf-Val-de-Bargis.

Guichy-le-Fourneau, h. c^{ne} de Nannay.

Guide (La), m. c^{ne} de Dommartin.

Guidon (Le), h. c^{ne} de Montaron.

Guidon (Le), m. c^{ne} de Saint-Martin-d'Heuille.

Guienne (La), mⁱⁿ, c^{ne} de Saint-Benin-d'Azy. — *La Guenne* (Cassini).

Guignerands (Les), h. c^{ne} de Sermages. — *Guignebert*, 1689 (reg. des fiefs). — Fief de la châtell. de Moulins-Engilbert.

Guignon (Le), ruiss. qui prend sa source dans la c^{ne} de Saint-Léger-de-Fougeret, traverse celle de Sermages et vient se réunir au Garat, à Moulins-Engilbert, pour former l'Anisy. — *Rivière de Guynon*, 1406 (C.).

Guillaumeserie (La), h. c^{ne} de Suilly-la-Tour.

Guillemay, f. c^{ne} de Maulaix. — *Guilma* (Cassini).

Guillemenots (Les), h. c^{ne} de Saint-Sulpice.

Guillemins (Les), f. c^{ne} de Chantenay.

Guilles (Bois), c^{ne} de Beaumont-la-Ferrière.

Guillon, f. c^{ne} de Saint-Germain-Chassenay. — *Guyon*, 1750 (reg. de Saint-Germain).

Guillot (Le), f. c^{ne} de Langeron. — *Village du Guillot*, 1750 (arch. de Saint-Pierre-le-Moûtier).

Guillotons (Les), h. c^{ne} de Saint-Amand.

Guimards (Les), h. c^{ne} de Bitry. — *Les Gumars* (Cassini).

Guinarderie (La), f. c^{ne} d'Entrains.

Guinerie (La), f. c^{ne} de Jailly. — *La Gournerie* (Cassini).

Guinganderie (La), h. c^{ne} de Giry. — *La Guignanderie* (Cassini).

Guiosis, fief de la châtell. de Decize, mentionné en 1689 (A. D.).

Guiots (Les), f. détruite, c^{ne} de Decize, portée sur la carte de Cassini.

Guipy, c^{ne} de Brinon-les-Allemands; prieuré de l'ordre de Saint-Benoît fondé en 1156. — *Ecclesia de Guispe*, 1130 (*Gall. christ.* XII, col. 340). — *Ecclesia Sancti Martini de Guispeio*, 1130 (*ibid.*). — *Prioratus de Guispeio, Wispeium*, 1156 (*ibid.* XII, col. 341). — *Guippuiacum*, 1287 (reg. de l'év. de Nevers). — *Guyppy*, 1429 (A. N.). — *Guippi*, 1553 (C.). — Fief de la châtell. de Montenoison.

Guittards (Les), f. c^{ne} de Luzy. — *Les Guitars*, 1620 (reg. de Luzy). — Ce lieu a donné son nom à un ruisseau affluent de l'Haleine.

Guitte (La), h. c^{ne} de Pouques. — *La Guitte-de-Pouques*, 1673; *la Gutte-de-Pouques*, 1686 (reg. de Pouques).

Guittes (Les), mⁱⁿ, c^{ne} de Dun-les-Places.

Guittons (Les), h. c^{ne} de Perroy.

Guize, h. c^{ne} de Moux. — *Guisse*, 1649 (terrier d'Alligny).

Gutte (La), h. c^{ne} de Gouloux.

Gutte-l'Eau (La), h. c^{ne} de Planchez. — *La Gouteleau*, 1741 (reg. de Planchez).

Gutte-Ronde, f. c^{ne} de Moux.

Guttes-Bons (Les), h. c^{ne} d'Alligny-en-Morvand. — *Guette-Bony* (Cassini).

Guttes-Corneaux (Les) ou les Fricots, h. c^{ne} de Gouloux.

Guty (Le), m. c^{ne} de Château-Chinon-Campagne.

Guy-l'An-Neuf (Bois du), c^{ne} de la Fermeté.

Guyot, f. c^{ne} de Saincaize. — *Domaine Guyot* (Cassini).

Guyots (Les), h. c^{ne} de Saint-Bonnot. — *Le Faubourg* (Cassini).

Gyraudière (La), lieu détruit, près d'Aunay; seigneurie mentionnée en 1581 (C.). — *La Gibardière*, 1635 (reg. d'Aunay). — *La Gibodière*, 1659 (*ibid.*).

Gyppes (Les), h. c^{ne} de Vielmanay.

Gys, f. c^{ne} de Saint-Parize-le-Châtel.

H

Habattées (Les), h. c^{ne} de Montsauche.
Hacots (Les), h. c^{ne} d'Annay. — *Les Vaux* (Cassini).
Haillots (Les), f. et m. de camp. c^{ne} de Varennes-lez-Narcy. — *Les Aliots* (Cassini).
Haisot, fief de la châtell. de Monceaux-le-Comte et Neuffontaines, mentionné en 1689 (reg. des fiefs).
Haleine (L'), riv. prend sa source à la fontaine d'Haleine, dans la commune de la Roche-Millay, traverse les communes de Millay, Luzy, Tazilly, Avrée, Sémelay, Rémilly, Fours, Thaix, et se jette dans l'Aron près de Cercy-la-Tour. — *Riviera d'Ameille*, 1443 (C.). — *L'Aloyne*, 1450 (A. N.). — *Aleue*, 1461 (C.). — *Aleyne*, 1497 (S.). — *Alaine*, 1575 (C.). — *Alleine*, 1610 (S.). — *Allenin*, 1659 (ibid.).
Harangères, fief de la châtell. de Montreuillon, mentionné en 1689 (reg. des fiefs).
Hâte (L'), h. c^{ne} de Saint-Honoré.
Hâte-à-la-Chèvre (L'), f. c^{ne} de Rémilly. — *Lhate à la Chevre* (Cassini).
Hâte-au-Sergent (L'), h. c^{ne} de Saint-Brisson. — *Lhate aux Sergents*, 1692 (reg. de Saint-Brisson).
Hateline, m. c^{ne} de Saint-Hilaire-Fontaine.
Hâtes-de-Fétigny (Les), h. c^{ne} d'Alligny-en-Morvand.
Haubues, signal, c^{ne} de Fertrève. — *Villa des Aubues*, 1352 (C.). — *Les Aubuis*, 1413 (A. N.). — *Les Aubuz*, 1534 (A. D.). — *Les Aubus*, 1705 (A. N.). — *Les Obus*, 1772 (A. D.). — Fief de la châtell. de Decize.
Haut (Bois du), c^{ne} de Montenoison.
Haut-d'Avrée (Le), h. c^{ne} d'Avrée.
Haut-de-Chaux (Le), f. c^{ne} de Planchez. — *Hautechaux* (Cassini).
Haut-de-Grosmont (Le), montagne, c^{ne} de Planchez.
Haut-de-la-Fosse (Le), montagne, c^{ne} de Mhère, portée sur la carte de Cassini.
Haut-de-l'Arche (Le), éc. c^{ne} de la Roche-Millay. — *L'Eau de l'Arche* (Cassini).
Haut-de-l'Herse (Le), h. c^{ne} de Villapourçon.
Haut-de-Marié (Le), h. c^{ne} de Marzy. — *Grand Marié* (Cassini).
Haut-des-Champs (Le), h. c^{ne} de Villapourçon.
Haut-du-Banquet (Le), montagne et chapelle, c^{ne} de Mhère.
Haut-du-Château (Le), sommet, c^{ne} de Dun-les-Places.
Haut-du-Chêne (Le), m. c^{ne} de Villapourçon.
Haut-du-Mât (Le), m. c^{ne} de Neuville-lez-Decize.

Haut-de-Mont (Le), m. c^{ne} de Montapas.
Haut-de-Tuis (Le), f. c^{ne} de Saint-Hilaire-Fontaine.
Hautecour, h. c^{ne} de Moraches.
Hautecour (La), partie du bourg d'Ourouer, c^{ne} de ce nom. — *Villaige de Lautre-Court*, 1379 (arch. des Bordes).
Haute-Cour (La), h. c^{ne} de Saint-Benin-d'Azy. — *La Haute-Cour-Bourgoing*, XVIIe siècle (arch. de la famille de Bourgoing).
Hautefeuille, h. c^{ne} de Dornecy.
Hauteloup, h. détruit, c^{ne} de Fertrève, porté sur la carte de Cassini.
Haute-Meule (La), h. c^{ne} de la Machine. — *La Meulle ou les Agots*, 1775 (A. D.).
Haut-Marcot (Le), h. c^{ne} de Sémelay. — *Laumarquen*, 1768 (reg. de Sémelay).
Haut-Verger (Le), f. c^{ne} de Fléty.
Haut-Village (Le), chât. et h. c^{ne} de Varennes-lez-Nevers.
Henry (Bois), c^{ne} de Saint-Verain.
Henrys (Les), h. c^{ne} de Toury-Lurcy. — *Maison Barbier*, 1778 (plan terrier de la seigneurie de Toury-sur-Abron).
Hérards (Les), f. c^{ne} de Millay. — *Les Hérars*, 1734 (reg. de Millay).
Hérisy, fief vassal d'Arcilly, mentionné en 1638 (Marolles).
Hermitage (L'), éc. c^{ne} de Saint-Verain. — Il y avait autrefois en ce lieu une chapelle et la demeure d'un hermite.
Hermitage (L'), h. et f. c^{ne} de Clamecy.
Hermitage (L'), m. c^{ne} de Brinay.
Hermitage (L'), m. c^{ne} de Cours-lez-Cosne.
Hermitage (L'), m. c^{ne} de Donzy.
Héronneries (Les), m. c^{ne} de Saint-Aubin-les-Forges, portée sur la carte de Cassini.
Herou, mⁱⁿ auj. détruit, mentionné en 1357 comme étant près de Saint-Père-lez-Cosne (inv. de Villemoison).
Herus (Les), h. détruit, c^{ne} de Millay, mentionné en 1770 (reg. de Millay).
Héry, c^{ne} de Brinon. — *Ariacum*, 721 (cart. gén. de l'Yonne, II, 2). — *Hairy*, 1248 (Marolles). — *Heriacum*, 1287 (reg. de l'év. de Nevers). — *Erry*, 1503 (A. N.). — *Herry*, 1505 (liève de Saint-Spire). — Fief de la châtell. de Monceaux-le-Comte et Neuffontaines.

DÉPARTEMENT DE LA NIÈVRE.

Heuille, *Heullia*, lieu détruit, c⁹⁹ de Saint-Martin-d'Heuille, mentionné en 1355 (censier du chap. de Nevers); a donné son nom à un ruisseau affluent de la Nièvre, qui arrose les communes de Balleray et de Saint-Martin-d'Heuille. — *Riparia Duyllim*, 1293 (arch. des Bordes).

Hiry, h. c⁹⁹ de Ternant, anc. paroisse. — *Iry*, 1369 (Marolles). — *Yriacus*, xiiᵉ siècle (pouillé d'Autun). — *Yri*, 1459 (C.). — Fief de la châtell. de Savigny-Poil-Fol.

Hozar, h. détruit, c⁹⁹ de Ternant, porté sur la carte de Cassini. — *Le Voux*, 1580 (C.).

Hôpital (Le grand domaine de l'), f. c⁹⁹ de Varennes-lez-Nevers. — *L'Hôpital* (Cassini).

Hopitou (L'), h. c⁹⁹ d'Arbourse. — *Le Plessis-Rebourse*, 1488 (inv. de Villemoison). — *L'hospital du Plessis-de-Rebourse*, 1488 (ibid.). — *L'hôpital de Rebourne*, 1502 (ibid.). — *Le Plessis*, 1526 (ibid.). — *Lhospitau*, 1664 (ibid.). — Commanderie de l'ordre du Temple, puis de l'ordre de Saint-Jean-de-Jérusalem, membre important de la commanderie de Villemoison.

Hors-le-Pont-de-Loire ou les Sables, faubourg de Nevers.

Hospital-de-Sainct-Eloy (L'), f. détruite, c⁹⁹ de Saint-Éloi, mentionnée en 1602 (A. N.).

Hôteloux, h. c⁹⁹ de Villapourçon. — *Hautelou*, 1684 (reg. de Villapourçon).

Hottes (Les), h. c⁹⁹ de Narcy.

Hottes (Les), m⁹⁹, c⁹⁹ de Vielmanay.

Houillières (Les), f. c⁹⁹ de Moulins-Engilbert. — *Les Oullières*, 1457 (C.). — *Fontaine des Houillières*, 1480 (ibid.).

Houssière, bois, c⁹⁹ de Frétoy.

Huard, f. c⁹⁹ de Mhère. — *Vuard ou les Forges*, 1673 (reg. de Mhère).

Hubans, anc. chât. chapelle et h. c⁹⁹ de Grenois. — *Castrum Huban in territorio Nivernensi*, commencement du xiiᵉ siècle (*Miracula sancti Benedicti*, liber VIII). — *Ecclesia de Hubento*, 1136 (*Gall. christ.* XII, col. 341). — *Leprosaria de Humbanto*, 1478 (pouillé de Nevers). — *Huban*, 1601 (A. N.). — *Hubant*, 1699 (reg. de Brinon). — Baronnie et maladrerie, sous le vocable de saint Martin, réunie à l'hôpital de Saint-Saulge. Le vrai nom de ce lieu est Huban.

Hûche (La), f. c⁹⁹ de Dompierre-sur-Nièvre.

Hudelée (L'), éc. c⁹⁹ de la Roche-Milla;.

Huets (Les), m. de garde, c⁹⁹ d'Entrains. — *Les Hues* (Cassini).

Huez, h. c⁹⁹ de Bona; anc. paroisse. — *Parrochia de Vacuis*, 1248 (A. N.). — *Vodium*, 1287 (reg. de l'év. de Nevers). — *Vuez*, 1470 (A. N.). — *Vuez*, 1489 (ibid.). — *Vues*, 1526 (arch. de Maumigny). — *Veuez*, 1555 (A. N.). — *Vuez*, 1555 (ibid.). — *Vuez*, 1760 (ibid.). — *Huuez*, 1771 (ibid.).

Huez, h. c⁹⁹ de Montigny-en-Morvand.

Huilerie (L'), h. c⁹⁹ de Cercy-la-Tour.

Huilerie (L'), m. c⁹⁹ de Limanton.

Huilerie ou Champ-d'Acter (L'), m. c⁹⁹ de Luzy.

Huilerie-de-Prob (L'), m. de garde, c⁹⁹ de Montigny-sur-Canne. — *Prond* (Cassini).

Huis-Aubré (L'), h. c⁹⁹ de Montigny-en-Morvand.

Huis-Arros (L'), f. c⁹⁹ de Corancy.

Huis-Auclair (L'), h. c⁹⁹ de Mhère. — *Lhuis au Clerc ou Charbonneau*, 1673 (arch. de Mhère).

Huis-au-Fiot (L'), h. c⁹⁹ de Gâcogne.

Huis-au-Page (L'), h. c⁹⁹ de Gâcogne. — *Part-dessous*, 1600 (arch. de Gâcogne). — Donne son nom à un ruisseau affluent de l'Anguison.

Huis-au-Roc (L'), h. et f. c⁹⁹ de Chaumot-sur-Yonne.

Huis-au-Roi (L'), h. c⁹⁹ de Pazy et de Chaumot-sur-Yonne.

Huis-au-Roué (L'), f. c⁹⁹ de Saint-Hilaire-en-Morvand. — *Lhuys-au-Roué*, 1671 (reg. de Saint-Hilaire).

Huis-Barat (L'), h. c⁹⁹ de Chalaux.

Huis-Bargeot (L'), h. c⁹⁹ de Marigny-l'Église.

Huis-Barry (L'), f. c⁹⁹ de Maux.

Huis-Baudiau (L'), h. c⁹⁹ de Vauclaix.

Huis-Beaupied (L'), h. c⁹⁹ de Mhère. — *Leschenault*, 1673 (reg. de Mhère). — *Montrelemois*, 1685 (ibid.).

Huis-Beaupré (L'), h. détruit, c⁹⁹ de Mhère, porté sur la carte de Cassini.

Huis-Bernard (L'), h. c⁹⁹ de Chaumard.

Huis-Billard (L'), h. c⁹⁹ de Montigny-en-Morvand. — *L'Huis-Beliard*, 1773 (Baudiau, I, 283).

Huis-Billin (L'), f. c⁹⁹ de Châtin.

Huis-Blin (L') ou L'Huis-Bleu, h. c⁹⁹ de Brassy. — *Lhuy-Belin*, 1765 (reg. de Brassy).

Huis-Blondeau (L'), m. c⁹⁹ de Brassy. — *Lhuy-Blondot*, 1774 (reg. de Brassy).

Huis-Bobin (L'), h. c⁹⁹ de Marigny-l'Église.

Huis-Boileau (L'), f. c⁹⁹ de Gâcogne.

Huis-Bonardin (L'), h. c⁹⁹ de Brassy.

Huis-Bonin (L'), h. c⁹⁹ de Dun-les-Places.

Huis-Bonin (L') ou Charrière, h. c⁹⁹ d'Empury.

Huis-Bonnequin (L'), h. c⁹⁹ de Pouques. — *Bodequin ou l'huie Baudequin*, 1686 (reg. de Pouques). — *L'huis-Baudequin*, 1766 (ibid.).

Huis-Bouché (L'), h. c⁹⁹ de Brassy.

Huis-Bouhon (L'), m. c⁹⁹ de Saint-André-en-Morvand.

Huis-Bouillard (L'), h. c⁹⁹ d'Empury.

Huis-Boulard (L'), h. c⁻ⁿᵉ de Saint-Hilaire-en-Morvand. — Lhuye Boulard, 1672 (reg. de Saint-Hilaire).
Huis-Boulet (L'), fabrique de ciment, c⁻ⁿᵉ de Corbigny.
Huis-Bourdial (L'), h. c⁻ⁿᵉ de Gâcogne. — Lhuis Bordiau (Cassini).
Huis-Bourgeois (L'), m. c⁻ⁿᵉ de Mhère.
Huis-Bréchard (L') ou L'Huis-Brochard, h. c⁻ⁿᵉ de Gâcogne.
Huis-Brée (L'), f. c⁻ⁿᵉ de Saint-Hilaire-en-Morvand. — Lhuye Bré, 1671 (reg. de Saint-Hilaire).
Huis-Briardat (L'), m. c⁻ⁿᵉ de Saint-André-en-Morvand.
Huis-Brouillard (L'), m. c⁻ⁿᵉ d'Empury.
Huis-Carré (L'), h. c⁻ⁿᵉ de Brassy.
Huis-Chanard (L'), f. c⁻ⁿᵉ de Saint-Hilaire-en-Morvand.
Huis-Champrois (L'), h. c⁻ⁿᵉ de Mhère.
Huis-Châtelain (L'), h. c⁻ⁿᵉ de Dun-les-Places. — Maison Dizien, xviiiᵉ siècle (reg. de Dun-les-Places).
Huis-Chaudot (L'), h. c⁻ⁿᵉ de Châtin.
Huis-Colbert (L'), h. réuni au village de Montigny, commune de Pouques, mentionné en 1766 (reg. de Pouques).
Huis-des-Brosses (L'), m. c⁻ⁿᵉ de Brassy.
Huis-des-Cas (L'), h. c⁻ⁿᵉ de Montigny-en-Morvand.
Huis-des-Chênes (L'), m. c⁻ⁿᵉ de Dun-les-Places.
Huis-des-Rapes (L') ou L'Huis-des-Rats, h. c⁻ⁿᵉ de Dun-les-Places.
Huis-Douloing (L'), h. c⁻ⁿᵉ de Mhère. — Maison de Doloingt, 1611; Dolloins, 1651; Lhuis de Loing, 1673; Lhuis de Douloin, 1684 (reg. de Mhère).
Huis-Duboux (L'), h. c⁻ⁿᵉ de Brassy. — Lhuis du Bous, xviiiᵉ siècle (reg. de Brassy).
Huis-Durée (L'), f. c⁻ⁿᵉ de Brassy. — Lhuis du Mrés (Cassini).
Huis-Durey (L'), h. détruit, c⁻ⁿᵉ de Mhère, porté sur la carte de Cassini.
Huis-Dupin (L'), f. c⁻ⁿᵉ de Gâcogne.
Huis-Gaudry (L'), f. et m. de garde, c⁻ⁿᵉ de Château-Chinon-Campagne.
Huis-Gaumont (L'), h. c⁻ⁿᵉ de Montsauche.
Huis-Gauthereau (L'), h. et m⁻ⁿ, c⁻ⁿᵉ de Gâcogne.
Huis-Gigot (L'), h. c⁻ⁿᵉ de Crux-la-Ville.
Huis-Gillot (L'), h. c⁻ⁿᵉ de Dun-les-Places.
Huis-Godin (L'), m. c⁻ⁿᵉ de Saint-André-en-Morvand.
Huis-Gourdin (L'), h. c⁻ⁿᵉ de Montigny-en-Morvand.
Huis-Gousson (L') ou L'Huis-au-Noir, h. c⁻ⁿᵉ de Mhère.
Huis-Grillot (L'), h. c⁻ⁿᵉ de Corancy.
Huis-Grillot (L'), h. détruit, c⁻ⁿᵉ de Montsauche, porté sur la carte de Cassini.
Huis-Grivau (L'), h. c⁻ⁿᵉ de Maux.
Huis-Guerin-Renault (L'), h. c⁻ⁿᵉ de Buzoches.
Huis-Guillot (L'), h. c⁻ⁿᵉ de Saint-Hilaire-en-Morvand. — Lhuye-Goillault, 1672 (reg. de Saint-Hilaire).

Huis-Guillot (L'), vill. détruit, c⁻ⁿᵉ de Mhère, mentionné en 1673 (reg. de Mhère).
Huis-Gutard (L'), h. c⁻ⁿᵉ d'Ouroux.
Huis-Guyolot (L'), h. c⁻ⁿᵉ de Brassy. — Lhuis-Guslot, 1765 (reg. de Brassy). — Lhuis Guidlot (Cassini).
Huis-Hauteur (L'), f. c⁻ⁿᵉ de Montigny-en-Morvand. — Lhuis Autour, 1715 (S.).
Huis-Jacot (L'), m. c⁻ⁿᵉ de Saint-André-en-Morvand.
Huis-Jacques (L'), m. c⁻ⁿᵉ de Dommartin.
Huis-L'Abbé (L'), h. c⁻ⁿᵉ de Corancy.
Huis-Ladoix (L'), h. c⁻ⁿᵉ de Maux.
Huis-Lardy (L'), h. c⁻ⁿᵉ d'Ouroux.
Huis-Lucré (L'), h. c⁻ⁿᵉ de Vauclaix.
Huis-Laurent (L'), h. c⁻ⁿᵉ de Dun-les-Places. — Burnour-le-Haut, xviiiᵉ siècle (reg. de Dun-les-Places).
Huis-Laurey (L'), m. c⁻ⁿᵉ de Vauclaix.
Huis-Le-Satre (L'), h. c⁻ⁿᵉ de Dommartin.
Huis-Loulot (L'), h. c⁻ⁿᵉ de Dun-les-Places.
Huis-Maillot (L'), h. c⁻ⁿᵉ de Chaumard.
Huis-Maréchal (L'), h. c⁻ⁿᵉ de Pouques.
Huis-Meunier (L'), h. c⁻ⁿᵉ de Dun-les-Places. — Lhuis Moulé, 1620 (reg. de Dun-les-Places). — Lhuis Rouet, xviiiᵉ siècle (ibid.).
Huis-Michault (L'), h. c⁻ⁿᵉ de Montigny-en-Morvand.
Huis-Misé (L'), f. c⁻ⁿᵉ d'Ouroux.
Huis-Montliot (L') ou L'Huis-Montlion, f. et h. c⁻ⁿᵉ de Vauclaix.
Huis-Montour (L'), h. c⁻ⁿᵉ de Brassy. — Haut Montour (Cassini).
Huis-Moreau (L'), h. c⁻ⁿᵉ d'Alluy.
Huis-Morin (L'), h. c⁻ⁿᵉ de Lormes. — Luy-Morin, 1702; Lhuy-Morin, 1757; Lhuis-Morin, 1759 (reg. de Lormes).
Huis-Morot (L'), f. c⁻ⁿᵉ de Montigny-en-Morvand. — Lhuis et Moreau, 1715 (S.).
Huis-Naudin (L'), m. c⁻ⁿᵉ de Brassy. — Luinodin, 1756; Lhuy Nodin, 1765 (reg. de Brassy).
Huis-Nolin (L'), h. c⁻ⁿᵉ de Lormes. — Lhuis Naulin (Cassini).
Huis-Nolot (L'), h. c⁻ⁿᵉ de Montigny-en-Morvand.
Huis-Parnery (L'), f. détruite, c⁻ⁿᵉ de Lormes, mentionnée en 1733 (S.).
Huis-Pastiot (L'), f. c⁻ⁿᵉ de Brassy.
Huis-Patault (L'), h. c⁻ⁿᵉ de Vauclaix.
Huis-Perigout (L'), f. c⁻ⁿᵉ de Maux.
Huis-Perrault (L'), m. c⁻ⁿᵉ de Poussignol-Blismes. — Lhuis Prault, xviᵉ et xviiᵉ siècles (arch. de Quincize).
Huis-Picard (L'), h. c⁻ⁿᵉ de Montigny-en-Morvand.
Huis-Picard-la-Roche (L'), h. c⁻ⁿᵉ de Montigny-en-Morvand.
Huis-Pierdet (L'), m. c⁻ⁿᵉ de Poussignol-Blismes.

Huis-Pilloure (L'), f. c⁰⁰ de Gâcogne.
Huis-Préal (L'), f. c⁰⁰ de Châtin.
Huis-Prunelle (L'), h. c⁰⁰ de Planchez. — *Pornelle*, 1694; *Lhuis Pornelle*. 1695 (reg. de Planchez).
Huis-Rabocdot (L'), h. c⁰⁰ de Dommartin.
Huis-Ragot (L'), h. c⁰⁰ de Chaumard, mentionné en 1677 (reg. de Chaumard).
Huis-Rabot (L'), h. c⁰⁰ de Dommartin.
Huis-Rabot (L'), f. c⁰⁰ de Poussignol-Blismes.
Huis-Rebeillard (L'), h. c⁰⁰ de Dommartin.
Huis-Renault (L'), h. c⁰⁰ de Brassy. — *Lhuy-Reniault*, 1769 (reg. de Brassy).
Huis-Robis (L'), h. c⁰⁰ de Dommartin.
Huis-Robot (L'), h. c⁰⁰ d'Ouroux.
Huis-Roussel (L'), h. détruit, c⁰⁰ de Mhère, mentionné en 1660 (reg. de Mhère).

Huis-Serlebot (L'), f. c⁰⁰ de Maux.
Huis-Serillot (L'), h. c⁰⁰ de Montreuillon. — *Lhuys-Sereullat*, 1669 (reg. d'Aunay). — *Lhuis Seurillau* (Cassini).
Huis-Serr (L'), f. c⁰⁰ d'Aunay. — *Luisau* (Cassini).
Huis-Tarde (L'), h. c⁰⁰ de Pouques.
Huis-Taupin (L'), f. c⁰⁰ de Gâcogne.
Huis-Triplet (L'), m. c⁰⁰ de Dun-les-Places.
Huis-Trucbot (L'), h. c⁰⁰ de Brassy.
Huis-Vachen (L'), h. c⁰⁰ de Frétoy.
Huis-Valois (L'), h. c⁰⁰ de Brassy. — *Valletoys*, 1330 (Bandiau, II, 214). — *Valletois*, 1631 (arch. de Vézigneux). — *Lhuis-Voltois* (Cassini).
Huis-Villard (L'), réuni au h. de l'Huis-Tardy, mentionné en 1789 (reg. de Pouques).
Husseraux, m. c⁰⁰ de Livry.

I

Ichard, h. c⁰⁰ de Saint-Léger-de-Fougeret. — *Bois des Yssards*, 1605 (arch. de la cure de Villapourçon).
Is (Bois d'), c⁰⁰ de Neuville-lez-Decize et d'Avril-sur-Loire.
Ile, m. c⁰⁰ de Lamenay.
Ile (L'), f. c⁰⁰ de la Marche.
Ile (L'), h. c⁰⁰ de Charrin.
Ile (L'), h. c⁰⁰ de Saint-Gratien. — *Lisle*, 1512 (A. N.). — Fief de la châtell. de Decize.
Ile aux Boeufs (L'), île de la Loire, au-dessous du pont de Nevers, mentionnée en 1362 (A. N. fonds de l'év.).
Ile-aux-Rats (L'), m. c⁰⁰ de Fleury-sur-Loire.
Ile du Saulov, île de la Loire et f. c⁰⁰ de la Celle sur-Loire.
Iles Richard (Les), îles de la Loire en partie disparues, situées en face de Meauce, c⁰⁰ de Saincaize, mentionnées en 1675 (A. N.).
Imphy, c⁰⁰ de Nevers. — *Ecclesia de Amfiaco*, 887 (Gall. christ. XII, 311). — *Anpheium*, 1121-1142 (cart. de Saint-Cyr, ch. 37). — *Emphiacum*, 1287 (reg. de l'év. de Nevers). — *Emphi*, 1409 (A. N.). — *Ymphiacum*, 1478 (pouillé de Nevers). — *Ymphy*, 1491 (A. N.). — Forges et usines importantes pour la fabrication des tôles et des fers-blancs et pour le laminage du cuivre, créées en 1816. — Fief de la châtell. de Nevers.
Indrins (Les), f. c⁰⁰ de Marzy.
Ingrins (Les), éc. c⁰⁰ de Bouhy.
Issèches, chât. c⁰⁰ d'Alligny. — *Inseche*, 1651 (reg. d'Alligny). — *Inseche*, 1689 (A. N.).
Isty, h. c⁰⁰ de Challement. — *Enty* (Cassini).
Irceau, m⁰⁰, c⁰⁰ de Sémelay.

Isenay, c⁰⁰ de Moulin-Engilbert. — *Terre de Disenay*. 1335 (A. N.). — *Ysenay*, 1364 (A. D.). — *Isenayan*, 1393 (A. N.). — *Izenay*, 1611 (reg. de Vaudenesse). — *La Tour d'Isenay*, 1689 (reg. des fiefs). — Fief de la châtell. de Cercy-la-Tour.
Isenay (Église d'), c⁰⁰ d'Isenay.
Isle (L'), f. c⁰⁰ de Mars. — *Insula*, 1270 (A. N.). — *Lisle*, 1460 (ibid.). — *L'Isle-de-Mars*, 1675 (arch. de Soultrait). — Fief de la châtell. de Châteauneuf-sur-Allier.
Isle (L'), fief, c⁰⁰ de Cercy-la-Tour, mentionné en 1689 comme relevant de la châtellenie de Cercy-la-Tour (A. N.).
Isle (Moulin de l'), m⁰⁰ détruit, c⁰⁰ de Montigny-sur-Canne, mentionné en 1610 (A. N.). — *Moulin Ballerand*, 1676 (ibid.).
Isle-d'Azzay (L'), éc. c⁰⁰ de Coulanges-lez-Nevers, mentionné en 1450 (A. N.).
Issard-Fauche, fief, c⁰⁰ de Maulaix, mentionné en 1689 (A. N.). — *Issard-Fouchier*, 1638 (Marolles). — Fief de la châtell. de Savigny-Poil-Fol.
Issards (Les), h. c⁰⁰ d'Alligny-en-Morvand.
Issards (Les), h. c⁰⁰ de Goulouх.
Ixeure (L'), riv. prend sa source dans la c⁰⁰ de Bona et se jette dans la Loire au-dessus d'Imphy, après avoir traversé les communes de Saint-Firmin, Saint-Benin-d'Azy, la Fermeté et Imphy. — *Sura*, 1342 (S.). — *Lixurre*, 1450 (A. N.). — *Lixura*, 1478 (pouillé de Nevers). — *Lixeure*, 1565 (S.).
Ixy, h. c⁰⁰ de Saint-Seine, aujourd'hui détruit, porté sur la carte de Cassini.

DÉPARTEMENT DE LA NIÈVRE.

J

Jacaudo (Les), h. c^{ne} de Saint-Loup.

Jacquet, fief aux environs de Saint-Saulge, mentionné en 1689 (reg. des fiefs).

Jacquelins (Les), f. c^{ne} de Toury-sur-Jour. — *Les Jaclins* (Cassini).

Jacquereux (Les), éc. c^{ne} de Toury-sur-Jour.

Jacquet, h. c^{ne} de Saint-Parize-le-Châtel.

Jagny, f. détruite, c^{ne} de Cossaye. — *Jaigny*, 1329 (A. N.). — *Jangny*, 1658 (reg. de Cossaye). — Fief de la châtell. de Decize.

Jaigne, ruiss. affluent du Nohain, arrose les communes de Donzy et de Suilly-la-Tour.

Jaigny, fief de la châtell. de Decize, mentionné en 1638 (Marolles).

Jailly, c^{ne} de Saint-Saulge. — *Jalliacum*, 1223 (A. N. fonds de Saint-Didier). — *Jailliacum*, 1478 (pouillé de Nevers). — *Jailly-le-Chastel*, 1540 (A. N.). — Prieuré de l'ordre de Saint-Benoît et fief de la châtell. de Saint-Saulge réuni, en 1285, à la seigneurie de Ternant.

Jailly, h. c^{ne} de Gâcogne. — *Juliacum*, 721 (cart. gén. de l'Yonne, II, 2).

Jailly (Le Grand-), h. c^{ne} de Bazolles. — *Jailly* (Cassini).

Jailly (Le Petit-), h. c^{ne} de Bazolles.

Jallois, h. c^{ne} d'Ouroux. — *Jaloye*, 1545 (reg. d'Ouroux). — *Jaillois* (Cassini).

Jallières (Les), m. de campagne, c^{ne} d'Isenay. — *Les Juilluses* (Cassini).

Jamares (Les), h. c^{ne} de Sainte-Colombe. — *Les Jamares* (Cassini).

James, h. c^{ne} de Moulins-Engilbert. — *Capella de Janua in prioratu de Commagniaco*, 1161 (Bulliot, II, 39). — *Beata Maria de Janua*, 1262 (C.). — *Jamme*, 1673 (ibid.).

Jangelou, f. c^{ne} de Ciez. — *Jeangeloup*, XVIIIe siècle (reg. de Ciez). — Elle donne son nom à un bois voisin.

Jannay, fief, c^{ne} de Lucenay-les-Aix, mentionné en 1776 comme étant de la châtell. de Decize (A. D.).

Janzet, mⁱⁿ auj. détruit, c^{ne} de Jailly, mentionné en 1566 (A. N.).

Jarandonnerie (La), m. c^{ne} de la Celle-sur-Loire.

Jardinet (Le), m. de camp. c^{ne} de Saint-Parize-en-Viry.

Jarie (La Motte de la), fief, près Saint-Saulge, mentionné en 1689 (A. N.).

Jarle, mⁱⁿ détr. mentionné en 1649 comme étant près d'Alligny-en-Morvand (terrier d'Alligny).

Jarnois (Le Haut et le Bas), h. c^{ne} de Saint-Agnan.

Jarnot, h. c^{ne} d'Alligny-en-Morvand. — *Jarno:*, 1649 (terrier d'Alligny).

Jarnot (Moulin de), mⁱⁿ, c^{ne} d'Alligny-en-Morvand.

Jarny, lieu détruit, c^{ne} d'Ourouer, mentionné en 1516 (arch. des Bordes).

Jarrerie (La), h. c^{ne} de Charrin. — *La Jarrie*, 1341 (A. D.).

Jarrie (La), f. c^{ne} de Ciez. — *La Jarie*, 1689 (A. N.). — Fief de la châtell. de Donzy.

Jarrie (La), fief, c^{ne} de Cossaye. — *La Jarrye*, 1586 (A. N.). — Fief de la châtell. de Decize.

Jarrie (La), h. détruit, c^{ne} de Montigny-sur-Canne, mentionné en 1575 (Lory).

Jarrie (La), h. détruit, c^{ne} de Saint-Jean-aux-Amognes. — *Nemus de la Jarrie*, 1255 (A. N.).

Jarrie (Le), f. c^{ne} de la Celle-sur-Loire; donne son nom à un bois voisin.

Jarrières (La), fief de la châtell. de Saint-Verain, mentionné en 1689 (reg. des fiefs).

Jarrot (Le), f. c^{ne} de Magny-Cours. — *Jarot* (Cassini).

Jarrousse (La), fief situé près de Vandenesse, mentionné en 1611 (terrier de Marry).

Jarry (La), h. détruit, c^{ne} de Pougues, mentionné en 1462 (C.). — *Campum dou Jarry*, 1331 (cens. du chap. de Nevers). — *Jarriacum, le Jarri*, 1355 (ibid.).

Jarrye (La), éc. c^{ne} de Nevers.

Jarrye (La), f. détruite, c^{ne} de Mars, mentionnée en 1750 (arch. de Saint-Pierre-le-Moûtier).

Jarry, fief de la châtell. de Saint-Verain, mentionné en 1689 (reg. des fiefs).

Jaugenay, f. c^{ne} de Chevenon; anc. paroisse. — 1243 (A. N.). — *Jaugenayum*, 1315 (ibid.). — *Jaulgenay*, 1527 (arch. d'Uxeloup). — Fief de la châtell. de Nevers.

Jaugy, h. détruit, c^{ne} de Tannay, mentionné en 1352 (charte d'affranchissement de Tannay, mss de Baluze).

Jaults (Les), h. c^{ne} de Saint-Benin-des-Bois. — Ancienne communauté, détruite en 1848, dont M. le procureur général Dupin a écrit l'histoire.

Jaumier (Moulin de), mⁱⁿ détruit, c^{ne} de Mont-et-Maré, autrefois banal pour les habitants de la paroisse de Mont, 1659 (S.).

DÉPARTEMENT DE LA NIÈVRE.

JALBERIE, fief de la châtell. de Corsol-l'Orgueilleux, mentionné en 1689 (reg. des fiefs).

JALS (LES), f. c^{ne} de Préporché.

JALZEAU, fief, c^{ne} de Verneuil, de la châtell. de Decize.

JARDOIS, f. c^{ne} de Cossaye. — *Les Jardins*, 1775 (A. N.).

JEANDROT, éc. c^{ne} de Decize.

JEAN-GUYOT, f. c^{ne} de Saint-Gratien.

JEAN-JEANBERT (LES), f. c^{ne} de Lucenay.

JEAN-LARD, éc. c^{ne} de Narcy. — *Forge de Jean-Lard* (Cassini).

JEAN-LARD, m^{in}, c^{ne} de Nannay.

JEANNOTERIE (LA), m. c^{ne} d'Alligny.

JEAN-ROY, f. c^{ne} d'Azy-le-Vif.

JEANS-DE-FOND (LES), h. c^{ne} de Glux. — *Le Fond* (Cassini).

JEAUX, h. c^{ne} de Mhère. — *Jaul*, 1660; *Jault*, 1689 (reg. de Mhère).

JÉRICHO, f. c^{ne} de Saint-Verain. — Voy. au sujet de ce nom et du suivant, BESTRES (LES).

JÉRUSALEM, h. c^{ne} de Saint-Verain. — 1550 (arch. de Saint-Verain).

JEU (MOULIN DU), m^{in}, c^{ne} de la Roche-Millay.

JEUBAUT (LES), m^{in}, c^{ne} de Teigny.

JEU-DE-QUILLES, h. c^{ne} de Fours.

JEUGNY, f. h. et mine de fer, c^{ne} de la Fermeté. — *Jeuigny*, 1435 (A. N.). — *Juigny*, 1492 (ibid.). — *Juigny*, 1516 (ibid.).

JEUNE-SCOT (LE), f. c^{ne} de la Roche-Millay.

JEUSARD ou JUIZARD, fief, c^{ne} de Metz-le-Comte, mentionné en 1689 (reg. des fiefs).

JEUX (BOIS DU), c^{ne} de Villapourçon, porté sur la carte de Cassini.

JOBOUX (LES), f. c^{ne} d'Alligny.

JOIE (LES), h. c^{ne} d'Arleuf.

JOIES (LES), h. c^{ne} de Magny-Cours.

JOLLY, f. c^{ne} de Cercy-la-Tour. — *Volly* (Cassini).

JOLLYS, f. c^{ne} de Villapourçon.

JOLLYS (LES), h. c^{ne} de Vielmanay.

JONC (DOMAINE DU), f. et h. c^{ne} de Crux-la-Ville. — *Le Jonc* (Cassini).

JONC (LE), h. détruit, c^{ne} de Cercy-la-Tour, porté sur la carte de Cassini. — *Le ruisseau d'Ougeon*, 1610 (S.).

JONCEAU, m^{in}, c^{ne} de Saint-Maurice. — *Le Jousat* (Cassini).

JONCERY, h. détruit, c^{ne} de Challuy, porté sur la carte de Cassini.

JONCHERY, fief de la châtell. de Moulins-Engilbert, mentionné en 1689 (reg. des fiefs).

JONCIÈRE (LA), h. c^{ne} de Challuy. — *Joncheria*, 1299 (A. N.). — *La Jonchère*, 1318 (ibid.).

JONCS (LES), m. c^{ne} de Saint-André-en-Morvand.

JONCS-DE-LA-DIETTE (LES), m. c^{ne} de Cercy-la-Tour.

JOSSERAN, fief de la châtell. de Donzy, mentionné en 1638 (Marolles). — *La Josserière*, 1689 (reg. des fiefs).

JOT, h. détruit, c^{ne} de Moulins-Engilbert, mentionné en 1673 (S.). — *Le Jos*, 1364 (arch. des Bordes).

JOTA, f. c^{ne} de Beugny.

JOUASSERIE (LA), h. c^{ne} de Saint-Amand. — *La Jouasserie* (Cassini).

JOCQUE, fief de la châtell. de Saint-Saulge, mentionné en 1689 (reg. des fiefs).

JOCIZ, m. c^{ne} de Lormes. — *Aujoui*, 1701 (reg. de Lormes).

JOCGAUDERIE (LA), h. c^{ne} de Vielmanay.

JOURDAIS (LE), ruiss. c^{ne} de Saint-Verain.

JOURDETS (LES), m. c^{ne} d'Annay.

JOURDASE, h. c^{ne} de Saint-Martin-du-Puits. — *Jordan*, XVIIIe siècle (reg. de Saint-Martin).

JOURLINS (LES), h. c^{ne} de Saint-Amand. — *Les Jorlins* (Cassini).

JOURNAUX, f. c^{ne} de Lamenay.

JOCY, fief de la châtell. de Luzy, mentionné en 1689 (reg. des fiefs).

JOUZEAU, fief, c^{ne} de Verneuil, mentionné en 1738 comme relevant de la châtell. de Decize. — *La Motte-Jousseau*, 1638 (Marolles).

JOYE, f. c^{ne} de Rouy. — *Gaudiacum*, 1233 (S.). — *Molendina de Gaudyo in parrochia de Royaco*, 1291 (C.). — *Domus de Gaudio*, 1294 (ibid.). — *Maison de Joye*, 1397 (ibid.). — *Prioré de Joye*, 1472 (ibid.). — C'était une dépendance de l'abb. de Bellevaux.

JOYEUX, f. c^{ne} de Diennes.

JOYON, h. c^{ne} de Montambert-Tannay. — *Jyon* (Cassini).

JUIGNIACUM, fief, c^{ne} de la Fermeté, mentionné en 1342 (S.).

JUIZARD, fief. — Voy. JEUSARD.

JULEAUX (LES), m^{in}, c^{ne} de Teigny.

JULIEN, h. c^{ne} d'Aunay. — *Jullien*, 1669 (reg. d'Aunay).

JULIENS, h. détruit, c^{ne} d'Alligny-en-Morvand, porté sur la carte de Cassini.

JULLENAY, fief de la châtell. de Saint-Brisson et Liernais, mentionné en 1689 (reg. des fiefs).

JULNAY ou LE FOURNEAU, fief de la châtell. de Donzy, mentionné en 1689 (reg. des fiefs).

JUSSEAU, h. c^{ne} d'Alluy. — *La Motte-Jousseaux*, 1382 (Marolles). — *Jousseaul*, 1388 (ibid.). — *La Maison-Jusseau*, 1565 (arch. de Vandenesse). — Fief vassal d'Anisy.

JUSSY, h. c^{ne} de Ciez. — *Maison de Jussy*, 1348 (Ma-

rolles). — Jussi, 1684 (dossier de la famille Andras, au cabinet des titres de la Bibl. imp.). — Fief de la châtell. de Donzy.
Justice (La), éc. c⁽ᵉ⁾ d'Isenay, tire son nom des fourches patibulaires de la justice du Tremblay.
Justice (La), f. c⁽ᵉ⁾ de Dompierre-sur-Nièvre. — En ce lieu était la justice de la seigneurie de Gromant.
Justice (La), h. c⁽ᵉ⁾ de Trois-Vèvres.
Justice (La), m. et m⁽ⁿˢ⁾ à vent, c⁽ᵉ⁾ de Varzy. — Ancienne justice des évêques d'Auxerre pour leur seigneurie de Varzy.
Justice-d'Anlezy, lieu détruit, c⁽ᵉ⁾ d'Anlezy, porté sur la carte de Cassini. — En ce lieu étaient les fourches patibulaires de la seigneurie d'Anlezy.

K

Kolanie (La), m. c⁽ᵉ⁾ de Saint-Amand.

L

Labablon, f. c⁽ᵉ⁾ de Toury-sur-Jour.
Labert, h. c⁽ᵉ⁾ de Varennes-lez-Nevers.
Labout, h. c⁽ᵉ⁾ de Châtin.
Lac (Le), h. et f. c⁽ᵉ⁾ d'Ougny. — Dulas (Cassini).
Lac (Le), m⁽ⁿ⁾, c⁽ᵉ⁾ de Luthenay.
Lac-Gagnat (Le), f. détruite, c⁽ᵉ⁾ d'Armes, mentionnée au XVIII⁽ᵉ⁾ siècle (reg. d'Armes).
Lachanaul, h. détruit, c⁽ᵉ⁾ de Sauvigny-les-Chanoines, mentionné en 1331 (censier du chap. de Nevers).
Lachau, h. c⁽ᵉ⁾ de Mhère. — Laichaul, 1660 (reg. de Mhère).
Lâché, c⁽ᵉ⁾ de Brinon. — Lachayum, 1287 (reg. de l'évêché de Nevers). — Laschrium, 1478 (pouillé de Nevers). — Lachay, 1485 (arch. de Vandenesse). — Lachey, 1522 (ibid.). — Lachet, 1689 (reg. des fiefs). — Lâché-Assarts, depuis la réunion d'Assarts en 1790. — Fief de la châtell. de Montenoison.
Lachenal, fief de la châtell. de Decize, mentionné en 1638 (Marolles).
Lachirol, ruiss. c⁽ᵉ⁾ de Neuville, affluent du ruisseau de Cornot.
Lacs (Les), h. c⁽ᵉ⁾ de Colmery. — Las, 1555 (reg. de Colmery).
Lacs (Ruisseau des), affluent de l'Oussière, c⁽ᵉ⁾ de Corancy.
Lafier, fief de la châtell. de Decize, mentionné en 1638 (Marolles).
Lafonds (Les), h. c⁽ᵉ⁾ de Dornes. — La Font (Cassini).
Lagrignon, h. c⁽ᵉ⁾ de Montreuillon. — La Grignon (Cassini).
Laguedine, f. c⁽ᵉ⁾ de Saint-Léger-des-Vignes.
Laids-Millon (Les), fief du duché, mentionné en 1689 (reg. des fiefs).
Laigne, fief de la châtell. de Cercy-la-Tour, mentionné en 1638 (Marolles). — Laygne, 1689 (reg. des fiefs).
Laignes, fief de la châtell. de Donzy, mentionné en 1638 (Marolles).
Laigrillon, m. de camp. et f. c⁽ᵉ⁾ de Varennes-lez-Nevers.
Laiterie (La), m. c⁽ᵉ⁾ de Challuy-et-Aglan.
Laleu, fief de la châtell. de Montreuillon, mentionné en 1638 (Marolles).
Laleuf, fief de la châtell. de Moulins-Engilbert, mentionné en 1689 (reg. des fiefs).
Lalleu, h. détruit, c⁽ᵉ⁾ de Chantenay, porté sur la carte de Cassini. — 1689 (Marolles). — C'était un fief vassal de la Ferté-Chauderon.
Lally, m. détruite, c⁽ᵉ⁾ de Toury-Lurcy, portée sur la carte de Cassini. — Lailly, 1457 (Marolles).
Laloeuf, f. c⁽ᵉ⁾ d'Ougny. — Laloux (Cassini).
Lambert, f. c⁽ᵉ⁾ de Toury-sur-Jour.
Lambert (Bois), c⁽ᵉ⁾ de Saint-Éloi.
Lamberts (Les), h. c⁽ᵉ⁾ de Glux.
Lamberts (Les), h. c⁽ᵉ⁾ de Saint-Amand.
Lamboisse, h. détruit, c⁽ᵉ⁾ de Garchizy, porté sur la carte de Cassini.
Lamenay, c⁽ᵉ⁾ de Dornes. — Lamenayum, 1264 (Gall. christ. XII, col. 350). — Lamenay, 1264 (S.). — Lamena, 1560 (ibid.). — Lamenat-sur-Loire, 1689 (reg. des fiefs). — Fief de la châtell. de Decize.
Lamoignon, fief, c⁽ᵉ⁾ de Donzy, mentionné en 1686 (reg. de Donzy). — Amoignon, 1689 (reg. des fiefs).
Lan, fief près de Sémelay, mentionné en 1445 (Baudiau, I, 394).
Lancloud, m. c⁽ᵉ⁾ de Luzy.
Lancray, f. c⁽ᵉ⁾ de Montigny-sur-Canne. — Lancroy, 1289 (Marolles). — Lancret, 1689 (reg. des fiefs). — Fief de la châtell. de Cercy-la-Tour.

LANCRAY, h. c⁻ⁿᵉ d'Arleuf.
LANCY, h. cⁿᵉ de Cossaye. — *Lancys*. 1686 (A. D.).
LANDARGE (LA), riv. formée de plusieurs ruisseaux, venant de Saint-Benin-d'Azy, de Frasnay-le-Basier et de Cizely, qui se réunissent au-dessous d'Anlezy, elle arrose les communes d'Anlezy, Ville-lez-Anlezy, Aubigny-le-Chétif, Thianges, et se jette dans l'Aron au-dessous de Verneuil. — *Rivière d'Andarge*, 1686 (A. N.). — Le vrai nom de cette rivière est l'Andarge.
LANDAS (LE), f. cⁿᵉ de Crux-la-Ville. — *Moulin de Lauda* (Cassini).
LANDAY (LE), h. cⁿᵉ de Brinay. — *Landoys*. 1461 (C.). — *Landay*, 1464 (*ibid.*).
LANDE (LA), m. du b. de Meauce, cⁿᵉ de Saincaize.
LANDES-LEZ-BOUT (LES), fief de la châtell. de Saint-Verain, mentionné en 1689 (reg. des fiefs).
LANDES (TERRA DE), près de Fondelin, cⁿᵉ de Billy-sur-Oisy, mentionné en 1165 (*Gall. christ.* XII, col. 132).
LANDES (BOIS DE), cⁿᵉ de la Fermeté.
LANDRY, h. détruit, cⁿᵉ de Neuffontaines, mentionné en 1579 (terrier du Bouchet).
LANGELOT, fief de la châtell. de Saint-Brisson, mentionné en 1689 (reg. des fiefs).
LANGERON, cⁿᵉ de Saint-Pierre. — *Ecclesia de Langerono*, 1161 (Bulliot, I, 213). — *Langero*, 1381 (A. N.). — Fief de la châtell. de Châteauneuf-sur-Allier, érigé en comté en 1656 pour Philippe Andrault, chevalier, seigneur de Langeron.
LANGIN, h. détruit, cⁿᵉ de Saincaize, mentionné en 1423 (A. N.).
LANGLE, fief de la châtell. de Decize, mentionné en 1638 (Marolles).
LANGLES, h. cⁿᵉ de Chaulgnes. — *Hotel de Langle aux chanoines de Nevers*, 1456 (S.). — *Langles*, 1655 (reg. de Chaulgnes).
LANGY, h. cⁿᵉ de Ville-lez-Anlezy; chef-lieu de commune lors de l'organisation départementale; autref. prieuré dépendant de Vézelay. — *Ecclesia Sancti Petri de Longiaco*, 1103 (cart. gén. de l'Yonne, II, 40). — *Langiacum*, 1248 (S.). — *Langi*, 1413 (A. N.). — Fief de la châtell. de Decize.
LANTILLY, chât. et h. cⁿᵉ de Cervon. — *Lantilli*, 1356 (A. N.). — Fief de la châtell. de Montenoison, vassal en partie du comté de Château-Chinon, en partie de la baronnie de Lormes-Châlon.
LANTY, h. et église paroissiale, cⁿᵉ de Rémilly; ancienne commune. — *Lanciacus*, XIVᵉ siècle (pouillé d'Autun). — *Lanty*, 1357 (C.). — *Notre-Dame-de-Lanty*, 1568 (*ibid.*). — La paroisse dép. de la baronnie de Fresnay; le fief relevait de la châtell. de Savigny-Poil-Fol.

LAPELLUT, f. cⁿᵉ de Crux-la-Ville. — *La Palu* (Cassini).
LAPIAUT, h. cⁿᵉ de Cuncy-lez-Varzy.
LAPIÈRES (LES), h. cⁿᵉ de Saint-Père. — *Les Lupières* (Cassini).
LAPPIS, h. cⁿᵉ de Lormes. — *Laupopin*. 1701; *Luppopin*, 1759; *Laubepin*. 1776 (reg. de Lormes). *Loppin* (Cassini).
LARDIN, h. cⁿᵉ de Donzy.
LARÉ, f. et chât. ruiné, cⁿᵉ de Trucy-l'Orgueilleux. *Larre*, 1534 (Marolles). — *l'Aré* (Cassini).
LARGOLET, h. cⁿᵉ de Fléty.
LARRIO, h. cⁿᵉ de Fours.
LARREZ, h. cⁿᵉ de Saxy-Bourdon. — *La Ruée* (Cassini).
LAS, h. cⁿᵉ de Chiddes.
LASSIÈRE (LES), f. cⁿᵉ d'Arquian.
LASSAULT, h. détruit, cⁿᵉ de Saincaize, mentionné en 1514 (A. N.).
LASSESAGLE ou MOULIN-L'ASNE, fief de la châtellenie de Clamecy, qui tirait son nom de la famille *l'Asne*. 1689 (reg. des fiefs).
LASTEAU, éc. cⁿᵉ de Diennes.
LATAIS (LES), f. cⁿᵉ de Moux.
LATEAU, fief de la châtell. de Clamecy, mentionné en 1638 (Marolles).
LATHENON, f. cⁿᵉ de Saxy-Bourdon. — 1456 (Marolles). — *Lasternon*, 1673 (A. N.). — Fief de la châtell. de Champallement.
LATHIER, fief, cⁿᵉ de Cossaye, de la châtell. de Decize, mentionné en 1689 (reg. des fiefs).
LATHIER, fief vassal de la baronnie de Donzy, mentionné en 1332 (Marolles).
LATIGNY, fief, cⁿᵉ de Saint-Père ou de Pougny. — *Vicaria Latiniacensis* (?), 881 (*Gall. christ.* XII, col. 307). — *Lateygny*, 1251 (A. N. fonds du prieuré de Faye). — *Latigny*, 1334 (A. N. fonds de l'abb. de Roches).
LATIVEAU, f. cⁿᵉ de Ménestreau. — *La Tiveau* (Cassini).
LATRAU, fief vassal de Corvol-d'Embernard, mentionné en 1532 (Marolles).
LATRAULT, h. mⁿ et f. cⁿᵉ de Breugnon. — *La Trault*. 1689 (reg. des fiefs). — *La Tréault* (Cassini). — Fief de la châtell. de Clamecy.
LATREAU, m. cⁿᵉ de Fleury-sur-Loire.
LAUBESPIN, h. détruit, cⁿᵉ de Sauvigny-les-Bois, mentionné en 1331 (cens. du chap. de Nevers).
LAUBRIAT, f. cⁿᵉ de Neuville-lez-Decize.
LAUBRY, f. détruite, cⁿᵉ de Châtillon, mentionnée en 1559 (C.).
LAUGERIE (LA), m. cⁿᵉ de Rouy.
LAUGIMONSE, h. cⁿᵉ de la Nocle.
LAUME, f. cⁿᵉ de la Roche-Millay.

LAERE (La), ruiss. affluent de la riv. de Chalaux. c^{ne} de Brassy.
LARBOY, fief, c^{ne} de Cossaye. — *Launoys*, 1482 (A. D.). — *Launoy*, 1511 (Marolles). — *Launoys*, 1607 (A. D.) — *Launoy et Petite Louzière de Launoy*, 1689 (reg. des fiefs). — Ce fief dép. de la châtellenie de Decize.
LAUNAY, fief de la châtell. de Montreuillon, mentionné en 1689 (reg. des fiefs).
LAUNAY, fief de la châtell. de Saint-Verain, mentionné en 1583 (Marolles).
LAUNAY, mⁱⁿ, c^{ne} de Moux. — Il donne son nom à un ruisseau affluent de la Cure.
LAURENT (DOMAINE), f. c^{ne} de Rémilly. — *Les Laurens* (Cassini).
LAUREY, h. c^{ne} de Marigny-l'Église.
LAUTECHAU, éc. c^{ne} de Planchez.
LAUTOUR, fief de la châtell. de Châteauneuf-sur-Allier, mentionné en 1638 (Marolles).
LAUTRECORT (VILLA DE), c^{ne} de Château-Chinon, mentionnée en 1311 (C. accord entre l'abb. de Bellevaux et le curé de Château-Chinon).
LAUTREVEL, h. détruit, c^{ne} de Crux-la-Ville, porté sur la carte de Cassini.
LAUVERGNAT, f. et bois, c^{ne} de Saint-Parize-en-Viry. — *Lauvergeac* (Cassini).
LAVAUT (BOIS DE), c^{ne} de Champlemy.
LAVETON, mⁱⁿ, c^{ne} de Vignol.
LAVER, fief, c^{ne} de Poil, mentionné en 1608 comme vassal de la Roche-Millay (C.).
LAZY, h. c^{ne} de Lucenay. — *L'Azy*, 1788 (terrier de Lucenay). — Fief de la châtell. de Decize.
LÉ (BOIS DE), c^{ne} d'Avril-sur-Loire.
LEBOUTIBAULT, h. c^{ne} de Crux-la-Ville. — *Boutibeau* (Cassini).
LECHAULT, fief de la châtell. de Saint-Verain, mentionné en 1689 (reg. des fiefs).
LECHENEAU, ruiss. c^{ne} de Nuars.
LÉS (BOIS DE LA), fief de la châtell. de Clamecy, mentionné en 1689 (reg. des fiefs).
LÉGURÉ, h. c^{ne} de Savigny-Poil-Fol.
LEIGNE OU ARDEREAU, fief de la châtell. de Donzy, mentionné en 1689 (reg. des fiefs).
LENAINS (LES), h. c^{ne} de Ciez.
LENTEUR, h. c^{ne} de Ternant.
LENTILLY, fief de la châtell. de Montenoison, mentionné en 1638 (Marolles).
LENTILLY, vill. détruit et fief de la châtell. de Moulins-Engilbert, mentionné en 1572 (Lory). — *Lantilly*, 1638 (Marolles).
LENTRYON, f. c^{ne} de Poiseux. — *Lantrion* (Cassini).
LEOBERNAGUM al. LEOBNAGO IN AGRO MARINIACENSE, lieu détruit, c^{ne} de Sauvigny-les-Bois, mentionné en 817 (*Gall. christ.* XII, col. 297).
LÉONARD, vill. détruit, c^{ne} de Moulins-Engilbert, mentionné en 1650 (S.).
LÉPINEAU, f. c^{ne} de Saint-Martin-du-Tronsac.
LÉPINERIE (LA), m. c^{ne} de Saint-Loup.
LEROY, m. c^{ne} de Saint-Hilaire-Fontaine.
LERY, h. c^{ne} de Château-Chinon-Campagne. — *Villa de Liriaco*, 1311 (A. N. fonds de Bellevaux). — *L'Héry*, 1671 (reg. de Château-Chinon).
LESCHAILLIER, h. détruit, c^{ne} de Sauvigny-les-Bois, mentionné en 1331 (cens. du chap. de Nevers).
LESCHALLIER, h. détruit, c^{ne} de Tresnay, mentionné en 1389 (A. N. limites du Nivernais et du Bourbonnais).
LESCHEDAIL, h. détruit, c^{ne} de Saint-Léger-des-Vignes, mentionné en 1457 (A. D.).
LESCHERAIL, lieu détruit, c^{ne} de Varennes-lez-Nevers, mentionné en 1515 (A. N.).
LESCHERY (MOULIN DE), mⁱⁿ détr. c^{ne} de Saint-Parize-le-Châtel, mentionné en 1614 (A. N.).
LESPIGNES (VILLA DICTA VULGARITER), lieu détruit, c^{ne} de Chevenon, mentionné en 1262 (A. N. fonds du chapitre de Nevers).
LESPICKERSE, fief du duché, mentionné en 1592 (C.).
LETREUX, f. c^{ne} de la Roche-Millay.
LEUCHOTTE, lieu détruit, c^{ne} de Cizely, porté sur la carte de Cassini.
LEUROC, locat. c^{ne} de Druy.
LEURTETS (LES), f. c^{ne} de Lucenay-les-Aix.
LEUSAY, fief de la châtell. de Montenoison, mentionné en 1689 (reg. des fiefs).
LEVANGES, m. de camp. et f. c^{ne} de Decize. — *Arcy*, 1350 (Marolles). — *Levanges*, 1482 (A. D.). — *Levange*, 1535 (A. D.). — *La Motte d'Arcy*, 1689 (reg. des fiefs). — Fief de la châtell. de Decize.
LEVÉES (LES), h. détruit, c^{ne} de Moulins-Engilbert, porté sur la carte de Cassini.
LEVÉES-DE-GIMOUILLE (LES), h. c^{ne} de Challuy-et-Agian.
LEVINON, fief de la châtell. de Saint-Verain, mentionné en 1689 (reg. des fiefs).
LEZARDERIE (LA), m. c^{ne} de Corvol-l'Orgueilleux.
LHASTE, fief de la châtell. de Donzy.
LIARD (LE), h. détruit, c^{ne} de Fourchambault, porté sur la carte de Cassini.
LICHEN (LE), riv. prend sa source dans la c^{ne} de Saint-Pierre-le-Moûtier, traverse celle de Saint-Parize-le-Châtel et se jette dans la Colâtre au-dessous d'Uxeloup. — *Lichien* (Cassini).
LICHY, h. c^{ne} de Bona; anc. paroisse. — *Villa Luciaco*, 859 (*Gall. christ.* XII, col. 304). — *Luchiacum*, 1120 (cart. de Bourras, ch. 3). — *Lyssiacum*,

1287 (reg. de l'év. de Nevers). — *Lichiacum*, 1478 (pouillé de Nevers). — *Liochy*, 1540 (Lory). — Fief de la châtell. de Saint-Saulge, qui donne son nom à un bois voisin.

Lichey, fief, c⁽ⁿᵉ⁾ de Cossaye, mentionné en 1572 (A. D.). — Fief de la châtell. de Decize.

Licotte (La), m. c⁽ⁿᵉ⁾ de Cosne.

Lidosilles, lieu détruit, c⁽ⁿᵉ⁾ de Chaulgnes, mentionné en 1247 (A. N. fonds du chap. de Nevers).

Liessegean, fief de la châtell. de Saint-Verain, mentionné en 1689 (reg. des fiefs).

Lieu-Babillard (Le), h. c⁽ⁿᵉ⁾ de Saint-Verain. — *Gatines*, XVIII⁽ᵉ⁾ siècle (reg. de Saint-Verain).

Lieu-Barbier (Le) ou les Chaises, h. détruit, c⁽ⁿᵉ⁾ de Chantenay, mentionné en 1684 (A. N.).

Lieu-Bardot (Le), f. c⁽ⁿᵉ⁾ de Fleury-sur-Loire.

Lieu-Bergeron (Le) ou Corneau, fief, c⁽ⁿᵉ⁾ de Sougy, mentionné en 1594 comme vassal de Druy.

Lieu-Billard (Le), m. détruite, c⁽ⁿᵉ⁾ de Saint-Pierre-le-Moûtier, portée sur un plan terrier du prieuré de Saint-Pierre-le-Moûtier, de 1782.

Lieu-Brisset (Le), f. c⁽ⁿᵉ⁾ de Bitry.

Lieu-Camille (Le), m. c⁽ⁿᵉ⁾ de Chantenay.

Lieu-Capitaine (Le), m. c⁽ⁿᵉ⁾ de Fleury-sur-Loire. — *Capitaine*, domaine faisant partie de la seigneurie de la Motte-Farchat, 1726 (arch. de Soultrait).

Lieu-Caron (Le), h. faisant partie du bourg de la Celle-sur-Loire.

Lieu-Chappus (Le), h. détruit, c⁽ⁿᵉ⁾ de Luthenay, mentionné en 1622 (arch. d'Uxeloup).

Lieu-Cochon (Le), m. de garde, c⁽ⁿᵉ⁾ d'Arquian.

Lieu-Cornet (Le), m. c⁽ⁿᵉ⁾ de Saint-Pierre-le-Moûtier.

Lieu-Cot (Le), m. de garde, c⁽ⁿᵉ⁾ de Saint-Verain. — *Lieu-Loco*, 1780 (reg. de Saint-Verain).

Lieu-Cousin (Le), h. détruit, c⁽ⁿᵉ⁾ de Neuville-lez-Decize, porté sur la carte de Cassini.

Lieu-de-Guiochain (Le), m. détruite, c⁽ⁿᵉ⁾ de Montaron, portée sur le plan terrier de Poussery, 1764.

Lieu-des-Princes (Le), m. de campagne et f. c⁽ⁿᵉ⁾ d'Arquian.

Lieu-Dieu, f. c⁽ⁿᵉ⁾ de la Nocle. — *Le Lieu-Dieu*, 1603 (A. D.).

Lieu-du-Puits (Le), m. de camp. et f. c⁽ⁿᵉ⁾ d'Arquian.

Lieu-Fresault (Le), fief, c⁽ⁿᵉ⁾ de Saint-Léger-des-Vignes, mentionné, en 1774, comme faisant partie de la châtell. de Decize (A. D.).

Lieu-Gadot (Le), éc. c⁽ⁿᵉ⁾ de Luthenay. — *La Maison Gadot*, 1735 (arch. d'Uxeloup).

Lieu-Gendarme (Le), m. de camp. c⁽ⁿᵉ⁾ de Toury-sur-Jour.

Lieu-Grenouille (Le), m. détruite, c⁽ⁿᵉ⁾ de Chantenay, mentionnée en 1684 (A. N.).

Lieu-Guillot (Le), m. détruite, c⁽ⁿᵉ⁾ de Luthenay, portée sur la carte de Cassini.

Lieu-Jallot (Le), f. c⁽ⁿᵉ⁾ de Saint-Pierre-le-Moûtier.

Lieu-Jeannot (Le), f. c⁽ⁿᵉ⁾ de Fleury-sur-Loire. — *Lieu Janot* (Cassini).

Lieu-Jeannot (Le), m. détruite, c⁽ⁿᵉ⁾ de Fleury-sur-Loire, portée sur la carte de Cassini.

Lieu-Lambert (Le), m. détruite, c⁽ⁿᵉ⁾ de Toury-sur-Jour, portée sur la carte de Cassini.

Lieu-Maslin (Le), f. c⁽ⁿᵉ⁾ d'Azy-le-Vif.

Lieu-Moreau (Le), m. c⁽ⁿᵉ⁾ de Luthenay.

Lieu-Normand (Le), f. c⁽ⁿᵉ⁾ d'Azy-le-Vif; donne son nom à un bois voisin.

Lieu-Olivier (Le), h. c⁽ⁿᵉ⁾ d'Azy-le-Vif.

Lieu-Plaisant (Le), h. c⁽ⁿᵉ⁾ de Saint-Loup.

Lieu-Sébastien (Le), h. c⁽ⁿᵉ⁾ de Trois-Vèvres.

Lieu-Sujet (Le) ou la Montagne, h. c⁽ⁿᵉ⁾ d'Aunay.

Lieutnes (La), petit lac remplissant le cratère d'un volcan éteint (?), c⁽ⁿᵉ⁾ de Moulins-Engilbert.

Lieux, h. détruit, c⁽ⁿᵉ⁾ d'Ouagne, porté sur la carte de Cassini.

Lieux-Hardy (Les), h. c⁽ⁿᵉ⁾ de Saint-Loup.

Lièvre (Le), m. c⁽ⁿᵉ⁾ de Druy.

Liez, h. c⁽ⁿᵉ⁾ de Mhère. — *Lyés*, 1651; *Lié*, 1660 (reg. de Mhère).

Ligerons-du-Bas (Les), h. c⁽ⁿᵉ⁾ de Gien-sur-Cure. — *Ligeron*, 1694 (reg. de Planches). — *Les Liserons* (Cassini).

Ligerons-du-Haut (Les), h. c⁽ⁿᵉ⁾ de Gien-sur-Cure.

Ligers (Les), h. c⁽ⁿᵉ⁾ de Bitry. — *Les Legers*, XVII⁽ᵉ⁾ siècle (reg. de Bitry).

Ligers (Les), h. c⁽ⁿᵉ⁾ de Saint-Verain.

Lignaut, h. détruit, c⁽ⁿᵉ⁾ de la Celle-sur-Nièvre, mentionné en 1445 (A. N.).

Ligne-du-Canal (La), écluse sur le canal du Nivernais, c⁽ⁿᵉ⁾ de Sardy.

Ligne-du-Canal (La), maisons éparses, c⁽ⁿᵉ⁾ de la Collancelle.

Lignière, h. c⁽ⁿᵉ⁾ de Mhère. — *Linières*, 1676 (reg. de Mhère).

Lignoux (Les), h. c⁽ⁿᵉ⁾ de Vielmanay. — *Le Lignou* (Cassini).

Ligny, h. et mine de fer, c⁽ⁿᵉ⁾ de Crux-la-Ville.

Ligny, h. et anc. paroisse, c⁽ⁿᵉ⁾ de Saint-Benin-des-Bois; chef-lieu de canton lors de l'organisation départementale. — *Castrum Luperciacum*, 1147 (cart. gén. de l'Yonne, I, 246). — *Ligniacum Castrum*, 1244 (Gall. christ. IV, col. 102). — *Luperciacum Castrum*, 1287 (reg. de l'évêché de Nevers). — *Ligny Castro*, 1355 (A. N.). — *Lurcy-le-Chastel*, 1466 (ibid.). — *Ligny*, 1487 (A. N. fonds de l'év.). — *Lourcy-le-Chastel*, 1689 (reg. des fiefs). — *Lurcy-*

13.

le-Châtel ou *Ligny* (Cassini). — *Lurcy-le-Châtel*, 1790 (carte du département de la Nièvre). — Fief de la châtell. de Montenoison. — Ce hameau doit son surnom à un château dont l'emplacement considérable, encore marqué par des lignes de circonvallation, se voit au nord-est de Saint-Benin-des-Bois, près de la ferme de la Croix-de-Fer.

Limanton, c^ne de Châtillon-en-Bazois. — *Hugo de Limentum*, 1156 (*Gall. christ.* XII, col. 342). — *Limento*, 1253; *Lymanton*, 1269 (S.). — *Villa parrochialis de Alimentone*, 1289 (Bulliot, II, 139). — *Limenton*, 1388 (C.). — *Lymenthon*, 1572 (Lory). — Fief de la châtell. de Moulins-Engilbert. — Donne son nom à un bois et à un ruisseau affluent de l'Aron nommé, en 1678, *rivière de Moireau*, et, en 1687, *rivière de Moreaux* (S.).

Limières (Les), h. détruit, c^ne de Magny-Cours, mentionné en 1574 (S.).

Limon, c^ne de Saint-Benin-d'Azy. — *Villa quæ vocatur Limons*, 1029 (cart. de Saint-Cyr de Nevers). — *Limus*, 1145 (cart. gén. de l'Yonne, II, 391). — *Mons Limon*, 1160 (cart. de Bourras, ch. 11). — *Limon*, 1287 (reg. de l'év. de Nevers). — *Lymon*, 1477 (A. N. fonds de la Ferrieté).

Limonet (Le Grand-), f. c^ne de Mars. — *Limonet*, 1331 (censier du chap. de Nevers).

Limonet (Le Petit-), f. c^ne de Mars.

Limousins (Les), h. et m. de camp. c^ne de Murlin. — *Les Limoisins* (Cassini).

Limoux, h. c^ne de Saint-Parize-le-Châtel. — *Decima de Limoux*, 1265 (A. N.).

Limoux, lieu détruit, c^ne de Marzy, mentionné en 1719 (terrier de Saint-Baudière).

Limouzin, f. c^ne de Saint-Germain-Chassenay. — *Domaine Limosin*, 1752 (reg. de Saint-Germain-en-Viry).

Lin, h. détruit, c^ne de Tannay, mentionné en 1481 (S.).

Lincy, lieu détruit, c^ne de Decize, mentionné en 1341 comme étant de la justice du prieuré de Saint-Pierre de Decize (A. D.).

Linières, f. c^ne d'Imphy.

Linières, h. détruit, c^ne de Mhère.

Liornay, lieu détruit, c^ne de Sauvigny-les-Bois, mentionné en 1249 (A. N.).

Liriacum, lieu détruit, près de l'abb. de Roches, mentionné en 1165 (*Gall. christ.* XII, col. 132).

Lirnay (Villa de), lieu détruit, au sud de Châtillon, mentionné en 1284 (S. charte fixant les limites des justices de Châtillon et de Passy).

Liscomus in pago Nivernensi, lieu détruit, aux environs de Corbigny, mentionné en 721 (cart. gén. de l'Yonne, II, 2). — *Iniscomum*, 864 (*Gall. christ.* IV, col. 58).

Liteau, lieu détruit, c^ne de Saint-Pierre-le-Moûtier, porté sur la carte de Cassini.

Livry, c^ne de Saint-Pierre-le-Moûtier. — *Liriacum*. 1161 (Bulliot, II, 39).

Lobozeaux, f. c^ne de Sardolles.

Locature (La), f. c^ne de Lamenay.

Locature-du-Gabre (La), locaterie, c^ne de Fertrève.

Locatures (Les), f. c^ne de Tresnay.

Locazerie, tuil. c^ne de Saint-Verain.

Lodoué, m. de camp. et f. c^ne de Dommartin. — *Le Doué* (Cassini).

Loge (La), chât. et f. c^ne de Beaumont-sur-Sardolles. — *Lumes*, 1145 (cart. gén. de l'Yonne, I, 391). — *La Loge-Garneau*, 1539 (A. N.).

Loge (La), éc. c^ne de la Roche-Millay.

Loge (La), éc. c^ne de Saincaize.

Loge (La), f. c^ne de Beaumont-sur-Sardolles. — *Domaine de la Loge* (Cassini).

Loge (La), f. c^ne de Tronsanges. — *La Loge-Patouillat*, 1564 (A. N.). — *Les Loges-Patoillot*, 1638 (Marolles). — *Les Loges-Patouillas*, 1689 (reg. des fiefs). — Fief de la châtell. de la Marche.

Loge (La), fief, c^ne de Diennes, dont les arrière-fiefs étaient en 1705 : la Vallée-Bureau, Monsenaut et Babize (A. N.).

Loge (La), fief de la châtell. de Montenoison, mentionné en 1638 (Marolles).

Loge (La), partie du hameau de Poil-en-Cul, c^ne de Nevers.

Loge (La), h. c^ne de Verneuil.

Loge (La), m. c^ne d'Arquian.

Loge (La), m. c^ne de Champvert.

Loge (La), m^in, c^ne de Beaumont-sur-Sardolles.

Loge (La), rendez-vous de chasse, c^ne de Bazoches.

Loge-a-la-Ribaude (La), fief de la châtell. de Monceaux-le-Comte, mentionné en 1638 (Marolles).

Loge-d'Ardenay (La), lieu détruit, près de Nevers, mentionné en 1526 (A. N.).

Loge-Bouiller (La), h. c^ne de Rémilly.

Loge-Feuilloux (La), h. c^ne de Neuville-lez-Decize.

Loge-Garineau (La), fief, c^ne de Beaumont-sur-Sardolles, vassal de Troisaigues, mentionné en 1638 (Marolles).

Loges (Les), faubourg de la ville de Luzy.

Loges (Les), f. c^ne de Rémilly.

Loges (Les), f. c^ne de Vandenesse.

Loges (Les), h. c^ne de Cossaye.

Loges (Les), h. c^ne de Garchizy.

Loges (Les), h. c^ne de la Fermeté.

Loges (Les), h. c^ne de Luthenay.

DÉPARTEMENT DE LA NIÈVRE.

Loges (Les), h. c⁻ⁿᵉ de Montaron. — *Les Loges de Montaron*, 1764 (terrier de la seigneurie de Poussery).

Loges (Les), h. c⁻ⁿᵉ de Saint-Benin-des-Bois.

Loges (Les), h. c⁻ⁿᵉ de Saint-Honoré. — *Les Loges-Saint-Honoré* (Cassini).

Loges (Les), h. c⁻ⁿᵉ de Saint-Jean-aux-Amognes.

Loges (Les), h. c⁻ⁿᵉ de Saint-Loup.

Loges (Les), h. c⁻ⁿᵉ de Saint-Ouen.

Loges (Les), h. c⁻ⁿᵉ de Saxy-Bourdon.

Loges (Les), m. de camp. et f. c⁻ⁿᵉ d'Arquian.

Loges (Les), m. c⁻ⁿᵉ de Gâcogne.

Loges (Les), vill. c⁻ⁿᵉ de Pouilly.

Loges (Les), vill. c⁻ⁿᵉ de Tracy.

Loges-Berges (Les), h. c⁻ⁿᵉ de Saint-Honoré.

Loges-Charnay (Les), h. détruit, c⁻ⁿᵉ de Rémilly, porté sur la carte de Cassini.

Loges-du-Trou-au-Bois (Les), h. c⁻ⁿᵉ de Saint-Honoré.

Loges-Frayons (Les), h. c⁻ⁿᵉ d'Azy-le-Vif. — *Loge Fralion* (Cassini).

Loges-Renard (Les), h. c⁻ⁿᵉ d'Azy-le-Vif.

Loget, m. détruite, c⁻ⁿᵉ de Toury-Lurcy, portée sur la carte de Cassini.

Loicheny, seigneurie, c⁻ⁿᵉ de Suilly-la-Tour, mentionnée en 1392 (Marolles).

Loire (La), fleuve, prend sa source au mont Gerbier-des-Joncs (Ardèche); après avoir traversé les départements de la Haute-Loire et de la Loire et séparé celui de l'Allier de celui de Saône-et-Loire, il pénètre au-dessus de Saint-Hilaire dans celui de la Nièvre, où il arrose le territoire des communes de Saint-Hilaire-Fontaine, Lamenay, Charrin, Devay, Decize, Saint-Léger-des-Vignes, Avril, Fleury-sur-Loire, Béard, Luthenay-Uxeloup, Saint-Ouen, Imphy, Chevenon, Saint-Éloi, Sermoise, Nevers, Gimouille, Marzy; la Loire sépare ensuite le département du Cher de celui de la Nièvre, arrosant, dans ce dernier département, les communes de Fourchambault, Garchizy, Germigny, Tronsanges, la Marche, la Charité, Mèves, Pouilly, Tracy, Cosne, Myennes, la Celle-sur-Loire et Neuvy; elle entre alors dans le département du Loiret. Son cours dans la Nièvre est de 130 kilomètres. — *Liger* (Comm. de César).

Loire (Porte de), porte de la ville de Nevers, au sud, mentionnée en 1426 (A. N.).

Loison, h. c⁻ⁿᵉ de Ville-lez-Anlezy.

Loisons (Les), h. c⁻ⁿᵉ de Saint-Agnan.

Lombarderie, h. détruit, c⁻ⁿᵉ de Champlemy, porté sur la carte de Cassini.

Longbois, fief de la châtell. de Champvert, mentionné en 1689 (reg. des fiefs).

Longbout, h. c⁻ⁿᵉ d'Anlezy. — *Longbour* (Cassini).

Longesse (La), h. c⁻ⁿᵉ de Saint-Saulge. — *La Lugesse* (Cassini).

Longfrois, h. c⁻ⁿᵉ de Varennes-lez-Narcy. — *Longuefroy*, 1689 (reg. des fiefs). — Fief de la châtell. de la Marche.

Longsprats (Bois de), c⁻ⁿᵉ de Chevannes-Changy.

Longuebrie, fief du duché, mentionné en 1689 (reg. des fiefs).

Longuebaye, h. détruit, mentionné en 1601, comme étant dans l'étendue de la justice de Montgoublin (S.).

Longuereau (La), h. c⁻ⁿᵉ de Saint-Germain-Chassenay.

Lopisse (La), m. c⁻ⁿᵉ de Saint-Père, mentionnée en 1334 (A. N. fonds de Roches).

LOPTANIABLO al. ANTARRACUS VILLA IN PAGO NIVERNENSI. 825 (*Gall. christ.* IV, col. 265).

Longue, chât. c⁻ⁿᵉ d'Azy-le-Vif. — *L'Orgue*, 1301 (Marolles). — *Lorge*, 1333 (ibid.). — Fief du duché de Nivernais.

Loriery, h. c⁻ⁿᵉ de Corancy. — Fief vassal du comté de Château-Chinon.

Lormes, arrond. de Clamecy. — *Seguinus de Lorma*, 1085 (*Gall. christ.* XII, col. 382). — *Castrum de Ulmo*, 1157 (cart. gén. de l'Yonne, II, 77). — *Ulmi*, 1300 (A. N.). — *Lormes*, 1426 (ibid.). — *L'Orme*, 1602 (reg. de Lormes).

Lormes avait une léproserie et un couvent d'Ursulines qui, fondé en 1645, subsista jusqu'en 1712. — La ville paraît avoir eu une charte de commune vers 1223. — La baronnie de Lormes, de laquelle relevaient de nombreux fiefs en Nivernais et en Bourgogne, fut partagée, en 1355, entre Gauthier IV de Brienne, duc d'Athènes, et Jean III de Châlon. Elle forma dès lors deux seigneuries, qui conservèrent le titre de baronnie : la première, sous le nom de *Lormes-Château-Chinon*, fut annexée à la seigneurie de Château-Chinon, et elle fit partie de l'élection de cette ville; la seconde, sous le nom de *Lormes-Châlon*, resta dans la mouvance des comtes de Nevers, et passa plus tard dans le ressort de l'élection de Vézelay. Des deux bailliages seigneuriaux, le premier ressortissait à Saint-Pierre-le-Moûtier, le second à la pairie de Nevers et au parlement de Paris.

En 1790, le canton de Lormes faisait partie du district de Corbigny, dont il possédait le tribunal; il comprenait les communes d'Ampury, Anthien, Bazoches, Lormes, Magny, Neuffontaines, Pouques, Saint-André-en-Morvand, Saint-Aubin-des-Chaumes, Saint-Martin-du-Puits. Les armes de la ville de Lormes sont *d'or, à l'orme arraché de sinople*.

LOSSEY, fief, c^{ne} de Neuilly, de la châtell. de Champallement, mentionné en 1678 (A. N.).

LOSOS. fief de la châtell. de Monceaux-le-Comte, mentionné en 1335 (C.).

LOSSI, h. détruit, c^{ne} de Sauvigny-les-Bois, mentionné en 1331 (cens. de l'év. de Nevers).

LOSPITAT, h. détruit, c^{ne} de Ternant, mentionné en 1557 (C.).

LOTERIE (LA), h. c^{ne} de Poiseux.

LOUAGE-BERTHIER (LE), éc. c^{ne} de Cossaye. — *Les Bertiers* (Cassini).

LOUAGE-CHAREAU (LE), local. c^{ne} de Toury-Lurcy.

LOUAGE-COT (LE), m. dans le bourg de Toury-sur-Abron.

LOUAGE-MARTIN (LE), éc. c^{ne} de Toury-Lurcy.

LOUAGE-PIZET (LE), éc. c^{ne} de Toury-Lurcy. — *Lieu-Pizet*, 1778 (plan terrier de la seigu. de Toury-sur-Abron).

LOUAGE-ROUGE (LE), éc. c^{ne} de Lucenay-les-Aix.

LOUAGERIE (LA), éc. c^{ne} de Bouy.

LOUAGERIE-DE-L'ÉTANG-DE-PINEY (LA), m. c^{ne} d'Azy-le-Vif.

LOUASCE, m. de camp. et f. c^{ne} d'Azy-le-Vif.

LOUATS (LES), h. c^{ne} d'Alligny.

LOUATS (LES), h. c^{ne} de Diennes. — *Les Louas*, 1677 (A. N.).

LOUCET, h. c^{ne} de Magny-Cours. — *Lousse*, 1606 (A. N.).

LOUE (LA), fief de la châtell. de Moulins-Engilbert, mentionné en 1466 (Marolles).

LOUELLE (ÉTANG DE), fief, c^{ne} de Limon, châtell. de Decize, mentionné en 1512 (A. N.).

LOUGRY, h. détruit, c^{ne} de Saint-Révérien, mentionné en 1629 (A. N.).

LOUGRANT, h. détruit, c^{ne} de Maux, mentionné en 1260 (Bulliot, I, 242).

LOUPIÈRE (LA), h. détruit, c^{ne} de la Celle-sur-Nièvre, porté sur la carte de Cassini.

LOUP-PENDU (LE), m. c^{ne} de Toury-Lurcy.

LOURE (LA), m. de camp. c^{ne} de Toury-sur-Jour. — *Étang et bois de la Loure*, 1750 (arch. de Saint-Pierre-le-Moûtier).

LOURE (LA GRANDE-), f. c^{ne} de Toury-sur-Jour.

LOURE (LA PETITE-), f. c^{ne} de Toury-sur-Jour.

LOURIN (LA), m. c^{ne} de Saint-Amand.

LOURIN, h. détruit, c^{ne} de Lys, porté sur la carte de Cassini.

LOUVREAU, f. c^{ne} de Chougny. — *L'Huis-Louvrot* (Cassini).

LOYAUX (LES), m. faisant partie de la Ville-Froide, c^{ne} de Cosne.

LUANGES, h. c^{ne} d'Urzy. — *Luengii*, 1331 (cens. du chap. de Nevers). — *Luangesvillagium*, 1481 (A. N.).

LUCAS (LES), h. c^{ne} d'Alligny.

LUCAS (LES), h. c^{ne} d'Arquian.

LUCENAY-LES-AIX, c^{ne} de Dornes. — *Ecclesia de Luciniaco*, 1129 (Gall. christ. XII, col. 339). — *Villa quæ Lucinincus appellatur*, 1130 (ibid.). — *Duas ecclesias de Luciniaco*, 1130 (ibid. col. 340). — *Lucenay*, 1231 (A. D. fonds de Lucenay). — *Lucenayum-Ayarum*, 1255 (ibid.). — *Lucenayum-les-Ayes*, 1255 (ibid.). — *Sanctus Romanus et Sanctus Genesius de Lucenayo*, 1287 (reg. de l'évêché de Nevers). — *Lucenay-les-Haiz*, 1389 (A. N. procès-verbal des limites du comté de Nevers et du duché de Bourbon). — *Prieuré de Saint-Romain-les-Haies*, 1508 (A. D.). — *Lucenay-les-Haiz*, 1512 (A. N.). — *Bourg-la-Réunion*, an III de la République (ibid. vente de biens nationaux). — Lucenay avait un prieuré de l'ordre de Saint-Benoît dépendant de l'abbaye de Saint-Martin de Nevers.

En 1790, le canton de Lucenay faisait partie du district de Decize et comprenait les communes de Cossaye, Lamenay, Lucenay et Toury-sur-Abron.

LUCY, fief de la châtell. de Donzy, mentionné en 1638 (Marolles).

LUCY, h. et châtel. c^{ne} de Montapas.

LUCY, h. c^{ne} de Neuvy. — *Luzi*, 1488 (A. N.). — *Luissy* (Cassini).

LUGUE (LE GRAND-), h. c^{ne} de Beaumont-sur-Sardolles. — *Luguen*, 1145 (cart. gén. de l'Yonne, I, 391).

LUGUE (LE PETIT-), h. c^{ne} de Beaumont-sur-Sardolles.

LUIE (LA), h. c^{ne} de Langeron.

LUMIÈRES (LES), éc. c^{ne} de Marzy, mentionné en 1719 (terrier de Saint-Baudière).

LUOT, fief de la châtell. de Donzy, mentionné en 1585 (Marolles).

LUPY, h. c^{ne} de Balleray. — *Luppy*, 1390 (A. N.). — *Luppiacum*, 1404 (ibid.). — Fief de la châtell. de Montenoison.

LURBIGNY, fief, c^{ne} de Cercy-la-Tour. — *Lurbygny*, 1581 (arch. de Maumigny). — *Lourbigny*, 1610 (S.).

LURCY, fief, c^{ne} de Champvert, mentionné en 1722 comme faisant partie de la châtellenie de Decize (A. D.).

LURCY, fief, c^{ne} de Lucenay-les-Aix, dépendant de la châtell. de Decize, mentionné en 1778 (A. D.).

LURCY-LE-BOURG, c^{ne} de Prémery; prieuré dépendant de l'abb. de Cluny. — *Lursiacum*, 859 (Gall. christ. XII, col. 304). — *Luperciacum*, 1097 (ibid. col. 335). — *Ecclesia Sancti Petri de Luperciaco villa*, 1103 (cart. gén. de l'Yonne, II, 40).— *Ecclesia de Burgo de Luurce*, 1176 (A. N.). — *Gilo archipresbyter de Lurceio*, 1196 (Gall. christ. XII, col. 346). — *Luperciacum Burgum*, 1287 (reg. de l'év. de Nevers). — *Lurci-le-Bour*, 1355 (cens. du chap. de Nevers). — *Leurcy-le-Bourg*, 1480 (A. N.).

Lurcy-le-Bourg était le chef-lieu d'un archiprêtré qui comprenait, au XIIIe siècle, les paroisses de Lurcy-le-Bourg, Asnan, Balleray, Buzolles, Billy, Bona, Bussy, Champallement, Chaumot, Cigogne, la Collancelle, Crux-la-Ville, Crux-le-Châtel, Dirol, Épiry, Giverdy, Guérigny, Guipy, Huez, Jailly, Liché, Lichy, Lurcy-le-Châtel, Marigny, Montigny-aux-Amognes, Moussy, Narloup, Neuilly, Nolay, Ourouer, Pazy, Poiseux, Prunevaux, Saint-Benin-des-Bois, Saint-Franchy, Saint-Jean-de-Lichy, Sainte-Marie-de-Flagelles, Saint-Martin-de-la-Bretonnerie, Saint-Martin-d'Heuille, Saint-Maurice, Saint-Père-à-Ville, Saint-Révérien, Saint-Saulge, Saint-Sulpice-le-Châtel, Sanizy, Sardy, Saxy-Bourdon et Sichamps. Au XVe siècle, cet archiprêtré fut augmenté des paroisses de Beaumont-la-Ferrière et de Dompierre-sur-Nièvre.

Le fief de Lurcy-le-Bourg dépendait de la châtell. de Montenoison.

La petite contrée dans laquelle est situé le bourg de Lurcy était nommée *le Val de Lurcy*. Cette contrée avait une coutume locale en matière de servitude, à laquelle est consacré le chapitre IX de la Coutume du Nivernais.

LURCY-SUR-ABRON, chât. et h. c^{ne} de Toury-Lurcy; anc. paroisse et commune réunie à Toury-sur-Abron en 1822. — *Luperciacum-super-Abronem*, 1287 (reg. de l'év. de Nevers). — *Lurciacum-super-Abronem*, 1388 (C.). — *Lurcy-sur-Abron*, 1469 (arch. du chât. de Toury-sur-Abron). — *Leurcy-sur-Abron*, 1512 (A. N.). — *Lourpcy*, 1538 (A. D.). — Fief de la châtell. de Decize.

LUREAUX (LES), f. c^{ne} de Limanton, mentionnée en 1606 (arch. de Vandenesse).

LURSON, h. détruit, c^{ne} de Druy, porté sur la carte de Cassini.

LUTERNE (LA), h. c^{ne} de Trois-Vèvres.

LUTHENAY, c^{ne} de Saint-Pierre-le-Moûtier. — *Lothenayacum*, 1243 (A. N.). — *Lothenayum*, 1287 (reg. de l'év. de Nevers). — *Lothenay*, 1409 (A. N. fonds du chap. de Nevers). — *Luthenayum*, 1478 (pouillé

de Nevers). — *Lutenay*, 1689 (A. N.). — Luthenay-Uzeloup, depuis la réunion d'Uzeloup.

LUZERY, h. c^{ne} de Pouques. — *Lucery*, 1662 (reg. de Pouques). — *Luzery*, 1704 (reg. d' Lurues).

LUZ (LE GRAND et LE PETIT), h. c^{ne} de Saint-Benin-des-Bois.

LUZAY, fief de la châtell. de Montenoison, mentionné en 1638 (Marolles).

LUZEAU, f. c^{ne} de Saint-Parize-le-Châtel.

LUZY, arrond. de Château-Chinon. — *Luzzia*, 900 (charte de l'abbaye de Saint-Andoche, arch. de l'év. d'Autun). — *Luzy*, 1196 (Gall. christ. XII. col. 346). — *Luzi*, 1310 (les Olim, III, 607). — *Luzeium*, 1333 (Bulliot, II, 174). — Luzy était le chef-lieu de l'un des archiprêtrés du diocèse d'Autun, duquel dépendaient les paroisses de Luzy, Millay, Poil, la Roche-Millay, Saint-Gengoult, Sémelay et Valnoise, qui font actuellement partie du département de la Nièvre.

Luzy était aussi le siège de l'une des châtellenies du duché de Nivernais, qui comprenait quatre-vingt-quatorze fiefs et dont la circonscription était à peu près la même que celle du canton actuel.

En 1790, le canton de Luzy faisait partie du district de Moulins-Engilbert, et il était composé des communes d'Avrée, Fléty, Lanty, Luzy, Rémilly, Savigny-Poil-Fol, Sémelay et Tazilly.

LYE (LA), f. c^{ne} de Limanton. — *Lye*, 1420 (S.). — *La Lie*, 1732 (C.).

LYE (LA), h. c^{ne} de Decize.

LYES, fief de la châtell. de Moulins-Engilbert, mentionné en 1689 (reg. des fiefs).

LYMON, lieu détruit, près de Châteauneuf-sur-Allier, mentionné en 1630 (A. N.).

LYOT, h. c^{ne} de Donzy.

LYS, c^{ne} de Tannay. — *Ecclesia de Lye*, 1121-1164 (cart. de Saint-Cyr de Nevers, ch. 37). — *Lya*, 1287 (reg. de l'év. de Nevers). — *Lie*, 1328 (pierre tombale à Lys). — *Maison fort de Lyes*, 1329 (Marolles). — *Lys*, 1579 (arch. de Quincize). — Fief de la châtell. de Monceaux-le-Comte.

M

MÂCHEFER, m. de camp. c^{ne} de la Roche-Millay.

MACHIGNY, hameau, c^{ne} de Saint-Sulpice. — *Fontaine de Machigny*, 1482 (A. N.). — *Massigny*, 1672 (ibid.).

MACHIGNY, vill. détruit, mentionné en 1481 comme étant près de Nevers.

MACHINE (LA), c^{ne} de Decize. — *Le lieu de la Machine*, 1715 (A. N.). — Cette commune tire son nom des machines qui furent employées pour extraire la houille lorsqu'au XVIIIe siècle on commença l'exploitation du bassin houiller de Decize.

MACHINES (LES), m. c^{ne} de Beaumont-la-Ferrière; anc.

MACHINE démolie où, au XVIIe siècle, furent fabriqués les premiers fers-blancs en France.

MACHERÉ (LE), f. c^{ne} de Bouy.

MACHERÉ (LES), h. c^{ne} de Saxy-Bourdon.

MACHY, h. c^{ne} de Sauvigny-les-Bois. — *Machiacum*, 1103 (*Gall. christ.* XII, col. 337). — *Machi*, 1649 (A. N.). — *Mary*, 1464 (Marolles). — *Machy-le-Bas*, 1695 (A. N.). — Fief de la châtell. de Nevers.

MAÇONNERIE (LA), f. c^{ne} de Druy.

MADELEINE (LA), f. détruite, c^{ne} de la Celle-sur-Loire, mentionnée en 1670 (inv. de Villemoison). — *La Magdelaine*, 1638 (Marolles). — Fief de la châtell. de Saint-Verain.

MADELEINE (LA), h. c^{ne} de Châtillon-en-Bazois. — *La Magdelaine*, 1659 (S.).

MAGÈRES, h. c^{ne} de Chazeuil-Lavault.

MAGNEMONT, h. c^{ne} de Brassy. — *Maniamont*, 1765; *Magnymont*, 1769 (reg. de Brassy). — *Magnamont* (Cassini).

MAGNES (LES), h. c^{ne} de Château-Chinon-Campagne.

MAGNES (LES), h. c^{ne} de Cizely.

MAGNIES (LES), h. c^{ne} d'Alligny-en-Morvand.

MAGNIZOT, m. de camp. et f. c^{ne} de la Roche-Millay.

MAGNY, c^{ne} de Nevers. — *Magniacum vicum in agro Magniacense in pago Nivernensi*, 859 (*Gall. christ.* XII, col. 304). — *Abbatia Sancti Vincentii in Magniaco*, 887 (ibid. col. 311). — *Maagnys*, 1260 (S.). — *Maigniacum parrochia*, 1273 (ibid.). — *Magni*, 1287 (reg. de l'év. de Nevers). — *Parrochia de Maignyco*, 1387 (S.). — *Maigny*, 1469 (ibid.). — *Magny-Cours*, depuis la réunion de Cours.

En 1790, lors de l'organisation départementale, Magny fut le chef-lieu de l'un des cantons du district de Saint-Pierre-le-Moûtier, qui comprenait les communes de Cours-sous-Magny, Jaugenay, Luthenay, Magny, Mars, Madeure, Saint-Parize-le-Châtel, Saincaize et Uxeloup.

MAGNY, chât. et f. c^{ne} de Millay. — *Maigny*, 1638 (Marolles). — Fief de la châtell. de Luzy.

MAGNY, f. c^{ne} de Magny-Lormes.

MAGNY, fief, c^{ne} de Livry, mentionné en 1322 (Marolles). — *Maigny*, 1689 (reg. des fiefs). — Fief de la châtell. de Châteauneuf-sur-Allier.

MAGNY, h. détruit, c^{ne} de Toury-Lurcy. — *Maigny-es-Bruyeres*, 1443 (arch. du chât. de Toury-sur-Abron). — *Village Magny*, 1776 (reg. de Lurcy-sur-Abron). — Fief de la châtell. de Decize.

MAGNY (LE), chât. et h. c^{ne} de Suilly-la-Tour. — *Magny*, 1374 (Marolles). — *Le Magny*, 1406 (ibid.). — *Sully-le-Magny*, 1661 (reg. de Suilly-la-Tour). — *Souilly-Magny*, 1689 (reg. des fiefs). — Fief de la châtell. de Donzy.

MAGNY (LE), f. c^{ne} de la Fermeté. — *Magny*, 1503 (S.).

MAGNY (LE), h. c^{ne} de Brinon.

MAGNY (LE), h. c^{ne} de la Celle-sur-Loire. — *Villa de Maigniaco*, 1143 (*Gall. christ.* XII, col. 114).

MAGNY (LE), h. c^{ne} de Fourchambault. — *Maaigni*, 1261 (A. N.). — *Les Magnys*, 1600 (ibid.).

MAGNY (LE), h. c^{ne} de Fours. — 1323 (Marolles). — *Le Maigny*, 1384 (ibid.). — *Les Magnys*, 1689 (reg. des fiefs). — *Magny*, 1638 (Marolles). — Fief de la châtell. de Cercy-la-Tour.

MAGNY (LE), mⁱⁿ, c^{ne} de Limanton. — *Magny*, 1249 (S.). — *Le Magny*, 1250 (C.). — *Lou Maygni*, 1266 (S.). — *Maigny*, 1281 (C.). — *Le Maagny*, 1292 (ibid.). — *Maigny*, 1393 (A. N.). — *Pont de Maigny*, 1488 (Lory). — *Moulin du Maigny*, 1732 (C.). — Fief de la châtell. de Moulins-Engilbert.

MAGNY-LES-CHAUMES, h. c^{ne} de Magny-Lormes.

MAGNY-LORMES, c^{ne} de Corbigny. — *Maigniacus*, XIVe siècle (pouillé d'Autun). — *Magniacum*, commencement du XVIe siècle (ibid.). — *Magny*, 1753 (reg. d'Anthien).

MAIGNIT (BOIS DU), bois situé aux environs de Nevers, mentionné en 1229 (A. N. fonds Notre-Dame).

MAIGNY (LE), fief mentionné en 1575 comme étant près de Poiseux (A. N.).

MAIGRELIN, h. c^{ne} de Dornes.

MAILLARD (LE DOMAINE), f. c^{ne} de Chevenon.

MAILLARDS (LES), h. c^{ne} de Sermages.

MAILLERIE (LA), h. c^{ne} de Dornes.

MAILLET, f. c^{ne} de Verneuil. — *Malliacum*, 1273 (A.D.). — *Molliacum*, 1368 (A. N.).

MAILLETS (LES), éc. c^{ne} de Saint-Parize-en-Viry.

MAIN-MORTE (LA), tuil. c^{ne} de la Nocle.

MAINES (LES), h. c^{ne} de Dun-les-Places. — Fief vassal du comté de Châtellus.

MAISON, f. c^{ne} de Saint-Pierre-le-Moûtier.

MAISON, fief de la châtell. de Champvert, c^{ne} de Champvert, mentionné en 1689 (reg. des fiefs).

MAISON (LA), h. c^{ne} d'Ouroux. — *Maison*, 1545 (reg. d'Ouroux).

MAISON-A-LA-CHEVRATE, m. détruite, c^{ne} de Druy, mentionnée en 1364 (A. D.).

MAISON-A-LA-GANARDE (LA), m. mentionnée comme étant entourée de fossés en 1536, c^{ne} de Garchizy (A. N.).

MAISON-AUX-ACHATZ (LA), m. détruite, c^{ne} de Fléty, mentionnée en 1535 (C.).

MAISON-BARBETTE (LA), m. détruite, c^{ne} de Montaron, mentionnée en 1764 (terrier de Poussery).

MAISON-BAULIE, fief de la châtell. de Saint-Brisson, mentionné en 1540 (Marolles).

MAISON-BEAUDOUX (LA), éc. c⁰ᵉ de Luthenay. — 1678 (reg. de Luthenay).

MAISON-BLANCHE (LA), auberge, c⁰ᵉ de Saint-Benin-d'Azy.

MAISON-BLANCHE (LA), éc. c⁰ᵉ de Lurcy-le-Bourg. — 1655 (A. N.).

MAISON BLANCHE (LA), m. c⁰ᵉ de Béard.

MAISON-BLANCHE (LA), tuil. et four à chaux, c⁰ᵉ de Dommartin.

MAISON-BOUQUIN (LA), h. détruit, c⁰ᵉ de Montigny-sur-Canne, mentionné en 1676 (A. N.).

MAISON BOULE (LA), m. détruite, c⁰ᵉ de Limanton, mentionnée en 1584 (Lory).

MAISON-BOURGEOISE (LA), m. et f. c⁰ᵉ de Fleury-la-Tour.

MAISON BOURGOING (LA), m. à Moulins-Engilbert, fief de cette châtellenie, mentionné en 1689 (reg. des fiefs). — Elle tire son nom de la famille de Bourgoing.

MAISON-BRÛLÉE (LA), éc. c⁰ᵉ d'Alligny-en-Morvand.

MAISON BRÛLÉE (LA), m. c⁰ᵉ de Decize.

MAISON BRÛLÉE (LA), m. c⁰ᵉ de Saint-Seine.

MAISON-CARRÉE (LA), f. détruite, c⁰ᵉ de Limanton, mentionnée en 1718 (S.).

MAISON-CONTE, chât. ruiné et h. c⁰ᵉ de Corancy. — *Maison-Conte*, 1343 (C.). — *Guillelmus de Domo Comitis*, 1393 (ibid.). — *Mezuncontes*, 1564 (A. N.). — Fief important vassal du comté de Château-Chinon.

MAISON-DARCILLY (LA), fief de la châtell. de Montreuillon, mentionné en 1689 (reg. des fiefs).

MAISON-DE-BAUDY (LA), à Decize, fief de la châtell. de Decize, mentionné en 1638 (Marolles).

MAISON DE BEUVRAY (LA), m. détruite, sur le mont Beuvray, ancienne demeure du chapelain qui desservait une chapelle située au même lieu.

MAISON-DE-LA-MAZELLE (LA), fief de la châtell. de Châteauneuf-Val-de-Bargis, mentionné en 1638 (Marolles).

MAISON-DE-LAMENAY (LA), à Decize, fief de la châtell. de Decize, mentionné en 1638 (Marolles).

MAISON-DE-L'ÂNE (LA), h. c⁰ᵉ de Murlin.

MAISON DE LA VALLÉE-CHARLON (LA), m. c⁰ᵉ d'Alligny.

MAISON-DE-PATY (LA), fief de la châtell. de Châteauneuf-Val-de-Bargis, mentionné en 1689 (reg. des fiefs).

MAISON-DES-CHÈVRES (LA), éc. c⁰ᵉ de Luthenay.

MAISON DES MENETS (LA), m. c⁰ᵉ de Chougny.

MAISON DES MEULES (LA), m. c⁰ᵉ de Luthenay.

MAISON-DES-PAILLARDS (LA), fief de la châtell. de Montenoison, mentionné en 1689 (reg. des fiefs). — Il tirait son nom de la famille des Paillards.

MAISON DES ROCHES (LA), m. c⁰ᵉ de Sermages.

MAISON-DIEU (LA), c⁰ᵉ de Tannay. — *Domus Dei*, commencement du XVIᵉ siècle (pouillé d'Autun).

MAISON-DIEU (LA), hôpital rural et chapelle détruits. c⁰ᵉ de Montreuillon.

MAISON DU BOIS (LA), m. c⁰ᵉ de Saint-Jean-aux-Amognes. — *Les Maisons-du-Bois*, 1599 (A. N.).

MAISON-DU-BOIS (LA), f. détruite, c⁰ᵉ de Montigny-sur-Canne. — *Maisons-de-Bois*, 1572 (A. N.).

MAISON DU GARDE (LA), m. de garde, c⁰ᵉ de Fertrève.

MAISON-DU-GUÉ (LA), lieu détr. près de Decize, mentionné en 1391 (A. N.).

MAISON-DU-PATIS (LA), fief de la châtell. de Châteauneuf-Val-de-Bargis, mentionné en 1638 (Marolles).

MAISON-DU-PONT (LA), f. c⁰ᵉ de Prémery.

MAISON DU REUX (LA), m. détruite, mentionnée en 1649 (terrier d'Alligny).

MAISON FORESTIÈRE (LA), m. de garde, c⁰ᵉ de Raveau.

MAISON-FORT (LA), anc. chât. et dép. c⁰ᵉ de Bitry. — 1385 (Marolles). — *La fief de la Maisonfort de Bitry*, 1689 (reg. des fiefs). — C'était un fief de la châtell. de Saint-Verain; il fut érigé en marquisat, en faveur d'Alexandre du Bois des Cours, par lettres patentes du 9 novembre 1743.

MAISON-FORT (LA), anc. chât. et f. c⁰ᵉ de la Marche.

MAISON-FORT (LA), fief de la châtell. de Clamecy, mentionné en 1689 (reg. des fiefs).

MAISON-FORT (MOULIN DE LA), mⁿ, c⁰ᵉ de Bitry.

MAISON-GADOT (LA), lieu détr. c⁰ᵉ de Luthenay, mentionné en 1735 (arch. d'Uxeloup).

MAISON-GAULON (LA), h. c⁰ᵉ de Germenay. — *Hiars*, XVIIᵉ siècle (reg. de Germenay). — *Les Maisons-Golon* (Cassini).

MAISON-GUERRE (LA), m. et grange, auj. détruites, c⁰ᵉˢ de Luthenay, mentionnées en 1531 (arch. d'Uxeloup).

MAISON-L'ASNE (LA), fief, c⁰ᵉ d'Amazy, mentionné en 1591 (Marolles). — Ce fief, qui tirait son nom de la famille L'Asne, dépendait de la châtell. de Clamecy.

MAISON-LONGUE (LA), h. détruit, c⁰ᵉ de Fertrève, porté sur la carte de Cassini.

MAISON-MONSIEUR (LA), ruines, c⁰ᵉ de Saint-Brisson, qui passent pour être celles de l'habitation d'un gentilhomme huguenot de la famille de Fontenay qui, après la révocation de l'Édit de Nantes, s'était caché dans ce pays alors inabordable.

MAISON-NEUVE (LA), chât. et f. c⁰ᵉ de Sermages.

MAISON-NEUVE (LA), h. c⁰ᵉ de Montigny-en-Morvand.

MAISON NEUVE, m. c⁰ᵉ de Saint-Hilaire-Fontaine.

MAISON NEUVE, m. de camp. c⁰ᵉ de Château-Chinon-Campagne. — *Maison Neufve*, 1611 (terrier de Marry).

Nièvre.

14

MAISON-NEUVE-À-BRUGNY (LA), fief de la châtell. de Montreaux-le-Comte, mentionné en 1638 (Marolles).
MAISON-PARIS (LA), h. détruit, c⁻ᵉ de Sichamps.
MAISON BADGÉE (LA) ou LES CROUPILLONS, m. c⁻ᵉ d'Imphy.
MAISON-BEGNARD (LA), h. détruit, c⁻ᵉ de Sauvigny-les-Bois. — *Domus Beynaudi*, 1290 (A. D.).
MAISON-BLOCHOT (LA), h. c⁻ᵉ de Moulins-Engilbert.
MAISON-ROUGE (LA), éc. c⁻ᵉ de Chevenon.
MAISON-ROUGE (LA), f. c⁻ᵉ de Decize. — Fief de la châtell. de Decize, mentionné en 1689 (reg. des fiefs).
MAISON-ROUGE (LA) ou POULIN, f. c⁻ᵉ de Langeron.
MAISON-ROUGE (LA), f. c⁻ᵉ de Moulins-Engilbert.
MAISON-ROUGE (LA), f. c⁻ᵉ de Saint-Éloi.
MAISON-ROUGE (LA), f. c⁻ᵉ de Saint-Révérien. — *Les Hayes*, XVIIIᵉ siècle (reg. de Saint-Révérien).
MAISON-ROUGE (LA), f. c⁻ᵉ de Sougy.
MAISON-ROUGE, fief de la châtellenie de Montenoison, mentionné en 1689 (reg. des fiefs).
MAISON-ROUGE (LA), h. c⁻ᵉ de Cosne.
MAISON-ROUGE (LA), h. c⁻ᵉ de Raveau.
MAISON-ROUGE (LA), h. c⁻ᵉ de Saint-Benin-d'Azy.
MAISON-ROUGE (LA), h. détruit, c⁻ᵉ de Toury-Lurcy, porté sur la carte de Cassini. — Fief de la châtell. de Decize, mentionné en 1665 (A. D.).
MAISON ROUGE (LA) OU LA MAISON BLANCHE, m. c⁻ᵉ de Cosne.
MAISON ROUGE (LA), m. c⁻ᵉ de Ménestreau. — *Métairie Rouge* (Cassini).
MAISON ROUGE (LA), m. c⁻ᵉ de Poiseux.
MAISON ROUGE (LA), m. c⁻ᵉ de Saint-Pierre-le-Moûtier. — *Maison Rouge*, 1607 (A. N.).
MAISON ROUGE (LA), m. c⁻ᵉ de Tazilly.
MAISON ROUGE (LA), m. de camp. et dép. c⁻ᵉ de Sauvigny-les-Bois.
MAISON ROUGE (LA), m. de garde, c⁻ᵉ de Breugnon.
MAISON-SURE, fief, c⁻ᵉ de Saint-Léger-des-Vignes, relevant de la châtell. de Decize, mentionné en 1689 (reg. des fiefs).
MAISONS (LES GRANDES-), h. c⁻ᵉ de Ménestreau.
MAISONS (LES PETITES-), h. c⁻ᵉ de Ménestreau.
MAISONS-BRÛLÉES (LES), h. c⁻ᵉ de Garchizy.
MAISONS-DARAS (LES), h. c⁻ᵉ de Poussignol-Blismes, mentionné au XVIIIᵉ siècle comme dépendant du fief de Quincize (arch. de Quincize).
MAISONS-DU-BOIS (LES), h. c⁻ᵉ de Crux-la-Ville.
MAISONS-JUGES (LES), h. c⁻ᵉ d'Annay.
MAISONS-NEUVES (LES), chât. et f. c⁻ᵉ de Chevenon.
MAISONS-NEUVES (LES), h. c⁻ᵉ d'Arquian.
MAISONS-VIEILLES (LES), h. c⁻ᵉ de la Roche-Millay.
MAITRES (LES), h. détruit, c⁻ᵉ de Dornes, porté sur la carte de Cassini.

MAIZIÈRES, fief de la châtell. de Metz-le-Comte, mentionné en 1464 (Marolles).
MAIZIÈRES, h. c⁻ᵉ de Dun-sur-Grandry. — *Mazières* (Cassini).
MAIZIÈRES, h. c⁻ᵉ de Garchy. — *Meszière*, 1662 (reg. de Suilly-la-Tour).
MAIZOCQUEFROY, h. c⁻ᵉ de Dun-les-Places. — *Calz et Calz*, 1164 (cart. gén. de l'Yonne, II, 172, 173). — *Meix-au-Quedefroy* et *Mezauquedefroy*, 1760 (reg. de Dun-les-Places). — *Maison-de-Fray* (Cassini).
MAJOTTERIE (LA), f. c⁻ᵉ de Dampierre-sur-Bouhy.
MALADE (BOIS), c⁻ᵉ de Lâché-Assarts.
MALADIÈRE (RUISSEAU DE LA), ruiss. affluent de l'Haleine, qui traverse les communes de Millay et de Luzy. — Tire son nom de la maladrerie de Luzy.
MALADRERIE (LA), éc. c⁻ᵉ d'Alluy.
MALADRERIE (LA), écluse sur le canal du Nivernais, c⁻ᵉ de Chevroches.
MALADRERIE (LA), faubourg de la ville de Lormes. — *La Maladerie*, 1756 (reg. de Lormes).
MALADRERIE (LA), f. c⁻ᵉ de Luzy. — *La Maladerie*, 1675 (reg. de Luzy).
MALADRERIE (LA), h. c⁻ᵉ d'Armes.
MALADRERIE (LA), h. c⁻ᵉ de Moulins-Engilbert. — *Leprosaria de Molinis*, 1478 (pouillé de Nevers). — *Chapelle de la Maladeris*, 1657 (S.). — Cette localité et les cinq qui précèdent tirent leur nom d'anciennes léproseries.
MALADRERIE (LA), ruiss. affluent de la Vrille, c⁻ᵉ de Saint-Amand.
MALAISE (LA), ruiss. affluent de la Vrille, arrose les communes de Bitry, Saint-Verain et Saint-Amand.
MALECHASSEIGNE, fief, c⁻ᵉ de Saint-Ouen. — *Bois de Male Chasseigne*, 1317 (S.). — *Mallechasseigne*, 1586 (A. D.).
MALEFER (RUISSEAU), affluent du ruiss. de Grenotte, c⁻ᵉ de Saint-Franchy.
MALEIVES (LES), m. c⁻ᵉ d'Isenay.
MALEVAUT ou MAULEVAUT, h. détruit, c⁻ᵉ de Sauvigny-les-Bois, mentionné en 1331 (censier du chap. de Nevers).
MALGOUVERNE, h. c⁻ᵉ de Donzy. — *Malgouverne* (Cassini).
MALICORNE, fief de la châtell. de Champvert, mentionné en 1575 (Marolles).
MALICORNE, h. c⁻ᵉ de Bitry.
MALICORNE, h. c⁻ᵉ de Colmery; anc. seigneurie mentionnée en 1655 (reg. de Colmery).
MALICORNE-D'EN-BAS, h. c⁻ᵉ de Bitry.
MALINS, fief, près de Préporché, mentionné en 1380 (Marolles).

DÉPARTEMENT DE LA NIÈVRE.

Mallaulaz, h. détruit, mentionné en 1607 comme dépendant de la justice du prieuré de Saint-Pierre de Decize.

Malle (La), h. c⁾ᵉ de Trousanges.

Mallechires (Les), h. détruit, c⁾ᵉ de Limanton. — *Malechiere*, 1269 (C.). — *Les Mallechires*, 1462 (*ibid.*).

Mallebay, fief, c⁾ᵉ de Beaumont-sur-Sardolles, mentionné en 1550 (Marolles).

Mallepallud, h. détruit, c⁾ᵉ de Cossaye. — *Terra de Mala Palude*, 1332 (A. D.). — *Malepalut*, 1444 (*ibid.*). — *Mallepallus*, 1512 (A. N.).

Mallebin, h. c⁾ᵉ de Montsauche. — Terre qui dépendait de la seign. du Vésigneux, 1631 (arch. de Vésigneux).

Malleveaule, h. détruit, c⁾ᵉ de Limanton, mentionné en 1584 (S.).

Mallois (Les), h. c⁾ᵉ de Bitry.

Malmaisons (Les), h. c⁾ᵉˢ de Narcy. — *Malmaison* (Cassini).

Malmort (Motte de), motte féodale auj. détr. c⁾ᵉ de Saint-Germain-Chassenay, portée sur un plan de la seigneurie de Beauvoir de 1772.

Malnay, h. c⁾ᵉ de Rouy. — *Finagium de Mallegno*, 1258 (S.). — *Dîme de Malenay*, 1275 (*ibid.*). — *Mallenay*, 1553 (C.). — *Malnet* (Cassini).

Malpeines (Les), h. c⁾ᵉ d'Arleuf. — *Malpeine* (Cassini).

Maltaverne, f. et m⁾ⁿ, c⁾ᵉ de Villapourçon. — C'était un fief vassal de Villapourçon.

Maltaverne, h. c⁾ᵉ de Tracy.

Maltaverne, m. détruite, c⁾ᵉ de Saint-Verain, mentionnée au xvIII⁾ᵉ siècle (reg. de Saint-Verain).

Maltrace (La), h. c⁾ᵉ de Chasnay. — *Maltrasse*, 1675 (A. N.).

Malvaux (Le), vallée, c⁾ᵉ de la Roche-Millay.

Malvaux (Moulin de), m⁾ⁿ, c⁾ᵉ de Villapourçon.

Malvaux-le-Hameau, h. c⁾ᵉ de Pouilly. — *Les Malvaux*, 1467 (inv. de Villemoison). — *Malvaux* (Cassini).

Malvoisine, f. c⁾ᵉ de Nannay. — *Le fief de Maliversine*, 1689 (A. N.).

Malvoy, h. c⁾ᵉ de Garchy. — *Malvaux*, 1689 (reg. de Garchy).

Manches (Les), h. c⁾ᵉ d'Arleuf.

Mandets (Les), f. c⁾ᵉ de Dornes.

Manetay, h. détruit, c⁾ᵉ de Germigny, mentionné en 1355 (cens. du chap. de Nevers).

Mange, h. c⁾ᵉ d'Anlezy. — *Foresta de Manges*, 1317 (A. N.). — *Amange* (Cassini).

Manouy, f. c⁾ᵉ de Bitry, mentionnée en 1637 (reg. de Dampierre-sur-Bouhy).

Manoy, fief de la châtell. de Luzy, mentionné en 1675 (reg. de Luzy).

Mans (Villa de), c⁾ᵉ de Pougues, mentionnée en 1233 (*Gall. christ.* IV, col. 96).

Manchot, f. c⁾ᵉ de Chevenon. — *Malierot* (Cassini).

Manille (La), h. c⁾ᵉ de Corancy.

Mansay, fief, c⁾ᵉ de Sougy, mentionné en 1610 (Marolles).

Mansseux, h. détruit, c⁾ᵉ de Poiseux, mentionné en 1355 (censier du chap. de Nevers).

Manoir (Le), f. c⁾ᵉ de Douzy.

Manoir-de-Noisy (Le), h. c⁾ᵉ de Saint-Parize-le-Châtel.

Masse (La), h. c⁾ᵉ de Dornecy.

Mantelet, fief de la châtell. du Cercy-la-Tour, mentionné en 1689 (reg. des fiefs). — *Manteley*, 1635 (Marolles).

Mantelet, fief de la châtell. de Monceaux-le-Comte, mentionné en 1689 (reg. des fiefs).

Mantois, fief de la châtell. de Monceaux-le-Comte, mentionné en 1638 (Marolles).

Mantsoumé, h. c⁾ᵉ de Bazoches. — *Montsoumi* (Cassini).

Marabé (Le), h. c⁾ᵉ de Toury-sur-Jour. — *La Marabuis* (Cassini).

Marais (Le), chât. et f. c⁾ᵉ de Gimouille. — *Maresium*, 1335 (A. N.). — *Les Maraiz*, 1465 (C.). — *Le Maraiz*, 1489 (S.). — *Le Maretz*, 1506 (*ibid.*). — *Le Maresiz*, 1529 (C.). — *Marais-les-Nevers*, 1638 (Marolles). — Fief de la châtell. de Châteauneuf-sur-Allier.

Marais (Le), f. c⁾ᵉ de Diennes. — *Les Marais-Chaudoux*, 1752 (A. D.). — C'était un fief de la châtell. de Decize.

Marais (Le), fief, c⁾ᵉ de Thaix, mentionné en 1720 comme faisant partie de la châtell. de Decize (A. D.).

Marais (Le Grand-), château et h. c⁾ᵉ de Lurcy-le-Bourg. — *Le Maretz*, 1323 (Marolles). — *Le Mare*, 1440 (A. N.). — *Le Marais*, 1452 (*ibid.*). — *Les Maraz*, 1455 (*ibid.*). — *Maraz*, 1469 (*ibid.*). — *Justice et seigneurie du Marais*, 1480 (*ibid.*). — *Le Marest*, 1689 (reg. des fiefs). — Fief de la châtell. de Montenoison.

Marais (Le Petit-), h. c⁾ᵉ de Lurcy-le-Bourg.

Marais-de-Darcey (Le), fief de la châtell. de Châteauneuf-sur-Allier, mentionné en 1638 (Marolles).

Marancy, f. c⁾ᵉ de Bona. — *Marencis*, 1315 (A. N.). — *Marency*, 1393 (*ibid.*). — *Marancy*, 1417 (*ibid.*). — *Marensay*, 1598 (*ibid.*). — *Morancy*, 1638 (Marolles). — Fief de la châtell. de Saint-Saulge.

Marande, fief de la châtell. de Decize, vassal de Druy, mentionné en 1588 (A. D.).

Marandes (Les), h. c⁾ᵉ de Dampierre-sur-Bouhy.

Marauds (Les Grands-), h. c⁾ᵉ de Saint-Loup.

Marauds (Les Petits-), h. c⁾ᵉ de Saint-Loup.

MARAULT (Le), h. c^{ne} d'Arleuf. — *Mareau*. 1689 (reg. des fiefs). — Fief de la châtell. de Saint-Brisson.

MARAULT (Le), mⁱⁿ et f. c^{ne} de Magny-Cours. — *Pierreriu de Maraut*, 1391 (A. N.). — *Le Maraulx*, 1468 (ibid.). — *Ville de Maraulx*, 1585 (S.).

MARAULTS (Les), h. c^{ne} de Saint-Éloi.

MARAULTS (Les), m. c^{ne} de Garchizy. — *Marault*. 1462 (C.).

MARAUT, éc. c^{ne} de Saint-Pierre-le-Moûtier. — *Marrau*, 1628 (A. N.).

MAUSSAU, fief de la châtell. de Decize, mentionné en 1689 (reg. des fiefs).

MARCEAUX (Les), h. c^{ne} de Villapourçon.

MARCENAY, f. c^{ne} de Saint-Ouen. — *Marcenay*, 1463 (A. N.). — *Terre et seigneurie de Macenay*. 1464 (arch. des Bordes). — Fief vassal de Bouhy.

MARCET, h. c^{ne} de Marzy. — *Marcay*, 1634 (A. N.).

MARCHANDS (Les), f. c^{ne} de Moux.

MARCHANDS (Les), h. c^{ne} de Giry.

MARCHÉ (Bois du), c^{ne} de Rix.

MARCHE (La), c^{ne} de la Charité. — *Castrum Marchiæ*, 1059 (*Gall. christ*. XII, col. 105). — *Ecclesia de Marchia*. 1161 (Bulliot, II, 39). — Il y avait à la Marche une maison-Dieu et une maladrerie. La Marche était le siège de l'une des châtellenies de la province, dont la juridiction s'étendait sur vingt-neuf fiefs situés dans la partie sud-ouest du canton de la Charité et dans la commune de Germigny, au nord-ouest de celui de Pougues.

MARCHEBAUT, mⁱⁿ. c^{ne} de Clamecy. — *Moulin de Marbant* (Cassini).

MARCIGES, fief de la châtell. de Montenoison, mentionné en 1689 (reg. des fiefs).

MARCIGNY, h. c^{ne} de Saint-Pierre-le-Moûtier. — 1781 (arch. de Saint-Pierre).

MARCIGNY, mⁱⁿ à vent, c^{ne} de Saint-Pierre-le-Moûtier.

MARCILLY, chât. et h. c^{ne} de Cervon. — *Marciliacum*, 1266 (S.). — *Marcillium*, 1286 (arch. de l'Yonne, ch. du chap. de Varzy). — *Marcilli-sur-Yonne*, 1455 (terrier de Chitry-sous-Montsabot). — Fief de la châtell. de Montreuillon.

MARCILLY, f. c^{ne} de Saint-Pierre-du-Mont.

MARCILLY, fief de la châtell. de Châteauneuf-Val-de-Bargis, mentionné en 1689 (reg. des fiefs).

MARCILLY, fief de la châtell. de Clamecy, mentionné en 1638 (Marolles).

MARCILLY, h. détruit, c^{ne} de Beaulieu. — *Allodium de Marcilliaco*, 1097 (*Gall. christ*. XII, col. 335).

MARCILLY, h. c^{ne} de Beaumont-sur-Sardolles.

MARCILLY-SOUBS-MONS, fief de la châtell. de Donzy, mentionné en 1689 (reg. des fiefs).

MARCIOUX (Bois de), c^{ne} de Lormes.

MARCONNAY (Le), ruiss. affluent de la Cure, c^{ne} de Montsauche.

MARCORGNY, h. détruit, c^{ne} de Corsaye, mentionné en 1607 (A. D.).

MARCOUSIS, fief de la châtell. de Saint-Verain, mentionné en 1689 (reg. des fiefs).

MARCOUX, chât. et f. c^{ne} de Champvert. — *Marcou*. 1656 (A. D.). — Fief de la châtell. de Champvert, puis de celle de Decize.

MARCY, c^{ne} de Varzy; prieuré de l'ordre de Saint-Benoît et maladrerie. — *Fontaine de la maladrerie de Marcy*; Fontaine aux Malades, 1463 (arch. de l'Yonne, fonds de Varzy). — *Marciacum*; *Prioratus Sanctæ Ginovefæ de Marciaco*, 1518 (pouillé d'Auxerre). — Fief de la châtell. de Montenoison.

MARCY, éc. c^{ne} de Guérigny. — *Le grand et le petit Marry*, 1454 (arch. de Prunevaux). — *Domaine de Marcy* (Cassini).

MARCY, écluse sur le canal du Nivernais, c^{ne} de Chaumot-sur-Yonne.

MARCY, f. c^{ne} de Saincaize. — *Pont de Marcy*, 1349 (A. N.). — *Moulin de Marcy*, 1460 (ibid.).

MARCY, fief de la châtell. de Montreuillon, mentionné en 1335 (Marolles).

MARCY, h. et tuil. c^{ne} de Champvert. — *Marcy*, 1341 (Marolles). — *Marcya*, 1464 (ibid.). — *Marsi*, 1700 (carte du cours de l'Aron, Bibl. imp.). — Fief de la châtell. de Decize.

MARCY, h. c^{ne} de Chitry. — *Marcy-sur-Yonne*, 1464 (Marolles). — *Marcy-lès-Saint-Léonard*, 1689 (reg. des fiefs). — Fief de la châtell. de Monceaux-le-Comte et Neuffontaines.

MARCY, h. c^{ne} de Poiseux. — *Marcy-sur-Nièvre*, 1458 (Marolles). — *Forge de Marcy*, 1659 (arch. de Villars).

MARCY-LE-PETIT, lieu détruit, c^{ne} de Limanton, mentionné en 1405 (arch. de Vandenesse).

MARDON, h. détruit, c^{ne} de Neuville-lez-Decize, porté sur la carte de Cassini.

MARÉ, h. c^{ne} de Lurcy-le-Bourg.

MARÉ, h. et mⁱⁿ. c^{ne} de Mars. — *Mairiacum*, 1195 (A. N. fonds du chap. de Nevers). — Il donne son nom à un ruisseau affluent de l'Allier, qui arrose les communes de Mars et de Saincaize.

MARÉ, h. c^{ne} de Marzy. — *Petit Marié* (Cassini).

MARE (BOIS DE LA), c^{ne} de Beaumont-la-Ferrière.

MARE (LA), f. c^{ne} de Beaumont-sur-Sardolles.

MAREAU (Le), ruiss. affluent de l'Allier, c^{ne} de Magny-Cours.

MARÉCHAL (LE), h. c^{ne} de Ruages. — *Mesus Richardi*, 1231 (arch. de l'Emp. J. 256). — *Meix Richard*, 1406 (Marolles). — *Le Mex-Richard*, 1543 (arch.

DÉPARTEMENT DE LA NIÈVRE.

de Quincize). — *Le Mareschal*, 1670 (A. N.). — *Le Meix-Richard*, 1689 (reg. des fiefs). — Fief de la châtell. de Monceaux-le-Comte, dont le vrai nom est *le Meix-Richard*.

MARÉCHAUDERIE (La), éc. c^{ne} de Lamenay.

MARÉCHAUDERIE (La), éc. c^{ne} de Saint-Léger-des-Vignes.

MARS-DE-VILLIERS-LE-SEC (La), h. c^{ne} de Varzy.

MARESCHAUSSÉE (La), fief de la châtell. de Pougues, mentionné en 1638 (Marolles).

MARGAT, f. c^{ne} de Parigny-les-Vaux. — *Margua*, 1556 (A. N.). — *Le Marga*, 1558 (ibid.).

MARGE, h. c^{ne} de Dornes.

MARGIS, f. c^{ne} de Beaumont-la-Ferrière. — *Margis* (Cassini).

MARGILLERIE (La), locaterie, c^{ne} de Savigny-Poil-Fol.

MARGOT, f. c^{ne} de Sermages.

MARGOT, h. c^{ne} de Dampierre-sur-Bouhy.

MARGOT, m. détruite, c^{ne} de Cossaye, portée sur la carte de Cassini.

MARGOULET, f. c^{ne} de Sermages.

MARGUICHONNERIE (La), mⁱⁿ, c^{ne} de Château-Chinon-Campagne.

MARIÉ (LE GRAND-), h. c^{ne} de Millay. — *Mariez*, 1644 (reg. de Luzy). — *Marié-le-Grand*, 1737 (reg. de Millay). — Fief de la châtell. de Luzy.

MARIÉ (LE PETIT), h. c^{ne} de Millay. — *Marie-le-Petit*, 1610 (reg. de Luzy).

MARIGNY, anc. chât. et f. c^{ne} de Chevenon. — 1347 (Marolles). — *La Motte de Marigny*, 1455 (ibid.). — Fief de la châtell. de Nevers.

MARIGNY, chât. et f. c^{ne} de Sauvigny-les-Bois. — *Mareniacum*, 1249 (A. N.). — *Taillie de Marignyaco-Veteri*, 1355 (cens. du chap. de Nevers). — *Marigny-le-Viel*, 1495 (A. N.). — *Marigny-le-Vieux* (Cassini). — Ce lieu a donné son nom à l'*ager Mariniacensis* mentionné en 817.

MARIGNY, h. f. et tuil. c^{ne} d'Annay. — *Marrigniacum*, 1270 (S.). — *Marrigny*, 1459 (C.). — *Marignien*, 1638 (Marolles). — Marigny était un fief de la châtell. de Montreuillon, vassal du comté de Château-Chinon.

MARIGNY, h. c^{ne} de Montreuillon. — *Marigny-le-Hault*, 1673 (reg. de Mhère).

MARIGNY, h. détruit, c^{ne} de Montigny-aux-Amognes. — *Decima de Marigniaco*, 1221 (A. N. fonds de Saint-Arigle). — *Marigny-a-Montigny*, 1638 (Marolles). — Fief de la châtell. de Nevers.

MARIGNY, lieu détruit, c^{ne} de Saincaise. — *Marrigny*, 1377 (A. N.). — *La Mote de Marrigny*, 1456 (ibid.). — *Marignaiz*, 1597 (ibid.). — Fief de la châtell. de Châteauneuf-sur-Allier.

MARIGNY, lieu détruit, c^{ne} de Saint-Germain-Chassenay. — *Marreguiacum*, 1380 (A. D.). — *Marriguy*, 1512 (ibid.). — Fief de la châtell. de Decize.

MARIGNY-LA-VILLE, h. c^{ne} de Marigny-l'Église. — Ancien fief annexé à celui de Marigny-l'Église, 1689 (reg. des fiefs), châtell. de Monceaux-le-Comte.

MARIGNY-L'ÉGLISE, c^{ne} de Lormes. — *Marrigueum*, XIVe siècle (pouillé d'Autun). — *Marigny*, 1455 (Marolles). — *Marigniacum*, commencement du XVI^esiècle (pouillé d'Autun). — Fief de la châtell. de Monceaux-le-Comte et Neuffontaines.

MARIGNY-LE-JEUNE, lieu détruit, c^{ne} de Sauvigny-les-Bois. — *Communes de Maryguiaco-Junioris*, 1355 (censier du chap. de Nevers). — *Marigny-le-Jeune*, 1476 (A. N.).

MARIGNY-SUR-YONNE, c^{ne} de Corbigny. — *Villa Mariniacum sita in comitatu Nivernensi super fluvium Icaunam*, 920 (Gall. christ. IV, col. 69). — *Marigniacum*, 1287 (reg. de l'év. de Nevers). — *Marigniacum-super-Yonam*, 1478 (pouillé de Nevers). — *Mariniacum-super-Yonam*, commencement du XVIe siècle (ibid.). — *Marigny*, 1505 (lieve d'Eugny). — Ce village a donné son nom à un bois voisin. — Fief de la châtell. de Monceaux-le-Comte.

MARINERIES (BOIS DES), c^{ne} de Saint-Bonnot.

MARINGS, bois, c^{ne} d'Oulon. — *Marigres*, fief de la châtell. de Montenoison, mentionné en 1638 (Marolles).

MARINGES, m. détr. c^{ne} de Sainte-Marie, mentionné en 1573 (A. N.).

MARINIACENSIS AGER, mentionné en 817 comme renfermant *Sauvigny-les-Chanoines* et *Leobnayo* (Gall. christ. XII, col. 297). — La circonscription de cet ager devait correspondre à celle de la paroisse de Sauvigny-les-Chanoines.

MARISY, fief de la châtell. de Champvert, mentionné en 1638 (Marolles).

MARIZOTS (LES), m. de garde, c^{ne} de Couloutre. — *Les Marizeaux* (Cassini).

MARIZY (LES), h. c^{ne} de la Machine. — *Marisy*, 1689 (reg. des fiefs). — Fief de la châtell. de Champvert.

MARLET, m. c^{ne} de Fleury-sur-Loire.

MARLOTS (LES), h. c^{ne} de Bouhy.

MARLY, f. c^{ne} de Decize. — *Marly*, 1482 (A. D.). — *Merly*, 1512 (A. N.). — *Marly-les-Decize*, *Marli*, 1638 (Marolles). — Fief de la châtell. de Decize.

MARLY (LOUAGERIE DE), éc. c^{ne} de Decize.

MARMAIGNE, fief près de Frasnay-le-Ravier, mentionné en 1457 (C.). — *Marmoigne*, 1323 (Marolles).

MARMAIS, ruiss. affluent de la Landarge, c^{ne} de Frasnay.

MARMAS, fief de la châtell. de Saint-Saulge, mentionné en 1689 (reg. des fiefs).

MARMANTRAY, h. c⁻ⁿᵉ de Crux-la-Ville. — *Mormantray*, 1638 (Marolles). — *Malmantret*, 1689 (reg. des fiefs). — Fief de la châtell. de Saint-Saulge.

MARMAY, bois, c⁻ⁿᵉ de Chevannes-Changy.

MARNANT, m¹ⁿ, c⁻ⁿᵉ de la Nocle. — *Marmas*, 1603 (A. D.).

MARNAS (VILLAGE DE), dit LOGET, lieu détruit, c⁻ⁿᵉ de Dornes, mentionné en 1669 (aliénation des biens du clergé, dioc. de Nevers).

MARNAY, h. c⁻ⁿᵉ d'Alligny-en-Morvand. — *Marnay*, 1649 (terrier d'Alligny).

MARNAY (LES MOULINS DE), m¹ⁿˢ et h. c⁻ⁿᵉ d'Alligny-en-Morvand.

MARNÉ, h. et m. de camp. c⁻ⁿᵉ de Lormes. — *Castrum Elebromense seu Maternense* (Vie de saint Eptade, Bolland.). — *Marnet*, 1701; *Marnay*, 1703 (reg. de Lormes).

MARNET, éc. c⁻ⁿᵉ de Druy; anc. paroisse. — *Moranayum*, 1287 (reg. de l'év. de Nevers). — *Marnay*, 1368 (A. D.). — *Cura de Mornaio*, 1478 (pouillé de Nevers). — En 1613, la paroisse de Marnay dép. de la baronnie de Druy. — Le vrai nom de ce lieu est *Mornay*.

MARNEM (RUISSEAU DE), affluent de la Cressonne, c⁻ⁿᵉ de Moulaix.

MAROLLES, f. c⁻ⁿᵉ de Saint-Éloi. — *Marolle*, 1689 (reg. des fiefs).

MAROLLES, h. c⁻ⁿᵉ d'Oulon.

MANOT, h. détruit, c⁻ⁿᵉ de Saizy, mentionné en 1579 (arch. de Quincize).

MARQUEREAU, h. et f. c⁻ⁿᵉ de Limanton. — *Marquerault*, 1569 (Lory).

MANQUEREAUX, h. c⁻ⁿᵉ d'Alligny.

MARQUES (LES), vill. détruit, c⁻ⁿᵉ de Varennes-lez-Nevers, mentionné en 1450 (A. N.).

MARQUIS (LES), h. c⁻ⁿᵉ de Bouhy. — *Matriacus in vicaria Baugiacensi*, x⁻ s⁻ (cart. gén. de l'Yonne, II, xxxiii).

MARQUISE (LA), f. c⁻ⁿᵉ d'Entrains. — 1588 (arch. de l'Yonne).

MARRÉ, église et h. c⁻ⁿᵉ de Mont-et-Murré; anc. commune réunie à Mont-en-Bazois. — *Marri*, 1156 (*Gall. christ.* XII, col. 342). — *Morriacum*, 1261 (C.). — *Marriacum-in-Bazeto*, 1277 (*ibid.*). — *Marri-en-Bazois*, 1567 (*ibid.*). — *Marre-en-Bazois*, 1652 (A. N.). — Le vrai nom de ce hameau est *Marry*.

MARRÉ, f. détruite, c⁻ⁿᵉ de Saint-Pierre-le-Moûtier, mentionnée en 1750 (arch. de Saint-Pierre).

MARRÉ-LE-BAS, h. c⁻ⁿᵉ de Cervon.

MARRÉ-LE-HAUT, h. c⁻ⁿᵉ de Cervon. — *Maré* (Cassini).

MARRÉ-LES-BOIS, h. c⁻ⁿᵉ de Cervon.

MARRI OU MERRI (DOMUS DE), lieu détruit, c⁻ⁿᵉ de Sauvigny-les-Bois, mentionné en 1331 (cens. du chap. de Nevers).

MARRONNIERS (LES), h. c⁻ⁿᵉ d'Urzy.

MARRY, fief de la châtell. de Montreuillon, mentionné en 1638 (Marolles).

MARRY, h. c⁻ⁿᵉ de Sémelay. — *Merry*, 1277 (Marolles). — *Marriacum*, 1301 (S.). — *Maison-forte de Marry*, 1406 (Marolles). — *Marry-soubz-la-Moutagne*, 1632 (S.). — *Marri*, 1673 (*ibid.*). — Fief de la châtell. de Moulins-Engilbert, vassal de la Roche-Millay, qui fut divisé en deux en 1500 : l'un des nouveaux fiefs fut uni à la Bussière, l'autre à la Montagne-Saint-Honoré.

MARS-SUR-ALLIER, c⁻ⁿᵉ de Saint-Pierre-le-Moûtier; prieuré dépendant du prieuré de Souvigny (Allier) et maison-Dieu. — *Marcium*, 1287 (reg. de l'év. de Nevers). — *Mart*, 1299 (S.). — *Marz*, 1354 (A. N.). — *Mars*, 1455 (*ibid.*). — *Cura et prioratus et domus Dei de Martio*, 1478 (pouillé de Nevers). — Fief de la châtell. de Châteauneuf-sur-Allier.

MARSAUDAY, f. c⁻ⁿᵉ de Tazilly.

MARSIGE, h. c⁻ⁿᵉ de Montenoison.

MARTANGES (MAISON DE), lieu détruit, c⁻ⁿᵉ de Champvert.

MARTANGY, h. c⁻ⁿᵉ de Nolay. — *Martengy*, 1390 (A. N.). — *Martangis*, 1696 (*ibid.*). — Fief de la châtell. de Montenoison.

MARTE-ANGLIS (DOMUS DE), lieu détruit, c⁻ⁿᵉ de Magny-Cours, mentionné en 1361 (A. N.).

MARTEAU-NEUF (LE), h. c⁻ⁿᵉ de Narcy. — *Forge de Marteau-Neuf* (Cassini).

MARTEAUX (LES), h. c⁻ⁿᵉ de Chasnay.

MARTEAUX (LES), h. c⁻ⁿᵉ de Narcy.

MARTELÉ (RUISSEAU DE), affluent de l'Oussière, c⁻ⁿᵉ de Planchez.

MARTELET (LE), faubourg de Nevers, hors de la porte de la Barre. — *Marteletum*, 1298 (A. N.). — *Martheletum*, 1331 (cens. du chap. de Nevers).

MARTES (LES), f. c⁻ⁿᵉ d'Amazy, détruite en 1850, mentionnée en 1670 (reg. d'Amazy).

MARTIGNONS (LES), h. c⁻ⁿᵉ de Bitry.

MARTIGNY, f. c⁻ⁿᵉ de Cercy-la-Tour. — *Martigny*, 1323 (Marolles). — *Martigny-les-Cercy*, 1448 (arch. de Vandenesse). — *Martegny*, 1545 (*ibid.*). — Fief de la châtell. de Cercy-la-Tour, vassal de Verou.

MARTIGNY, fief de la châtell. de Luzy, mentionné en 1638 (Marolles).

MARTIGNY, h. c⁻ⁿᵉ d'Aunay. — Fief de la châtell. de Montreuillon, mentionné en 1689 (reg. des fiefs).

MARTINERIE (LA), h. c⁻ⁿᵉ de Jailly.

MARTINETS (LES), h. c⁻ⁿᵉ de Poiseux.

DÉPARTEMENT DE LA NIÈVRE.

Martins (Les), m. c^{ne} de Marcy.
Martins (Les) ou Campions, h. c^{ne} de Moulins-Engilbert.
Martray (Le), chât. et h. c^{ne} de Sémelay. — *Martroy*, 1253 (S.). — *Le Martroy*, 1575 (A. N.).
Martrays (Les), h. détruit, c^{ne} d'Ourouer, mentionné en 1445 (A. N. fonds de l'év.).
Martroux, lieu détruit, c^{ne} de Marzy, mentionné en 1251 (A. N.).
Marvastum, lieu détruit, près de la Nocle, mentionné en 865 (*Gall. christ.* IV, col. 60).
Marvy, f. c^{ne} de Neuvy; donne son nom à un étang voisin.
Mary, fief de la châtell. de Montenoison. — *Mariacum*, 1178 (cart. de Bourras). — *Marry*, 1323 (Marolles). — *Mary*, 1689 (reg. des fiefs).
Mary, h. c^{ne} de Moulins-Engilbert. — *Decima de Maeri*, 1265 (A. N.). — *Marry*, 1293 (S.). — *Marriacum*, 1322 (*ibid.*). — *Marry-en-Bazois*, 1577 (A. N.). — *Mary-les-Chasses*, 1689 (*ibid.*). — *La Tour-de-Mary*, 1689 (reg. des fiefs). — *Mari*, 1700 (S.). — Fief de la châtell. de Moulins-Engilbert. — Marry a donné son nom à un bois qui s'étend dans les c^{nes} de Moulins-Engilbert et de Vandenesse.
Mary, lieu détruit, c^{ne} de Saint-Parize-le-Châtel, mentionné en 1596 (A. N.).
Mary-le-Grand, fief de la châtell. de Luzy, mentionné en 1689 (reg. des fiefs).
Marze, h. détruit, c^{ne} de Cervon, mentionné en 1408 (A. N.).
Marzi, lieu détruit, c^{ne} de Saint-Ouen, mentionné en 1368 (A. D.).
Marzy, c^{ne} de Nevers. — *Ecclesia de Marsiaco*, 887 (*Gall. christ.* XII, col. 311). — *Girbaldus, miles de Marziaco*, 1100 (*ibid.* col. 336). — *Marzeium*, 1180 (S.). — *Marciacum*, 1287 (reg. de l'év. de Nevers). — *Marsiacum Magnum*, 1289 (Bulliot, II, 138). — *Marzy-les-Nevers*, 1638 (Marolles). — Fief de la châtell. de Nevers.
Masau (Le), ruiss. affluent de la Loire, commune de Mêves.
Mascons (Les), f. détruite, c^{ne} de Saint-Père, mentionnée en 1639 (arch. de l'Yonne, fonds de Villemoison).
Mason-Godiot, f. c^{ne} de Sardolles.
Massangy, h. détruit, c^{ne} de la Collancelle, mentionné en 1515 (A. N.).
Massay, h. détruit, près de Château-Chinon, mentionné en 1567 (terrier de Bellevaux).
Masserat, h. c^{ne} de Saint-Parize-le-Châtel.
Masserie (La), h. c^{ne} de Ciez.
Masserons (Les), h. c^{ne} de Chevannes-Changy.

Massicot, h. détruit, c^{ne} de Saint-Sulpice-le-Châtel mentionné en 1672 (A. N.).
Massonnats (Les), f. c^{ne} de Toury-Lurcy. — *Les Massonnat*, 1629 (reg. de Toury-sur-Abron). — *Missonnat*, 1772 (plan de Beauvoir). — Donne son nom à un ruisseau affluent de l'Abron.
Massons (Les), f. c^{ne} de Champlemy.
Massuray, fief près de Ternant, mentionné en 1285 (Marolles).
Masure, fief de la châtell. d'Entrains, mentionné en 1638 (Marolles).
Materay, tuil. c^{ne} de Sougy.
Matheline (Les), h. c^{ne} de Villapourçon.
Mathurine (La), f. c^{ne} de Toury-sur-Jour.
Matigny (Les Fossés), mottes entourées de fossés. c^{ne} de Tresnay. — *Matigny*, 1518 (arch. de Saint-Pierre-le-Moûtier).
Matonge, f. c^{ne} de Saint-Gratien. — *Matoygnes*, 1277 (C.). — *Matonges*, 1346 (A. N.). — *Matoges*, 1405 (arch. de Vandenesse). — *Mactonges*, 1440 (A. N.). — Fief de la châtell. de Cercy-la-Tour, puis de celle de Decize.
Matoux, f. c^{ne} de Thaix. — *Marthoux*, 1674 (reg. de Donzy). — *Martoux*, 1689 (reg. des fiefs). — Fief de la châtell. de Cercy-la-Tour.
Matrat (Le), h. c^{ne} de Goulout. — *Matras* (Cassini).
Matray (Le), chât. c^{ne} d'Arzembouy.
Maubenoist ou Montbenoist, fief de la châtell. de Donzy, mentionné en 1598 (Marolles).
Maublancherie (La), h. c^{ne} de Thianges.
Maubou, chât. et f. c^{ne} de Livry. — *Maubou*, 1524 (Marolles). — Fief vassal de la Ferté-Chaudron.
Mauboux, h. et mⁱⁿ, c^{ne} de Nolay.
Mauboux, h. c^{ne} de Saint-Sulpice. — *Heremita de Maleboseo*, 1248 (A. N.). — *Bois de Maulboys*, 1379 (arch. des Bordes). — *Chapelle de Maulboux*, 1493 (*ibid.*). — Donne son nom à un bois voisin nommé *Bois de Maulbox* en 1493 (arch. des Bordes), et improprement nommé actuellement *bois de Naubois*. et à un ruisseau affluent de la Renèvre.
Maubuisson, h. c^{ne} de Saint-Martin-d'Heuille. — *Maulbuisson*, 1566 (A. N. fonds de l'évêché).
Maucay (Rivière de), ruiss. c^{ne} de Saint-Benin-d'Azy. mentionné en 1422 (A. N.).
Mauchamp, h. détruit, c^{ne} de Varennes-lez-Nevers. — *Communes de Malo Campo*, 1355 (censier du chap. de Nevers). — *Maulchamp*, 1604 (terrier de Couguy).
Maucouvent, m. de camp. c^{ne} de Challuy.
Mauge, h. c^{ne} de Guérigny.
Maugoulois (Bois), c^{ne} de Saint-Parize-en-Viry. mentionné en 1500 (A. N.).

MALGRAS, m. de camp. et f. c⁹ᵉ de Jailly.

MALOY, h. et m¹ⁿ, c⁹ᵉ de Luzy. — *Étang de Maugy*, 1575 (C.).

MAULAIX, c⁹ᵉ de Fours. — *Petrus miles de Mallesio*, 1205 (Lory). — *Mauloys*, 1287 (reg. de l'év. de Nevers). — *Mauloys*, 1357 (C.). — *Cura de Malaio*, 1478 (pouillé de Nevers). — *Moulaix*, 1577 (A. N.). — *Maullaix*, 1638 (C.). — *Maulaix*, 1689 (reg. des fiefs). — Fief de la châtell. de Savigny-Poil-Fol.

MAULEVAUT, h. détruit. — Voy. MALEVAUT.

MAILLE, m. détruite, c⁹ᵉ de Diennes, mentionnée en 1581 (A. N.).

MALLOT, f. c⁹ᵉ de la Roche-Millay.

MAUMAIN, fief de la châtell. de Moulins-Engilbert, mentionné en 1689 (reg. des fiefs).

MAUMIGNY, chât. et h. c⁹ᵉ de Verneuil. — *Maulmigny*, 1407 (S.). — *Monigny*, 1560 (A. N.). — Fief de la châtell. de Cercy-la-Tour.

MAUPAS, f. c⁹ᵉ de Langeron.

MAUPAS (LE), f. c⁹ᵉ d'Arquian.

MAUPAS (LES), f. c⁹ᵉ de Champlemy.

MAUPERTUIS, h. c⁹ᵉ de Biches. — *Mouspertieux*, 1513 (C.). — *Maulpertuys*, 1567 (terrier de Bellevaux). — *Maulpertuis* (S.). — Lieu de la justice de Biches.

MAUPERTUIS, h. c⁹ᵉ de Parigny-les-Vaux. — *Quarterium de Malo Pertuiso*, 1331 (cens. du chap. de Nevers). — *Maulpertuis*, 1575 (A. N.).

MAUPOIRIER, h. détruit, c⁹ᵉ de Moussy, mentionné en 1678 (A. N.).

MAURE (LA), f. c⁹ᵉ de Parigny-les-Vaux. — *La More*, 1582 (A. N.).

MAUREPOUX, m¹ⁿ, c⁹ᵉ de Narcy. — Fief vassal de la Charité.

MAURES (LES), h. c⁹ᵉ de Montenoison.

MAUVITU, f. c⁹ᵉ de Saincaize. — *Mauberte*, 1575 (A. N.). — *Mauvetu*, 1654 (ibid.). — *Fontaine de Maubatue*, 1657 (ibid.).

MAUVRAIN, h. et m¹ⁿ, c⁹ᵉ de la Celle-sur-Nièvre.

MAUVRON, h. c⁹ᵉ de Poiseux. — *Molteron*, 1547 (A. N.).

MAUX, c⁹ᵉ de Moulins-Engilbert. — *Moys*, 1287 (reg. de l'év. de Nevers). — *Moyes*, 1289 (Bulliot, II, 138). — *Maaux*, 1336 (S.). — *Maulx*, 1455 (C.). — *Cura de Malis*, 1478 (pouillé de Nevers). — Fief vassal de Champdioux, de la châtell. de Moulins-Engilbert.

MAVÉ, h. c⁹ᵉ de Moraches, 1699 (reg. de Beuvron). — Fief de la châtell. de Clamecy.

MAY (LE), h. détruit, c⁹ᵉ d'Arbourse, mentionné en 1502 (inv. de Villemoison).

MAY-DE-LORME (LE), h. détruit, c⁹ᵉ d'Arbourse, mentionné en 1488 (inv. de Villemoison).

MAZE (GRANGIA DE), près de Châtillon-en-Bazois, mentionnée en 1293 (S.).

MAZEAU, h. c⁹ᵉ de Vignol. — *Masetum*, 1244 (*Gall. christ.* IV, col. 101). — *Le Mazeau*, 1655 (A. N.).

MAZEREULLES, h. c⁹ᵉ de Saint-Benin-d'Azy. — *Maiseroules*, 1455 (terrier de Chitry-sous-Montsabot).

MAZIER, h. détruit, c⁹ᵉ de Chasnuil, porté sur la carte de Cassini.

MAZIGNIEN, h. c⁹ᵉ de Marigny-l'Église. — *Mazignen*, 1557 (arch. de Vézigneux). — *Messignen*, 1638 (Marolles). — Fief vassal de Château-Chinon.

MAZILLE, h. c⁹ᵉ d'Isenay; prieuré dépendant de Saint-Germain d'Auxerre. — *Monasterium de Massillis*, 1185 (*Gall. christ.* XII, col. 183). — *Prior de Maisilliis*, 1313 (A. D.). — *Saint-Germain-d'Antibre*, 1323 (arch. de la Bussière). — *Villa Altiberiensis*, 1362 (ibid.). — *Mazelles*, 1533 (S.).

MAZILLE, h. c⁹ᵉ de Luzy. — *Mazilles*, 1577 (C.). — *Mazilles-lez-Luzy*, 1592 (ibid.). — Fief de la châtell. de Luzy.

MAZILLE (LA), h. c⁹ᵉ de Rémilly. — *LaMazille*, 1529 (C.).

MAZOT, h. détruit, c⁹ᵉ de Brassy, porté sur la carte de Cassini.

MAZOT (LE), f. et m¹ⁿ, c⁹ᵉ de Neuville.

MAZOU (LE), ruisseau affluent de la Loire, c⁹ᵉ de Murlin.

MÉARD, h. c⁹ᵉ de Saint-Sulpice. — *Mears*, 1507 (C.).

MÉAS, h. c⁹ᵉ de Tintury. — *Meat* (Cassini).

MEAUCE, chât. et église, c⁹ᵉ de Saincaize; anc. paroisse. — *Ecclesia Sancti Symphoriani de Melsa*, fin du XIᵉ siècle (cart. de Saint-Cyr de Nevers, ch. 34). — *Ecclesia de Mellosiis*, 1121-1142 (ibid. ch. 37). — *Capellanus de Mealsia*, 1217 (A. N. fonds d'Apremont). — *Melsia*, 1245 (S.). — *Meauce*, 1246 (C.). — *Meousse*, 1280 (A. N.). — *Moyssia*, 1299 (ibid.). — *Mossia*, 1333 (ibid.). — *Meaulse*, 1390 (ibid.). — *Meaulsse*, 1394 (ibid.). — *Meaulce*, 1689 (reg. des fiefs). — Fief de la châtell. de Châteauneuf-sur-Allier.

MÉCHIN, h. et tuil. c⁹ᵉ de Lucenay-les-Aix.

MÉCHIN, m¹ⁿ, c⁹ᵉ de Lucenay-les-Aix.

MÉZ (LE), h. et forge, c⁹ᵉ de la Chapelle-Saint-André.

MÉZE (LE), anc. forge, c⁹ᵉ de Dompierre-sur-Nièvre.

MEIX (LE), h. c⁹ᵉ de Chalaux. — *Le Meix de Chalaux*, 1519 (arch. de Vézigneux). — *Le Meix de Challault*, 1611 (terrier de Chasseigne). — Fief de la châtell. de Monceaux-le-Comte.

MEIX-JEANNIN (LE), h. détruit, qui joignait le bourg d'Alligny-en-Morvand. Ce hameau tirait son nom de la famille du président Jeannin.

MEIX-MARCOU (LE), fief de la châtell. de Monceaux-le-Comte, mentionné en 1689 (reg. des fiefs).

MELAIRE, fief de la châtell. de Moulins-Engilbert, mentionné en 1689 (reg. des fiefs). — *Melloires*, 1638 (Marolles).

MÉLESSE, f. c^{ne} de Sémelay. — *Melissa*, 1598 (Marolles).

MELLES, lieu détruit, c^{ne} de Druy, mentionné en 1580 (A. N.).

MELLELOUP, h. détruit, c^{ne} de Chiddes, mentionné en 1688 (reg. de Chiddes).

MELLERAY, fief de la châtell. de Saint-Saulge, mentionné en 1638 (Marolles).

MELLERADO (ALLODIUM DE), près de Montenoison, mentionné en 1097 (*Gall. christ.* XII, col. 335).

MÉLOISE (LA), éc. c^{ne} de Millay. — *La Meloise-du-Mont*, 1453 (C.). — *La Meloize*, 1607 (ibid.). — *La Miloise*, 1769 (reg. de Millay).

MÉLOISE (LA), h. c^{ne} de Crux-la-Ville.

MILOUSES (LES), lieu détruit, c^{ne} de Poussignol-Blismes, mentionné en 1477 (C.).

MEMBRES (LES), f. c^{ne} de Lucenay-lès-Aix. — *Membrat*, 1467 (arch. de Lucenay). — *Membray*, 1532 (A. D.). — *Membra* (Cassini).

MÉNAGERIE (LA), f. c^{ne} de Rémilly.

MÉNAULTS (LES), f. détruite, c^{ne} de Diennes, mentionnée en 1715 comme s'appellant auparavant *la Fouquette ou les Arbaults* (A. N.).

MENAY, forêt, c^{ne} de Chantenay, mentionnée en 1332 (A. N.).

MÉNÈRES (LES), h. détruit, c^{ne} de Brassy, mentionné en 1750 (reg. de Brassy).

MÉSESTREAU, c^{ne} de Donzy. — *Monesterellum*, 1174 (*Gall. christ.* XII, col. 134). — *Monasterellum*, 1196 (cart. gén. de l'Yonne, II, 472). — *Menestal*, 1331 (Marolles). — *Menestel*, 1335 (ibid.). — *Menesterellum*, 1518 (pouillé d'Auxerre). — *Menestereault*, 1689 (reg. des fiefs). — Fief de la châtell. de Donzy.

MÉNETAIS (BOIS DE), c^{ne} de Cluzeuil.

MÉNETEREAU, h. c^{ne} de Saint-Père. — *Menetreau* (Cassini).

MÉNETOU, h. c^{ne} de Saint-Pierre-du-Mont. — *Menetot*, 1469 (Marolles).

MÉNÉTREUIL, h. et mⁱⁿ, c^{ne} de Crux-la-Ville. — *Menetreu* (Cassini).

MÉNEY, h. c^{ne} de Chougny. — *Menay*, 1689 (A. N.).

MENLOIS, h. c^{ne} de Brassy. — *Moulois*, 1765 (reg. de Brassy).

MENOU, c^{ne} de Varzy. — *Nantivinea*, 800 (cart. gén. de l'Yonne, II, xxxiv). — *Gaufridus de Nanvigneis*, 1174 (*Gall. christ.* XII, col. 134). — *Namvinia*, 1184 (ibid. col. 138). — *Nanvigue*, 1391 (A. N.). — *Nanvignea*, 1518 (pouillé d'Auxerre). — Nou-

veignes, 1621 (épitaphe à Saincaize). — *Nauveigne*, 1663 (reg. de Menou). — *Nouvigne*, 1713 (ibid.). — Le fief de Nauvigne, de la châtellenie de Donzy, fut érigé en marquisat sous le nom de Menou, que la commune a conservé, par lettres de juin 1697, en faveur de François-Charles de Menou de Charnizay.

MENRES (VILLA), mentionné en 864 comme étant près de Corbigny (*Gall. christ.* IV, col. 591).

MANTELET, h. c^{ne} de Saint-Sulpice. — *Mantelayum Mantolayum*, 1347 (arch. des Bordes). — *Mantelay*, 1443 (A. N.). — *Manthelet*, 1686 (ibid.). — *Mantellet*, 1783 (S.). — Fief de la châtell. de Montenoison.

MENUE (LA), fief de la châtell. de Champvert, mentionné en 1638 (Marolles).

MENUISERIES (BOIS DES), c^{ne} de Beaumont-la-Ferrière.

MENVOUX (LES), h. c^{ne} de Saint-Loup. — *Les Menoux* (Cassini).

MÉRLE (LE), ruiss. affluent du ruiss. de Godin, c^{ne} de Saint-Seine.

MÉRARD, h. c^{ne} de Montaron. — *Merat*, 1772 (A. D.). — Fief de la châtell. de Decize.

MERDEREAU (LE), ruiss. affluent de l'Abron, c^{ne} de Toury-Lurcy. — *Le riau de Merderiau*, 1520 (arch. du chât. de Toury-sur-Abron).

MERDEREAU (LE), ruiss. affluent de l'Yonne, c^{ne} de Monceaux-le-Comte.

MÉRIS (LES), h. c^{ne} de Dampierre-sur-Bouhy. — *Les Meries* (Cassini).

MERLANVAUX, h. c^{ne} de Saxy-Bourdon. — *Marlanvalle* (Cassini).

MERLAY, fief, c^{ne} d'Avril, mentionné en 1613 (A. D.).

MERLE (BOIS AU), c^{ne} de Saint-Jean-aux-Amognes, mentionné en 1750 (A. N.).

MERLE (LE), mⁱⁿ, c^{ne} de Saint-Germain-des-Bois.

MERLE (RUISSEAU ET ÉTANG DU), c^{ne} de Crux-la-Ville.

MERLÉES (LES), h. c^{ne} de Saint-Saulge.

MERLES (LES), h. c^{ne} de Glux.

MERLIER (LE), fief de la châtell. de Decize, mentionné en 1503 (Marolles).

MERLINERIE (LA), h. c^{ne} de Saint-Aubin-les-Forges.

MERSANGY, h. détruit, c^{ne} de Neuville-lez-Decize, mentionné en 1486 (A. N.). — *Mulchangy*, 1640 (ibid.).

MERTERON, vill. détruit, c^{ne} de Sémelay, mentionné en 1560 (A. N.).

MERU, h. c^{ne} d'Épiry.

MÉRY, f. c^{ne} de Beaumont-sur-Sardolles. — *Maison de Merry*, 1464 (Marolles).

MERY, fief de la châtell. de Châteauneuf-Val-de-Bargis, mentionné en 1689 (reg. des fiefs).

Mes (Le), fief, c^{ne} de Châteauneuf, mentionné en 1408 (Marolles).

Mesles, f. c^{ne} de la Roche-Millay. — *Melei*, 1218 (S.).

Meslier (Le), m. c^{ne} de Dommartin.

Messale, m. de camp. et f. c^{ne} de Sermoise. — *Mussages*. 1275 (A. N.).

Métairie (La), f. c^{ne} de Cossaye.

Métairie (La), h. c^{ne} de Corancy.

Métairie (La), m. de camp. c^{ne} de Sermages.

Métairie-à-Bassche (La), h. c^{ne} d'Oudan.

Métairie-Barbat (La), m. détruite, c^{ne} de Château-Chinon, mentionnée en 1671 (reg. de Château-Chinon).

Métairie-Berger (La), f. c^{ne} de Saint-Amand.

Métairie-Bourdiaux (La), f. c^{ne} de Limon. — *Les Bourdeaux* (Cassini).

Métairie-Brûlée (La), f. c^{ne} de Biches.

Métairie-Buchet (La), f. c^{ne} de Pouilly.

Métairie-d'en-Haut (La), f. c^{ne} de Cours-lez-Cosne.

Métairie-du-Chemin (La), f. c^{ne} de Saint-Amand.

Métairie-Ferrée (La), h. c^{ne} de Langeron. — *La Métairie-Ferré* (Cassini).

Métairie-Froide (La), f. détruite, c^{ne} de Menou, mentionnée en 1750 (reg. de Menou).

Métairie-Grandjean (La), h. c^{ne} de Chasnay.

Métairie-Houard (La), f. c^{ne} de la Celle-sur-Loire.

Métairie-Neuve (La), f. détruite, c^{ne} d'Azy-le-Vif, portée sur la carte de Cassini.

Métairie-Neuve (La), f. c^{ne} de Dornes.

Métairie-Neuve (La), f. c^{ne} de Lucenay-les-Aix.

Métairie-Piat (La), f. c^{ne} de Dampierre-sur-Bouhy.

Métairie-Rouge (La), f. c^{ne} de Bulcy.

Métairie-Rouge (La), f. c^{ne} de Saint-Agnan.

Métairies (Les), f. c^{ne} de Pougues.

Métairies (Les), m. c^{ne} de Saint-Malo.

Métay (Les), h. c^{ne} de Glux.

Metz-du-Champ (Le), fief de la châtell. de Luzy, mentionné en 1689 (reg. des fiefs). — Le vrai nom de ce lieu est *le Meix-du-Champ*. Même observation pour les articles suivants et pour les noms qui commencent par *Metz* et *Mez*.

Metz-Garnier (Le), h. c^{ne} de Gouloux. — *Mez-Garnier*, 1665 (terrier de Gouloux). — Il tire son nom de la famille Garnier, dont un membre fut notaire à Gouloux en 1665.

Metz-le-Comte, c^{ne} de Tannay. — *Mayers*, 1244 (Gall. christ. VI, col. 103). — *Castellania de Mahera*, 1299 (les Olim, III, 21). — *Mehs*, 1352 (mss de Baluze, cart. de la chambre des comptes de Nevers). — *Meix-le-Comte*, 1354 (Marolles). — *Meis-le-Conte*, 1403 (A. N.). — *Chatelenie de Mhetz*, vers 1550 (C.). — *Mhez*, 1573 (ibid.). — *Metz-le-Comte*, 1579 (arch. de Quincize). — Le château de Metz-le-Comte fut le berceau des comtes de Nevers de la première race et le siège de l'une des châtellenies de la province; cette châtellenie comprenait vingt-sept fiefs, situés dans la partie nord du canton de Tannay et dans la partie sud-est de celui de Clamecy.

Metz-Lizard (Le) ou la Grange-Champcourt, lieu détruit, c^{ne} de Moulins-Engilbert, mentionné en 1567 (S.). — *Mez-Lizard*, 1638 (Marolles). — Fief de la châtell. de Moulins-Engilbert.

Metz-Pinault (Le), fief de la châtell. de Liernais et Saint-Brisson, mentionné en 1689 (reg. des fiefs).

Metz-Roblin (Le), h. c^{ne} de Gouloux. — *Metz Rollin* (Cassini).

Metz-Rousseau (Le), h. détruit, c^{ne} de Gouloux, mentionné au XVIIIe siècle (reg. de Gouloux).

Metz-Vignalle (Le), fief de la châtell. de Cercy-la-Tour, mentionné en 1689 (reg. des fiefs).

Meuères (Les), m. c^{ne} de Brassy.

Meulot, h. c^{ne} de Ville-lez-Anlezy. — *Moulenatz*, 1346 (C.). — *Mulnot* (Cassini).

Meulois, h. détruit, c^{ne} de Gâcogne, porté sur la carte de Cassini.

Meuloise (La), fief, c^{ne} de Millay.

Meulot, écl. h. et mⁱⁿ, c^{ne} de Biches. — *Moulin de Meulot-sur-Arron*, 1659 (S.).

Meulot, h. c^{ne} d'Alluy.

Meulot, h. c^{ne} de Montigny-aux-Amognes. — *Meloux*, 1410 (arch. des Bordes). — *Les Meullotz*, 1600 (A. N. fonds de l'év.). — Il donne son nom à un ruisseau affluent de la Nièvre, qui arrose les communes d'Ourouer, Montigny-aux-Amognes, Saint-Martin-d'Heuille et Coulanges-lez-Nevers.

Meulot, h. c^{ne} de Poussignol-Blismes. — *Mouleau*, XVIIIe siècle (arch. de Quincize).

Meulot, h. c^{ne} de Saint-André-en-Morvand. — *Meulon*, 1726 (reg. de Saint-André).

Meulot (Moulin du), mⁱⁿ, c^{ne} de Coulanges-lez-Nevers, sur le ruisseau du même nom.

Meulot, fief, c^{ne} de Brassy, mentionné en 1703 (A. D.).

Meun, h. c^{ne} de Pougny.

Meuré, h. c^{ne} de Bazolles.

Meuré, h. c^{ne} de la Collancelle. — *Meurre*, 1535 (C.).

Meures (Les), f. c^{ne} d'Ourouer. — *Les Murs, les Murz*, 1493 (arch. des Bordes). — *Les Mœurs*, 1579 (A. N.). — *Meure* (Cassini).

Meurônot (Le), h. c^{ne} de Montigny-en-Morvand.

Meurot (Le), m. c^{ne} d'Alligny-en-Morvand.

Meurzy ou Meurry, h. détruit, c^{ne} de la Collancelle, mentionné en 1515 (A. N.).

MEULANT, lieu détruit, c^ne de Biches, mentionné en 1515 (C.).

MÈVES, c^ne de Pouilly. — *Massava*, IVe siècle (carte de Peutinger). — *Maseva*, VIe et VIIe siècle (cart. gén. de l'Yonne, II, XXXII). — *Meva*, 1247 (arch. de l'Yonne, inv. de Villemoison). — *Mèves et Maine*, 1640 (reg. de Mèves).

MÈVES (MOULIN DE), m^in, c^ne de Mèves.

MEX-AU-ROUSSEAU (LE), h. détruit, c^ne de Poil, mentionné en 1358 (S.).

MEX-GIRAULT (LE), fief de la châtell. de Montenoison, mentionné en 1689 (reg. des fiefs).

MEX-LENOT (LE), h. détruit, c^ne de Luzy, mentionné en 1575 (C.).

MEX-MARROT (LE), h. détruit, c^ne de Neuffontaines, mentionné en 1543 (terrier du Meix-Richard).

MEX-MORIZOT (LE), h. détruit, c^ne de Sémelay, mentionné en 1665 (C.).

MÉZALGUEUX, h. c^ne de Dun-les-Places. — *Meix-au-Gueux*, 1760 (reg. de Dun-les-Places). — *Maison-Gueux* (Cassini).

MÉZAUGUICHARD, h. c^ne de Dun-les-Places. — *Meix-au-Guichard*, XVIIIe siècle (reg. de Dun-les-Places).

MEX-LES-CHATELNEUF, fief de la châtell. de Châteauneuf-Val-de-Bargis, mentionné en 1689 (reg. des fiefs). — *Mex-les-Chatelneuf*, 1638 (Marolles).

MÉZERAY, h. c^ne de Tazilly. — *Meseray*, 1773 (reg. de Millay).

MÉZIÈRES, h. c^ne de Chaumot-sur-Yonne. — *Maiseres*, 1231 (ch. de G. de Joigny, Arch. de l'Empire, J. 251). — *Maizieres*, 1473 (A. N.). — *Mazieres*, 1488 (ibid.). — *Moulin de Maizieres*, 1684 (ibid.).

MHÈRE, c^ne de Corbigny. — *Ecclesia de Meera*, 1121-1142 (cart. de Saint-Cyr de Nevers, ch. 37). — *Mehers*, 1300 (A. N.). — *Mahers*, XIVe siècle (pouillé d'Autun). — *Mere*, 1598 (C.). — *Mehere*, 1672 (reg. de Chaumard). — Fief de la châtell. de Montreuillon.

MIÈRES, h. c^ne de Cuncy-lez-Varzy. — *Mierre*, 1488 (C.). — *Mehers*, 1784 (A. N.).

MI, tuil. c^ne de Thaix.

MIAT, h. c^ne de Fleury-la-Tour. — *Meat* (Cassini).

MICHAUGUES, c^ne de Brinon. — 1231 (ch. de G. de Joigny, Arch. de l'Empire, J. 251). — *Michaulgnes*, 1501 (S.). — *Mischaugues*, 1678 (A. N.). — *Michauges*, 1689 (reg. des fiefs). — Fief de la châtell. de Montenoison.

MICHAUT, f. c^ne de Cossaye. — *Le Domaine Michault*, 1658 (reg. de Cossaye). — *Les Michots* (Cassini).

MICHAUX (GRANGE DES), détruite, c^ne de Rémilly, mentionnée en 1695 (C.).

MICHELOT, m^in, c^ne d'Épiry.

MICHOTS (LES), h. c^ne de Saint-Aignan ; il donne son nom à un petit ruisseau qui afflue à la rivière de Couvin.

MICHOTS (LES), h. c^ne de Saint-Léger-de-Fougeret.

MICHOUX (LES), f. c^ne de Toury-sur-Jour.

MIDAULT, f. c^ne de Langeron. — *Domaine Midaut*, 1782 (arch. de Saint-Pierre-le-Moûtier). — *Mideau* (Cass.).

MIFFAUT, f. c^ne de Dornes.

MIGAISERIE (LA), h. c^ne de Saint-Pierre-du-Mont. — *Miguaiserie* (Cassini).

MIGIEUX (LES) OU LES MIGNIEUX, fief de la c^ne de Cossaye, mentionné en 1768 comme dépendant de la châtell. de Decize.

MIGNAGE, ruiss. affluent de l'Oussière.

MIGNARD, h. c^ne de Narcy.

MIGNARDERIE (LA), h. c^ne de Pougues.

MIGNÉE (LE GRAND-), h. c^ne de Garchy. — *Migniers*, 1439 (A. N.).

MIGNÉE (LE PETIT-), anc. f. et m. c^ne de Garchy. — *Miniers*, 1437 (arch. de Vaudenesse). — *Migniers*, 1441; *Migueres*, 1443 (ibid.). — *Petit Minier*, 1755 (A. N.).

MIGNEZ, f. c^ne de Perroy. — *Miniers*, 1689 (reg. des fiefs). — Fief de la châtell. de Donzy.

MIGNON (LE DOMAINE), f. c^ne de Rémilly.

MIGNOSSERIE (LA), h. c^ne de Saint-Benin-des-Bois.

MIGNONS (LES), h. c^ne de Saint-Parize-en-Viry.

MIGNOT, f. c^ne de Cossaye. — *Les Mignos*, 1686 (reg. de Cossaye). — *Les Migniaults*, 1705 (reg. de Cossaye). — *Curty*, 1778 (plan terrier de Toury-sur-Abron).

MIGNY, fief de la châtell. de Montenoison, mentionné en 1689 (reg. des fiefs).

MIGNY, h. et anc. chapelle, c^ne de Varzy. — *Miniacum*, vers 1150 (cart. de Bourras). — *Maison forte de Migny*, 1323 (Marolles). — *Migny-lez-Varzy*, 1456 (ibid.). — *Migny-Chapelle-Saint-Laurent* (Cassini). — Fief de la châtell. de Monceaux-le-Comte et Neuffontaines, vassal de la baronnie de Lormes.

MIGNY, lieu détruit, c^ne de Luthenay, mentionné en 1701 (reg. de Luthenay).

MIGNAINE, bois, c^ne de Lôché-Assarts.

MILAN, éc. c^ne de Corbigny.

MILANDRE, h. détruit, c^ne de Livry, mentionné en 1322 (Marolles).

MILIEU, h. c^ne de Jailly.

MILLANDRE, h. détruit, c^ne de Toury-Lurcy, mentionné en 1610 (A. D.).

MILLARY (LES), f. c^ne de Sermages.

MILLAY, c^ne de Luzy. — *Miliacus*, XIe siècle (fragment d'un pouillé d'Autun). — *Villa et parrochia de Milai*, 1281 (C.). — *Milayum*, XIVe siècle (pouillé d'Autun). — *Millot*, 1577 (C.). — Fief de la châtell. de Luzy.

MILLES, f. c⁾⁾ de Charrin.

MILLERATS (RUISSEAU DES), affluent de la rivière de Chaluux, c⁾⁾ de Brassy.

MILLERAY, fief de la châtell. de Saint-Verain, mentionné en 1689 (reg. des fiefs).

MILLÈRES (LES), éc. c⁾⁾ de Toury-sur-Jour.

MILLERIES, h. détruit, près de Moulins-Engilbert. — *Milleraine*, 1286 (C.). — *Milleraine*, 1458 (S.). — *Milleroing*, 1564 (C.).

MILLERIES (LES), h. c⁾⁾ de Diroi.

MILLIERS, f. c⁾⁾ de Saint-Saulge.

MILLINS (LES), f. c⁾⁾ de Toury-Lurcy. — *Domaine Millin*, 1683 (arch. du chât. de Toury-sur-Abron).

MILLOT (Bois), c⁾⁾ de Saint-Parize-le-Châtel.

MILLOTERIE (LA), h. c⁾⁾ de Suilly-la-Tour.

MILLOTERIE (LA), poterie, c⁾⁾ de Saint-Verain.

MILLOTS (LES), h. c⁾⁾ de Cosne.

MIMONT, chât. c⁾⁾ de Parigny-les-Vaux. — *Terra de Mimon*, 1331 (censier du chap. de Nevers).

MINERAI (LE), éc. c⁾⁾ de Vandenesse.

MINERAY (LE), f. c⁾⁾ d'Entrains. — *Mineroy*, 1638 (Marolles). — Fief de la châtell. d'Entrains.

MINEROTTES (LES), fief de la châtell. d'Entrains, mentionné en 1535 (Marolles).

MINGLAN, fief de la châtell. de Decize, mentionné en 1772 (A. D.).

MINGOT, h. c⁾⁾ de Châtillon; anc. paroisse. — *Ecclesia de Mingot*, 1121-1142 (cart. de Saint-Cyr de Nevers, ch. 37). — *Mingotum*, 1287 (reg. de l'év. de Nevers). — *Parrochia de Mingorto*, 1293 (S.). — *Mongout*, 1413 (A. N.). — *Maingot*, 1659 (ibid.).

MINGOT, m. de camp. et h. c⁾⁾ de Druy. — *Maingot*, 1613 (A. D.). — Fief de la châtell. de Decize.

MINGUY, fief de la châtell. de Luzy, mentionné en 1689 (A. N.).

MINIÈRES (LES), h. c⁾⁾ de Menou.

MINIÈRES, fief de la châtell. de Donzy, mentionné en 1638 (Marolles).

MINIERS, h. détruit, c⁾⁾ d'Entrains, mentionné en 1349 (Marolles). — Fief de la châtell. d'Entrains.

MINIERS, h. détruit, c⁾⁾ d'Ourouer; fief vassal d'Ourouer, mentionné en 1638 (Marolles).

MININCK, h. c⁾⁾ d'Ouroux. — *Mignage*, 1673 (reg. de Chaumard).

MINOTS (LES), h. détruit, c⁾⁾ de Gimouille, mentionné en 1530 (A. N.).

MINOZERE (LA), h. détruit, c⁾⁾ de Parigny-les-Vaux, mentionné en 1694 (A. N.).

MIRAUX (LES), h. c⁾⁾ de Dampierre-sur-Bouhy. — *Chemirot* (Cassini).

MIRBAULT, m. c⁾⁾ de Decize. — *Mirebeau*, 1575 (A. N.). — *Millebeau*, 1682 (ibid.). — Fief de la châtell. de Cercy-la-Tour.

MIREBEAU, f. c⁾⁾ de Ménestreau. — *Mirebeau* (Cassini).

MIRELEAU, h. détruit, c⁾⁾ de Druy, mentionné en 1449 (A. N.).

MIRLOT (LES), m. c⁾⁾ d'Isenay.

MIRLOUP, h. m⁾⁾ et f. c⁾⁾ de Chiddes. — *Mil-Loup* (Cassini).

MISSAISE, h. c⁾⁾ de Villiers-sur-Yonne.

MISSIOT (LE), h. c⁾⁾ de Biz. — *L'Huismissiau* (Cassini).

MISTY, f. c⁾⁾ de Chevenon. — *Le fief de Misty*, 1689 (reg. des fiefs).

MISY, lieu détruit, près de Cosne. — *Maison de Mysy*, 1350 (Marolles). — *Missy*, 1489 (inv. de Villemoison).

MIZERELLE, h. c⁾⁾ de Bitry. — *Mirisela*, 680 (cart. gén. de l'Yonne, II, XXXIII). — *Niserel* (Cassini).

MOCQUE, chât. c⁾⁾ de Saint-Martin-du-Tronsec. — *Mocq et Morcq*, 1467 (inv. de Villemoison). — *Moecques*, 1478 (ibid.).

MOCQUERIE (LA), h. et m⁾⁾, c⁾⁾ de Prémery.

MOEZZIA, lieu détruit, c⁾⁾ de Pazy, mentionné en 1231 (Arch. de l'Empire, J. 251, n° 11).

MOGNERAY, fief de la châtell. de Luzy, mentionné en 1638 (Marolles).

MOILLEFIER, fief de la châtell. de Montreuillon, mentionné en 1638 (Marolles).

MOILLEPIED (ÉTANG DE), c⁾⁾ de Luzy, mentionné en 1559 (C.).

MOINDROTS (LES), f. c⁾⁾ de Luzy. — *Les Moindraux*, 1692 (reg. de Luzy).

MOINEAU, lieu détruit, c⁾⁾ de Sermages, porté sur la carte de Cassini.

MOINEAU, m. c⁾⁾ de Rémilly.

MOINES (LES), chât. et dép. c⁾⁾ de Villapourçon. — *Les Moynes*, 1690 (reg. de Villapourçon).

MOINES (RUISSEAU DES), affluent de l'Yonne, c⁾⁾ de Glux.

MOIRIE (LA), f. détruite, c⁾⁾ de Bitry, mentionnée au XVII⁰ siècle (reg. de Bitry).

MOIRIERS (LES), h. c⁾⁾ de Colmery. — *Les Moriers*, 1655 (reg. de Colmery).

MOIRY, h. et m⁽ⁿ⁾ à vent, c⁾⁾ de Saint-Parize-le-Châtel. — *Mery*, 1618 (A. N.). — *Lhault de Mery*, 1699 (ibid.).

MOIRY (DOMAINE DE), f. c⁾⁾ de Saint-Parize-le-Châtel.

MOIS (LE), f. c⁾⁾ de la Roche-Millay.

MOISSY-MOULINOT, c⁾⁾ de Tannay. — *Moyssiacus*, XIV⁰ siècle (pouillé d'Autun). — *Moissy*, 1331 (Marolles). — *Moucy*, 1455 (terrier de Chitry-sous-

DÉPARTEMENT DE LA NIÈVRE.

Montsabot). — *Terre et seigneurie de Moissy-Molinot*, 1516 (arch. de Quincize). — *Moussy*, 1526 (Lory). — *Muissy*, 1543 (arch. de Quincize). — *Moissy-le-Molinot*, 1649 (terrier de Moissy). — *Moysi*, 1726 (reg. de Monceaux-le-Comte). — *Mousi-Moulinot*, 1742 (reg. d'Anthien). — Fief de la châtell. de Monceaux-le-Comte, vassal de Bazoches.

Moiz, lieu détruit, c⁵ᵉ de la Collancelle, mentionné en 1515 (A. N.).

Molegri, lieu détruit, c⁵ᵉ de Corancy, mentionné en 1193 (C.).

Molerdeux Constantin, m¹ⁿ, c⁵ᵉ de Corvol-l'Orgueilleux, mentionné en 1205 (A. N. fonds de Fontenay).

Molerdeux-de-Dorly, mentionné en 1370 comme étant près de Saint-Martin-d'Heuille (arch. des Bordes).

Molet (Le Grand et Le Petit), bois, c⁵ᵉ de la Maison-Dieu.

Molieres (Les), h. détruit, c⁵ᵉ de Bouy, mentionné en 1472 (C.).

Molignon, montagne et m. c⁵ᵉ de Moux. — *Mont-Ligron* (Cassini).

Molin-Chevillon (Le), fief de la châtell. de Cercy-la-Tour, mentionné en 1638 (Marolles).

Molin-de-Bouardesieu ou Moulin-Aubourdezin (Le), fief de la châtell. de Moulins-Engilbert, mentionné en 1638 (Marolles).

Molin-de-Châtel-du-Bois (Le), fief de la châtell. d'Entrains, mentionné en 1638 (Marolles).

Molin-de-la-Vau (Le), fief de la châtell. de Montreuillon, mentionné en 1638 (Marolles).

Molin-du-Batour (Le), fief de la châtell. de Monceaux-le-Comte, mentionné en 1638 (Marolles).

Molin-du-Croix (Rue du), chemin près de Montigny-aux-Amognes, mentionné en 1410 (arch. des Bordes).

Molin-du-Pernay (Le), fief de la châtell. de Châteauneuf-Val-de-Bargis, mentionné en 1638 (Marolles).

Molin-Gastinois (Le), fief de la châtell. de Cercy-la-Tour, mentionné en 1638 (Marolles).

Molin-Gaudin (Le), fief de la châtell. de Decize, mentionné en 1638 (Marolles).

Molin Gavard (Le), m¹ⁿ détruit, c⁵ᵉ de Saint-Jean-aux-Amognes, mentionné en 1560 (S.). — *Le Molin-Gainard*, 1565 (ibid.).

Molin Maulouin ou Levesque (Le), m¹ⁿ détruit, c⁵ᵉ de Coulanges-lez-Nevers, mentionné en 1482 (arch. des Bordes).

Molin Neuf (Le), m¹ⁿ détruit, c⁵ᵉ de Neuville-lez-Brinon, mentionné en 1475 (A. N.).

Molins de Bazee (Les), m¹ⁿˢ et forges sur la Nièvre, près du Pont-Saint-Ours, mentionnés en 1435 (S.).

Molle (La), h. c⁵ᵉ de Chaulgnes.

Mollerae ou Molessard, fief de la châtellenie de Châteauneuf-Val-de-Bargis, mentionné en 1638 (Marolles).

Mollets (Les), h. c⁵ᵉ de Cosne.

Molnais, éc. c⁵ᵉ de Metz-le-Comte.

Mombrois, h. détruit, c⁵ᵉ d'Alligny-en-Morvand, mentionné en 1649 (terrier d'Alligny).

Monardenis, h. c⁵ᵉ de Menou.

Monsaron, f. c⁵ᵉ de Cervon. — *Montbaron*, 1601 (reg. de Cervon).

Mossé (Le Grand-), h. c⁵ᵉ de Gouloux. — *Monthe* (Cassini).

Mossé (Le Petit-), h. c⁵ᵉ de Gouloux.

Monceau, chât. et f. c⁵ᵉ de la Roche-Millay. — *Le Monceaul*, 1535 (C.). — *Monceault*, 1539 (ibid.). — *Le Monceaulx*, 1572 (ibid.). — *Le Mousseau*, 1771 (reg. de la Roche-Millay). — Fief vassal de la Roche-Millay.

Monceau, fief, près de Luzy. — *Monceault*, 1533 (C.). — *Le Monceau*, 1555 (ibid.). — *Le Monceaul-les-Loups*, 1575 (ibid.). — *Monceaux-les-Loups*, 1610 (Marolles).

Monceau (Villa dou), lieu détruit, mentionné en 1311 comme étant près de Château-Chinon (A. N. fonds de Bellevaux). — *Villa dou Monceaul*, 1317 (C.).

Monceaux-le-Comte, c⁵ᵉ de Tannay; prieuré dépendant du prieuré de Saint-Étienne de Nevers. — *Ricardus de Moncellis*, 1126 (cart. de Bourras, ch. 4). — *Moncellos Castrum*, 1244 (Gall. christ. IV, col. 101). — *Domus Sancti-Georgii de Moncellis Comitis*, 1328 (A. N.). — *Sanctus-Symphorianus de Moncellis*, xivᵉ siècle (pouillé d'Autun). — *Monceaux-le-Comte*, 1455 (terrier de Chitry). — *Monceaux-sur-Yonne*, 1793 (A. N.). — Monceaux-le-Comte, qui tire son nom d'un château des comtes de Nevers de la première race, était le chef-lieu de la châtellenie de Monceaux-le-Comte et Neuffontaines, dont la circonscription comprenait la partie nord du canton de Corbigny, la partie est du canton de Brinon, le sud du canton de Tannay et le nord de celui de Lormes. Cent quatre-vingt-huit fiefs dépendaient de cette importante châtellenie, à laquelle avait été réunie celle de Neuffontaines.

En 1790, le canton de Monceaux-le-Comte, du district de Corbigny, fut composé des communes de Dirol, Flez-Cuzy, Monceaux-le-Comte, Moulinot, Nuars, Ruages, Saisy et Teigny-Vignol.

Moscelli (Castrum et capella), près de Montenoison, mentionnés en 1097 (Gall. christ. XII, col. 335).

Moscelles-des-pez-Forgias-Ceciaci, h. détruit, c⁷ᵉ de Magny-Cours, mentionné en 1387 (S.).

Moncenaul, f. c⁷ᵉ de Diennes. — *Territorium de Moncenours*, 1218 (S.). — *Montenos*, 1460 (C.). — *Moncenault*, 1487 (ibid.). — *Montenault*, 1572 (A. N.). — *Montenault*, 1638 (Marolles). — Fief de la châtell. de Decize, vassal de la Loge.

Moncet, chât. c⁷ᵉ de Sermages. — Fief vassal du comté de Château-Chinon.

Monchardin, petit château, c⁷ᵉ d'Isenay. — 1362 (S.). — Fief de la châtell. de Decize.

Moncharlon, h. et m⁷ⁿ, c⁷ᵉ de Chiddes. — *Muncerlon*, 1677 (C.). — *Montcharlon*, 1683 (reg. de Sémelay). — Fief vassal de la Roche-Millay.

Monchoigny, h. c⁷ᵉ de Dun-sur-Grandry. — *Montchoigny*, 1470 (C.).

Monderum, h. détruit, c⁷ᵉ de Moulins-Engilbert, mentionné en 1286 (C.).

Monde-Prye, f. c⁷ᵉ de la Fermeté. — *Le Mont-de-Prye* (Cassini).

Monfaucon, lieu détruit, c⁷ᵉ d'Urzy, mentionné en 1355 (censier du chap. de Nevers). — *Montfaucon*, 1638 (Marolles). — Fief de la châtell. de Nevers.

Monfrené, h. détruit, c⁷ᵉ de Saint-Seine. — *Monfrobé*, 1603 (A. D.).

Monfroy, fief de la châtell. de Cosne, mentionné en 1689 (reg. des fiefs).

Mongarbon, lieu détruit, c⁷ᵉ de Poiseux, mentionné en 1575 (A. N.).

Mongaudon, h. c⁷ᵉ de Préporché. — *Montgaudon*, 1673 (S.). — *Fief du dixme de Mongandon*, 1689 (reg. des fiefs). — *Mongaudet* (Cassini). — Le vrai nom est *Montgandon*; même observation pour les noms suivants, qui doivent s'écrire *Mont*.

Mongazon, chât. et m⁷ⁿ, c⁷ᵉ de Saint-Franchy. — *Montgayson*, 1466 (Marolles). — *Mongazon*, 1553 (A. N.). — *La Cour-Montgazon*, 1741 (ibid.). — Fief de la châtell. de Montenoison.

Mongeby, f. c⁷ᵉ de Chiddes. — *Montgeby*, 1667 (reg. de Chiddes).

Mongein (Bois de), c⁷ᵉ de Lormes.

Mongenebay, h. c⁷ᵉ de Luzy.

Mongiseum, h. détruit, c⁷ᵉ de Germigny, mentionné en 1403 (A. N.).

Mongogé, h. c⁷ᵉ d'Alligny. — *Mongorget* ou *Mongogier*, 1689 (reg. des fiefs). — Fief de la châtell. de Saint-Verain.

Monjardin, f. et m⁷ⁿ, c⁷ᵉ de Fertrève. — *Mongerdin*, 1311 (A. N.). — *Montjardin*, 1556 (Lory).

Monliffé, hameau, c⁷ᵉ de Cervon. — *Moulifey* (Cassini).

Monliset ou la Maison-Neuve, f. c⁷ᵉ de Château-Chinon-Campagne.

Monmarceaux, fief de la châtell. de Decize, mentionné en 1689 (reg. des fiefs). — *La Motte-Marceaux*, 1638 (Marolles).

Monoton, m. c⁷ᵉ de Druy. — *Monaton*, 1405 (A. D.). — *Monoton*, 1452 (Marolles). — *Menaton*, 1544 (A. N.). — *La Motte-Monoton*, 1638 (Marolles). — Fief de la châtell. de Decize.

Monots (Les), poterie, c⁷ᵉ de Saint-Amand. — *Les Moinveaux* (Cassini).

Monpion, fief, c⁷ᵉ de Montigny-sur-Canne, mentionné en 1705 comme vassal du comté de Château-Chinon (S.).

Monplaisis, m. c⁷ᵉ de la Charité.

Monrolos, fief, c⁷ᵉ de Vauclaix, mentionné en 1705 comme vassal du comté de Château-Chinon.

Mons-Aiglant et Mons-Aglant, h. détruit, mentionné en 1132 comme étant près de Chassay et d'Arbourse (cart. de Bourras, ch. 6). — *Cellarium Montis-Aiglant*, 1164 (ibid.). — *Mons-Aglenti*, 1184 (ibid.). — *Montaglan*, 1488 (arch. de l'Yonne, inv. de Villemoison).

Monsauton, h. c⁷ᵉ de Millay.

Monsekay, lieu détruit, c⁷ᵉ de Ternant, mentionné en 1527 (C.).

Monserin, h. c⁷ᵉ de Villapourçon. — *Montserin*, 1678 (reg. de Villapourçon). — *Montseruin*, 1699 (S.). — Fief vassal de la Roche-Millay.

Mons Guiffer, lieu détruit, c⁷ᵉ de Parigny-les-Vaux, mentionné en 1212 (A. N.).

Mons Laudici, lieu détruit, près de Clamecy, mentionné en 1413 (Gall. christ. XII, col. 240).

Mons Supplionis, lieu détruit, près de Monceaux-le-Comte, mentionné en 1244 (Gall. christ. IV, col. 102).

Mont, chât. c⁷ᵉ de Béard. — *Le Mont-de-Sougy*, 1364 (A. D.). — *Mont*, 1516 (Marolles). — *Monts*, 1619 (A. N.). — *Mons*, 1638 (Marolles). — Fief de la châtell. de Decize, vassal de Druy.

Mont, chât. et h. c⁷ᵉ de Maux. — *Montengenevroy*, 1262 (C.). — *Villa de Montibus-Engenevray*, 1336 (S.). — *Monts-en-Genevray*, 1346 (Marolles). — *Monzen-Genebray*, 1367 (Bulliot, II, 222). — *Monsen-Genevray*, 1689 (reg. des fiefs). — Fief de la châtell. de Moulins-Engilbert.

Mont, f. c⁷ᵉ de Ruages. — *Salo de Monte*, 1144 (cart. de Bourras, ch. 7). — *Hugo de Montibus*, 1178 (ibid. ch. 2). — *Montes*, 1327 (Marolles). — *La Tour de Mons*, 1346 (ibid.).

Mont, f. cne de Saincaize.

Mont, h. cne d'Alligny-en-Morvand. — *Montz*, 1649 (terrier d'Alligny).

Mont, h. cne de Limanton. — *Monts*, 1223 (Marolles). — *Montes-super-Arronam*, 1336 (C.). — *Mons-sus-Arron, maison maigne avec fossez*, 1443 (*ibid.*). — *Mont-sur-Arron*, 1543 (Lory). — Mont était un fief vassal de l'abbaye de Bellevaux.

Mont, h. cne d'Ouroux. — *Le Mont*, 1458 (C.). — *Mons*, 1591 (reg. d'Ouroux).

Mont, h. cne de Saint-Honoré. — *Monts*, 1647 (S.).

Mont, h. cne de Saint-Parize-le-Châtel. — *Mons*, 1732 (arch. de la Montagne).

Mont (Le), f. cne de Billy-Chevannes. — Donne son nom à un bois voisin.

Mont (Le), h. cne de Brassy.

Mont (Le), h. cne de Châteauneuf.

Mont (Le), h. cne de Dompierre-sur-Nièvre.

Mont (Le), h. cne de Marigny-l'Église. — *Le Mont-de-Marigny*, 1619 (reg. de Bix). — Fief de la châtell. de Monceaux-le-Comte et Neuffontaines.

Mont (Le), h. cne d'Onlay. — *Le Mont-de-Lereault*, 1678 (S.).

Mont (Le), h. cne de Rémilly. — *Mont*, 1629 (reg. de Luzy).

Mont (Le), h. cne de Saint-Sulpice. — *Mont-Saint-Sulpice*, 1468 (Marolles).

Mont (Le), m. cne de Gâcogne.

Mont (Le), m. de camp. et f. cne de Saint-Benin-des-Bois. — *Monts*, 1596 (A. N.). — Fief de la châtell. de Montenoison.

Montabon, lieu détruit, près d'Alligny-en-Morvand, mentionné en 1649 (terrier d'Alligny).

Montagne (La), chât. et fabrique de poteries, cne de Saint-Honoré. — 1251 (Marolles). — *La Montaigne*, 1386 (*ibid.*). — *Chatel et maison-forte de la Montaigne-Saint-Honoré*, 1632 (C.). — Fief de la châtell. de Moulins-Engilbert.

Montagne (La), église isolée sur le sommet d'une montagne et qui sert aux communes de Grenois et de Talon, cne de Grenois. — *Montana*, 1287 (reg. de l'év. de Nevers). — *La Montaigne*, 1577 (A. N.).

Montagne (La), f. cne de Bulcy. — *Montagne*, 1352 (A. N.).

Montagne (La), h. cne de Chasnay.

Montagne (La), h. cne de Chevannes-Changy.

Montagne (La), h. cne de Couloutre.

Montagne (La), h. cne de Frétoy.

Montagne (La), h. cne de la Collancelle.

Montagne (La), h. cne de Rouy. — *La Montaigne*, 1546 (C.).

Montalbe (La), m. cne d'Alligny.

Montalbe (La), m. cne de la Celle-sur-Loire.

Montalbes (Les), h. cne de Bouhy.

Montalbes, fief, cne de Charrin, mentionné en 1689 (reg. des fiefs).

Montalge, h. cne de Moux.

Montalbre, montagne, cne de la Maison-Dieu.

Montalet, montagne, cne de la Maison-Dieu.

Montaillac, h. détruit, cne d'Arbourse, mentionné en 1502 (inv. de Villemoison). — *Montaillon*, 1555 (*ibid.*).

Montal (Le), h. cne de Dun-les-Places.

Montalin, chât. cne de Germigny. — *Moutalin*, 1532 (A. N.).

Montambert, cne de Fours; prieuré fondé à la fin du XIe siècle, dépendant du prieuré de la Charité-sur-Loire. — *Mons-Auberti*, xive siècle (pouillé d'Autun). — *Montambert*, 1459 (C.). — *Montauber*, 1464 (Marolles). — *Prioratus Montis-Auberti*, vers 1500 (pouillé d'Autun). — *Montambert-Tannay*, depuis la réunion de Tannay-sur-Loire.

Montambert, h. cne de Limanton.

Montambert, mn, cne de Montambert-Tannay.

Montanchaume, anc. chât. et h. cne de Rémilly. — *Montenchaulme*, 1497 (C.). — *Montanchaulme*, 1500 (*ibid.*).

Montanchaume, h. cne de la Roche-Millay. — *Montenchaume*, 1671 (A. N.). — Fief vassal de la Roche-Millay.

Montapas, cne de Saint-Saulge. — *Ecclesia de Monte Pasii*, 1121-1147 (cart. de Saint-Cyr de Nevers). — *Ecclesia de Montespez*, 1277 (Bulliot, II, 138). — *Mons-Pacis*, 1287 (reg. de l'év. de Nevers). — *Villa parrochialis de Monte-Pacis*, 1293 (S.). — *Maison forte de Montapas*, 1355 (Marolles). — *Montapastz*, 1453 (A. N.). — *Montapa*, 1689 (reg. des fiefs). — C'était un fief de la châtell. de Montenoison.

Montapeine, m. cne de Bitry.

Montapins (Les), collines, cne de Marzy. — *Territorium de Montapin*, 1416 (A. N.). — *Les Montapains*, 1636 (*ibid.*).

Montard (Le), m. cne de Gâcogne.

Montarmelays, fief de la châtell. de Montreuillon, mentionné en 1638 (Marolles). — *Montarmeloire*, 1689 (reg. des fiefs).

Montarmin, h. cne de Luzy. — *Montarmain*, 1466 (Marolles). — *Montharmain*, 1582 (C.). — *Montarmain*, 1638 (Marolles). — *Montarmint*, 1672 (reg. de Luzy). — Fief de la châtell. de Luzy.

Montaron, cne de Moulins-Engilbert. — *Ecclesia de Montolran*, 1151 (cart. gén. de l'Yonne, I, 479).

— Montcrau, 1156 (Gall. christ. XII, col. 342). — Montrrand, 1250 (S.). — Mons Errans, 1287 (reg. de l'év. de Nevers). — Montarron, 1622 (C.). — C'était un fief de la châtell. de Decize, vassal du comté de Château-Chinon, dont le vrai nom est Montcran.

MONTAROSS (LES), h. c^{ne} de Sémelay.

MONTAS, m. de camp. et f. c^{ne} de Saint-Maurice. — En Montas, 1678 (A. N.). — Fief vassal du prieuré de Saint-Saulge.

MONTASSET, f. c^{ne} de Champlemy. — Montassere (Cassini).

MONTAT, h. c^{ne} de Saint-André-en-Morvand.

MONTATBIS, f. près de Varzy, mentionnée en 1520 (A. N.).

MONTAUBRIS, f. c^{ne} de Couloutre. — Mont Aubry (Cassini).

MONTAUBUZ, fief de la châtell. de Moulins-Engilbert, mentionné en 1689 (reg. des fiefs).

MONT-AU-GUÉ, h. c^{ne} de la Roche-Millay. — Montaudué (Cassini).

MONTAULTIER, f. et tuil. c^{ne} d'Épiry. — Montaultier, 1335 (Marolles). — Montautier, 1689 (reg. des fiefs). — Fief de la châtell. de Montreuillon.

MONTBALLET, m. c^{ne} de Châtin.

MONTBARON, m. et f. c^{ne} de Château-Chinon-Campagne. — Villa de Mombaron, 1311 (A. N. fonds de Bellevaux). — Villa de Montbaron, 1317 (C.). — Montbaron-le-Sauvage, 1705 (S.). — Fief vassal du comté de Château-Chinon; il prit son surnom de la famille Sauvage, qui le possédait au XVIe et au XVIIe siècle.

MONT-BENOIST, h. c^{ne} de Pougny. — Mons-Benedicti, 1015 (Gall. christ. XII, col. 322). — Montbenoist, 1585 (Marolles). — C'était un fief de la châtell. de Donzy.

MONT-BERNARD, h. c^{ne} de Dornes.

MONTBOBLIN, h. c^{ne} d'Alligny-en-Morvand. — Mont-Goblin (Cassini).

MONTBOIS, f. c^{ne} de Château-Chinon-Campagne.

MONTBOIS, lieu détruit, c^{ne} de Marzy, mentionné en 1719 (terrier de Saint-Baudière).

MONTBRACON, f. c^{ne} de Dommartin.

MONTBREMÉ, h. c^{ne} de Chazeuil-Lavault.

MONTBUÉE, m. c^{ne} de Neuffontaines. — Montbue, 1455 (terrier de Chitry-sous-Montsabot).

MONTCAPRICE, h. c^{ne} d'Armes.

MONTCEAU (LE), f. c^{ne} de Gien-sur-Cure.

MONTCEAUX, h. détruit, c^{ne} de Garchizy, mentionné en 1479 (A. N.). — Monceaux, 1592 (ibid.).

MONTCENET, lieu détruit, près de Bellevaux, mentionné en 1248 (S.). — Moncenetum, 1263 (ibid.).

MONTCERÉ, f. commune de Rémilly. — Moncevé (Cassini).

MONTCHANOIS, h. c^{ne} de Maux. — Montchanois, 1256 (Bulliot, II, 112).

MONTCHARGON, h. c^{ne} de Montreuillon. — Nemus de Montcheinei, 1233 (Gall. christ. IV, col. 97).

MONTCHÉ, h. détruit, c^{ne} de Saint-Seine, porté sur la carte de Cassini.

MONTCHERZIS, lieu détruit, c^{ne} de Chiddes, mentionné en 1716 (reg. de Chiddes).

MONTCHERGY, h. détruit, c^{ne} de Moulins-Engilbert, mentionné en 1611 (terrier de Marzy).

MONT-CHERNOT, h. c^{ne} de Brassy. — Moncharnot, 1737 (reg. de Brassy). — Mont-Chernelon (Cassini).

MONT-CHENG, h. c^{ne} de Saint-Saulge. — Terra de Mont-Chanu, 1363 (A. D.). — Monchanu, 1477 (A. N. fonds de la Ferneté). — Montchenault, 1576 (Marolles).

MONTCHERRY, f. c^{ne} de la Roche-Millay.

MONT-CHERAS ou MONT-SERE, h. c^{ne} de Montreuillon. — Mancheru, 1689 (reg. des fiefs). — Fief de la châtell. de Montreuillon.

MONTCHÈVE, h. c^{ne} de Rémilly. — Montevre, 1592 (C.). — Monchevé, 1620 (ibid.).

MONT-CHEVREAU, chât. f. et h. c^{ne} de Cosne. — Montchereau, 1609 (Marolles). — Le Chevreau (Cassini).

MONTCLAVIN, h. c^{ne} de Garchy. — Le Mont-Clavin (Cassini).

MONT-COCU, f. c^{ne} de la Roche-Millay.

MONTCOING, h. détruit, c^{ne} de Saint-Révérien, mentionné en 1629 (A. N.).

MONTCORCON, h. c^{ne} de Saint-Martin-du-Puits. — Moncrocon, 1590 (arch. de Vézigneux). — Montcorcon, 1638 (Marolles). — Montcrocou, 1712 (reg. de Saint-Martin-du-Puits). — Moncourcon, 1769 (ibid.). — Fief de la châtell. de Monceaux-le-Comte.

MONT-D'AZY, m. c^{ne} de Saint-Seine.

MONT-DE-DIENNE (LE), fief de la châtell. de Decize, c^{ne} de Diennes. — Le Mont-de-Dienne, 1491 (A. N.). — Monts-les-Dyennes, 1552 (S.).

MONT-DE-GATS, éc. c^{ne} de Colmery.

MONT-DE-VIRY (LE), lieu détruit, c^{ne} de Cossaye, mentionné en 1490 (arch. de la Montagne).

MONT-DÔNE, l'un des sommets les plus élevés du Morvand, c^{ne} de Luzy. — Donne son nom à un moulin voisin.

MONTESAULT, lieu détruit, près de Cuncy-lez-Varzy, mentionné en 1481 (arch. de l'Yonne, fonds de Varzy).

MONTÉCOT, h. et f. c^{ne} de Sémelay. — Montecot, 1327 (Marolles). — Capella de Montescot, xive siècle

DÉPARTEMENT DE LA NIÈVRE.

(pouillé d'Autun). — *Montarot*, 1427 (arch. de la Montagne). — *La Mothe de Montercot*, 1635 (C.). — Fief de la châtell. de Savigny-Poil-Fol.

MOSTÉE (LA), h. c^{ne} de Saint-Franchy.

MOSTÉE (LA), m. de camp. c^{ne} de Charrin.

MOSTÉE (LA), réunion de hameaux, c^{ne} de Brassy.

MOSTÉE-DU-GRAS (LA), h. c^{ne} de Chaulenay.

MOSTÉE-PARCHEMIN (LA), h. c^{ne} de Toury-sur-Jour.

MOSTÉES (LES), h. c^{ne} de Charrin.

MOSTELLY, m. c^{ne} d'Achun.

MOSTELLY, fief, c^{ne} de Dovay, mentionné en 1739 comme dépendant de la châtell. de Decize.

MOSTELÈNE, h. c^{ne} de Montsauche. — *Montelesme*, 1608 (reg. de Montsauche). — *Montesleme* (Cassini).

MOSTELIERS (LES), f. c^{ne} de Saint-Seine.

MOSTELLIN, lieu détruit, près de Saint-Benin-d'Azy, mentionné en 1417 (A. N.).

MOSTENBERT, fief de la châtell. de Moulins-Engilbert, mentionné en 1638 (Marolles).

MOSTENPUIS, f. et anc. église, c^{ne} de Saint-Parize-en-Viry; prieuré dépendant du prieuré de Souvigny. — *Rocheus de Montepodio*, 1171 (Gall. christ. XII, col. 344). — *Mons-in-Podio*, commencement du XIIIe siècle (A. N.). — *Montampuis*, 1389 (ibid.). — *Montampuy*, 1500 (ibid.).

MOSTENPUIS, mⁱⁿ, c^{ne} de Saint-Parize-en-Viry.

MOST-EN-BAZOIS, c^{ne} de Châtillon; anc. paroisse, unie à celle de Marré dès la fin du XVe siècle. — *Mons*, 1287 (reg. de l'év. de Nevers). — *Villa de Montibus-in-Bazeto*, 1293 (S.). — *Mons-en-Bazois*, 1366 (A. N.). — *Monts-en-Bazois*, 1641 (ibid.). — *Mont-et-Marré*, depuis la réunion de Marré.

MOSTENOISON, c^{ne} de Prémery. — *Castellum Montis Onesii*, 1097 (Gall. christ. XII, col. 335). — *Joscelinus de Montenoison*, 1115 (cart. gén. de l'Yonne, II, 46). — *Jocerinus de Monte Onisio*, 1120 (cart. de Bourras, ch. 1). — *Ecclesia Sanctæ-Mariæ de Montenesio*, 1121-1142 (cart. de Saint-Cyr de Nevers, ch. 32). — *Hugo de Monte Noizon*, 1126 (cart. de Bourras, ch. 4). — *Montenoison*, 1196 (Gall. christ. XII, col. 347). — *Mons Narius*, 1287 (reg. de l'év. de Nevers). — *Montenoison*, 1323 (A. N. fonds de Roches). — *Montnoison*, 1660 (reg. de Brinon). — La châtellenie de Montenoison avait dans son ressort cent trente fiefs; elle comprenait presque toute l'étendue des cantons de Prémery et de Brinon-les-Allemands, le nord-ouest du canton de Pougues, le nord du canton de Saint-Saulge et une petite partie des cantons de Varzy et de la Charité.

MONTESSON (BOIS DE), c^{ne} de Cercy-la-Tour, mentionné en 1610 (S.).

MOSTET, m. c^{ne} de Fleury-sur-Loire.

MOSTET (BOIS DE), c^{ne} de Châteauneuf-Val-de-Bargis.

MOSTET (LE), f. c^{ne} de Coulanges-lès-Nevers; prieuré dépendant de l'abbaye de Notre-Dame de Nevers. — *Vinoldium de Montelo*, 1380 (A. N.). — *Notre-Dame-de-Montot*, 1432 (ibid.). — *Cura seu prioratus de Montelo*, 1478 (pouillé de Nevers).

MOSTEILLON, h. c^{ne} de Luzy. — *Montouillon*, 1466 (Marolles). — *Montouillon*, 1575 (C.). — *Montrouillon*, 1610 (reg. de Luzy). — *Montouillon*, 1689 (reg. des fiefs). — Fief de la châtell. de Luzy.

MOSTFALOUX (LE), h. détruit, c^{ne} de Fertrève, porté sur la carte de Cassini.

MOST-GALMAIN OU MOSTALMIN, fief de la châtell. de Luzy, mentionné en 1638 et 1689 (Marolles et reg. des fiefs). — *Montjalmain*, 1407 (Marolles).

MOSTGARBAULT, lieu détruit, c^{ne} de Rémilly, mentionné en 1695 (C.).

MOST-GAUDIER, h. c^{ne} de Marigny-l'Église. — *Montgaudier*, 1453 (Marolles).

MOST-GAUGIER, fief de la châtell. de Monceaux-le-Comte, mentionné en 1638 (Marolles).

MOST-GENIÈVRE, montagne, c^{ne} de Villapourçon. *Mont de Genièvre* (Cassini).

MOST-GERMAIN, lieu détruit, c^{ne} de Saint-Parize-le-Châtel, mentionné en 1285 (Marolles).

MOST-GIBAUD, lieu détruit, c^{ne} de Cosne, mentionné en 1220 (inv. de Villemoison).

MOSTGIBAULT, h. c^{ne} de Montsauche.

MOSTGIVRE, colline, c^{ne} de Pougues. — *Cote de Montgivre*, 1517 (A. N.). — *Montgyvre*, 1524 (ibid.).

MOSTGORGEON, fief de la châtell. de Monceaux-le-Comte et Neuffontaines, mentionné en 1689 (reg. des fiefs).

MOSTGOUBLIN, chât. et h. c^{ne} de Saint-Benin-d'Azy. — Maison nommée *la grande salle de Montcoublin*, 1305 (Marolles). — *Moncoublain*, 1466 (S.). — *Montcoblyn*, 1557 (ibid.). — *Mongoublin*, 1689 (reg. des fiefs).

MOSTHELEUX OU MOSTHELEUX, h. détruit, c^{ne} de Châtillon-en-Bazois, mentionné en 1466 (C.).

MOSTHEEE, vill. détruit, c^{ne} de Rémilly, mentionné en 1654 (C.). — *Montiens*, 1671 (S.).

MOSTIAU, h. c^{ne} de Dommartin. — *Montiot* (Cassini).

MOSTIEUX (DOMUS DE), près de Varzy, mentionné en 1247 (Bibl. hist. de l'Yonne, I, 495).

MOSTIFAULT, f. c^{ne} de Raveau. — *Montifaux*, 1571 (Marolles).

MOSTIFAUT, h. c^{ne} d'Azy-le-Vif.

MOSTIFAUT, h. c^{ne} de Murlin. — Fief de la châtell. de Montenoison.

MOSTIFAUT, mⁱⁿ détruit, c^{ne} de la Fermeté. — *Stagnum et molendinum de Montiffaut*, 1270 (S.).

MOSTIGNON, f. c^{ne} de Sermages.

MONTIGNOS, h. c⁹⁹ d'Arleuf.
MONTIGNY, f. c⁹⁹ de Saint-Aubin-les-Forges.
MONTIGNY, fief de la châtell. de Decize, mentionné en 1368 (A. D.).
MONTIGNY, fief, c⁹⁹ de Limanton, vassal de Château-Chinon, mentionné en 1638 (Marolles).
MONTIGNY, h. c⁹⁹ de Giry. — Montigny, 1466 (Marolles). — Fief de la châtell. de Montenoison.
MONTIGNY, h. c⁹⁹ de Magny-Lormes. — 1293 (Marolles). — Fief vassal de la baronnie de Lormes-Châlon.
MONTIGNY, h. c⁹⁹ de Pouques. — C'était un fief vassal de la baronnie de Lormes-Châlon.
MONTIGNY (LE GRAND-), h. c⁹⁹ de Millay. — Montigny, 1554 (C.). — Fief de la châtell. de Luzy.
MONTIGNY (LE PETIT-), h. c⁹⁹ de Millay.
MONTIGNY (MOULIN DE), c⁹⁹ de Montigny-sur-Canne.
MONTIGNY-AUX-AMOGNES, c⁹⁹ de Saint-Benin-d'Azy. — Montigniacum, 1097 (Gall. christ. XII, col. 335). — Montigniacum in Amoniis, 1360 (A. N.). — Montigny es Amognes, 1472 (Marolles). — Montigni in Admoguiis, 1478 (pouillé de Nevers). — Montigny es Admoignes, 1489 (A. N.). — Montigny-aux-Admognes, 1580 (ibid.). — Fief de la châtell. de Nevers.
MONTIGNY-EN-MORVAND, c⁹⁹ de Château-Chinon. — Montigniacum, 1287 (reg. de l'év. de Nevers). — Montigny-en-Morvant, 1477 (C.). — Cura de Montigniaco-in-Morvento, 1478 (pouillé de Nevers). — Montigny-en-Mauravand, 1689 (reg. des fiefs). — Fief de la châtell. de Montreuillon.
MONTIGNY-SUR-CANNE, c⁹⁹ de Châtillon. — Montigniacum, 1287 (reg. de l'év. de Nevers). — Montigny-sur-Canne, 1419 (C.). — Montigniacum-supra-Cannam, 1478 (pouillé de Nevers). — Fief de la châtell. de Cercy-la-Tour.

En 1790, le canton de Montigny-sur-Canne, dépendant du district de Moulins-Engilbert, fut composé des communes de Chevannes, Isenay, Montaron, Montigny-sur-Canne, Pouligny et Sanay.

MONTIVERT, f. c⁹⁹ de Saint-Aubin-les-Forges.
MONTJALMAIN, fief de la châtell. de Luzy, mentionné en 1638 (Marolles).
MONT-JOUART, m⁹⁹, c⁹⁹ de la Roche-Millay.
MONTJOUNE, h. c⁹⁹ de Bazoches.
MONTJOURNAL ou DRAIN, fief, c⁹⁹ de Lucenay-les-Aix, mentionné en 1384 (Marolles). — Dressay ou Monjournay, 1689 (reg. des fiefs). — Fief de la châtell. de Decize.
MONTJOUX, h. c⁹⁹ de Préporché. — Mons Jocosus, 1292 (C.). — Mon Jaoul, 1336 (ibid.). — Monjoul, 1455 (A. N.). — Monjaoust-lez-Molins, 1456 (ibid.). — Montjault, 1456 (Marolles). — Montjou, 1574

(A. N.). — C'était un fief de la châtell. de Moulins-Engilbert.
MONT-JULIEN, bois, c⁹⁹ de Sichamps.
MONTLAUGAT, lieu détruit, c⁹⁹ de Sermages, mentionné en 1506 (C.).
MONTLALLES, petite seigneurie, c⁹⁹ de Talon, mentionnée en 1639 (cab. des titres, Bibl. imp. famille de Bèze).
MONT-LE-DUC, bois, c⁹⁹ de Clamecy.
MONTLIGOS, h. c⁹⁹ d'Alligny-en-Morvand. — Mont Ligou (Cassini).
MONTLEBRAIS, f. et m. de garde, c⁹⁹ de Château-Chinon-Campagne. — 1600 (reg. d'Ouroux).
MONTLOCIS, fief de la châtell. de Monceaux-le-Comte, mentionné en 1689 (reg. des fiefs).
MONTLOCIS, lieu détruit, c⁹⁹ de Fresnay-le-Bazier, mentionné en 1639 (C.).
MONT-MARQUEREAU, m. c⁹⁹ de Limanton. — Marquereau (Cassini).
MONTMARTIN, f. détruite, c⁹⁹ de Saint-Ouen. — Foresta de Monte Martini, 1317 (S.).
MONTMARTIN, h. c⁹⁹ de Frétoy.
MONTMARTINGES ou MONTMARTARGE, fief de la paroisse de Cossaye, châtell. de Decize, mentionné en 1409 (Marolles). — Bois de Bronche, al. de Montmartinges, 1521 (arch. de la Montagne). — Martange, 1568 (ibid.). — Montartinges, 1607 (A. D.).
MONTMASSOS (BOIS DE), entre Champallement et Saint-Révérien, mentionné en 1678 (A. N.).
MONTMIEN, m. de camp. c⁹⁹ de Saint-Martin-d'Heuille. — Bois de Monmien, 1319 (A. N. fonds de l'év.). — Communes de Montmedio, 1355 (cens. du chap. de Nevers). — Montmyen, 1566 (A. N. fonds de l'év.). — Donne son nom à un bois voisin.
MONTMIGNY, fief, c⁹⁹ de Saint-Ouen; il est mentionné en 1464 comme étant vassal de Bouhy (arch. des Bordes).
MONTMORILLON, h. détruit, mentionné en 1579 comme dépendant de la justice de Bazoches. En 1689, ce hameau, qui avait pris son nom de la famille de Montmorillon, se trouve au nombre des fiefs de la châtell. de Monceaux-le-Comte (reg. des fiefs).
MONTMORET, lieu détruit, près de Luzy, mentionné en 1533 (C.).
MONT-MOUX, montagne, c⁹⁹ de Moux.
MONTOIR, m. c⁹⁹ de Saint-Martin-du-Tronsec.
MONTOIRS, f. c⁹⁹ de Saint-Verain. — Montoy, 1780 (reg. de Saint-Verain). — Le Montoir (Cassini).
MONTOIS, fief de la châtell. de Monceaux-le-Comte, mentionné en 1307 (Marolles).
MONTOIS (LE), f. c⁹⁹ de Lormes, réunie à la Vallée en 1771 (reg. de Lormes).

DÉPARTEMENT DE LA NIÈVRE.

Mostois (Le), h. c⁻ⁿᵉ de Sichamps. — *Le Montoy*, 1684 (titres de la famille Andras, Bibl. imp.).

Mostoise (La), chât. c⁻ⁿᵉ de Sainte-Colombe. — *La Montoize*, 1575 (Marolles). — Fief de la châtell. de Donzy.

Mostoege, fief, c⁻ⁿᵉ de Magny-Cours, châtell. de Châteauneuf-sur-Allier. — *Maison de Montorge*, 1385 (Marolles).

Mostoege, h. détruit, c⁻ⁿᵉ de Saint-Révérien. — *Le Cloux de Montorge*, 1629 (A. N.).

Mostorge, m. c⁻ⁿᵉ de Varennes-lez-Nevers. — *Montorge*, 1283 (A. N.).

Mostot, fief, c⁻ⁿᵉ d'Urzy, mentionné en 1638 (Marolles).

Mostot (Le), f. et h. c⁻ⁿᵉ de Ville-lez-Aulezy. — *Le Moteau*, 1507 (A. N.).

Mostots, f. c⁻ⁿᵉ de Brassy.

Mostots, m⁻ⁿ, c⁻ⁿᵉ de Brassy, sur le ruiss. du même nom, affluent de la rivière de Chalaux.

Mostots (Les), f. détr. c⁻ⁿᵉ de Saint-Pierre-le-Moûtier, mentionnée en 1750 (arch. de Saint-Pierre).

Mostpensy, h. c⁻ⁿᵉ d'Ouroux. — *Monpansy*, 1600 (reg. d'Ouroux). — *Montpanty*, 1628 (reg. de Chaumard).

Mostperous, f. c⁻ⁿᵉ de Fertrève. — *Montperroux*, 1598 (arch. du Chaillou). — *Monperroux*, 1610 (A. N.). — *Forêt de Monperroux*, 1675 (ibid.). — C'était un fief vassal du comté de Château-Chinon.

Mostperous, m. c⁻ⁿᵉ d'Alligny-en-Morvand. — *Montperroux*, 1649 (terrier d'Alligny).

Mostpillard, h. c⁻ⁿᵉ de Cruz-la-Ville. — *Monpillard*, 1688 (A. N.).

Mostpeist, m. de camp. c⁻ⁿᵉ de la Nocle.

Mostquis, h. c⁻ⁿᵉ de Dommartin. — *Monquien* (Cassini).

Most-Regnard, fief, c⁻ⁿᵉ de Chiddes, mentionné en 1641 (S.).

Most-Repres, fief de la châtell. de Donzy, mentionné en 1638 (Marolles).

Mostreuil, m. de camp. c⁻ⁿᵉ de Chantenay. — *Maison de Montreuil*, 1336 (Marolles). — Fief vassal de la Ferté-Chauderon.

Mostreuil (Le), f. c⁻ⁿᵉ de Rémilly. — *Le Mostereul*, 1451 (C.). — *Le Montereul*, 1488 (ibid.). — *Monterus*, 1540 (ibid.). — *Montereuls*, 1587 (ibid.). — *Monstreul*, 1625 (ibid.). — *Le Monteroul*, 1627 (S.). — *Le petit Montreuil, domaine de la Chartreuse d'Apponay*, 1779 (C.).

Mostreuillon, c⁻ⁿᵉ de Château-Chinon; prieuré-cure dépendant de Saint-Martin de Nevers. — *Ecclesia de Monte-Rumilionis*, 1129 (Gall. christ. XII, col. 339). — *Ecclesia de Tengono quæ vulgariter dicitur Mons-Rumilio*, 1130 (ibid.). — *Guido de Montruillon*, 1156 (ibid. col. 342). — *Ecclesia Beati-Jacobi de Monte Ruppillionis*, 1232 (A. N. fonds de Montreuillon). — *Mons Rupellionis*, 1287 (reg. de l'év. de Nevers). — *Mont-Rullon*, 1356 (A. N.). — *Moult-Rouglon*, 1581 (ibid.). — *Mont-Reuillon*, 1577 (A. N.). — Montreuillon était le siège de l'une des châtellenies du Nivernais, qui avait dans son ressort cent seize fiefs et dont la circonscription comprenait la partie sud-est du canton de Corbigny, la partie nord-est du canton de Châtillon et la partie nord-ouest du canton de Château-Chinon.

En 1790, le canton de Montreuillon, du district de Château-Chinon, fut composé des communes de Blismes, Chaumard, Dun-sur-Grandry, Montigny-en-Morvand, Montreuillon et Poussignol.

Ce lieu a donné son nom à une forêt qui s'étend sur les communes de Montreuillon, Mhère, Vauclaix, Cervon, Mouron et Poussignol-Blismes.

Mostrichot (Les), f. et h. c⁻ⁿᵉ de Champvert.

Mostribault, fief de la châtell. de Lusy, mentionné en 1638 (Marolles). — *Bois de Montribauld*, 1281 (Marolles). — *Montriubault*, 1546 (C.). — *Moutgrainbault*, 1556 (ibid.). — *Moutgrimbault*, 1627 (ibid.).

Mostriveaux, m. de camp. c⁻ⁿᵉ d'Arquian. — *Montriveaux*, 1499 (A. N.).

Mostry (Bois de), c⁻ⁿᵉ de Bazoches.

Mostrys, fief de la châtell. de Montenoison, mentionné en 1689 (reg. des fiefs).

Mosts, fief de la châtell. de Saint-Verain, mentionné en 1639 (reg. des fiefs).

Mostsabot, chapelle sur une montagne, c⁻ⁿᵉ de Neuffontaines. — *Monsabot*, 1455 (terrier de Chitry-sous-Montsalot). — Fief de la châtell. de Monceaux-le-Comte et Neuffontaines.

Mostsauche, arrond. de Château-Chinon. — *Montauches*, 1285 (S.). — *Monceauches*, xiv° s° (pouillé d'Autun). — *Montsauches*, vers 1500 (ibid.). — *Monchauche*, 1670 (reg. de Château-Chinon). — *Monsauge*, 1670 (A. N.). — Fief de la châtell. de Liernais et Saint-Brisson, vassal de Château-Chinon, qui a donné son nom à un bois voisin qui s'étend sur les communes de Montsauche et de Planchez.

En 1790, le canton de Montsauche, du district de Château-Chinon, fut composé des communes d'Alligny-en-Morvand, Gouloux, Montsauche, Moux, Saint-Agnan et Saint-Brisson.

Mostsauche (Signal de), point trigonométrique, c⁻ⁿᵉ de Montsauche. — *Tête de Dronne* (Cassini).

Mostsaunin, h. c⁻ⁿᵉ de Château-Chinon-Campagne. — *Monceaunin*, 1396 (A. N.). — *Monsaulnin*, 1453 (arch. de Marcilly). — *Monsonnin*, 1670 (reg. de Château-Chinon). — Fief vassal de la baronnie de Lormes-Château-Chinon.

MONTSAC, fief de la châtell. de Moulins-Engilbert, mentionné en 1638 (Marolles).

MONT-SEBRAGE, h. c^{ne} de Moux. — *Mont-Chermage* (Cassini).

MONTUCOT, f. détruite, c^{ne} de Saint-Honoré, mentionné en 1427 (arch. de la Montagne).

MONTUEL ou MONTUELLE, h. détruit, c^{ne} de Saint-Pierre-du-Mout, mentionné en 1760 (terrier de Saint-Pierre-du-Mout).

MONTVESSUT, lieu détruit, c^{ne} de Fléty, mentionné en 1594 (C.).

MONTVIEL, éc. c^{ne} de Verneuil. — *Montvirr*, 1513 (Marolles). — *Monriel*, 1566 (ibid.). — *Montvirs*, 1640 (ibid.). — *Monvielle*, 1689 (reg. des fiefs). — Fief de la châtell. de Decize.

MONTVICHE (Bois et CROIX DE), c^{ne} de Neuffontaines. — *Nemus de Montivrin*, 1233 (Gall. christ. IV, col. 97). — *Montzigne*, 1455 (terrier de Chitry-sous-Montsabot).

MOQUERIE (LA), f. c^{ne} de la Machine. — *Marquerie* (Cassini).

MORACHES, c^{ne} de Brinon. — *Ecclesia de Moresca*, 1129 (Gall. christ. XII, col. 340). — *Maresca*, 1130 (ibid. col. 339). — *Moresches*, 1287 (reg. de l'év. de Nevers). — *Murache*, 1294 (Marolles). — *Moraiches*, 1407 (ibid.). — *Cura de Moreschiis*, 1478 (pouillé de Nevers). — *Moraches*, 1514 (A. N.). — *Mourache*, 1692 (ibid.). — Fief de la châtell. de Monceaux-le-Comte et Neuffontaines.

MORAIGNE, h. c^{ne} de Luzy. — *Moraigne*, 1620 (reg. de Luzy). — *Moiraigne*, 1640 (ibid.). — *Marraigne*, 1648 (ibid.). — *Montragne*, 1662 (ibid.). — *Mourragne*, 1679 (ibid.). — Fief de la châtell. de Luzy.

MORAL (LE), ruiss. c^{ne} de Limanton, mentionné en 1584 (arch. de M. Pougault de Mourceaux).

MORAN, fief, c^{ne} de Champvert. — *Village et terre de Morant*, 1384 (Marolles). — *Morain*, 1506 (A. D.).

MORAND, h. c^{ne} de Cossaye. — *Chez les Moraz*, 1448; *Morats*, 1700 (A. N.). — *Emoratus* (Cassini).

MORANDIN, fief de la châtell. de Luzy, mentionné en 1638 (Marolles). — *Murodon*, 1689 (reg. des fiefs).

MOREAUX (LES), h. c^{ne} d'Arleuf.

MOREAUX (LES), h. c^{ne} de Saint-Amand.

MORELLE, m. c^{ne} de Chaumard.

MORELLE (MOULIN DE LA), mⁱⁿ et h. c^{ne} de Corancy.

MOREY (MONT), montagne, c^{ne} de Planchez.

MORIAUDS (LES), h. c^{ne} de Lucenay. — *Les Moreaulx*, 1364 (A. D.). — *Les Morauds*, 1659 (reg. de Cossaye).

MOBILLATS (LES), h. c^{ne} de Préporché.

MORILLOS, bois, c^{ne} de Vandenesse.

MORILLOS, f. c^{ne} de Préporché. — 1529 (C.). — *Les Marillons*, 1673 (S.). — Fief de la châtell. de Moulins-Engilbert.

MORILLOS, fief de la châtell. de Moutreuillon, mentionné en 1638 (Marolles).

MORIS, h. c^{ne} de Cossaye.

MORISCES, MORISCIS, lieu détruit, c^{ne} de Pariguy-les-Vaux, mentionné en 1331 (cens. du chap. de Nevers).

MORIS, h. c^{ne} de Glux.

MORIS (LES), h. c^{ne} de Germigny.

MORISCOT (LES), f. c^{ne} de Champvert. — *Morigaux* (Cassini).

MORIZES (LA MAISON DES), lieu détruit, c^{ne} de Pariguy-les-Vaux, mentionné en 1663 (S.).

MORIZOT, mⁱⁿ, c^{ne} de Metz-le-Comte.

MORNARGES (LES), h. c^{ne} de Poiseux. — *Mornaigue*, 1661 (A. N.).

MOROGUE, mⁱⁿ, c^{ne} de Narcy. — *Moulin de Murepont*, 1685 (épitaphe dans l'église de Narcy).

MOROTERIE (LA), m. c^{ne} de Saint-Ouen.

MORROCHÈRE (LES), h. c^{ne} de Crux-la-Ville. — *Les Morouses* (Cassini).

MORT (LE), l'une des hauteurs entre lesquelles a été construite la chaussée des Sétons, c^{ne} de Montsauche.

MORTIER (LE), f. et h. c^{ne} de Druy. — *Mortars*, 1406 (A. D.). — *Mortiers*, 1602 (ibid.). — *Port de Mortier*, 1739 (ibid.).

MORTES (LA), ruiss. affluent de la rivière de Chaluux, c^{ne} de Brassy.

MORVAND (LE), pays jadis partagé entre le Nivernais et la Bourgogne, aujourd'hui divisé entre les départements de la Nièvre, de la Côte-d'Or, de Saône-et-Loire et de l'Yonne, présentant du nord au sud, d'Avallon (Yonne) à la chaîne de l'Appenelle, qui domine la ville de Luzy, un massif granitique et montagneux de vingt-deux lieues de long, sur une largeur qui varie de huit à douze lieues. — *Morvinus pagus*, 388 (Baudiau, I, 2). — *Ager Morvin*, 849 (Gall. christ. XII, col. 301). — *Morvennum*, 887 (ibid. col. 311). — *Morventum*, 1308 (A. N.). — *La terre du Morvant*, 1385 (Bulliot, II, 237). — *Pays du Morvent*, 1472 (C.). — Le Morvand nivernais comprenait à peu près toute la partie de cette petite contrée renfermée aujourd'hui dans le département de la Nièvre; sa ligne de séparation avec le Morvand bourguignon commençait aux montagnes de Dône, montait au mont Beuvray, de là à Glux, et tirait droit à la montagne des Poiriers, à l'ouest d'Anost; elle se dirigeait ensuite, entre Gien-sur-Cure et Ménessaire, au sommet du Mont-Moux et à celui du Grand-Hâbre, au nord-ouest d'Alligny; passant enfin entre Saint-Brisson et Saint-Agnan, elle allait joindre le cours de la rivière de Cure à Dun-les-Places, et ne le quittait plus jusqu'à Pierre-Perthuis, si ce n'est à Chastellux, pour donner ce château à la Bourgogne.

Le Morvand nivernais forma, en 1790, les districts de Château-Chinon, de Corbigny et de Moulins-Engilbert; il fut ensuite réparti entre les arrondissements de Château-Chinon et de Clamecy.

MORVAND (ARCHIDIACONÉ DU) ou DE DECIZE, dép. du dioc. de Nevers; il était composé des archiprêtrés de Châtillon-en-Bazois, Decize, Moulins-Engilbert et Thianges.

MORVAND (MONTAGNES DU), petite chaîne de montagnes située au sud-ouest du département de la Côte-d'Or et sur la limite de ceux de Saône-et-Loire et de la Nièvre, qui sépare le bassin de la Seine de celui de la Loire.

MORVARDS (LES), h. c⁻ᵉ de Château-Chinon-Campagne.

MOTE (LA), m. détruite, c⁻ᵉ de Bouy, mentionnée en 1361 (A. N.).

MOTES (LES), h. détruit, c⁻ᵉ de la Celle-sur-Nièvre, mentionné en 1603 (A. N.).

MOTEU (LA), mⁿ de Sainte-Colombe. — *La Motte-au-Gras*, 1671 (reg. de Sainte-Colombe).

MOTHE (RUISSEAU DE LA), l'un des ruisseaux qui forment la rivière d'Yonne, c⁻ᵉ de Glux.

MOTHE-DE-MONTENER (LA), ruines, c⁻ᵉ de Magny-Lormes; fief démembré de celui de Montigny, c⁻ᵉ de Pouques, qui était vassal de la baronnie de Lormes-Château-Chinon.

MOTREUIL, fief, c⁻ᵉ de Poil, mentionné en 1518 (C.).

MOTTE (BOIS DE LA), c⁻ᵉ de Saint-Germain-Chassenay. — Il tire son nom de *la Motte de Saint-Germain*, portée sur un plan de 1772 de la seigneurie de Beauvoir.

MOTTE (LA), anc. chât. et f. c⁻ᵉ d'Arthel. — *La Motte d'Arthe*, 1689 (reg. des fiefs). — Fief de la châtell. de Montenoison.

MOTTE (LA), chât. h. et écl. c⁻ᵉ de Decize. — *La Mote*, 1323 (Marolles). — *La Motte Charente*, 1437 (ibid.). — *La Motte-sur-Loyre*, 1449 (A. D.). — *La Motte de Charenton*, 1689 (reg. des fiefs). — C'était un fief de la châtell. de Decize; il prit son nom de la famille de Charenton, qui le possédait au xɪᴠᵉ siècle.

MOTTE (LA), chât. c⁻ᵉ de Livry. — *La Motte-Bourbery*, 1689 (A. N.).

MOTTE (LA), anc. chât. et m⁻ⁿ c⁻ᵉ de Perroy. — *Mota*, 1286 (A. N.). — *La Motte-Jusseraud*, 1381 (Marolles). — *La Motte-Joceran*, 1434 (A. N.). — Fief de la châtell. de Donzy.

MOTTE (LA), chât. c⁻ᵉ de Saint-Sulpice. — *La Mote* 1419 (S.).

MOTTE (LA), f. c⁻ᵉ de Garchy.

MOTTE (LA), f. c⁻ᵉ de Nevers.

MOTTE (LA), f. c⁻ᵉ de Saint-Père.

MOTTE (LA), fief, c⁻ᵉ de Fours, mentionné en 1591 (Marolles).

MOTTE (LA), fief, c⁻ᵉ de Montigny-sur-Canne, mentionné en 1714 (A. N.).

MOTTE (LA), h. c⁻ᵉ de Billy-sur-Oisy. — *La Motte-de-Billy*, 1638 (Marolles). — Fief de la châtell. de Billy.

MOTTE (LA), h. c⁻ᵉ de Dornes.

MOTTE (LA), h. c⁻ᵉ de la Celle-sur-Loire.

MOTTE (LA), h. détruit, c⁻ᵉ de Marzy, porté sur la carte de Cassini.

MOTTE (LA), h. c⁻ᵉ de Moulins-Engilbert. — *La Motte du Plessis*, 1638 (Marolles). — *La Motte-Parillon*, 1689 (reg. des fiefs). — Fief de la châtell. de Moulins-Engilbert.

MOTTE (LA), m. c⁻ᵉ de Limanton. — *La Mothe*, 1567 (terrier de Bellevaux).

MOTTE (LA), m. de garde, c⁻ᵉ de Magny-Cours.

MOTTE-AU-TROUX (LA) ou LA MOTTE-AU-TERRE, fief de la châtell. de Moulins-Engilbert, mentionné en 1668 (Marolles).

MOTTE-AUX-BECHERIS (LA), fief de la châtell. de Decize, mentionné en 1638 (Marolles).

MOTTE-AUX-GIRAUDS (LA), lieu détruit, c⁻ᵉ de Cossaye. — *La Mothe-ès-Girauds*, 1377 (Marolles). — *La Motte-aux-Girauds*, 1423 (ibid.). — *La Motte-Augerauz*, 1689 (reg. des fiefs). — Fief de la châtell. de Decize.

MOTTE-CARREAU (LA), fief de la châtell. de Nevers. — *La Mothe-Carreaul*, 1531 (Marolles). — *La Motte-Carreau-les-Nevers*, 1638 (ibid.).

MOTTE-CHAMBIN (LA), motte féodale, près de Lurcy, c⁻ᵉ de Toury-Lurcy, ainsi nommée en 1772 (plan de la seigneurie de Beauvoir).

MOTTE-COQUELARD (LA), lieu détruit, près de Decize, mentionné en 1743 (A. D.).

MOTTE-COSSON (LA), motte, c⁻ᵉ de Rémilly. — Une motte dite *la Motte-Cosson*, 1426 (C.). — Elle tirait son nom d'une famille Cosson qui possédait ce fief au xᴠᵉ siècle.

MOTTE-DE-BEUX (LA), fief de la châtell. de Luzy, mentionné en 1638 (Marolles).

MOTTE-DE-BAAGNY (LA), fief de la châtell. de Monceaux-le-Comte, mentionné en 1638 (Marolles).

MOTTE-DE-CHALMOST (La), fief de la châtell. de Decize, mentionné en 1638 (Marolles).

MOTTE-DE-LA-COUR-DES-PREZ (La), fief de la châtell. de Nevers, mentionné en 1638 (Marolles).

MOTTE-DE-LA-GRANGE (La), fief de la châtell. de Châteauneuf-sur-Allier, mentionné en 1638 (Marolles).

MOTTE-DE-LA-VILLENEUVE (La), fief de la châtell. de Decize, mentionné en 1638 (Marolles).

MOTTE-DE-L'ÉTANG-DU-MOULIN (La), fief de la châtell. d'Entrains, mentionné en 1638 (Marolles).

MOTTE-DE-MERY (La), fief de la châtell. de Cosne, mentionné en 1638 (Marolles).

MOTTE-DES-BOIS (La) ou LA MOTTE-DES-BOUX, fief de la châtell. de Luzy, mentionné en 1689 (reg. des fiefs).

MOTTE-DES-BOIS (La), maison forte, près de Donzy, mentionnée en 1473 (Marolles). — Fief de la châtell. de Donzy.

MOTTE-DES-CHOUX (La), seigneurie près de Luzy, mentionnée en 1479 (Marolles).

MOTTE-DES-PRÉS (La), fief de la châtell. de Monceaux-le-Comte et Neuffontaines, mentionné en 1638 (Marolles).

MOTTE-DE-TERRAIN (La), fief de la châtell. de Montenoison, mentionné en 1638 (Marolles).

MOTTE-DE-LA-FOURCHES (La), motte sur le chemin de Beauvoir à Cossaye, c⁰⁰ de Saint-Germain-Chassenay, marquée en 1772 (plan de la seigneurie de Beauvoir).

MOTTE-DU-BOIS (La), fief de la châtell. de Nevers, mentionné en 1638 (Marolles).

MOTTE-DU-CHASSIS (La), fief de la châtell. de Donzy, mentionné en 1638 (Marolles).

MOTTE-DU-PRÉ (La), h. détruit, c⁰⁰ de Sougy, fief vassal de Druy, mentionné en 1638 (Marolles).

MOTTE-FARCHAT (La), chât. c⁰⁰ de Fleury-sur-Loire. — La Mote Ferrechat, 1486 (Marolles). — La Mothe Ferchat, 1640 (A. N.). — La Motte Forchas, 1689 (reg. des fiefs). — Fief de la châtell. de Decize, vassal de Rosemont; il tire son nom de la famille Ferrechat, qui le possédait au xiv⁰ siècle.

MOTTE-FEUILLE (La), fief de la châtell. de Donzy, mentionné en 1689 (reg. des fiefs).

MOTTE-GAILLON (La), c⁰⁰ de Thaix, fief de la châtell. de Decize, mentionné en 1760 (A. D.).

MOTTE-GUYOT-DE-REUON (La) ou LA MOTTE-GUYOT-DE-ROUON, fief de la châtell. de Moulins-Engilbert, mentionné en 1638 (Marolles).

MOTTE-JOSEAU (La), fief de la châtell. de Cercy-la-Tour, mentionné en 1638 (Marolles).

MOTTE-MARCEAU (La), fief de la châtell. de Decize, mentionné en 1638 (Marolles). — La Motte-Marceaut, 1628 (A. D.).

MOTTE-MIGET (La), h. c⁰⁰ de Pariguy-la-Rose.

MOTTE-PASADENE (La), fief de la châtell. de Cosne, mentionné en 1689 (reg. des fiefs).

MOTTE-PRÉCISAT (La), lieu détruit, près de Druy, fief vassal de Druy, mentionné en 1638 (Marolles).

MOTTE-SAUGER (La) ou LA MOTTE-SAUGIER, fief de la châtell. d'Entrains, mentionné en 1575 (Marolles).

MOTTE-TRIQUÈS (La), h. détruit, c⁰⁰ de Cercy-la-Tour, mentionné en 1610 (S.).

MOTTE-VACHERESSE (La), ruines d'un château, c⁰⁰ de Saint-Hilaire-en-Morvand.

MOTTE-VEILLART (La), h. c⁰⁰ de Saint-Hilaire-Fontaine.

MOTTES (Les), h. c⁰⁰ de Saint-Amand.

MOTTES-BARROIS (Les), f. detr. c⁰⁰ de Mars, mentionnée en 1750 (arch. de Saint-Pierre-le-Moûtier).

Mou (La), h. c⁰⁰ de Challuy. — Village de Mu, 1435 (A. N.). — Le Mol, 1479 (ibid.). — Mou, 1556 (ibid.).

MOUARDS (Les), h. c⁰⁰ de Narcy.

MOCAS, f. c⁰⁰ de la Nocle.

MOCAS, h. c⁰⁰ de la Collancelle. — Moatz, 1500 (A. N.). — Moas, 1534 (C.). — C'était un fief vassal de Frasnay-le-Ravier.

MOUASSE, chât. m¹ⁿ et h. c⁰⁰ de Saint-Hilaire-en-Morvand. — Domus de Mosseya, 1218 (S.). — Muiare, 1318 (A. N.). — Moasse, 1573 (C.). — Mousce, 1705 (C.). — Fief vassal du comté de Château-Chinon.

MOUCHES, fief de la châtell. de Montenoison, mentionné en 1406 (arch. de Marcilly). — Les Mouches, 1543 (arch. de Quincize).

MOUCHES, h. c⁰⁰ de Pazy. — Mouchez, 1334 (arcb. de Vandenesse). — Mouches, 1445 (ibid.). — Mouches, 1503 (Marolles). — Bois de Mosches, 1540 (arch. de Vandenesse). — Mouche, 1689 (reg. des fiefs). — Fief de la châtell. de Monceaux-le-Comte et Neuffontaines, vassal de la Tournelle.

MOUCHETRAIE (La), f. c⁰⁰ de la Charité.

MOUCOUX, m. c⁰⁰ de Château-Chinon-Campagne.

MOUCHY, chât. c⁰⁰ de Raveau. — Forge de Mouchy (Cassini).

MOUCHY, h. c⁰⁰ de Moroches.

MOUCHY, h. c⁰⁰ de Varennes-lez-Narcy.

MOUDIN, h. c⁰⁰ de la Collancelle. — Moudain, 1275 (Marolles). — Moutuin, 1356 (ibid.). — Moudain, 1689 (A. N.). — Moudoin, 1689 (reg. des fiefs). — Fief de la châtell. de Montreuillon.

MOUDOIN ou MOUDUYN, fief de la châtell. de Monceaux-le-Comte et Neuffontaines, mentionné en 1638 (Marolles).

MOUFFANT, lieu détruit, c⁰⁰ de Pougues, mentionné en 1355 (cens. du chap. de Nevers).

Moceereay, fief, c^{ne} de Montaron, mentionné en 1520 (C.).

Mougut, h. c^{ne} de Bazolles. — 1696 (reg. de Saint-Saulge).

Mougles, h. c^{ne} de Parigny-les-Vaux; anc. comm^{rie} de l'ordre de Malte. — *Domus militis templi de Moga*, 1244 (A. N. fonds de Villemoison). — *Mogues*, 1515 (A. N.). — *Les Mougues*, 1544 (ibid.). — *Mougues*, v. 1700 (ibid.).

Mougues, h. détruit, c^{ne} de Pouques, mentionné en 1643 (A. N.).

Mouillé, f. c^{ne} de Villapourçon. — *Mouillé-en-Mont* (Cassini).

Mouillé, h. c^{ne} de Verneuil; il donne son nom à un ruisseau affluent de la Landarge.

Mouillé (Le Domaine), f. c^{ne} d'Isenay. — *Moulin de Mouillet* (Cassini).

Mouillé-au-Boittout (La), h. détruit, c^{ne} de Préporché, mentionné en 1673 (S.).

Mouillé-Benoît, h. c^{ne} d'Ouroux.

Mouillé-des-Prélats (La), lieu détruit, c^{ne} de Préporché, mentionné en 1673 (S.).

Mouillé-du-Bout (La), h. c^{ne} de Saint-Léger-de-Fougeret.

Mouillefrets (Les), h. c^{nes} d'Arleuf et de Château-Chinon-Campagne.

Mouillère (La), h. c^{ne} de la Celle-sur-Loire.

Mouilles-des-Pierres (Les), f. c^{ne} de Montigny-sur-Canne.

Mouilles-Lentes (Les), h. c^{ne} de Rémilly.

Mouillière (La), éc. c^{ne} d'Arquian.

Mouillière (La), tuil. c^{ne} de Pouilly.

Mouillise, fief de la châtell. de Cosne, mentionné en 1689 (reg. des fiefs).

Mouland (Le), fief, c^{ne} de Chiddes, mentionné en 1679 (reg. de Chiddes).

Mouligny, h. c^{ne} de Tannay. — *Decima et villa de Molenni*, 1228 (S.). — *Moligny*, 1422 (C.).

Moulis (Le), éc. c^{ne} de Rémilly.

Moulis (Le), f. c^{ne} de Saint-Parize-le-Châtel. — *Rivulum dictum Molendini*, 1414 (A. N.).

Moulin (Le), h. c^{ne} de Bona. — *Moulin Galeron* (Cassini).

Moulin (Le), h. c^{ne} de Châteauneuf.

Moulin (Le), h. c^{ne} de Germigny.

Moulin (Le), m. c^{ne} d'Asnois.

Moulin (Le), m. de régisseur, c^{ne} de Rémilly.

Moulin (Le), mⁱⁿ, c^{ne} de Châtillon.

Moulin (Le), mⁱⁿ, c^{ne} de Corbigny.

Moulin (Le), mⁱⁿ, c^{ne} de Corvol-Dambernard.

Moulin (Le), mⁱⁿ, c^{ne} de Tannay.

Moulin (Ruisseau du), affluent de la Loire, c^{ne} de Lamenay.

Moulin-à-Bled-de-Sceu (Le), c^{ne} de Lurcy-le-Bourg, fief de la châtell. de Montenoison, mentionné en 1689 (reg. des fiefs).

Moulin à deux Roues (Le), mⁱⁿ détruit, sur l'Yonne: c'était un fief de la châtell. de Monceaux-le-Comte et Neuffontaines, mentionné en 1689 (reg. des fiefs).

Moulin-à-Écorce (Le), h. c^{ne} d'Annay.

Moulin à Foulon (Le), mⁱⁿ détruit, c^{ne} de Flez-Cuzy, porté sur la carte de Cassini.

Moulin-à-la-Villeneuve-les-Bois (Le), fief de la châtell. de Donzy, mentionné en 1689 (reg. des fiefs).

Moulin-au-Foivre (Le), h. c^{ne} de Sermages. — *Moulin au Favre* (Cassini).

Moulin-Auzard (Le), fief de la châtell. de Moulins-Engilbert; mentionné en 1689 (reg. des fiefs). — *Molin-Aujou*, 1638 (Marolles).

Moulin au Jos (Le), mⁱⁿ, c^{ne} de Bouhy.

Moulin au Loup (Le), mⁱⁿ, c^{ne} de Saint-Hilaire-Fontaine.

Moulin au Maigre (Le), mⁱⁿ détruit, c^{ne} de Rouy. *Molendinum-au-Meigre*, 1326 (C.).

Moulin aux Clercs (Le), mⁱⁿ, c^{ne} de Saint-Jean-aux-Amognes. — *Village Doultrelaigue*, 1422 (A. N.). — *Outre-Laigue*, 1585 (S.). — *Outrelaigue* (Cassini).

Moulin-à-Vent (Le), f. c^{ne} de Champlemy.

Moulin-à-Vent (Le), f. et mⁱⁿ, c^{ne} de Pougues.

Moulin-à-Vent (Le), h. et mⁱⁿ, c^{ne} d'Alligny.

Moulin-à-Vent (Le), h. c^{ne} de Saint-Ouen.

Moulin Berger (Le), mⁱⁿ, c^{ne} de Dampierre-sur-Bouhy.

Moulin Bernard (Le), mⁱⁿ détruit, c^{ne} de Corvol-l'Orgueilleux. — *Molendinum Bernardi quod situm est juxta Corvolium Superbum*, 1239 (S.).

Moulin Beuchot (Le), mⁱⁿ, c^{ne} d'Arthel. — *Moulin du Bouchot* (Cassini).

Moulin Blanc (Le), mⁱⁿ, c^{ne} de Dornes.

Moulin Blondelot (Le), mⁱⁿ, c^{ne} de Château-Chinon-Campagne.

Moulin Bordier (Le), mⁱⁿ détruit, c^{ne} de Lurcy-le-Bourg, porté sur la carte de Cassini.

Moulin Bougeois (Le), mⁱⁿ à vent, c^{ne} de Dampierre-sur-Bouhy.

Moulin Boutillat (Le), mⁱⁿ détruit, c^{ne} de Moulins-Engilbert, porté sur la carte de Cassini.

Moulin Boyard (Le), mⁱⁿ détruit, c^{ne} de Metz-le-Comte, porté sur la carte de Cassini.

Moulin-Brûlé (Le), éc. anc. mⁱⁿ, c^{ne} de Saint-Didier.

Moulin-Brûlé (Le), h. c^{ne} de Narcy.

Moulin-Brûlé (Le), h. et f. c^{ne} de Saint-Agnan. — Il tire son nom d'une forge qui existait en ce lieu.

Moulin-Brûlé (Le), m¹⁰, c⁰⁰ de Saint-Amand.
Moulin-Cabeau (Le), h. c⁰⁰ de Cercy-la-Tour.
Moulin Cassiot (Le), m¹⁰, c⁰⁰ de Chevannes-Changy.
Moulin-Cazot (Le), h. c⁰⁰ de Saint-Brisson.
Moulin-Cède (Le), fief de la châtell. de la Marche, mentionné en 1689 (reg. des fiefs).
Moulin-Champrot (Le), m¹⁰ détruit, c⁰⁰ de Tresnay, porté sur la carte de Cassini.
Moulin-Chevaillier (Le), fief de la châtell. de Clamecy, mentionné en 1689 (reg. des fiefs).
Moulin-Chotard (Le), usine, c⁰⁰ de Saint-Père.
Moulin-Coquille (Le), m¹⁰ détruit, c⁰⁰ de Champvert, mentionné en 1610 (A. D.). — Il tirait son nom de la famille Coquille, dont les propriétés étaient aux environs de Champvert.
Moulin-Corne (Le), usine, c⁰⁰ de Beuvron.
Moulin-Coulzeau (Le), éc. c⁰⁰ de Saint-Saulge.
Moulin d'Amazy (Le), m¹⁰ détruit, c⁰⁰ de Metz-le-Comte, porté sur la carte de Cassini.
Moulin-d'Arlay (Le), auberge, c⁰⁰ de Millay.
Moulin d'Aron (Le), m¹⁰, c⁰⁰ de Crux-la-Ville.
Moulin d'Aron (Le), m¹⁰ détruit, c⁰⁰ de Luché-Assarts, porté sur la carte de Cassini.
Moulin d'Asnan (Le), m¹⁰ détruit, c⁰⁰ d'Asnan, porté sur la carte de Cassini.
Moulin d'Avrée (Le), m¹⁰, c⁰⁰ d'Avrée.
Moulin de Beaureplet (Le), m¹⁰, c⁰⁰ de Crux-la-Ville. — Beaureplay (Cassini).
Moulin de Beauvoir (Le), m¹⁰, c⁰⁰ de Saint-Germain-Chassenay. — Moulin de Beauvoir, 1500 (A. N.).
Moulin de Bulcy (Le), m¹⁰, c⁰⁰ de Bulcy. — Moulin de Neufville, 1475 (A. N.).
Moulin de Challey (Le), m¹⁰, c⁰⁰ de Saint-Gratien.
Moulin de Champ (Le), m¹⁰ détruit, c⁰⁰ d'Anlezy.
Moulin de Champ (Le), m¹⁰, c⁰⁰ de Saint-Léger-de-Fougeret.
Moulin de Champmartin (Le), m¹⁰, c⁰⁰ de Chougny. — Moulin de la Roche (Cassini).
Moulin de Chassy (Le), m¹⁰, c⁰⁰ d'Ourouer. — Molin Dorguilloux, 1339 (arch. des Bordes). — Moulin Dorguillou et d'Ourguillou, 1516 (ibid.).
Moulin de Chaumard (Le), m¹⁰, c⁰⁰ de Chaumard.
Moulin de Chaumes (Le), m¹⁰, c⁰⁰ de Châteauneuf-Val-de-Bargis.
Moulin-de-Chigy (Le), f. c⁰⁰ de Tazilly.
Moulin de Codde (Le), m¹⁰, c⁰⁰ de Cercy-la-Tour. — Moulin de Briond, 1610 (S.).
Moulin de Crécy (Le), m¹⁰ détruit, c⁰⁰ de Fertrève, porté sur la carte de Cassini.
Moulin de Fautz (Le), m¹⁰, c⁰⁰ de Sauvigny-les-Bois, mentionné en 1614 (A. N.).
Moulin de Faye (Le), m¹⁰, c⁰⁰ de Sauvigny-les-Bois.

Moulin de l'Arène (Le), m¹⁰ détruit, c⁰⁰ de Nolay, porté sur la carte de Cassini.
Moulin de la Cabre (Le), m¹⁰, c⁰⁰ de Tintury.
Moulin de la Folie (Le), m¹⁰ détruit, c⁰⁰ de Livry, porté sur la carte de Cassini.
Moulin de la Fontaine (Le), m¹⁰ détruit, c⁰⁰ de Champ-vous, porté sur la carte de Cassini.
Moulin-de-la-Forge (Le), fief de la châtell. de Metz-le-Comte, mentionné en 1689 (reg. des fiefs).
Moulin de la Forge (Le), m¹⁰, c⁰⁰ de Surgy.
Moulin de la Grille (Le), m¹⁰ détruit, c⁰⁰ de Varzy, porté sur la carte de Cassini.
Moulin de la Paille (Le), m¹⁰ détruit, c⁰⁰ d'Arthel, porté sur la carte de Cassini.
Moulin de la Reine (Le), m¹⁰, c⁰⁰ de Crux-la-Ville.
Moulin-de-la-Roche (Le), f. c⁰⁰ de Saint-Aubin-les-Forges.
Moulin de l'Écrevisse (Le), fief de la châtell. de Saint-Verain, mentionné en 1689 (reg. des fiefs).
Moulin de l'Étang (Le), m¹⁰, c⁰⁰ de Jailly. — Moulin-du-Bois (Cassini).
Moulin de l'Étang du Bois (Le), m¹⁰, c⁰⁰ de Champlemy.
Moulin de Lichy (Le), m¹⁰, c⁰⁰ de Bona.
Moulin-de-Lisle (Le), fief de la châtell. de Cercy-la-Tour, mentionné en 1689 (reg. des fiefs).
Moulin de Lurcy (Le), m¹⁰, c⁰⁰ de Toury-Lurcy. — Moulin Gadat (Cassini).
Moulin-de-Main (Le), h. c⁰⁰ d'Empury. — Moulin Demain, 1590 (arch. de Vésigneux).
Moulin de Mulot (Le), m¹⁰, c⁰⁰ de Biches. — Le molin de Moulotz, 1564 (C.). — Molin de Mulotz, 1567 (terrier de Bellevaux).
Moulin de Montarmin (Le), m¹⁰, c⁰⁰ de Luzy. — Molin de Montermin, 1575 (C.).
Moulin de Moutay (Le), m¹⁰, c⁰⁰ de Bona.
Moulin de Nancray (Le), m¹⁰ détruit, c⁰⁰ de Saint-Benin-des-Bois, mentionné en 1613 (S.).
Moulin de Nataloux (Le), m¹⁰, c⁰⁰ de Montsauche.
Moulin-de-Pain (Le), f. commune de Saint-Pierre-le-Moûtier.
Moulin-de-Pierre (Le), f. détruite, mentionnée en 1779 comme faisant partie de la terre de Cosne (arch. de l'Yonne, fonds de Cosne).
Moulin-de-Planche (Le), fief de la châtell. de Luzy, mentionné en 1689 (reg. des fiefs).
Moulin de Poussery (Le), m¹⁰, c⁰⁰ de Montaron.
Moulin de Pete (Le), m¹⁰, c⁰⁰ de la Fermeté. — Molendinum Archæ Albeyarum; Molendinum Archam Albeyas, 1342 (S.).
Moulin de Rémilly (Le), m¹⁰, c⁰⁰ de Rémilly.
Moulin-de-Rigon (Le), fief de la châtell. de Decize, mentionné en 1689 (reg. des fiefs).

DÉPARTEMENT DE LA NIÈVRE.

Moulin de Bousse (Le), m¹ⁿ, cⁿᵉ de Saint-Martin-du-Tronsec. — *Moulin de la Bousse* (Cassini).

Moulin de Saint-Brisson (Le), m¹ⁿ, cⁿᵉ de Saint-Brisson.

Moulin de Saint-Verain (Le), m¹ⁿ, cⁿᵉ de Saint-Verain.

Moulin des Bourgoines (Le), m¹ⁿ détruit, cⁿᵉ de Saint-Honoré, mentionné en 1643 (S.).

Moulin-des-Cocas (Le) ou le Petit-Moulin, m. de camp. et f. cⁿᵉ de Lucenay-les-Aix. — *Moulin Loget*, 1778 (plan de la seign. de Toury-sur-Abron).

Moulin de Serraeves (Le), m¹ⁿ, cⁿᵉ d'Oisy.

Moulin de Serre (Le), m¹ⁿ, cⁿᵉ de Bazoches.

Moulin des Grais (Le), m¹ⁿ, cⁿᵉ de Saint-Brisson.

Moulin-des-Ormes (Le), h. cⁿᵉ de Varzy.

Moulin des Paillards (Le), m¹ⁿ, cⁿᵉ de Perroy. — *Moulin Paillard* (Cassini).

Moulin des Pérats (Le), m¹ⁿ, cⁿᵉ de Thianges.

Moulin des Places (Le), m¹ⁿ, cⁿᵉ de Saint-Gratien.

Moulin des Prés (Le), m¹ⁿ détruit, cⁿᵉ de Corvol-d'Embernard, porté sur la carte de Cassini.

Moulin Dessus (Le), m¹ⁿ, cⁿᵉ de Saint-Léger-de-Fougeret.

Moulin de Toursssac (Le), m¹ⁿ détruit, cⁿᵉ de Lamenay, mentionné en 1412 (arch. du chât. de la Montagne).

Moulin de Toury (Le), m¹ⁿ, cⁿᵉ de Toury-Lurcy. — *La Forge de Toury*, 1618 (reg. de Toury-sur-Abron).

Moulin de Tringy (Le), m¹ⁿ, cⁿᵉ de Chevannes-Changy.

Moulin de Trois-le-Bocs (Le), m¹ⁿ, cⁿᵉ de Chevannes-Changy. — *Moulin de Trélbout* (Cassini).

Moulin de Trucy (Le), m¹ⁿ, cⁿᵉ de Trucy-l'Orgueilleux.

Moulin de Valotte (Le), m¹ⁿ, cⁿᵉ de Saint-Benin-d'Azy. — *Le Moulin* (Cassini).

Moulin de Varenne (Le), m¹ⁿ, cⁿᵉ de Cossaye. — *Molin de Varennes*, 1456 (A. D.). — Fief de la châtell. de Decize.

Moulin de Vaucoret (Le), m¹ⁿ, cⁿᵉ de Château-Chinon-Campagne.

Moulin de Vaux (Le), m¹ⁿ, cⁿᵉ d'Avril-sur-Loire. — Fief de la châtell. de Decize.

Moulin de Vernenoux (Le), m¹ⁿ, cⁿᵉ de Château-Chinon-Campagne.

Moulin-de-Vilaine (Le), m. cⁿᵉ de Moulins-Engilbert.

Moulin de Villemoison (Le), m¹ⁿ détruit, cⁿᵉ de Saint-Père, mentionné en 1579 (inv. de Villemoison).

Moulin d'Isenay (Le), m¹ⁿ et écl. cⁿᵉ d'Isenay.

Moulin du Bas (Le), m¹ⁿ, cⁿᵉ de Dornes.

Moulin du Bey (Le) ou le moulin Neuf, m¹ⁿ, cⁿᵉ de la Roche-Millay.

Moulin-du-Bœuf (Le), éc. cⁿᵉ de Saint-Germain-Chassenay.

Moulin-du-Bois (Le), h. et m¹ⁿ, cⁿᵉ de Lormes.

Moulin-de-Bois (Le), fief de la châtell. de Cercy-la-Tour, mentionné en 1689 (reg. des fiefs).

Moulin-du-Bois (Le), usine et m¹ⁿ, cⁿᵉ de Sainte-Marie. — *Étang du Moulin-du-Bois*, 1584 (A. N.).

Moulin-du-Bouchet (Le), cⁿᵉ de Saisy, fief de la châtell. de Monceaux-le-Comte et Neuffontaines, mentionné en 1689 (reg. des fiefs).

Moulin-de-Buly (Le), h. cⁿᵉ de Montigny-en-Morvand.

Moulin de Comte (Le), m¹ⁿ, cⁿᵉ de Savigny-Poil-Fol.

Moulin-de-Crot (Le), m. cⁿᵉ de Saint-Benin-des-Bois.

Moulin de Crot-de-l'Ormes (Le), m¹ⁿ, cⁿᵉ de Verneuil.

Moulin-du-Gros-Bois (Le), h. cⁿᵉ de Dampierre-sur-Bouhy.

Moulin du Gué (Le), m¹ⁿ, cⁿᵉ de Montigny-sur-Canne. — *Le Gue*, 1361 (A. N.). — *Molin du Guay*, 1638 (Marolles). — *Moulin Duguet*, 1676 (A. N.). — *Moulin de Gué*, 1689 (reg. des fiefs). — Fief de la châtell. de Cercy-la-Tour.

Moulin-du-Gué (Le), h. et m¹ⁿ, cⁿᵉ de Fertrève. — *Moulin-Duguay*, 1573 (A. N.).

Moulin de Merle (Le), m¹ⁿ, cⁿᵉ de Crux-la-Ville. — Tire son nom de l'étang du Merle, sur lequel il se trouve.

Moulin de Merle (Le), m¹ⁿ, cⁿᵉ d'Ouagne.

Moulin-du-Pont-de-Vilaine (Le), fief de la châtell. de Montenoison, mentionné en 1638 (Marolles).

Moulin du Pont-Sabre ou de Sainte-Seigne (Le), m¹ⁿ détruit, cⁿᵉ de Parigny-les-Vaux, mentionné en 1544 (A. N.).

Moulin du Pré (Le), m¹ⁿ à vent, cⁿᵉ de Dampierre-sur-Bouhy.

Moulin Duriau (Le), m¹ⁿ, cⁿᵉ de Verneuil. — *Moulin de Bouez* (Cassini).

Moulin du Saut (Le), m¹ⁿ, cⁿᵉ de Neuffontaines.

Moulin d'Yonne (Le), m¹ⁿ, cⁿᵉ de Château-Chinon-Campagne.

Moulin-Écorce (Le), f. cⁿᵉ de Bulcy.

Moulin-Follet (Le), h., m¹ⁿ et tuil. cⁿᵉ de Vauclaix. — *Molin Folet*, 1705 (S.). — Fief vassal du comté de Château-Chinon.

Moulin Gavard (Le), m¹ⁿ, cⁿᵉ de Bouhy.

Moulin-Gigneau (Le), h. et m¹ⁿ, cⁿᵉ de Saint-Benin-des-Bois. — *Moulin Gigot* (Cassini).

Moulin Goulneau (Le), m¹ⁿ, cⁿᵉ de Sexy-Bourdon. — *Moulin Goulnot* (Cassini).

Moulin-Grauard (Le), h. cⁿᵉ de Gâcogne. — *Moulin-Faubin* (Cassini).

Moulin Guillerant (Le), m¹ⁿ détruit, cⁿᵉ d'Asnan, porté sur la carte de Cassini.

Moulin-Guyot (Le), fief de la châtell. de Moulins-Engilbert, mentionné en 1638 (Marolles).

Moulin Janet (Le), m¹ⁿ, cⁿᵉ d'Empury.

Moulin l'Abbaye (Le), m^in détruit, c^ne de Cercy-la-Tour, mentionné en 1610 (S.).
Moulin-Laitier (Le), m. et m^in, c^ne d'Arquian.
Moulin Lambert (Le), m^in, c^ne de Lamenay.
Moulin Laudey (Le), m^in, c^ne de Meaux.
Moulin l'Évêque (Le), m^in, c^ne de Cosne et de Saint-Père. — Les moulins Levesque, 1390 (arch. de l'Yonne, inv. de Cosne). — Ces moulins appartenaient aux évêques d'Auxerre, qui étaient seigneurs de Cosne.
Moulin-Martin (Le), f. c^ne de Balcy.
Moulin-Maugein (Le), h. et poste aux chevaux, c^ne de Meaux. — Le molin Maulgein ou Maulguein, 1567 (terrier de Bellevaux).
Moulin Michelot (Le), m^in détruit, c^ne de Cervon, mentionné en 1663 (A. N.).
Moulin Moineau (Le), m^in, c^ne de Luceney-les-Aix. — Le Moulin Moinet, 1467 (A. N.).
Moulin-Naudin (Le), m. et m^in, c^ne de Varzy.
Moulin Neau (Le), m^in, c^ne de Montigny-sur-Canne.
Moulin-Neuf (Le), f. c^ne d'Entrains. — Les Molins Neuf, 1521 (arch. de l'Yonne).
Moulin-Neuf (Le), f. et m^in, c^ne de Saxy-Bourdon.
Moulin-Neuf (Le), h. et m^in, c^ne de Châtillon. — Le Moullin Neuf, 1664 (S.). — Moulin-Neuf-sur-Arron, 1659 (ibid.).
Moulin-Neuf (Le), h. et m^in dit des Rets, c^ne de Saint-Agnan.
Moulin-Neuf (Le), h. et m^in, c^ne de Saint-Benin-des-Bois.
Moulin-Neuf (Le), h. et m^in détruits, c^ne de Varzy.
Moulin-Neuf (Le), m. c^ne de Bouhy.
Moulin Neuf (Le), m^in, c^ne d'Alligny-en-Morvand.
Moulin Neuf (Le), m^in, c^ne d'Arthel.
Moulin-Neuf (Le), m^in détruit, c^ne de Brinon-les-Allemands, porté sur la carte de Cassini.
Moulin Neuf (Le), m^in, c^ne de Fléty.
Moulin Neuf (Le), m^in, c^ne de la Roche-Millay.
Moulin Neuf (Le), m^in, c^ne de Suilly-la-Tour.
Moulin Neuf (Le), m^in détruit, c^ne d'Urzy, mentionné en 139. (arch. des Bordes).
Moulin Neuf (Le), m^in détruit, c^ne de Varennes-lez-Narcy.
Moulin Neuf de Parigny (Le), m^in détruit, c^ne de Parigny-les-Vaux, mentionné en 1515 (terrier de Contres).
Moulin Neuf du Pont (Le), m^in, c^ne de Couloutre.
Moulin Nilfou (Le), m^in détruit, c^ne d'Urzy, mentionné en 1752 (A. N.).
Moulin Pajet (Le), m^in, c^ne de Saint-Germain-des-Bois. — Moulin-Neuf (Cassini).
Moulin Perreux (Le), m^in, c^ne de Coulanges-lez-Nevers. — Moulin-Grillot, XVIIe siècle (A. N.).

Moulin Poucher (Le), m^in, c^ne de Saint-Amand. Mollin Porcher, 1433 (A. N.).
Moulin Rabeau (Le), h. c^ne de Saint-Saulge.
Moulin Rabeau (Le), m^in détruit, c^ne de Saint-Pierre-le-Moûtier, porté sur la carte de Cassini.
Moulin Rattier (Le), m^in détruit, c^ne de Livry, porté sur la carte de Cassini.
Moulin Redocas (Le), m^in détruit, c^ne de Montigny-sur-Canne, mentionné en 1610 (A. N.).
Moulin Royal (Le), m^in, c^ne de Surgy.
Moulin Savard (Le), m^in, c^ne d'Oisy. — Papeterie de Soubrée, 1732 (arch. de l'Yonne).
Moulin Tareau (Le), m^in, c^ne de Saint-Hilaire-Fontaine.
Moulin Truphé (Le), m^in, c^ne de Dun-les-Places. — Moulin de Poiresse, 1670 (reg. de Dun-les-Places).
Moulin Verot (Le), m^in, c^ne de Bazoches.
Moulinette, h. c^ne de Saint-Hilaire-en-Morvand. Molinette, 1670 (reg. de Saint-Hilaire). — Donne son nom à un ruisseau affluent de celui de Commagny, qui arrose les communes de Château-Chinon-Campagne et de Saint-Hilaire-en-Morvand.
Moulinot, h. c^ne de Moissy-Moulinot; anc. paroisse. Moulynot, 1526 (Lory). — Molinot, 1543 (terrier de Moissy). — Molinos, 1739 (arch. de Quincize).
Moulinot (Le), f. c^ne de Lormes. — Mulinot, 1703 (reg. de Lormes).
Moulins (Les), fief, c^ne de Moulins-Engilbert, mentionné en 1689 comme relevant de la châtell. du lieu (reg. des fiefs).
Moulins (Les), h. c^ne de Corancy.
Moulins aux Moines (Les), à Cosne, mentionnés en 1393 (arch. de l'Yonne, inv. de Cosne). — Ils occupaient l'emplacement de l'usine de Cosne.
Moulins-de-Maupertuis (Les), fief de la châtell. de Donzy, mentionné en 1689 (reg. des fiefs).
Moulins-de-Montion (Les), fief de la châtell. de Moulins-Engilbert, mentionné en 1689 (reg. des fiefs).
Moulins-de-Preslas (Les), fief de la châtell. de Saint-Verain, mentionné en 1689 (reg. des fiefs).
Moulins-de-Villiers (Les), fief de la châtell. de Clamecy, mentionné en 1669 (reg. des fiefs).
Moulins-Embourdein (Les), fief de la châtell. de Moulins-Engilbert, mentionné en 1689 (reg. des fiefs). — Molin de Bordevin, 1638 (Marolles).
Moulins-Engilbert, arrond. de Château-Chinon. Omnes ecclesias de Molendinis in prioratu de Commagniaco, 1161 (Bulliot, II, 89). — Mensura de Molinis, 1245 (S.). — Mensura de Molinis Enjubertorum, 1277 (C.). — Prepositura de Molinis Enjuberti, 1282 (ibid.). — Prepositura de Molinis-lez-Enjubert, 1286 (ibid.). — Molinum, 1287 (reg. de l'év.

de Nevers). — *Villa de Molinis Engilberterum*, 1289 (Baillod, II, 139). — *Præpositura de Molinis Engelberterum*, 1295 (S.). — *Præpositura de Molinis-les-Engilbers*, 1300 (C.). — *Molins-les-Engilbers*, 1423 (S.). — *Molins-les-Engilbers*, 1518 (ibid.). — *Moulins-Angilberts*, 1539 (ibid.). — *Molins-les-Angelbert*; 1575 (C.). — *Moulins-en-Gilbert*, 1673 (S.). — *Moulins-la-République*, an III de la République (A. N. vente de biens nationaux).

Il y avait autrefois à Moulins-Engilbert une collégiale composée de six chanoines, dont l'un portait le titre de prévôt, fondée en 1378 par Philippe de Moulins, évêque d'Évreux, puis de Noyon; un couvent de Picpus; un couvent d'Ursulines et une léproserie.

Moulins-Engilbert était le chef-lieu d'un archiprêtré formé, au XIII° siècle, des paroisses de Moulins-Engilbert, Anisy, Avrée, Cercy-la-Tour, Chevannes-sous-Montaron, Coddes, Commagny, Limanton, Maisons-en-Longue-Salle, Maulaix, Montaron, Montigny-sur-Canne, Nourry, Onlay, Pouligny, Préporché, Rémilly, Saint-Gratien, Saint-Honoré, Saint-Michel-en-Longue-Salle, Sauzay, Savigny-sur-Canne, Thaix et Vandenesse, auxquelles la paroisse d'Isenay se trouve réunie dans les pouillés du diocèse du XV° et du XVI° siècle.

Moulins-Engilbert fut érigé en commune au XIII° siècle. Cette ville eut un grenier à sel au XV°. La justice y était rendue dans un bailliage et une prévôté dont les appels se portaient à la pairie de Nevers et de là au parlement de Paris, et les cas royaux à Saint-Pierre-le-Moûtier.

Moulins-Engilbert était le siège de l'une des châtellenies de la province, qui avait dans son ressort cent quarante-cinq fiefs et dont la circonscription comprenait à peu près l'étendue du canton actuel, la partie sud-ouest du canton de Château-Chinon et la partie nord-ouest de celui de Luzy.

En 1790, lors de l'organisation du département, Moulins-Engilbert devint le chef-lieu d'un district composé des cantons de Châtillon-en-Bazois, Luzy, Montigny-sur-Canne, Moulins-Engilbert et la Roche-Millay. — Le canton de Moulins-Engilbert comprenait les communes d'Anisy, Commagny, Limanton, Maux, Moulins-Engilbert, Onlay, Préporché, Saint-Honoré, Sermages et Vandenesse.

Les armoiries de la ville de Moulins-Engilbert sont *de gueules, à la croix ancrée d'or*.

Moulins Grasset (Les), m^on à Clamecy et fief de la châtell. de Clamecy, mentionnés en 1581 (Marolles). — Tirait son nom de la famille Grasset, qui l'avait fait établir au XVI° siècle.

Moulins-Jouzeau (Les), fief de la châtell. de Cercy-la-Tour, mentionné en 1689 (reg. des fiefs). — *Molin-Juzeau*, 1638 (Marolles).

Moulins-Neuf (Les), h. c^ne de Nolay.

Moulins-Panneau (Les), fief de la châtellenie de Moulins-Engilbert, mentionné en 1689 (reg. des fiefs).

Moulins-Saint-Ambroise (Les), fief de la châtell. de Saint-Verain, mentionné en 1689 (reg. des fiefs). — *Molin-Saint-Ambroise*, 1638 (Marolles).

Moulins-sur-Arzos (Les), fief de la châtell. de Châteauneuf-Val-de-Bargis, mentionné en 1689 (reg. des fiefs).

Moulots (Ruisseau de), affluent de l'Armance, c^ne de Neuffontaines.

Moulot, fief, c^ne de Brassy, mentionné en 1689 comme relevant de la châtell. de Montreuillon.

Moulot, h. et anc. chapelle, c^ne de Clamecy. — *Molou Villa*, 1076-1084 (Lebeuf, IV, 26). — *Molot*, 1575 (Marolles). — Fief de la châtell. de Clamecy.

Mousiot, h. c^ne de Sermages.

Mouradas, fief, près de Thianges, mentionné en 1286 (Marolles).

Mouraux, chât. et f. c^ne de Moulins-Engilbert. — *Muraault*, 1457 (C.). — *Mouraux*, 1632 (S.). — Fief de la châtell. de Moulins-Engilbert.

Mouron, c^ne de Corbigny. — *Mouro*, commencement du XVI° siècle (pouillé d'Autun). — *Mourron*, 1587 (C.). — *Mouron*, 1683 (A. N.). — *Muron*, 1705 (S.).

Mouros, chât. et f. c^ne de Mèves.

Mouroux, h. c^ne de Lucenay-les-Aix. — 1659 (reg. de Cossaye).

Mourry, h. c^ne de Crux-la-Ville. — *Moury*, 1491 (A. N.).

Moury, h. c^ne de Lâché-Assarts.

Moussard, h. c^ne de Saint-Martin-du-Tronsec. — *Moussart*, 1579 (Marolles).

Mousseau, lieu détruit, c^ne de Decize, porté sur la carte de Cassini. — *Motte de Monceaux*, 1389 (Marolles). — *Disme de Mousseaux*, 1508 (S.). — *Monceaulx*, 1607 (A. D.). — *Mousseur*, 1689 (reg. des fiefs). — Fief de la châtell. de Decize. — Le vrai nom de ce lieu est *Monceaux*. Même observation pour les neuf noms suivants.

Mousseau (Le), f. c^ne de Lucenay-les-Aix. — *Monceaux*, 1389 (A. N. limites du comté de Nevers). — *Monceaulx*, 1534 (A. D.).

Mousseau (Le), f. c^ne de Saint-Honoré, détruite en 1840. — *Monceaux*, 1427 (arch. du chât. de la Montagne).

Mousseau (Le), h. c^ne d'Alligny.

Moussel (Le), h. c⁽ᵉ⁾ d'Isenay. — Monceau, 1506 (C.). — Monceaux, 1733 (plan de la justice d'Isenay).

Monceau (Le), h. c⁽ᵉ⁾ de Vandenesse. — *Village des Monceaux*, 1606 (arch. de Vandenesse). — *Les Mousseaux*, 1672 (reg. de Montaron).

Monceau (Le), h. et m⁽ⁿ⁾, c⁽ᵉ⁾ de Villapourçon. — *Le Monceau*, 1690 (reg. de Villapourçon).

Monceau (Le), lieu détruit, c⁽ᵉ⁾ de Marzy, porté sur la carte de Cassini.

Monceaux, h. c⁽ᵉ⁾ de Montigny-aux-Amognes. — *Monceaux ou les Pautiers*, 1639 (A. N.).

Monceaux, h. c⁽ᵉ⁾ de Saint-Benin-d'Azy; anc. paroisse. — *Moncelli*, 1287 (reg. de l'év. de Nevers). — *Monceaux-sur-Azy*, 1331 (Marolles). — *Monceaux-sur-Azy*, 1457 (C.). — *Moncelli-super-Asiacum*, 1478 (pouillé de Nevers).

Moussée (La), m. c⁽ᵉ⁾ de Ville-lez-Anlezy.

Mousset, h. c⁽ᵉ⁾ de Sully-la-Tour. — *Moussiet*, 1307 (Marolles).

Moussetterie, m. c⁽ᵉ⁾ de Dampierre-sur-Bouhy.

Moussière, m. c⁽ᵉ⁾ de Lormes.

Moussière (La), lieu détruit, c⁽ᵉ⁾ de Saincaize, mentionné en 1651 (A. N.).

Moussu (Le Grand-), h. c⁽ᵉ⁾ d'Arquian. — *Le haut Moussus* (Cassini).

Moussu (Le Petit-), h. c⁽ᵉ⁾ d'Arquian. — *Le bas Moussus* (Cassini).

Moussy, c⁽ᵉ⁾ de Prémery. — *Feudum de Moysiaco et Molendinum de Moysiaco*, 1097 (*Gallia christ.* XII, col. 335). — *Ecclesia de Mousiaco*, 1121-1162 (cart. de Saint-Cyr de Nevers, ch. 37). — *Mossiacum*, 1287 (reg. de l'év. de Nevers). — *Moussisoulz-Montenoyson*, 1383 (A. N.). — *Moussi*, 1630 (inscription de la cloche de Moussy). — Fief de la châtell. de Montenoison. — Ce village donne son nom à un bois voisin.

Moussy, fief, c⁽ᵉ⁾ de Limon, vassal du prieuré de la Fermeté, mentionné en 1638 (Marolles).

Moussy (Château de), châtel. ruiné et f. c⁽ᵉ⁾ de Moussy.

Moutat (Le), fief, c⁽ᵉ⁾ de Saint-André-en-Morvand.

Moûtiers-en-Glenon, lieu détruit, c⁽ᵉ⁾ de Sougy; prieuré et anc. paroisse réunie à celle de Sougy en 1739. — *Monasterium-Anglenon*, 1287 (reg. de l'év. de Nevers). — *Moustier-en-Glenon*, 1387 (Marolles). — *Monasterium-in-Glenono*, 1445 (A. D.). — *Mousthier-en-Glenon*, 1607 (ibid.). — Fief de la châtell. de Decize, qui tirait son nom de la forêt des Glenons ou de Glenon.

Moutillon (Le), m. c⁽ᵉ⁾ de Saint-Loup.

Moutiots (Les), h. c⁽ᵉ⁾ de Couloutre.

Moutoire (La), f. c⁽ᵉ⁾ de Sainte-Colombe.

Moutorserie (La), f. c⁽ᵉ⁾ de Châteauneuf-Val-de-Bargis.

Moutuisserie (La), h. c⁽ᵉ⁾ de Saint-Malo.

Moutot (Le), m. de camp. et f. c⁽ᵉ⁾ d'Ourgne. — 1461 (A. N.). — *Le Grand-Moutot* (Cassini). — Fief vassal de Villaine.

Moutot (Le Petit-), f. c⁽ᵉ⁾ de Saint-Germain-des-Bois.

Moutots (Les), h. c⁽ᵉ⁾ de Chasnay. — *Les Moutots* (Cassini).

Moutots (Les), h. c⁽ᵉ⁾ de Colmery. — *Moutot*, 1855 (reg. de Colmery). — *Les Moutaux* (Cassini).

Mouvast, h. c⁽ᵉ⁾ de Dampierre-sur-Bouhy.

Moux, c⁽ᵉ⁾ de Montsauche. — *Mool*, xiv⁽ᵉ⁾ siècle (pouillé d'Autun). — *Mool*, 1423 (extr. de Peincedé, arch. de la famille de Thoisy). — *Mool*, 1461 (ibid.).

Moux (Le), vill. détruit, c⁽ᵉ⁾ de Puil, mentionné en 1569 (C.).

Mulsay ou Mullesay, fief de la châtellenie de Saint-Saulge, mentionné en 1689 (reg. des fiefs).

Mulsault, h. c⁽ᵉ⁾ de Tennay. — *Mulssault*, 1452 (A. N.).

Mulnay, h. c⁽ᵉ⁾ de Dornes. — *Mulnay* (Cassini). — Tire son nom de la forêt de Munet, *Mulnet* ou *Mulnay*, qui s'étend près de ce lieu, dans le département de l'Allier.

Mulnot, éc. c⁽ᵉ⁾ de Frasnay-le-Ravier. — *Mulneaulx*, 1485 (C.). — *Moulnot* (Cassini).

Mulot, fief de la châtell. de Clamecy, mentionné en 1689 (reg. des fiefs).

Mulot ou Mulsay, fief de la châtell. de Monceaux-le-Comte et Neuffontaines, mentionné en 1689 (reg. des fiefs).

Mulot, h. c⁽ᵉ⁾ de Tazilly.

Mulsceaux, h. détruit, c⁽ᵉ⁾ de Diennes, mentionné en 1612 (C.).

Munot, fief vassal de Rosemont, mentionné en 1638 (Marolles).

Munot, h. c⁽ᵉ⁾ de la Marche; anc. paroisse. — *Mulnetum*, 1015 (*Gall. christ.* XII, col. 312). — *Gausfridus de Munet*, 1231 (A. N.). — *Munetum*, 1287 (reg. de l'év. de Nevers). — *Munet*, 1689 (reg. des fiefs). — Fief de la châtell. de la Marche, dont le vrai nom est *Munet*.

Muraille (La), m. c⁽ᵉ⁾ de Saint-Seine.

Murailles (Les), f. c⁽ᵉ⁾ d'Entrains.

Murailles (Les), h. c⁽ᵉ⁾ de Saint-Aubin-les-Forges. — *Terra des Murailles*, 1331 (cens. du chap. de Nevers).

Murailles (Les), m. c⁽ᵉ⁾ d'Arbourse. — *Metairie des Murailles*, 1564 (inv. de Villemoison).

Murat (Fortritia de), près de Billy-sur-Oisy, mentionnée en 1261 (*Gall. christ.* XII, col. 152). — *Mons de Muris*, 1207-1220 (Bibl. hist. de l'Yonne, I, 471). — Il ne reste plus que des ruines informes de cette forteresse importante au xiii⁽ᵉ⁾ siècle.

DÉPARTEMENT DE LA NIÈVRE.

Murgies (Les), chât. et f. c^{ne} de Varennes-les-Nevers. — *Murgaeii*, 1370 (A. N.). — *Territorium de Murgiis*, 1370 (*ibid.*). — *Les grands Murgiers*, 1502 (A. N. fonds de l'év.).

Murgines, fief de la châtell. de Cercy-la-Tour, mentionné en 1638 (Marolles).

Murlane (La), h. détruit, c^{ne} de Crux-la-Ville, mentionné en 1631 (A. N.). — *Les Murlins*, 1668 (*ibid.*).

Murlis, c^{ne} de la Charité. — *Murlenium*, 1518 (pouillé d'Auxerre). — *Murlin*, 1687 (A. N.).

Murlins (Les), h. c^{ne} de Saint-Agnan.

Murole, fief de la châtell. de Saint-Verain, mentionné en 1689 (reg. des fiefs).

Murs-en-Amognes (Les), fief de la châtell. de Nevers, mentionné en 1638 (Marolles).

Murthiacy, f. c^{ne} de Mars-sur-Allier.

Mussages, h. détruit, c^{ne} de Parigny-les-Vaux, mentionné en 1515 (terrier de Contres).

Mussier, h. c^{ne} de Billy-Chevannes. — *Mussy*, 1639 (C.). — *Mussieres* (Cassini).

Mussier (Le Petit-), h. c^{ne} de Beuy. — *Mussy*, 1316 (S.). — *Mucy*, 1372 (C.).

Mussy, chât. c^{ne} de Parigny-les-Vaux. — *Musiacum*, 1322 (A. N.). — *Mussiacum*, 1331 (censier du chap. de Nevers). — *Mussi*, 1335 (*ibid.*). — *Grand et Petit Mussy* (Cassini).

Mussy, f. et h. c^{ne} d'Avril. — 1323 (S.). — *Mussy-les-Decize*, 1638 (Marolles). — Fief de la châtell. de Decize, vassal de Rosemont, de la justice du prieuré de Saint-Pierre de Decize.

Mussy, fief de la c^{ne} de Montaron, vassal de Poussery, mentionné en 1496 (S.).

Mussy, fief de la châtell. de Saint-Verain, mentionné en 1689 (reg. des fiefs).

Mussy, h. c^{ne} de Challuy. — *Mussiacum*, 1320 (A. N.).

Mussy, h. et tuil. c^{ne} de Chantenay. — *Terre de Mussy*, 1301 (Marolles). — Fief de la châtell. de Châteauneuf-sur-Allier qui a donné son nom à un bois voisin.

Myennes, c^{ne} de Cosne. — *Mens*, 1308 (Lebeuf, II, 199). — *Miens*, 1322 (A. N. fonds de Roches). — *Myennes*, 1335 (*ibid.*). — *Miens*, 1518 (pouillé d'Auxerre). — *Mienne-le-Chatel*, 1689 (reg. des fiefs). — Fief de la châtell. de Saint-Verain.

Mysote (La), h. détr. c^{ne} de Parigny-les-Vaux, mentionné en 1682 (A. N.).

N

Naille (Rivière de), ruiss. affluent de l'Heleine, mentionné en 1436, c^{ne} de Rémilly (arch. de Maumigny).

Nalots (Les), h. c^{ne} de Ciez.

Nancray, f. c^{ne} de Champlemy.

Nannay, c^{ne} de la Charité. — *Nantiniacus*, VIe siècle (cart. gén. de l'Yonne, II, xxxiv). — *Nantoniacus*, VII^esiècle (*ibid.* xxii). — *Territorium et leprosaria Nannaii*, 1132 (cart. de Bourras, ch. 6). — *Nannoyum*, 1518 (pouillé d'Auxerre). — *Nounay*, 1638 (Marolles). — *Nanay*, 1689 (reg. des fiefs). — Fief de la châtell. de Châteauneuf-Val-de-Bargis.

Nanteuil, h. c^{ne} de Billy-Chevannes. — *Nantheux*, 1578 (A. N.). — Fief de la châtell. de Saint-Saulge.

Nantilly, h. c^{ne} de Limanton. — *Lentillo*, *Lentilli*, 1253 (S.). — *Lentilhiacum*, 1276 (C.). — *Lentigly*, 1518 (*ibid.*). — *Lentilly*, 1524 (*ibid.*). — *Lentilly*, 1748 (S.).

Nantin, h. c^{ne} de Prémery. — *Le Nantin* (Cassini).

Nanton, h. et poste aux chevaux, c^{ne} de Saint-Sulpice. — *Nantum*, 1255 (A. N.). — *Nantay*, 1586 (S.).

Narbois-le-Haut, h. c^{ne} de Saint-André-en-Morvand. — *Narbois*, 1726 (reg. de Saint-André).

Narbot, m. c^{ne} de Limanton. — *Usages et bois de Narbault*, 1699 (S.).

Narcoy (Bois), c^{ne} de Challement.

Narcy, c^{ne} de la Charité. — *Narciacus*, IXe siècle (cart. gén. de l'Yonne, II, xxxiv). — *Iterius de Narciaco*, vers 1080 (Polypt. d'Irminon, II, 363.) — *Narciacum*, 1260 (A. N.). — Fief de la châtell. de Nevers.

Narcys (Les), h. c^{ne} de Saint-Loup. — *Le Petit-Narcy*, 1689 (reg. des fiefs). — *Narcis* (Cassini). — Fief de la châtell. de Cosne.

Narlou, h. c^{ne} de Saxy-Bourdon; anc. paroisse. — *Narlodum*, 1161 (Bulliot, II, 39). — *Narlou*, 1274 (Marolles). — *Narlocum*, 1287 (reg. de l'év. de Nevers). — *Nelou*, 1309 (Marolles). — *Narloup*, 1323 (*ibid.*). — *Narlotum*, 1478 (pouillé de Nevers). — *Narlot*, 1577 (A. N.). — Fief de la châtell. de Saint-Saulge.

Narvau (Bois de), c^{ne} de Lormes.

Naslots (Les), h. c^{ne} de Ciez.

Nassoines (Les), h. c^{ne} de Chazeuil-Lavault.

Nataloux, h. c^{ne} de Montsauche. — *Nathaloup*, 1605 (reg. de Montsauche). — *Natalou*, 1689 (reg. des fiefs). — Fief de la châtell. de Liernais et Saint-Brisson.

Nacros, h. c"° de Cuzange.
Nalons (Bois de), c"° d'Ouroner. — Voy. Malgogi.
Nalours (Les), h. c"° de Tailon.
Nalles, f. c"° de Saint-Pierre-le-Moûtier.
Nalsoss (Nelle de), près de Cuzy, mentionné en 1244 (Gall. christ. IV, col. 103).
Nazareth, h. c"° de Saint-Verain. — Voy. Bertres (Les).
Nédy, f. c"° de Tazilly. — Le Petit-Nedy, 1625 (reg. de Luzy). — C'était un fief de la châtell. de Savigny-Poil-Fol.
Nérauil, h. c"° de Cercy-la-Tour.
Néron, h. c"° de Saizy. — Noiron, 1371 (Marolles). — Noiron, 1466 (ibid.). — Fief de la châtell. de Monceaux-le-Comte, dont le nom véritable est Noiron.
Néronde, f. c"° de Rougny. — Norondes, 1473 (C.). — Fief de la châtell. de Cercy-la-Tour.
Néroudes, h. c"° de Ménestreau.
Nertignaco (Grangia de), près de Limon, mentionné en 1145 (cart. gén. de l'Yonne, I, 391).
Nervaux, m. c"° de Saint-Saulge.
Nesle (La), m. c"° de Saint-André-en-Morvand. — Donne son nom à un ruiss. affluent de la Cure.
Neufchaises, h. c"° d'Empury. — Neufchezes, 1590 (arch. de Vézignenx). — Neuchezes, 1742 (A. N.).
Neuffontaines, c"° de Tannay. — Nouem Fontes, XIIe siècle (pouillé d'Autun). — Lepital de Neuffontenes, 1455 (terrier de Chitry-sous-Montaubet). — Neuffontennes, 1573 (C.). — Neuffontaines avait une léproserie et fut le chef-lieu de l'une des trente-deux châtellenies primitives du comté de Nevers; cette châtellenie fut, dès le XVIIe siècle, réunie à celle de Monceaux-le-Comte.
Neuf-Guions (Fontaine des), près de Châtillon-en-Bazois, mentionné en 1659 (S.).
Neufond, f. c"° de Saint-Jean-aux-Amognes. — Novemfontes, 1331 (orns. du chap. de Nevers). — Neuffonds, 1678 (A. N.). — Neuffons, 1692 (ibid.). — Fief vassal de l'abb. de Notre-Dame de Nevers.
Neuf-Piliers (Les), h. c"° de Coulanges-lez-Nevers. — Tire son nom des fourches patibulaires de la justice ducale qui se trouvaient en ce lieu.
Neuftables, f. c"° de Luthenay. — Bois de Neuftables, 1501 (arch. d'Uxeloup). — Domaine de Neuf-Tables, 1539 (ibid.). — Neuf-Table, 1689 (reg. des fiefs). — Fief de la châtell. de Châteauneuf-sur-Allier.
Neuilly, c"° de Brinon. — Nuylliacum, 1287 (reg. de l'év. de Nevers). — Nulliacum, 1478 (pouillé de Nevers). — Neuilly, 1600 (A. N.). — Naully, 1607 (ibid.). — Nully, 1638 (Marolles). — Fief de la châtell. de Montenoison.

Neuilly, châtell. f. et h. c"° de Varennes-lez-Nevers. — Neuilly, 1587 (A. N.).
Neuilly, h. c"° de Villapourçon. — Neuillé, 1519 (cabinet des titres, dossier Blosset). — Neuilly, 1534 (arch. du chât. de la Bussière). — Neuly, 1690 (reg. de Villapourçon). — Nully, 1750 (ibid.).
Neuilly, m. c"° de Pougues. — Nuylliacum, 1355 (censier du chap. de Nevers).
Neuilly, m"°, c"° d'Azy-le-Vif. — Forge de Neuilly (Cassini).
Neuras, lieu détruit, près de Parigny-les-Vaux; anc. seigneurie qui relevait de Gernan. — Neuraz, 1221 (Marolles). — Neurra, 1508 (A. N.).
Neuville, châtell. c"° de Corancy.
Neuville, h. c"° de Préporché. — Neufville, 1638 (Marolles). — Fief de la châtell. de Moulins-Engilbert.
Neuville, fief de la châtell. de Donzy, mentionné en 1464 (Marolles). — Neufville, 1638 (Marolles).
Neuville, fief, c"° de Préporché, mentionné en 1684 comme étant de la châtell. de Moulins-Engilbert (reg. des fiefs).
Neuville, h. c"° de Bulcy. — Neufville, 1475 (A. N.). — La cour ancienne de Neuville avec les fossés et motte d'icelle, 1550 (Marolles).
Neuville, h. c"° de Champlemy. — Neufville, 1588 (A. N.). — Fief vassal de l'év. d'Auxerre.
Neuville-lez-Brinon, c"° de Brinon. — Ecclesia de Nova Villa, 1121-1162 (cart. de Saint-Cyr de Nevers, ch. 37). — Nefville, 1433 (A. N.). — Fief de la châtell. de Montenoison.
Neuville-lez-Decize, c"° de Dornes. — Nova Villa, 1287 (reg. de l'év. de Nevers). — Neufville, 1389 (A. N.). — Nevville, 1475 (ibid.). — Donne son nom à un ruisseau affluent de la Dornetie.
Neuvillotte, f. et m. de camp. c"° de la Celle-sur-Loire. — Novillotes, 1317 (A. N.).
Neuvillotte, h. c"° de Myennes. — Nuvillots, 1309 (A. N. fonds de Roches).
Neuvy-sur-Loire, c"° de Cosne. — Novus Vicus, VIe siècle (bibl. hist. de l'Yonne, I, 328). — Noveium, 1147 (Gall. christ. XII, col. 121). — Noviacum et Nowviacum, 1148 (ibid.). — Neuvix, 1291 (Marolles). — Neufvix, 1453 (A. N.). — Noviacum, 1535 (pouillé d'Auxerre). — Neuvy-sur-Loire, 1555 (Marolles). — Fief de la châtell. de Saint-Verain.
En 1790, lors de l'organisation départementale, le canton de Neuvy, du district de Cosne, comprit les c"°' d'Annay, Argenoux, Arquian, la Celle-sur-Loire et Neuvy.
Neuzay, vill. détruit, c"° de Chaumot, mentionné en 1500 (C.).

Neuilly (Le Grand-), h. cne de Montapas. — *Nueilley*, 1277 (Bullist, II, 339). — *Villa de Nueguilliacu*, *Nueuilly*, 1293 (S.). — *Neuilly*, 1653 (A. N.). — *Nuzilly*, 1539 (C.).

Neuilly (Le Petit-), h. cne de Montapas.

Neuzy, f. cne de Saint-Père. — *Villa Neusiacu*, 1015 (Gall. christ. XII, col. 322). — *Nuzy*, 1331 (Marolles). — *Nuzy*, 1334 (A. N. fonds de Roches). — Fief de la châtell. de Saint-Verain.

Neuzy, h. cne de Saint-Pierre-du-Mont. — *Neusy*, 1760 (terrier de Saint-Pierre-du-Mont).

Nevers, ch.-l. du département. — *Noviodunum* (César, *Comment.*). — *Nevirnum* (Itin. d'Antonin). — *Ebirno* (table de Peutinger). — *Neberno civi* (triens mérovingien du musée de Nevers). — *Nive nii* (autre triens mérovingien du musée de Nevers). — *Nevernis civitas* (denier de Charles le Chauve). — *Nevernus*, 614 (Bibl. hist. de l'Yonne, I, 267). — *Nivernis*, 887 (Gall. christ. XII, col. 311). — *Nivers*, 1199-1223 (deniers du comte Hervé de Donzy).

L'évêché de Nevers, suffragant de l'archevêché de Sens, fut établi vers l'an 500. Le diocèse de Nevers avait été divisé en 1279, par l'évêque Gilles de Château-Renaud, en deux archidiaconés renfermant chacun quatre archiprêtrés : l'archidiaconé de Nevers et celui de Decize ou du Morvand. Le premier comprenait les archiprêtrés de Lurcy-le-Bourg, Prémery, Saint-Pierre-le-Moûtier et des Vaux-de-Nevers ; le second, les archiprêtrés de Châtillon-en-Bazois, Decize, Moulins-Engilbert et Thianges. En 1791, Nevers devint le siège d'un évêque constitutionnel. L'évêché de Nevers fut supprimé par le concordat, et le département de la Nièvre, composé de l'ancien diocèse de Nevers, sauf la lisière qui borde la rive gauche de l'Allier et de la Loire depuis Mornay jusqu'à la Charité, et d'une grande partie des anciens diocèses d'Auxerre et d'Autun, fut réuni au nouveau diocèse d'Autun. Ce fut en 1823 que le diocèse de Nevers fut reconstitué avec la même circonscription que celle du département.

Nevers était le chef-lieu d'un doyenné dont dépendaient les onze paroisses de la ville (Saint-Arigle, Saint-Didier, Saint-Étienne, Saint-Genest, Saint-Jean, Saint-Laurent, Saint-Martin, Saint-Père, Saint-Sauveur, Saint-Trohé et Saint-Victor) et les paroisses de la banlieue (Chaluzy, Coulanges-lez-Nevers, le Montot, Saint-Benin, Saint-Éloi, Saint-Gildard, Saint-Lazare et Saint-Vallière).

Il y avait dans la ville trois bénéfices royaux : l'abbaye de Saint-Martin, de l'ordre de Saint-Augustin, l'abbaye de filles de Notre-Dame, ordre de Saint Benoît, et le prieuré conventuel de Saint-Étienne, dépendant de l'abb. de Cluny ; les prieurés de Saint-Gildard, Saint-Nicolas, Saint-Sauveur et Saint-Victor ; des Capucins, des Carmes, des Minimes, des Oratoriens, des Récollets, des Bénédictines, des Carmélites, des Ursulines, des Visitandines et des sœurs de la Charité chrétienne.

La charte de commune de la ville de Nevers lui fut octroyée en 1194 par le comte Pierre de Courtenay. — Jusqu'au XIe siècle, le comté de Nevers fut gouverné par des comtes amovibles ; il eut ensuite des comtes héréditaires et passa dans diverses maisons. Érigé en duché-pairie en 1538, il fut réuni à la couronne en 1663. — Nevers était le siège d'un bailliage, d'une chambre des comptes ducale, créée en 1406, d'une maîtrise royale et d'une maîtrise ducale des eaux et forêts et d'un grenier à sel comprenant cinquante-trois paroisses.

L'élection de Nevers, dépendant de la généralité de Moulins, comprenait deux cent seize et quinze paroisses formant aujourd'hui les cantons de Nevers, Châtillon-en-Bazois, Decize, Luzy, Moulins-Engilbert, Pougues, Saint-Benin-d'Azy, Saint-Pierre-le-Moûtier et Saint-Saulge en entier ; les cantons de Dornes, moins Lucenay-les-Aix, de Fours, moins la Nocle, et de Prémery, moins Arbourse et Dompierre-sur-Nièvre ; Authiou, Bussy-la-Pesle, Champallement et Chevannes-Changy, du canton de Brinon ; Beaumont-la-Ferrière, Champvoux, Chaulgnes, la Marche, Saint-Aubin et Tronsanges, du canton de la Charité ; Montigny-en-Morvand, Montreuillon, Poussignol-Blismes, Saint-Léger-de-Fougeret et Sainte-Péreuse, du canton de Château-Chinon ; Chaumot, Épiry, la Collancelle, Pazy et Sardy, du canton de Corbigny ; Alligny, du canton de Cosne ; Châteauneuf-Val-de-Bargis, Couloutre, Donzy et Perroy, du canton de Montsauche ; Saint-Verain, du canton de Saint-Amand ; Cuzy, du canton de Tannay ; Entrains, Menou et Oudan, du canton de Varzy ; et une partie des cantons de la Guerche (Cher) et de Liernais (Côte-d'Or).

La châtellenie de Nevers avait dans son ressort quatre-vingt-neuf fiefs ; sa circonscription comprenait le canton de Nevers, la partie est de ceux de Pougues et de Saint-Pierre-le-Moûtier, une petite partie de celui de la Charité et la partie ouest de ceux de Saint-Benin-d'Azy et de Dornes.

En 1790, lors de l'organisation du département de la Nièvre, Nevers devint le chef-lieu du département et d'un district composé des cantons de Nevers intra-muros, Nevers extra-muros, Guérigny, Pougues, Bouy, Saint-Saulge et Saint-Sulpice. Le canton de Nevers extra-muros comprenait les communes d'Agian, Chaluy, Chalauzy, Chevenon, Coulanges-les-Nevers, Gimouille, Jaugny, Marzy, Prie, Saint-Éloi, Sardolles, Saunigny-les-Bois et Sermoise.

Les armoiries de la ville de Nevers sont d'azur, semé de billettes d'or, au lieu de même, armé et lampassé de gueules, bruchant sur le tout.

NILLY, h. c^ne de Chougny. — *Nieu*, 1673 (S.).

NILLY, h. et chât. c^ne d'Onlay. — *Nuux*, 1638 (Marolles). — *Nieux*, 1689 (reg. des fiefs). — Fief de la châtell. de Moulins-Engilbert.

NIDY, fief de la châtell. de Savigny-Poil-Fol, mentionné en 1638 (Marolles). — *Maison du petit Nidy*, 1371 (Marolles).

NIÈVRE (LA), riv. qui donne son nom au département. Elle est formée de deux ruisseaux, la Nièvre de Champlemy et la Nièvre de Saint-Benin, qui se réunissent au-dessous de Guérigny. La première prend sa source à Bourras-la-Grange, commune de Saint-Malo; elle arrose les communes de Champlemy, Dampierre-sur-Nièvre, la Celle-sur-Nièvre, Beaumont-la-Ferrière et Saint-Aubin-les-Forges. La seconde, qui prend sa source à Saint-Benin-des-Bois, arrose les communes de Lurcy-le-Bourg, Prémery, Sichamps, Poiseux et Guérigny. Les deux rivières réunies traversent les communes d'Urzy, de Coulanges et de Nevers, où la Nièvre se jette dans la Loire. — *Molendinum super Nervium flumen*, xiiie siècle (A. N.). — *Bipparia Nervii*, 1298 (*ibid.*). — *Rivière de Nyevre*, 1429 (*ibid.*). — *La Nievre*, 1598 (*ibid.*). — *La Niepvre*, 1629 (C.).

NIÈVRE (RUISSEAU DE), ruiss. affluent de la Nièvre de Saint-Benin, qui traverse les c^nes d'Arzembouy, Giry et Prémery.

NIFOND, m^in, c^ne d'Urzy. — *Nyfond*, 1744 (A. N.).

NISCHAT (MOULIN DE), c^ne de Nevers. — *Porta de Neschat*, 1270 (A. N. fonds de Notre-Dame). — *Naychat*, 1331 (cens. de l'év. de Nevers).

NISLIAY, m. c^ne de Diennes.

NIOULT, f. c^ne de Magny-Cours. — *Nyo*, 1406 (A. N.). — *Niou*, 1500 (*ibid.*).

NIOUX, f. c^ne de Saincaize. — *Niou*, 1608 (A. N.).

NIRET (LE), h. c^ne de Villapourçon.

NIRET (LE), m. c^ne de Saint-Honoré.

NIROLY, f. c^ne d'Aunay. — *Niro*, 1638 (Marolles). — Fief vassal de Château-Chinon.

NIRY, f. et m^in, c^ne de Sainte-Pereuse.

NISSONS (LES), h. c^ne d'Aunay.

NIVERNAIS (LE), anc. province, bornée au nord-est, à l'est et au sud-est par la Bourgogne, au sud et au sud-ouest par le Bourbonnais, à l'ouest par le Berry et au nord-ouest par l'Orléanais. Elle tirait son nom de Nevers, sa capitale, et comprenait neuf petites divisions: les Amognes, le Bazois, le Donziois, le Pays entre Loire et Allier, la Puisaye, les Vaux-de-Montenoison, les Vaux-de-Nevers, les Vaux-d'Yonne et la partie occidentale du Morvand. Elle a formé presque tout le département de la Nièvre; une petite partie est dans le sud-ouest de celui du Loiret, et une autre dans l'est de ceux du Cher et de l'Allier. Le Nivernais forma le comté, puis le duché de Nevers. — *Pagus Nivernensis*, 817 (*Gall. christ. XII. col.* 297). — *Comitatus Nivernensis*, 843 (Baluze, capit. I, 573). — *Pagus Nevernensis*, 885 (Bulliot, II, 16).

NIZERELLE, h. c^ne de Dampierre-sur-Bouby. — *Nizerel* (Cassini).

NOA, lieu détruit, c^ne de Diennes, mentionné en 1285 (S.).

NOARON, f. c^ne de Varzy.

NOARRES, lieu détruit et bois, près de Bourras, mentionné en 1184 (*Gall. christ. XII, col.* 138).

NOBLOT (LE DOMAINE), f. c^ne de Sainte-Marie. — *Noblot* (Cassini).

NOCLE (LA), c^ne de Fours. — *Capella de la Noscla, Villa quæ vocatur la Noscla*, 865 (*Gall. christ. IV, col.* 59). — *Nocla*, xiie siècle (pouillé d'Autun). — Seigneurie importante érigée en marquisat, par lettres patentes du mois d'avril 1654, en faveur de Guy de Palma, chevalier, seigneur de la Nocle.

En 1790, le canton de la Nocle, du district de Decize, fut composé des communes de Fours, Héry, Maulais, Montambert, la Nocle, Saint-Hilaire, Saint-Seine, Tannay et Ternant.

NOGENT, h. c^ne de Cossaye. — 1489 (arch. du chât. de la Montagne). — Ce hameau était un fief de la châtell. de Decize.

NOHAIN, h. c^ne de Saint-Martin-du-Tronsec. — *Noent*, 1205 (A. N. fonds de Fontenay). — *Noxing* (Cassini). — Tire son nom de la rivière de Nohain, sur laquelle ce hameau est placé.

NOHAIN (LE), riv. prend sa source dans la c^ne d'Entrains, arrose les communes de Ménestreau, Couloutre, Perroy, Donzy, Suilly-la-Tour, Saint-Quentin, Saint-Martin-du-Tronsec et Cosne, et se jette dans la Loire à Cosne. — *Noyn*, 1453 (inv. de Villemoison). — *Rivière de Noin*, 1691 (arch. de l'Yonne, inv. de Cosne). — *Le Nouain* (Cassini).

NOHE-AU-JAULT (LA), h. détruit, c^ne de Cossaye, mentionné en 1432 (archives du château de la Montagne).

NOHES, h. détruit, c^ne de Gimouille, mentionné en 1556 (A. N.).

DÉPARTEMENT DE LA NIÈVRE. 137

Noille, h. c⁰ⁿ de Montigny-aux-Amognes. — *Nogle*, 1610 (arch. des Bordes). — *Niolles*, 1580 (A. N.) — *Nolle*, 1582 (ibid.). — *Noelle* (Cassini).

Noille (Ruisseau de), c⁰ⁿ de Montigny-aux-Amognes. — *Rivière de Verrière*, 1600 (A. N.).

Noirépinay (Bois de), c⁰ⁿ d'Entrains, mentionné en 1212 (Marolles). — *Nemus quod vocatur Nigrum Spinetum*, 1144 (cart. de Bourras, ch. 7). Fief de la châtell. de Donzy.

Noisterre, fief de la châtell. de Luzy, mentionné en 1638 (Marolles). — *Noiriterre*, 1689 (reg. des fiefs).

Noison, vill. c⁰ⁿ de Montenoison. — *Noison-soubz-Montenoison*, 1317 (Marolles). — *Nusson*, 1638 (ibid.). — Fief de la châtell. de Montenoison.

Noizelée (La), h. c⁰ⁿ de Millay. — *La Noyzille*, 1548 (C.). — *La Noiselés*, 1769 (reg. de Millay).

Nolats (Les), vill. c⁰ⁿ de Thianges.

Nolay, c⁰ⁿ de Pougues. — *Nunlayum*, 1287 (reg. de l'év. de Nevers). — *Noulay*, 1437 (A. N.). — *Nulayum*, 1478 (pouillé de Nevers). — *Naulay*, 1678 (A. N.). — Fief de la châtell. de Montenoison.

Nolay, f. c⁰ⁿ de Saint-Hilaire-Fontaine. — *Naulay*, 1654 (C.).

Nolay (Bois), c⁰ⁿ de Saint-Brisson, porté sur la carte de Cassini.

Non-Galop, éc. c⁰ⁿ de Luthenay.

Nonnay, h. c⁰ⁿ de Dornes. — *Nonayum*, 1266 (A. N.). — *Nannay*, 1785 (arch. de Toury-sur-Abron).

Normand (Bois), c⁰ⁿ d'Azy-le-Vif. — *Domaine des Normands*, 1736 (arch. de Villars).

Notre-Dame, chapelle détruite, c⁰ⁿ d'Ouroux, portée sur la carte de Cassini.

Notre-Dame-de-Bonne-Nouvelle, chapelle convertie en maison d'habitation, c⁰ⁿ de Decise, mentionnée en 1566 (C.) et encore portée sur la carte de Cassini.

Notre-Dame-du-Bon-Port, chapelle qui se trouvait, en 1507, sur l'une des piles du pont de Loire, à Nevers (A. D.).

Notre-Dame-du-Chaune, chapelle, c⁰ⁿ de Saint-Bonnot. — *Notre-Dame-du-Champ* (Cassini).

Noue (La), f. c⁰ⁿ de Chevannes-Changy.

Noue (La), m. c⁰ⁿ de Neuville-lez-Decise.

Noues (Les), f. c⁰ⁿ de Magny-Cours.

Noues (Les), f. c⁰ⁿ de Saincaize. — *Les Noues*, 1366 (A. N. fonds de Saint-Lazare).

Noues (Les), m⁰ⁿ et châtell. c⁰ⁿ de Chevenon. — *Molin des Nues*, 1431 (A. N.). — *Le Moulin des Noues*, 1527 (arch. d'Uxeloup).

Nouette, lieu détruit, c⁰ⁿ de Chaumard, mentionné en 1673 (reg. de Chaumard).

Noulot, h. c⁰ⁿ de Magny-Cours. — *Nolot*, 1377 (A. N.).

Noulot, h. c⁰ⁿ de Nolay. — *Le Petit Noulous* (Cassini).

Noulot, m. du garde, c⁰ⁿ de Préméry. — *Nouloux* (Cassini).

Noulot, h. et m⁰ⁿ, c⁰ⁿ de Vandenesse; anc. paroisse réunie à celle de Vandenesse dès le XIᵉ siècle. — *Nuriacum*, 1287 (reg. de l'év. de Nevers). — *Norry*, 1546 (Marolles). — *Nourriacum*, 1478 (pouillé de Nevers). — *Noury*, 1620 (reg. de Sémelay).

Nouzeau-Charlois (Le), fief de la châtell. de Monceaux-le-Comte, mentionné en 1638 (Marolles).

Noven-Postibus (Nemus de), mentionné en 1269 comme étant près de Saint-Martin-d'Heuille (arch. des Bordes).

Nouzegaud, Terra Nouzegaudi, près de Bourras, mentionné en 1184 (*Gall. christ.* XII, col. 138).

Noue-d'Amour (La), m. et tuilerie, c⁰ⁿ de Cours-lez-Cosne.

Noyers (Les), vill. détruit, c⁰ⁿ de Saint-Benin-des-Bois, mentionné en 1553 (A. N.). — *Les Noiers, les Noyers, les Noers*, 1355 (cens. du chap. de Nevers).

Nolet (Le), châtell. c⁰ⁿ de Pouilly. — 1584 (Marolles).

Nuars, c⁰ⁿ de Tannay. — *Nuarre*, commencement du XIVᵉ siècle (pouillé d'Autun). — *Nuarre*, 1609 (Marolles). — Fief de la châtell. de Monceaux-le-Comte.

Nuex, fief de la châtell. de Moulins-Engilbert, mentionné en 1638 (Marolles).

Nugues (Les), h. c⁰ⁿ de Luceuay-les-Aix.

Numéro, f. c⁰ⁿ de Lamenay.

Nyon, châtell. f. et h. c⁰ⁿ d'Ourouer. — *Nyo*, 1337 (A. N.). — *Nyon*, 1513 (S.). — Fief de la châtell. de Nevers.

Nyon, m. c⁰ⁿ de Balleray.

Nyores (Stagnum de), près de Monceaux-le-Comte, mentionné en 924 (*Gall. christ.* IV, col. 71).

O

Œuf (Ruisseau de l'), affluent de la Loire, c⁰ⁿ de la Celle-sur-Loire.

Oisy, c⁰ⁿ de Clamecy. — *Anciacus*, VIIᵉ siècle (cart. gén. de l'Yonne, II, XXVIII). — *Ecclesia Ausiaci*, vers 1100 (bibl. hist. de l'Yonne, I, 404). — *Ecclesia de Oysi*, XIIᵉ s⁰ (ibid. 416). — *Osiacum*, 1207-1220 (bibl. hist. de l'Yonne, I, 472). — *Oisiacum*, 1535 (pouillé d'Auxerre). — *Oyny*, 1540 (A. N.).

Oisy (Le Grand-), h. c⁻ d'Oisy.

Oisy (Le Petit-), h. c⁻ d'Oisy.

Olly, h. c⁻ de Neuilly. — *Orery*, 1431 (Marolles). — *Olery*, 1638 (reg. de Neuilly). — *Olluy*, 1678 (C.). — Fief de la châtell. de Montenoison. — Donne son nom à un bois voisin.

Olizeau, f. c⁻ de Mars. — *Olizault*, 1436 (S.). — *Ollyzeault*, 1530 (A. N.). — *Ollizault*, 1609 (S.). — Fief du *Prieuré d'Olizeau*, châtell. de Châteauneuf-sur-Allier, 1689 (reg. des fiefs).

Ollières (Les), h. détruit, près de Surgy, mentionné en 1534 (A. N.).

Olyault, fief de la châtell. de Nevers, mentionné en 1638 (Marolles).

Olon, h. détr. c⁻ de Thaix; seigneurie mentionnée en 1565 (arch. de Vandenesse). — *Oullon*, 1610 (ibid.).

Ombre (L'), chât. et dépend. c⁻ de Thaix.

Ombreaux (Les), h. c⁻ d'Arzembouy.

Ombreaux (Les), m. c⁻ de Saint-Révérien.

Ombrots (Les), h. c⁻ de Moussy. — *Les Ombreaux* (Cassini).

Onfroi (L'), h. détruit, c⁻ de Varennes-lez-Narcy, porté sur la carte de Cassini.

Onlay, c⁻ de Moulins-Engilbert. — *Ou'ayum*, 1287 (reg. de l'év. de Nevers). — *Unliacum*, 1290 (Bulliot, II, 140). — *Unlayum*, 1293 (A. N. comptes du chap. de Nevers). — *Humlay*, 1331 (cens. du chap. de Nevers). — *Onlay-lez-Moulins-Engilbert*, 1535 (Marolles). — *Olay*, 1577 (A. N.). — Fief de la châtell. de Moulins-Engilbert.

Orangerie (L'), m. c⁻ de Pouguol-Blismes.

Orbado (Villa), lieu détr. mentionné en 849 comme ayant été donné à Saint-Martin de Nevers (Gall. christ. XII, col. 301).

Orbec, h. c⁻ de Nolay. — *Orbay*, 1437 (A. N.).

Orescot (L'), éc. c⁻ de Brassy.

Orfèvres (Rue des), chemin qui va de la ville de Donzy aux ruines du prieuré du Pré; il a conservé son nom de rue de l'ancienne ville de Donzy, qui se trouvait en ce lieu.

Orgux, h. c⁻ de Châtillon. — *Orgues*, 1567 (C.).

Origny, lieu détruit, c⁻ de Coulanges-lez-Nevers. — *Villa de Origniaco prope Nivernis*, XIII⁰ siècle (A. N. fonds du chap.). — *Territorium de Origni*, 1336 (S.). — *Origny*, 1459 (A. N. fonds de l'év.). — Fief de la châtell. de Nevers.

Orne (Domaine de L'), f. détr. c⁻ de Mars, mentionnée en 1750 (arch. de Saint-Pierre-le-Moûtier).

Orne (L'), f. c⁻ de Thaix.

Ormeaux (Les), h. c⁻ de Perroy. — *Maison d'Ormeaux*, 1535 (Marolles). — *Ormeaulx*, 1614 (S.). — Donne son nom à un ruisseau affluent du Sulnain. — Fief vassal de la baronnie de Donzy, faisant partie de cette châtellenie.

Orne-Paré (L'), h. c⁻ de Diennes.

Ornes (Les), h. c⁻ de Beaumont-sur-Sardolles.

Ornoiseaux (Les), f. c⁻ de Saint-Père.

Osselx, h. c⁻ de Rouy. — *Fons Dauchaou*, 1292 (C.). — *Village Daucheux*, 1553 (ibid.). — *Auseux*, XVIII⁰ siècle (ibid.).

Ouagne, c⁻ de Clamecy. — *Voisna*, 1144 (cart. de Bourras). — *Le Vaigne*, 1404 (A. N.). — *Wagnia*, 1535 (pouillé d'Auxerre). — *Ouaigne*, 1567 (Marolles). — *Ouigne*, 1539 (ibid.). — *L'Ouaignes*, 1643 (reg. de Riz). — *Ouayne*, 1677 (reg. d'Ouagne). — *Vouagne*, 1696 (ibid.). — *Vouaigne*, 1698 (ibid.). — *Vagina*, 1716 (arch. de l'Yonne, inv. de Clamecy). — Fief de la châtell. de Champallement, vassal de Saint-Verain.

Ouagne (L'), m⁻, c⁻ de Clamecy.

Ouavre (La), f. c⁻ de Rémilly. — *Croix de la Vouarre* (Cassini).

Ouche, chât. c⁻ de Raveau.

Ouche, h. c⁻ de la Marche. — *Huschia*, 1331 (cens. du chap. de Nevers). — *Ouchie*, 1355 (ibid.).

Ouche (L'), m. c⁻ de Saint-Saulge.

Ouche-Billat (L'), f. c⁻ de Chantenay.

Ouche-des-Agneaux (L'), m. c⁻ de Millay.

Ouche-des-Religieuses (L'), h. c⁻ de Saint-Parize-le-Châtel.

Ouche-du-Jault (L'), m. c⁻ de Saint-Seine.

Ouche-Gagneau (L'), m. c⁻ de Maulais.

Ouche-Guyot (L'), h. c⁻ de Verneuil.

Ouche-Jean (L'), h. c⁻ de Rouy.

Ouche-Simon (L'), m. détruite, c⁻ de Saint-Aubin-les-Forges, portée sur la carte de Cassini.

Ouches, h. c⁻ de Saint-André-en-Morvand.

Ouches-Goujot (Les), m. et bergerie, c⁻ de Saint-Franchy.

Ouchettes (Les), m. et carrière, c⁻ de Ternont.

Oudan, c⁻ de Varzy. — *Heldinus*, V⁰ siècle (cart. gén. de l'Yonne, II, xvii et xxxii). — *Odent-lez-Varzy*, 1451 (arch. de l'Yonne, fonds de Varzy). — *Oudent*, 1452 (ibid.). — *Odan*, 1483 (dalle funéraire dans l'église d'Oudan). — *Odentum*, 1535 (pouillé d'Auxerre). — *Oudant*, 1595 (reg. d'Oudan).

Oudilles (Les), h. c⁻ de Toury-Lurcy. — *Les Odilles*, 1616 (reg. de Toury-sur-Abron). — *Maison de la famille des Odilles*, 1623 (ibid.).

Oudoay, lieu détruit, près de Chevenon, mentionné en 1272 (A. N.).

Oudots (Les), h. c⁻ d'Annay. — *Les Hodots* (Cassini).

Ocgny, c⁽ⁿᵉ⁾ de Châtillon. — *Ogniacum*, 1293 (S.). — Paroisse d'Oigny, 1293 (ibid.). — *Ougniacum*, 1478 (pouillé de Nevers). — *Ogny*, 1537 (inscription au musée de Nevers). — Fief de la châtell. de Montreuillon.

Oigny (Château d'), chât. et dépend. c⁽ⁿᵉ⁾ d'Oigny.

Oilat (Villa d'), lieu détruit, c⁽ⁿᵉ⁾ de Maux, mentionné en 1289 (Bulliot, II, 138).

Ollieres (Les), h. détruit, c⁽ⁿᵉ⁾ de Moulins-Engilbert, porté sur la carte de Cassini. — *Les Oulieres*, 1451 (arch. de Vandenesse). — *Les Ollierres*, 1689 (reg. des fiefs). — Fief de la châtell. de Moulins-Engilbert.

Oullières (Les), h. c⁽ⁿᵉ⁾ de Cossaye. — *Les Oulieres*, 1455 (Marolles). — *Les Hullieres*, 1513 (A. N.). — *Les Olieres*, 1605 (A. N. fonds des filles aumônées). — *Les Petites-Oullieres*, 1628 (A. D.). — Fief de la châtell. de Decize.

Oloux, c⁽ⁿᵉ⁾ de Prémery. — *Oolum*, 1287 (reg. de l'év. de Nevers). — *Parrochia et Grangia de Olous*, 1290 (A. N. fonds de l'abb. de Notr.-Dame de Nevers). — *Olou*, 1562 (A. N.). — *Oullou*, 1689 (reg. des fiefs). — Fief de la châtell. de Montenoison.

Orgoseaux (Les), h. c⁽ⁿᵉ⁾ de Montigny-sur-Canne.

Orouer, c⁽ⁿᵉ⁾ de Pougues. — *Orathorium*, 1263 (S.). — *Oratorium*, 1287 (reg. de l'év. de Nevers). — *Saint-Martin-d'Orouer*, 1438 (A. N. fonds de l'év.). — *Oratorium-in-Admogniis*, 1478 (pouillé de Nevers). — *Oroer*, 1489 (A. N.). — *La motte d'Orouer*, xvi⁽ᵉ⁾ siècle (arch. de Prunevaux). — *Ourouer*, 1650 (terrier d'Ourouer). — *Honrouer*, 1661 (arch. des Bordes). — *Ouroy*, 1724 (inscription de la cloche de Pouilly). — Fief vassal de Frasnay-les-Chanoines.

Ouroux, c⁽ⁿᵉ⁾ de Montsauche. — *Oratorium-in-Morvento*, 1308 (A. N.). — *Oratorium*, xiv⁽ᵉ⁾ siècle (pouillé d'Autun). — *Oroez*, 1578 (C.). — *Sanctus-Germanus de Oratorio*, 1599 (reg. d'Ouroux). — *Bailliage d'Ouroux*, 1640 (ibid.). — Ouroux avait un bailliage dont le ressort s'étendait sur les paroisses d'Ouroux, Frétoy, Gien-sur-Cure, Planchez, Montsauche et Moux en partie; les appels de ce bailliage se portaient à Saint-Pierre-le-Moûtier.

Lors de l'organisation départementale, le canton d'Ouroux, du district de Château-Chinon, fut composé des communes de Corancy, Frétoy, Gien-sur-Cure, Ouroux et Planchez.

Ocry, h. détruit, c⁽ⁿᵉ⁾ de Poiseux, mentionné en 1548 (A. N.).

Oussards, fief, c⁽ⁿᵉ⁾ de Magny-Lormes, mentionné en 1705 comme relevant du comté de Château-Chinon.

Oussière (L'), riv. prend sa source dans le dép. de Saône-et-Loire, arrose dans celui de la Nièvre les communes de Frétoy, Planchez, Corancy et Chaumard et se jette dans l'Yonne. — *Riviere Doussiere*, 1484 (C.).

Oussy, h. c⁽ⁿᵉ⁾ de Montreuillon. — *Ocy*, 1224 (Marolles). — *Oussy*, 1316 (ibid.). — *Houssy* (Cassini). — Fief de la châtell. de Montreuillon.

Oussy (Forêt d'), partie de la forêt de Montreuillon qui prenait son nom, en 1649, du hameau d'Oussy (reg. d'Ouroux).

Outeloup, m. de camp. c⁽ⁿᵉ⁾ de Dommartin.

Outre-Cure, h. c⁽ⁿᵉ⁾ de Montsauche. — *Oultre-Cure*, 1607 (reg. de Montsauche). — Ce hameau tire son nom de sa position sur la rivière de Cure.

Ouvrault, f. et m⁽ⁿ⁾, c⁽ⁿᵉ⁾ de Champvoux. — *Avreaul*, 1556 (C.). — *Ourraut*, 1588 (S.). — Fief de la châtell. de la Marche.

Ouzière (L'), h. c⁽ⁿᵉ⁾ de Charrin.

Ouzon (L'), ruiss. affluent de l'Haleine, c⁽ⁿᵉ⁾ de Sémelay. — *Riviere d'Ouzou*, 1575 (A. N.).

Ozassens (Les), éc. c⁽ⁿᵉ⁾ de Saint-Parize-le-Châtel.

Ozon, chât. et f. c⁽ⁿᵉ⁾ de Lucenay-les-Aix. — *Auzon*, 1626 (reg. de Cossaye). — Fief de la châtell. de Decize, qui donne son nom à un ruisseau affluent de la Loire, lequel arrose les communes de Lucenay-les-Aix et de Cossaye. Le vrai nom de ce lieu est *Auzon*.

P

Pacauderie (La), f. c⁽ⁿᵉ⁾ de Saint-Martin-d'Heuille. — *Papoderie* (Cassini).

Pacaut, h. détruit, c⁽ⁿᵉ⁾ de la Celle-sur-Loire, porté sur la carte de Cassini.

Pages, f. c⁽ⁿᵉ⁾ de Champvert. — *La Maison-des-Pages*, 1610 (A. D.). — *Les Pages* (Cassini).

Paillange, f. c⁽ⁿᵉ⁾ de Champvert.

Paillards (Les), fief de la châtell. de Montenoison, mentionné en 1689 (reg. des fiefs). — *La maison des Paillards*, 1351 (Marolles).

Paillards (Les), m⁽ⁿ⁾, c⁽ⁿᵉ⁾ de Perroy. — *La maison d'Espaillard*, 1454 (Marolles). — C'était un fief vassal de la baronnie de Donzy.

Paillards (Masure des), m. c⁽ⁿᵉ⁾ de Saint-Benin-d'Azy, mentionnée en 1585 (A. N.).

Paillasson, m. c⁽ⁿᵉ⁾ de Brinay.

Paillot, h. c^{ne} de Saint-Martin-du-Tronsac. — Paillraux (Cassini).

Paillot, m^{on}. c^{ne} de Saint-Benin-d'Azy.

Pais, h. c^{ne} d'Achun. — Paies, 1566 (Lory). — Fief vassal du comté de Château-Chinon.

Pais-Loup, m. c^{ne} de Varennes-lez-Nevers.

Pais-Prade (Le), bois, c^{ne} de Dampierre-sur-Nièvre.

Paispolier, chât. ruiné, c^{ne} de Cervon, mentionné en 1600 (reg. de Cervon).

Pallais (Le), f. c^{ne} d'Alluy.

Pallizot, h. c^{ne} de Moux. — Palezot (Cassini).

Palis, f. c^{ne} de Saxy-Bourdon.

Pallissonery, f. c^{ne} de Saint-Aubin-les-Forges.

Pallais (Les), éc. c^{ne} de Charrin.

Palleau, f. c^{ne} de Brinay. — Paluellum, 1269 (C.).

Palleau (Le), h. détruit, c^{ne} de Luzy, mentionné en 1573 (C.).

Palmaroux, h. c^{ne} de Montsauche. — Pallemarrou, 1638 (Marolles). — Palmerault, 1689 (reg. des fiefs). — Fief de la châtell. de Saint-Brisson et Liernais.

Palmery (Le), h. c^{ne} de Bazolles. — Palmerie (Cassini).

Palsault (Moulin de), mⁱⁿ détruit, c^{ne} de Limanton, mentionné en 1492 (arch. de Vandenesse).

Palssy (Le Temple de), h. détruit, près de Moulins-Engilbert; dépendance de la comm^{de} du Feuilloux, de l'ordre de Malte, mentionnée en 1611 (arch. de Vandenesse).

Palus (Le), f. c^{ne} de Donzy.

Panabdis (Bois), c^{ne} de Billy-sur-Oisy.

Pannau, fief de la châtell. de Montenoison, mentionné en 1689 (reg. des fiefs).

Panes (Les), h. détruit, c^{ne} de Préporché, mentionné en 1673 (S.).

Panigaut, f. c^{ne} de Saint-Saulge.

Pannecean, h. et écluse, c^{ne} de Limanton. — Moulin de Pannessot, 1498 (arch. de Vandenesse). — Moulin de Pannessot, 1674 (S.). — Pannecot et Panissot, 1718 (ibid.). — Fief de la châtell. de Moulins-Engilbert, vassal de Châtillon-en-Bazois.

Panneciere, fief, c^{ne} de Saint-Parize-en-Viry, de la châtell. de Decize, mentionné en 1770 (A. D.).

Pannerey, h. détruit, c^{ne} de Savigny-Poil-Fol, mentionné en 1598 (Marolles).

Panneterie, h. détruit, c^{ne} de Challuy, porté sur la carte de Cassini.

Pannetets (Les), f. c^{ne} de Toury-Lurcy. — Les Panotiers, 1706 (reg. de Toury-sur-Abron).

Pansière, h. c^{ne} d'Alligny-en-Morvand. — Penssieres (Cassini).

Papeterie (La), éc^l. c^{ne} de Corbigny.

Paponnerie (La), h. c^{ne} de Magny-Cours.

Papous (Les), lieu détruit, c^{ne} de Pougues, mentionné en 1331 (cens. du chap. de Nevers).

Paquetterie (La), f. c^{ne} de Beaumont-la-Ferrière.

Paradis, h. détruit, c^{ne} de Mhère, mentionné en 1676 (reg. de Mhère).

Paraize, chât. et h. c^{ne} de Livry. — Pareux, 1301 (Marolles). — Paraises, 1524 (ibid.).

Paras (Le), h. c^{ne} de Saint-Parize-en-Viry.

Parc (Le), chât. et h. c^{ne} de Dun-les-Places. — Le Parc-les-Gouloux, 1504 (arch. d'Autun). — Le Parc, 1578 (Marolles). — Fief vassal de Saint-Brisson.

Parc (Le), éc. c^{ne} de Cuncy-lez-Varzy.

Pardeneaux, h. détr. c^{ne} d'Isenay, mentionné en 1599 (arch. de la Montagne).

Pardolle (La), éc. c^{ne} de Champvert.

Pardous (Les), fief, c^{ne} de Maulaix, de la châtell. de Decize, mentionné en 1772 (A. D.).

Pareil, h. et f. c^{ne} de Nolay. — Pareilles, 1689 (reg. des fiefs). — Fief de la châtell. de Montenoison.

Parenche, chât. et usine, c^{ne} d'Azy-le-Vif. — Étang de Parenches, 1263 (Marolles). — Parrenchia, 1266 (A. N.). — Moulin de Paranges, 1572 (Marolles). — Parance (Cassini). — L'étang de Parenche, d'une étendue fort considérable, avait été créé par les seigneurs de la Ferté-Chauderon au XIIIe siècle; il vient d'être desséché.

Parey, h. c^{ne} de Cessy-les-Bois.

Parigny, église ruinée et m. c^{ne} de Druy; anc. paroisse. — Parigniacum, 1287 (reg. de l'év. de Nevers). — Parrigny-sus-Sardelle, 1364 (A. D.). — Parigniacum-super-Sardolam, 1478 (pouillé de Nevers). — Parigny-soubz-Sardalle, 1682 (A. N.).

Parigny, fief de la châtell. de Saint-Verain, mentionné en 1689 (reg. des fiefs).

Parigny, h. c^{ne} d'Alligny. — Patriniacum, ve siècle (cart. gén. de l'Yonne, II, XVII). — Parrigny, 1503 (arch. de l'Yonne, inv. de Villemoison). — Perrigny, 1777 (ibid.).

Parigny-la-Rose, c^{ne} de Varzy. — Perrigniacum, 1535 (pouillé d'Auxerre). — Fief de la châtell. de Montenoison.

Parigny-les-Vaux, c^{ne} de Pougues. — Villa Patriniacum, 849 (Gall. christ. XII, col. 301). — Villa Parigniaci, 1083 (ibid. col. 831). — Parriniacum, 1103 (ibid. col. 337). — Parrigne, 1285 (S.). — Parrigniacum, 1316 (ibid.). — Parrigniacum-in-Vallibus, 1346 (ibid.). — Parigny-les-Vaulx, 1424 (A. N.). — Fief de la châtell. de Nevers.

Paris (Porte de), porte de la ville de Nevers, au nord. — Porte des Ardilliers, 1692 (A. N.). — Elle tirait son nom d'une famille des Ardilliers qui habitait la rue aboutissant à cette porte, laquelle avait le même nom. — *Guillelmus et Johannes de Ardilleriis*, 1283 (A. N.).

Parisots (Les), h. c⁵ⁿᵉ de Moux.

Parisy, f. cᵐᵉ de Saint-Parize-le-Châtel.

Parizeaux, f. cᵐᵉ de Langeron.

Parjot, h. cᵐᵉ de Cécogne. — *Perjot*, 1638 (Marolles). — Fief vassal de Ruères.

Paroy, h. cᵐᵉ d'Oisy. — *Parroy*, 1615 (Marolles).

Parray, éc. cᵐᵉ de Diennes.

Parsciacum, h. détruit, cᵐᵉ de Challuy, mentionné en 1429 (A. N.).

Parc (Le), éc. cᵐᵉ de Montapas. — *Le Parc* (Cassini).

Parcy, chât. et h. cᵐᵉ de Garchizy; anc. paroisse. — *Parciacum*, 1287 (reg. de l'év. de Nevers). — *Castellum Parziaci*, 1444 (A. N.). — La seigneurie de Parzy appartenait aux évêques de Nevers, qui y avaient un château et une chapelle.

Parry, fief de la châtell. de Monceaux-le-Comte, mentionné en 1638 (Marolles).

Pasquelins (Les), h. cᵐᵉ d'Arleuf.

Pasquiers (Les), f. cᵐᵉ de Dampierre-sur-Bouhy.

Pasquiers (Les), h. cᵐᵉ de la Celle-sur-Loire.

Passelaire, m. cᵐᵉ de Chiddes.

Passençay, h. cᵐᵉ de Saint-Ouen. — *Passensou*, 1638 (Marolles). — Fief vassal de Bouhy.

Passier, m. de camp. cᵐᵉ de Tannay.

Passière (La), ruiss. affluent de la Loire, cᵐᵉ de Nevers.

Passis (Les), h. cᵐᵉ d'Ourouer.

Passon (Le), h. cᵐᵉ de Sainte-Péreuse.

Passoux (Le), m. cᵐᵉ d'Isenay.

Passu (Le), m. cᵐᵉ de Villapourçon.

Passy, h. cᵐᵉ d'Aubigny-le-Chétif. — *Espaciacum*, 1239 (A. N. fonds de Faye). — *Apaciacum*, 1285 (arch. des Bordes). — *Appacy*, 1486 (A. N.). — *Passy*, 1611 (S.). — *Apacy*, 1628 (A. N.). — Fief de la châtell. de Decize, dont le véritable nom paraît être *Appacy*.

Passy, h. cᵐᵉ de Brinon. — *Paci*, 1193 (C.). — *Villa de Paciaco*, 1276 (ibid.). — *Passy*, 1284 (S.). — *Pacy*, 1418 (C.).

Passy, h. et chât. ruiné cᵐᵉ de Varennes-lez-Narcy. — *Paciacum*, 1398 (A. N.). — *Pacy*, 1462 (ibid.).

Pateur (Le), m. cᵐᵉ de Champlin.

Pâtis (Les), éc. cᵐᵉ de Saint-Père.

Pâtis (Les) ou les Placiers, h. cᵐᵉ d'Arquian.

Pâtis-de-Nantes (Les), maisons formant trois petits hameaux, cᵐᵉ de Cosne.

Patouillat, h. cᵐᵉ d'Azy-le-Vif.

Patouillat (Le), h. cᵐᵉ de Champlin.

Patouillat (Le), h. cᵐᵉ de Perroy.

Patouillat (Le), m. cᵐᵉ de la Nocle.

Patouillat (Le), m. cᵐᵉ de Varennes-lez-Nevers.

Patouille (Le), éc. cᵐᵉ de Toury-Lurcy.

Pâtis, h. cᵐᵉ de Billy-Chevannes. — *Patris*, 1605 (A. N. fonds des filles aumônées). Fief de la châtell. de Saint-Saulge.

Patte-au-Lièvre (La), éc. cᵐᵉ de Toury-Lurcy.

Pitteaux-Bergeros (Les), tuil. cᵐᵉ de Decize.

Pâture (La), m. cᵐᵉ de Mars.

Pâtureau (Le), bois, cᵐᵉ d'Alligny-en-Morvand.

Pâtureau (Le), h. cᵐᵉ de Trousanges. — *La mothe de Pastoureau*, 1327 (Marolles). — *La maison et motte de Pastureau*, 1329 (ibid.).

Pâtureau-Berrot (Le), h. cᵐᵉ de Garchy.

Pâtureau-Froment (Le), h. cᵐᵉ de Garchizy. — *Pasturellum*, 1355 (cens. du chap. de Nevers). — *Village du Pastureaul-Froment*, 1479 (A. N. fonds de l'év.).

Pâtureaux (Bois des), cᵐᵉ de Saint-Aubin-les-Forges.

Pâtureaux (Les), fermes, cᵐᵉ de Maulaix.

Pâtureaux (Les), h. cᵐᵉ de Frasnay-le-Bavier.

Pâtureaux (Les), h. cᵐᵉ de Nevers.

Pâtureaux-Rondeau (Les), h. cᵐᵉ de Chantenay.

Pâtu (Le), f. cᵐᵉ d'Annay.

Pauchèrie (La), lieu détruit, cᵐᵉ de Luthenay, mentionné en 1355 (cens. du chap. de Nevers).

Paupaisé, h. cᵐᵉ de Perroy. — *Pourprise* (Cassini).

Pautrats, h. cᵐᵉ de Ciez. — *Les Peautrats* (Cassini).

Pautrats (Les), h. cᵐᵉ de Saint-Loup.

Pautray, f. cᵐᵉ de Saint-Ouen. — *Potrais* (Cassini).

Paux, h. détruit, cᵐᵉ de Saint-Éloi, porté sur la carte de Cassini. — *Grange de la Paul*, 1492 (A. N.).

Pavé (Le), m. cᵐᵉ de Villapourçon.

Pavillon (Le), chât. et f. cᵐᵉ de Dommartin.

Pavillon (Le), f. cᵐᵉ d'Avrée.

Pavillon (Le), f. cᵐᵉ de Cours-lez-Cosne.

Pavillon (Le), f. cᵐᵉ de Druy.

Pavillon (Le), f. cᵐᵉ de Saint-Éloi.

Pavillon (Le), f. cᵐᵉ de Varennes-lez-Nevers.

Pavillon (Le), gare de marchandises du chemin de fer de Paris à Lyon par Nevers, sur le canal latéral, cᵐᵉ de Sermoise.

Pavillon (Le), h. cᵐᵉ de Billy-sur-Oisy. — Seigneurie en 1532 (Marolles).

Pavillon (Le), h. cᵐᵉ de Bitry.

Pavillon (Le), h. cᵐᵉ de Trousanges.

Pavillon (Le), m. cᵐᵉ de Diennes.

Pavillon (Le), m. détruite, cᵐᵉ de Jailly. — *Pavillon-Margot*, 1337 (Marolles).

Pavillon (Le), m. de camp. cᵐᵉ de Challuy.

Pavillon (Le), m. de camp. cᵐᵉ de Moulins-Engilbert, bâtie et entourée de fossés vers 1700 (S.).

Pavillon (Le), m. de camp. cᵐᵉ de Saint-Jean-aux-Amognes. — *Pavillon*, 1689 (reg. des fiefs). — Fief de la châtell. de Montenoison.

PAVILLON-A-BRISSEAU (LE), f. c^{ne} de Chaulgis.

PAVILLON-DE-CHARAY (LE), lieu détruit, c^{ne} de Prémery, porté sur la carte de Cassini.

PAVILLON-DE-COLIGNY (LE), éc. c^{ne} de Saint-Pierre-le-Moûtier. — *Le Pavillon* (Cassini).

PAVILLON-DES-BOIS (LE), m. de camp. nouvellement construite à la place de la maison de garde dite *Machine-Haut-Debout*, c^{ne} de la Machine.

PAVILLON-DES-VIGNES (LE), éc. c^{ne} de Saint-Saulge.

PAVILLON-D'UXELOUP (LE), h. c^{ne} de Luthenay. — *Le Pavillon*, 1675 (reg. d'Uxeloup).

PAVILLON-LES-VIGNES, lieu détruit, c^{ne} de la Celle-sur-Nièvre, porté sur la carte de Cassini.

PAYS-ENTRE-LOIRE-ET-ALLIER, petite contrée du Nivernais qui comprenait la plus grande partie des cantons de Dornes et de Saint-Pierre-le-Moûtier.

PAZY, c^{on} de Corbigny. — *Pagutiacum*, 721 (cart. gén. de l'Yonne, II, 2). — *Paisiacum*, 1231 (arch. de l'Empire, cart. J, 251). — *Paysiacum*, 1287 (reg. de l'év. de Nevers). — *Paziacum*, 1478 (pouillé de Nevers). — *Pazi*, 1619 (A. N.). — Fief du comté de Château-Chinon.

PELÉ (LE), m. c^{ne} de Ménestreau. — *Les Plés* (Cassini).

PELÉ (LA), lieu détruit, près de Decize, mentionné en 1476 (Marolles).

PELÉS (LES), h. c^{ne} de Saint-Sulpice. — *Les Plés* (Cassini).

PELLETIER, m. détruite, c^{ne} de Fours, porté sur la carte de Cassini. — *La Peleterie*, 1310 (A. N. fonds du chap.).

PELLUS (LES), h. c^{te} de Neuvy. — *Les Pellus*, 1383 (inv. de Villemoison). — *Le Plus* (Cassini).

PELLUS (MOULIN DE), h. c^{ne} de Chaumard. — *Pellut et Pellus*, 1674 (reg. de Chaumard).

PENAILLES (LES), m. et f. c^{ne} de Coulanges-lez-Nevers. *Penolla* (Cassini). — Elle donne son nom à un ruisseau affluent de la Nièvre, arrosant les c^{nes} de Saint-Éloi et de Coulanges-lez-Nevers.

PENAUILLET, m. c^{ne} de Saint-Éloi.

PENDANTS (LES), m. c^{ne} de Decize.

PENIERS (LES), h. c^{ne} de Lucenay-les-Aix.

PÉNISSIAUX (LES), h. c^{ne} de Colmery. — *Péniceaulx*, 1655 (reg. de Colmery).

PÉPIN, f. c^{ne} de Dampierre-sur-Bouhy. — *Poupin* (Cassini).

PÉQUINERIE (LA), h. c^{ne} de Verneuil.

PERATS (LES), h. c^{ne} de Thianges. — *Perraiz*, 1566 (A. N.). — *Perrax*, 1638 (Marolles). — *Perras*, 1689 (reg. des fiefs). — *Les Perras* (Cassini). — Fief de la châtell. de Champvert.

PERAULT, f. c^{ne} de Decize.

PERCHENET, h. c^{ne} de Mont-et-Marré. — *Prissenay*, 1491

(C.). — *Prechenay*, 1567 (ibid.). — *Precelenay*, 1652 (A. N.).

PERCHEBOIS (LES), h. c^{ne} d'Arquian.

PERCHERS (LES), h. c^{ne} de Saint-Amand.

PERCY, fief de la châtell. de Moncaux-le-Comte, mentionné en 1689 (reg. des fiefs).

PERCY, h. c^{ne} de Rona.

PERDRIATS (LES), f. c^{ne} de Saint-Ouen.

PÉREUX, f. c^{ne} de Saint-Hilaire-Fontaine.

PÉRIGNY, fief de la châtell. de Moulins-Engilbert, mentionné en 1689 (reg. des fiefs).

PÉRIER (LA), f. c^{ne} de Livry. — *Le Perrier*, 1501 (Marolles).

PERNAY, f. c^{ne} de Nannay. — *Pernay*, 1579 (Marolles). — Fief de la châtell. de Châteauneuf-Val-de-Bargis.

PERNAY (LE MOULIN DE), mⁱⁿ détruit, c^{ne} de Nannay, marqué sur la carte de Cassini. — Fief de la châtell. de Châteauneuf-Val-de-Bargis.

PEROS (LES), fief, c^{ne} de Thaix, mentionné en 1331 comme faisant partie de la châtell. de Cercy-la-Tour (Marolles). — *Perus*, 1484 (arch. de Vandenesse).

PEROTTERIE (LA), h. c^{ne} de la Celle-sur-Loire.

PÉROU (LE), f. c^{ne} de Saint-Jean-aux-Amognes. — *Le Perroux*, 1491 (S.).

PÉROU (LES), h. c^{ne} de Saint-Martin-du-Puits. — *Perrou*, 1590 (arch. de Vésigneux). — *Perroux*, 1707 (reg. de Saint-Martin-du-Puits).

PERRANGE, h. c^{ne} de Rouy. — *Villa de Perrenges*, 1298 (S.). — *Perranges*, 1571 (A. N.).

PERRAULT (DOMAINE), f. détruite, c^{ne} de Saint-Pierre-le-Moûtier, mentionnée en 1730 (arch. de Saint-Pierre-le-Moûtier).

PERRAY (FORÊT DU), s'étend sur les c^{nes} de Toury-sur-Jour, Neuville-lez-Decize et Azy-le-Vif.

PERRAY (LE), m. de camp. et m. de garde, c^{ne} d'Azy-le-Vif. — *Forge du Perray* (Cassini).

PERRAY (LE), m. de camp. c^{ne} de Toury-sur-Jour. — Tire son nom de la forêt du Perray, ainsi que le lieu précédent.

PERRETS (LES), h. c^{ne} de Menou.

PERRIAS ou LE PERRIAT, m. détruite, c^{ne} de Saint-Jean-aux-Amognes, mentionnée en 1509 et 1546 (S.). — *Lieu du Peirat ou Maison des Seines*, 1750 (ibid.).

PERRIER (LE), h. détruit, c^{ne} de Moulins-Engilbert.

PERRIÈRE (LA), f. c^{ne} de Fleury-sur-Loire.

PERRIÈRE (LA), f. c^{ne} de Sougy.

PERRIÈRE (LA), fief de la châtell. de Luzy, mentionné en 1638 (Marolles).

PERRIÈRE (LA), h. c^{ne} de Frasnay-le-Ravier, 1296 (Marolles).

PERRIÈRE (LA), h. détruit, c^{ne} de Moulins-Engilbert, mentionné en 1673 (S.).

Perrières (Les), f. c^{ne} de Crux-la-Ville. — *Les Pierres* (Cassini).
Perrigny, h. et mⁱⁿ, c^{ne} de Tazilly. — *Perrigny*, 1614 (C.). — *Perigny*, 1772 (reg. de la Roche-Millay).
Perrigotte (La), h. c^{ne} de Troussanges.
Perriney, f. c^{ne} de Chantenay.
Perriney, m. détruite, c^{ne} de Fours, portée sur la carte de Cassini.
Perrins (Les), f. c^{ne} de Limon.
Perrins (Les), f. c^{ne} de Toury-Lurcy. — *Le Lieu-Perrin*, 1778 (plan de la seigneurie de Toury-sur-Abron).
Perriot, m. c^{ne} de Limanton.
Perrollerie (La), h. c^{ne} de Saint-Loup.
Perroux, h. détruit, c^{ne} de Saint-Hilaire-Fontaine; ancienne seigneurie mentionnée en 1610 (S.).
Perroy, c^{ne} de Donzy. — *Perruyum*, 1535 (pouillé d'Auxerre).
Perrot, fief de la châtell. de Monceaux-le-Comte, mentionné en 1638 (Marolles).
Perruchots (Les), h. c^{ne} de Moux.
Persy, h. c^{ne} de Sauy-Bourdon.
Pert, h. c^{ne} de Gâcogne. — *Pers*, 1316 (Marolles). — *Pers et Paire*, 1640 (reg. d'Ourouer). — Fief de la châtell. de Montreuillon.
Pertuis-du-Bois (Le), m. c^{ne} de Villapourçon.
Pertuiseau, h. c^{ne} de Chaulgnes. — *Pertuyseaux*, 1771 (reg. de Chaulgnes). — *Pertuisot*, 1787 (ibid.).
Pessottes (Les), f. c^{ne} de Limon. — *Les Pessotes* (Cassini).
Petadrerie (La), h. c^{ne} de Corvol-l'Orgueilleux.
Petizan, f. c^{ne} d'Isenay.
Petiots (Les), h. c^{ne} de Magny-Cours.
Petit-Arbiaux (Le), f. c^{ne} de Balleray. — *Le Petit-Areaux*, 1753 (reg. d'Azy-le-Vif).
Petit-Bois (Le), h. c^{ne} de Charrin.
Petit-Bouffard (Le), fief de la châtell. de Cercy-la-Tour, mentionné en 1638 (Marolles).
Petit-Bourg, h. c^{ne} de Montenoison.
Petit-Carré (Le), h. c^{ne} de Gâcogne.
Petit-Chailloux (Le), f. et h. c^{ne} de Fertrève.
Petit-Champ-Long (Le), f. c^{ne} de Chantenay.
Petit-Chaufour (Le), h. c^{ne} de Menou.
Petit-Chaumigny (Le), m. c^{ne} de Saint-Gratien.
Petit-Chêne (Le), m. c^{ne} de Luthenay.
Petit-Chevanne (Le), h. c^{ne} de Diennes.
Petit-Crecy (Le), h. c^{ne} de Fertrève.
Petit-Flez (Le), h. c^{ne} de Flez-Cuzy.
Petit-Jean, h. c^{ne} de Gouloux.
Petit-Massé (Le), h. c^{ne} de Chougny. — *1567* (terrier de Bellevaux).

Petit-Milleux (Ruisseau de), affluent de l'Allier, c^{ne} de Saint-Pierre-le-Moûtier.
Petit-Moulin (Le) ou Conotelle, h. c^{ne} d'Imphy. *Moulin-d'Imphy* (Cassini).
Petit-Moulin (Le), m. c^{ne} de Sully-la-Tour.
Petit-Moulin (Le), mⁱⁿ, c^{ne} de Corvol-d'Embernard.
Petit-Moulin (Le), mⁱⁿ, c^{ne} de Sardolles.
Petit-Moulin (Le), mⁱⁿ à écorce, c^{ne} de Saint-Père.
Petit-Moulin (Ruisseau de), affluent de l'Allier, c^{ne} de Tresnay.
Petit-Moulin de Saint-Verain (Le), mⁱⁿ, c^{ne} de Saint-Verain.
Petit-Mussy (Le), f. c^{ne} de Parigny-les-Vaux.
Petit-Nezelly (Le), h. c^{ne} de Moulapas.
Petit-Noël (Le), h. c^{ne} de Montigny-aux-Amognes.
Petit-Noclar (Le), h. détruit, c^{ne} de Nolay, portée sur la carte de Cassini.
Petit-Port (Le), h. c^{ne} d'Imphy.
Petit-Pourcellange (Le), f. c^{ne} de Prémery.
Petit-Pré (Le), m. détruite, près de Villemoison, mentionnée en 1670 (inv. de Villemoison).
Petit-Ragos (Le), h. c^{ne} de Neuville-lez-Decize.
Petit-Rangoct (Le), f. c^{ne} de Saint-Pierre-le-Moûtier.
Petit-Recoulon (Le), f. c^{ne} de Flety.
Petit-Reugny (Le), h. c^{ne} de Reugny.
Petit-Riot (Le), h. c^{ne} de Saint-Verain. — *Le Petit-Reault*, 1750 (reg. de Saint-Verain).
Petit-Rond (Bois du), c^{ne} d'Azy-le-Vif.
Petit-Savenot (Le), f. et vigneronnerie, c^{ne} de Ternant.
Petit-Senbert (Le), h. c^{ne} de Clamecy.
Petit-Varennes (Le), h. c^{ne} de Germigny.
Petit-Verret (Le), h. c^{ne} de Coulanges-lez-Nevers.
Petit-Village (Le), h. c^{ne} de Fours.
Petita, éc. c^{ne} de Derize.
Petite-Barre (La), h. c^{ne} de Rouy.
Petite-Ferme (La), h. détruit, c^{ne} de Snineaize, mentionné en 1491 (A. N.).
Petite-Forge (La), éc. c^{ne} de Saint-Germain-Chassenay.
Petite-Grange (La), h. détruit, c^{ne} de Saint-Parize-le-Châtel, porté sur la carte de Cassini.
Petite-Machine (La), c^{ne} de la Machine.
Petite-Métairie (La), f. c^{ne} d'Arquian.
Petite-Vasne (La), h. c^{ne} d'Urzy.
Petite-Vesvre (La), f. c^{ne} de Luthenay.
Petites-Gâtines (Les), h. c^{ne} de Saint-Verain. — *Les Gâtines*, XVIIIe siècle (reg. de Saint-Verain).
Petites-Maisons (Les), f. c^{ne} d'Azy-le-Vif.
Petites-Maisons (Les), h. c^{ne} de Raveau.
Petites-Maisons (Les), h. c^{ne} de Saint-Éloi.
Petites-Maisons (Les), h. c^{ne} de Varennes-lez-Nevers.
Petites-Vallées (Les), f. c^{ne} d'Arquian.

Petites-Varennes (Les), h. détruit, c^{ne} de Saincaize, mentionné en 1491 (A. N. fonds de l'év.).
Petitot, h. c^{ne} de Villapourçon.
Petits (Les), h. c^{ne} d'Arleuf.
Petits-Argelliers (Les), h. c^{ne} de Dampierre-sur-Bouhy.
Petits-Champs (Les), f. c^{ne} d'Isenay.
Petits-Locats (Les), h. c^{ne} de Toury-Lurcy. — *Le Lieu Quillet*, 1778 (plan de la seigneurie de Toury-sur-Abron).
Petits-Jeans (Les), h. c^{ne} de Planchez.
Petits-Michins (Les), éc. c^{ne} de Lucenay-les-Aix.
Petits-Mollis (Les) ou mieux les Petits-Mallais, h. c^{ne} de Maulaix.
Petits-Boues (Les), h. c^{ne} de Saint-Brisson.
Pet-l'Ane, éc. c^{ne} de Sermoise.
Pet-Loup, éc. c^{ne} de Sermoise.
Pétroque (La), m. c^{ne} de Marzy.
Petite-Loup, h. c^{ne} de Raveau.
Petteloup, m. de garde, c^{ne} de Vielmanay.
Peuilly (Le Grand-), f. c^{ne} de Sermoise. — *Poileiau*, 1279 (A. N.). — *Territorium de Prisaya*, 1282 (ibid.). — *Puliacum*, 1296 (ibid.). — *Epuliacum*, 1333 (ibid.). — *Puly*, 1333 (ibid.). — *Hotel de Pully*, 1456 (Marolles). — *Puilly*, 1466 (A. N.). — *Pully*, 1575 (ibid.). — Le véritable nom de cet ancien fief de la châtellenie de Nevers est *Pully*.
Peuilly (Le Petit-), f. c^{ne} de Sermoise.
Picard, f. c^{ne} de Champvert.
Picard, m. c^{ne} de Fleury-sur-Loire.
Picarde (La), f. c^{ne} de Lucenay-les-Aix.
Picards (Les Grands-), f. c^{ne} d'Annay.
Picards (Les Petits-), f. c^{ne} d'Annay.
Picardon, h. c^{ne} de Ciez.
Pichenette (La), f. c^{ne} de Montaron.
Pichenotte (La), h. c^{ne} de Châtillon-en-Bazois.
Pichou (Le), m. c^{ne} de Corancy.
Pichous (Les), h. c^{ne} de Donzy.
Picpus, couvent à Moulins-Engilbert, porté sur la carte de Cassini.
Pièce-Bleue (La), m. c^{ne} de Varennes-lez-Nevers.
Pièces (Les), m. c^{ne} d'Isenay.
Piedemont, h. détruit, c^{ne} de Saint-Martin-du-Tronsec, porté sur la carte de Cassini.
Pied-Prot, h. c^{ne} de Saint-Parize-le-Châtel.
Pierre-le-Pré, fief, c^{ne} de Saint-Gratien, mentionné en 1785 comme dépendant de la châtell. de Decize (A. D.).
Pierre-à-Culot (La), h. c^{ne} de Château-Chinon-Campagne. — *La Maison-Blondelot*, XVIIIe siècle (reg. de Château-Chinon).
Pierre-Aigue (La), h. c^{ne} d'Arquian.

Pierre-de-Bouderbard (La), h. c^{ne} de Toury-sur-Jour.
Pierre-Écrite (La), h. c^{ne} d'Alligny-en-Morvand. — Tire son nom d'un rocher sur lequel se voient de grossières sculptures antiques.
Pierrefitte, chât. et f. c^{ne} de Poil. — *Pierrefette*, 1556 (S.). — *Pierrefettes*, 1573 (C.).
Pierrefitte, h. détruit, c^{ne} de Chaulgnes, mentionné en 1600 (A. N.).
Pierrefort, h. c^{ne} de la Chapelle-Saint-André. — 1322 (Marolles).
Pierre-Sèche, h. c^{ne} de Chaumard. — *Pierre-Seiche*, 1327 (Marolles). — *Presche*, 1474 (C.). — *Pierre Seiche*, 1638 (Marolles). — Fief de la châtell. de Montreuillon.
Pierres (Les), h. c^{ne} de Saint-Léger-de-Fougeret.
Pierres (Les), m. de camp. et f. c^{ne} de Sougy.
Pierret (Le), m. c^{ne} de Millay.
Pierrets (Les), h. c^{ne} de Menou.
Pierron, partie du h. de Maulot, c^{ne} de Montigny-aux-Amognes.
Pierrots (Les), f. c^{ne} de Nolay.
Pifois, seign. c^{ne} de Moulins-Engilbert, mentionnée en 1579 (Marolles). — *Piffond*, 1610 (terrier de Marry).
Pige-de-Velle (La), h. c^{ne} de Montigny-en-Morvand.
Pigeon, tuil. c^{ne} de Corvol-l'Orgueilleux.
Pignault, h. c^{ne} de Lurcy-le-Bourg. — *Pignaux* (Cassini).
Pigné, m. c^{ne} de Saint-Pierre-le-Moûtier.
Pignelin, petit séminaire diocésain, c^{ne} de Varennes-lez-Nevers. — *Pinolii*, *Pinoles*, 1331 (censier du chap. de Nevers). — *Pignoles*, 1355 (ibid.). — *Le Haut-de-Pinelay*, 1512 (S.). — *Pinelay*, 1539 (A. N.).
Pignol, chât. c^{ne} de Tannay. — *Château de Pignolle* (Cassini).
Pignol, h. c^{ne} de Tannay. — *Pignolle* (Cassini).
Pignon-Blanc (Le), f. c^{ne} de la Celle-sur-Loire.
Pignon-Blanc (Le), m. c^{ne} de Rémilly.
Pilay, h. détruit, c^{ne} de Tresnay, porté sur la carte de Cassini.
Pille, h. c^{ne} de Couloutre. — *Pilles*, 1575 (Marolles).
Pille-Avoine, mⁱⁿ, c^{ne} de Nevers. — *Moulin-Pilavoine*, 1624 (A. N.).
Pillerie (La), f. c^{ne} de Luthenay.
Pillerie (La), h. c^{ne} d'Azy-le-Vif.
Pilliers (Les), h. c^{ne} d'Alluy.
Pillot, h. c^{ne} de Luthenay.
Pilory (Le), f. c^{ne} de Sainte-Pereuse. — *Vigne du Pilory*, 1467 (C.).
Pilory (Le), lieu dit, sur la route départementale de Decize à Moulins (Allier), c^{ne} de Toury-Lurcy. — Il tire son nom d'une colonne élevée en ce lieu

en 1828, à l'occasion de l'achèvement de cette route, et renversée en 1830.

Pissoir (La), éc. c^ne de Saint-Ouen.

Pis, h. détruit, c^ne de Saint-Parize-le-Châtel, porté sur la carte de Cassini.

Pisserosse (La), h. c^ne de Saint-Aubin-les-Forges.

Pischard, f. c^ne de Beaumont-sur-Sardolles.

Pisey, forge et étang, c^ne d'Azy-le-Vif. — Elle tire son nom de la famille Pinet, qui établit cette forge au xviiie siècle.

Pisey, h. c^ne de Parigny-les-Vaux. — Espineyum, Apisnay, 1355 (cens. du chap. de Nevers). — Appiney, 1490 (A. N.). — Pinay, 1652 (S.). — Épinay (Cassini). — Le véritable nom de ce hameau est Épinay.

Pin-les-Bois, f. c^ne de Saint-Pierre-le-Moûtier. — Louagerie et étang de Pin-les-Bois, 1750 (arch. de Saint-Pierre-le-Moûtier).

Pioclais (Les), h. c^ne de Cessoye.

Pioss (Les), f. c^ne de Chevannes-Changy.

Piotelis (La), h. c^ne d'Urzy.

Pipée (La), h. c^ne de Bouy.

Pipères (La), usine établie en 1848 à la tuilerie de Raix, c^ne de Toury-Lurcy; elle tire son nom d'une fabrique de pipes qui y a existé de 1848 à 1858.

Pique (La), usine à fer, c^ne de Coulanges-lez-Nevers, créée en 1829.

Piquerie (La), h. c^ne de Vielmanay.

Piquey, m. détruite, c^ne de Decize, portée sur la carte de Cassini.

Piscas, lieu détruit, c^ne de Pazy, mentionné en 1231 (arch. de l'Empire, J, 251).

Pissechain, h. c^ne de Neuville-lez-Decize. — Lieu-Pochegrin (Cassini).

Pisserotte (La), partie du h. du Grand-Marais, c^ne de Lurcy-le-Bourg.

Pisserotte (La), ruiss. qui prend sa source dans la c^ne de Chaulgnes, arrose les communes de Parigny-les-Vaux, Pougues et Germigny, et se jette dans la Loire à Germigny.

Pissevache, h. c^ne de Nevers.

Pissoir (Le), h. c^ne de Gouloux.

Pissy (Le), h. détruit, c^ne de Pougny, mentionné en 1505 (inv. de Villemoison).

Pitié, f. c^ne de Decize; anc. chapelle fondée en 1480 au domaine de la Grange-Morinat (A. D.). — Fief de la châtell. de Decize, vassal de Germancy, 1748 (ibid.).

Pitons (Les), f. c^ne de Lucenay-les-Aix. — Domaine Pitton ou Clangy, 1788 (terrier du prieuré de Lucenay). — Fief de la châtell. de Decize.

Pivotins (Les), chât. et f. c^ne de Vielmanay.

Pizotte, h. c^ne d'Arleuf.

Place (La), f. c^ne de Poiseux.

Place (La), h. c^ne d'Alligny-en-Morvand.

Place (La), h. c^ne de Sauvigny-Poil-Fol.

Place (La), m. c^ne de Saint-Léger-de-Fougeret.

Place (La), m^en, c^ne de Nolay.

Place (La), m^en, c^ne d'Ouroux.

Place-de-Lure (La), h. c^ne de Chiddes.

Place-Froide (La), m. c^ne de Sémelay.

Place-Pignard (La), h. c^ne de la Nocle.

Place-Vauselin (La), f. c^ne de Tazilly.

Place-Verte (La), bois, c^ne de Saint-Benoît.

Places (Les), h. et église, chef-lieu de la c^ne de Dun-les-Places. — Fief du comté de Château-Chinon.

Places (Les), h. c^ne de Préporché.

Places (Les), h. c^ne de Ternant. — Le Placeiz, 1408 (C.).

Places (Les), m. de camp. c^ne de Rémilly.

Places (Les), vill. détruit, c^ne de Varennes-lez-Nevers, mentionné en 1491 (A. N.).

Places-de-Villeneuve (Les), h. c^ne de Chiddes.

Places-Fiquet (Les), h. c^ne de Ternant.

Plagny, h. c^ne de Sermoise. — Plasigny, 1252 (A. N.). — Plasigniacum, 1266 (ibid.). — Justice du bourg de Plagny, 1299 (Marolles). — Plaigniacum, 1339 (A. N.). — Plaigny, 1466 (ibid.).

Plagny, sucrerie, c^ne de Challuy.

Plaine (La), éc. c^ne d'Alligny-en-Morvand.

Plaine (La), f. c^ne de Sainte-Pereuse.

Plaine (La), h. c^ne de Billy-Chevannes. — Pleine (Cassini).

Plaine (La), h. c^ne de Giry.

Plaine (La), h. c^ne de Magny-Cours.

Plaine-de-Moisy (La), éc. c^ne de Saint-Parize-le-Châtel.

Plainepas, h. c^ne de Saint-Martin-du-Puits. — Pleinefais, 1769 (reg. de Saint-Martin-du-Puits).

Plaines-de-Perrière (Les), h. c^ne d'Alligny-en-Morvand.

Plainpied, fief aux environs de Luzy, mentionné en 1327 (Marolles).

Plaissis (Le), h. c^ne de Saint-Amand. — Le Plessis, 1565 (extr. des titres de Bourgogne). — Le Plesseys, 1638 (Marolles). — Fief de la châtell. de Saint-Verain.

Planera, h. c^ne de Menou.

Plane-Sousy, h. c^nes de Cosne et de Tracy.

Plan-Bernard, h. détruit, c^ne de Poussignol-Blismes, mentionné au xviiie siècle (arch. de Quincise).

Planchards (Les), h. c^ne de Narcy. — Plancher (Cassini).

Planche (La), f. c^ne de Luthenay. — Domaine de la Planche, 1677 (reg. de Luthenay).

Planche (La), chât. et f. c⁹⁹ de Millay. — Molin de la Planche, 1500 (C.).

Planche-Cartes (La) ou Prats, m. c⁹⁹ de Ternant.

Planches (Les), f. c⁹⁹ de Chevenon.

Planches (Les), m⁹⁹, c⁹⁹ de Parigny-les-Vaux. — Le molin des Planches, 1409 (A. N.).

Planches (Ruisseau des), affluent du ruiss. de Reinache, c⁹⁹ de Frémy.

Plancheverde, m. de camp. c⁹⁹ de Magny-Cours. — Molendinum gallice de Plancheveyne, 1414 (A. N.). — Plancheveine, 1607 (ibid.).

Planchez, c⁹⁹ de Montsauche. — Planchers, xiiⁿ siècle (pouillé d'Autun). — Planchez, vers 1500 (ibid.). — Planché, 1693 (reg. de Planchez).

Planchot, h. et m⁹⁹, c⁹⁹ de Planchez.

Planchotte (La), h. c⁹⁹ de Châtillon-en-Bazois. — Planchota, 1326 (C.).

Planchotte (Ruisseau de la), affluent de l'Yonne, c⁹⁹ de Château-Chinon-Campagne.

Plançons (Les), h. c⁹⁹ de Saint-Amand.

Planières (Les), h. c⁹⁹ d'Annay. — Les Panierats (Cassini).

Planquenay, ruiss. affluent de la Loire, c⁹⁹ d'Avril, mentionné en 1743 (A. D.).

Plantards (Les), h. détruit, c⁹⁹ de Sémelay, mentionné en 1575 (A. N.).

Plante (La), f. c⁹⁹ d'Isenay.

Plante-Copin (La), h. c⁹⁹ de Champvert.

Planteluse, h. c⁹⁹ de la Roche-Millay.

Plantes (Les), lieu détruit, c⁹⁹ de Saint-Parize-le-Châtel.

Plantes (Les), m. c⁹⁹ de Sainte-Péreuse.

Plantes (Les), m. c⁹⁹ de Ternant.

Planvoy, h. c⁹⁹ de Lormes. — Planvoit, 1757 (reg. de Lormes).

Plateau (Le), m⁹⁹, c⁹⁹ de Dun-les-Places.

Platière (La), fief de la châtell. de Saint-Verain, mentionné en 1689 (reg. des fiefs). — Plateria, 1512 (Gall. christ. XII, col. 355).

Plats (Les), m. c⁹⁹ de Gâcogne.

Plaudesie (La), h. et mine de fer, c⁹⁹ de la Charité.

Plauts (Les), f. et h. c⁹⁹ de Champlemy.

Plauts (Les), chât. et f. c⁹⁹ d'Imphy.

Plé (Le), f. c⁹⁹ de Ménestreau.

Pleine-Feuille, f. c⁹⁹ de Saint-Léger-de-Fougeret. — Pleine-Fueille, 1638 (Marolles). — Plaine Feuille, 1692 (reg. de Sermages). — Fief du comté de Château-Chinon.

Plémont, bois, c⁹⁹ de Saint-Gratien. — Plammont, 1638 (Marolles). — Plamon, 1689 (reg. des fiefs). — Fief de la châtell. de Cercy-la-Tour.

Plés (Les), h. c⁹⁹ de la Celle-sur-Loire.

Plés-d'en-Bas (Les), m. c⁹⁹ de Saint-Amand. — Les Ples (Cassini).

Plés-d'en-Haut (Les), m. c⁹⁹ de Saint-Amand.

Plés-du-Milieu (Les), m. c⁹⁹ de Saint-Amand.

Plessers (Les), h. c⁹⁹ de Luccenay-les-Aix. — Nemus de Plexum seu Plessiacum, 1231 (A. D.).

Plessis, h. c⁹⁹ d'Ougne. — Le Plessis, 1580 (arch. d'Ougne). — Le Plesseys, 1638 (Marolles). — Le Plaissis (Cassini). — Fief de la châtell. de Clamecy.

Plessis (Le), chât. et f. c⁹⁹ de Sémelay. — Le Plesseys, 1529 (Marolles). — Le Plaisiis, 1554 (C.). — Le Plaisis, 1619 (reg. de Sémelay). — Plesseys, 1638 (Marolles). — Le Plessis-de-Montancet, 1650 (C.). — Le Plessy, 1749 (reg. de Sémelay). — Fief de la châtell. de Savigny-Poil-Fol.

Plessis (Le), h. c⁹⁹ de Ciez; anc. couvent de Brigittines. — Le Plessy, 1789 (reg. de Ciez).

Plessis (Le), h. c⁹⁹ de Gâcogne. — Plesseys, 1638 (Marolles). — Fief de la châtell. de Montreuillon.

Plessis (Le), h. c⁹⁹ d'Ouroux.

Plessis (Le), h. c⁹⁹ de Varennes-lez-Nevers. — Domus des Plessis, 1293 (arch. des Bordes). — Plessiacum, 1331 (cens. du chap. de Nevers). — Le Plesseys, 1355 (ibid.).

Plessis (Le), lieu détruit, entre Moulins-Engilbert et Châtillon. — Plessium, 1311 (C.). — Plaissoyum, 1322 (S.). — Le Plesseix, 1369 (C.). — Le Plessis, 1413 (A. N.). — Le Plexis, 1505 (C.). — Le Plaississ, 1581 (ibid.). — Fief de la châtell. de Moulins-Engilbert.

Plessis (Le), vill. détruit, c⁹⁹ de Montigny-sur-Canne, mentionné en 1584 (A. N.). — Le Plaississ, 1418 (ibid.).

Plessis (Maison du), fief de la châtell. de la Marche, mentionné en 1349 (Marolles). — Le Plexis, 1689 (reg. des fiefs).

Plessis-sur-Loire (Le), fief, c⁹⁹ d'Avril, mentionné en 1590 (Marolles).

Plessy (Le), f. détruite, c⁹⁹ de Moraches, mentionné en 1632 (arch. de Moraches).

Plessys, fief de la châtell. de Châteauneuf-sur-Allier, mentionné en 1638 (Marolles).

Plotins (Les), h. c⁹⁹ de la Celle-sur-Loire.

Plotot, f. c⁹⁹ d'Épiry. — Plottot, 1598 (C.).

Plots (Bois des), c⁹⁹ de Brinon-les-Allemands.

Plotte-d'en-Haut (La), lieu dit, c⁹⁹ de Colmery.

Plousiau, h. c⁹⁹ de Guérigny.

Plumés (La), h. c⁹⁹ de Cossaye.

Plumerat, f. c⁹⁹ d'Annay.

Plus (Les), h. c⁹⁹ de Neuvy.

Poilonnerie (La), h. c⁹⁹ de Guérigny. — Forge de la Poilonnerie, 1659 (arch. du chât. de Villars).

DÉPARTEMENT DE LA NIÈVRE.

Poitroud, f. c^{ne} de Vauzy.
Poizet, fief de la châtell. de Clamecy, mentionné en 1689 (reg. des fiefs).
Poil, c^{ne} de Luzy. — *Pichis*, xe siècle (fragment d'un pouillé d'Autun). — *Villa et parrochia de Paiz*, 1281 (C.). — *Poys*, xive siècle (pouillé d'Autun). — *Paiz*, 1362 (S.). — *Poy*, 1412 (C.). — *Poil*, 1592 (ibid.). — Seigneurie vassale de la Roche-Millay, qui donne son nom à un bois voisin.
Poil-en-Ciel, h. c^{ne} de Nevers.
Poil-Rôti, m. de camp. c^{ne} d'Oisy. — *Bois-Rôtis* (Cassini).
Poils-Oiseaux, lieu détruit, c^{ne} de Balleray, mentionné en 1355 (cens. du chap. de Nevers).
Poizons, mⁱⁿ, c^{ne} de Colmery. — *Poisons*, 1655 (reg. de Colmery).
Poizy (Bois de), c^{ne} de Bona, mentionné en 1480 (A. N.).
Poizy, fief de la châtell. de Luzy, mentionné en 1689 (reg. des fiefs).
Poisy-du-Jour (Le), lieu dit, c^{ne} de la Roche-Millay.
Poisy-du-Jour (Le), mⁱⁿ à écorce, c^{ne} de Donzy.
Poiste (La), châl. et f. c^{ne} de la Charité.
Poiste (La), fief de la châtell. de Cosne, mentionné en 1689 (reg. des fiefs).
Poiras, lieu détruit, c^{ne} de Saincaize, porté sur la carte de Cassini.
Poirier, m. détruite, c^{ne} de Saint-Germain-Chassenay, portée sur la carte de Cassini.
Poirier-du-Pendu (Le), h. détruit, c^{ne} de Saint-Père, mentionné en 1334 (A. N. fonds de Roches).
Poiriers (Montagne des), c^{ne} de Frétoy.
Poirot-Dessous, h. c^{ne} d'Ouroux. — 1618 (reg. d'Ouroux). — *Bas-Poirot* (Cassini).
Poirot-Dessus, h. c^{ne} d'Ouroux. — *Le Crot-de-Poirot-Dessus*, 1618 (reg. d'Ouroux).
Poisac, h. c^{ne} de Pougues. Voy. Poisat (Le).
Poiseux, c^{ne} de Pougues. — *Posseux*, 1277 (Marolles). — *Nicolaus de Puteolis*, 1283 (Gall. christ. XII, col. 353). — *Poyseux*, 1287 (reg. de l'év. de Nevers). — *Putolii, Poysex*, 1355 (cens. du chap. de Nevers). — *Parrochia de Puteolis*, 1370 (A. N.). — *Poysculx*, 1555 (Marolles). — Fief de la châtell. de Nevers, vassal de l'évêque de Nevers à cause de Prémery.
Poiseux-d'en-Bas, h. c^{ne} de Saint-Léger-de-Fougeret. — *Poiseu*, 1698 (reg. de Saint-Léger).
Poiseux-d'en-Haut, h. c^{ne} de Saint-Léger-de-Fougeret.
Poissat, f. c^{ne} de Neuville-lez-Decize. — *Les Poissats*, 1590 (A. N.). — *Lieu-Possat* (Cassini).
Poisson, châl. h. et f. c^{ne} de Parigny-les-Vaux. — *Villagium de Piscibus*, 1355 (cens. du chap. de Nevers).

Poisson, châl. h. mⁱⁿ et anc. chapelle, c^{ne} de Poiseux. — *Poisson*, 1434 (A. N.). — *Poisson*, 151- (arch. de Prémeaux).
Poisson, f. c^{ne} d'Arleuf. — *Poisson*, 1610 (arch. de Vandenesse).
Poisson, f. c^{ne} de Decize.
Poisson, h. c^{ne} de Saizy.
Poisson, lieu détruit, c^{ne} de Vandenesse, mentionné en 1599 (arch. de Vandenesse).
Poisson, vill. c^{ne} de Thianges. — *Johannes de Piscibus*, 1351 (S.).
Poissons (Les), h. c^{ne} de Dornes. — Fief de la châtell. de Decize.
Poitevin (Bois du), c^{ne} de Pouilly et de Saint-Andelain.
Poitrias (La), h. c^{ne} de Châteauneuf.
Poix, fief de la châtell. de Moulins-Engilbert, mentionné en 1689 (reg. des fiefs).
Poizot, lieu détruit, c^{ne} de Pougues, mentionné en 1461 (A. N.).
Polis, lieu détruit, c^{ne} de Châteauneuf, porté sur la carte de Cassini.
Polquemichon, h. c^{ne} de Brassy. — *Pal-Communion*, 1756 (reg. de Brassy). — *Pal-Communion* (Cassini).
Pomerau, f. abandonnée, c^{ne} de Moux. — *Palmereau* (Cassini).
Pomerie (La), h. détruit, c^{ne} de Bouhy, mentionné en 1486 (Marolles).
Pommais (Les), h. c^{ne} de Magny-Cours. — *Maison de Pomay*, 1288 (Marolles). — *Pomayum*, 1327 (A. N.). — *Chapelle Notre-Dame de Pomay*, 1344 (ibid.). — *Capella Beatæ-Mariæ de Pomayo*, 1378 (pouillé de Nevers). — *Pommay*, 1689 (reg. des fiefs). — *Les Pomets* (Cassini). — Fief de la châtell. de Châteauneuf-sur-Allier.
Pommeray, h. c^{ne} de Savigny-Poil-Fol. — *Maison de Pomeray*, 1309 (Marolles). — *Pommeret*, 1565 (A. N.). — Fief de la châtell. de Savigny-Poil-Fol.
Pommerée (La), h. près de Sainte-Péreuse. — *Pomereya*, 1286 (C.).
Pommereuil, lieu détruit, c^{ne} de Decize, porté sur la carte de Cassini. — *Pomereux*, 1638 (Marolles). — Fief de la châtell. de Cercy-la-Tour, puis de celle de Decize.
Pommes-Renettes (Les), f. c^{ne} de Cercy-la-Tour.
Pompie (La), m. de camp. et f. c^{ne} de Villapourçon.
Pompons (Les), h. c^{ne} de Saint-Agnan.
Ponay, h. c^{ne} de Tazilly. — *Ponay-les-Savigny*, 1300 (Marolles). — *Ponnay*, 1327 (ibid.). — *Poney*, 1568 (arch. de Marcilly). — Fief de la châtell. de Savigny-Poil-Fol.

Ponceaux (Les), lieu détruit, c⁵⁵ d'Alligny-en-Morvand, mentionné en 1649 (terrier d'Alligny).
Poncin (Le), h. détruit, c⁵⁵ de Varennes-lez-Nevers, mentionné en 1669 (A. N.).
Ponços (Le), h. c⁵⁵ de Chantenay.
Ponçoiserie (La), h. c⁵⁵ d'Azy-le-Vif.
Pons de Biarro, pont sur l'Yonne, près de Château-Chinon, mentionné en 1311 (A. N. fonds de Bellevaux).
Ponseau, f. détruite, c⁵⁵ de Langeron, portée sur la carte de Cassini. — *Domaine de Ponceux*, 1782 (arch. de Saint-Pierre-le-Moûtier).
Ponsi, fief, c⁵⁵ de Tazilly, mentionné en 1689 comme étant de la châtell. de Luzy (reg. des fiefs).
Pont (Le), châl. c⁵⁵ de Montambert-Tannay. — Fief de la châtell. de Decize.
Pont (Le), éc. c⁵⁵ de Lucenay-les-Aix.
Pont (Le), f. c⁵⁵ de Châteauneuf. — *Pont*, 1638 (Marolles). — Fief de la châtell. de Châteauneuf-Val-de-Bargis.
Pont (Le), f. c⁵⁵ de Luzy. — *Pont-des-Aix*, 1575 (C.). — *Pont*, 1585 (ibid.). — *Pont*, 1638 (Marolles). — Fief de la châtell. de Luzy.
Pont (Le), f. c⁵⁵ de Montigny-sur-Canne. — *Le Pont-du-Chailloux*, 1689 (reg. des fiefs).
Pont (Le), h. c⁵⁵ d'Alluy. — *Pontes*, 1344 (C.).
Pont (Le), h. c⁵⁵ de Chalaux.
Pont (Le), h. c⁵⁵ de Rouy. — *Pons*, 1567 (terrier de Bellevaux).
Pont (Le), m⁵ⁿ, c⁵⁵ de Montambert-Tannay.
Pont-au-Malade (Le), lieu détruit, c⁵⁵ de Diennes, mentionné en 1456 (C.).
Pont-Bestrand (Le), f. c⁵⁵ de Château-Chinon-Campagne.
Pont-Carreau (Le), h. c⁵⁵ de Challuy. — *Le Pont Quarreaul*, 1472 (A. N.).
Pontcharault, f. c⁵⁵ de Donzy. — *Pontcharault*, 1686 (reg. de Donzy).
Pontcharraud, lieu détruit, c⁵⁵ de Diennes, fief vassal de Chevannes-les-Crots, mentionné en 1285 (S.).
Pont-Charreau, h. c⁵⁵ d'Arleuf.
Pont-Charreau, m. de garde, c⁵⁵ de Château-Chinon-Campagne.
Pont-Charreau (Maison du), m. c⁵⁵ de Narcy. — *Pontcharraud* (Cassini).
Pont-Cotion (Le), h. c⁵⁵ de Moulins-Engilbert. — *Le pont de Coytions, le ruisseau des Coytions*, 1451 (terrier de Commagny, arch. de Vandenesse). — Le ruisseau du Pont-Cotion, ou du Pont-Coquion, se jette dans la rivière de Commagny.
Pont-de-Brèves (Le), h. c⁵⁵ de Villiers-sur-Yonne.
Pont-de-Châtel (Le), h. c⁵⁵ de la Nocle.

Pont-de-Colloctre (Le), h. c⁵⁵ de Coulouvre.
Pont-de-Loncaux (Le), h. c⁵⁵ de Dun-les-Places.
Pont-de-Morsay (Le), m. c⁵⁵ de Langeron.
Pont-de-Passeclère (Le), h. c⁵⁵ de Montigny-en-Morvand.
Pont-de-Pannetière (Le), h. c⁵⁵ de Mhère.
Pont-de-Pierre (Le), f. c⁵⁵ de Chevenon.
Pont-des-Éclars (Le), f. c⁵⁵ de la Fermeté.
Pont-des-Forges (Le), usi. c⁵⁵ de Dampierre-sur-Bouby.
Pont-des-Pelles (Le), h. c⁵⁵ de Magny-Cours.
Pont-de-Vaux (Le), m. c⁵⁵ de Tazilly.
Pont-d'Isy (Le), h. anc. forge, c⁵⁵ de la Fermeté.
Pont Dorbanne (Le), pont sur les fossés de la ville de Cosne, à l'est, mentionné en 1386 (arch. de l'Yonne, fonds de Cosne). — *Pont d'Oridenne*, xviii⁵ siècle (ibid.).
Pont d'Orseau (Le), à Moulins-Engilbert, mentionné en 1700 (S.).
Pont-du-Château (Le), h. c⁵⁵ de Saint-Parize-le-Châtel.
Pont-du-Crès (Le), h. c⁵⁵ de Jailly.
Pont du Guichet (Le), à Moulins-Engilbert, mentionné en 1700 (S.).
Pont Dupin, pont construit en 1839 sur la rivière de Cure, c⁵⁵ de Gouloux; il a reçu, par ordonnance royale du 17 avril 1840, le nom qu'il porte en mémoire de M. le procureur général Dupin.
Pont Jallery (Le), c⁵⁵ de Rémilly, mentionné en 1724 (C.).
Pont-Mouchard (Le), h. c⁵⁵ de Varennes-lez-Nevers. — *Pont de Maulchamp*, 1445 (A. N.).
Pont-Patin (Le), h. c⁵⁵ de Coulanges-lez-Nevers.
Pont-Rapin (Ruisseau du), affluent de la Canne, c⁵⁵ de Rouy.
Pont-Rocher (Le), h. détruit, c⁵⁵ de Mars, mentionné en 1491 (A. N.).
Pont-Saint-Ours (Le), h. usine et pont sur la Nièvre, c⁵⁵ de Coulanges-lez-Nevers. — *Pons Sancti Ursi*, 1251 (A. N.). — *Magister domus de Ponte Sancti Ursini*, 1293 (arch. des Bordes). — *Le Pont-Saint-Tourt*, 1392 (ibid.). — *Le Pont-Saint-Our*, 1435 (S.). — *Vicaria Pontis-Sancti-Ursi*, 1478 (pouillé de Nevers). — *Le Pont-Saint-Or*, 1482 (arch. des Bordes). — On lit dans la vie de saint Aré, quatrième évêque de Nevers, que ce prélat ressuscita un de ses serviteurs nommé Ours, qui s'était noyé en ce lieu; en mémoire de ce miracle, on donna à ce pont le nom qu'il porte encore aujourd'hui. L'usine du Pont-Saint-Ours fut créée en 1816.
Ponthois-lez-Anlezy, lieu détruit, c⁵⁵ d'Anlezy, mentionné en 1401 (Marolles).

DÉPARTEMENT DE LA NIÈVRE.

Postdot, vill. détruit, c^{ne} de Dornes, mentionné en 1480 (terrier de Saint-Parize).

Postillard, h. c^{ne} de Saxy-Bourdon.

Postot, chât. et h. c^{ne} de Cervon. — *Le Postot*, 1432 (A. N.). — Fief vassal de la baronnie de Lormes-Château-Chinon en 1567 (Marolles).

Postot (Le), h. c^{ne} de Saint-Malo. — *Les Postots* (Cassini).

Postot (Le), h. c^{ne} de Tazilly.

Postot (Le), h. détruit, c^{ne} de Moulins-Engilbert, porté sur la carte de Cassini.

Postot (Ruisseau de), affluent de l'Auzon, c^{ne} de Lucenay-lès-Aix.

Postot (Ruisseau de), affluent de la rivière de Chalaux, c^{ne} de Chalaux.

Posts-de-Beaumont (Les), h. c^{ne} de Beaumont-la-Ferrière.

Postseuil, lieu dit, c^{ne} d'Alluy.

Potty, h. c^{ne} de Lormes. — *Posti*, 1753 (reg. de Lormes). — Donne son nom à un ruisseau affluent de l'Anguison.

Potz (Les), h. détruit, c^{ne} de Sainte-Marie, mentionné en 1514 (A. N.).

Porry, h. c^{ne} de Vignol. — *Porey*, 1701 (reg. de Vignol).

Porsay, h. c^{ne} de Saxy-Bourdon. — *Porsey*, 1464 (Marolles). — *Pournes*, 1736 (A. N.).

Porouse (La), h. c^{ne} de Gâcogne. — *La Perouse* (Cassini).

Port (Le), f. c^{ne} de Champvert. — *Le Port-de-Champvert*, 1607 (A. D.). — C'était un fief de la châtell. de Champvert.

Port (Le), f. c^{ne} de Montaron.

Port (Le), h. c^{ne} de la Celle-sur-Loire.

Port (Le), port sur la Loire, c^{ne} de Neuvy. — *Port de Neufvy*, 1638 (Marolles). — Fief de la châtell. de Donzy.

Port-à-la-Dame (Le), m. ruinée, c^{ne} de Cosne. — *Port-à-la-Dame*, 1452 (arch. de l'Yonne, inv. de Cosne). — Ce lieu a été souvent confondu avec le hameau suivant.

Port-Aubry (Le), m. de camp. h. et f. c^{ne} de Cosne. — *La maison du Port-Obry*, 1393 (Marolles). — *Le Port-Aubry dit port à la dame*, 1470 (arch. de l'Yonne, inv. de Cosne). — *Le Port-Aubry-les-Cosne*, 1567 (Marolles). — Fief de la châtell. de Cosne.

Port-Brûlé (Le), h. c^{ne} de la Collancelle.

Port-de-Bellevault (Le), m. de camp. c^{ne} d'Épiry.

Port de la Faye (Le), port couvert sur le lac des Settons, c^{ne} de Montsauche.

Port-de-la-Marche (Péage du), c^{ne} de la Marche, mentionné en 1689 (reg. des fiefs). — Fief de la châtell. de la Marche.

Port-de-Lamenay (Le), h. c^{ne} de Lamenay.

Port-de-Lazery (Le), m. c^{ne} de Decize, portée sur la carte de Cassini.

Port-de-Laubert (Le), lieu détruit, c^{ne} de Marzy, mentionné en 1718 (terrier de Saint-Baudière).

Port de Mours (Le), port sur l'Allier, c^{ne} de Tronsay, mentionné en 1389 (limites du comté de Nevers).

Port-des-Bois (Le), vill. c^{ne} de Saint-Ouen. — *Le Port des Boys*, 1513 (A. N.).

Port-des-Lamberts (Le), h. c^{ne} de Giux. — *Port-Lambert* (Cassini).

Port-du-Colombier (Le), h. détruit, c^{ne} de Champvert, porté sur la carte de Cassini.

Porte (La), écl. c^{ne} de Saint-Didier.

Porte (La), f. c^{ne} de Rémilly.

Porte (La), fief de la châtell. de Corvol-l'Orgueilleux, mentionné en 1689 (reg. des fiefs).

Porte (La), h. c^{ne} de Sainte-Péreuse.

Porte (La), m. à Cosne; fief mentionné en 1426 (Marolles).

Portot (Le), h. c^{ne} de Chazeuil-Lavault.

Port-Tareau (Le), h. c^{ne} de Saint-Hilaire-Fontaine. — *Terre et seigneurie d'Olnay dite le port Tareau*, 1719 (S.).

Postallerie (La), f. c^{ne} de Clamecy. — *La métairie Postallier*, 1590 (Née de la Rochelle, II, 43). — *Postallerie*, 1689 (reg. de Clamecy). — Tirait son nom de la famille Postallier.

Poste (La), m. détruite, anc. poste aux chevaux, c^{ne} de Tronsanges, portée sur la carte de Cassini.

Pot (Le), m. c^{ne} de Saint-Gratien.

Potas, m. de garde, c^{ne} de Chiddes.

Potelle (La), f. c^{ne} de Cercy-la-Tour. — *Letang-a-la-Potelle*, 1610 (S.).

Potencult, f. c^{ne} de Marzy.

Poterie (La), éc. c^{ne} de Moulins-Engilbert.

Poterie (La), f. c^{ne} d'Arquian.

Poterie (La), f. c^{ne} de Rémilly.

Poterie-Neuve (La), h. c^{ne} d'Arquian.

Potier, f. c^{ne} de Sougy.

Potiers (Les), h. c^{ne} de la Celle-sur-Loire.

Potiers (Les), h. c^{ne} de Saint-Malo.

Potin (Le), f. et h. c^{ne} de Châteauneuf-Val-de-Bargis.

Pouge (La), h. c^{ne} de Saint-Pierre-du-Mont.

Pouge (La), tuil. c^{ne} de Saint-Pierre-du-Mont.

Pougny, c^{ne} de Cosne. — *Ecclesia Sancti-Vincentii de Pogniaco*, 1164 (Gall. christ. XII, col. 128). — *Poigny*, 1386 (arch. de l'Yonne, inv. de Cosne). — *Pougnis*, 1689 (reg. des fiefs). — Fief de la châtell. de Donzy.

POUILLY-LES-ÉAUX, arrond. de Nevers. — *Poga*, 1199 (A. N. fonds du chap. de Nevers). — *Pogus*, 1287 (reg. de l'év. de Nevers). — *Pougut*, 1355 (cens. du chap. de Nevers). — *Pogues*, 1370 (A. N.). — Fief de la châtell. de Nevers.

En 1790, le canton de Pougues, du district de Nevers, fut composé des communes de Germigny, Parigny-les-Vaux, Pougues, Satinges, Soulangy et Varennes-lez-Nevers.

POUILLEZ, f. c^{ne} de Varzy.

POUILLOS, mⁱⁿ, c^{ne} de Giry.

POUILLOT, f. c^{ne} de Montigny-sur-Canne.

POUILLY, f. c^{ne} de Brinay; anc. paroisse réunie à Brinay dès 1701. — *Poliacum*, 1269 (S.). — *Villa parrochialis de Poylliaco*, 1276 (C.). — *Polly, Pont de Pouilly*, 1284 (S.). — *Polliyacum*, 1285 (reg. de l'év. de Nevers). — *Poilly*, 1418; *Pouilly*, 1540 (C.).

POUILLY, f. c^{ne} de Rémilly. — *Poliacum, Poilli*, 1285 (S.). — *Polly*, 1426 (C.). — *Poully*, 1570 (ibid.). — *Poilly*, 1638 (Marolles). — Fief de la châtell. de Savigny-Poil-Fol.

POUILLY, h. c^{ne} d'Arleuf.

POUILLY-SUR-LOIRE, c^{ne} de Cosne. — *Pauliacum super fluvium Ligerim*, ve siècle (cart. gén. de l'Yonne, II, xxxiv). — *Pauliacus in pago Autissiodorensi*, vers 680 (ibid. I, 18). — *Villa de Poliaco*, 1184 (Gall. christ. XII, col. 114). — *Poilly*, 1507 (procès-verbal de la coutume d'Auxerre).

En 1790, le canton de Pouilly, du district de la Charité, fut composé des communes de Bulcy, Garchy, Mèves, Pouilly, Saint-Andelain et Vielmanay.

POUJATS, m. c^{ne} de la Collancelle. — *Poujas*, 1678 (A. N.).

POUJET, h. c^{ne} de Bazolles. — *Poyseulx*, 1589 (C.).

POULAINS (LES), m. c^{ne} de Champlemy.

POULANGES (LES), h. c^{ne} de Parigny-les-Vaux. — *Polongii, Polenges*, 1355 (cens. du chap. de Nevers). — *Pollenges*, 1553 (S.).

POULANDERIE (LA), h. détruit, c^{ne} de Giry, porté sur la carte de Cassini.

POULIÈRES (LES), h. c^{ne} d'Ouroux. — *Epouliere* (Cassini).

POULIGNY, h. c^{ne} de Montaron; anc. paroisse. — *Polegum*, 1287 (reg. de l'év. de Nevers). — *Poligniacum*, 1364 (A. D.). — *Polligny*, 1419 (C.). — *Pouliniacum*, 1478 (pouillé de Nevers). — *Polygny*, 1492 (A. N.). — *Poligny-sur-Arron*, 1592 (S.). — *Polligny-le-Vaux*, 1617 (arch. de Vandenesse). — Fief de la châtell. de Decize, de la justice de Poussery.

POULIN, f. c^{ne} de Ville-lez-Anlezy.

POUPETARDS (LES), f. c^{ne} de Saint-Amand.

POUPETERIE (LA), m. c^{ne} de Saint-Amand.

POUPLARDS (LES), granges et écuries, c^{ne} d'Arquian.

POUQUES, c^{ne} de Lormes. — *Villa et parrochia de Poques*, 1233 (Gall. christ. XII, col. 96). — *Poques*, commencement du xive siècle (pouillé d'Autun). — *Pouques*, 1535 (A. N.). — *Poucques*, 1662 (reg. de Pouques). — *Poiques*, 1689 (reg. des fiefs). — Fief de la châtell. de Monceaux-le-Comte.

POUQUES-LE-VIEUX, h. c^{ne} de Pouques.

POURCELANGES, h. c^{ne} de Prémery. — *Pourcelanges*, 1452 (A. N. fonds de l'év.). — *Porcheranges*, 1484 (ibid.).

POUSSAY, fief. Voy. POUSSON.

POUSSÉ, h. détruit, c^{ne} de Montambert-Tannay, porté sur la carte de Cassini.

POUSSEAU, c^{ne} de Clamecy. — 1597 (A. N.). — *Pousseau*, 1691 (reg. de Beuvron). — Paroisse érigée en 1772 et fief de la châtell. de Clamecy.

POUSSERY, chât. et ferme-école, c^{ne} de Montaron. — 1396 (Marolles). — *Poussery*, 1574 (C.). — Fief vassal de Vandenesse.

POUSSAY, fief près de Donzy, mentionné en 1327 (Marolles).

POUSSIÈRES, fief de la châtell. de Châteauneuf-sur-Allier, mentionné en 1689 (reg. des fiefs). — *Poussere*, 1638 (Marolles).

POUSSIGNOL, c^{ne} de Château-Chinon. — *Poussignetum*, 1286 (C.). — *Poussignetum*, 1287 (reg. de l'év. de Nevers). — *Poissenetum*, 1331 (cens. du chap. de Nevers). — *Possignot*, 1442 (C.). — *Poussignot*, 1477 (C.). — *Cura de Possignoto*, 1478 (pouillé de Nevers). — *Possignol*, 1577 (A. N.). — *Poussignol et Blismes*, 1760 (ibid.). — *Poussignol-Blismes*, depuis sa réunion avec Blismes.

POUSSIN, h. c^{ne} de Poussignol-Blismes. — *Poussein*, 1725 (arch. de Quincize). — *Poussen* (Cassini).

POUSSOIR (LE), h. c^{ne} de Dampierre-sur-Bouhy. — *Puciolus*, v. 810 (Polypt. d'Irminon, II, 117). — *Le Poussoy*, 1626 (reg. de Dampierre). — Le vrai nom de ce lieu est *le Poussoy*.

POUSSON ou POUSSAY, fief de la châtell. de Châteauneuf-Val-de-Bargis, mentionné en 1689 (reg. des fiefs).

POUTIÈRES (LES), h. c^{ne} d'Ouroux.

POUTOUX, lieu détruit, c^{ne} de Marzy, mentionné en 1683 (A. N.).

POUZY, h. c^{ne} de Saint-Saulge.

POVRAT (LE), éc. c^{ne} d'Alligny.

POYLLENATE, lieu détruit, c^{ne} d'Annay, mentionné en 1270 (S.).

POYSAT (LE) ou POISAC, h. détruit, c^{ne} de Saincaize, mentionné en 1377 et 1491 (A. N. fonds de l'év.).

Poussignon, lieu détruit, c^{ne} de Challuy, mentionné en 1320 (A. N.).

Pousseux, fief de la châtell. de Montenoison, mentionné en 1638 (Marolles).

Prailes, lieu détruit, près d'Ourouer, mentionné en 1270 (arch. des Bordes).

Prailes ou Pratault, fief de la châtell. de Châteauneuf-Val-de-Bargis.

Prais (La), m. c^{ne} de Saint-Ouen.

Prairie (La), h. c^{ne} de Moulins-Engilbert.

Prairie (La), h. c^{ne} de Saint-Verain.

Prairie (La), h. détruit, c^{ne} d'Arquian, porté sur la carte de Cassini.

Prairie (Ruisseau de la), affluent de l'Ixeure, c^{ne} de Beaumont-sur-Sardolles.

Prairie-de-la-Basse (La), faubourg de Saint-Saulge.

Praité, f. c^{ne} de Billy-Chevannes.

Prasle, f. c^{ne} de Montigny-sur-Canne. — *Presle*, 1307 (Marolles). — *Prele*, 1582 (*ibid.*). — *Presle*, 1687 (A. N.). — Le vrai nom de ce lieu est *Prele*.

Prasle, h. c^{ne} de Druy.

Pravaux, fief de la châtell. de Châteauneuf-Val-de-Bargis, mentionné en 1638 (Marolles).

Praye (La), f. c^{ne} de Moulins-Engilbert. — *La Proye*, 1638 (Marolles). — Fief de la châtell. de Moulins-Engilbert.

Pré (Le), f. c^{ne} de Mingot.

Pré-a-Gens, fief de la châtell. de Moulins-Engilbert, mentionné en 1689 (reg. des fiefs).

Pré-a-Sagnon, fief de la châtell. de Decize, mentionné en 1638 (Marolles).

Pré-au-Crot, f. c^{ne} de Saint-Aubin-des-Chaumes.

Pré-Bourguignon (Le), fief de la châtell. de Donzy.

Pré-Charpin, h. c^{ne} de Champvert.

Pré-Chevalet, m. c^{ne} de Chiddes.

Pré-Chevau (Le), près de Druy, fief de la châtell. de Decize, mentionné en 1774 (A. D.).

Pré-de-Chaunoy (Le), fief de la châtell. de Montreuillon, mentionné en 1638 (Marolles).

Pré-de-la-Breuille (Le), fief de la châtell. de Châteauneuf-sur-Allier, mentionné en 1689 (reg. des fiefs). — *Pré de Bruille*, 1638 (Marolles).

Pré-de-la-Levée (Le), fief de la châtell. de Châteauneuf-sur-Allier, mentionné en 1689 (reg. des fiefs).

Pré-de-l'Écluse (Le), fief de la châtell. de Monceaux-le-Comte, mentionné en 1689 (reg. des fiefs).

Pré-de-Veillant (Le), fief de la châtell. de Moulins-Engilbert, mentionné en 1689 (reg. des fiefs).

Pré-des-Isles (Le), fief de la châtell. de Corvol-l'Orgueilleux, mentionné en 1638 (Marolles).

Pré-des-Moulins (Le), fief de la châtell. de Donzy, mentionné en 1689 (reg. des fiefs).

Pré-des-Vermenes (Le), fief de la châtellenie de Moulins-Engilbert, mentionné en 1689 (reg. des fiefs).

Pré-de-Baioc (Le), c^{ne} de Narcy, fief mentionné en 1638 comme dépendant de la châtell. de Donzy (Marolles). — *Le Pré-du-Boire-de-Narcy*, 1689 (reg. des fiefs).

Pré-du-Château (Le), lieu détruit, c^{ne} de Champallement, mentionné en 1678 (A. N.).

Pré-du-Clos-Germain (Le), fief de la châtell. d'Entrains, mentionné en 1638 (Marolles).

Pré-du-Clou (Le), m. éparses, c^{ne} de Saint-Léger-de-Fougeret.

Pré-du-Mossé (Le), h. c^{ne} de Glux.

Pré-Lion, fief, c^{ne} de Saint-Honoré, mentionné en 1638 comme étant de la châtell. de Moulins-Engilbert (Marolles).

Pré-Lore, f. c^{ne} de Châteauneuf.

Pré-Lore (Le), fief de la châtell. de Donzy, mentionné en 1689 (reg. des fiefs).

Pré-Louis (Le), h. c^{ne} de Mhère. — *Prelois*, 1603; *Preluy*, 1650; *Presluy*, 1660; *Prelouis*, 1673 (reg. de Mhère).

Pré-Rosos (Le), fief, c^{ne} de Saint-Honoré, mentionné en 1689 comme étant de la châtell. de Moulins-Engilbert (reg. des fiefs).

Pré-Rollin, m. c^{ne} de Tazilly.

Préau, f. c^{ne} de Cossaye. — *Priot* (Cassini).

Prealult (Domaine), f. détruite, près de Cossaye, mentionnée en 1629 (arch. de la Montagne).

Prénands, m. c^{ne} de Saint-Quentin.

Prénaud (Ruisseau de), affluent de l'Anguison, c^{ne} de Vauclaix.

Précy, chât. c^{ne} de Guipy. — *Villa de Prissiaco*, 1335 (A. N. fonds de Guipy). — *Precy-les-Guipy*, 1526 (arch. de Prunevaux). — *Pressy*, 1689 (reg. des fiefs). — Fief de la châtell. de Saint-Saulge, vassal du comté de Château-Chinon.

Précy, h. c^{ne} de Bona. — 1434 (A. N.). — *Prisy*, 1647 (*ibid.*).

Précy, h. c^{ne} de Cervon. — *Prissy*, 1406 (arch. de Marcilly). — *Pressy*, 1408 (A. N.).

Précy, h. et mⁱⁿ, c^{ne} de Château-Chinon-Campagne. — *Prissiacum villa*, 1248 (A. N.). — *Pressy*, 1670 (reg. de Château-Chinon).

Précy, h. et f. c^{ne} de Livry; anc. paroisse. — *Ecclesia de Pressiaco*, 1161 (Bulliot, II, 39). — *Prissy*, 1289 (Marolles). — *Pressy*, 1354 (*ibid.*). — *Preciacum*, 1387 (S.).

Précy, fief de la châtell. de Monceaux-le-Comte, mentionné en 1689 (reg. des fiefs). — *Pressy*, *Prissy*, 1638 (Marolles).

Prés (La), chât. et h. c⁰⁰ de Chantenay. — 1391 (Marolles).

Prés (Moulin de la), m⁰⁰, c⁰⁰ de Planchez.

Présereals, h. c⁰⁰ de Mhère. — *Lhuis-Pregeru-ain*, 1673 (reg. de Mhère).

Prélarys (Les), éc. c⁰⁰ d'Alligny-en-Morvand.

Prélichy, h. c⁰⁰ de Pazy. — *Prelichi*, 1599 (arch. de Vandenesse).

Preloge, lieu détruit, c⁰⁰ de Livry, mentionné en 1599 (A. N.).

Prémaisos, h. c⁰⁰ de Vignol. — *Premazos*, 1689 (reg. des fiefs). — Fief de la châtell. de Monceaux-le-Comte.

Prémaudé, h. c⁰⁰ de Luzy. — *Planche-Premaudon*, 1638 (Marolles). — *La Planche-Premaude*, 1689 (reg. des fiefs). — Fief de la châtell. de Luzy.

Prémery, arrond. de Cosne. — *Ecclesia de Primiriaco*, 887 (Gall. christ. XII, col. 311). — *Primeriacum*, 1173 (ibid. col. 344). — *Ecclesia de Premery*, 1198 (ibid. col. 346). — Prémery avait une collégiale, fondée en 1196, composée de douze chanoines. — L'archiprêtré de Prémery comprenait, en 1287, les paroisses de Prémery, Amazy, Arthel, Arzembouy, Asnan, Asnois, Authiou, Beuvron, Brinon, Bussy-la-Pesle, Challement, Chazeuil, Chevannes, Chevroches, Corvol-d'Embernard, Cuncy-lez-Varzy, Dompierre-sur-Héry, Germenay, Giry, Héry, Lys, la Montagne, Montenoison, Moraches, Neuville, Oulon, Rigny, Saint-Bonnot, Saint-Didier, Saint-Germain-des-Bois, Saint-Martin-des-Vaux, Tannay et Treigny. Au XV⁰ s⁰, Dompierre avait été distrait de cet archiprêtré et placé dans celui de Lurcy-le-Bourg.

Les évêques de Nevers portaient le titre de comtes de Prémery; ce fief leur avait été donné en 1173 par Guy, comte de Nevers.

En 1790, le canton de Prémery, du district de la Charité, fut composé des communes de Giry, Montenoison, Moussy, Oulon, Prémery et Sichamps.

Prémoisson, f. c⁰⁰ de Rouy. — *Domaine de Prémosson*, 1777 (arch. de la Montagne). — Fief de la châtell. de Saint-Saulge, vassal de la Bobe.

Premol (La Motte de), c⁰⁰ d'Ougny, mentionnée en 1638 (Marolles). — Fief vassal de l'évêque d'Auxerre, à cause de Varzy.

Prémoussé. f. et m⁰⁰, c⁰⁰ d'Ouroux.

Prémouy (Bois de), c⁰⁰⁰ de Saint-Martin-du-Puits et d'Empury.

Prénat, h. c⁰⁰ de Ville-lez-Anlezy. — *Pregnas*, 1457 (A. N.).

Présats (Les), éc. c⁰⁰ de Saint-Hilaire.

Prenelay (Mont), montagne, c⁰⁰ de Glux.

Prenussard, lieu détruit, c⁰⁰ de Limanton, mentionné en 1540 (C.).

Prepanzoss, fief de la châtell. de Metz-le-Comte, mentionné en 1689 (reg. des fiefs).

Prépeary (Ruisseau de), affluent de l'Yonne, c⁰⁰ d'Arleuf.

Préporché, c⁰⁰ de Moulins-Engilbert. — *Pris Percherü*, 1287 (reg. de l'év. de Nevers). — *Pris-Porchier*, 1427 (arch. du châtell. de la Montagne). — *Cura de Preporcheriis*, 1478 (pouillé de Nevers). — *Prypurchier*, 1529 (C.). — *Pris-Porchier*, 1605 (A. N.). — *Preporche*, 1610 (terrier de Marzy). — *Preporsche*, 1699 (S.). — Fief de la châtell. de Moulins-Engilbert, partagé entre le duché de Nevers et le comté de Château-Chinon.

Prepose (Maison de), c⁰⁰ de Frasnay-le-Rainier, mentionnée en 1632 (C.).

Prézales, h. c⁰⁰ de Fléty.

Prés (Les), f. c⁰⁰ de Châtillon-en-Bazois. — *Villa de Pratis*, 1311 (A. N. fonds de Bellevaux). — Fief vassal de Châtillon.

Prés (Les), f. c⁰⁰ de Clamecy. — *Les Prez*, 1684 (reg. de Corvol-l'Orgueilleux).

Prés (Les), h. c⁰⁰ d'Alligny-en-Morvand.

Prés (Les), h. c⁰⁰ de la Roche-Millay.

Prés-d'Aunixrs (Bois des), commune de la Celle-sur-Nièvre.

Prés-Derriere (Ruisseau des), affluent du ruisseau de Launay, c⁰⁰ de Moux.

Prés-Hauts (Les), m. c⁰⁰ de Magny-Cours.

Presle, f. c⁰⁰ de Suilly-la-Tour. — Petit fief, démembrement de celui de Suilly-Magny.

Presle, h. détruit, c⁰⁰ de Chaumot, mentionné en 1795 (reg. de Chaumot).

Presle, lieu détruit, c⁰⁰ de Lucenay-les-Aix, mentionné en 1389 (A. N. procès-verbal des limites du comté de Nevers).

Presle, m. c⁰⁰ de Cours-lez-Cosne. — *Presles*, 1534 (Marolles). — *Presle ou la Goupière*, 1689 (reg. des fiefs). — Fief de la châtell. de Saint-Verain.

Presle, m. c⁰⁰ de Surgy.

Presle, m⁰⁰, c⁰⁰ de Chevenon. — *La Praesle*, 1240 (A. N.).

Presle (La), lieu détruit, c⁰⁰ de Moulins-Engilbert, porté sur la carte de Cassini.

Presle (La), m. c⁰⁰ de Lormes.

Presles, fief de la châtell. de Cercy-la-Tour, mentionné en 1638 (Marolles).

Pressoir (Le), m. à Parzy, mentionnée en 1409 (Marolles). — *Pressoir-a-Parzy*, 1638 (ibid.). — Fief de la châtell. de Pougues.

Pressoir (Le), fief de la châtell. de Châteauneuf-Val-de-Bargis, mentionné en 1689 (reg. des fiefs).

Pressoir (Le), fief de la châtell. de Donzy, mentionné

DÉPARTEMENT DE LA NIÈVRE.

en 1689 (reg. des fiefs). — *Pressures*, 1331 (Marolles). — *Pressure*, 1339 (ibid.).

Pessoir (Le), partie du bourg d'Ouroucr, c^ne de ce nom.

Pressures, chât. f. et m^ne, c^ne de Clamecy. — *Maison forte de Pressure*, 1389 (Marolles). — *Pressures*, 1543 (ibid.). — *Chappelle Notre-Dame-de-Pressures*, 1641; *Notre-Dame-de-Pressure*, 1631; *Capella Beatæ Mariæ de Pressuras vulgo de Pressure*, 1710 (arch. de l'Yonne, fonds de Clamecy). — C'était un fief de la châtell. de Clamecy.

Pré-sur-Yonne (Le), fief de la châtell. de Clamecy, mentionné en 1689 (reg. des fiefs).

Prétard, f. c^ne de Brassy. — *Prélar*, 1763 (reg. de Brassy). — Le véritable nom de cette ferme est *Pré-lart*.

Prétant ou Beaulieu, h. c^ne de Chevannes-Changy. — *Prevost*, xviiie siècle (reg. de Chevannes-Changy).

Prévats (Les), f. c^ne de Dampierre-sur-Bouhy.

Prévairerie (La), h. c^ne de Verneuil.

Prévôté (Bois de), c^ne de Guipy.

Prey (Maison dou), c^ne de Druy, mentionnée en 1405 (A. D.).

Prey-Martin (Le), lieu détruit, c^ne d'Alligny-en-Morvand, mentionné en 1649 (terrier d'Alligny).

Priche, fief de la châtell. de Monceaux-le-Comte, mentionné en 1638 (Marolles).

Prico ou Preco, vill. détruit, c^ne de Sermages, mentionné en 1531 (C.).

Pria, h. c^ne de Pougues. — *Pria*, 1327 (A. N. fonds de l'abb. Notre-Dame). — *Priee*, 1461 (A. N.). — *Priez* (Cassini).

Priécu (Bois), c^ne de Champlemy.

Prieuré (Le), h. c^ne de Biches. — Tire son nom de l'ancien prieuré du lieu.

Prisons (La), h. c^ne de Luzy.

Priez, h. c^ne de Champlin.

Prilat, f. c^ne de Saint-Jean-aux-Amognes.

Prinage, f. c^ne de la Ferméé.

Princelets (Les), f. c^ne de Vielmanay. — *Les Princelets*, 1755 (A. N.).

Prins (Les), h. c^ne de Limanton.

Prion (Bois), c^ne de Frétoy.

Priou (Le), f. c^ne d'Alligny. — *Prou*, 1689 (reg. des fiefs). — Fief de la châtell. de Saint-Verain.

Prissepeaux, h. détruit, c^ne d'Alligny-en-Morvand, porté sur la carte de Cassini. — *Pressepault, Procepault*, 1649 (terrier d'Alligny).

Prissets (Les), f. c^ne de Millay. — *Les Pricets*, 1778 (reg. de Millay).

Procherie (La), h. c^ne de Couloutre.

Prodins (Les), h. c^ne de Chantenay. — *Prodin* (Cassini).

Procra, lieu détruit, c^ne de Lurluenay, porté sur la carte de Cassini.

Proule (La), m. c^ne d'Avril. — *La Proule* (Cassini).

Prouliers, f. c^ne de Gimouille. — *Les Prouliers*, 1673 (A. N.). — *Les Proustiers* (Cassini).

Proux, m. de camp. c^ne de Montigny-sur-Canne. — *Terra de Peron*, 1281 (C.). — *Le Peron-Sereu*, 1588 (S.). — *Proud*, 1676 (A. N.). — Fief de la châtell. de Cercy-la-Tour.

Proux (Moulin de), c^ne de Montigny-sur-Canne. — *Peron*, 1567 (A. N.). — *Moulin de Proud* (Cassini).

Provats (Les), f. c^ne de Dornes.

Procrases (Les), f. c^ne de Toury-sur-Jour.

Proux (Les), anc. f. c^ne de Bona.

Proux (Les), h. c^ne d'Arquian.

Proxe (La), ruiss. affluent de l'Yonne, c^ne de Glux.

Prudhomme, m. de camp. et f. c^ne de Decize.

Prudhommes, h. c^ne de Bouhy.

Prudent (Les), h. c^ne de Saint-Éloi.

Pruelets (Les), h. c^ne de Livry.

Pruellières, éc. c^ne de Cossaye.

Pruneti (Villars), lieu détruit, c^ne de Dornecy, mentionné en 1214 (Gall. christ. XII).

Pruneaux, chât. h. et f. c^ne de Nolay; anc. paroisse réunie à celle de Nolay dès 1478. — *Pruneaux*, 1287 (reg. de l'év. de Nevers). — *Johannetus de Prunevallis*, 1293 (arch. des Bordes). — *Pruneaulx*, 1660 (arch. de Pruneaux). — *Prenevost*, 1673 (S.). — *Pruneaux*, 1689 (reg. des fiefs). — Fief de la châtell. de Montenoison. — Il y avait à Pruneaux un couvent fondé, au xviie siècle, par la famille Foullé; il fut occupé par des Capucins, puis par des Augustins.

Pruniaux (Les), f. c^ne de Magny-Cours. — *Les Preaux* (Cassini).

Prunier (Bois), c^ne de Saint-Verain.

Pruniers (Les), h. et m. c^ne de la Celle-sur-Loire.

Pruvera (Molendinum de), près de Bourras, mentionné en 1184 (cart. de Bourras).

Prye, église paroissiale, chât. h. et m. de sœurs, c^ne de la Ferméé. — *Villa Priviaco*, 970 (cart. de Saint-Cyr de Nevers, ch. 3). — *Villa Pruvia*, 986 (Gall. christ. XII, col. 320). — *Villa quæ vocatur Pruiacus*, 1029 (cart. de Saint-Cyr de Nevers, ch. 2). — *Prie*, 1225 (Marolles). — *Decima de Pria*, 1253 (S.). — *Pria-subtus-Surram*, 1331 (cens. du chap. de Nevers). — *Pria-super-Surram*, 1342 (S.). — *Prie-sur-Lixurre*, 1450 (A. N.). — *Pria-super-Lixuram*, 1478 (pouillé de Nevers). — *Prye*, 1480 (A. N.). — *Prye-sur-Lixurre*, 1516 (ibid.). — *Pry-sur-Lixeurre*, 1632 (ibid.). — *Prie-sur-Lisseurre*, 1638 (Marolles). — Fief de la châtell. de Nevers.

PRÉE-LEZ-COSNE, fief de la châtell. de Montenoison, mentionné en 1638 (Marolles).

PRESBYTERIE (LA), f. c⁽ᵉ⁾ de Cizely.

PRISSÉ, h. c⁽ⁿᵉ⁾ de Garchy. — Les Puisats (Cassini).

PUISAYE (LA), petite contrée, jadis couverte de forêts, comprise entre l'Auxerrois à l'est, le Gâtinais au nord, le Berry à l'ouest et le Nivernais au sud, qui dépendait du dioc. d'Auxerre et se partageait entre les élections de Gien et de Clamecy. Elle avait donné son nom à l'un des archidiaconés du diocèse d'Auxerre. La Puisaye a été divisée entre les départements de la Nièvre, de l'Yonne et du Loiret. La partie nivernaise forme maintenant à peu près le canton de Saint-Amand, la partie septentrionale du canton de Cosne et la partie occidentale du canton de Varzy. — *Puseia*, vIII⁽ᵉ⁾ ou IX⁽ᵉ⁾ siècle (cart. gén. de l'Yonne, II, xLIV). — *Poiseia*, 1147 (*ibid*. I, 619). — *Puseya*, 1328 (Lebeuf, t. IV, ch. 280). — *Poseye*, 1316 (arch. de l'Yonne, fonds de Beigny). — *Puysoie*, 1509 (procès-verbal de la cout. de Troyes, p. 479).

PUITS (LE), h. c⁽ⁿᵉ⁾ de Villapourçon. — *Puy*, 1638 (Marolles). — Fief de la châtell. de Moulins-Engilbert.

PUITS-CHARLES (LE), m. de camp. et f. c⁽ⁿᵉ⁾ de la Charité. — *Puycharles* (Cassini).

PUITS-DE-L'ANE (LE), partie du hameau de Soligny, c⁽ᵉ⁾ d'Amazy.

PUITS-DE-MAIX (LE), h. c⁽ⁿᵉ⁾ de Saint-Parize-le-Châtel.

PUITS-VADEAU (LE), h. c⁽ⁿᵉ⁾ de Gien-sur-Cure.

PUZAT (LE), faubourg de Saint-Pierre-le-Moûtier, mentionné en 1782 (arch. de Saint-Pierre).

PUSCO (VILLA), lieu détruit, mentionné en 968 et en 970 comme étant *in pago Nivernensi* (Gall. christ. XII, col. 319, et cart. de l'év. de Nevers, ch. 3).

PUY (LE), c⁽ⁿᵉ⁾ de Chaumot, fief mentionné en 1705 comme vassal du comté de Château-Chinon (S.). — *Territorium Puthei de Chaulmont*, 1451 (A. N.).

PUYS-DAMPROUX (LE), lieu détruit, c⁽ⁿᵉ⁾ de Champvert, mentionné en 1501 (C.).

PUYS-DE-BOCENAY (LE), lieu détruit, c⁽ⁿᵉ⁾ de Champvert, mentionné en 1501 (C.).

Q

QUAISLE, f. c⁽ⁿᵉ⁾ d'Ouagne. — *Kaile*, xvI⁽ᵉ⁾ siècle (arch. de Challement). — *Quesle*, xvIII⁽ᵉ⁾ siècle (reg. d'Ouagne).

QUART (LE), h. c⁽ⁿᵉ⁾ de Charrin.

QUART-DU-BOIS (LE), f. c⁽ⁿᵉ⁾ de Lucenay-les-Aix.

QUARTIER-DAMAS (LE), f. c⁽ⁿᵉ⁾ d'Anlezy. — Tire son nom de la maison de Damas, qui, depuis plusieurs siècles, possède la terre d'Anlezy.

QUARTIER-PROT (LE), m. c⁽ⁿᵉ⁾ de Chiddes.

QUARTS (LES), h. c⁽ⁿᵉ⁾ de Bona. — *L'Écart-des-Moutons* (Cassini).

QUARTS (LES), h. c⁽ⁿᵉ⁾ de Trois-Vèvres.

QUATRE-CHEMINÉES (LES), h. c⁽ⁿᵉ⁾ de Varennes-lez-Nevers.

QUATRE-CHEMINÉES (LES), m. c⁽ⁿᵉ⁾ de Saincaize.

QUATRE-FENÊTRES (LES), f. c⁽ⁿᵉ⁾ de Luthenay. — *Roussier* (Cassini).

QUATRE-PAVILLONS (LES), chât. et forge, c⁽ⁿᵉ⁾ de Saint-Martin-d'Heuille.

QUATRE-RUES (LES), éc. c⁽ⁿᵉ⁾ de Magny-Cours.

QUATRE-RUES (LES), f. c⁽ⁿᵉ⁾ de Langeron.

QUATRE-RUES (LES), h. c⁽ⁿᵉ⁾ de Châteauneuf.

QUATRE-VENTS (LES), f. c⁽ⁿᵉ⁾ de Fours.

QUATRE-VENTS (LES), h. c⁽ⁿᵉ⁾ d'Alligny-en-Morvand.

QUATRE-VENTS (LES), h. c⁽ⁿᵉ⁾ de Champvoux.

QUATRE-VENTS (LES), h. c⁽ⁿᵉ⁾ de Chaumot. — *Le Creuzot*, 1451 (C.). — *Creuse* (Cassini).

QUATRE-VENTS (LES), h. c⁽ⁿᵉ⁾ d'Épiry.

QUATRE-VENTS (LES), h. c⁽ⁿᵉ⁾ de Toury-sur-Jour.

QUATRE-VENTS-DE-CHASSAGNE (LES), h. c⁽ⁿᵉ⁾ de Moux. — *Quatre-Vents* (Cassini).

QUEANDERIE (LA), forge, c⁽ⁿᵉ⁾ de Sainte-Marie. — *La Thumerie* (Cassini).

QUELLERIE (LA), anc. f. et h. c⁽ⁿᵉ⁾ de Guérigny.

QUENAUTS (LES), h. c⁽ⁿᵉ⁾ de Vielmanay.

QUENOUILLE (LA), lieu détruit, c⁽ⁿᵉ⁾ de Saint-Germain-Chassenay; seigneurie mentionnée en 1518 (Marolles).

QUEUDRE (LA), h. c⁽ⁿᵉ⁾ de Cervon. — *La Cueuldre*, 1466 (Marolles). — Fief de la châtell. de Montreuillon.

QUEUDRE (LA), h. c⁽ⁿᵉ⁾ de Saint-Honoré. — *La Couldre*, 1736 (S.).

QUEUDRE (LA), m. c⁽ⁿᵉ⁾ de Saint-Saulge.

QUEUDRE (LA), m. c⁽ⁿᵉ⁾ de Savigny-Poil-Fol.

QUEUDRE (LA), m. c⁽ⁿᵉ⁾ de Sémelay. — *Les Caudres*, 1718 (reg. de Sémelay).

QUEUDRINS (LES), m. c⁽ⁿᵉ⁾ d'Imphy. — *Gueudrain*, 1660 (A. N.).

QUEUDRIS (LES), h. c⁽ⁿᵉ⁾ de Thianges.

QUEUE-DE-FONDELIS (LA), fief de la châtell. de Donzy, mentionné en 1638 (Marolles).

QUEUE-DE-L'ÉTANG, f. c⁽ⁿᵉ⁾ de Saint-Maurice.

QUEUE-DE-L'ÉTANG (LA), h. c⁽ⁿᵉ⁾ de Moux.

QUEUE-DE-L'ÉTANG (LA), h. c⁽ⁿᵉ⁾ de Saxy-Bourdon.

DÉPARTEMENT DE LA NIÈVRE.

Quebé-de-l'Étang (La), h. c^{ne} de Saint-Brisson. — *Lhuys-Maupoix*, 1695 (reg. de Saint-Brisson).
Quebé-d'Huez (La), m. c^{ne} de Savigny-Poil-Fol.
Querces, fief de la châtell. de Monceaux-le-Comte, mentionné en 1638 (Marolles).
Quesson, h. c^{ne} de Marigny-l'Église. — Fief de la châtell. de Monceaux-le-Comte.
Queson, h. c^{ne} d'Ouroux. — *Haut et Bas Cezon* (Cassini).
Quinault (La), h. c^{ne} de Billy-sur-Oisy.
Quisace (Les), h. c^{ne} de Saint-Saulge.

Quincize, chât. et dépend. c^{ne} de Poussignol-Blismes. — 1351 (Marolles). — *Quincizes*, 1442 (C.). — *Cusnizes*, 1638 (Marolles). — *Cunczize*, 1689 (reg. des fiefs). — Fief de la châtell. de Montreuillon, vassal du comté de Château-Chinon.
Quinquengrolle (La), m. détruite, c^{ne} de Devay, portée sur la carte de Cassini.
Quintenée (La), f. c^{ne} de la Nocle.
Quiots (Les), h. c^{ne} de Vandenesse.
Quois (Les), h. c^{ne} de Saint-Sulpice.

R

Rabords (Les), h. c^{ne} de Perroy.
Babize, h. c^{ne} de Moulins-Engilbert.
Rabotières ou Rabottières, lieu détruit, c^{ne} de Tresnay, mentionné en 1389 (A. N. procès-verbal des limites du comté de Nevers).
Rabotin, lieu détruit, c^{ne} de Magny. — *Rabotin*, 1601 (reg. de Prémery). — *Étang, motte et fosses de Rabotin*, 1607 (A. N.).
Rabouan ou Beauregard et Chaumot, lieu détruit, c^{ne} de Parigny-les-Vaux, mentionné en 1669 (A. N.). — *Fons-aus-Rabouanz*, 1293 (arch. des Bordes). — Ce lieu prenait son nom de la famille Rabouanz.
Rabuteau, m^{on}, c^{ne} de Marcy. — *Moulin-Rabuteau*, 1555 (inv. de Villemoison). — *La motte Rabuteau*, 1634 (A. D.). — Tire son nom de la famille Rabuteau, connue dès le xive siècle.
Racheliers (Les), f. c^{ne} de Dornes. — *Domaine-Rachelins*, 1774 (plan de la seigneurie de Dornes).
Rachons (Les), éc. c^{ne} d'Alligny-en-Morvand.
Racises (Bois des), c^{ne} de la Celle-sur-Nièvre.
Raffeton, m. c^{ne} de Saint-Didier.
Raffigny, chât. et f. c^{ne} de Gâcogne.
Raffin, h. c^{ne} de Druy.
Ragos, f. c^{ne} de Saint-Germain-Chassenay. — *Forge de Neuilly dit Ragon*, 1455 (Marolles). — *Forge de Neuilly dite Ragon*, 1610 (A. D.). — Fief de la châtell. de Decize.
Ragonds (Les), f. c^{ne} de Chantenay.
Ragoulon (Ruisseau de), affluent de l'Halcine, mentionné en 1610 comme séparant la justice de Cercy-la-Tour de celle de Coddes (S.).
Raie (La), h. c^{ne} de Nevers. — *La Raye*, 1635 (A. N.).
Raie (La), m. c^{ne} de Decize.
Raignetterie (La), h. c^{ne} de Saint-Amand.
Railly, mⁱⁿ et m. c^{ne} de Dun-les-Places. — *Moulin de Raillier*, 1680 (reg. de Dun-les-Places).
Raimond, f. c^{ne} de Saint-Pierre.

Raimonds (Les), f. c^{ne} de Toury-Lurcy. — *Chez Raymond*, 1704 (reg. de Toury-sur-Abron). — *Les Raimons*, 1778 (plan de la seign. de Toury-sur-Abron).
Raisin, f. c^{ne} d'Urzy.
Raix, f. c^{ne} de Toury-Lurcy. — *Raiz*, 1575 (Marolles). — *Raets-les-Espoisses*, 1583 (arch. de Soultrait). — *Metairie de Raet*, 1597 (A. N.). — *Retz-les-Espoisses*, 1607 (Marolles). — *Retz*, 1616 (reg. de Toury-sur-Abron). — *Raictz-les-Espoisses*, 1629 (arch. de Soultrait). — *Raye*, 1689 (reg. des fiefs). — *Rays*, 1706 (A. N.). — Fief de la châtell. de Decize.
Ramois (La), bois, c^{ne} de Dompierre-sur-Nièvre.
Rameau, éc. c^{ne} de Saint-Pierre-le-Moûtier.
Ramées (Les), m. c^{ne} de la Roche-Millay.
Ramenottes (Les), m. c^{ne} de Chazeuil-Lavault.
Ramoceau, fief de la châtell. de Saint-Verain, mentionné en 1689 (reg. des fiefs).
Ramot, m. c^{ne} de Bitry.
Ranceau (Le Grand et le Petit), h^x. c^{ne} de St-Saulge.
Ranchonnière (La), f. c^{ne} de Suilly-la-Tour. — *Maison de la Rachonnière*, 1351 (Marolles). — *La Raussonière*, 1457 (ibid.). — *La Rachanière*, 1689 (reg. des fiefs). — *La Ranconnerie* (Cassini). — Fief de la châtell. de Donzy.
Rancy, f. c^{ne} de la Fermeté. — *Rancyacum*, 1303 (A. N.). — *Seigneurie de Rancy*, 1452 (Marolles). — *Rancy-lez-Pris*, 1638 (ibid.). — Fief de la châtell. de Nevers.
Rancout (Moulin de), mⁱⁿ détruit, c^{ne} de Cervon, mentionné en 1582 (A. N.).
Rangères, h. c^{ne} de Villapourçon.
Rangère, mⁱⁿ et f. c^{ne} de Villapourçon.
Rangleau, f. c^{ne} de Poussignol-Blismes. — *Rangleaux*, 1563 (arch. de Quincize). — Ancien fief vassal de Quincize.
Ranvier, m. détruite, c^{ne} de Saint-Germain-Chassenay, portée sur la carte de Cassini.
Ranviers (Les), h. c^{ne} de Chasnay.

156   DÉPARTEMENT DE LA NIÈVRE.

Rabières (Les), h. c^ne de Moulins-Engilbert.
Rabières et Croci (Bois de), c^te de Lormes.
Raffizé (Les), m. c^te de la Nocle.
Raquet, f. c^ne de Neuville-lez-Decize. — *Lieu Raquet* (Cassini).
Raquet, f. c^te de Toury-sur-Jour.
Rate (La), m. c^te de Fléty.
Rateau, h. détruit, c^te de Saint-Parize-en-Viry ; fief de la châtell. de Derize, mentionné en 1773 (A. D.).
Rateau (Le), f. c^ne de Druy.
Rateau (Le), h. c^ne d'Arquian.
Ratilly, f. c^ne d'Entrains.
Ratilly, h. c^ne de Saint-Benin-des-Bois. — 1535 (A. N.).
Rats (Les), h. c^ne de Saint-Amand.
Rats (Les), h. c^ne de Saint-Aubin-les-Forges.
Ratterie (La), m. c^ne d'Alligny.
Rattes (Les), m. c^ne de Villapourçon.
Raucouvi, lieu détruit, c^te de Challement, fief mentionné en 1705 (A. N.).
Raumorey, h. c^ne de Montreuillon. — *Romou*, 1638 (Marolles). — Fief de la châtell. de Montreuillon.
Raux (Bois de), c^te de Neuvy-sur-Loire.
Ravage (Le), f. c^te de Saint-Parize-en-Viry. — *Ravage*, 1772 (plan de Beauvoir).
Raveau, c^ne de la Charité. — *Ravellon*, 1144 (cart. de Bourras, ch. 7). — *Ravellum*, 1331 (cens. du chap. de Nevers).
Raveau, lieu détruit, c^te de Champvert, fief de la châtell. de Decize, mentionné en 1728.
Ravées (Les), h. c^ne de Crux-la-Ville. — *Les Ravés* (Cassini).
Ravery, m^on, c^te de Saint-Léger-de-Fougeret. — *Moulin-Ravery*, 1638 (Marolles). — Fief de la châtell. de Montreuillon, vassal du comté de Château-Chinon ; il donne son nom à un ruisseau affluent de la rivière de Commagny.
Ravets (Les) ou les Gillots, h. c^ne de Mouz.
Ravier, h. c^ne de la Fermeté.
Ravière, h. c^ne de Bouhy.
Ravières (Les), m. c^ne de Sémelay.
Ravières (Les), h. c^ne d'Arleuf.
Ravières (Les), m. de camp. et f. c^ne de Saint-Amand.
Ravizy, h. c^ne d'Alluy. — *Villa Ravisiacum*, 877 (Lebeuf, IV, 25). — *Ravisy*, 1419 (C.). — *Ravisi*, 1462 (ibid.).
Rays, f. c^ne de Dornes. — *Raiz*, 1604 (arch. de Soultrait). — *Domaine de Rays*, 1774 (plan de la seig. de Dornes).
Razou, h. c^ne de Brassy. — *Razoux*, 1557 (arch. de Vésigneux).
Réaux (Les), h. c^ne de Châteauneuf.
Réaux (Les), h. c^ne de Dompierre-sur-Nièvre. — *Le Riau*, XVIIIe siècle (reg. de Dompierre-sur-Nièvre).

Reaux (Bois des), c^te de la Celle-sur-Nièvre.
Rebec-des-Haut (Les), f. c^ne de Primery.
Rebillot, h. c^ne de Varennes-lez-Narcy.
Rebouillots (Les), h. c^ne d'Alligny. — *Les Rebouilleaux* (Cassini).
Rechatrat, h. c^ne de Lormes.
Rechaussé, f. c^te de Neuville-lez-Decize.
Recheuly, f. c^ne de Millay.
Reconfort, chât. et dépend. c^ne de Saizy ; anc. abb. de femmes de l'ordre de Cîteaux. — *Monasterium quod dicitur Consolatio Beate Virginis cisterciensis ordinis*, 1237 (Gall. christ. IV, col. 99). — *Le Confort*, 1277 (Bulliot, II, 339). — *Conventus sanctimonialium de Consolatione Beate-Marie*, 1293 (S.). — *Nostre-Dame-de-Confort*, 1544 (arch. de l'Yonne, fonds de Varzy). — *Le Reconfort*, 1709 (reg. de Monceaux-le-Comte). — Fief de la châtell. de Monceaux-le-Comte.
Recoulos, f. c^ne de Fléty. — *Recoullon*, 1557 (C.).
Recouvrance (Chapelle de), c^ne de Decize, mentionnée en 1743 (A. D.).
Recueil, h. c^ne de Ternant.
Recullée (Bois de la), forêt, c^te de Rouy, mentionnée en 1369 (A. N.).
Redouterie (La), h. c^ne de Cessy-les-Bois. — *Moulin du Milieu* (Cassini).
Réglois, h. c^ne d'Alligny-en-Morvand. — *Regloir*, 1649 (terrier d'Alligny).
Regniards (Les), f. c^ne de Toury-Lurcy. — *Les Regniars*, 1706 (reg. de Toury-sur-Abron).
Reinalzil (Ruisseau de), affluent de l'Oussière, c^ne de Frétoy.
Relieure, f. c^ne de Montreuillon. — *Relieures*, 1638 (Marolles). — Fief de la châtell. de Montreuillon.
Religieuses (Les), f. c^ne de Livry.
Religieuses (Les), f. c^ne de Sermoise. — *Domaine des Religieuses* (Cassini). — Tire son nom des religieuses de l'abbaye de Notre-Dame de Nevers, dont elle était la propriété.
Rellange, lieu détruit, c^ne de Marzy, mentionné en 1719 (terrier de Saint-Baudière).
Rémeron, h. et f. c^ne de Saint-Éloi. — 1396 (Gall. christ. XII, col. 205). — *Romeron*, 1437 (A. N.). — Fief de la châtell. de Nevers, vassal de l'évêché.
Rémilly, c^ne de Luzy. — *Ruminiaco Villa*, 900 (ch. de Saint-Andoche d'Autun, arch. de l'év. d'Autun). — *Ecclesia de Rumiliaco*, 1121-1142 (cart. de Saint-Cyr de Nevers, ch. 37). — *Remili*, 1218 (S.). — *Rameilliacum*, 1287 (reg. de l'év. de Nevers). — *Remilli*, 1433 (C.). — *Ranilly*, 1460 (arch. de Maumigny). — *Remelly*, 1488 (C.). — *Remeilly*, 1508 (ibid.). — *Raymelly*, 1510 (ibid.). — Fief de la châtell. de Savigny-Poil-Fol.

Reuilly, h. c^{ne} de Marcy; ancien prieuré. — *Prioratus Sanctæ-Genovefæ de Marciaco*, 1535 (pouillé d'Auxerre). — *Reuilly* (Cassini).

Remoillon, h. c^{ne} de Châtin. — *Les Remoillons*, 1670 (reg. de Château-Chinon).

Remorelacx, fief de la châtell. de Saint-Vérain, mentionné en 1598 (Marolles).

Remon, f. c^{ne} de Dommartin. — *Remon*, 1566 (Marolles).

Remost, lieu détruit, c^{ne} de Saint-Pierre-le-Moûtier, porté sur la carte de Cassini. — *Domaine Remond*, 1750 (arch. de Saint-Pierre-le-Moûtier).

Remot, h. c^{ne} de Challement. — *Remors*, 1307 (Marolles). — Fief de la châtell. de Monceaux-le-Comte.

Rempocez (Le), m. c^{ne} de Cercy-la-Tour.

Renard, f. c^{ne} de Montigny-sur-Canne. — *Regnard*, 1553 (Marolles).

Renard, h. c^{ne} de Villiers-sur-Yonne.

Renard, mⁱⁿ, c^{ne} d'Épiry.

Renard (Le), m. c^{ne} de Saint-Martin-du-Tronsec. — *Le Renard*, 1584 (Marolles). — *Les Renards* (Cassini).

Renarderie (La), f. c^{ne} de Narcy.

Renarderie (La), h. détruit, c^{ne} de Sermoise, mentionné en 1675 (A. N.).

Renarderie (La), lieu-dit, c^{ne} de Chasnay.

Renardière (La), mⁱⁿ abandonné, c^{ne} de Grenois.

Renards (Les), h. détruit, c^{ne} de Fours, porté sur la carte de Cassini.

Renards (Les), h. détruit, c^{ne} de Sougy, mentionné en 1577 (Marolles). — *Le Regnard*, 1494 (ibid.).

Renards (Les), lieu détruit, c^{ne} de Moulins-Engilbert, porté sur la carte de Cassini.

Renaud, f. c^{ne} de Thaix.

Renauds (Les), h. c^{ne} de Sémelay.

Renault, lieu détruit, c^{ne} de Fours, porté sur la carte de Cassini.

Rendus, lieu détruit, c^{ne} de Saint-Honoré.

Rennebourg, h. c^{ne} de Corbigny.

Renèves, h. c^{ne} de Nolay; donne son nom à un ruiss. affluent de la Nièvre.

Renizot, h. c^{ne} de Tazilly.

Reot, f. c^{ne} d'Avril. — *Le Ruyaul*, 1489 (A. D.). — *Le Ruau*, 1519 (S.). — *Ruot*, 1689 (reg. des fiefs). — *Le Riou*, 1774 (plan de la seigneurie de Dornes). — *Le Reau* (Cassini).

Reparoux, lieu-dit, c^{ne} de la Roche-Millay. — *Repperoux*, 1567 (C.).

Répigneris, h. c^{ne} de Béard.

Reprilles, h. c^{ne} de Chiddes.

Repriou (Ruisseau de), affluent de la rivière du Moulin-Neuf, c^{ne} de Tazilly.

Réserve (La), tuil. c^{ne} de Charrin. — *Tuilerie Michelet* (Cassini).

Réserve (La), tuil. c^{ne} de Montambert-Tannay.

Réserve-de-Mallais (La), f. c^{ne} de Maulais.

Resse (La), f. c^{ne} de Sainte-Marie.

Retoules, h. c^{ne} de Vauclaix. — *Retoules*, 1450 (A. N.). — *Retoules*, 1638 (Marolles). — Fief de la châtell. de Montreuillon.

Reugny, c^{ne} de Saint-Benin-d'Azy. — *Rucuni*, 1143 (cart. gén. de l'Yonne, I, 391). — *Ruygniacum*, 1287 (reg. de l'év. de Nevers). — *Reugniacum*, 1478 (pouillé de Nevers).

Reugny, f. c^{ne} de Beaulieu.

Reugny, f. c^{ne} de Dampierre-sur-Héry.

Reugny, h. c^{ne} de Cossaye. — *Rugny*, 1512 (A. N.).

Reugny, h. c^{ne} de Saint-Gratien. — *Rugui*, 1233 (S.). — *Ruigniacum*, 1272 (C.). — *Ruguiacum*, 1293 (ibid.). — *Ruigny*, 1341 (ibid.). — *Rugny*, 1451 (S.). — Fief de la châtell. de Decize.

Reuildiné, h. détruit, c^{ne} de la Celle-sur-Loire.

Reuillet, f. c^{ne} de Saint-Germain-Chassenay.

Reuillon, h. détruit, c^{ne} de Lucenay-les-Aix; fief de la châtell. de Decize, mentionné en 1689 (reg. des fiefs).

Reuillons (Les), f. c^{ne} de Sermages.

Reuillon, ruiss. affluent de la Loire, c^{ne} de Decize, mentionné en 1743 (A. D.).

Réunion (La), f. c^{ne} de Cours-lez-Cosne.

Reux (Bois de), c^{ne} de Prémery.

Rêve (Le), m. c^{ne} de Dun-les-Places.

Réveillon, chât. c^{ne} d'Entrains; anc. prieuré de l'ordre du Val-des-Choux. — *Riveillon*, 1275 (Marolles). — *Rivillon*, 1406 (ibid.). — *Prioratus Sancti-Nicolai de Reveillione*, 1535 (pouillé d'Auxerre). — Fief de la châtell. d'Entrains.

Réveillon (Le Petit-), m. à Entrains, proche de la porte d'Auxerre, où étaient, en 1638, les religieux des Anges (arch. de l'Yonne).

Reveuce (Bois de la), c^{ne} d'Empury. — Fief de la châtell. de Montreuillon.

Revenue (La), h. c^{ne} de Fours. — *Bois de Revenus*, 1540 (arch. de Vandenesse).

Reverdis (Les), h. c^{ne} de Dampierre-sur-Bouhy.

Revernens (Les), h. c^{ne} de Garchizy.

Reviry, h. c^{ne} d'Épiry. — *Revery* (Cassini).

Rhonon, f. c^{ne} de Saint-Léger-de-Fougeret.

Rhonon, h. c^{ne} de Corancy; donne son nom à un ruiss. affluent de l'Yonne.

Ruère, h. et mⁱⁿ, c^{ne} de Gâcogne; anc. paroisse. — *Rueria*, vers 1100 (Bulliot, II, 29). — *Ruere*, 1689 (reg. des fiefs). — *Rueres*, 1705 (S.). — Fief de la châtell. de Montreuillon, vassal du comté de Château-Chinon.

Riat (Bois de), c^{nes} d'Imphy et de la Fermeté.

Riau (Maison de), m. c⁰⁰ de Druy.
Riau-des-Crottes (Le), h. c⁰⁰ de Saint-Léger-des-Vignes.
Riau-Marin (Le), m. c⁰⁰ de Druy.
Riaule (Le), h. c⁰⁰ de la Roche-Millay.
Riaut (Le), m⁰⁰, c⁰⁰ de Garchizy. — *Le Baul et le Biaut*, 1423 (A. N.).
Riaux (Les), f. c⁰⁰ de Saint-Andelain.
Riaux (Les), f. et m⁰⁰, c⁰⁰ de Luthenay. — *Les Byaulx*, 1551 (A. N.). — *Les Reaux*, 1720 (*ibid.*).
Riaux (Les), h. g⁰⁰ de Decize. — *Le Ryauil*, 1607 (A. D.). — *Le Rieu*, 1775 (*ibid.*). — *Le Reau* (Cassini). — Fief de la châtell. de Decize.
Riaux (Les), h. c⁰⁰ de Saint-Verain.
Ribaine (La), h. c⁰⁰ de Livry.
Ribaux (Les), f. c⁰⁰ d'Annay.
Riblets (Les), h. c⁰⁰ de la Machine.
Ricourde (La), h. détruit, c⁰⁰ de Vielmanay, porté sur la carte de Cassini.
Richard, f. c⁰⁰ de Decize. — *Domaine-Richard* (Cassini).
Richardot, f. c⁰⁰ d'Ougny. — *Terre de Richardot*, 1581 (Marolles). — *Ricardot*, 1689 (reg. des fiefs). — Fief de la châtell. de Montreuillon.
Richateau, h. c⁰⁰ de Lormes.
Richaufour (Moulin de), c⁰⁰ de Chiddes.
Richepoil, m. c⁰⁰ de Chantenay.
Richeran, chât. détruit, c⁰⁰ de Chaulgnes, porté sur la carte de Cassini. — *Richerand*, 1712 (inscription de la cloche de Saint-Andelain).
Ricoux, h. c⁰⁰ de Ménestreau.
Ridasse, h. c⁰⁰ de Thaix. — *Bois du Ridaigne*, 1602 (arch. de Vandenesse). — *Ridaigne*, 1610 (S.). — Donne son nom à un ruisseau affluent de l'Aron.
Rieszot, anc. chât. et f. de Champvert. — *Ryagot*, 1266 (S.). — *Riaugetum*, 1339 (A. N.). — *Riejot*, 1386 (Marolles). — *Riauget*, 1464 (*ibid.*). — *Le Ryaulgot*, 1466 (A. N.). — *Ryegget*, 1491 (*ibid.*). — *Riaigget*, 1495 (*ibid.*). — *Riezgeot*, 1599 (Marolles). — *Riagot*, 1663 (A. N.). — *Rioget*, 1689 (reg. des fiefs). — Fief de la châtell. de Champvert, puis de celle de Decize.
Rien (Le), vill. détruit, c⁰⁰ de Brinay ou de Maux, mentionné en 1699 (S.). — *La ville dou Rie*, 1256 (Bulliot, II, 112).
Riet (Le), h. détruit, c⁰⁰ de Varennes-lez-Nevers, mentionné en 1604 (A. N.).
Riézet (Le), éc. c⁰⁰ de Decize.
Rignat ou Arrignat, lieu détruit, c⁰⁰ de Saint-Jean-aux-Amognes, mentionné en 1560 (S.).
Rigny, h. et f. c⁰⁰ d'Ougny. — *Rinneium*, 1159 (cart. gén. de l'Yonne, II, 98). — *Rigniacum*, 1196

(*Gall. christ.* XII, col. 347). — *Villa de Rigny et Rignyacum*, 1293 (S.). — Fief de la châtell. de Montreuillon, mentionné en 1638 (Marolles).
Rigny, h. c⁰⁰ de Tazilly.
Rigny, m. de camp. et église ruinée, c⁰⁰ de Nolay; anc. paroisse. — *Rigniacum*, 1287 (reg. de l'évêché de Nevers). — *Rigny*, 1406 (Marolles). — Donne son nom à un bois voisin dit *Forêt de Rigny*.
Rigny (Le Grand-), h. et m⁰⁰, c⁰⁰ de Nolay. — *Billon ou le Grand Rigny* (Cassini).
Rigny (Le Petit-), h. détruit, c⁰⁰ de Nolay, porté sur la carte de Cassini.
Rigole (Le), m. de camp. et f. c⁰⁰ de Montigny-aux-Amognes.
Rillières (Les), h. détruit, c⁰⁰ de Saint-Sulpice, mentionné en 1474 (A. N.).
Rimilieu, lieu détruit, c⁰⁰ d'Onlay, mentionné en 1301 (S.).
Rimoris (Ruisseau de), affluent de la Dornette, c⁰⁰ de Dornes.
Rincieux, h. c⁰⁰ de Saint-Martin-du-Puits. — *Rinthieux*, 1772 (reg. de Saint-Martin-du-Puits). — Ancien moulin banal de la seigneurie de Saint-Martin.
Ringuerre, fief, près de Luzy, mentionné en 1546 (C.).
Rio-du-Bois (Le), tuil. c⁰⁰ de Saint-Ouen.
Rio-Gaillard (Le), h. c⁰⁰ de Champvert. — *Moulin de Riau-Gaillard* (Cassini).
Riole (La), h. c⁰⁰ de Challuy. — *La Reaule*, 1331 (cens. du chap. de Nevers).
Riot, h. c⁰⁰ de Chantenay. — *Le Reau*, 1585 (A. N.). — *Le Riau*, 1633 (*ibid.*).
Riot-du-Bois (Le), lieu détruit, c⁰⁰ de Frasnay-le-Ravier, porté sur la carte de Cassini.
Riot-du-Saule (Le), f. c⁰⁰ de Saint-Verain. — *Gâtine*, 1745 (reg. de Saint-Verain).
Rioterie (La), f. c⁰⁰ de Saint-Aubin-lez-Forges.
Riots (Les), f. c⁰⁰ de Chaulgnes. — *Le Riau*, 1763 (reg. de Chaulgnes).
Riots (Les), f. c⁰⁰ de Pougues.
Riousse, vill. c⁰⁰ de Livry. — *Villa que dicitur Riousse*, 1269 (les Olim, I, 784). — *Ryosse*, 1275 (*ibid.* 934).
Riousse (Bas-de-), m. détr. c⁰⁰ de Livry, mentionnée en 1750 (arch. de Saint-Pierre-le-Moûtier).
Riousse (Le Haut-), h. détruit, c⁰⁰ de Livry, porté sur la carte de Cassini.
Ris (Le), chât. et f. c⁰⁰ de Varennes-lez-Nevers. — *Rivum*, 1355 (cens. du chap. de Nevers). — *Riz*, 1513 (A. N.). — *Rix*, 1604 (terrier de Cougny).
Ris (Le), f. c⁰⁰ de Cossaye. — *Ris*, 1396 (A. D.). — *Rix*, 1493 (S.). — *Riz*, 1545 (C.). — *Rys*, 1632 (reg. de Cossaye). — Fief de la châtell. de Decize.

Ris (Buisseau de), affluent de l'Yonne, c⁽ᵉ⁾ de Mouron.

Rivas (Les), f. c⁽ᵉ⁾ de Tresnay.

Rivières, châl. et f. c⁽ᵉ⁾ de la Roche-Millay. — *Le Mont-de-Rivière*, 1716 (reg. de Chiddes). — Fief vassal de la Roche-Millay.

Rivières, fief de la châtell. de Champallement, mentionné en 1689 (reg. des fiefs).

Rivières, fief de la châtell. de Saint-Verain, mentionné en 1689 (reg. des fiefs). — *Byvyeres*, 1526 (arch. de Maumigny). — *La Rivière*, 1584 (Marolles).

Rivières, h. c⁽ᵉ⁾ de Brassy.

Rivières (La), châl. et dépend. c⁽ᵉ⁾ de Couloutre. — *Riparia*, 1246 (mss de Baluze, extrait du cart. de la chambre des comptes de Nevers). — *La Rivière*, 1281 (Marolles). — Fief de la châtell. de Donzy.

Rivières (La), lieu-dit, c⁽ᵉ⁾ d'Onlay.

Rivières-de-Saint-Agnan (Les), h. c⁽ᵉ⁾ de Cosne. — *Les Rivières* (Cassini).

Rivières-Saint-Père (Les), h. c⁽ᵉ⁾ de Saint-Père. — *Les Rivières* (Cassini).

Rix, c⁽ᵉ⁾ de Clamecy. — *Rys*, 1535 (pouillé d'Auxerre). — *Riz*, 1543 (Marolles). — *Ris*, 1605 (A. N. fonds des filles aumônées). — Fief de la châtell. de Clamecy.

Rix (Le), lieu détruit, c⁽ᵉ⁾ de Cercy-la-Tour, mentionné en 1599 (arch. de Vandenesse).

Robards (Les), h. c⁽ᵉ⁾ de la Celle-sur-Loire.

Robedeau, fief de la châtell. de Cosne, mentionné en 1689 (reg. des fiefs).

Robes (Les), h. c⁽ᵉ⁾ de Saint-Brisson. — *Les Roches* (Cassini).

Robillard, f. c⁽ᵉ⁾ de Montigny-sur-Canne.

Robillarderie (La), h. c⁽ᵉ⁾ de la Machine.

Robin, f. c⁽ᵉ⁾ de Decize. — *Les Robins* (Cassini).

Robinerie (La), h. c⁽ᵉ⁾ de Saint-Verain.

Robinet, f. c⁽ᵉ⁾ de la Fermeté.

Robins (Les), f. c⁽ᵉ⁾ d'Arleuf.

Robins (Les), h. c⁽ᵉ⁾ de Garchy.

Roblette (La), h. c⁽ᵉ⁾ de Saint-Pierre-le-Moûtier. — *Domaine de la Roblette*, 1782 (arch. de Saint-Pierre-le-Moûtier).

Roblins (Les), h. c⁽ᵉ⁾ d'Alligny.

Rochats (Les), h. dépendant du bourg de Myennes, c⁽ᵉ⁾ de Myennes.

Roche, châl. et écl. c⁽ᵉ⁾ de Champvert. — *Rupes*, 1415 (A. D.). — *Roche-sur-Arron*, 1575 (Marolles). — *Roches*, 1620 (S.). — *Roches-sur-Auron*, 1638 (Marolles). — Fief de la châtell. de Decize.

Roche, fief de la châtell. de Saint-Saulge, mentionné en 1689 comme vassal de la seign. d'Espeuilles (reg. des fiefs).

Roche, h. c⁽ᵉ⁾ d'Achun. — *Domaine et locaterie de Roches*, 1777 (arch. de la Montagne).

Roche, h. et f. c⁽ᵉ⁾ de Fléty. — *Roches*, 1564 (C.). — Fief vassal de la Roche-Millay.

Roche, h. c⁽ᵉ⁾ de Montsauche. — *Haut et Bas Roche* (Cassini). — Donne son nom à un bois voisin porté sur la carte de Cassini.

Roche, lieu détruit, c⁽ᵉ⁾ de Marzy, mentionné en 1718 (terrier de Saint-Baudière).

Roche, m. détruite, c⁽ᵉ⁾ de Bona, mentionnée en 1575 (Marolles).

Roche, point trigonométrique, c⁽ᵉ⁾ de Champvert.

Roche (Bois de la), c⁽ᵉ⁾ d'Empury, partie des bois de Bazoches.

Roche (Bois de la), c⁽ᵉ⁾ de Givry.

Roche (La), châl. et h. c⁽ᵉ⁾ de Tracy.

Roche (La), fief de la châtell. de Châteauneuf-sur-Allier, mentionné en 1689 (reg. des fiefs). — *Vicaria Sancti-Silvani de Rocha*, 1478 (pouillé de Nevers). — *Chapelle Saint-Savin en la Roche de Mars*, 1564 (Marolles).

Roche (La), fief de la châtell. de Moureaux-le-Comte et Neuffontaines, mentionné en 1307 (Marolles).

Roche (La), h. c⁽ᵉ⁾ de Beuvron.

Roche (La), h. c⁽ᵉ⁾ de Cosne.

Roche (La), h. c⁽ᵉ⁾ de Gâcogne.

Roche (La), m. de camp. c⁽ᵉ⁾ de Prémery. — *Rocha*, 1196 (Gall. christ. XII, col. 346).

Roche (La), m. isolée du hameau de la Fosse, c⁽ᵉ⁾ de Saint-Hilaire.

Roche (La), m⁽ⁿ⁾ et manœuvrerie, c⁽ᵉ⁾ de la Roche-Millay.

Roche (La), m⁽ⁿ⁾ et port sur la rivière d'Anguison, c⁽ᵉ⁾ de Gâcogne.

Roche (Moulin de la), c⁽ᵉ⁾ de Crux-la-Ville.

Roche-Berthaut (La), motte entourée de fossés qui portait autrefois un château fort, c⁽ᵉ⁾ de Marigny-l'Église.

Roche-de-Ramoillon (La), rocher, c⁽ᵉ⁾ de Châtin; pierre druidique (?).

Roche-des-Fées (La), amas de blocs de rochers qui se trouve dans le bois de Haute-Roche, c⁽ᵉ⁾ de Marigny-l'Église.

Roche-des-Pierres (La), lieu-dit, c⁽ᵉ⁾ de Dun-les-Places, où se voyaient des pierres druidiques qui ont été renversées.

Rochefort, f. c⁽ᵉ⁾ de Narcy. — *Grangia de Rocefurti*, 1143 (Gall. christ. XII, col. 114).

Rochefort, h. c⁽ᵉ⁾ de Maux.

Rochefort (Le), bras de l'Allier, sorte d'étang, c⁽ᵉ⁾ de Saincaize, sous le château de Meauce. — *Rocheffort ruisseau*, 1488 (A. N.).

Roche-Maçon (La), h. c^{ne} de Frétoy. — *Roche-Masson*, 1696 (reg. de Planchez). — Fief de la châtell. de Moulins-Engilbert.

Roche-Millay (La), c^{ne} de Luzy. — *Sanctus Petrus*, 12e siècle (fragment d'un pouillé d'Autun). — *Ecclesia Sancti-Petri de Rupe de Millai*, 1240 (Bulliot, II. 85). — *Rupes de Millay*, 1243 (arch. de Villapourçon). — *Dominus de Ruppe de Milayo*, 1293 (S.). — *Rocha de Milayo*, xive siècle (pouillé d'Autun). — *La Roche de Milay*, 1445 (C.). — *La Roche de Milay*, 1501 (ibid.). — *Baronie de la Roche-Millay*, 1569 (ibid.). — L'une des quatre premières baronies du comté de Nevers; fief fort important de la châtellenie de Moulins-Engilbert. Siège d'un bailliage seigneurial, dont le ressort comprenait trente-trois paroisses.

En 1790, le canton de la Roche-Millay, qui dép. du district de Moulins-Engilbert, fut composé des communes de Chiddes, Millay, la Roche-Millay et Villapourçon.

Roche-Morin (La), lieu détruit, c^{ne} de Préporché; fief de la châtell. de Moulins-Engilbert, mentionné en 1689 (reg. des fiefs).

Roches (Les), éc. c^{ne} d'Urzy. — *La Perrière du Rochei*, 1485 (A. N. fonds de l'év.).

Roches (Le), faubourg, c^{ne} de Saint-Saulge.

Rocherie (La), m. de camp. et f. c^{ne} de Varennes-lez-Nevers.

Roches, chât. c^{ne} de Myennes; anc. abb. de l'ordre de Cîteaux. — *Monasterium de Rupibus*, 1142 (Gall. christ. XII, col. 113). — *Gaufridus de Rochis*, 1193 (C.). — *Ecclesia de Rupibus*, 1200 (A. N. fonds de Roches). — *Abbatia de Ruppibus*, 1273 (ibid.). — *Couvent de Royches*, 1318 (ibid.). — *Monasterium Beatæ-Mariæ de Rupibus*, 1393 (arch. de l'Yonne, fonds de Roches). — *Notre-Dame-des-Roches*, 1526 (arch. de l'Yonne, inv. de Villemoison).

Roches, h. c^{ne} de Saint-Brisson.

Roches (Les), f. c^{ne} de Dornes.

Roches (Les), f. c^{ne} de Savigny-Poil-Fol.

Roches (Les), fief de la châtell. de Metz-le-Comte, mentionné en 1689 (reg. des fiefs).

Roches (Les), h. c^{ne} de Moux.

Roches (Les), h. c^{ne} de Sainte-Pereuse.

Rochette (La), f. c^{ne} de Clamecy.

Rochette (Molendinum de la), près de Saint-Saulge, mentionné en 1230 (Bulliot, II. 75).

Roderie (La), h. c^{ne} d'Alligny.

Rognon (Le), h. c^{ne} de Dampierre-sur-Bouhy. — *Les Roignons* (Cassini).

Rogol-le-Pavillon, f. c^{ne} de Varennes-lez-Nevers.

Rogues (Les), f. c^{ne} de Lucenay-lez-Aix.

Roigies, fief de la châtell. de Monceaux-le-Comte, mentionné en 1689 (reg. des fiefs).

Rois (Les), h. c^{ne} de Bitry.

Roizelleus (La), lieu détruit, c^{ne} de Luzy, mentionné en 1608 (C.).

Rollauderie (La), m. de garde, c^{ne} d'Arquian.

Rolin, faubourg de Moulins-Engilbert, qui tire son nom d'une famille Rolin, mentionné en 1504 (arch. de Vandenesse).

Rolis, h. c^{ne} de Druy. — *Terre de Rolin*, 1388 (Marolles).

Rollande (La), f. c^{ne} de Châteauneuf-Val-de-Bargis.

Rollandes (Les), h. c^{ne} de Donzy. — *Les Roulans* (Cassini).

Rolles (Les), fief de la châtell. de Monceaux-le-Comte, mentionné en 1689 (A. N.).

Rollins (Les), h. c^{ne} de Saint-Léger-de-Fougeret. — *Les Rolins*, 1694 (reg. de Saint-Léger-de-Fougeret).

Rollots (Les), h. c^{ne} d'Arleuf.

Romboux, fief de la châtell. de Nevers, mentionné en 1638 (Marolles).

Romenay, chât. et h. c^{ne} d'Aubigny-le-Chétif. — 1431 (C.). — *Romenay-le-Petit*, 1568 (A. N.). — *Roumenay*, 1660 (ibid.). — Fief dép. de la châtell. de Decize.

Romenay, h. c^{ne} de Biches. — *Romenay*, 1457 (C.). — *Rommenay*, 1584 (arch. de M. Pougault de Mourceaux).

Romenon, fief de la châtell. de Montreuillon, mentionné en 1689 (reg. des fiefs).

Rompain, h. c^{ne} de Chantenay.

Rompas (Les), h. c^{ne} de la Roche-Millay.

Rompée (La), tuil. c^{ne} de Limon.

Rompoux, h. détruit, c^{ne} de Cercy-la-Tour, porté sur la carte de Cassini.

Rompue (La), h. c^{ne} de Toury-sur-Jour.

Ronault, lieu détruit, c^{ne} de Châtillon-en-Bazois, mentionné en 1567 (C.).

Ronce (La), h. c^{ne} de Vielmanay. — *La Grande et la Petite Ronce* (Cassini).

Ronceau (Forêt de), c^{ne} de Champlemy et d'Oudan. — *Forêt de Ronceaux, dépendant de la terre de Varzy*, 1743 (arch. de l'Yonne, fonds de Varzy).

Rond (Le), m. c^{ne} de Luthenay.

Rond-de-Chassé (Le), m. de garde, c^{ne} d'Azy-le-Vif.

Ronde (La) ou Locaterie Breux, éc. c^{ne} de Lucenay-les-Aix.

Ronde (La), f. c^{ne} de Tresnay.

Ronde (La), fief de la châtell. de Montenoison, mentionné en 1689 (reg. des fiefs).

Ronde (La), h. c^{ne} de Druy.

DÉPARTEMENT DE LA NIÈVRE.

Rosse (Moulin de la), près de Nevers, mentionné en 1602 (A. N.).

Rondeau (Les), f. c^{ne} d'Annay. — *Les Rondeaux* (Cassini).

Rondes (Le), f. c^{ne} de Saint-Pierre-le-Moûtier. — *Locaterie du Rondet*, 1750 (arch. de Saint-Pierre). — *Les Rondiots* (Cassini).

Rondefaie, h. c^{ne} de Ternant.

Rondes (Les), h. c^{ne} de Montigny-sur-Canne.

Rondes (Les), lieu détruit, c^{ne} de Sauvigny-les-Bois, mentionné en 1331 (cens. du chap. de Nevers).

Rondets (Les), lieu détruit, c^{ne} de Toury-sur-Jour, porté sur la carte de Cassini.

Rondins (Les), f. c^{ne} de Dampierre-sur-Boulay.

Ronds-de-Chez-Leblanc (Les), éc. c^{ne} de Luthenay.

Rosay, f. c^{ne} de Saint-Bonnot. — *Rozay* (Cassini). — Donne son nom à un bois voisin.

Rosay, h. c^{ne} d'Arzembouy. — *Le Rozay*, 1564 (C.). — Fief de la châtell. de Montenoison.

Rosay, h. c^{ne} de Langeron. — *Roze*, 1524 (A. N.). — *Rozay* (Cassini). — Fief de la châtell. de Châteauneuf-sur-Allier.

Rose, h. c^{ne} de Varennes-lez-Nevers. — *Quarterium Rose, Vinea de la Rose*, 1331 (cens. du chap. de Nevers). — *Roze*, 1503 (A. N.).

Rose-Ange, f. c^{ne} de Saint-Benin-d'Azy.

Roseau, f. c^{ne} de Moux. — *Les Rozeaulx*, 1649 (terrier d'Alligny).

Rosée (La), m. c^{ne} de la Roche-Millay.

Rosemont, château fort en ruines et f. c^{ne} de Luthenay. — *Ruygemont*, 1210 (Marolles). — *Roygemont*, 1220 (ibid). — *Roigemont*, 1258 (A. N.). — *Rosei Mons*, 1276 (extr. de Baluze, cart. de la chambre des comptes de Nevers). — *Rosemont*, commencement du XIVe siècle (épitaphe dans l'église de Giry). — *Vicaria Beate-Marie-Magdalene in castro de Rosecomonte*, 1478 (pouillé de Nevers). — *Rouzemont*, 1501 (arch. d'Uzeloup). — *Rousemond*, 1602 (S.). — *Rozemont*, 1603 (ibid). — *Rougemont*, 1607 (C.). — Fief de la châtell. de Nevers.

Roses (Les), h. c^{ne} de Cercy-la-Tour.

Roses (Les), h. c^{ne} de Saint-Aubin-les-Forges.

Rosier, h. c^{ne} de Magny-Cours; ancienne paroisse. — *Roserii*, 1270 (A. N.). — *Rosarii*, 1478 (pouillé de Nevers). — *Roziers*, 1605 (A. N. fonds des filles aumônées). — *Rouzieres*, 1607 (A. N.). — *Cure de Roussière* réunie à celle de Magny, 1760 (A. N. liste des nobles et privilégiés). — *Les Rosiers* (Cassini). — Le vrai nom de ce hameau est *Rosiers*.

Rosière, chât. et f. c^{ne} de Sougy. — *Roseres*, 1364 (A. D.). — *Roserii*, 1381 (A. N.). — *Rozieres*, 1512 (ibid.). — Le véritable nom de ce château est *Rosières*.

Rosiers, f. c^{ne} de Saint-Père. — *Roziers*, 1535 (Marolles). — *Roziere*, 1689 (reg. des fiefs). — Fief de la châtell. de Saint-Verain.

Rosiers (Les), f. c^{ne} de Lucenay-les-Aix.

Rosoy, lieu détruit, près de Decize, mentionné en 1341 (A. D.).

Rossignotte (La), f. c^{ne} de Tannay.

Rotereau, h. détruit, c^{ne} de Poussignol-Blismes, mentionné au XVIIIe siècle (arch. de Quincize).

Rotassier, h. détruit, c^{ne} de Luthenay, porté sur la carte de Cassini.

Rouchenais, fief de la châtell. de Cosne, mentionné en 1689 (reg. des fiefs).

Rouches (Les), fief de la châtell. de la Marche, mentionné en 1638 (Marolles).

Rouelles (Les), f. c^{ne} de Montsauche.

Rouer (Bois de), c^{ne} de Nolay.

Roues (Les), h. c^{ne} de Suilly-la-Tour.

Rouesses (Les), bois, c^{ne} de Prémery et de Sichamps.

Rouettard, f. c^{ne} de Champvert. — *Ruatorta*, 1366 (A. N.). — *Rouetteur*, 1607 (A. D.). — *Roistura*, 1716 (A. N.). — *Roetard*, 1726 (A. D.). — *Roueterre*, 1739 (A. N.). — *Riotard*, 1776 (C.). — Fief de la châtell. de Decize.

Rougemont, m. c^{ne} de Cercy-la-Tour. — *Roygemont*, 1401 (A. N.).

Rougés (Les), m. de camp. et f. c^{ne} de Villapourçon.

Rouley, h. détruit, anc. seign. près de Decize, mentionné en 1464 (Marolles).

Rouase, m. détruite, c^{ne} d'Azy-le-Vif, portée sur la carte de Cassini.

Rouse (La), forge détruite, c^{ne} de Vielmanay, mentionnée en 1576 (A. N.).

Rouss (La), usine, c^{ne} de Saint-Martin-du-Tronsec.

Rousseau, h. c^{ne} de Fours. — *Renault* (Cassini).

Rousseaux (Les), h. c^{ne} de Lucenay-les-Aix. — *Rousseaux*, 1553 (Marolles).

Rousseille, f. c^{ne} de la Roche-Millay.

Rousselots (Les), h. c^{ne} d'Alligny-en-Morvand. — *La Vante-du-Rousselot*, 1649 (terrier d'Alligny).

Roussey, mⁱⁿ, c^{ne} de Saint-Parize-le-Châtel.

Roussille (La), f. et éc. c^{ne} d'Entrains.

Roussiot, f. c^{ne} de Montigny-sur-Canne.

Roussot, f. c^{ne} de Bazoches.

Roussy, f. et h. c^{ne} de Saint-Parize-le-Châtel. — *Roussi*, 1618 (A. N.). — *Moulin de Roussy*, 1750 (arch. de Saint-Pierre-le-Moûtier). — Fief de la châtell. de Châteauneuf-sur-Allier.

Roussy, h. c^{ne} de Corvol-l'Orgueilleux. — *Roussi*, 1622 (cabinet des titres, dossier de Blosset).

Route (La), h. c^{ne} de Biches.

Rouy, c^{ne} de Saint-Saulge; prieuré dép. du prieur de la Charité. — *Étang et moulin de Roy*, 1209 (C.). — *Rouy*, 1275 (S.). — *Royacum*, 1287 (reg. de l'év. de Nevers). — *Villa de Roy*, 1293 (S.). — *Boiacum*, 1298 (ibid.). — *Ecclesia de Rouyaco*, 1326 (C.). — *Ruy*, 1463 (ibid.). — Fief de la châtell. de Saint-Saulge.

En 1790, le canton de Rouy, qui dép. du district de Nevers, fut composé des c^{nes} de Billy et Limon, Chevannes, Monceaux, Rouy, Saint-Benin-d'Azy et Saxy-Bourdon.

Rouy, h. c^{ne} de Saint-Martin-du-Puits. — 1408 (C.). — *Rouix*, 1699 (reg. de Saint-Martin-du-Puits). — Fief de la châtell. de Saint-Brisson et Liernais, vassal de Saint-Martin-du-Puits.

Rouzeroule (La), lieu détruit, c^{ne} de Montapas, mentionné en 1293 (S.).

Royer-du-Gros-Poix (Le), h. détruit, c^{ne} de Bix, mentionné en 1654 (reg. de Bix).

Royes (Les), h. détruit, c^{ne} de Sichamps, porté sur la carte de Cassini.

Rozières, fief de la châtell. de Donzy, mentionné en 1638 (Marolles).

Ruages, c^{ne} de Tannay. — *Ruerre*, xive siècle (pouillé d'Autun). — *Eglise Notre-Dame de Ruerges*, 1390 (C.). — *Ruriges*, commencement du xvie siècle (pouillé d'Autun). — *Ruarges*, 1543 (arch. de Quincize). — *Ruage*, 1670 (A. N.). — Fief de la châtell. de Monceaux-le-Comte et Neuffontaines.

Ruchenot, fief de la châtell. de Monceaux-le-Comte et Neuffontaines.

Ruchette, h. c^{ne} de Villapourçon. — *La Ruchette*, 1690 (reg. de Villapourçon).

Ruchette (La), h. c^{ne} d'Arleuf.

Ruchette (Moulin de la), c^{ne} de Villapourçon.

Ruchotte (La), h. c^{ne} de Moux.

Rue (La), h. c^{ne} de Cosne.

Rue (La), m. détruite, c^{ne} de Toury-Lurcy, portée sur la carte de Cassini.

Rue (Moulin de la), c^{ne} de Saint-Léger-de-Fougerot.

Rue-à-l'Ane (La), m. c^{ne} de Murlin.

Rue-aux-Saints (La), h. c^{ne} de Magny-Cours. — *Territoire de la Rue-au-Saint*, 1381 (A. N.). — Il est probable que ce lieu doit son nom au souvenir de saint Vincent de Magny, qui vivait au ixe siècle.

Rue-aux-Venants (La), h. c^{ne} de Cervon.

Rue-Brugnon (La), h. c^{ne} de Saint-Brisson.

Rue-Bouteau (La), h. c^{ne} de Germigny.

Rue-Burillot (La), section du bourg de Teigny, c^{ne} de Teigny.

Rue-Chaude (La), faubourg de Moulins-Engilbert, détruit au xve siècle (Baudiau, II, 15).

Rue-d'Amour (La), section du bourg de Teigny, c^{ne} de Teigny.

Rue-d'Astur (La), h. c^{ne} de la Nocle.

Rue-de-Garnat (La), h. c^{ne} de Lucenay-lès-Aix.

Rue-de-Haut (La), h. c^{ne} de Courcelles.

Rue-des-Crocs (La), m. c^{ne} d'Azy-le-Vif.

Rue-des-Fatereaux (La), fief de la châtell. de Nevers, mentionné en 1638 (Marolles).

Rue-des-Prenants (La), h. c^{ne} de Gien-sur-Cure.

Rue-Désert (La), h. c^{ne} de Cervon.

Rue-de-Toba (La), h. et tuil. c^{ne} d'Imphy.

Rue-du-Bois-du-Four (La), h. c^{ne} de Nuars.

Rue-du-Puits (La), h. c^{ne} de Suilly-la-Tour.

Rue-Gousy (La), f. c^{ne} de Garchy.

Rue-Grenouille (La), éc. c^{ne} de Chantenay.

Rue-Nancy (La), section du bourg de Teigny, c^{ne} de Teigny.

Rue-Naudin (La), h. c^{ne} de Saint-Brisson.

Rue-Penin (La), fief de la châtell. de Monceaux-le-Comte, mentionné en 1689 (reg. des fiefs).

Rue-Potin (La), section du bourg de Teigny, c^{ne} de Teigny.

Rue-Saint-Gère (La), h. c^{ne} de Myennes.

Rue-Taureau (Bois de la), c^{ne} d'Héry.

Rue-Verte (La), éc. c^{ne} de Sermoise.

Rués (La), f. c^{ne} de Limanton. — 1272 (S.).

Ruès (La), lieu détruit, c^{ne} de Challuy, mentionné en 1347 (A. N.).

Ruès, h. c^{ne} d'Alligny-en-Morvand. — Fief de la châtell. de Monceaux-le-Comte, mentionné en 1689 (reg. des fiefs).

Ruès, lieu détruit, c^{ne} de Corvol-l'Orgueilleux; fief de la châtell. de Corvol, mentionné en 1579 (Marolles).

Rues (Les), h. c^{ne} de Champlin.

Rues (Les), h. c^{ne} de Montigny-sur-Canne.

Rues (Les), h. c^{ne} de Saint-Éloi.

Rues (Les), m. de camp. c^{ne} de Châtin. — *Erue* (Cassini).

Ruez, lieu détruit, c^{ne} de Parigny-les-Vaux, mentionné en 1560 (A. N.). — *La Ruee*, 1355 (cens. du chap. de Nevers).

Ruis (Les), h. c^{ne} d'Annay. — *Puis* (Cassini).

Ruisseau (Le), h. c^{ne} de Saint-Honoré.

Ruisseau-du-Ry (Le), h. c^{ne} de Villapourçon.

Ruisseau-Morin (Le), h. c^{ne} de Planchez.

Rupts (Les), h. c^{ne} de Saint-Agnan.

Rurges ou Ruges, lieu détruit, c^{ne} de Pougues, mentionné en 1331 (cens. du chap. de Nevers). — *Ruriges*, 1355 (ibid.).

Russy, fief de la châtell. de Châteauneuf-sur-Allier, mentionné en 1638 (Marolles).

Rynbert, m. détruite, c^{ne} de Sichamps, mentionnée en 1535 (A. N.).

S

Sabat (Le), h. c^{ne} d'Azy-le-Vif.

Sables (Les) ou Hors-le-pont-de-Loire, faubourg de Nevers. — *Les Sables* (Cassini).

Sables (Les), h. c^{ne} d'Arquian.

Sables (Les), h. c^{ne} de Challuy.

Sablière (La), lieu-dit, f. c^{ne} de Saint-Germain-Chassenay.

Sablonnière (La), h. détr. c^{ne} de Luthenay, mentionné en 1675 (reg. de Luthenay).

Sablons (Les), vignes et f. c^{ne} de Ternant.

Saboterie (La), f. c^{ne} de Corvol-l'Orgueilleux. — *La Grande et la Petite Sabotterie* (Cassini).

Saci, lieu détruit, c^{ne} de Guérigny, mentionné en 1355 (cens. du chap. de Nevers).

Sagets (Les), f. c^{ne} de Tresnay.

Saigne (La), f. c^{ne} de Limanton. — *La Sechuigne et la Chasseigne*, 1500 (S.). — *La Seigne*, 1689 (ibid.). — *Domaine Genard ou la Seigne*, 1718 (A. N.).

Saillant, lieu détruit, près de Moulins-Engilbert; seigneurie mentionnée en 1573 (C.).

Saincaize, c^{ne} de Nevers. — *Sana Casa*, 1287 (reg. de l'év. de Nevers). — *San Caise*, 1331 (A. N.). — *Saint-Caise*, 1334 (ibid.). — *Saint-Cayse*, 1398 (ibid.). — *Saincaise*, 1460 (ibid.). — *Hotel seigneurial de Saincayse*, 1538 (ibid.). — *Saint-Quaize*, 1760 (ibid.). — *Saincaize-Meauce*, depuis la réunion de Meauce. — Fief de la châtell. de Châteauneuf-sur-Allier.

Sainjons (Les), f. c^{ne} d'Entrains. — *Les Singeons* (Cassini).

Saissonnerie (La), h. c^{ne} de Vielmanuy.

Saint-Agnan, c^{ne} de Montsauche. — *Grangia Sancti-Aniani*, 1136 (Baudiau, II, 114). — *Saint-Agnan-la-Chapelle*, 1790 (A. N.).

Saint-Amand-en-Puisaye, arrond. de Cosne. — *Ecclesia Sancti-Amandi*, 1152 (Gall. christ. XII, col. 182). — *Sanctus-Amandus*, 1218 (Lebeuf, IV, 82). — *Saint-Amand-en-Puisaye*, 1351 (Marolles). — Fief de la châtell. de Saint-Verain.

En 1790, le canton de Saint-Amand, du district de Cosne, fut composé des c^{nes} de Bitry, Bouhy, Ciez, Dampierre-sur-Bouhy, Saint-Amand et Saint-Verain.

Saint-Andelain, c^{ne} de Pouilly. — *Ecclesia Sancti-Domnolemi*, 1147 (Lebeuf, IV, 39). — *Sanctus-Andelanus*, 1331 (cens. du chap. de Nevers). — *Saint-Andelin*, 1585 (A. N.). — *Saint-Andelain*, 1638 (Marolles). — Fief de la châtell. de Donzy.

Saint-André, m. de camp. c^{ne} de Luzy; anc. prieuré de l'ordre de Cluny. — *Sainct-Andre-lez-Luzy*, 1575 (C.).

Saint-André-de-Faëlis, chapelle détruite, c^{ne} de Saint-Léger-de-Fougeret, mentionnée en 1573 (Lory).

Saint-André-en-Morvand, c^{ne} de Lormes. — *Presbyter de Sancto-Andrea*, 1171-1188 (cart. gén. de l'Yonne, II, 234). — *Saint-Andre-en-Morvent*, 1455 (A. N.). — *La Montagne-André*, 1793 (A. N. vente de biens nationaux). — Fief de la châtell. de Monceaux-le-Comte et Neuffontaines, vassal du comté de Chastellux.

Saint-Antoine, h. c^{ne} de Challuy; anc. maladrerie. — *Hopital Sainct-Blaise, prez de Nevers, vulgairement appelé Hospital Sainct-Antoine*, 1491 (A. N. fonds de l'év.).

Saint-Antoine, h. et tuil. c^{ne} de Sermoise.

Saint-Aubin, chapelle ruinée, c^{ne} de Moussy.

Saint-Aubin (Chapelle de), détruite, c^{ne} de Charrin, portée sur la carte de Cassini.

Saint-Aubin (Chapelle de), détr. c^{ne} d'Oisy, portée sur la carte de Cassini.

Saint-Aubin-des-Chaumes, c^{ne} de Tannay. — *Saint-Albin*, 1520 (A. N.).

Saint-Aubin-les-Forges, c^{ne} de la Charité. — *Sanctus-Albinus*, 1355 (censier du chap. de Nevers). — *Saint-Aulbin*, 1478 (A. N.). — *Saint-Aulbin-sous-Frasnay-les-Chanoines*, 1762 (ibid.).

Saint-Barthélémy, h. c^{ne} de Cercy-la-Tour.

Saint-Baudière, h. et chapelle ruinée, c^{ne} de Marzy. — *Sanctus-Baudelius*, 1279 (A. N.). — *Sanctus-Bauderius*, 1283 (A. N. fonds du chap. de Nevers). — *Saint-Bauldiere*, 1594 (terrier de Saint-Baudière). — Fief de la châtell. de Nevers.

Saint-Benin, h. c^{ne} de Nevers; ancienne paroisse qui, dès 1478, était unie à celle de Saint-Laurent de Nevers. — *Sanctus Benignus*, 1097 (Gall. christ. XII, col. 335).

Saint-Benin-d'Azy, arrond. de Nevers. — *Sanctus-Benignus*, 1287 (reg. de l'év. de Nevers). — *Sanctus-Beguinus*, 1417 (A. N.). — *Cura de Sancto-Begnino de Asiaco*, 1478 (pouillé de Nevers). — *Paroisse de Sainct-Xpofer et Sainct-Begnin-d'Aisy*, 1518 (S.). — *Azy*, 1611 (ibid.). — *Aazy*, 1618 (ibid.).

Saint-Benin-des-Bois, c^{ne} de Saint-Saulge. — *Sanctus-Benignus*, 1287 (reg. de l'évêché de Nevers). — *Sanctus-Benignus-in-Nemoribus*, 1478 (pouillé de

Nevers). — *Sainct-Beguin-des-Boys*, 1590 (S.). — Fief de la châtell. de Montenoison. — Donne son nom à un bois voisin.

SAINT-BENIN-DES-CHAMPS, h. c^{ne} de Montapas; ancienne paroisse. — *Sanctus-Benignus*, vers 1100 (Bulliot, II, 29). — *Sanctus-Benignus de Campis*, 1287 (reg. de l'év. de Nevers). — *Sainct-Begnin-des-Champs*, 1577 (A. N.) — *Saint-Benigne-des-Champs*, 1712 (inscription de la cloche de Montapas).

SAINT-BERNARD, chapelle, c^{ne} de Montigny-en-Morvand.

SAINT-BERNARD, chapelle à Chassy, c^{ne} de Montreuillon.

SAINT-BONNET, chapelle ruinée, c^{ne} de Surgy, portée sur la carte de Cassini.

SAINT-BONNOT, c^{ne} de Prémery. — *Sanctus-Bonetus*, 1287 (reg. de l'év. de Nevers). — *Sanctus Bonitus*, 1478 (pouillé de Nevers). — Fief de la châtell. de Montenoison.

SAINT-BRISSON, c^{ne} de Montsauche. — *Sanctus Bricius*, XIVe siècle (pouillé d'Autun). — *Sanctus Brixius*, vers 1500 (*ibid.*). — Saint-Brisson était le chef-lieu de l'une des châtellenies du comté de Nevers qui, réunie à celle de Liernais (actuellement chef-lieu de canton du département de la Côte-d'Or), comprenait un territoire maintenant partagé entre les départements de la Nièvre (partie nord-est du canton de Montsauche et partie est du canton de Lormes) et de la Côte-d'Or (canton de Liernais). Les fiefs dépendants de cette châtellenie étaient au nombre de cinquante-neuf. — Le fief de Saint-Brisson était vassal de l'évêque d'Autun.

SAINT-BRUNO, f. c^{ne} de Rémilly, qui dépendait de la chartreuse d'Apponay.

SAINT-CHRISTOPHE-D'AZY, lieu détruit, c^{ne} de Saint-Benin-d'Azy; anc. paroisse. — *Sanctus-Christophorus*, 1287 (reg. de l'év. de Nevers). — *Sanctus-Christoforus de Asiaco*, 1478 (pouillé de Nevers). — *Sainct-Xpfe d'Azy*, 1605 (A. N.). — Fief de la châtell. de Châteauneuf-sur-Allier.

SAINT-CLAIR, f. c^{ne} de Rouy. — 1777 (arch. de la Montagne). — Elle tire son nom d'une chapelle qui existait en ce lieu.

SAINT-CÔME, m. c^{ne} de Corvol-l'Orgueilleux.

SAINT-CY, église ruinée et h. c^{ne} de Fertrève; ancienne paroisse. — *Ecclesia de Suenci*, 1130 (*Gall. christ.* XII, col. 340). — *Suenciacum*, 1287 (reg. de l'év. de Nevers). — *Saincy*, 1357 (Marolles). — *Cura de Seusiaco-Verre-Rapis*, 1478 (pouillé de Nevers). — *Suency-Fretereve*, 1541 (A. N.). — *Sainct-Cy*, 1553 (C.). — *Saint-Cifraiteraive*, 1577 (A. N.).— *Saintey-Fretereve*, 1610 (A. N.). — *Saint-Cyr-Frotterares*, 1653 (arch. de la Montagne). — *Sincy*, 1699 (S.). — Fief de la châtell. de Cercy-la-Tour, dont le vrai nom est *Saincy*.

SAINT-CIR, h. c^{ne} d'Entrains; anc. paroisse. — *Villa Sancti-Ciriei de Interamnis*, 1174 (*Gall. christ.* XII, col. 134). — *Sanctus-Cyricus de Interrannis*, 1535 (pouillé d'Auxerre). — *Sainct-Cyre-les-Entrains*, 1581 (arch. de l'Yonne, fonds de Varzy).

SAINT-DENIS, f. c^{ne} de Mesves.

SAINT-DIDIER, r^{ne} de Tannay. — *Sanctus-Desiderius*, 1287 (reg. de l'év. de Nevers). — *Pons-Sancti-Desiderii*, 1478 (pouillé de Nevers). — *Pont-Sainct-Didier*, 1543 (arch. de Quincize). — Fief de la châtell. de Monceaux-le-Comte. Cette paroisse tirait son nom d'un pont romain (?) sur l'Yonne, dont certains restes se voyaient encore il y a quelques années.

SAINTE-AGATHE, chapelle ruinée, c^{ne} de Tannay, portée sur la carte de Cassini.

SAINTE-ANNE, chapelle détruite, c^{ne} de Chasnay, portée sur la carte de Cassini.

SAINTE-ANNE, chapelle détruite, c^{ne} de Perroy, portée sur la carte de Cassini.

SAINTE-BRIGITTE (CHAPELLE DE), c^{ne} de Cosne.

SAINTE-CAMILLE, h. c^{ne} de Pazy; ancien prieuré dépendant de l'abbaye Saint-Léonard de Corbigny. — *Prioratus de Sancta-Camilla*, 1478 (pouillé de Nevers).

SAINTE-CATHERINE, chapelle détruite, c^{ne} de Billy-Chevannes, portée sur la carte de Cassini.

SAINTE-CHRISTINE, chapelle détr. c^{ne} d'Asnois, portée sur la carte de Cassini.

SAINTE-COLOMBE, c^{ne} de Donzy. — *Sancta-Columba-in-Nemoribus*, 1535 (pouillé d'Auxerre). — *Sainte-Collombe-des-Bois*, 1689 (reg. des fiefs). — Fief de la châtell. de Donzy.

SAINTE-HÉLÈNE, usine, c^{ne} de Varennes-lez-Narcy.

SAINT-ÉLOI, c^{ne} de Nevers. — *Parrochia Sancti-Eligii prope Nivernis*, 1380 (A. N.). — *Hospitale Sancti-Eligii-prope-Nivernis*, 1497 (S.). — *Sainct-Esloy*, 1518 (*ibid.*).

SAINTE-MARIE, c^{ne} de Suint-Saulge. — *Flageriæ*, 1287 (reg. de l'év. de Nevers). — *Beata-Maria-de-Flagelliis*, 1380 (A. N.). — *Cura de Flagelliis-Beate-Marie*, 1478 (pouillé de Nevers). — *Saincte-Marie de Flageulles*, 1484 (A. N.). — *Saincte-Marie-de-Flagelles*, 1512 (inscription dans l'église de Sainte-Marie). — *Sainte-Marie-de-Flayol'e*, 1760 (A. N. liste des nobles et des privilégiés). — Fief de la châtell. de Saint-Saulge.

SAINTE-MARIE, chapelle ruinée, c^{ne} d'Achun. — *Beata-Maria*, 1478 (pouillé de Nevers).

SAINTE-MARIE, chapelle ruinée, c^{ne} de Bouhy. — *Capella Beata-Mariæ*, 1535 (pouillé d'Auxerre).

SAINTE-MARIE, chapelle détr. c^{ne} de Clamecy. — *Capella Beatæ - Mariæ - propè - Clameciacum*, 1535 (pouillé d'Auxerre).

SAINTE-MESKROUD, éc. c^{ne} de Thianges. —Tire son nom d'une chapelle qui existait en ce lieu.

SAINT-ÉMILAN, chapelle détruite, c^{ne} de Dommartin, portée sur la carte de Cassini.

SAINTE-PERECEE, c^{ne} de Château-Chinon. — *Abbatia Sancti-Petrusii in Morzenno*, 887 (*Gall. christ.* XII, col. 311). — *Ecclesia de Sancto-Petrusio in prioratu de Commagniaco*, 1161 (Bulliot, II, 39). — *Sainct-Perreuse*, 1448 (C.). — *Sainct-Perraes*, 1564 (*ibid.*). — *Saint-Perrues*, 1577 (A. N.).—Fief partagé entre le duché (châtellenie de Moulins-Engilbert) et le comté de Château-Chinon, dont le vrai nom est Saint-Perreuse.

SAINTE-RADEGONDE (CHAPELLE DE), c^{ne} de Montigny-sur-Canne. — *La Moussée*, 1430 (C.). — *La Moussée*, 1447 (S.). — *Le Riaul de letang de la Moussee*, 1465 (C.). — Seign. qui dépendait de Bellevaux.

SAINTE-RADEGONDE, f. c^{ne} de Rémilly et anc. chapelle portée sur la carte de Cassini qui dépendaient de la chartreuse d'Apponay.

SAINT-ÉTIENNE-D'AZY, h. détruit, c^{ne} de Saint-Benin-d'Azy; anc. paroisse, dont on ne trouve plus mention après le XIIIe s^e. — *Sanctus-Stephanus-de-Aysiaco*, 1287 (reg. de l'év. de Nevers).

SAINTE-VALIÈRE, faubourg de Nevers; prieuré et paroisse. — *Prioratus Sanctæ-Valeriæ propè Nivernis*, 1372 (A. N.). — *Saincte-Valiere-lez-Nevers*, 1435 (S.). — *Faubourg Sainte-Valière*, 1629 (A. N.).

SAINT-FARGEUX, h. c^{ne} de Varennes - lez - Nevers. — *Sainct-Forjeu*, 1503 (A. N.). — *Saint-Forgeux*, 1643 (*ibid.*). — Le vrai nom de ce lieu est *Sainct-Forgeux*.

SAINT-FIRMIN, c^{ne} de Saint-Benin-d'Azy. — *Buciacus*, 1025 (*Gall. christ.* XII, col. 323). — *Buxeium*, 1136 (A. N.). — *Buciacum*, 1287 (reg. de l'év. de Nevers). — *Sainct-Firmin de Buxi-ex-Amoignes*, 1474 (A. N.). — *Cura de Buxziaco-Sancti-Firmini*, 1478 (pouillé de Nevers). — *Sainct-Firmin*, 1511 (A. N.). — *Sainct-Firmin-de-Bussy*, 1525 (*ibid.* fonds de l'év.). — *Saint-Fremin-de-Bichy*, 1650 (terrier de Saint-Firmin).—*Bussy-aux-Amognes*, 1760 (A. N.). — Fief de la châtell. de Nevers.

SAINT-FIRMIN, f. c^{ne} de Montaron. — *Sainct-Formain*, 1541 (A. N.). — *Saint-Fremain*, 1550 (S.).

SAINT-FRANCHY, c^{ne} de Saint-Saulge. — *Abbatia Sancti Francovei*, 887 (*Gall. christ.* XII, col. 311). — *Gaufridus de Sancto Franchi*, vers 1100 (Bulliot, II, 30). — *Gaufridus capellanus de Sancto Francoveo*, 1196 (*Gall. christ.* XII, col. 346). — *Sanctus-Franchisius*, 1277 (Bulliot, II, 34.). — *Maison forte de Saint-Francou*, 1316 (Marolles). — *Parrochiani de Sancto-Franchisco*, 1323 (A. N. fonds de Roches). — *Saint-Francy*, 1337 (Marolles). — *Saint-Franchy*, 1372 (C.). — *Sainct-Franchy-en-Eschire*, 1533 (A. N.). — *Saint-Franchy-en-Archire*, 1584 (*ibid.*). — *Saint-Franchy-en-Archers*, 1647 (*ibid.*). — *Saint-Franchy-en-Archers*, 1689 (reg. des fiefs). — Fief de la châtell. de Montenoison. — Donne son nom à un bois voisin.

SAINT-FRANCHY, chapelle détruite, c^{ne} d'Alligny-en-Morvand, portée sur la carte de Cassini.

SAINT-FRANCHY (CHÂTEAU DE), château, c^{ne} de Saint-Franchy.

SAINT-FRANCHY-LEZ-AUNAY, lieu détruit, c^{ne} d'Aunay; anc. paroisse. — *Sanctus-Francoveus*, 1287 (reg. de l'év. de Nevers). — *Saint-Franchy*, 1372 (A. N.). — *Saint-Franchy-lez-Onay*, 1488 (*ibid.*).

SAINT-GENET, chapelle, c^{ne} d'Azy-le-Vif. — Donne son nom à un ruisseau affluent de la Colâtre.

SAINT-GENGOULT, h. et chapelle, c^{ne} de la Roche-Millay; anc. paroisse. — *Sanctus Jangulphus*, XIe siècle (fragm. d'un pouillé d'Autun). — *Sanctus-Gengulphus*, vers 1500 (pouillé d'Autun). — *Saint-Jehan-Goux*, 1644 (S.). — Fief de la châtell. de Savigny-Poil-Fol.

SAINT-GEORGES, chapelle, c^{ne} de Saint-Parize-le-Châtel.

SAINT-GEORGES, fief de la châtell. de Saint-Verain, mentionné en 1638 (Marolles).

SAINT-GEORGES, h. c^{ne} d'Anlezy; anc. prieuré dép. de l'abbaye Saint-Léonard de Corbigny. — *Prioratus Sancti-Georgii de Anleziaco*, vers 1500 (pouillé de Nevers).

SAINT-GEORGES, h. c^{ne} de Corvol-l'Orgueilleux. — Chapelle de Saint-George, 1680 (reg. de Corvol).

SAINT-GEORGES, tuil. et four à chaux, c^{ne} de Pouques.

SAINT-GERMAIN, c^{ne} de Decize. — *Sanctus-Germanus*, 1287 (reg. de l'év. de Nevers). — *Sanctus-Germanus in Viriaco*, 1478 (pouillé de Nevers). — *Sainct-Germain-en-Viry*, 1500 (A. N.). — *Saint-Germain-Chassenay*, depuis la réunion de Chassenay. — Cette paroisse tirait son surnom du Viry, petite contrée dont elle faisait partie. — C'était un fief de la châtell. de Decize.

En 1790, Saint-Germain-en-Viry fut le chef-lieu d'un canton du district de Saint-Pierre-le-Moûtier, composé des c^{nes} d'Avril-sur-Loire, Dornes, Fleury-sur-Loire, Lurcy-sur-Abron, Neuville-lez-Decize, Saint-Germain et Saint-Parize-en-Viry.

SAINT-GERMAIN-DES-BOIS, c^{ne} de Tannay. — *Ecclesia Sancti Germani in Nemore*, 1121-1142 (cart. de Saint-Cyr de Nevers, ch. 37). — *Sanctus-Germa-*

aus, 1144 (cart. de Bourras, ch. 7). — *Sanctus-Germanus-in-Nemoribus*, 1478 (pouillé de Nevers). — *Sainct-Germain-des-Boys*, 1540 (A. N.). — Fief de la châtell. de Montenoison, vassal de Château-Chinon.

SAINT-GERMAIN-DES-CHAMPS, fief du comté de Château-Chinon, mentionné en 1705 (S.).

SAINT-GERVAIS, f. détruite en 1820, c⁻ᵉ de Dirol. — 1221 (Marolles). — Fief de la châtell. de Monceaux-le-Comte.

SAINT-GERVAIS, h. c⁻ᵉ de Verneuil.

SAINT-GILDARD, couvent des sœurs de la Charité, c⁻ᵉ de Nevers; anc. abb. puis prieuré dép. de l'abb. de Saint-Laurent. — *Abbatia Sancti Geldardi*, 887 (*Gall. christ.* XII, col. 311). — *Prioratus Sancti-Gildardi*, 1222 (*Gall. christ.* XII, col. 348). — *Prioratus Sancti-Gedaldi*, 1270 (A. N.). — *Ecclesia Sancti-Gildardi prope Nivernis*, 1393 (A. N. fonds de Saint-Gildard). — *Sainct-Gildas-lez-Nevers*, 1484 (A. N.). — Fief de la châtell. de Nevers.

SAINT-GILLES, chapelle détruite, c⁻ᵉ de Decize, portée sur la carte de Cassini.

SAINT-GIT, h. c⁻ᵉ de Châtin.

SAINT-GRATIEN, c⁻ᵉ de Fours. — *Sanctus-Gradianus*, 1287 (reg. de l'év. de Nevers). — *Sanctus-Gratianus*, 1343 (A. D.). — *Saint-Gratien*, 1398 (A. N.). — *Saint-Gravien*, 1454 (A. D.). — *Sainct-Grucien*, 1528 (A. N.). — *Saint-Gratien-Savigny* depuis la réunion de Savigny-sur-Canne. — Fief de la châtell. de Cercy-la-Tour.

SAINT-GREMANGES, h. c⁻ᵉ de Pazy. — *Sanctus-Grimangius*, 1231 (arch. de l'Empire, J. 256). — *Saint-Gremange*, 1473 (A. N.). — *Saint-Gourmange*, 1689 (reg. des fiefs). — Fief de la châtell. de Monceaux-le-Comte.

SAINT-HILAIRE, c⁻ᵉ de Fours. — *Sanctus-Hylarius*, 1275 (A. D.). — *Paroisse de Sainct-Hilayre*, 1310 (S.). — *La Motte-Saint-Hilaire*, 1764 (A. D.). — *Saint-Hilaire-Fontaine*, à cause du prieuré de Fontaine qui se trouvait dans la paroisse, à laquelle il était annexé dès 1760 (A. N. liste des Nobles et des Privilégiés). — Fief de la châtell. de Decize.

SAINT-HILAIRE-EN-MORVAND, c⁻ᵉ de Château-Chinon. — *Ecclesia Sancti-Hilarii*, 1130 (*Gall. christ.* XII, col. 340). — *Sanctus-Hylarius*, 1287 (reg. de l'év. de Nevers). — *Sainct-Hillere*, 1543 (C.).

SAINT-HONORÉ, c⁻ᵉ de Moulins-Engilbert; anc. prieuré dépendant de la Charité fondé en 1106. — *Aquæ Nisinei* (Table de Peutinger). — *Sanctus Honoratus*, 1287 (reg. de l'év. de Nevers). — *Sainct-Honnore*, 1529 (C.). — *Honoré-la-Montagne*, 1794 (A. N. Ventes de biens nationaux). — Fief de la châtell. de Moulins-Engilbert.

SAINT-HUBERT, h. et moul. c⁻ᵉ de Châteauneuf-Val-de-Bargis.

SAINT-HYACINTHE, chapelle ruinée, c⁻ᵉ de Champlemy.

SAINT-IMBERT, vill. et station du chemin de fer du Bourbonnais; ancien prieuré dépendant de Saint-Martin-d'Autun. — *Capella Sancti-Humberti*, 1161 (Bulliot, II, 39). — *Prioratus Sancti-Humberti*, 1478 (pouillé de Nevers).

SAINT-JACQUES, chapelle ruinée, c⁻ᵉ de Saint-Honoré, portée sur la carte de Cassini.

SAINT-JEAN, f. c⁻ᵉ de Narcy.

SAINT-JEAN, h. et ruines, c⁻ᵉ de Chiddes; anc. chapelle de *Saint-Jean-des-Curtils* ou *de Curty*.

SAINT-JEAN, h. c⁻ᵉ de Donzy; anc. chapelle.

SAINT-JEAN, m. c⁻ᵉ de Saint-Verain.

SAINT-JEAN (LE PETIT-), h. c⁻ᵉ de Varennes-les-Narcy; ancien membre de la commanderie de Villemoison, de l'ordre de Saint-Jean-de-Jérusalem. — *Præceptoria Sancti-Johannis dicta Darien*, 1535 (pouillé d'Auxerre). — *Saint-Jean-Davin*, 1536 (arch. de l'Yonne, inv. de Villemoison). — *Chapelle de Saint-Jean-Davin*, membre de Villemoison, 1605 (ibid.). — *Grand et Petit Saint-Jean* (Cassini).

SAINT-JEAN-AUX-AMOGNES, c⁻ᵉ de Saint-Benin-d'Azy. — *Ecclesia cum curte de Lusiaco*, 1097 (*Gall. christ.* XII, col. 335). — *Parrochia Beati-Johannis de Lissinco*, 1232 (A. N. fonds de Faye). — *Lyssiacum*, 1287 (reg. de l'év. de Nevers). — *Sanctus-Johannes de Lixiaco*, 1351 (S.). — *Saint-Jehan de Lixi*, 1410 (arch. des Bordes). — *Saint-Jehan de Lichy*, 1466 (S.). — *Sanctus-Johannes de Lichiaco*, 1478 (pouillé de Nevers). — Fief de la châtell. de Nevers.

SAINT-JOSEPH, m. c⁻ᵉ de la Charité.

SAINT-JULIEN, f. c⁻ᵉ de Dornes.

SAINT-LADRE, chapelle détr. près de Corvol-l'Orgueilleux, fondée en 1368 (Marolles).

SAINT-LAURENT, c⁻ᵉ de Pouilly-sur-Loire; abb. de l'ordre de Saint-Augustin. — *Vulsini monasterium seu Longoretense*, VI° siècle (cart. gén. de l'Yonne, II, XXXVII). — *Ecclesia Sancti-Laurentii de Abbatia*, 1100 (*Gall. christ.* XII, col. 336). — *Ecclesia beatorum Laurentii et Hilarii de Abbatia*, 1160-1167 (cart. gén. de l'Yonne, II, 121). — *Sainct-Lorent-l'Abbaye*, *abbatia Sancti-Laurencii-de-Abbacia*, 1310 (A. N. fonds de Lurcy-le-Bourg).

SAINT-LAURENT, chapelle et m¹⁻ⁿ ruinés, c⁻ᵉ de Vielmanay.

SAINT-LAY, h. c⁻ᵉ de la Celle-sur-Nièvre. — *Village de Saint-Lay*, 1347 (arch. des Bordes).

SAINT-LAZARE, chapelle ruinée, c⁻ᵉ de Cosne.

SAINT-LAZARE, faub. de Nevers, suite du faub. du Grand-Mouesse, dont il fait partie; anc. paroisse et anc.

maladrerie. — *Leprosaria Sancti-Lazari Nivernensis*, 1316 (A. N.). — *Domus hospitalis Sancti-Lazari prope Nivernis*, 1340 (A. N. fonds du chap. de Nevers). — *Sainct-Ladre-lez-Nevers*, 1605 (A. N. fonds des filles aumônées).

Saint-Lazare, h. c^{ne} de la Charité; ancienne chapelle.

Saint-Lazare, anc. léproserie, c^{ne} de Lormes (Baudiau, II, 182).

Saint-Lazare (Chapelle de), chapelle, c^{ne} de Varzy; anc. léproserie. — *Leprosaria de Varzioco*, 1535 (pouillé d'Auxerre).

Saint-Léger, chapelle détruite, c^{ne} de Saint-Léger-de-Fougeret, mentionnée en 1638 (Marolles).

Saint-Léger, f. c^{ne} de Mars. — *Sainct-Legier*, 1525 (A. N.).

Saint-Léger-de-Fougeret, c^{ne} du Château-Chinon. — *Sanctus-Leodegarius*, 1286 (reg. de l'év. de Nevers). — *Sanctus-Leodegarius de Fougereto*, 1478 (pouillé de Nevers). — *Sainct-Ligier de Fougeray*, 1484 (C.). — *Sainct-Ligert de Fogretz*, 1577 (A. N.). — *Saint-Ligier-de-Fougeret*, 1610 (terrier de Marry). — *Saint-Ligier-de-Fogeray*, 1638 (Marolles). — *Saint-Léger-de-Fougerenne*, 1673 (S.). — Fief de la châtell. de Moulins-Engilbert, vassal du comté de Château-Chinon.

Saint-Léger-des-Vignes, c^{ne} de Decize. — *Sanctus-Leodegarius*, 1152 (*Gall. christ.* XII, col. 183). — *Parrochia Sancti-Leodegarii in Vineis*, 1396 (A. D.). — *Sainct-Ligier des Vignes*, 1457 (*ibid.*). — *Saint-Liga-les-Vignes-lez-Decize*, 1689 (reg. des fiefs). — Fief de la châtell. de Decize.

Saint-Louis, chapelle ruinée, au chât. de la Pointe, c^{ne} de la Charité.

Saint-Loup, c^{ne} de Cosne. — *Parrochia Sancti-Lupi*, 1136 (A. N.). — *Grangia de Sancto-Lupo*, 1165 (*Gall. christ.* XII, col. 132). — *Sainct-Loup es Boys*, 1319 (A. N. fonds de l'abb. de Roches). — *Sanctus-Lupus in nemoribus*, 1323 (*ibid.*). — *Saint-Loup-lez-Cosne*, 1507 (procès-verbal de la cout. d'Auxerre). — *Saint-Loup-des-Bois*, 1579 (arch. de l'Yonne, inv. de Cosne). — *Sanctus-Lupus-juxta-Rupes*, 1535 (pouillé d'Auxerre).

Saint-Loup, église paroissiale et h. c^{ne} d'Asnois.

Saint-Loup, lieu détruit c^{ne} d'Onlay; anc. seigneurie mentionnée en 1441 (Marolles).

Saint-Loup-sur-Abron, chât. et f. c^{ne} de Saint-Germain-Chassenay; anc. prieuré dépendant du prieuré de Marcigny (Saône-et-Loire) et anc. paroisse réunie à Chassenay en 1682. — *Sanctus-Lupus*, 1287 (reg. de l'év. de Nevers). — *Sainct-Loup sur Abron*, 1457 (A. D.). — Fief de la châtell. de Decize.

Saint-Loup-sur-Abron, forge et mⁱⁿ détr. c^{ne} de Saint-Germain-Chassenay, portés sur la carte de Cassini.

Saint-Milo, c^{ne} de Donzy. — *Sanctus-Macutus*, 1535 (pouillé d'Auxerre). — *Sainct-Mallo-les-Boys*, 1538 (C.).

Saint-Marc, chapelle détruite, c^{ne} de Bitry, portée sur la carte de Cassini.

Saint-Marc, chapelle ruinée dans un bois dit *bois Giraud*, c^{ne} de Challement, portée sur la carte de Cassini; prieuré dépendant de l'abb. Saint-Martin de Nevers. — *Ecclesia Nemoris Geraudi*, 1136 (*Gall. christ.* XII, col. 341). — *Bois-Giraut*, 1421 (A. N.). — *Prioratus de Bosco-Giraldi*, 1478 (pouillé de Nevers).

Saint-Marc, chapelle, c^{ne} de Dun-les-Places; donne son nom à un ruisseau affluent de la Cure.

Saint-Marc, h. et chapelle ruinée, c^{ne} de Chasnay.

Saint-Marc, h. c^{ne} de Corvol-l'Orgueilleux; prieuré de l'ordre de Grandmont. — *Domus de Fonteneto prope Corvolium*, 1205 (A. N. fonds de Fontenay). — *Fontinetum juxta Corvolium-Superbum*, 1262 (A. N.). — *Fontenay*, 1289 (*ibid.* fonds de Faye). — *Maison de Fontenoy*, 1314 (A. N. fonds de Fontenay). — *Prioratus Bonorum-Hominum prope Varzincum*, 1535 (pouillé d'Auxerre). — *Fontenay-Saint-Marc*, 1618 (A. N.). — *Sainct-Marc-les-Fontenay* (Cass.).

Saint-Mars, f. c^{ne} de la Fermeté. — *Chapelle de Saint-Marc* (Cassini).

Saint-Martin, ancienne chapelle, c^{ne} de Langeron. — *Capella Sancti-Martini-de-Campis*, 1478 (pouillé de Nevers).

Saint-Martin, chapelle, c^{ne} de Marzy.

Saint-Martin, chât. et h. c^{ne} de Sainte-Marie; ancienne paroisse. — *Sanctus-Martinus*, 1287 (reg. des fiefs). — *Molin de Sainct-Martin-de-la-Bretonniere*, 1391 (C.). — *Sanctus-Martinus de Bretonneriis*, 1478 (pouillé de Nevers). — *Sanctus-Martinus de Bertonneria*, 1518 (pouillé de Nevers). — *Saint-Martin-de-la-Bertonerie*, 1590 (A. N.). — Fief de la châtell. de Montenoison, vassal de Frasnay; il tirait son surnom de la famille Breton, qui le possédait au xive et au xve siècle.

Saint-Martin, éc. c^{ne} de Chantenay.

Saint-Martin, église dans le h. de Donzy-le-Pré, c^{ne} de Donzy; anc. paroisse.

Saint-Martin, f. c^{ne} de Neuville.

Saint-Martin (Bois de), c^{ne} de Lormes.

Saint-Martin-des-Vaux, anc. paroisse, lieu détruit, c^{ne} de Brinon. — *Sanctus-Martinus de Vallibus*, 1287 (reg. de l'év. de Nevers). — *Sanctus-Martinus in Vallibus*, 1478 (pouillé de Nevers). — *Saint-Martin-du-Vaulx*, 1658 (reg. de Chevannes). — *Saint-*

Martin-de-Vaux, 1689 (reg. des fiefs). — Fief de la châtell. de Montenoison.

SAINT-MARTIN-D'HEUILLE, c^{ne} de Pougues. — *Sanctus-Martinus de Ulia*, 1266 (arch. des Bords). — *Sanctus-Martinus de Oleu*, 1277 (*ibid.*). — *Sanctus-Martinus de Huyllia*, 1287 (reg. de l'évêché de Nevers). — *Saint-Martin-Duille*, 1438 (A. N. fonds de l'év.). — *Saint-Martin-Deuille*, 1441 (*ibid.*). — *Cura de Hullya*, 1478 (pouillé de Nevers).

SAINT-MARTIN-DU-PUITS, c^{ne} de Lormes. — *Sanctus-Martinus de Podio*, XIVe siècle (pouillé d'Autun). — *Saint-Martin du Puy*, 1382 (arch. de Vézigneux). — *Sainct-Martin-du-Puitz*, 1609 (reg. de Rix). — *Saint-Martin-du-Puys*, 1713 (S.). — Le vrai nom de cette commune est *Saint-Martin-du-Puy*. Elle donne son nom à un bois voisin.

SAINT-MARTIN-DU-TRONSEC, c^{ne} de Pouilly. — *Sanctus-Martinus de Truncelo*, 1088-1114 (cart. gén. de l'Yonne, II, xxxv). — *Ecclesia Sancti-Martini de Tronciaco*, 1147 (Lebeuf, IV, 39). — *Sanctus-Martinus de Troneryo*, 1535 (pouillé d'Auxerre). — *Saint-Martin-du-Tronsay*, 1689 (reg. des fiefs). — Fief de la châtell. de Donzy.

SAINT-MARTIN-EN-L'HAUT-DU-BEUVRAY, chapelle, maintenant détruite, qui se trouvait sur le mont Beuvray, c^{ne} de Glux (Baudiau, I, 281).

SAINT-MAURICE, c^{ne} de Saint-Saulge. — *Ecclesia de Sancto-Mauricio, in prioratu Sancti-Salvii*, 1161 (Bulliot, II, 39). — *Saint-Maurice-lès-Saint-Saulge*, 1760 (A. N. liste des nobles et privilégiés).

SAINT-MAURICE, chapelle ruinée et f. c^{ne} de Pousseaux.

SAINT-MAURICE, église ruinée et f. c^{ne} de Decize; anc. paroisse. — *Ecclesia Sancti-Mauritii*, 1152 (Gall. christ. II, col. 183). — *Sanctus-Mauricius prope Disesiam*, 1273 (A.D.). — *Sanctus-Mauricius*, 1287 (reg. de l'év. de Nevers). — *Saint-Morise*, 1405 (A. D.). — *Sainct-Maurice-lez-Decize*, 1526 (A.D.).

SAINT-MAURICE, fief de la châtell. de Corvol-l'Orgueilleux, mentionné en 1689 (reg. des fiefs).

SAINT-MAURICE, h. c^{ne} de Montreuillon; anc. paroisse. — *Lespoune-les-Montreuillon* (Baudiau, I, 286). — *Saint-Maurice-les-Montreuillon*, 1669 (reg. d'Aunay). — Fief de la châtell. de Montreuillon et siège de la paroisse de ce nom, jusqu'en 1700 environ.

SAINT-MAYEUL, éc. c^{ne} de Saint-Gratien; anc. chapelle.

SAINT-MICHEL, église ruinée et h. c^{ne} de Rémilly; anc. paroisse réunie à celle de Rémilly vers 1650. — *Sanctus-Michael*, 1287 (reg. de l'évêché de Nevers). — *Sanctus-Michael in Longa Silva*, 1478 (pouillé de Nevers). — *La motte Saint-Michel*, 1388 (Marolles). — *La motte Saint-Michau*, 1410 (*ibid.*). — *Etang de Saint-Michel*, 1427 (arch. de la Montagne). — *Saint-Michel-de-Longue-Salle*, 1518 (arch. de Maumigny). — *Saint-Michel-en-Longue-Salle*, 1526 (*ibid.*). — *Saint-Michel*, 1555 (Marolles). — Fief de la châtell. de Cercy-la-Tour; il a donné son nom à une rivière qui se jette dans l'Aron, après avoir traversé les communes de Saint-Honoré, Sémelay, Rémilly et Montaron.

SAINT-MICHEL-D'EN-BAS, f. c^{ne} de Rémilly.

SAINT-NICOLAS, chapelle détruite, c^{ne} de Brèves, portée sur la carte de Cassini.

SAINT-NICOLAS, chapelle détr. c^{ne} de Dun-sur-Grandry, portée sur la carte de Cassini.

SAINT-NICOLAS, chapelle détruite, c^{ne} de Prémery. — *Capella Sancti-Nicolay extra villam Premeriaci*, 1478 (pouillé de Nevers).

SAINT-NICOLAS, éc. c^{ne} d'Entrains; chapelle ruinée, marquée comme telle sur la carte de Cassini. — Ce lieu donne son nom à un ruisseau qui afflue au ruisseau de Saint-Cyr.

SAINT-NICOLAS, lieu détruit, c^{ne} de Neuvy; ancien relai de poste porté sur la carte de Cassini.

SAINT-OUDART, h. détruit, c^{ne} de Poussignol-Blismes, mentionné au XVIIIe siècle (arch. de Quincize).

SAINT-OUEN, c^{ne} de Decize. — *Ecclesia de Sancto-Audoeno*, 1129 (Gall. christ. XII, col. 339). — *Villa de Sancto-Audoeno*, 1234 (A. N. fonds de l'abbaye Notre-Dame). — *Saint-Oin*, 1368 (A.D.). — *Sainct-Ouing*, 1405 (*ibid.*). — *Saint-Oing*, 1513 (A. N.). — *Saint-Hoing*, 1574 (*ibid.*). — *Saint-Oingt*, 1760 (*ibid.* liste des nobles et des privilégiés).

SAINT-PANTALÉON, chapelle détruite, anc. léproserie, c^{ne} de Saint-Pierre-le-Moûtier, portée sur la carte de Cassini. — *Leproseria Sancti-Pantaleonis*, 1478 (pouillé de Nevers).

SAINT-PARIZE (MOULIN DE), c^{ne} de Saint-Parize-le-Châtel.

SAINT-PARIZE-EN-VIRY, c^{ne} de Dornes. — *Alia capella in Sancti Patricii veneratione locata insuper etiam villam Veriacum, cum omnibus quæ ad eam pertinere noscuntur*, 900 (arch. de l'év. d'Autun, ch. de Saint-Andoche). — *Sanctus-Patricius*, 1287 (reg. de l'év. de Nevers). — *Sanctus-Patricius-in-Viriaco*, 1478 (pouillé de Nevers). — *Saint-Parise-en-Viry*, 1480 (A. N.). — Cette commune tire son nom du petit pays du Viry, dont elle faisait partie.

SAINT-PARIZE-LE-CHATEL, c^{ne} de Saint-Pierre-le-Moûtier. — *Abbatia Sancti-Patricii inter Ligerim et Alaricum fluvios*, 887 (Gall. christ. XII, col. 311). — *Parrochia de Sancto-Patritio*, 1265 (A. N.). — *Arnulphus Chauderons dominus de Castro Sancti-Patricii*, 1267 (*ibid.*). — *Le fie de Sainct-Parize-le-Chastel*, 1332 (mss. de Baluze, extrait du cart. de

DÉPARTEMENT DE LA NIÈVRE.

la chambre des comptes de Nevers). — *Cura de Sancto-Patricio-Castro*, 1478 (pouillé de Nevers). — Fief de la châtell. de Châteauneuf-sur-Allier.

SAINT-PERAVILLE, h. et f. c^{ne} de Saint-Jean-aux-Amognes; anc. paroisse. — *Parrochia Sancti-Petri de Villa*, 1232 (A. N. fonds de Faye). — *Saint-Pere-en-Ville*, 1355 (cens. du chap. de Nevers). — *Sanctus-Petrus-in-Villa*, 1399 (A. N.). — *Sancti-Petri Villa*, 1402 (ibid.). — *Sainct-Pere-a-Ville*, 1465 (C.). — *Saint-Pere-a-Ville-aux-Admoignes*, 1494 (A. N.). — *Sainct-Peraville*, 1604 (ibid.).

SAINT-PIERRE, c^{ne} de Cosne. — *Ecclesia de Nuisiaco*, 1212 (Gall. christ. XII, col. 151). — Paroisse de Nuzy, 1408 (arch. de l'Yonne, inv. de Cosne). — *Saint-Pere-du-Trespas*, 1467 (ibid. inv. de Villemoison). — *Saint-Pierre-de-Nuzy dit du Trespas*, 1543 (ibid.). — *Nezy*, 1611 (arch. de l'Yonne, fonds de Cosne). — *Saint-Pere*, 1639 (ibid.). — *Saint-Pere-de-Nuzy*, 1656 (inv. de Villemoison). — *Saint-Pere-de-Neuzy*, 1678 (arch. de l'Yonne, fonds de Cosne). — *Neuzy*, 1755 (ibid.). — Fief de la châtell. de Donzy.

SAINT-PIERRE, chapelle détruite, c^{ne} de Montigny-aux-Amognes. — *Capella Sancti-Petri-de-Montigniaco-in-Ammoniis*, 1478 (pouillé de Nevers).

SAINT-PIERRE, chapelle ruinée, c^{ne} de Saint-Agnan.

SAINT-PIERRE-DU-MONT, c^{ne} de Varzy. — *Ecclesia Sancti-Petri-de-Montibus*, 1176 (cart. gén. de l'Yonne, II, 279). — *Cura de Montibus*, 1286 (arch. de l'Yonne, fonds de Varzy). — *Sainct-Pere-de-Mont*, 1561 (A. N.). — *Cure de Mont*, 1644 (arch. de l'Yonne, fonds de Varzy). — *Baronie de Saint-Pere-du-Mont*, 1637 (A. N.). — Fief de la châtell. de Saint-Verain.

SAINT-PIERRE-LE-MOÛTIER, arrond. de Nevers. — *Prioratus de Monasterio*, 1161 (Bulliot, II, 38). — *Ecclesia de Sancto-Petro-Monasterii*, 1164 (ibid. 42). — *Burgenses monasterii Sancti-Petri*, 1266 (les Olim, I, 654). — *Archipresbyteratus de Monasterio*, 1287 (reg. de l'év. de Nevers). — *Saint-Pere-le-Moutier*, 1304 (A. N. fonds du chapitre). — *Sanctus-Petrus-a-Monasterio*, 1320 (C.). — *Saint-Pierre-le-Moustier*, 1469 (inscription de l'une des cloches de l'église paroissiale de Saint-Pierre). — *Brutus-le-Magnanime*, 1793 (A. N.).

Il y avait à Saint-Pierre-le-Moûtier un prieuré assez important de l'ordre de Saint-Benoît, qui dépendait de l'abbaye Saint-Martin d'Autun, fondé au VIIIe siècle; un chapitre composé de douze chanoines, fondé en 1520; une maison d'Augustins, fondée en 1622; une maison d'Ursulines, fondée en 1626, et une maison-Dieu. Saint-Pierre-le-Moûtier était le chef-lieu d'un archiprêtré qui comprenait,

en 1287, les paroisses d'Aglan, Azy-le-Vif, Challuy, Chantenay, Chevenon, Cougny, Cours, Fleury-sur-Loire, Gimouille, Jaugenay, Langeron, Livry, Luthenay, Magny, Mars, Meauce, Rosiers, Saincaize, Saint-Parize-le-Châtel, Saint-Pierre-le-Moûtier, Sermoise, Toury-sur-Jour, Tresnay, Uxeloup, plus Apremont, Châteaux-sur-Allier, Lucenay-en-Vallée, Mornay, Neuvy, Omery-les-Goths et Ourouer. Ces sept dernières paroisses font maintenant partie des départements de l'Allier ou du Cher. — Saint-Pierre-le-Moûtier était le siège d'un bailliage royal, établi au XIIIe siècle, qui avait dans son ressort, pour les cas royaux, l'Auvergne, le Bourbonnais, le Berry et le Nivernais; depuis, ce ressort fut moins étendu. La sénéchaussée et le présidial du Nivernais se trouvaient aussi dans cette ville.

En 1790, lors de l'organisation départementale, Saint-Pierre-le-Moûtier fut le chef-lieu d'un district formé des cantons de Magny, Saint-Germain-en-Viry et Saint-Pierre-le-Moûtier. — Le canton de Saint-Pierre-le-Moûtier fut composé des communes d'Azy-le-Vif, Chantenay, Cougny, Langeron, Livry, Saint-Pierre-le-Moûtier, Toury-sur-Jour et Tresnay.

Les armoiries de la ville de Saint-Pierre-le-Moûtier sont *de gueules, à l'église d'argent et à la clef double de même, posée en face, en pointe, au chef de France.*

SAINT-PRIVÉ, faubourg de Decize; ancien prieuré-cure. — *Sanctus-Privatus*, 1287 (reg. de l'év. de Nevers). — *Saint-Prive-de-Decize*, 1326 (A. D.). — *Sainct-Pryve*, 1512 (C.). — Fief de la châtell. de Decize.

SAINT-QUENTIN, c^{ne} de Pouilly-sur-Loire. — *Sanctus-Quintinus*, 1087-1114 (cart. gén. de l'Yonne, II, xxxv).

SAINT-QUENTIN, h. c^{ne} de Moulins-Engilbert.

SAINT-RÉVÉRIEN, c^{ne} de Brinon; prieuré conventuel dép. de l'abbaye de Cluny. — *Cella Sancti-Reveriani*, 886 (Gall. christ. XII, col. 310). — *Sanctus-Reverianus*, 1171 (ibid. col. 344). — Fief de la châtell. de Montenoison.

En 1790, Saint-Révérien fut le chef-lieu d'un canton du district de Corbigny, composé des communes de Beaulieu, Champallement, Dampierre, Guipy, Laché-Assara, Neuilly et Saint-Révérien.

SAINT-ROCH, chapelle et usine, c^{ne} de Clamecy. — *Maison de Choullot*, 1616 (arch. de l'Yonne, fonds de Clamecy). — *Choulot* (Cassini). — Cette chapelle fut bâtie en 1583 à la suite d'une peste. En 1620, ce lieu servait de résidence à un anachorète (arch. de l'Yonne, fonds de Clamecy).

Saint-Roch, léproserie près de Clamecy, mentionnée en 1535 : *Leprosaria Sancti-Lazari et Sancti-Rochi prope Clameciacum* (pouillé d'Auxerre).

Saint-Roch, chapelle détruite, c^{ne} de Dornecy, portée sur la carte de Cassini.

Saint-Roch, chapelle détruite, c^{ne} de Saint-Pierre-le-Moûtier, portée sur la carte de Cassini.

Saint-Roch (Chapelle de), chapelle ruinée au château du Marais, c^{ne} de Lurcy-le-Bourg.

Saint-Saturnin, h. c^{ne} de Coulanges-lez-Nevers.

Saint-Saulge, arrond. de Nevers. — *Capella Sancti-Martini in qua corpus sancti Saleii requiescit*, 908 (Bulliot, II, 21). — *Sanctus-Salvius*, 924 (*Gall. christ.* IV, col. 71). — *Saint-Saulge*, 1375 (S.). — *Marat-les-Forêts*, 1793 (A. N.). — Il y avait à Saint-Saulge un prieuré de l'ordre de Saint-Benoît, dépendant de l'abbaye Saint-Martin d'Autun, un hôpital et une léproserie.

Saint-Saulge était le siège d'une châtellenie comprenant 48 fiefs, dont la circonscription s'étendait sur le canton actuel de Saint-Saulge et sur les parties nord-ouest du canton de Châtillon et nord-est de celui de Saint-Benin d'Azy.

En 1790, le canton de Saint-Saulge, du district de Nevers, fut composé des communes de Crux-la-Ville, Jailly, Montapas, Saint-Benin-des-Bois, Sainte-Marie, Saint-Franchy, Saint-Maurice et Saint-Saulge.

Saint-Seine, c^{ne} de Fours. — *Ecclesia de Sancto-Secano et de Sancto-Sequano*, 1253 (S.). — *Saint-Seigne*, 1412 (C.). — Donne son nom à un vaste étang voisin.

Saint-Sidroine, chapelle détruite, c^{ne} de Clamecy, mentionnée en 1535 : *capella Sancti-Sydronii prope Clameciacum* (pouillé d'Auxerre).

Saint-Sulpice, c^{ne} de Saint-Benin-d'Azy; prieuré-cure dépendant de la Charité. — *Parrochia Sancti-Sulpicii*, 1256 (A. N.). — *Sanctus-Suppicius*, 1287 (reg. de l'év. de Nevers). — *Sanctus-Sulpicius-Castrum*, 1347 (arch. des Bordes). — *Saint-Spire*, 1410 (ibid.). — *Saint-Suplice*, 1445 (A. N. fonds de l'év.). — *Sancti-Sulpicii-le-Chastel*, 1474 (A. N.). — *Cura Sancti-Sulpicii-Castro*, 1478 (pouillé de Nevers). — *Sainct-Supplex*, 1521 (C.).

En 1790, le canton de Saint-Sulpice, du district de Nevers, fut composé des communes de Bona, Hues, Lichy, Montigny-aux-Amognes, Saint-Firmin, Saint-Jean-aux-Amognes et Saint-Sulpice. — Cette commune a donné son nom à un ruisseau, affluent de l'Ixeure, nommé en 1586 *rivière de Mautay* ou *de Nautay*, 1586 (S.).

Saint-Sulpice, chapelle détruite, près d'Entrains, portée sur la carte de Cassini. — Fief de la châtell. d'Entrains.

Saint-Sulpice, chapelle détruite, c^{ne} de Suilly-la-Tour, portée sur la carte de Cassini.

Saint-Sylvain, chapelle détruite, c^{ne} de Narcy, portée sur la carte de Cassini. — *Capella Sancti-Sylvani*. 1535 (pouillé d'Auxerre).

Saint-Thibault, chapelle ruinée et h. c^{ne} de Decize; anc. léproserie. — *Leprosaria de Decezia*, 1478 (pouillé de Nevers). — *Saint-Thibault-les-Saint-Privez*, 1611 (A. D.).

Saint-Thibault, f. c^{ne} de Nuars. — *Sainct-Thibault*, 1611 (terrier de Chasseigne).

Saint-Verain, c^{ne} de Saint-Amand; prieuré dép. de l'abb. Saint-Germain d'Auxerre. — *Sanctus-Veranus*, xie siècle (cart. gén. de l'Yonne, II, xxxi). — *Capellanus Sancti-Verandi*, 1130 (*Gall. christ.* XII, col. 340). — *Monasterium Sancti-Verani*, 1152 (ibid. col. 182). — *Sainct-Verain-en-Bois*, 1332 (A. N. fonds de Roches). — *Sainct-Varin*, 1334 (ibid.). — *Sainct-Verain-des-Boys*, 1507 (procès-verbal de la coutume d'Auxerre). — *Saint-Vrain-les-Boys*, 1615 (reg. de Saint-Verain).

Saint-Verain, baronnie fort importante au moyen âge, devint le siège de l'une des châtellenies du duché, dont le ressort s'étendait sur le territoire qui forme le canton de Saint-Amand, la partie nord du canton de Cosne et la partie nord-ouest du canton de Donzy et sur quelques paroisses comprises maintenant dans les départements du Loiret et de l'Yonne; cent quatre fiefs relevaient de cette châtellenie.

Saint-Vincent, h. c^{ne} de Murlin. — *Forge et chapelle de Saint-Vincent* (Cassini). — Ce lieu a donné son nom à un ruisseau affluent du Mazou.

Saisot, fief de la châtell. de Monceaux-le-Comte, mentionné en 1638 (Marolles).

Saizy (Grand-Domaine-de-), f. c^{ne} de Decize. — *Saizy*, 1381 (Marolles). — C'était un fief de la châtell. de Decize.

Saizy (Petit-Domaine-de-), f. c^{ne} de Decize.

Saizy, c^{ne} de Tannay. — *Saisiacus*, xive siècle (pouillé d'Autun). — *Sazy*, 1351 (Marolles). — Fief de la châtell. de Monceaux-le-Comte.

Saizy, h. c^{ne} de Montaron. — 1594 (S.). — *Fief de Mussy et domaine Coquelin*, 1765 (terrier de Poussery). — Fief vassal de Poussery.

Sajots (Les), h. c^{ne} de Cosne.

Salais, f. c^{ne} de Tazilly.

Salas, ruiss. affluent de l'Aron, c^{ne} de Verneuil.

Salenot, h. c^{ne} de Ternant.

Salerie (La), h. c^{ne} de Saint-Germain-Chassenay.

SALIGNY, f. c⁰ⁿ de Cheveroux. — *Ancienne chapelle ou hermitage de Salligny*, 1780 (arch. du chât. de la Montagne).

SALIGNY, fief de la châtell. de Clamecy, mentionné en 1467 (Marolles). — *Salligny-les-Croix-Bidon*, 1689 (reg. des fiefs).

SALIGNY, fief de la châtell. de Corvol-l'Orgueilleux, mentionné en 1638 (Marolles).

SALIGNY, h. c⁰ⁿ d'Amazy. — *Saligny-les-Arnois*, 1296 (Marolles). — *Saligny*, 1304 (ibid.). — *Sailligny*, 1591 (ibid.). — Fief de la châtell. de Monceaux-le-Comte.

SALLAY (LE), chât. c⁰ⁿ de Saincaize. — *Saali*, 1347 (A. N.). — *Sala*, 1486 (ibid.). — *Salle*, 1500 (ibid.). — *Sallé*, 1678 (S.). — Le vrai nom de ce lieu est *le Sallé*.

SALLE-BESACE, m. de garde, c⁰ⁿ d'Azy-le-Vif.

SALLES (LES), faubourg d'Entrains, mentionné en 1519 (arch. de l'Yonne, fonds de Varzy).

SALLISIÈRE, fief, c⁰ⁿ d'Alligny, mentionné en 1598 comme étant vassal de la baronnie de Saint-Verain (Marolles).

SALOIRE, h. c⁰ⁿ de Gâcogne.

SALOIS, m⁰ⁿ, c⁰ⁿ de Dun-les-Places.

SALORGES, f. c⁰ⁿ de Corancy.

SALORGES, h. c⁰ⁿ de Château-Chinon-Campagne. — *Guillelmus de Chalorget*, 1253 (S.). — *Hugo de Salorgiis*, 1289 (ms. de Baluze, extr. du cart. de la chambre des comptes de Nevers). — *Villa de Chalorgiis*, 1311 (A. N. fonds de Bellevaux). — *Salorge*, 1568 (Marolles). — *Chalorges*, 1676 (arch. de Château-Chinon).

SALVARD, f. c⁰ⁿ de Bitry. — *Les Salvars* (Cassini).

SAMPANGES, h. c⁰ⁿ de Gimouille. — *Champanges*, 1530 (A. N.). — *Saint-Pange* (Cassini).

SANAY (LE), m. c⁰ⁿ de Saint-Ouen.

SANCENAY, h. c⁰ⁿ de Saint-Révérien. — *Sansenay*, 1629 (A. N.). — Donne son nom à un ruisseau affluent de l'Aron, qui arrose les communes de Moussy et de Champallement.

SANCTI-GUNDULPHI (GRANGIA ET NEMUS), non loin de Myennes, mentionnés en 1165 (*Gall. christ.* XII, col. 132).

SANCY, h. c⁰ⁿ d'Anthien.

SANCY, h. c⁰ⁿ de Saint-Franchy. — *Sanceyum*, 1253 (S.). — *Justicia et villa de Sanciaco*, 1327 (A. N.). — *Sansy*, 1689 (reg. des fiefs). — Fief de la châtell. de Montenoison.

SANCY, h. détruit, c⁰ⁿ de Moussy, porté sur la carte de Cassini.

SANGLIER, h. c⁰ⁿ de Villapourçon. — *Sanglé*, 1699 (S.).

SANGUÉ, h. c⁰ⁿ de Lurcy-le-Bourg.

SANCY, h. c⁰ⁿ de Montarou. — *Changy*, xviii⁰ siècle (reg. de Montaron).

SANITAS (LE), m. c⁰ⁿ de Cosne.

SANIZY, h. c⁰ⁿ de Montapas; anc. paroisse. — *Ecclesia Sancti-Petri de Sanisiaco*, vers 1100 (Bulliot, II. 29). — *Ecclesia de Sannisiaro in prioratu Sancti-Saleii*, 1161 (ibid. 39). — *Villa de Senesi*, 1249 (ibid. 94). — *Sanezyacum*, 1287 (reg. de l'év. de Nevers). — *Saniziacum*, 1478 (pouillé de Nevers).

SANSONNERIE (LA), h. détruit, c⁰ⁿ de Suilly-la-Tour, porté sur la carte de Cassini.

SASSUÉ, h. détruit, c⁰ⁿ de Saint-Seine, porté sur la carte de Cassini.

SANTIER, h. détruit, c⁰ⁿ de Challuy, porté sur la carte de Cassini.

SAPIS, fief, c⁰ⁿ de Lucenay-les-Aix, mentionné en 1776 comme étant de la châtell. de Decize (A. D.).

SAPINS (LES), h. et m. de garde, c⁰ⁿ de Maulaix.

SAPINS (LES), m. c⁰ⁿ de Decize.

SAQUARDS (LES), f. c⁰ⁿ de Toury-Lurcy. — *Le Lieu-Saquard*, 1720 (arch. du château de Toury-sur-Abron).

SARAUX (LES), f. détruite, c⁰ⁿ de Limanton, portée sur la carte de Cassini.

SARAZIN, lieu détruit, c⁰ⁿ de Luthenay, porté sur la carte de Cassini.

SARDOLLE (LA), riv. qui prend sa source dans la c⁰ⁿ de Beaumont-sur-Sardolles, traverse celles de Sardolles et d'Imphy et se jette dans la Loire au-dessous de l'église d'Imphy. — *La Sardelle*, 1364 (A. D.). — *La Sardoille*, 1485 (A. N.). — *La Sardalle*, 1681 (ibid.). — Le véritable nom de cette rivière est *la Sardelle*.

SARDOLLE (MOULIN DE), m⁰ⁿ détruit, à Trémigny, c⁰ⁿ de Saincaize, mentionné en 1531 (A. N.).

SARDOLLES, c⁰ⁿ de Saint-Benin-d'Azy. — *Sardella*, 1270 (S.). — Le véritable nom de cette commune est *Sardelle*.

SARDY, c⁰ⁿ de Corbigny. — *Sapiliacum* (?), 721 (cart. gén. de l'Yonne, II, 2). — *Sarziacus*, 1287 (reg. de l'év. de Nevers). — *Sardiacum*, 1478 (pouillé de Nevers). — *Sardy-en-Morvand*, 1689 (reg. des fiefs). — *Sardy-les-Espiry*, 1737 (A. N.). — Fief de la châtell. de Montreuillon, vassal de Château-Chinon.

SARDY-LES-FORGES, h. c⁰ⁿ de Brèves. — *Sardy*, 1543 (terrier de la Chaulme). — *Sarcy ou Sardy-les-Forges*, 1689 (reg. des fiefs). — Fief de la châtell. de Metz-le-Comte.

SARRAZIN, f. et mine de fer, c⁰ⁿ de Luthenay.

SARRÉE (LA), f. c⁰ⁿ de Saint-Hilaire.

SARRÉE (LA), h. c⁰ⁿ de Planchez.

SARRÉE (LA), m. c^ne de Flety.
SARRÉE (LA GRANDE-), h. c^ne de Savigny-Poil-Fol. — Donne son nom à un bois qui s'étend dans les c^nes de Savigny-Poil-Fol et de Ternant. — *Bois de la Serree* (Cassini).
SARRÉE (LA PETITE-), h. c^ne de Savigny-Poil-Fol.
SARRÉE (RUISSEAU DE LA), affluent de la Tarconne, c^ne d'Alligny-en-Morvand.
SARRÉES (LES), h. c^ne de Biches.
SARRES (LES), h. détruit, c^ne de Cruz-la-Ville, mentionné en 1631 (A. N.).
SARROTS (LES), h. c^ne de Limanton. — *Les Saraux* (Cassini).
SASSEIGNÉ, h. c^ne de Montenoison. — *Sussini* (Cassini).
SASSIATS (LES), f. c^ne de Saint-Malo.
SATINGES, h. c^ne de Parigny-les-Vaux; anc. paroisse.— *Chatinges*, 1194 (A. N. fonds du chapitre). — *Chatinge*, 1287 (reg. de l'év. de Nevers). — *Chatingpie*, 1316 (S.). — *Satinges*, 1667 (*ibid.*).
SAUGROT, f. c^ne de la Celle-sur-Loire. — *Le Saugrot* (Cassini).
SAUGRY, h. c^ne de Gâcogne. — Ancien fief du comté de Château-Chinon.
SAUGY, fief de la châtell. de Montenoison, mentionné en 1689 (reg. des fiefs). — *Saugy*, 1456 (A. N.).
SAUGOTS (LES), h. c^ne de Bouhy. — *Les Saugeots* (Cassini).
SAULAIE (LA), h. c^ne de Mars. — *La Saulaye*, 1331 (cens. du chap. de Nevers).
SAULAIES (LES), h. c^ne de Marzy. — *Saaliacum*, 1265 (A. N.). — *Le Saulay*, 1580 (*ibid.*). — *Le Saulet*, 1644 (*ibid.*). — *Saullay*, 1718 (terrier de Saint-Baudière).
SAULAIES (LES), h. c^ne de Nevers. — *Solay* (Cassini).
SAULAS, m. c^ne de Poussignol-Blismes. — *Chausselache*, 1612 (arch. de Quincize).
SAULAY, fief de la châtell. de Saint-Verain, mentionné en 1689 (reg. des fiefs).
SAULE (LE), h. c^ne de Saint-Pierre-le-Moûtier. — *La Saulois*, 1750 (arch. de Saint-Pierre).
SAULÉE (LA), h. c^ne de Saint-Hilaire-Fontaine.
SAULERIE (LA), h. c^ne de Chantenay.
SAULES (LES), f. c^ne de Magny-Cours.
SAULES (LES), h. c^ne de Coulanges-lez-Nevers.
SAULES (LES), h. c^ne de Germigny.
SAULES-DE-VOUAVRE (LES), éc. c^ne de Vandenesse.
SAULNIÈRE, h. c^ne de Tresnay. — *Saugnière* (Cassini).
SAULOY (LE), h. c^ne de la Celle-sur-Loire. — *Le Petit-Sauloy*, 1638 (Marolles).
SAULT-DE-VILLEMOISON (LE) ou LE SAULT-DE-MOULIN-SUR-NOIN, m^n, c^ne de Saint-Père, mentionné en 1517 (inv. de Villemoison).

SAULX, chât. f. et tuil. c^ne de Decize. 1419 (A. D.). — *Saux*, 1607 (*ibid.*). — *Saus-lez-Decize*, 1638 (Marolles). — Fief de la châtell. de Decize.
SAULX (ÉCLUSE DE), écluse sur le canal latéral, c^ne de Decize.
SAUSAIS, fief de la châtell. de Cosne, mentionné en 1689 (reg. des fiefs).
SAUSERIE (FOSS DE LA), près de Nevers, mentionnée en 1283 (A. N.).
SAUSY, fief de la châtell. de Monceaux-le-Comte, mentionné en 1689 (reg. des fiefs).
SAUT (MOULIN DU), c^ne de Gouloux. — Doit son nom à la cascade dite Saut-de-Gouloux.
SAUTAY, fief de la châtell. de Saint-Verain, mentionné en 1638 (Marolles).
SAUT-DE-GOULOUX (LE), cascade que forme le ruisseau de Caillot en se jetant dans la Cure, c^ne de Gouloux.
SAUT-DE-LOUP (LE), cascade formée par la rivière de Dragne, c^ne de Villapourçon.
SAUTEREAU, m^n, c^ne de la Fermeté.
SAUVAGE, h. c^ne de Balleray. — *Communes de Sauvagiis*, 1355 (cens. du chap. de Nevers). — *Sauvages*, 1464 (Marolles).
SAUVAGES, châtell. et f. c^ne de Beaumont-la-Ferrière. 1245 (S.). — *Souvaiges*, 1638 (Marolles). — Fief de la châtell. de Montenoison.
SAUVAGES (LE PETIT-), h. c^ne de Beaumont-la-Ferrière.
SAUVE (LA), f. c^ne de Planchez.
SAUVE (LA), h. f. et tuil. c^ne de Moulins-Engilbert. — *Les Sauves*, 1673 (S.).
SAUVIGNY, f. c^ne d'Aubigny-le-Chétif. — *Suvigniacum Cumbustum*, 1290 (A. D.). — *Savigniacum-le-Brule*, 1346 (A. N.). — *Sauvigny-le-Brusle*, 1612 (*ibid.*). — *Souvigny-les-Brusles*, 1626 (*ibid.*). — *Sauvigny-les-Brusles*, 1775 (A. D.). — Fief de la châtell. de Decize.
SAUVIGNY, h. et f. c^ne d'Aunay. — *Savigny-les-Beaulnes*, 1481 (A. N.). — *Savigny*, 1638 (Marolles). — Fief de la châtell. de Montreuillon.
SAUVIGNY, h. c^ne de Marigny-sur-Yonne. — *Saulvigny-sur-Yonne*, 1471 (A. N.).
SAUVIGNY (LE GROS-), h. c^ne d'Anlezy. — *Saulvigny*, 1582 (S.).
SAUVIGNY (LE PETIT-), h. c^ne d'Anlezy.
SAUVIGNY-LES-BOIS, c^ne de Nevers. — *Salviniacum*, 817 (*Gall. christ.* XII, col. 297). — *Villa Salviniacum*, 849 (*ibid.* col. 301). — *Ecclesia Salviniaci*, 986 (*ibid.* col. 320). — *Savigiacum*, 1249 (A. N.). — *Sauviniacum*, 1287 (reg. de l'év. de Nevers). — *Sauvigny-les-Chanoynes*, 1429 (A. N.). — *Sarigny-les-Chanoines*, 1503 (S.). — *Chauvigny-les-Chanoines*, 1506 (*ibid.*). — *Saviniacum-Canoni-*

corum, 1518 (pouillé de Nevers). — *Savigny-les-Chanoynes*, 1614 (A. N.). — Cette paroisse, qui tirait son nom des chanoines de Nevers, avait été donnée au chapitre de Nevers en 849.

SAUVIN, h. c^{ne} de la Collancelle. — *Sauvin*, 1515 (A. N.).

SAUVEIL, f. c^{ne} de Béard. — *Sauvery*, 1405 (A. D.). — *Le Lieu-David dit Guelaud*, 1779 (A. N.). — *Sauvry* (Cassini).

SAUVRY-D'EN-BAS, h. c^{ne} de Saint-Benin-d'Azy. — *Saulvery*, 1573 (A. N.).

SAUVRY-D'EN-HAUT, h. c^{ne} de Saint-Benin-d'Azy.

SAUZAY, h. c^{ne} d'Isenay; anc. paroisse. — *Cusayum*, 1287 (reg. de l'év. de Nevers). — *Sauzet*, 1407 (Marolles). — *Sauzaium*, 1478 (pouillé de Nevers). — *Suzay*, 1482 (Marolles). — *Souzay*, 1492 (A. N.). — *Chouzet*, 1604 (ibid.). — Fief de la châtell. de Cercy-la-Tour, vassal de Thianges.

SAUZAY (LE), riv. prend sa source dans l'étang d'Oudan, de ce nom, traverse les c^{nes} d'Oudan, la Chapelle-Saint-André, Corvol-l'Orgueilleux, Trucy-l'Orgueilleux, Breugnon et Clamecy et se jette dans le Beuvron au-dessous de Beaugy.

SAUZAY (LE GRAND-), h. c^{ne} de Corvol-l'Orgueilleux. — *Cosey*, 1289 (A. N.). — *Cosay*, 1314 (ibid.). — *Souzay*, 1561 (ibid.). — *Le Grand-Sozay*, 1618 (ibid.). — *Sauzay*, 1689 (reg. des fiefs). — Fief de la châtell. de Corvol-l'Orgueilleux.

SAUZAY (LE PETIT-), h. c^{ne} de Corvol-l'Orgueilleux. — *Le Petit-Sauzay*, dépendance de la comm^{dre} de Villemoison, 1571 (inv. de Villemoison).

SAUZAYS (LES), bois, c^{ne} de Toury-Lurcy. — 1751 (arch. du châtel. de Toury-sur-Abron).

SAUZEAU (LE), h. c^{ne} de Moulins-Engilbert. — *Sozaul*, 1558 (C.).

SAUZERET, f. mentionnée en 1445 comme dépendant d'Arbourse (inv. de Villemoison).

SAUZIN, h. c^{ne} de Lucenay-les-Aix.

SAVARDS (LES), m. de garde, c^{ne} de Perroy.

SAVATIN, ruiss. affluent de l'Yonne, c^{ne} d'Amazy.

SAVAULT, h. et chapelle, c^{ne} d'Ouroux. — *Chapelle Notre-Dame-de-Savault*, 1591 (reg. d'Ouroux). — *Haut et Bas Savaux* (Cassini).

SAVAULT-LES-MOULINS, mⁱⁿ, c^{ne} d'Ouroux.

SAVELOT, h. et mⁱⁿ, c^{ne} d'Ouroux.

SAVENAY, h. et f. commune d'Aunay. — *Savene*, 1293 (S.).

SAVIGNY, f. et mⁱⁿ, c^{ne} de Colmery. — Fief de la châtell. de Donzy.

SAVIGNY, f. c^{ne} de Saint-Saulge.

SAVIGNY, fief de la châtell. de Monceaux-le-Comte, mentionné en 1638 (Marolles).

SAVIGNY, h. c^{ne} d'Azy-le-Vif. — *Domaine de Savigny*, 1750 (arch. de Saint-Pierre-le-Moûtier).

SAVIGNY (RUISSEAU DE), affluent de l'Aron, c^{ne} de Liché-Assars.

SAVIGNY-POIL-FOL, c^{ne} de Luzy. — *Savigniacum Poilfol*, 1266 (S.). — *Saviniacum*, 1287 (reg. de l'év. de Nevers). — *Chatellenie de Savigny-Poyfo*, 1310 (S.). — *Savigny-Poil-fol*, 1436 (arch. de Maumigny). — *Savigny Puiffol*, 1443 (C.). — *Savigny-Poil-foul*, 1459 (ibid.).

Savigny-Poil-Fol fut, jusqu'à la fin du XVe siècle, le siège d'une châtell. dont le ressort s'étendait sur la moitié ouest du canton de Luzy et sur la partie sud-est du canton de Fours. Les fiefs qui dépendaient de cette châtell. furent ensuite partagés entre la châtell. de Luzy, qui en eut la plus grande partie, et celle de Cercy-la-Tour.

SAVIGNY-SUR-CANNE, h. c^{ne} de Saint-Gratien; ancienne paroisse et ancienne c^{ne} réunie à Saint-Gratien. — *Saviniacum*, 1287 (reg. de l'év. de Nevers). — *Saviniacum-super-Caulam*, 1343 (A. D.). — *Savigny-sur-Canne*, 1395 (A. N.). — *Saviniacum-supra-Cannam*, 1478 (pouillé de Nevers). — Fief de la châtell. de Cercy-la-Tour.

SAVOIES (LES), h. c^{ne} d'Arquian. — *Les Savoyes*, 1775 (A. N.).

SAXY-BOURBON, c^{ne} de Saint-Saulge. — *Ecclesia Sancti-Leodegarii de Saxeis Bordin*, 1130 (Gall. christ. XII, col. 340). — *Saxiacum*, 1147 (ibid. col. 122). — *Sayssiacum Bordon*, 1287 (reg. de l'évêché de Nevers). — *Saissiacum-Burdonis*, 1366 (A. N.). — *Sary-Bourdon*, 1568 (alién. des biens de l'Église, dioc. de Nevers). — *Cercy-Bourdon*, 1577 (A. N.). — *Sary-Bourdon*, 1587 (ibid.). — *Sassi-Bourdon*, 1639 (C.). — Fief de la châtell. de Champallement.

SAXY-EN-GLENON, fief, c^{ne} de Ville-lez-Anlezy, mentionné en 1540 (A. N.). — *Sary-en-Glenion*, 1689 (reg. des fiefs).

SAZEAU, fief de la châtell. de Cercy-la-Tour, mentionné en 1689 (reg. des fiefs).

SCIAU, h. et f. c^{ne} de Magny-Cours. — *Le Sceau*, 1678 (S.).

SCTOLLE, f. c^{ne} de Préporché. — *Territorium de Sceula*, 1301 (S.). — *Chiol* (Cassini).

SÉGAUGEOTTE (LA), chât. et f. c^{ne} de Cizely. — *Segaugettes*, 1640 (reg. des fiefs). — *Segauget*, 1689 (ibid.). — *La Grangeotte* (Cassini). — Fief de la châtell. de Montenoison.

SÉGLISE (LA), riv. prend sa source au mont Beuvray et se jette dans la Haleine, après avoir traversé les c^{nes} de Glux, la Roche-Millay, Millay, Chiddes, Luzy et Tazilly.

SEGOLLE, h. c⁽ᵉ⁾ de Saint-Benin-d'Azy. — 1269 (S.).
— Segoulle, 1630 (inscr. de la cloche de Moussy).
— Fief du duché.
SEGUIS, h. c⁽ᵉ⁾ de Verneuil.
SEIGNE, f. c⁽ᵉ⁾ de Sermages, mentionné en 1715 (S.).
— Chasseigne, 1689 (reg. des fiefs). — Sseigne, xviiᵉ siècle (C.). — Fief de la châtell. de Moulins-Engilbert.
SEIGNE, h. c⁽ᵉ⁾ de Suilly-la-Tour.
SEIGNE, m⁽ⁿ⁾, c⁽ᵉ⁾ de Maux.
SEIGNES (LES), éc. et bois, c⁽ᵉ⁾ de Moussy.
SEIGNES (LES), h. c⁽ᵉ⁾ de Fours.
SEIGNEURERIE (LA), f. c⁽ᵉ⁾ de Saint-Parize-le-Châtel. — Le vrai nom de cette ferme est la Seigneurie ; c'était là que se trouvait l'habitation seigneuriale du fief de Soultrait (arch. de Soultrait).
SEIGNECAS (BOIS DES), c⁽ᵉ⁾ de Dun-les-Places.
SEISSEIGNE, chât. et h. c⁽ᵉ⁾ de Germigny. — Chesseignes, 1331 (cens. du chap. de Nevers). — Chesseignes, Chaisseignes-aux-Guignons, Chaisseignes-aux-Syrons, 1355 (ibid.).
SEJEAN, h. c⁽ᵉ⁾ de Saint-Jean-aux-Amognes. — Sagent, 1491 (S.). — Sejan, 1754 ; Seiant, 1760 (A. N.).
SELINS, h. c⁽ᵉ⁾ de Buzolles. — 1505 (lièvre d'Eugny). — Selin, 1659 (S.). — Asilin, 1673 (ibid.).
SELLIERS (LES), m. détr. c⁽ᵉ⁾ de Chaumot, mentionnée en 1555 (A. N.).
SEMBERT-LE-BAS, h. et tuil. c⁽ᵉ⁾ d'Armes. — Sambert, 1213 (arch. de Clamecy). — Territorium quod vocatur territorium de Cembof, 1223 (mss de Baluze, extr. de la chambre des comptes de Nevers). — Territorium de Centbouf, 1291 (Gall. christ. XII, col. 244). — Sambef, 1413 (ibid. col. 240).
SEMBERT-LE-HAUT, h. c⁽ᵉ⁾ de Clamecy.
SEMBRÈVES, m. de camp. et f. c⁽ᵉ⁾ d'Oisy. — Pont de Chambreve, 1575 (Marolles). — Sembreve, 1603 (ibid.). — Fief de la châtell. de Clamecy.
SÉMELAY, c⁽ᵉ⁾ de Luzy ; prieuré dépendant de l'abbaye de Cluny, fondé au xiᵉ siècle. — Simelagum, xivᵉ siècle (pouillé d'Autun). — Symelle, Symelay, Cymelay, 1427 (arch. de la Montagne). — Semelay, 1436 (arch. de Maumigny). — Prioratus de Semelaio, vers 1500 (pouillé d'Autun). — Saint-Pierre de Semelay, 1616 (reg. de Sémelay). — Fief de la châtell. de Savigny-Poil-Fol.
SEMELIN-DESSOUS et SEMELIN-DESSUS, f. et h. c⁽ᵉ⁾ de Billy-Chevannes. — Semelins, 1520 (C.).
SÉMELINS, h. c⁽ᵉ⁾ de Mont-et-Marré ; ancienne paroisse. —Ecclesia de Semulinis, 1121-1142 (cart. de Saint-Cyr de Nevers, ch. 37). — Semulins, 1293 (S.). — Semelins-les-Mingot, 1567 (C.). — Semelin, 1659 (S.).

SEMLORS, h. détruit, c⁽ᵉ⁾ de Noisy, mentionné en 1355 (cens. du chap. de Nevers).
SÉNÉCHOT, h. c⁽ᵉ⁾ de Montigny-aux-Amognes. — Sinchaux, 1351 (S.). — Sénéchaux (Cassini).
SENELLE (LA), m. détruite, c⁽ᵉ⁾ de Corbigny.
SENEY, fief de la châtell. de Cercy-la-Tour, mentionné en 1689 (reg. des fiefs).
SENEUIL, h. et f. c⁽ᵉ⁾ de Magny-Cours. — Seneugle, 1355 (S.). — Senvulle, 1565 (A. N.). — Seneuille, 1689 (reg. des fiefs). — Fief de la châtell. de Châteauneuf-sur-Allier.
SENELY, h. c⁽ᵉ⁾ de Saint-Martin-du-Puits. — 1590 (arch. de Vésigneux).
SENIZOT, vill. c⁽ᵉ⁾ de Chougny, aujourd'hui détruit, mentionné en 1567 (C.).
SENOTS (LES), f. c⁽ᵉ⁾ de Lucenay-les-Aix. — Les Senaux, 1776 (A. D.). — Fief de la châtell. de Decize.
SENTIERS (LES), h. c⁽ᵉ⁾ de Garchy.
SEPT-LOUP, m. c⁽ᵉ⁾ de Moux.
SEPT-VOIES (LES), h. et f. c⁽ᵉ⁾ de Saint-Firmin. — Sepvoye, 1572 (A. N.). — Sapvoye, 1580 (ibid.). — Savoye, 1580 (ibid.). — Sepvoix, 1663 (ibid.).
SERAULT, f. c⁽ᵉ⁾ de Tazilly, aujourd'hui détruite, mentionnée en 1617 (A. N.).
SERAULT (BOIS DE), c⁽ᵉ⁾ de Planchez.
SERBENTI (DOMUS ET VINEÆ), près de Bourras, mentionnés en 1184 (Gall. christ. XII, col. 138).
SERÉE, h. c⁽ᵉ⁾ de Saint-André-en-Morvand. — Corée, 1726 (reg. de Saint-André-en-Morvand).
SERGUE, lieu détr. c⁽ᵉ⁾ de Beuvron, mentionné en 1699 (reg. de Beuvron).
SERMAGES, c⁽ᵉ⁾ de Moulins-Engilbert. — Sarmaigues, 1287 (reg. de l'év. de Nevers). — Parrochia de Sermagiis, 1576 (S.). — Sermaiges, 1462 (C.). — Fief de la châtell. de Moulins-Engilbert, vassal du comté de Château-Chinon.
SERMAGES (MOULIN DE), c⁽ᵉ⁾ de Moulins-Engilbert.
SERMAISE, h. et f. c⁽ᵉ⁾ d'Annay. — Sermaisia, 1318 (A N.).
SERMENTRAY, h. c⁽ᵉ⁾ de Montapas. — Sermentray, 1689 (reg. des fiefs). — Fief de la châtell. de Saint-Saulge.
SERMILIA (LEPROSERIA DE), près de Chanteney, mentionné en 1478 (pouillé de Nevers). — La Maladerye de la Sermillyere, 1577 (A. N.).
SERMOISE, c⁽ᵉ⁾ de Nevers. — Sarmasia villa, villa Sarmasias, 903 (Gall. christ. XII, col. 314). — Ecclesia de Sarmasiis, 1121-1142 (cart. de Saint-Cyr de Nevers, ch. 37). — Sermasia, 1266 (A. N.). — Sarmaysia, 1279 (ibid.). — Sarmasia, 1296 (ibid.). — Serminsia, 1341 (ibid.). — Sermaise, 1385 (ibid.). — —Sermasa, 1478 (pouillé de Nevers).—Sermoize, 1608 (C.).

SEROCHE, fief de la châtell. de Montreuillon, mentionné en 1689 (reg. des fiefs).

SERRE, chât. et f. c^{ne} de Parigny-la-Rose. — *Sarres*, 1336 (Marolles). — *Sarre*, 1357 (ibid.). — *Serre*, 1371 (ibid.). — Fief de la châtell. de Clamecy.

SERRE (LA), f. c^{ne} de Luthenay. — *Villa de Serra*, 1267 (A. N.). — *La Sarra*, 1331 (cens. du chap. de Nevers). — *Moulin de la Serra*, 1598 (arch. d'Uxeloup).

SERRÉE (LA), h. c^{ne} d'Alligny-en-Morvand.

SERRÉS (LA), h. c^{ne} de Saint-Brisson.

SERRÉS (LA), m^{in}, c^{ne} de Lucenay-les-Aix. — Fief de la châtell. de Decize.

SERRÉES (LES), h. c^{ne} de Crux-la-Ville. — *Les Serrés* (Cassini).

SERRES (LES), h. c^{ne} de Trouxanges.

SERTEAU, vill. c^{ne} de Jailly, aujourd'hui détruit, mentionné en 1650 (A. N.).

SERVANDET, h. m. de camp. et f. c^{ne} de Bouy. — *Sercanday*, 1553 (C.). — *Sermanday*, 1632 (A. N.). — Fief vassal de la Rose.

SETTONS (LES), h. et lac, créé en 1858, destiné à grossir les eaux de la Cure et de l'Yonne, afin de rendre plus facile le flottage des bois, c^{ne} de Montsauche.

SEU (LE), h. et étang, c^{ne} de Saint-Honoré. — *Le moulin de Cieux, de Siez, de Ceulx, l'étang et bois de Seou*, 1427 (terrier de la Montagne, arch. du chât. de la Montagne).

SEUGNES, h. détruit, c^{ne} de Lurcy-le-Bourg, mentionné en 1488 (A. N.).

SEUILLY, h. c^{ne} de Challuy. — *Suilliacum*, 1331 (cens. du chap. de Nevers). — *Territorium de Suela*, 1338 (A. N.). — *Seule*, 1338 (ibid.). — *Soully*, 1472 (ibid.). — *Sully* (Cassini).

SEULES, h. détruit, c^{ne} de Pougues, mentionné en 1355 (cens. du chap. de Nevers).

SEULET, h. détruit, près de Luzy, mentionné en 1513 (A. N.).

SEULINS, h. détruit, c^{ne} de Limanton, mentionné en 1587 (C.).

SEURRE, fief de la châtell. de Monceaux-le-Comte, mentionné en 1689 (reg. des fiefs).

SEURY, h. détruit, c^{ne} de Decize, mentionné en 1512 (A. N.).

SEUX (MOULIN DU), c^{ne} de Villapourçon.

SEVIN OU LA TOUR, fief de la châtell. de Saint-Verain, mentionné en 1689 (reg. des fiefs).

SEVOSE, h. détruit, c^{ne} de Bouby, mentionné en 1640 (arch. de l'Yonne, fonds de Saint-Verain).

SICHAMPS, c^{ne} de Prémery. — *Sex Campi*, 1289 (reg. de l'év. de Nevers). — *Chichamp*, 1391 (A. N.).

— *Sichamp*, 1520 (Marolles). — *Chichant*, 1523 (ibid.). — *Sixchamp*, 1535 (A. N.).

SICHAMPS (LE PETIT-), h. c^{ne} de Sichamps.

SIGERES, fief de la châtell. de Donzy, mentionné en 1638 (Marolles).

SIGNORETS (LES), f. c^{ne} de Dornes.

SILLONS (LES), f. c^{ne} de Giry.

SILLY-LE-PERROUX, lieu détruit, c^{ne} de Saint-Benin-d'Azy, mentionné en 1554 (S.).

SIMON (LES), f. c^{ne} de Decize. — *Domaine-Simon*, XVIIe siècle (A. N.).

SIMONET, éc. c^{ne} de Lucenay-les-Aix.

SIMONETTERIE (LA), h. c^{ne} de Châteauneuf-Val-de-Bargis.

SIMONOTS (LES), h. c^{ne} de Saxy-Bourdon. — *Les Simonnoz*, 1627 (A. N.).

SINGEONS (LES), h. c^{ne} de Couloutre.

SODAGE, f. c^{ne} de Sardolles. — *Domaine de Gerange* (Cassini).

SOILLERES, fief de la châtell. de Donzy, mentionné en 1689 (reg. des fiefs).

SOISSEVOK, fief de la châtell. de Monceaux-le-Comte, mentionné en 1638 (Marolles).

SOLIÈRES, chât. et h. c^{ne} de Sainte-Péreuse. — *Seallerii*, 1294 (C.). — *Humbertus de Sauleriis*, 1326 (A. N.). — *Saulières*, 1428 (C.). — *Saulieres*, 1433 (C.). — *Soliere*, 1644 (S.). — *Soulieres*, 1689 (reg. des fiefs). — Fief partagé entre le duché (châtell. de Moulins-Engilbert) et le comté de Château-Chinon.

SOLIÈRES (MOULIN DE), c^{ne} de Sainte-Péreuse.

SOLITAIRE (LE), m. c^{ne} de Luzy.

SOLOTENE (LA), h. détruit, c^{ne} de Châtillon, mentionné en 1293 (S.).

SOMMÉE, h. c^{ne} de Lormes. — *Saumery*, 1704 (reg. de Lormes).

SOMMERY, f. c^{ne} d'Isenay. — *Somery*, 1495 (C.).

SOSSE, h. c^{ne} de Lormes. — *Saune*, 1758 (reg. de Lormes). — Fief du comté de Château-Chinon.

SOPHIN, h. c^{ne} d'Authiou. — *Souffin*, 1500 (Marolles). — *Saffin* (Cassini). — Fief de la châtell. de Montenoison.

SORRIER (LE), h. c^{ne} de Cercy-la-Tour.

SORDAIN (BOSCUM DE), près de Pougues, mentionné en 1331 (cens. du chap. de Nevers).

SORRY, m. c^{ne} de la Roche-Millay. — *Soray*, 1450 (Marolles).

SORGIACO (VILLA DE), lieu détruit, c^{ne} de Parigny-les-Vaux, mentionné en 1214 (*Gall. christ.* XII, col. 152). — *Surges*, 1331; *Sorgiæ*, 1355 (cens. du chap. de Nevers).

SORNET, f. et h. c^{ne} de Mars. — *Le pont de Sornay*, *Chornay*, 1349 (A. N.). — *Sornay*, 1651 (arch. de Soultrait). — Fief du duché.

Sot (Le), m^on. c^ne de Neuffontaines. — *Moulin du Saut* (Cassini). — C'est ce dernier nom qui est le véritable.

Souage, fief de la châtell. de Moulins-Engilbert, mentionné en 1689 (reg. des fiefs).

Soubras, f. c^ne de Sainte-Colombe.

Soubeville, fief de la châtell. de Montreuillon, mentionné en 1638 (Marolles). — *Soubacelle*, 1353 (ibid.). — *Soublette*, 1689 (reg. des fiefs).

Souche (La), h. c^ne de Ternant.

Souche (La), vill. détruit, c^ne de Sauvigny-les-Bois, mentionné en 1604 (terrier de Cougny).

Souches (Les), h. c^ne de Millay.

Soucis (Les), h. c^ne de Nolay. — *Soucy* (Cassini).

Soueille (Bois de), c^ne de Dompierre-sur-Nièvre.

Soueille (La), f. c^ne de Corvol-l'Orgueilleux. — *La Soueille* (Cassini).

Souesseron, fief de la châtell. de Monceaux-le-Comte et Neuffontaines, mentionné en 1689 (reg. des fiefs). — *Soisseron*, 1638 (Marolles).

Soufflet (Le), h. c^ne de Magny-Cours.

Sougy, c^ne de Decize. — *Solgiacus*, 966 (Gall. christ. XII, col. 318). — *Decima de Sugeio*, 1154 (A. N. fonds de Decize). — *Sogiacum*, 1287 (reg. de l'év. de Nevers). — *Sougiacum*, 1292 (C.). — *Sougy*, 1364 (A. D.). — *Sogy*, 1407 (ibid.). — *Sorgy*, 1534 (ibid.). — *Soulgy*, 1548 (ibid.).

Sougy, h. c^ne de Germenay.

Sougy, h. détruit, c^ne d'Azy-le-Vif, mentionné en 1671 (A. D.).

Soulange, f. c^ne de Sardolles.

Soulangis, f. c^ne de Magny-Cours. — *Sollengy*, 1553 (S.). — *Soulangy*, 1689 (reg. des fiefs). — Fief du duché.

Soulangy, chât. et f. c^ne de Germigny; anc. paroisse réunie à Germigny. — *Solengiacum*, 1277 (A. N.). — *Solengy*, 1438 (ibid.). — *Solanges*, 1580 (ibid.). — *Soullangy*, 1607 (ibid.).

Soulangy (Ile de), île de la Loire, c^ne de Germigny.

Soulene, h. détruit, c^ne de Lâché-Assars, mentionné en 1678 (A. N.).

Soulins (Le), f. c^ne de Corancy.

Soulins (Les), h. c^ne de Préporché.

Soultrait, h. c^ne de Saint-Parize-le-Châtel. — *Terre et seigneurie de Soubz-le-Trest et Sous-le-Trest*, 1468 (A. N.). — *Soubz-le-Tref*, 1498 (ibid.). — *Soubzletre*, 1525 (ibid.). — *Soletref*, *Soltref*, 1564 (terrier de Soultrait). — *Saultray*, 1598 (C.). — *Soultraict*, 1596 (ibid.). — *Soltraict*, 1599 (ibid.). — *Soltret*, 1600 (A. N.). — *Soltret*, 1603 (arch. de Soultrait). — *Soultray*, 1641 (ibid.). — *Soubsletraict*, 1680 (ibid.). — Fief du duché.

Soumard (Le Grand-), h. c^ne de Saint-Andelain.

Soumard (Le Petit-), h. c^ne de Saint-Andelain.

Source de la Nièvre, dans le parc du château de Champlemy, c^ne de ce nom.

Sources de l'Yonne, c^ne de Glux.

Sourchally, éc. c^ne de Saint-Martin-d'Heuille.

Sourde (La), h. c^ne de Choulgnes.

Sourdes, h. c^ne de Varennes-lez-Narcy.

Sourdette (La), m^on, c^ne de Narcy.

Souris (Le Grand-), h. et f. c^ne de Champroux; petit prieuré dép. de la Charité. — *Souzi*, 1473 (A. N.). — *Soubzy*, 1481 (ibid.). — *Soury*, 1538 (ibid.).

Souris (Le Petit-), h. c^ne de Champvoux.

Souris (Moulin de), c^ne de Champvoux.

Sous-Bardenet, m. c^ne de Magny-Cours.

Sous-Blazard, f. c^ne de Luzy. — *En-Breuas*, 1730 (reg. de Luzy).

Sous-la-Pige, h. c^ne de Montigny-en-Morvand.

Sous-le-Comte, h. c^ne de Nannay. — *Pressour-le-Comte* (Cassini).

Sous-le-Foulon, m. de camp. c^ne de Villapourçon.

Sous-le-Rix, m. de camp. c^ne de la Maison-Dieu.

Sous-les-Bleds, m. c^ne de Sémelay.

Sous-les-Noyers, m. c^ne de Sermages.

Sous-les-Pierres, m. c^ne de Villapourçon.

Sous-les-Roches, éc. c^ne de Montreuillon.

Sous-Montrignon, m. c^ne de Millay.

Spossille, vill. détruit, c^ne de Mars, mentionné en 1299 (S.).

Spouse, f. et m^on, c^ne d'Ougny. — *Sepouze*, 1638 (Marolles). — *Moulin de Spouse*, 1659 (S.). — Fief vassal de l'évêque d'Auxerre, à cause de Varzy.

Suascy (Maison de), lieu détruit, c^ne de Champvert, mentionné en 1313 (Marolles). — *Suensy*, 1335; *Sumsy*, 1406; *Saisy*, 1638 (ibid.). — *Surancy*, 1680 (arch. de Vandenesse). — Fief de la châtell. de Decize.

Suard (Le), bois, c^ne de Prémery.

Suay, fief de la châtell. de Donzy, mentionné en 1638 (Marolles).

Suchet (Le), h. c^ne d'Alligny. — *Le Sauchet* (Cassini).

Suchet (Le), h. c^ne de Sainte-Colombe.

Suchons (Bois des), c^ne de Corvol-d'Embernard.

Suilly-la-Tour, c^ne de Pouilly. — *Soliacus*, vi^e siècle (Lebeuf, IV, 2). — *Suilly*, 1353 (Marolles). — *Sevilly*, 1377 (ibid.). — *Seully*, 1531 (A. N.). — *Sulliacum*, 1535 (pouillé d'Auxerre). — *Seuilly*, 1665 (reg. de Suilly). — Fief de la châtell. de Donzy. — Tire son surnom d'une haute tour, construite au xvie siècle, qui forme le clocher de l'église.

Suisses (Les), f. c^ne de Moux.

DÉPARTEMENT DE LA NIÈVRE.

Sullizeau, h. c^{ne} de Suilly-la-Tour. — *Sullizot*, 1680 (reg. de Suilly).

Sulmont, h. détruit, c^{ne} de Courcelles, porté sur la carte de Cassini.

Sur-Chiry, f. c^{ne} de Varzy. — *Hameau-sur-Chiry* (Cassini).

Surgis, fief de la châtell. de Saint-Verain, mentionné en 1638 (Marolles).

Surgy, c^{ne} de Clamecy. — *Sorgiacus*, 864 (cart. gén. de l'Yonne, II, xxxvi). — *Villa de Sorgiaco*, 1188 (ibid. 386). — *Sourgy*, 1385 (arch. de l'Yonne, fonds de Clamecy). — Fief de la châtell. de Clamecy.

Sursy, f. c^{ne} de Lurcy.

Sur-Joca, m. de garde, c^{ne} d'Azy-le-Vif. — *Surgeum*, 1402 (A. N.).

Sur-la-Chaume, h. c^{ne} de Moulins-Engilbert.

Sur-la-Charme, m. c^{ne} de Chiddes.

Sur-la-Pige, h. c^{ne} de Montigny-en-Morvand.

Sur-la-Roche, h. c^{ne} de Sermages.

Sur-la-Vaux, h. c^{ne} de Villapourçon.

Sur-le-Chemin-de-Crécy, m. c^{ne} de Dirize.

Sur-les-Prés, m. de camp. c^{ne} de Sermages.

Surpalis, f. c^{ne} de Sardy. — *Sarpallis*, 1520 (A. N.). — *Serpaliz*, 1535 (ibid.). — *Serpalys*, 1556 (C.) — Fief vassal du comté de Château-Chinon.

Sur-Roche, h. c^{ne} de Saint-Léger-de-Fougeret.

Sussaint, éc. c^{ne} de Charrin.

Sury, chât. et h. c^{ne} de Saint-Jean-aux-Amognes. — *Suriacum*, 1159 (cart. gén. de l'Yonne, II, 98). — *Suryacum*, 1354 (A. N.). — *Sury-en-Bois*, 1397 (ibid.). — *Chury*, 1604 (terrier de Cougny).

Sur-Yonne, h. c^{ne} de Brèves. — Fief de la châtell. de Metz-le-Comte.

Suzeau, h. c^{ne} de Saint-Parize-le-Châtel.

Syrots (Les), h. détruit, c^{ne} de Marzy, mentionné en 1718 (terrier de Saint-Baudière).

T

Tabourneau, m. c^{ne} de Beaumont-sur-Sardolles.

Tabourneau, usine et étang, c^{ne} d'Azy-le-Vif. — *Moulin-Tabourneau*, 1362 (Marolles).

Tâche, chât. c^{ne} de Saint-Parize-le-Châtel. — *Taiche*, 1435 (Marolles).

Tachely, h. c^{ne} de Gâcogne.

Taches (Les), ferme détruite, c^{ne} de Luzy, mentionnée en 1619 comme dépendant de la chartreuse d'Apponay.

Taconnay, h. c^{ne} de Neuville. — *Taconnay*, 1433 (A. N.). — *Taconet*, 1689 (reg. des fiefs). — Fief de la châtell. de Montenoison.

Taffards (Les), h. c^{ne} de Suilly-la-Tour.

Taignières, seigneurie près de Diennes, mentionnée en 1289 (Marolles). — *Domus et villa des Tagnières*, 1311 (A. N.). — *Les Tanières*, 1566 (ibid.). — *Tenière*, 1689 (reg. des fiefs). — C'était un fief de la châtellenie de Champallement et qui était vassal de Châtillon.

Taigny, h. détruit, c^{ne} de Cossaye, mentionné en 1523 (A. D.).

Tail, h. détruit, c^{ne} de Saincaize, mentionné en 1460 (A. N.).

Taille-sous-la-Perrière (La), h. détruit, c^{ne} de Fléty, mentionné en 1548 (C.).

Tailles (Les), m. c^{ne} de Saint-Benin-des-Bois.

Tailles-Toury (Les), bois, c^{ne} de Toury-Lurcy.

Taillières (Les), f. c^{ne} de Saint-Parize-en-Viry. — *Les Taillères*, 1772 (plan de la seigneurie de Beauvoir).

— *Les Tallières*, 1782 (reg. de Saint-Germain-en-Viry).

Taillis (Le Grand-), h. c^{ne} de Bouy. — *Les Taillis* (Cassini).

Taillis (Le Petit-), h. c^{ne} de Bouy.

Taillis-de-Dompierre (Les), bois, c^{ne} de Saint-Bonnot.

Taillis-de-la-Roche (Les), bois, c^{ne} d'Arthel.

Taillis-de-Morgazon (Les), bois, c^{ne} de Saint-Franchy.

Taillis-des-Charmes (Les), bois, c^{ne} de Prémery.

Taillis-Denot (Le), bois, c^{ne} de Prémery.

Taillis-de-Villaine (Le), bois, c^{ne} de Dompierre-sur-Nièvre.

Taillots (Les), f. c^{ne} de Diennes.

Taissonne (Garenne de la), c^{ne} d'Azy-le-Vif, mentionnée en 1332 (ms. de Baluze, extrait du cart. de la chambre des comptes de Nevers).

Talats, h. détruit, près de Pougues, mentionné en 1355 (cens. du chap. de Nevers). — *Talayum*, 1160 (cart. de Saint-Cyr de Nevers, ch. 35). — *Talaya*, 1272 (A. N.).

Tallet, f. c^{ne} de Neuville-lez-Decize. — *Talet* (Cassini).

Talon, c^{ne} de Tannay. — *Talon-Judas*, 1490 (Marolles). — *Tallon-Judas*, 1689 (reg. des fiefs). — Fief de la châtell. de Monceaux-le-Comte et Neufsontaines, vassal de Lys.

Talon (Bois de), c^{ne} de Saint-Sulpice.

Talouque, h. détruit, c^{ne} de Chaulgnes, mentionné en 1473 (A. N.).

Nièvre.

TALOUX, h. c^ne de Livry. — *Talou*, 1750 (arch. de Saint-Pierre-le-Moûtier).

TALU (LE), m. détruite, c^ne de Saint-Germain-Chassenay, portée sur la carte de Cassini.

TALEQUES, h. détruit, c^ne de Sauvigny-les-Bois, mentionné en 1331 (cens. du chap. de Nevers).

TALVANNE (LA), riv. qui prend sa source dans la c^ne de Cessy-les-Bois et va se jeter dans le Nohain à Donzy.

TAMBOURINETTE (LA), f. c^ne de Clamecy.

TAMENAI, h. détruit, c^ne de Corvol-l'Orgueilleux; seigneurie vassale de la baronnie de Saint-Verain, mentionnée en 1598 (dossier de Blosset, cabinet des titres). — *Thamenet*, 1684 (ibid.).

TANNAY, c^ne de Châtillon. — *Tannayum*, 1369 (C.). — *Terre de Tannaye*, 1374 (S.). — *Tannenay*, 1419 (C.). — *Tannayum*, 1478 (pouillé de Nevers). — *Tamenet*, 1695 (A. N.). — Fief de la châtell. de Montreuillon.

TANNAY, fief de la châtell. de Monceaux-le-Comte, mentionné en 1638 (Marolles).

TANNEAU, fief de la châtell. de Monceaux-le-Comte, mentionné en 1614 (Marolles).

TARCHE (LA), fief, c^ne de Sougy, mentionné en 1621 comme faisant partie de la châtell. de Decize.

TABIELLE, h. c^ne de Chiddes.

TABIÈRE (LA), fief de la châtell. de Luzy, mentionné en 1689 (reg. des fiefs).

TABIZER, h. détr. c^ne de Luthenay, mentionné en 1678 (reg. de Luthenay).

TANNAY, arrond. de Clamecy. — *Ecclesia de Tannrio*, 1121-1142 (cart. de Saint-Cyr de Nevers, ch. 37). — *Ecclesia de Tannio*, 1201 (Gall. christ. XII, col. 347). — *Tanneyum*, 1287 (reg. de l'év. de Nevers). — *Taunet*, 1578 (inscr. de la cloche de Tannay). — Il y avait jadis à Tannay une collégiale composée de 12 chanoines, fondée en 1201.

En 1790, le canton de Tannay, du district de Clamecy, fut composé des communes d'Amazy, Asnan, Asnois, Beuvron, Brèves, Challement, Grenois, Lys, la Maison-Dieu, Metz-le-Comte, Saint-Didier, Saint-Germain-des-Bois, Talon, Tannay et Villiers-sur-Yonne.

TANNAY, h. c^ne de Montambert; paroisse réunie à Montambert. — *Thanedus*, XIVᵉ siècle (pouillé d'Autun). — *Tannay*, 1453 (A. N.). — *Tannay*, 1760 (ibid.).

TANNEAU, h. c^ne de Tannay. — *Tannieaul*, 1352 (mss. de Baluze, cart. de la chambre des comptes de Nevers). — *Tannau*, 1546 (A. N.). — Fief de la châtell. de Monceaux-le-Comte.

TARBEAU (LA), partie du h. de Boux, c^ne de Mhère.

TARBERIE (LA), m^on, c^ne de Saint-Verain.

TARBELON (LES), f. c^ne de Dornes.

TARBIÈRE, fief de la châtell. de Saint-Verain, mentionné en 1638 (Marolles).

TARTON (LE), m. de garde, c^ne d'Alligny.

TARDES (LES), h. détr. c^ne de Vandenesse, mentionné en 1552 (arch. de Vandenesse).

TARDY, h. détruit, c^ne de Villapourçou.

TARDIS (LES), f. c^ne de Neuville-les-Decize. — *Les Tardits* (Cassini). — Elle donne son nom à un bois voisin.

TARELLE (LA), riv. prend sa source dans le département de la Côte-d'Or, traverse, dans la Nièvre, les communes d'Alligny-en-Morvand et de Moux et se jette dans l'Arroux (Saône-et-Loire).

TARIS (MOULIN DE), m^in détruit, c^ne de Fours, porté sur la carte de Cassini.

TARREAU, h. détruit, c^ne de Vandenesse, porté sur la carte de Cassini. — *Domaine-Tharault*, 1676 (arch. de Vandenesse).

TARREAU (LE), h. c^ne de Biches.

TARRIS, f. c^ne de Lamenay.

TARRION, fief, c^ne de Sougy, mentionné en 1780 comme étant de la châtell. de Decize.

TARTRE (LA), h. détruit, c^ne de Vauclaix; fief de la châtell. de Montreuillon, mentionné en 1689 (reg. des fiefs). — *Maison du Tartre-de-Vauclois*, 1323 (Marolles). — *Le Tartre*, 1371 (ibid.). — *Le Tertre*, 1638 (ibid.).

TARTRE (LE), f. c^ne de Coraucy. — *La Tartre*, 1760 (S.).

TAULES (LES), h. c^ne de Châteauneuf. — 1307 (A. N.). — *Ville Destaules*, 1369 (Marolles). — *Ville des Estaules*, 1389 (ibid.). — *Estaulles*, 1638 (ibid.). — Fief de la châtell. de Châteauneuf-Val-de-Bargis.

TAULOUSE (LA), h. c^ne d'Alligny-en-Morvand.

TAUMONTS (LES), h. c^ne de Verneuil. — *Lieucourt* (Cassini).

TAUPERAY, h. c^ne de Moulins-Engilbert. — *Le Tauperay* (Cassini).

TAUPES (LES), h. c^ne de Devay.

TAUPIN, h. et f. c^ne de Dornes. — *Les Taupins* (Cassini).

TAUREAU (LE), h. c^ne de Saint-Verain.

TAURINS (LES), h. détruit, c^ne d'Arquian, porté sur la carte de Cassini.

TAUTINAULT (LES), h. c^ne de Crux-la-Ville. — *Tautibeau* (Cassini).

TAVEAU, fief de la châtell. de Monceaux-le-Comte, mentionné en 1689 (reg. des fiefs).

TAVENAY, h. c^ne de Sardy. — 1538 (A. N.). — *Thavenay*, 1587 (C.).

DÉPARTEMENT DE LA NIÈVRE.

Taverse (La), h. c^{ne} de Tintury.

Taverse (La), m. c^{ne} de Biches.

Taveaot, fief de la châtell. de Saint-Verain, mentionné en 1689 (reg. des fiefs).

Tazières, h. c^{ne} de Marzy. — *Tazière* (Cassini).

Tazilly, c^{ne} de Luzy. — 1309 (Marolles). — *Taissiliacus*, xive s^e (pouillé d'Autun). — *Tazilly*, 1412 (C.). — *Tussiliacus*, vers 1500 (pouillé d'Autun). — *Taizilly*, 1521 (C.). — *Tazelli*, 1616 (reg. de Sémelay). — *Thazilly*, 1739 (reg. de Millay).

Teigny, c^{ne} de Tannay. — *Taigniacus*, xive siècle (pouillé d'Autun). — *Taigny*, 1407 (A. N.). — *Tagny*, 1543 (arch. de Quincize). — Fief de la châtell. de Monceaux-le-Comte.

Teilles (Les), m. c^{ne} de Courcelles.

Teintes, h. c^{ne} de Sougy. — *Port de Taintes*, 1467 (A. D.). — *Tintes*, 1486 (ibid.). — *Tincte*, 1494 (ibid.). — Fief vassal de Druy.

Temples (Les), f. c^{ne} de Champvert. — *Estampe*, 1700 (plan du cours de l'Aron, à la Bibl. imp.). — Ce dernier nom est le véritable.

Testuses (Ruisseau des), affluent de la Nièvre, c^{ne} de Saint-Franchy. — *Rivière d'Aignelay*, 1455 (A. N.).

Terciacum, lieu détruit, c^{ne} de Chevenon, mentionné en 1315 (A. N.).

Ternant, c^{ne} de Fours. — 1336 (Marolles). — *Ternans*, xive siècle (pouillé d'Autun). — *Thernant*, 1739 (A. N.). — Fief important de la châtell. de Savigny-Poil-Fol.

Il y avait à Ternant une collégiale fondée au xve siècle.

Ternant, fief de la châtell. de Montenoison, mentionné en 1689 (reg. des fiefs).

Ternat (Bois de), c^{ne} de Tazilly.

Terra-Dei, h. détruit, c^{ne} d'Urzy, mentionné en 1355 (cens. du chap. de Nevers).

Terrais (Le), f. c^{ne} de Fours.

Terrain (Le), m. de camp. et f. c^{ne} de Saint-Hilaire-Fontaine.

Terreau (Le), f. et m. de garde, c^{ne} de Vandenesse. — *Le Terreau*, 1723 (plan de la justice d'Isenay).

Terreau-de-Poil (Le), f. c^{ne} de Poil. — *Tharreaul*, 1412 (C.).

Terreaux (Les), faubourg de Lormes.

Terre-Noire, h. c^{ne} de Ciez. — *Ternoir* (Cassini).

Terres-Blanches (Les), h. c^{ne} de Nevers.

Terres-Blanches (Les), h. c^{ne} de Saint-Éloi.

Terres-Jaunes (Les), m. c^{ne} d'Isenay.

Terres-Noires (Les), h. c^{ne} d'Alligny. — *Ternoir* (Cassini).

Terres-Rouges (Les), éc. c^{ne} de Saint-Pierre-le-Moûtier.

Terrillerie (La), f. c^{ne} de Saint-Amand. — *La Tarillerie* (Cassini).

Terry (Les), h. c^{ne} d'Arquian. — *Les Terry* (Cassini).

Teutzigle, h. c^{ne} de Saint-Jean-aux-Amognes.

Teuveson, lieu détruit, c^{ne} de Saint-Germain-Chassenay, mentionné en 1334 (A. N.).

Tevoudière (La), châl. c^{ne} de Fléty.

Teullos, h. détruit, c^{ne} de la Marche, porté sur la carte de Cassini.

Teurat, h. c^{ne} de Magny-Cours.

Teuriaux (Le), m. c^{ne} de Villapourçon.

Teurreau-de-Gras (Le), m. c^{ne} de Rémilly. — *Le Terreau* (Cassini).

Tezeau, lieu détruit, près de Châtillon, mentionné en 1550 (C.).

Thaix, c^{ne} de Fours. — *Thays, Thais*, 1273 (A. D.). — *Tuys*, 1287 (reg. de l'év. de Nevers). — *Thaes*, 1315 (A. N.). — *Thaiz*, 1469 (S.). — *Cura de Taio*, 1478 (pouillé de Nevers). — *Taiz*, 1577 (A. N.). — *Thaz*, 1610 (S.). — *La Motte de Tas ou la Motte de Broux*, 1689 (reg. des fiefs). — Fief de la châtell. de Cercy-la-Tour, qui donne son nom à un bois voisin.

Thalut, mⁱⁿ, c^{ne} de Brassy.

Thard, chât. et f. c^{ne} d'Onlay. — *Thars*, 1412 (Marolles). — *Tars*, 1446 (C.). — *Tas*, 1689 (reg. des fiefs). — *Tar*, 1731 (S.). — *Tart*, 1761 (ibid.). — Fief de la châtell. de Moulins-Engilbert.

Thard (Moulin de), c^{ne} d'Onlay.

Thard-d'en-Bas, h. c^{ne} d'Onlay.

Thars, h. c^{ne} de Chougny. — *Tars*, 1705 (S.). — Fief du comté de Château-Chinon.

Thareau, h. et port sur la Loire, c^{ne} de Saint-Hilaire-Fontaine. — *Tareau* (Cassini).

That (Le), h. c^{ne} de Rouy.

Thaveneau, anc. chât. et h. c^{ne} de Mouron. — *Thaveneaul*, 1587 (C.). — *Taveneau-sur-Yonne*, 1588 (ibid.). — Fief vassal de l'abbaye Saint-Léonard de Corbigny.

Thé, chât. c^{ne} de Sainçaize. — *Haut et Bas Thé* (Cassini).

Thébondons (Les), h. et f. c^{ne} d'Annay. — *Les Thibaudons* (Cassini).

Therot, fief de la châtell. de Montenoison, mentionné en 1689 (reg. des fiefs).

Theuleur, f. c^{ne} de Garchizy. — *Teleurre*, 1355 (cens. du chap. de Nevers). — *Theleurre*, 1456 (arch. des Bordes). — *Teleur*, 1686 (A. N.). — Donne son nom à un ruisseau affluent de la Loire, qui arrose les c^{nes} de Pougues et de Germigny.

Theury, h. c^{ne} de Saint-Léger-de-Fougeret.

Thevenets (Les), h. détruit, c^{ne} de Cercy-la-Tour.

23.

mentionné en 1680 (arch. de Vandenesse). — *Les Thermats*, 1686 (*ibid.*).

THÉREROT, f. c⁰ⁿ de Livry. — *Domaine-Thereanut*, 1750 (arch. de Saint-Pierre-le-Moûtier). — *Les Therenots* (Cassini).

THIANGES, c⁰ⁿ de Decize. — *Ecclesia de Tyangiis*, 1121-1142 (cart. de Saint-Cyr de Nevers, ch. 37). — *Guillelmus de Tiengiis*, 1245 (S.). — *Thianges*, 1287 (reg. de l'év. de Nevers). — *Tyanges*, 1302 (C.). — *Thianges*, 1413 (A. N.).

Thianges était le chef-lieu d'un archiprêtré du diocèse de Nevers qui comprenait, en 1287, les paroisses de Thianges, Anlezy, Aubigny-le-Chétif, Béard, Beaumont-sur-Sardolles, Champvert, Cizely, Coulanges, Diennes, Druy, Imphy, Langy, Limon, Marnay, Monceaux-sur-Azy, Moûtiers-en-Glenon, Parigny-sur-Sardolles, Prie-sur-l'Ixeurre, Rougny, Saint-Benin-d'Azy, Saint-Christophe-d'Azy, Saint-Étienne-d'Azy, Saint-Léger-des-Vignes, Saint-Ouen, Saint-Sulpice-le-Châtel, Sardolles, Sauvigny-les-Chanoines, Sougy, Trois-Vèvres, Varennes-en-Glenon, Verneuil et Ville-lez-Anlezy. — Donne son nom à un bois voisin.

THIBAUDATS (LES), partie du bourg de Saint-Bonnot, c⁰ⁿ de ce nom.

THIBAULT, éc. c⁰ⁿ de Lucenay-les-Aix.

THIBAULT, f. c⁰ⁿ de Saint-Hilaire-Fontaine.

THIBAULT, fief de la châtell. de Cosne, mentionné en 1689 (reg. des fiefs).

THIBAULT (LA), h. c⁰ⁿ de Poussignol-Blismes. — *Villa Thibert*, 1456 (arch. de Quinzize). — Fief vassal de Quinzize; donne son nom à un ruisseau affluent du Venon.

THIBERT (Moulin et Étang de la), détruits, mentionnés au XVIᵉ siècle (arch. de Quinzize).

THIELLET ou THILLET, h. détruit, c⁰ⁿ de Montaron, mentionné en 1610 (S.).

THIGESSAY, h. c⁰ⁿ de la Fermeté.

THIL, chât. et f. c⁰ⁿ de Poil. — *Tiy*, 1693 (reg. de la Roche-Millay).

THIOT, chât. h. et f. c⁰ⁿ de Sauvigny-les-Bois.

THOMADE (LA), m. c⁰ⁿ de Luzy.

THORAY, fief de la châtell. de Montreuillon, mentionné en 1638 (Marolles).

THORESSE, m. du h. du Mousseau, c⁰ⁿ de Vandenesse, mentionnée en 1606 (arch. de Vandenesse).

THOUINS (LES), h. c⁰ⁿ d'Arquian.

THOROT, fief de la châtell. de Monceaux-le-Comte, mentionné en 1689 (reg. des fiefs). — *Torotes*, 1638 (Marolles).

THORY, h. c⁰ⁿ de Bussy-la-Pesle. — *Thoriacum*, 1231 (arch. de l'Empire, cart. J. 251). — *Tory*, 1629

(A. N.). — *Thoury*, 1678 (*ibid.*). — *Toury*, 1741 (*ibid.*). — *Tory* ou *Bussy-lez-Brinon* (Cassini). — Fief de la châtell. de Montenoison.

THOU, h. c⁰ⁿ de Poiseux. — *Thous*, 1586 (A. N.).

THOUAS, fief de la châtell. de Decize.

THOUCEZ, h. c⁰ⁿ de Champlemy. — *Touz*, 1638 (Marolles). — *Thous*, 1689 (reg. des fiefs). — Fief de la châtell. de Montenoison.

THRAOUS (LES), lieu détr. c⁰ⁿ d'Aubigny, mentionné en 1275 (A. D.).

THUILLIES (LE), m. détr. c⁰ⁿ de Toury-Lurcy, portée sur la carte de Cassini.

THUIS, fief, c⁰ⁿ de Cercy-la-Tour, mentionné en 1779 comme étant de la châtell. de Decize.

THUREAUX (LES), h. c⁰ⁿ de Ciez. — *Les Tureaux* (Cassini).

THURAUX (LES), h. c⁰ⁿ de Varennes-lez-Nevers.

THURIGNY, h. c⁰ⁿ de Saint-Germain-des-Bois. — 1415 (A. N.). — *Turigny*, 1703 (*ibid.*). — Fief de la châtell. de Clamecy.

THURILLOS, f. c⁰ⁿ de Parigny-la-Rose.

THUS (LES), h. c⁰ⁿ de Saint-Amand.

THUS, h. c⁰ⁿ de Fours. — *La Grande-Maison-Thus* (Cassini).

TILLEUL (LE), f. c⁰ⁿ de Luthenay. — *Le Tilleul*, 1531 (arch. d'Uxeloup). — Fief vassal de Rosemont.

TILLEUL, f. c⁰ⁿ de Saint-Léger-de-Fougeret. — *Le Tilleul*, 1600 (arch. de Vandenesse). — *Tillour*, 1646 (A. N.).

TILLOT, h. et tuilerie, c⁰ⁿ de Chiddes. — *Talot* (Cassini).

TILLOUX (LE), lieu détr. c⁰ⁿ d'Azy-le-Vif, mentionné en 1611 (arch. de Saint-Pierre-le-Moûtier).

TIMBARDS (LES), m. c⁰ⁿ de Vandenesse.

TINCEAT, h. c⁰ⁿ de Charrin. — *Tissa* (Cassini).

TINCY, fief de la châtell. de Saint-Verain, mentionné en 1689 (reg. des fiefs).

TINTURY, c⁰ⁿ de Châtillon. — *Tanturiacum*, 1264 (S.). — *Tainturiacum-versus-Castellionem*, 1355 (cens. du chap. de Nevers). — *Tentury*, 1490 (A. N.). — *Tinturiacum*, 1518 (pouillé de Nevers).

TIOLIERE (LA), h. détr. c⁰ⁿ de Vandenesse, mentionné en 1501 (arch. de Vandenesse).

TIONNERIE (LA), f. c⁰ⁿ de Saint-Franchy.

TIRAGE (Bois du), c⁰ⁿ de Prémery.

TIRAGE (LE), m. de garde, c⁰ⁿ de Prémery.

TIRGAGE, h. c⁰ⁿ de Saint-Honoré. — *Turgage*, *le Tiergat*, *Tiergaige*, 1427 (arch. de la Montagne).

TIZOTS (LES), h. c⁰ⁿ de Ciez.

TOCHESUEF, lieu détr. c⁰ⁿ de Sauvigny-les-Bois, mentionné en 1331 (cens. du chap. de Nevers).

TOLIN (LE), m. c⁰ⁿ d'Héry.

DÉPARTEMENT DE LA NIÈVRE.

Tolose (La), m. c⁰⁰ de Chaulgnes. — *Maison Tolon*, 1771 (reg. de Chaulgnes).

Tolose (La), fief vassal de Prémery, mentionné en 1540 (Marolles).

Tossis (Le), f. c⁰⁰ de Montigny-sur-Canne. — *Le Tomin*, 1652 (A. N.). — *Tossis*, 1648 (ibid.). — *Le Thossis*, 1726 (ibid.).

Topeaux (Les), f. c⁰⁰ de Lucenay-lès-Aix. — *Topeau*, 1467 (arch. de Lucenay).

Toreaux (Les), h. c⁰⁰ d'Arleuf.

Toreau (Le), éc. c⁰⁰ de Luthenay. — *Les Thoreaux*, 1488 (A. N.).

Toreau-Destailly (Le), fief de la châtell. de Montreuillon mentionné en 1689 (reg. des fiefs). — *Thoreau*, 1638 (Marolles).

Torlas (Les), h. c⁰⁰ de Préporché.

Tors, m. et f. c⁰⁰ de Decize. — 1441 (Marolles). — *Torts*, 1577 (S.). — *Tortz*, 1636 (A. N. fonds de Decize). — *Tors-le-Pré ou Borland*, 1728 (A. D.). — Fief de la châtell. de Decize.

Torsay, éc. c⁰⁰ de Saint-Parize-le-Châtel.

Touailles (La motte de), motte féodale, c⁰⁰ de Toury-Lurcy, mentionnée en 1773 (arch. de Soultrait).

Touffou, fief de la châtell. de Donzy, mentionné en 1638 (Marolles). — *Toufol*, 1584 (ibid.). — *Touffou*, 1689 (reg. des fiefs).

Toulifaut, ruines d'un château au lieu dit *le Gros-Châtenay*, c⁰⁰ de Rouy.

Toulon, f. c⁰⁰ de Cercy-la-Tour.

Tour (La), f. c⁰⁰ de Challement. — *La Tour-Raboteau*, 1689 (reg. des fiefs). — *La Tour-Bateau*, 1690 (A. D.). — *La Tour-Rabuteau*, 1704 (ibid.). — Fief de la châtell. de Monceaux-le-Comte.

Tour (La), f. c⁰⁰ d'Épiry.

Tour (La), f. c⁰⁰ de Neuville-lès-Decize.

Tour (La), h. et f. c⁰⁰ de Magny-Cours.

Tour (La), h. détr. c⁰⁰ de Ruages, mentionné en 1543 (arch. de Quincize).

Tour (La), h. c⁰⁰ de Vielmanay.

Tour (La), lieu détr. c⁰⁰ de Chevenon; ancien fief de la châtell. de Nevers, vassal de Meauce. — *La Tour-de-Chevenon*, 1511 (A. N.).

Tour (La), m. et tuil. c⁰⁰ de Mars. — 1386 (A. N.).

Tour (La), éc. c⁰⁰ de Vandenesse. — *Dutoul* (Cassini).

Tour-de-Baugy (La), fief à Decize, mentionné en 1600 (A. D.).

Tour-d'Ocle (La), ruines, c⁰⁰ d'Alligny. — *La Tour d'Œre*, 1372 (Marolles).

Tour-de-Couty (La), m. c⁰⁰ de Sainte-Pereuse.

Toureau-de-Fougeras (Le), h. commune de Dun-sur-Grandry.

Toureau-d'Houry (Le), h. c⁰⁰ de Dun-sur-Grandry.

Tourelle (La), m. c⁰⁰ de Toury-Lurcy, bâtie en 1855.

Tourelle (La), chât. et m⁰⁰, c⁰⁰ d'Arleuf. — *Tornella*, 1143 (Gall. christ. XII, col. 114). — *Gilo de Tornella*, 1173 (ibid. col. 133). — *La Tournelle*, 1370 (C.). — *La Tornelle*, 1512 (A. N.). — Fief important, vassal du comté de Château-Chinon, érigé en marquisat en 1681, en faveur de la famille de la Tourelle.

Tourelles (La), f. c⁰⁰ de Nannay.

Tourelles, h. c⁰⁰ de Chaumot-sur-Yonne. — *Moulin de Tournesacq*, 1684 (A. N.).

Tournesac (Moulin de), m⁰⁰ détr. c⁰⁰ de Lamenay, mentionné en 1412 (arch. de la Montagne).

Tourneau (Les), h. c⁰⁰ de Glux.

Tournois, fief de la châtell. de Clamecy, mentionné en 1689 (reg. des fiefs). — *Tournoir, Tournoel*, 1638 (Marolles).

Tourny, h. et m⁰⁰, c⁰⁰ de Fléty; commᵈᵉ de l'ordre de Saint-Jean-de-Jérusalem. — *La Commanderie de Tourny*, 1528 (A. N.). — *Moulin de Tourny*, 1618 (reg. de Luzy). — *Tournie*, 1638 (Marolles). — Fief de la châtell. de Luzy.

Tournos, ruiss. affluent de l'Yonne, c⁰⁰ d'Arleuf et de Corancy.

Tourous (Les), f. c⁰⁰ de Toury-sur-Jour.

Tourpimpot (La), f. c⁰⁰ d'Alligny. — *La Tourpimpeau* (Cassini).

Tourreaux (Les), faubourg de Château-Chinon, mentionné en 1671 (reg. de Château-Chinon).

Tours (Bois des), c⁰⁰ de Lormes.

Tours (La), f. c⁰⁰ de Vandenesse, restes d'un ancien château.

Toury-sur-Abron, c⁰⁰ de Dornes; prieuré dépendant du prieuré de Langy. — *Ecclesia Sancti-Martini de Tauriaco*, 1103 (cart. gén. de l'Yonne, II, 405). — *Ecclesia de Turiaco*, 1185 (Gall. christ. XII, col. 183). — *Thoriacum-super-Abrom*, 1281 (C.). — *Thoriacum*, 1287 (reg. de l'év. de Nevers). — *Thoriacum-super-Abrom*, 1312 (S.). — *Thury-sur-Abron*, 1405 (A. D.). — *Thory*, 1448 (A. N.). — *Thary-soubz-Abron*, 1488 (ibid.). — *Tourit*, 1619 (reg. de Toury-sur-Abron). — *Le chastel et maison fort de Thoury*, 1638 (arch. de Soultrait). — *Toury-Lurcy* depuis la réunion de Lurcy-sur-Abron en 1822. — Fief de la châtell. de Decize.

Toury-sur-Jour, c⁰⁰ de Dornes. — *Toriacum*, 1161 (Bulliot, II, 39). — *Thoriacum*, 1287 (reg. de l'év. de Nevers). — *Thori-en-Surges*, 1332 (mss. de Baluze, extr. du cart. de la chambre des comptes de Nevers). — *Toury-en-Surgeo*, 1332 (Marolles). — *Thoriacum-in-Surgeto*, 1478 (pouillé de Nevers). — *Thory-en-Surget*, 1638 (Marolles). — *Toury-en-*

Sejour, 1734 (reg. de Saint-Germain-en-Viry). — Fief de la châtell. de Nevers.

TOCTEUILLE. h. et f. c⁻ de Tintury. — Touteule, 1433 (Marolles). — Fief du duché.

TOUT-VENT. f. c⁻ de Cossaye. — Touseau, 1357 (Marolles). — Motte de Tourant, 1405 (Marolles). — Touran, 1630 (reg. de Cossaye). — Thouan, 1689 (reg. des fiefs). — Fief de la châtell. de Decize.

TOUT-VENT. f. détr. c⁻ de Limanton, mentionnée en 1567 (arch. de Vandenesse).

TOUX (LE), h. c⁻ de Bouy.

TOZEAUX (LES), f. c⁻ de Lucenay-les-Aix. — Tozot (Cassini).

TRACLAS, lieu détr. c⁻ de Decize, mentionné en 1437 (A. D.).

TRACLAS, f. c⁻ de Saint-Léger-de-Fougeret. — Trieslin, 1546 (C.). — Traclain, 1600 (arch. de Vandenesse). — C'était un fief vassal du comté de Château-Chinon.

TRACY-SUR-LOIRE, c⁻ de Pouilly. — Drapticus, Dractiacus, vi⁻ et vii⁻ siècle (cart. gén. de l'Yonne, II, XXXI). — Ecclesia Sancti-Simphoriani de Traciaco, 1147 (Lebeuf, IV, 39).

TRAFIN, m. de camp. et f. c⁻ de Moulins-Engilbert.

TRAILLES, h. c⁻ de Saint-Benin-d'Azy.

TRAISES (LES), f. et m. de camp. c⁻ de Sauvigny-les-Bois. — Traisues, 1605 (A. N. fonds des filles aumônières).

TRAISSES (LES), h. et forges, c⁻ de Varennes-les-Narcy. — Forge des Traines (Cassini).

TRAISSOLES, lieu détruit, c⁻ de Dirol, fief de la châtell. de Monceaux-le-Comte, mentionné en 1689 (reg. des fiefs).

TRAIT (LE), riv. prend sa source dans la c⁻ d'Achun, traverse les c⁻ d'Aunay, Ougny, Tannay et Brinay et se jette dans l'Aron. — Itinière de Pouilly, 1284 (S.). — Le Traict, 1559 (C.).

TRAITÉE (LA), h. c⁻ de Cheaumard.

TRAIZAIGLE, f. c⁻ de la Fermeté. — Tres Aquae, 1143 (cart. gén. de l'Yonne, I, 391). — Toelogne, 1544 (S.). — Troyes-Aigues, 1565 (S.). — Tressigues, 1638 (Marolles). — Trois-Aigues, 1719 (terrier de Saint-Baudière). — Fief de la châtell. de Nevers.

TRAMBOLIN, fief de la châtell. de Cercy-la-Tour, mentionné en 1638 (Marolles).

TRAMBÇON, m. de camp. et f. c⁻ de Sermages. — Tremeson, 1638 (Marolles). — Fief de la châtell. de Moulins-Engilbert.

TRAUNS (LA), f. c⁻ de Fours.

TRANAY, lieu détruit, près de Parigny-les-Vaux, mentionné en 1355 (cens. du chap. de Nevers). — Tranay, 1711 (A. N.).

TRANGY, chât. h. et f. c⁻ de Saint-Éloi. — Villa Trangiaco, 947 (Gall. christ. XII, col. 315). — Trangiacum, 1265 (A. N.). — Trangy, 1390 (ibid.).

TRANZART, f. c⁻ de Druy. — 1317 (S.). — Territorium de Tranzcis, 1407 (A. D.). — Trazan, 1528 (arch. de la Montagne). — Fief vassal de Bouhy.

TRECY, h. c⁻ de Cortol-d'Embernard. — Tercy (Cassini).

TREFFOL (Bois DE), près de Magny-Cours, mentionné en 1572 (S.).

TREMES (LES), lieu détruit, près de Decize, mentionné en 1273 (A. D.).

TREMBLACEN, lieu détruit, c⁻ de Pazy, mentionné en 1231 (arch. de l'Empire, cart. J. 251).

TREIGNY, h. c⁻ de Chevannes-Changy; anc. paroisse. — Tremignum, 1287 (reg. de l'év. de Nevers). — Treigniacum, 1294 (C.). — Maison forte de Trigny, 1322 (Marolles). — Tregny, 1538 (A. D.). — Treigny, 1626 (reg. de Treigny). — Fief de la châtell. de Montenoison.

TREIGUTRES (LES), lieu détruit, c⁻ de Sermoise, mentionné en 1293 (A. N.).

TREMALSON, fief de la châtell. de Moulins-Engilbert, mentionné en 1689 (reg. des fiefs).

TREMBLAS (LES), tuil. c⁻ de Tallon.

TREMBLAY (LE), chât. et dépend. c⁻ de Chaulgnes. — Tramblaye, le Tramblay, 1355 (cens. du chap. de Nevers). — Le Tremblay, 1449 (A. N.). — Tremblais, 1689 (reg. des fiefs). — Fief de la châtell. de la Marche.

TREMBLAY (LE), chât. c⁻ d'Isenay. — Villa de Trambleye, 1288 (A. N.). — Le Tremblay, 1559 (ibid.). — Fief de la châtell. de Decize.

TREMBLAY (LE), f. c⁻ de Saint-Parize-le-Châtel. — Trambleyum, 1269 (A. N.). — Les Trembleys, 1406 (ibid.).

TREMBLAY (LE), h. c⁻ de la Celle-sur-Loire; fief de la châtell. de Saint-Verain.

TREMBLAY (LE), h. c⁻ de Cossaye. — 1659 (reg. de Cossaye). — Fief de la châtell. de Decize.

TREMBLAY (LE), h. c⁻ de Thianges.

TREMBLAY (LE), lieu détruit, c⁻ d'Oulon, mentionné en 1323 (Marolles). — Fief de la châtell. de Montenoison.

TREMBLE (LE), f. c⁻ de Mars. — Le Temple, 1454 (A. N.). — Le Tremple, 1481 (ibid.). — Le Tremblay, 1505 (ibid.). — Le Tremble, 1782 (arch. de Saint-Pierre-le-Moûtier).

TREMBLES (LES), h. c⁻ d'Arbourse.

TREMBLOT (Bois DU), c⁻ de Lâché-Amara.

TREMBLOT (Bois DU), c⁻ de Magny-Lormes. — Nemus de Trembles, 1233 (Gall. christ. IV, col. 97).

TREMBOULIS (MOTTE DE), h. c^{ne} de Fertrève. — *La Motte-Tremboulin*, 1728 (A. N.). — Il prend son nom d'un ruiss. affluent de la Canne, qui arrose les c^{nes} d'Alluy, de Tintury et de Fertrève.

TRÉMIGNY, h. c^{ne} de Saincaize. — 1280 (A. N.). — *Remigny*, 1383 (Marolles). — *Grand et Petit Trémigny* (Cassini). — Fief de la châtell. de Châteauneuf-sur-Allier.

TRES-LONG, ruiss. affluent du Nohain, c^{ne} d'Entrains.

TRESSAIT, c^{ne} de Dornes. — *Ecclesia de Traisnaco*, 1130 (Gall. christ. XII, col. 339). — *Ecclesia de Traines*, 1164 (Bulliot, II, 42). — *Traynacum*, 1287 (reg. de l'év. de Nevers). — *Traynay*, 1389 (A. N.). — *Trainnayum*, 1435 (S.). — *Trenaium*, 1478 (pouillé de Nevers). — *Trine*, 1577 (A. N.). — *Treisnai*, 1754 (reg. de Saint-Germain).

TRESOLLE, f. c^{ne} d'Héry. — *Tressolles*, 1605 (A. N.). — Donne son nom à un bois voisin.

TRÉSOR (LE), m. dans le parc du château de Toury-sur-Abron, c^{ne} de Toury-Lurcy.

TRESOVIES, lieu détruit, c^{ne} d'Entrains, mentionné en 680 (cart. gén. de l'Yonne, I, 20).

TRESSEUX, h. c^{ne} de Châteauneuf-Val-de-Bargis. — *Maison des Trois-Sonnes*, 1331 (Marolles). — *Trois-sonnes*, 1347 (ibid.). — *Trois-Eues*, 1638 (ibid.). — *Trois-Omes*, 1689 (reg. des fiefs). — Fief de la châtell. de Châteauneuf-Val-de-Bargis.

TRESSOLLES, chât. ruiné, c^{ne} de Cervon. — *Trousselles*, 1651 (A. N.). — *Troussol*, 1689 (reg. des fiefs). — Fief de la châtell. de Montreuillon.

TREZILLON, f. c^{ne} de Luzy. — 1539 (S.). — *Trezillion*, 1577 (C.). — *Tresillon*, 1689 (reg. des fiefs). — Fief de la châtell. de Luzy.

TRIBOLLES (LES), m. c^{ne} de Mars.

TRIBOULETS (LES), f. c^{ne} de Saint-Seine.

TRIBOULETS (LES), m. c^{ne} de Saint-Parize-en-Viry.

TRISSAY, h. c^{ne} de Marcy. — Fief de la châtell. de Montenoison. — Il donne son nom à un ruisseau affluent du Beuvron.

TRIQUETS (LES), h. c^{ne} d'Arleuf.

TRION, f. c^{ne} de Surgy.

TRION, f. c^{ne} de Lormes. — *Trinax*, 1709 (reg. de Lormes).

TROIS-LE-BOURG (MOULIN DE), c^{ne} de Neuville. — *Moulin de Tralbout* (Cassini).

TROILLÈRE (LA), fief de la châtell. de Monceaux-le-Comte, mentionné en 1689 (reg. des fiefs).

TROIS-BORNES (LES), m. c^{ne} de Toury-Lurcy. — *Croix des Trois Bornes*, 1772 (plan de la seign. de Beauvoir). — Ce lieu se trouvait à la limite des justices des seigneuries de Lurcy-sur-Abron, de Dornes et de Beauvoir : de là son nom.

TROIS-CHEMINÉES (LES), éc. c^{ne} de Saint-Parize-en-Viry.

TROIS-CHEMINÉES (LES), f. c^{ne} de Montigny-sur-Canne.

TROIS-CRÊTES (LES), m. c^{ne} d'Arbourse.

TROIS-FOSSES (LES), f. c^{ne} d'Azy-le-Vif; donne son nom à un bois voisin. — 1676 (reg. de Luthenay). — *Troisfout* (Cassini).

TROIS-FONTAINES, lieu détruit, c^{ne} d'Alligny-en-Morvand, porté sur la carte de Cassini.

TROIS-QUARTS (LES), m^{on}, f^{me} de Moez-le-Comte.

TROIS-VÈVRES, c^{ne} de Saint-Benin-d'Azy. — *Tres vevres*, 1287 (reg. de l'év. de Nevers). — *Nemus de Tribus Virgis*, 1331 (cens. du chap. de Nevers). — *Trois-Vèvres*, 1455 (C.). — *Cura de Tribus-Verris*, 1478 (pouillé de Nevers). — *Troisefvre*, 1577 (A. N.). — Donne son nom à un bois voisin.

TRONÇAIS (LE), f. c^{ne} de Decize. - *La Troncelle* (Cassini).

TRONÇAY, h. c^{ne} de Saint-Ouen. — *Le Troncay*, 1336 (Marolles). — *La Brosse de Troncay*, 1512 (A. N.). — *Transay*, 1575 (ibid.). — *Troncay*, 1664 (épitaphe à Decize). — Fief de la châtell. de Decize, vassal de Druy.

TRONÇAY (FORÊT DE), c^{ne} de Saint-Révérien. — *Le bois Troncay*, 1455 (terrier de Chitry).

TRONCEY, fief, c^{ne} de Marzy, mentionné en 1638 comme étant de la châtell. de Nevers (Marolles).

TRONCEVES, h. et bois détruits, c^{ne} de Mars, mentionnés en 1283 (A. N.). — *Nemus de Troncoyo*, 1354 (ibid.).

TRONCHER (LE), f. c^{ne} de Saint-Amand.

TRONSANGES, c^{ne} de la Charité. — *Villa quæ dicitur Truzongias, ecclesia in villa Trossongia*, vers 1080 (cart. de Saint-Cyr de Nevers, ch. 30). — *Lambertus de Trossongia*, 1196 (Gall. christ. XII, col. 346). — *Tronceinges, Truncevinges*, 1253 (A. N. fonds du chapitre). — *Cura de Troncengiis*, 1478 (pouillé de Nevers). — *Troussanges*, 1588 (S.). — Fief de la châtell. de la Marche. — Il y avait à Tronsanges une léproserie et une maison-Dieu.

TROP-SEC, f. c^{ne} de Courcelles.

TROSSEC, h. c^{ne} de Saint-Saulge.

TROTIERS (LES), h. c^{ne} de Saint-Verain. — *Les Trottier* (Cassini).

TROUGNY, anc. chât. et f. c^{ne} de Saxy-Bourdon. — *Troigny*, 1446 (C.). — *Trougny*, 1475 (Marolles). — *Trogny*, 1510 (A. N.). — Fief de la châtell. de Saint-Saulge, vassal de la Boue.

TROUILLÈRE (LA), chât. et h. c^{ne} de Guipy. — *La Trullière*, 1467 (A. N.). — *La Trollière*, 1623 (ibid.). — *La Trouillière*, 1685 (ibid.). — Fief vassal du comté de Château-Chinon.

TROUSSOIR (LA), h. c^{ne} de Marigny-l'Église.

Trouet ou Troil, fief de la châtell. de Moceaux-le-Comte, mentionné en 1638 (Marolles).

Trucy, f. c⁽ⁿ⁾ de Préporché. — Truchy, 1482 (C.). — Trussi, 1673 (S.). — Moulin de Trucy (ibid.). — Trussy, 1689 (reg. des fiefs).

Trucy-l'Orgueilleux, c⁽ⁿ⁾ de Clamecy. — Trucy-Lorguilloux, 1347 (C.). — Truciacus-Superbus, 1535 (pouillé d'Auxerre). — Fief de la châtell. de Clamecy.

Truciacum, lieu détruit, c⁽ⁿ⁾ de Challuy, mentionné en 1429 (A. N.).

Truges, lieu détruit, c⁽ⁿ⁾ de Garchizy, mentionné en 1447 (A. N.).

Tuilerie (La), éc. c⁽ⁿ⁾ de Narcy.
Tuilerie (La), f. c⁽ⁿ⁾ de Charrin.
Tuilerie (La), f. c⁽ⁿ⁾ de Donzy.
Tuilerie (La), f. c⁽ⁿ⁾ d'Isenay.
Tuilerie (La), f. c⁽ⁿ⁾ de Limanton. — La Tuilaye, 1620 (C.).
Tuilerie (La), f. c⁽ⁿ⁾ de Tallon. — La Tuilerie de Talou, (Cassini).
Tuilerie (La), h. c⁽ⁿ⁾ de Bitry.
Tuilerie (La), h. c⁽ⁿ⁾ de Prémery.
Tuilerie (La), h. c⁽ⁿ⁾ de Thianges.
Tuilerie (La), h. c⁽ⁿ⁾ de Varennes-lez-Nevers.
Tuilerie (La), lieu détruit, c⁽ⁿ⁾ de Bussy-la-Pesle, porté sur la carte de Cassini.
Tuilerie (La), lieu détruit, c⁽ⁿ⁾ de Chevannes-Changy, porté sur la carte de Cassini.
Tuilerie (La), lieu détruit, c⁽ⁿ⁾ de Dornecy.
Tuilerie (La), lieu détruit, c⁽ⁿ⁾ de Saint-Amand.
Tuilerie (La), lieu détruit, c⁽ⁿ⁾ de Surgy, porté sur la carte de Cassini.
Tuilerie (La), m. c⁽ⁿ⁾ de Druy.
Tuilerie (La), m. c⁽ⁿ⁾ de Dun-les-Places.
Tuilerie (La), m. c⁽ⁿ⁾ de Saint-Martin-d'Heuille.
Tuilerie (La), m. c⁽ⁿ⁾ de Varzy.
Tuilerie (La), m. de garde, c⁽ⁿ⁾ de Beaumont-la-Ferrière.
Tuilerie (La), m. détruite, c⁽ⁿ⁾ de Champvoux, portée sur la carte de Cassini.
Tuilerie (La), tuil. et four à chaux, c⁽ⁿ⁾ d'Anlezy.
Tuilerie (La), tuil. c⁽ⁿ⁾ d'Arbourse.
Tuilerie (La), tuil. c⁽ⁿ⁾ de Bona.
Tuilerie (La), tuil. c⁽ⁿ⁾ de Chaulgnes. — Thuillerie, 1781 (reg. de Chaulgnes).
Tuilerie (La), tuil. c⁽ⁿ⁾ de Courcelles.
Tuilerie (La), tuil. c⁽ⁿ⁾ de Dornes.
Tuilerie (La), tuil. c⁽ⁿ⁾ de Livry.

Tuilerie (La), tuil. et four à chaux, c⁽ⁿ⁾ de Mycennes.
Tuilerie (La), tuil. c⁽ⁿ⁾ de Pousignol-Blismes.
Tuilerie (La), tuil. c⁽ⁿ⁾ de Trucy-l'Orgueilleux.
Tuilerie (La), usine, c⁽ⁿ⁾ de Moussy.
Tuilerie Barrochin (La), tuil. c⁽ⁿ⁾ d'Alligny.
Tuilerie Brodée (La), tuil. c⁽ⁿ⁾ d'Alligny.
Tuilerie de Beauvois (La), tuil. c⁽ⁿ⁾ de Saint-Germain-Chassenay.
Tuilerie de Saint-Hilaire (La), tuil. c⁽ⁿ⁾ de Saint-Hilaire-Fontaine.
Tuilerie-de-Saint-Loup (La), éc. c⁽ⁿ⁾ de Saint-Germain-Chassenay.
Tuilerie-de-Saint-Martin (La), usine et locaterie, c⁽ⁿ⁾ de Sainte-Marie.
Tuilerie-des-Chaumes (La), f. c⁽ⁿ⁾ de Tannay.
Tuilerie des Rideaux (La), tuil. c⁽ⁿ⁾ de Colmery.
Tuilerie Gazet (La), tuil. c⁽ⁿ⁾ de Champvert.
Tuilerie vers-le-Val-des-Bouères (La), tuil. c⁽ⁿ⁾ de Clamecy.
Tuilerie Voisoux (La), tuil. c⁽ⁿ⁾ de Lucenay-les-Aix.
Tuileries (Les), h. et f. c⁽ⁿ⁾ de Sermoise.
Tuileries (Les), h. c⁽ⁿ⁾ de Toury-sur-Jour.
Tuileries (Les), tuil. c⁽ⁿ⁾ d'Avril.
Tuileries (Les), usine, c⁽ⁿ⁾ de Menou.
Tuileries de Chargery (Les), tuil. c⁽ⁿ⁾ de Châteauneuf-Val-de-Bargis.
Tuileries des Talles (Les), tuil. c⁽ⁿ⁾ de Châteauneuf-Val-de-Bargis.
Tuloup, m. c⁽ⁿ⁾ de Saint-Parize-le-Châtel.
Turaux (Les), lieu détruit, c⁽ⁿ⁾ de Varennes-lez-Nevers, porté sur la carte de Cassini.
Turigny, fief de la châtell. de Montenoison, mentionné en 1638 (Marolles).
Turigny, h. et f. d'Aunay. — Thorigniacum, 1262 (A. N.). — Turigny, 1293 (S.). — Turigny, 1402 (A. N.). — Thurigny, 1404 (ibid.). — Thoriguy, 1455 (ibid.). — C'était un fief de la châtell. de Montreuillon.
Turnand, h. détruit, c⁽ⁿ⁾ de Magny-Cours, mentionné en 1615 (S.).
Tury, fief de la châtell. de Saint-Verain, mentionné en 1689 (reg. des fiefs).
Tussy, h. c⁽ⁿ⁾ de Saint-Honoré. — Villa Tuciaco, 947 (Gall. christ. XII, col. 315). — Tussy, 1643 (S.).
Tuyau (Le), h. c⁽ⁿ⁾ de Tronsanges.
Tyolerie (La), m. détruite, c⁽ⁿ⁾ de Brinay, mentionnée en 1472 (C.).
Tyreux (Villa de), lieu détruit, c⁽ⁿ⁾ de Saint-Parize-le-Châtel, mentionné en 1267 (A. N.).

U

Ulmes (Les), lieu détruit, c^{ne} de Sougy. — 1368 (A. D.). — *Les Heulmes*, 1418 (A. N.). — *Les Hulmes*, 1446 (S.). — Fief de la châtell. de Decize, annel de Druy.

Ulmes-de-Menay (Les), lieu détruit, c^{ne} de Magny-Cours, mentionné en 1560 (A. N.). — A donné son nom à un ruisseau.

Urbigny-d'en-Bas et Urbigny-d'en-Haut, h^x, c^{ne} de Saint-André-en-Morvand. — *Urbigny*, 1588 (A. N.). — Fief de la châtell. de Monceaux-le-Comte.

Urcey, f. c^{ne} de Maux. — *Urcey*, 1256 (Bulliot, II, 112). — *Villa Uley*, 1289 (ibid. 138). — *Ursseau*, 1638 (Marolles). — Fief vassal du comté de Château-Chinon.

Urzy, c^{ne} de Pougues. — *Ecclesia de Urziaco*, 887 (Gall. christ. XII, col. 311). — *Ecclesia de Urziaco*, 1147 (Lebeuf, IV, 39). — *Urzy*, 1194 (A. N. fonds du chap.). — *Urzacum*, 1325 (arch. des Bordes). — *Urziacum*, 1364 (ibid.). — *Urzy*, 1326 (A. N.). — *Eurzy*, 1392 (arch. des Bordes).

Urzy (Château d'), c^{ne} d'Urzy; ancien château des évêques de Nevers, qui étaient seigneurs du lieu.

Urzy (Moulin d'), c^{ne} d'Urzy.

Usage (L'), h. c^{ne} de Champvert.

Usage (L'), h. c^{ne} de Sougy.

Usage-Bertin (L'), bois, c^{nes} de Montigny-sur-Canne et d'Isenay.

Usage-de-Faches (L'), m. c^{ne} de Beugny.

Usage-de-Lancray (L'), h. c^{ne} de Montigny-sur-Canne. — *Les Loges-de-Lancray*, xviiie siècle (reg. de Montigny-sur-Canne).

Usage-Vaujoly (L'), h. c^{ne} de Diennes. — *Vaujoly*, 1512 (A. N.). — *Vaujolly*, 1591 (ibid.). — *Vojolly*, 1650 (ibid.).

Usages (Les), bois, c^{ne} de Saint-Verain.

Usages (Les), m. c^{ne} de Béard.

Usages (Les Grands-), bois, c^{ne} de Giry.

Usages-d'Arbourse (Les), bois, c^{nes} d'Arbourse et de Chasnay.

Usages-d'Arthel (Les), bois, c^{ne} d'Arthel.

Usages-de-Bossesson (Les) ou Bois du Merisavaux, bois, c^{ne} de Neuffontaines, mentionné en 1579 (reg. de Bazoches).

Usages-de-Champlemy (Les), bois, c^{ne} de Champlemy.

Usages-de-Dompierre (Les), bois, c^{ne} de Dompierre-sur-Nièvre.

Usages-de-la-Celle (Les), bois, c^{ne} de la Celle-sur-Nièvre.

Usages-de-Narcy (Les), bois, c^{ne} de Narcy. — *Fief des Usages de Narcy*, 1689 (reg. des fiefs).

Usages-de-Prémery (Les), bois, c^{ne} de Prémery.

Usages-de-Saint-Bonnot (Les), bois, c^{ne} de Saint-Bonnot.

Usages-des-Rousseaux (Les), bois, c^{ne} de Châteauneuf-Val-de-Bargis.

Usages-de-Villaine (Les), bois, c^{ne} de Dompierre-sur-Nièvre.

Usages-d'Oulon (Les), bois, c^{ne} d'Oulon.

Usseau, h. c^{ne} de Parigny-les-Vaux. — *Uscul*, 1331 (cens. du chap. de Nevers). — *Usseaul*, *Uxeaul*, 1355 (ibid.).

Usseau, lieu détruit, c^{ne} de Montigny-sur-Canne. — *Uxeaul*, 1452 (A. N.). — *Usseaul*, 1559 (ibid.). — Fief de la châtell. de Cercy-la-Tour.

Uxeloup, chât. et h. c^{ne} de Luthenay; anc. paroisse. — *Usilo*, 1171 (Gall. christ. XII, col. 344). — *Ussellaou*, 1243 (A. N.). — *Uzello*, 1269 (ibid.). — *Ussulo*, 1287 (reg. de l'év. de Nevers). — *Usseilum*, 1344 (A. N.). — *Usselo*, 1348 (ibid.). — *Yssolou*, 1355 (cens. du chap. de Nevers). — *Uzello*, 1478 (pouillé de Nevers). — *Uxellou*, 1486; *Usseloup*, 1689 (A. N.). — Fief de la châtell. de Nevers.

V

Vache (La), h. c^{ne} de Raveau.

Vacheresse, f. c^{ne} d'Azy-le-Vif. — *La Motte-Vacheresse*, 1689 (reg. des fiefs).

Vachers (Les), h. c^{ne} de Neuvy.

Vachers (Les), lieu détruit, c^{ne} de Chantenay, mentionné en 1684 (A. N.).

Vacquets (Les), petit ruisseau qui afflue au ruisseau de la Fontaine-de-la-Vache et arrose la commune de Raveau.

Vadum-Fracto, lieu détruit, près de Bourras, mentionné en 1120 (cart. de Bourras, ch. 1).

Vaillants (Les), h. c^{ne} de Glux.

VALLY, h. c[ne] d'Alligny. — *Galliacus*, vers 810 (polyptyque d'Irminon, II, 117).

VALAGUE, f. c[ne] d'Ourouer. — *Varlange*, 1584 (arch. de M. Pougault de Mourceaux). — *Vallange*, 1686 (A. N.).

VAL-DE-BARGIS (LE), petite contrée du Nivernais qui comprenait la vallée dans laquelle se trouve Châteauneuf-Val-de-Bargis. — 1507 (arch. des Bordes).

VAL-DE-LURCY (LE), petite contrée du Nivernais qui prenait son nom de Lurcy-le-Bourg et renfermait, outre ce bourg et celui de Ligny ou Lurcy-le-Châtel, Nolay, Prunevaux, Saint-Benin-des-Bois, Giverdy, Saint-Martin, Sainte-Marie et Saint-Franchy, 1535 (cout. du Nivernais).

VAL-DES-BOSIERS (LE), h. et f. c[ne] de Clamecy.

VALÉ (MOULIN DE), c[ne] de Toury-sur-Jour. — *Moulin-Valet* (Cassini).

VALECTES, lieu détruit, c[ne] de Saint-Jean-aux-Amognes, mentionné en 1422 (A. N.).

VALENTINGE, h. c[ne] de Cervon. — *Valentingos*, 721 (cart. gén. de l'Yonne, II, 2). — *Valentinges*, 1377 (A. N.).

VALETES, h. détruit, près de Guérigny, mentionné en 1355 (cens. du chap. de Nevers).

VALETTES (LES), vill. c[ne] de Saint-Léger-des-Vignes.

VALETTES (RUISSEAU DES), affluent de la Loire, prend sa source dans les bois de la Machine, c[ne] de ce nom, et traverse les c[nes] de Saint-Léger-des-Vignes et de Sougy.

VALLÉE (LA), f. c[ne] de Diennes. — 1496 (C.). — *La Vallée-Bureau*, 1699 (S.). — Fief de la châtell. de Decize, vassal de la Loge; tirait son surnom de la famille Bureau, qui le possédait au XVe siècle.

VALLÉE (LA), f. c[ne] de Neuville-lez-Decize. — *La Valee*, 1500 (A. N.).

VALLÉE (LA), f. c[ne] de Parigny-les-Vaux. — *Valleia*, 1331 (cens. du chap. de Nevers). — *Valle*, 1355 (*ibid*.).

VALLÉE (LA), f. c[ne] de Saint-Germain-Chassenay. — *La Valee*, 1604 (C.). — *Forge de la Vallée*, 1689 (reg. des fiefs). — Fief de la châtell. de Decize.

VALLÉE (LA), fief, c[ne] d'Onlay, mentionné en 1736 (reg. de Sémelay).

VALLÉE (LA), h. c[ne] de Druy. — *La Valette* (Cassini).

VALLÉE (LA), h. c[ne] de Garchizy.

VALLÉE (LA), h. c[ne] de la Collancelle.

VALLÉE (LA), h. c[ne] de Lormes. — Fief vassal de la baronnie de Lormes-Châlon.

VALLÉE (LA), h. c[ne] de Millay. — Fief vassal de la Roche-Millay.

VALLÉE (LA), lieu détruit, c[ne] d'Azy-le-Vif, porté sur la carte de Cassini.

VALLÉE-DE-COUR (LA), h. c[ne] de Château-Chinon-Campagne. — *Villa de Cur*, 1311 (A. N. fonds de Bellevaux). — *Villa de Curtis*, 1311 (*ibid*.). — *La Vallée-de-Court*, 1668 (reg. de Château-Chinon).

VALLÉE-DE-DRUY (LA), vill. c[ne] de Druy.

VALLÉE-DE-L'HOMME-MORT (CHEMIN DE LA), mentionné en 1551 comme se trouvant près de la Chapelle-Saint-André (arch. de l'Yonne, fonds de Varzy).

VALLÉE-DE-PARIGNY (LA), h. c[ne] de Garchizy.

VALLÉE-DE-PARZY (LA), h. c[ne] de Garchizy.

VALLÉE-LURRAU (LA), lieu détruit, c[ne] de Diennes; fief de la châtell. de Decize, mentionné en 1751 (A. D.).

VALLÉES (LES), f. c[ne] d'Arbourse.

VALLÉES (LES), f. et m. de garde, c[ne] de Donzy.

VALLÉES (LES), h. c[ne] d'Arquian.

VALLÉES (LES GRANDES-), h. c[ne] de Saint-Aubin-les-Forges. — *La Vallée-des-Granges ou les Granges*. 1575 (A. N.).

VALLÉES (LES PETITES-), h. c[ne] de Saint-Aubin-les-Forges.

VALLÉES-DE-MARSEAUX (LES), lieu détruit, c[ne] de Saint-Père, mentionné en 1639 (arch. de l'Yonne, inv. de Cosne).

VALLERIE, f. c[ne] de Mhère. — *Vallerius*, 1673 (reg. de Mhère).

VALLERINS (LES), m. de camp. c[ne] de Montigny-sur-Canne. — *Les Valerains*, 1676 (A. N.).

VALLET, fief de la châtell. de Châteauneuf-sur-Allier, mentionné en 1689 (reg. des fiefs).

VALLETTE, fief de la châtell. de Cercy-la-Tour, mentionné en 1638 (Marolles).

VALLETT, éc. c[ne] de Lucenay-les-Aix.

VALLIÈRE, chât. c[ne] de Mars. — *Valieres*, 1491 (A. N.). — Fief de la châtell. de Châteauneuf-sur-Allier.

VALLOGE (LA), f. c[ne] d'Ourouer.

VALLOTS (LES), h. c[ne] d'Aunay.

VALOTTE, h. détruit, c[ne] de Prémery, porté sur la carte de Cassini.

VALOTTE, h. m[lle] et anc. forge, c[ne] de Saint-Benin-d'Azy. — *Vallotte*, 1601 (S.). — *Valote*, 1675 (arch. de Maumigny).

VALOTTE (LA), f. c[ne] de Saint-Hilaire. — *La Volotte*, 1672 (reg. de Saint-Hilaire).

VALOTTE (LA), h. c[ne] de Dampierre-sur-Bouhy.

VALOTTE (LA), m. c[ne] de Saint-Pierre-le-Moûtier.

VALOTTES (LES), h. c[ne] d'Alligny-en-Morvand.

VAL-SAINT-GEORGES (LE), m. de camp. et f. c[ne] de Pouques; chartreuse fondée en 1233. — *Domus quæ vocabitur Sancta-Maria-Vallis-Sancti-Georgii*, 1233 (*Gall. christ.* IV, col. 96). — *Cartusia-Vallis-Sancti-Georgii*, vers 1500 (pouillé d'Autun).

VANDENESSE, c[ne] de Moulins-Engilbert. — *Ecclesia de Vendenessa*, 1183 (*Gall. christ.* XII, col. 183). —

Vandenesse, 1287 (reg. de l'év. de Nevers). — *Vendenesse*, 1293 (S.). — *Vandenesse*, 1320 (A. N.). — *Vendenisse*, xiv° siècle (pouillé d'Autun). — *Vandenesse*, 1408 (arch. de Vandenesse). — Fief de la châtell. de Moulins-Engilbert, érigé en marquisat, en 1663, en faveur de Louis du Bois, marquis de Givry.

Vandilly, h. c⁵⁵ de Cercy-la-Tour, mentionné en 1450 (A. N.).

Vanay, f. c⁵⁵ de Saint-Benin-d'Azy. — *Vanay*, 1524 (A. N.). — *Vaznay*, xvii° siècle (S.). — *Vannet* (Cassini).

Vanne (La), m. de camp. et f. c⁵⁵ de Varennes-lez-Nevers. — *Vanna*, 1293 (arch. des Bordes). — *Venna*, 1331 (cens. du chap. de Nevers).

Vanois, h. c⁵⁵ de Vauclaix. — 1689 (A. N.).

Vanoise, h. et chapelle, c⁵⁵ de la Roche-Millay ; prieuré-cure dépendant du prieuré de la Charité. — *Valnosia*, xiv° siècle (pouillé d'Autun). — *Vallis Nosia*, vers 1500 (pouillé d'Autun). — *Vanoize*, 1555 (C.). — Prieuré de Nostre-Dame de Vannoise, 1652 (reg. de Poil). — Prieuré de Vaunoize, 1658 (S.).

Vanzé, chât. et f. c⁵⁵ de Champvert. — *Maison et terre de Vazay*, 1296 (Marolles). — *Vanze*, 1322 (*ibid*.). — *Vanzay*, 1587 (*ibid*.). — Fief de la châtell. de Champvert. — Donne son nom à une forêt voisine.

Vardoux, fief près de la Fermeté, vassal du prieuré de la Fermeté, mentionné en 1638 (Marolles).

Vareilles (Bois de), c⁵⁵ de Lurcy-le-Bourg.

Vareilles (Les), h. c⁵⁵ d'Arleuf.

Varenne, lieu détr. c⁵⁵ de Sémelay, mentionné en 1427 (arch. de la Montagne).

Varenglan, fief de la châtell. de Montreuillon, mentionné en 1638 (Marolles).

Varenne, f. c⁵⁵ de Fleury-sur-Loire. — *La Varenne*, 1638 (Marolles). — *Le Grand et le Petit Varennes*, 1726 (S.). — Fief de la châtell. de Decize.

Varenne, f. c⁵⁵ de Sougy; prieuré et anc. paroisse. — Ecclesia Sancti-Sylvestri de Varenniis, 1103 (cart. gén. de l'Yonne, II, 39). — *Varenne*, 1287 (reg. de l'év. de Nevers). — *Varennes*, 1405 (A. D.). — *Varennes-en-Glanion*, 1417 (A. N.). — *Varennæ-in-Glenone*, 1518 (pouillé de Nevers).

Varenne, fief de la châtell. de Châteauneuf-sur-Allier, mentionné en 1689 (reg. des fiefs).

Varenne, fief de la châtell. de Montenoison, mentionné en 1689 (reg. des fiefs).

Varenne, m. c⁵⁵ de Saint-Saulge.

Varenne (Domaine de), f. c⁵⁵ de Sougy.

Varenne (La), éc. c⁵⁵ de Dornes.

Varenne (La), f. c⁵⁵ de Jailly. — *La Varene*, 1740 (A. N.).

Varennes (La), f. c⁵⁵ de Limanton. — *La Verenne*, 1335 (arch. de Vandenesse). — *La Varrene*, 1488 (A. N.). — Fief vassal du comté de Château-Chinon.

Varennes (La), h. c⁵⁵ de Sainte-Pereuse. — *Varennes*, 1564 (C.).

Varennes-d'en-Bas et Varennes-d'en-Haut, fermes, c⁵⁵ de Saint-Amand. — *Les Varennes* (Cassini).

Varennes, f. et tuil. c⁵⁵ de Moulins-Engilbert. — *Varennes*, 1573 (C.).

Varennes, fief, c⁵⁵ de Tronsanges, mentionné en 1638 comme étant de la châtell. de la Marche (Marolles).

Varennes, h. c⁵⁵ de Pazy. — Terre de Varennes, 1462 (arch. de Vandenesse).

Varennes (Les), h. détr. c⁵⁵ de Cossaye. — 1577 (A. N.).

Varennes-lez-Narcy, c⁵⁵ de la Charité. — Varennæ monasterium, vi° siècle (cart. gén. de l'Yonne, II, xxxvi). — Monasterium quod dicitur Varennæ, ix° s° (Bibl. hist. de l'Yonne, I, 330). — *Varennæ, villa Varennas*, 903 (Gall. christ. XII, col. 314). — Varennæ-versus-Narciacum, 1355 (cens. du chap. de Nevers). — *Varennes-soubz-Reuillon*, 1513 (C.). — *Varennes-en-Arcy*, 1600 (arch. de l'Yonne).

Varennes-lez-Nevers, c⁵⁵ de Pougues. — *Varenne*, 1287 (reg. de l'év. de Nevers). — *Varenes*, 1330 (A. N. fonds du chapitre).

Varigny, h. c⁵⁵ d'Achun. — *Varigny*, 1407 (Marolles). — *Varvgny*, 1637 (reg. d'Aunay). — Fief de la châtell. de Saint-Saulge.

Varigot, h. c⁵⁵ de Jailly. — *Varigaux*, 1775 (A. N.).

Varillets (Les), h. c⁵⁵ de Dornes. — *Les Varilles* (Cassini).

Varioux (Les), f. et m⁵⁵, c⁵⁵ de Champvert. — *Vario*, 1607 (A. D.). — *Varion*, 1638 (Marolles). — Fief de la châtell. de Champvert.

Varnes (Bois des), c⁵⁵ de Saint-Franchy.

Varry, chât. et h. c⁵⁵ de Langeron. — *Varie*, 1310 (les Olim, III, 573). — *Varye*, 1614 (A. N.).

Varsaudat, f. c⁵⁵ de Fléty.

Varvette (La), h. c⁵⁵ de Vandenesse.

Varville (La), m. de camp. c⁵⁵ d'Avrée. — 1327 (A. N.).

Varvoille (La), f. c⁵⁵ de Clamecy.

Varvolle (La), éc. c⁵⁵ de Langeron.

Varzy, arrond. de Clamecy. — *Varciacus*, v° siècle (cart. gén. de l'Yonne, II, xvii). — *Varziacus*, vi° siècle (Lebeuf, IV, 2). — Villa Varciaco, ix° siècle (cart. gén. de l'Yonne, II, xxxvi). — Varziaci castrum, 1087-1114 (Bibl. hist. de l'Yonne, I, 403). — Varziacum, 1126 (cart. de Bourras, ch. 4). — Warziacum, 1184 (Gall. christ. XII, col. 138). — *Varzy*, 1196 (*ibid*. col. 346). — Castellum Varziaci cum ecclesiis ejusdem loci videlicet Sancti-Petri et Sanctæ-Eugeniæ, 1266 (Gall. christ. XII, col. 170). —

24.

Varzi, 1271 (A. N. fonds du chap.). — *Varcy*, 1507 (procès-verbal de la cout. d'Auxerre).

Il y avait à Varzy une collégiale, sous le vocable de sainte Eugénie, composée de douze chanoines; une léproserie et une chapelle dans le château.

Varzy était le chef-lieu d'un archiprêtré du dioc. d'Auxerre, duquel dépendaient, outre Varzy, les paroisses d'Arbourse, Bagneaux, Bulcy, la Celle-sur-Nièvre, Champlemy, la Chapelle-Saint-André, la Charité, Chasnay, Châteauneuf-Val-de-Bargis, Colmery, Corbelin, Cosne, Couloutre, Courcelles, Cuncy-lez-Varzy, Dompierre-sur-Nièvre, Donzy, Garchy, Marcy, Ménestreau, Menou, Mesves, Murlin, Nannay, Narcy, Oudan, Parigny-la-Rose, Perroy, Pougny, Pouilly, Raveau, Saint-Aignan-de-Cosne, Saint-Andelain, Sainte-Colombe, Saint-Laurent-l'Abbaye, Saint-Malo, Saint-Martin-du-Pré, Saint-Martin-du-Tronsec, Saint-Père-de-Nazy, Saint-Pierre-du-Mont, Saint-Quentin, Saissy-les-Bois, Suilly-et-Verger, Tracy, Varennes-lez-Narcy et Vielmanay.

En 1790, le canton de Varzy, dép. du district de Clamecy, fut composé des c^{es} de Courcelles, Cuncy-lez-Varzy, Marcy, Menou, Oudan, Parigny-la-Rose, Varzy et Villiers-le-Sec.

Vasselange, f. c^{ne} de Livry.

Vassy, h. c^{ne} d'Arzembouy. — Fief de la châtell. de Montenoison.

Vassy, h. c^{ne} de Pouques. — *Vacy*, 1673 (reg. de Pouques). — Fief vassal de la baronnie de Lormes-Châlon.

Vatré, éc. c^{ne} de Chantenay; anc. moulin. — *Vetahium*, 1195 (A. N. fonds du chap. de Nevers). — *Vatey*, 1684 (A. N.). — Il donne son nom à un ruisseau qui prend sa source à Toury-sur-Jour et va se jeter dans l'Allier, après avoir arrosé les c^{nes} de Tresnay et de Chantenay.

Vau (La), f. c^{ne} de Préporché.

Vau (La), fief, c^{ne} de Saint-Père, mentionné en 1777 (reg. d'Arquian).

Vau (La), h. c^{ne} de Moux.

Vauban, chât. et f. c^{ne} de Bazoches. — *Maison de Vauban*, 1636 (arch. de Marcilly).

Vaubeau, fief de la châtell. de Montreuillon, mentionné en 1638 (Marolles).

Vaubion, h. c^{ne} de Dompierre-sur-Nièvre.

Vaubouton, f. c^{ne} de Maux.

Vaucenay, lieu détruit, près de Saint-Révérien, mentionné en 1678 (A. N.).

Vauchery, h. c^{ne} de Donzy. — *Vauffery*, 1510. — *Vauerry*, 1590 (extr. des titres de Bourgogne). — Fief de la châtell. de Donzy.

Vauchey, f. c^{ne} de Châtin. — *Vauché* (Cassini).

Vauchasses, h. c^{ne} d'Ouroux. — *Vaulchachon*, 1474 (C.). — Fief vassal du comté de Château-Chinon.

Vauclaix, c^{ne} de Corbigny. — *Vouclois*, xive siècle (pouillé d'Autun). — *Vauclois*, 1353 (Marolles). — *Vaucloys*, 1450 (A. N.). — *Vaulcluy*, 1489 (ibid.). — *Vallis clausa*, v. 1500 (pouillé d'Autun). — *Vauclot*, 1673 (reg. de Chaumard). — *Vauchir*, 1715 (S.). — Fief de la châtell. de Montreuillon.

Vauclaix (Moulin de), c^{ne} de Vauclaix. — *Moulin de Vaucloix*, 1582 (A. N.).

Vaucornet ou les Dizais, h. c^{ne} de Château-Chinon-Campagne.

Vaucornieux, h. c^{ne} de Brassy. — *Vaucornieux* (Cassini).

Vaudecon, lieu détruit, c^{ne} de Saint-Parize-le-Châtel, mentionné en 1355 (cens. du chap. de Nevers).

Vauselle (La), chât. c^{ne} de Sermages. — *Vauzelle*, 1256 (Bulliot, II, 112). — *Vauzelles*, 1289 (ibid. 139). — *Terre de Vauzelles*, 1546 (C.). — Le vrai nom de ce lieu est *Vauzelles*.

Vauderie (La), f. c^{ne} d'Annay.

Vaudoisy, h. c^{ne} de Colmery. — *Vauldoisy*, 1655 (reg. de Colmery). — *Voidoisy*, 1676 (ibid.).

Vaudreuil, h. détruit, c^{ne} de Saint-Pierre-le-Moûtier, porté sur la carte de Cassini. — *Vaudreau*, 1614 (Marolles).

Vaugreneau, h. c^{ne} de Billy-Chevannes.

Vaujat, lieu détruit, c^{ne} de Diennes, fief de la châtell. de Decize, vassal de Châtillon-en-Bazois, mentionné en 1772 (A. D.).

Vaul (La), fief, c^{ne} de Saint-Père, mentionné en 1609 (Marolles).

Vaul (La maison de la), lieu détruit, c^{ne} de Saint-Honoré, mentionné en 1427 (arch. de la Montagne).

Vaulierard, fief de la châtell. de Saint-Verain, mentionné en 1689 (A. N.).

Vaulin, m. de camp. et f. c^{ne} de Château-Chinon-Campagne.

Vaully, m. c^{ne} de Cercy-la-Tour. — *Vaulli*, 1361 (arch. de Vandenesse). — *Leprosaria de Vaulliaco*, 1518 (pouillé de Nevers). — *La Maladerye de Vaully*, 1577 (A. N.).

Vaulois (Étang de), près de Sainte-Marie, mentionné en 1584 (A. N.).

Vault (La), fief de la châtell. de Donzy, mentionné en 1689 (reg. des fiefs).

Vault (La), h. c^{ne} de Brassy. — *Étang de Lavault*, 1219 (Baudiau, II, 215). — *Lavault*, 1756 (reg. de Brassy).

Vault (La), h. c^{ne} de Dun-sur-Grandry.

Vault (La), h. c^{ne} de FréToy. — *La Vau-de-Fretoy*, 1693 (reg. de Planchez).

DÉPARTEMENT DE LA NIÈVRE.

Vaelt (La), h. c^ne de Gâcogne.

Vaelt (La), h. c^ne de Gouloux.

Vaelt (La), h. c^ne de Millay. — *Le Vau*, 1638 (Marolles). — *La Veau-de-Millay*, 1768 (reg. de Millay). — Fief de la châtell. de Luzy.

Vaelt (La), h. c^ne de Montigny-en-Morvand.

Vaelt (La), h. c^ne d'Onlay. — *La Vaut*, 1550 (Lory). — *Chevanne-en-Lvault*, 1689 (reg. des fiefs). — Fief de la châtell. de Moulins-Engilbert.

Vaelt (La), h. f. et tuil. c^ne de Saint-Benin-d'Azy. — *La Vau-de-Vanous*, 1575; *le Veau*, 1664 (A. N.).

Vaelt (La), h. c^ne de Saint-Léger-de-Fougeret.

Vaelt (La), m^in, c^ne de Frétoy. — *Le Moulin-de-La-Vau*, 1689 (reg. des fiefs). — Fief de la châtell. de Montreuillon.

Vaelt (Bois de la), c^ne de Champlemy.

Vaelt (Ruisseau de), affluent de la riv. de Chalaux, c^ne de Chalaux.

Vault-de-Ferrières (La), h. c^ne de la Roche-Millay. — *Veu-de-Ferrieres*, 1638 (Marolles).

Vaclurais, b. détruit, c^ne de la Charité, porté sur la carte de Cassini.

Vaulx, h. détr. c^ne de Moulins-Engilbert, mentionné en 1451 (arch. de Vandenesse).

Vaunese (Bois de), c^ne de Champlemy.

Vauninot, h. c^ne de Chaumard. — *Verminot*, 1673 (reg. de Chaumard).

Vauprange, h. c^ne de Mhère. — *Vauprainge*, 1651 (reg. de Mhère). — Fief de la châtell. de Montreuillon.

Vauprevoir, lieu détruit, c^ne de Metz-le-Comte; anc. maladrerie. — Fief de la châtell. de Metz-le-Comte, mentionné en 1689 (reg. des fiefs). — *Domus Dei de Vaulprevoyre*, xive siècle (pouillé d'Autun). — *La Maladrerie de Vauprevoir* (Cassini).

Vaurenne, fief, c^ne de Tronsanges, mentionné en 1689 (reg. des fiefs).

Vaurin, m. de camp. et f. c^ne de Lormes. — *Vorin*, 1701; *Veaurin*, 1771 (reg. de Lormes). — Fief vassal de la baronnie de Lormes-Châlon.

Vauvardin, h. c^ne de Varzy.

Vauvelle, f. c^ne de Limanton. — *Vanzelles*, 1529 (C.).

Vauvelle, m. de camp. c^ne de Miaux.

Vauves, chât. c^ne de Clamecy, mentionné en 1760 (terrier de Saint-Pierre-du-Mont).

Vauvercy (Ruisseau de), affluent de la Nièvre, c^ne de Beaumont-la-Ferrière.

Vauvray, f. c^ne de Sémelay; elle donne son nom à un bois voisin.

Vauvre (La), f. c^ne de Villapourçon.

Vauvreil, f. et m^in, c^ne de Toury-sur-Jour. — *Vauvrille*, 1772 (plan de la seign. de Beauvoir).

Vauvralex, f. c^ne de Montreuillon.

Vauvrille, f. c^ne de Champvert. — *Petrus de Vauvrilliis*, 1361 (A. N.). — *Vauvrilles*, 1417 (arch. du chât. de Toury-sur-Abron). — *Vautreilles*, 1638 (Marolles). — Fief de la châtell. de Decize.

Vauvrille, h. c^ne de Bouhy. — *Vauvrilles*, 1452 (Marolles). — Fief de la châtell. de Saint-Verain.

Vauvrilles, fief de la châtell. de Donzy, mentionné en 1638 (Marolles).

Vaux, chât. et f. c^ne de Fléty. — *Vaulx*, 1466 (Marolles). — *Vault*, 1684 (arch. de Vandenesse). Fief de la châtell. de Luzy.

Vaux, f. c^ne de la Fermeté. — *Vau*, 1638 (Marolles). — Fief vassal du prieuré de la Fermeté.

Vaux, h. c^ne d'Avril-sur-Loire. — *Maison de Vau*, 1347; *la Motte de Vaux*, 1466 (Marolles). — *La Motte-des-Vaux*, 1689 (reg. des fiefs). — Fief de la châtell. de Decize.

Vaux, h. c^ne de la Collancelle. — *Vaux*, 1323 (A. N.). — *Vaulx*, 1615 (ibid.). — Fief de la châtell. de Saint-Saulge. — Donne son nom à un bois qui s'étend sur les communes de la Collancelle et du Pazy et à un étang qui sert à alimenter le canal du Nivernais.

Vaux, h. c^ne de Lâché-Assarx. — Fief de la châtell. de Monceaux-le-Comte.

Vaux, h. c^ne de Montigny-en-Morvand. — Fief de la châtell. de Montreuillon.

Vaux, h. c^ne de Sainte-Colombe. — *La Vau*, 1638 (Marolles). — Fief de la châtell. de Donzy.

Vaux, h. c^ne de Saizy. — *Wldonacum*, 721 (cart. gén. de l'Yonne, II, 2). — *Vaulx-Soulz-Saizy*, 1455 (terrier de Chitry).

Vaux, h. c^ne de Suilly-la-Tour. — *Vaulx*, 1357 (A. N.).

Vaux (Bois de), c^ne de Beaumont-la-Ferrière.

Vaux (Écluse de), prise d'eau sur l'étang de Vaux.

Vaux (Grangia de), c^ne de Saint-Loup, mentionné en 1165 (Gall. christ. XII, col. 132). — *Vaux*, 1219 (A. N. fonds de Roches).

Vaux (La), h. c^ne de Beaumont-sur-Sardolles.

Vaux (La), h. c^ne de Cossaye.

Vaux (La), h. c^ne de Saint-Seine.

Vaux (Moulin de), c^ne d'Avril-sur-Loire. — *Le Molin de Vaux*, 1514 (A. D.). — *Les Molins de Vaulx*, 1553 (ibid.). — Fief de la châtell. de Decize.

Vaux de Montenoison (Les), petite contrée du Nivernais qui forme maintenant la plus grande partie du canton de Prémery.

Vaux de Nevers (Les), archiprêtré du dioc. de Nevers qui, en 1287, comprenait 30 paroisses, dont 17 seulement font aujourd'hui partie du département de la Nièvre : ce sont celles de Champvoux, Chaulgnes, Fresnay-les-Chanoines, Garchizy, Germigny, Saint-

PIERRE-de-la-Marche, Saint-Martin-de-la-Marche, Marzy, Maloud, Parigny-les-Vaux, Pazy, Pougues, Salinges, Soulangy, Tronsanges, Urzy et Varennes-lez-Nevers. Les autres paroisses de cet archiprêtré, situées sur la rive gauche de la Loire et de l'Allier, font maintenant partie des départements du Cher et de l'Allier. — *Archipresbyteratus de Vallis*, 1287 (reg. de l'év. de Nevers). — *Archipresbyteratus de Vallibus*, 1478 (pouillé de Nevers).

VAUX D'YONNE (LES) : on donnait ce nom à la partie nivernaise de la vallée de l'Yonne, à partir de Chitry. Cette contrée forme maintenant le nord du canton de Corbigny et la plus grande partie de ceux de Tannay et de Clamecy.

VAUZEIDE, h. c^{ne} d'Alligny. — *Vauzaine*, 1627 (Marolles). — *Vauzaines*, 1689 (reg. des fiefs). — *Vozaine* (Cassini). — Fief de la châtell. de Saint-Verain.

VAUZELLE, f. c^{ne} de Decize. — *Terra de Vauzellis*, 1357 (C.). — *Vauzelle*, 1412 (ibid.). — *Vauzelles*, 1526 (Marolles). — *Vauzelles-les-Caillots*, 1599 (ibid.). — *Vauzaille*. 1612 (A. D.) — Fief de la châtell. de Decize.

VAUZELLE (ÉCLUSE DE), sur le canal du Nivernais, c^{ne} de Decize.

VAUZELLES, h. c^{ne} de Varennes-lez-Nevers. — *Bognaudus Lenclave de Vauzellis*, 1285 (A. N. fonds du chap.). — *Vauzelles*, 1338 (A. N.).

VAYRAS, lieu détruit, c^{ne} de Thaix, mentionné en 1315 (A. N.).

VEAU-BLANCHARD (LE), f. c^{ne} de Surgy.

VEAUCE (LA), h. détruit, c^{ne} de Saint-Jean-aux-Amognes, mentionné en 1494 (A. N.). — *Volcia*, 1171 (*Gall. christ.* XII, col. 344). — *Veaules*, 1489 (arch. de la Montagne).

VEAULIER, h. détruit, c^{ne} de Luthenay, mentionné en 1596 (A. N.).

VEAUMERY, h. c^{ne} de Poussignol-Blismes. — *Vaumely*, 1629 (arch. de Quincize). — *Vaumery* (Cassini).

VEAUX (LES), f. c^{ne} d'Annay.

VEAUX (LES), h. détruit, c^{ne} de Moulins-Engilbert, porté sur la carte de Cassini.

VECY, lieu détruit, c^{ne} de Neuffontaines, mentionné en 1455 (terrier de Chitry-sous-Montsabot).

VEZAIN, lieu détruit, près de Coracy, mentionné en 1193 (C.).

VEILLAN, h. détruit, c^{ne} de Sainte-Pereuse, porté sur la carte de Cassini.

VELEZ, h. c^{ne} de Flez-Cuzy. — *Voles*, 1665 (extr. des titres de Bourgogne).

VÉLINS (LES), chât. et f. c^{ne} de Dornes. — *Les Grands et les Petits Velins*, 1774 (plan de la seign. de Dornes).

VELLE, h. c^{ne} de Montigny-en-Morvand.

VELLE, h. c^{ne} de Villapourçon. — 1465 (arch. de l'église de Villapourçon).

VELLE (LA), h. c^{ne} de Poussignol-Blismes.

VELLEROT ou VELLERAIE, h. c^{ne} de Cervon. — *Veulerot* (Cassini).

VELLEROT, h. c^{ne} de Magny-Lormes.

VELLE-SOUS-MOUX (LA), h. c^{ne} du Moux. — *Le Moix-du-Presbytere*, XIXe siècle (Baudiau, II, 94). — Il tirait son nom du presbytère qui, avant 1835, se trouvait en ce lieu.

VELLIERS ou VALLIERS, h. détruit, près de Fours, mentionné en 1669 (reg. de Fours).

VELSÉ (RUISSEAU DE), prend sa source dans le département de Saône-et-Loire et se jette dans l'Oussière, après avoir arrosé les communes de Frétoy et de Planches.

VELOTTE, h. c^{ne} de Brassy. — *La Moutié*, 1756 (reg. de Brassy).

VENDARGE (LA), h. c^{ne} de Montaron. — *Le Chailloux*, 1765 (reg. de Montaron).

VENDÉE ou BOIS-DE-MORCEAU, h. c^{ne} de la Roche-Millay.

VENDÉE (LA), h. c^{ne} de Giry.

VENDEL, fief de la châtell. de Decize, mentionné en 1638 (Marolles).

VENDÔME (LA), f. c^{ne} d'Arbourse. — *Vendoune*, 1582 (Marolles).

VENDOUSE, f. c^{ne} de Cercy-la-Tour. — *Vendosne*, 1537 (arch. de Vandenesse). — *Vanduesne*, 1689 (reg. des fiefs). — *Vandesme*, 1718 (arch. de Vandenesse). — Fief de la châtell. de Cercy-la-Tour.

VENILLAT, f. c^{ne} de Saint-Gratien.

VENILLE, chât. h. et f. c^{ne} de Saint-Éloi. — *Bois de Venille*, 1418 (A. N.).

VENISONS, chât. et h. c^{ne} de Varennes-lez-Nevers. — *Vainingae*, 1331 (cens. du chap. de Nevers).

VENOILLE, fief de la châtell. de Monceaux-le-Comte, mentionné en 1689 (reg. des fiefs).

VENOT, lieu détruit, c^{ne} de Limanton, mentionné en 1450 (C.). — *La Motte de Venon*, 1455 (ibid.). — Ce lieu a donné son nom à une rivière qui prend sa source dans la c^{ne} de Château-Chinon-Campagne, traverse celles de Saint-Hilaire, Dommartin, Dun-sur-Grandry, Sainte-Pereuse et Maux, et se jette dans l'Aron près de Limanton.

VENT (BOIS DU), c^{ne} de Dun-les-Places.

VERCHÈRE, h. c^{ne} de Chiddes. — *La Verchere*, 1683 (reg. de Sémelay).

VERCHERE (LA), lieu détruit, près de Beunas, c^{ne} de Maux, mentionné en 1274 (Bulliot, II, 133).

VERDELLES (LES), m^{lin}, c^{ne} de Préporché.

Vernage (Le), lieu détr. c⁰ⁿ de Limanton, mentionné en 1335 (arch. de Vandenesse). — La Verdeau, la Verdeau, 1374 (ibid.). — La Motte-Verdeau, 1673 (ibid.). — Fief vassal de Châtillon.

Vernage (Le), h. c⁰ⁿ de Saint-Léger-de-Fougeret. — 1714 (arch. de Vandenesse).

Vernières (La), h. et m¹⁰, c⁰ⁿ de Marigny-l'Église.

Vernot, h. c⁰ⁿ de Saint-André-en-Morvand; donne son nom à un ruisseau affluent de la Cure.

Vernes, lieu détruit, c⁰ⁿ de Germigny-sur-Loire, mentionné en 1446 (A. N.).

Vernes (Les), lieu détruit, c⁰ⁿ de Lucenay-les-Aix, mentionné en 1727 (arch. de Toury-sur-Abron).

Vercé-Galé (Le), h. c⁰ⁿ de Vandenesse-les-Nevers.

Verger ou Vergers, chât. ruine et église ruinée, c⁰ⁿ de Suilly-la-Tour; anc. paroisse. — Vercieux, v⁰ siècle (cart. gén. de l'Yonne, II, 37). — Maison de Vergiers, 1392 (Marolles). — Vergers, 1402 (ibid.). — Vergers, 1535 (pouillé d'Auxerre). — Fief de la châtell. de Donzy.

Verger (Le), éc. c⁰ⁿ de Saint-Soulge.

Vergies (Le), lieu détruit, c⁰ⁿ de Saint-Jean-aux-Amognes, mentionné en 1560 (S.).

Vercoucey, lieu détruit, près de Clamecy, mentionné en 1389 (Bulliot, II, 245).

Verlos (Le), lieu détruit, c⁰ⁿ de Limanton, fief vassal de Château-Chinon, mentionné en 1705 (S.).

Verresoux, h. c⁰ⁿ de Château-Chinon-Campagne. — Varremoux, 1498 (arch. de Vandenesse).

Veruses, m. c⁰ⁿ de Vandenesse.

Vernot, chât. et h. c⁰ⁿ de Dun-les-Places. — Fief du comté de Château-Chinon.

Vernacum, lieu détruit près de Montenoison, mentionné en 1097 (Gall. christ. XII, col. 335).

Vernas (Ruisseau des), c⁰ⁿ de Villapourçon, mentionné en 1699 (S.).

Vernay, chât. f. et h. c⁰ⁿ de Challuy. — Varnay, 1234 (A. N. fonds de Notre-Dame). — Vernayum, 1300 (A. N.). — Bois de Vernay, 1394 (ibid.).

Vernay (Le), f. c⁰ⁿ de Chantenay. — Hôtel du Vernay, 1379 (Marolles). — Le Vernet, 1526 (ibid.). — Fief de la châtell. de Châteauneuf-sur-Allier.

Vernay (Le), f. c⁰ⁿ d'Imphy. — Vernoyum, 1252 (arch. des Bordes). — Vernoy, 1435 (A. N.).

Vernay (Le), f. c⁰ⁿ de Saint-Ouen.

Vernay (Le), h. c⁰ⁿ de Saint-Brisson.

Vernay (Le), h. c⁰ⁿ de Sémelay. — La ville du Vernay, 1487 (arch. de la Montagne). — Le Vernet, 1734 (reg. de Sémelay).

Vernay (Le), lieu détruit, c⁰ⁿ de Poiseux, mentionné en 1571 (Marolles).

Vernay (Le), m. c⁰ⁿ de Marzy. — Vernayum, 1279

(A. N.). — Terre des Vernay, 1331 (cens. du chap. de Nevers).

Vernay-Bollage (Le), h. c⁰ⁿ de Saint-Brisson. — Vernay-Bolsac (Cassini).

Vernay (Les Grands-), h. c⁰ⁿ d'Imphy.

Verne (Le), f. c⁰ⁿ de la Roche-Millay. — Le Vergne, 1427 (arch. de la Montagne). — Le Verne, 1673 (arch. de Moulins). — Fief vassal de la Roche-Millay.

Vernea (Le), m. c⁰ⁿ de Gâcogne.

Vernes (Le), f. c⁰ⁿ de Château-Chinon-Campagne. — Le Verne, 1671 (reg. de Château-Chinon).

Vernes (Le), f. c⁰ⁿ de Saint-Martin-du-Puits; prieuré fondé au xii⁰ siècle, dép. de l'abb. de Crisenon. Saint-Jean-de-la-Vernhée, xviii⁰ siècle (reg. de Saint-Martin-du-Puits).

Vernes (La), fief de la châtell. de Monceaux-le-Comte, mentionné en 1689 (reg. des fiefs).

Vernes (La), h. c⁰ⁿ de la Celle-sur-Loire.

Vernes-ou-Crassy (La), fief de la châtell. de Montreuillon, mentionné en 1638 (Marolles).

Vernes (Les), h. c⁰ⁿ de Chiddes.

Verseilles (Le), h. c⁰ⁿ de la Machine.

Vernerie (Moulin de), c⁰ⁿ de Brassy.

Vernerie (Ruisseau de), affluent de la rivière de Chaleux, c⁰ⁿ de Brassy.

Vernes (Les), éc. c⁰ⁿ de Dienne.

Vernes (Les), f. c⁰ⁿ de Montaron.

Vernes (Les), h. c⁰ⁿ de Coulanges-les-Nevers.

Vernes (Les), h. c⁰ⁿ de Dampierre.

Vernes (Les), h. c⁰ⁿ de Glux.

Vernes (Les), h. c⁰ⁿ de Millay.

Verneson, f. c⁰ⁿ de Jailly. — Verneson, 1640 (A. N.).

Verneson, lieu détruit, c⁰ⁿ de Cossaye. — Verneson, 1508 (S.). — Fief de la châtell. de Decize.

Vernes-au-Quart, m. c⁰ⁿ de Charrin.

Vernes-des-A, m. c⁰ⁿ d'Alligny-en-Morvand. — Vernay, 1649 (terrier d'Alligny).

Verniers (Bois des Grands-), c⁰ⁿ de Lormes. — Nemus de Vernas, 1233 (Gall. christ. IV, col. 97).

Verneuil, c⁰ⁿ de Decize. — Vernolium, 1266 (A. N. fonds de Notre-Dame). — La Tour-de-Verneuil, 1410 (A. N.). — Vernoul, 1487 (S.). — Fief de la châtell. de Cercy-la-Tour.

Verneuil (Moulin de), c⁰ⁿ de Verneuil, mentionné en 1610 (A. D.).

Vernes, lieu détruit, c⁰ⁿ de Saint-Benin-des-Bois, mentionné en 1592 (A. N.).

Verniere (La), chât. m¹⁰ et f. c⁰ⁿ de Chasnay. — 1598 (Marolles).

Vernière (La), chât. et f. c⁰ⁿ de Fours. — Le Verney, 1487 (C.).

DÉPARTEMENT DE LA NIÈVRE

Vernière (La), m. c^{ne} de Luzy.

Vernière (La), m. c^{ne} de Suincaise.

Vernière (Moulin de), mⁱⁿ détruit, c^{ne} de Montigny-aux-Amognes, mentionné en 1563 (A. N. fonds de l'év.).

Vernillo, lieu dit, c^{ne} de Cercy-la-Tour, porté sur la carte de Cassini. — *Vernillot*, 1610 (S.). — *L'étang de Vernillot*, 1689 (reg. des fiefs). — Fief de la châtell. de Cercy-la-Tour.

Vernillon, fief, c^{ne} d'Azril-sur-Loire, mentionné en 1726 (S.). — *Vernion*, 1650 (arch. d'Exeloup).

Vernin, f. c^{ne} de Dornes. — *Domaine des Vernins*, 1774 (plan de la seign. de Dornes).

Vernizy, f. c^{ne} de Cercy-la-Tour. — *Vernezy*, 1327 (Marolles). — *Vernizy*, 1570 (A. D.). — Fief de la châtell. de Cercy-la-Tour.

Vernoy, f. c^{ne} de Sardy. — 1371 (Marolles). — *Vernnay*, 1419 (ibid.). — *Vernezy*, 1599 (A. N.). — Fief de la châtell. de Montreuillon.

Vernou (Le), h. détruit, c^{ne} de Fléty, mentionné en 1480 (C.).

Vernois, f. c^{ne} de Lucenay-les-Aix. — *Les Vernais*, 1389 (A. N. procès-verbal des limites du comté de Nevers et du duché de Bourbon).

Vernois (Le), h. c^{ne} de Dun-les-Places. — *Le Vernoy*, (Cassini).

Vernoi (Le), f. c^{ne} d'Azy-le-Vif. — *Maison de Vernoy*, 1341 (Marolles). — *Domaine-Vernou*, 1774 (plan de la seign. de Dornes).

Vernot (Ruisseau de), affluent du ruiss. de Saint-Marc, c^{ne} de Dun-les-Places.

Vernot ou Vernay, fief, c^{ne} de Cossaye, mentionné en 1638 et en 1689 comme dép. de la châtell. de Decize (Marolles et reg. des fiefs).

Vernoul (Ruisseau de), affluent du Dragne, c^{ne} de Vandenesse, mentionné en 1610 (terrier de Marry).

Vernot, f. c^{ne} de Suilly-la-Tour. — *Le Vernoy*, 1689 (reg. des fiefs). — Fief de la châtell. de Donzy.

Vernot, fief de la châtell. de Moncoux-le-Comte, mentionné en 1689 (reg. des fiefs).

Vernot (Le), m. c^{ne} d'Arquian.

Vernot-de-Gâtine (Le), h. c^{ne} d'Arquian.

Vernuche, h. c^{ne} de Varennes-lez-Nevers. — *Vernucia*, 1331 (cens. du chap. de Nevers). — *Vernuces*, 1355 (ibid.). — *Vernusches*, 1447 (A. N. fonds de l'év.). — *Vernusses*, 1477 (A. N.).

Véron, éc. qui donne son nom à un ruiss. affluent du Mazou, c^{ne} de Chasnay.

Verpont, h. c^{ne} de Dun-sur-Grandry. — *Verproux* (Cassini).

Verraux (Les), h. c^{ne} de Saint-Amand.

Verrerie (La), éc. c^{ne} de Vandenesse.

Verrerie (La), h. détruit, c^{ne} de Montenoche, porté sur la carte de Cassini.

Verrerie (La), m. de camp. c^{ne} de Rémilly. — *La Verreryre-de-Rous*, 1683 (reg. de Rémilly). — *La Verrerie-de-Rous*, 1701 (ibid.). — Ce lieu et un bois voisin tirent leur nom d'une verrerie qui existait au XVIe s.

Verrerie-Godard (La), verrerie, c^{ne} de Saint-Léger-des-Vignes.

Verrerie-Neuve (La), verrerie, c^{ne} de Saint-Léger-des-Vignes.

Verreaux (Bois des), c^{ne} de Saint-Bonnet.

Verrey (Les), f. c^{ne} de Dornes, mentionnée en 1785 (arch. de Toury-sur-Abron).

Verrière, fief de la châtell. de Cosne, mentionné en 1689 (reg. des fiefs).

Verrière (La), f. c^{ne} de Magny-Cours.

Verrières, f. c^{ne} de Saint-Ouen. — *Verrera*, 1368 (A. D.). — *Verrière*, 1575 (A. N.). — *Verrière en Franchet*, 1613 (ibid.).

Verrières, h. détruit, c^{ne} d'Entrains, mentionné en 1581 (arch. de l'Yonne).

Verrières (Les), éc. c^{ne} de Saint-Pierre-le-Moûtier. — *Verrière*, 1700 (A. N.). — *La Petite et la Grande Verrière* (Cassini).

Verrueries (La), h. c^{ne} de Varennes-lez-Nancy. — *La Varennerie* (Cassini).

Verseine (Moulin de la), c^{ne} de Saint-Hilaire. — *La Varseine*, 1721 (reg. de Saint-Hilaire).

Versille, f. c^{ne} de Biches. — *Métairie de Versille*, 1659 (S.).

Vers-la-Croix ou la Gouette, h. c^{ne} de Rémilly.

Vers-l'Église, h. c^{ne} d'Arbourse.

Vertenay, fief de la châtell. de Montenoison, mentionné en 1689 (reg. des fiefs).

Vertenay, h. c^{ne} de Cercy-lez-Varzy. — *Grangia de Vertenneau*, 1196 (cart. gén. de l'Yonne, II, 473). — *Vertenet*, 1481 (arch. de l'Yonne, fonds de Varzy).

Vertus (Bois des), c^{ne} de Saint-Parize-le-Châtel. — *Domaine des Vertus*, 1750 (arch. de Saint-Pierre-le-Moûtier).

Veruelles, h. détruit, c^{ne} de Poiseux, mentionné en 1355 (cens. du chap. de Nevers). — *Verville*, 1565 (A. N.).

Verville, m. c^{ne} de Sermoise. — 1689 (A. N.).

Vézenon (Le), éc. c^{ne} de Luthenay.

Vésigneu, fief de la châtell. de Decize, mentionné en 1638 (Marolles).

Vésigneux, châtell. et h. c^{ne} de Saint-Martin-du-Puits. — *Maison forte de Visineul*, 1382 (arch. de Vésigneux). — *Visigneux*, 1478 (ibid.). — *Vesigneul*, 1502 (ibid.). — Fief vassal de Chastellux (Yonne).

DÉPARTEMENT DE LA NIÈVRE.

Vasle, m⁰⁰ détruit, près de Villemoison, mentionné en 1190 (inv. de Villemoison).

Vavres, fief de la châtell. de Champvert, mentionné en 1575 (Marolles). — *Vauvres*, 1726 (A. D.).

Vavres, h. c⁰⁰ de Cercy-les-Vezay.

Vavres, h. c⁰⁰ de Guipy. — *Vavris*, 1160 (cart. de Bouras, ch. 11).

Vavres (Bois de la), c⁰⁰ de Sauvigny-les-Bois.

Vavres (La), éc. c⁰⁰ de Luthenay. — *Vavre*, 1210 (arch. de Gény). — *La Vavre*, 1395 (inscript. de la cloche de Luthenay). — *Vauvres*, 1760 (A. N.).

Vavres (La), f. c⁰⁰ de Lucenay-les-Aix.

Vavres (La), h. c⁰⁰ de Luzy.

Vavres (La), h. détruit, c⁰⁰ de Saint-Léger-de-Fougeret, mentionné en 1560 (A. N.).

Vavres (Le Bois-de-la), h. c⁰⁰ de Saint-Seine.

Vavres, anc. chât. et f. c⁰⁰ de Rouy. — *Vavre*, 1205 (A. N. fonds de Saint-Didier). — *Vavre*, 1462 (S.). — *Veferes*, 1630 (A. N.).

Vavres, fief de la châtell. de Montenoison, mentionné en 1638 (Marolles).

Vavres, luil. c⁰⁰ de Rouy.

Vavres, vill. détruit, c⁰⁰ de Magny-Cours, mentionné en 1571 (A. N.).

Vavla Vavla (*Villa vocata*), lieu qui faisait partie du territoire actuel de Saint-Saulge, mentionné en 908 (Bulliot, II, 20).

Vavf (Étang), c⁰⁰ de Sainte-Marie.

Vavillet (Boiscelat de), près d'Appeney, mentionné en 1232 (extr. des titres de Bourgogne).

Vavé (Le), h. c⁰⁰ de Villapourçon.

Vavras, fief de la châtell. de Montreuillon, mentionné en 1638 (Marolles).

Vavras (La), château, c⁰⁰ de Germigny. — *Villa de Vavre*, 1143 (Gall. christ. XII, col. 114). — *Boura Vavre*, 1331 (cens. du chap. de Nevers). — *La Vavre*, 1507 (A. N.).

Vavras (La), h. c⁰⁰ de Cessaye. — *La Vauvre*, 1515 (A. D.). — *La Vauvre*, 1689 (reg. des fiefs). — Fief de la châtell. de Decize.

Vavras (La), h. c⁰⁰ de Cruz-la-Ville.

Vavras, f. c⁰⁰ de Saint-Seine.

Vavras, h. c⁰⁰ de Garchy.

Vavras, m⁰⁰ c⁰⁰ de Tannay. — *Bois de Vavres*, 1352 (mss de Baluse, extraits du cart. de la chambre des comptes de Nevers). — *Vavre*, 1571 (inscr. d'une cloche de l'église de Tannay).

Viard, h. c⁰⁰ de Cruz-la-Ville. — *Villars*, 1602 (S.). — *Villards*, 1692 (ibid.). — *Veillars* (Cassini).

Viaux (Les), h. c⁰⁰ d'Annay. — *Les Veax* (Cassini).

Vie-de-Las (La), m. de garde, c⁰⁰ de Biches.

Vie-de-Gros-Caene (La), éc. c⁰⁰ de Saint-Brisson.

Viel-Hospital (Le), faubourg de Château-Chinon, mentionné en 1671 (reg. de Château-Chinon).

Vielle (La), fief de la châtell. de Luzy, mentionné en 1689 (reg. des fiefs). — *La Vielle*, 1453 (C.).

Vielle-Montagne (La), montagne surmontée de ruines, c⁰⁰ de Saint-Honoré.

Vielle-Poste (La), auberge, c⁰⁰ de Chantenay.

Vielle-Poste (La), m. c⁰⁰ de Magny-Cours.

Vielle-Tuilerie (La), m. c⁰⁰ de Tannay.

Vielle-Verrerie (La), h. détruit, c⁰⁰ de Vandenesse, porté sur la carte de Cassini.

Vielle-Vigne, m. c⁰⁰ de Préémery.

Vielles-Maisons (Les), h. c⁰⁰ de Glux.

Vielfou, h. c⁰⁰ de Beuzy. — *Viel-Fou*, 1688 (reg. de Beuzy). — *Vielle-Foux* (Cassini).

Vielmanay, c⁰⁰ de Pouilly. — *Menasterium monasterium*, vi⁰ s⁰ (cart. gén. de l'Yonne, II, xxxvi). — *Le Viel Manay*, 1526 (arch. de Manmignoy). — *Manmayan*, 1535 (pouillé d'Auxerre). — *Le Viel-Manay*, 1576 (A. N.). — *Manay*, 1678 (reg. de Donzy). — Fief vassal, pour un tiers, de l'abbaye Saint-Germain d'Auxerre.

Viémont, éc. c⁰⁰ de Rougny.

Viémont, f. c⁰⁰ de Fresnay-le-Revier. — *Vermont*, 1582 (S.). — *Villanan* (Cassini).

Viergeau, lieu détruit, près de Sougy, mentionné en 1407 (A. D.).

Vierry, fief de la châtell. de Montenoison, mentionné en 1689 (reg. des fiefs).

Vieux-Cello (Le), h. c⁰⁰ de Béard.

Vieux-Champ, h. c⁰⁰ de la Celle-sur-Loire. — *Territorium de Veteribus Campis*, 1165 (Gall. christ. XII, col. 119). — *Grangia de Veteribus Campis*, 1165 (ibid. col. 132).

Vieux-Chablis (Le), f. c⁰⁰ de Chaulgnes.

Vieux-Château (Le), anc. camp, c⁰⁰ de Varennes-les-Nevers.

Vieux-Château (Le), éc. c⁰⁰ de Saint-Éloi.

Vieux-Château (Le), ruines, c⁰⁰ de Fleury-la-Tour.

Vieux-Château-de-Villars (Le), ruines romaines, c⁰⁰ de Birhes.

Vieux-Châteaux (Bois des), bois au milieu duquel se trouve une motte féodale, c⁰⁰ de Chevenon.

Vieux-Fourneau (Le), h. c⁰⁰ de Beaumont-sur-Sardolles. — *Le Fourneau* (Cassini).

Vieux-Gadot (Le), m. c⁰⁰ de Luthenay.

Vieux-Glany (Le), f. c⁰⁰ de Fleury-sur-Loire. — *Lieu-Gleau* (Cassini).

Vieux-Moulin, anc. chât. et f. c⁰⁰ de Vielmanay. — *Viel-moulin*, 1550 (Marolles). — Fief de la châtell. de Nevers, vassal de la baronnie de Fresnay-les-Chanoines.

DÉPARTEMENT DE LA NIÈVRE.

Viela-Morlan, m. c^{ne} de Poiseux.

Viela-Pis, éc. c^{ne} de Chantenay.

Vièzes (La), h. et f. c^{ne} d'Anzy.

Vigeault, Vigeally, Vigealles, vill. détruit, c^{ne} d'Urzy, mentionné en 1325 (arch. des Bordes).

Vigealle (Le), lieu détruit, c^{ne} de Verneuil, mentionné en 1681 (A. N.).

Vignef (Ruisseau de), affluent des ruisseaux de Caillot, c^{ne} de Guipy.

Vigne (La), f. c^{ne} de Beaumont-la-Ferrière.

Vigne (La), h. c^{ne} d'Anlezy.

Vigne-Abbé (La), f. c^{ne} de Corbigny.

Vigne-Bourgeois ou Clos-Bourgeois, fief de la châtell. de Moulins-Engilbert, mentionné en 1689 (reg. des fiefs).

Vigne-de-Conroux (La), fief de la châtell. de Monceaux-le-Comte, mentionné en 1638 (Marolles).

Vigne-des-Bois (La), fief de la châtell. de Monceaux-le-Comte, mentionné en 1689 (reg. des fiefs).

Vigne-Doublan (La), fief de la châtell. de Monceaux-le-Comte, mentionné en 1689 (reg. des fiefs).

Vignelle (La), h. c^{ne} de Billy-sur-Oisy. — Vignolles, 1535 (Marolles). — Fief de la châtell. de Saint-Vérain.

Vignanne, éc. c^{ne} de Saint-Saulge.

Vignes, c^{ne} de Dun-sur-Grandry, fief de la châtell. de Montreuillon, mentionné en 1638 (Marolles).

Vignes-le-Bas, h. c^{ne} de Neuffontaines. — Vigne-le-bas, 1689 (reg. des fiefs).

Vignes-le-Haut, h. c^{ne} de Neuffontaines. — Vignes, 1309 (Marolles). — Vignes, 1455 (terrier de Chitry-sous-Montenoison). — Vignes-le-Hault, 1689 (reg. des fiefs). — Fief de la châtell. de Monceaux-le-Comte, avec Vignes-le-Bas.

Vignerie (La), f. c^{ne} de Fertrève.

Vignol, c^{ne} de Tannay. — Vignoles, 1397 (A. N.). — Venoul, vers 1500 (pouillé d'Autun). — Veniol, 1605 (A. N. fonds des filles nonnaines). — Vognieur, 1701 (reg. de Vignol). — Fief de la châtell. de Monceaux-le-Comte.

Vignoles, lieu détruit, c^{ne} de Saint-Andelain, mentionné en 1355 (cens. du chap. de Nevers).

Vignon (Ruisseau de), affluent de la Cure, c^{ne} de Saint-Brisson.

Vignonerie (La), éc. c^{ne} de Saint-Léger-des-Vignes.

Vignonerie (La), éc. c^{ne} de Ville-les-Arlay.

Vignonerie (La), lieu détruit, c^{ne} de Luthenay, porté sur la carte de Cassini.

Vignonerie (La), éc. c^{ne} d'Isenay.

Vignonerie (La), f. c^{ne} de Millay.

Vignot (Le), f. c^{ne} de Vandenesse. — Mas-Vignault, 1638 (Marolles). — Fief de la châtell. de Cercy-la-Tour.

Vigoot (Le), éc. et moul. c^{ne} de Saint-Pierre-le-Moûtier.

Vigootte (La), h. c^{ne} de Teigny.

Vileare, fief de la châtell. de Montenoison, mentionné en 1689 (reg. des fiefs).

Vilaine, anc. chât. c^{ne} de Moulins-Engilbert. — Domus de Villains, 1322 (S.). — Villains-les-Moines, 1638 (Marolles). — Villaines, 1664 (S.). — Villains, 1673 (Marolles). — Fief de la châtell. de Moulins-Engilbert. — Donne son nom à un bois voisin.

Vilcelle, f. et moul. c^{ne} de Champvert.

Vilceau, h. c^{ne} de Champvert. — Villacraye, 1512 (A. N.). — Villacray, 1607 (A. D.). — Fief de la châtell. de Decize.

Vilette, papeterie, c^{ne} de Cervot-l'Orgueilleux. — Villette, 1575 (Marolles). — La Villette, 1575 (ibid.). — Fief de la châtell. de Saint-Vérain.

Villa (La), m. de camp. c^{ne} de Moulins-Engilbert.

Villacot, h. c^{ne} de Sermages. — Villacot, 1367 (C.). — Bois de Villacot, 1452 (ibid.). — Vilancot, 1568 (ibid.). — Villaco, 1639 (ibid.). — Villaquot, 1665 (arch. de Vandenesse). — Fief de la châtell. de Moulins-Engilbert.

Villa-Foll, vill. détruit, près de Sermoise, mentionné en 1323 (A. N.).

Village (Le), h. c^{ne} de Neuville-les-Decize.

Village (Le), h. détruit, c^{ne} de Saint-Léger-des-Vignes, porté sur la carte de Cassini.

Village-de-Champ (Le), fief de la châtell. de Monceaux-le-Comte, mentionné en 1689 (reg. des fiefs).

Village-Dufaud (Le), partie du bourg de Fourchambault; ce village tire son nom de M. Dufaud, qui fut le premier directeur de ce grand établissement métallurgique.

Village-de-Haut (Le), h. c^{ne} de Gien-sur-Cure.

Village-Duret (Le), h. c^{ne} de Toury-Lurcy. — La maison Duret, 1617 (reg. de Toury-sur-Abron). — Village du Ray, 1776 (reg. de Lurcy-sur-Abron).

Village-Fresault (Le), h. détruit, c^{ne} de Germigny, mentionné en 1532 (A. N.).

Village-Gaudet (Le), h. c^{ne} de Cercy-la-Tour.

Villaine, chât. et h. c^{ne} de Brougnon. — Seigneurie de Villaine, 1760 (terrier de Saint-Pierre-du-Mont).

Villaine, h. c^{ne} de Germenay. — Fief de la châtell. de Monceaux-le-Comte.

Villaine, h. c^{ne} de Lurcy-le-Bourg. — Villaynes, 1454 (A. N.). — Fief de la châtell. de Montenoison.

Villaine, h. c^{ne} de Pougny. — Vilaine, 1503 (inv. de Villemoison).

Villaine, m. c^{ne} de Saint-Saulge.

Villaine, mⁱⁿ et h. c^{ne} de Dompierre-sur-Nièvre.

Villaine (La), h. et fourneau, c^{ne} de Lormes. — La Vilaine (Cassini).

VILLARD (LE), section du bourg de Pouques, c⁻ⁿᵉ de ce nom. — *La Villaine*, 1673 (reg. de Pouques).

VILLARD, fief de la châtell. de Châteauneuf-Val-de-Bargis, mentionné en 1638 (Marolles).

VILLARD, h. c⁻ⁿᵉ de Varzy. — *Villula juxta Varziacum que dicitur Willanne*, 1215 (Lebeuf, IV, 74). — *Villaine*, 1286 (arch. de l'Yonne, fonds de Varzy). — *Villanne*, 1500 (A. N.). — Fief vassal de Corvol-d'Embernard.

VILLARDS-LEZ-CLAMECY, fief, mentionné en 1538 (Marolles), châtell. de Clamecy.

VILLARDOIS, f. c⁻ⁿᵉ de Rouhe.

VILLARDOIS, lieu détruit, c⁻ⁿᵉ de Corancy, mentionné en 1332 (A. D.).

VILLA NOVA (GRANGIA DE), lieu détruit, mentionné en 1165 comme étant près de l'abb. de Roches (Gall. christ. XII, col. 132).

VILLA OSILLIE, lieu détruit, c⁻ⁿᵉ d'Ougny, mentionné en 1317 (A. N.).

VILLAPOURÇON, c⁻ⁿᵉ de Moulins-Engilbert. — *Villa Roporrens in pago Morvenns*, 966 (Pérard, Recueil de pièces curieuses, etc. 45). — *Feodum de Villa a Pourens*, 1243 (arch. de la cure de Villapourçon). — *Villa Porcorum*, XIVᵉ siècle (pouillé d'Autun). — *Villaporcens*, 1534; *Villapourans*, 1580; *Villapourans*, 1584 (arch. du chât. de la Rivière). — *Vilapourran*, 1676 (reg. de Glux). — *Villapourran*, 1699 (S.). — *Villa-Pouryo*, 1761 (ibid.). — Villapourçon avait un bailliage, établi en 1327, dont les appels se portaient à Moulins-Engilbert.

VILLARD, f. c⁻ⁿᵉ d'Avril. — *Villars*, 1607 (A. D.).

VILLARD, f. c⁻ⁿᵉ de Fleury-sur-Loire. — *Villars*, 1726 (arch. de Soultrait).

VILLARD, f. c⁻ⁿᵉ de Lormes. — *La ville de Vilers*, 1309 (Marolles). — Donne son nom à un bois voisin.

VILLARD, h. c⁻ⁿᵉ de Préporché. — *Villars-le-Bourg*, 1610 (terrier de Marry). — *Villards-le-Boury*, 1635 (S.). — *Villards-des-Bouys*, 1689 (reg. des fiefs). — Fief de la châtell. de Moulins-Engilbert.

VILLARD, m. c⁻ⁿᵉ de Poussignol-Blismes. — *Villars*, XVIIIᵉ siècle (arch. de Quincize). — Fief de la châtell. de Montreuillon, vassal de Quincize.

VILLARDEAU, h. c⁻ⁿᵉ de Saint-Martin-du-Tronsec. — 1478 (inv. de Villemoison). — *Villardeau*, 1678 (ibid.).

VILLARD, f. c⁻ⁿᵉ de Saint-Saulge.

VILLARDS, h. détruit, c⁻ⁿᵉ de Challuy, mentionné en 1406 (A. N.).

VILLARNAULT, h. c⁻ⁿᵉ de Sainte-Colombe. — *Villarneau* (Cassini).

VILLARNOU, f. c⁻ⁿᵉ de Donzy. — *Villarnou*, 1691 (reg. de Donzy).

VILLAROCE, m. de garde, c⁻ⁿᵉ de Donzy.

VILLARS, chât. et dépend. c⁻ⁿᵉ de Saint-Parize-le-Châtel. — *Domus de Vilars*, 1247 (une de Raluze, extr. du cart. de la chambre des comptes de Nevers). — *Villars*, 1285 (Marolles). — *Villards*, 1608 (S.). — *Villars-le-Compte*, 1618 (A. N.). — *Villars-le-Comte*, 1682 (ibid.). — Fief de la châtell. de Châteauneuf-sur-Allier.

VILLARS, h. et écl. c⁻ⁿᵉ de Biches. — *Vilars*, 1317 (C.). — *Pratum de Villaribus*, 1384 (ibid.). — *Villars*, 1435 (ibid.). — *Villards*, 1618 (ibid.).

VILLARS, h. c⁻ⁿᵉ de Limanton. — *Decima de Villaribus*, 1263 (A. N.). — *La morte de Villars*, 1295 (S.). — *Villards*, 1618 (C.).

VILLARS, h. c⁻ⁿᵉ de Sainte-Pérenne. — *Vilars*, 1193 (C.).

VILLARS-LE-MINGOT, lieu détruit, c⁻ⁿᵉ de Saint-Parize-le-Châtel. — *Villards-à-la-part-de-Mingot*, 1732 (arch. de la Montagne). — Ce lieu était une petite seigneurie démembrée du fief de Villars-le-Comte.

VILLATTE (LA GRANDE), h. c⁻ⁿᵉ de Varennes-lez-Narcy. — *La Villatte*, 1382 (Marolles). — *Villatte*, 1406 (ibid.). — *Villotte*, 1435 (inv. de Villemoison). — *Villate*, 1640 (A. N.). — *Villate*, 1689 (reg. des fiefs). — Fief de la châtell. de Châteauneuf-Val-de-Bargis.

VILLATTE (LA PETITE-), h. c⁻ⁿᵉ de Varennes-lez-Narcy. — *Le Petit-Villotte*, 1581 (inv. de Villemoison).

VILLAULT, h. détruit, c⁻ⁿᵉ de Moulins-Engilbert, mentionné en 1680 (C.). — *Usages de Villault*, fief de la châtell. de Moulins-Engilbert, mentionné en 1638 (Marolles).

VILLE, h. c⁻ⁿᵉ de Narcy. — *Ville*, 1695 (reg. de Garchy). — Fief vassal du prieuré de la Charité.

VILLE (RUISSEAU DE LA), affluent de l'Aron, traverse les c⁻ⁿᵉˢ de Saint-Saulge et de Montapas.

VILLEDESSE, h. c⁻ⁿᵉ de Cours-lez-Cosne.

VILLE-BOURG, f. et tuil. c⁻ⁿᵉ de Sermoise. — *Vilbourg*. 1705 (reg. de Millay).

VILLECHAISE, h. c⁻ⁿᵉ de Glux. — *Vilchèse*, 1687 (reg. de Glux).

VILLECHAUD, h. détruit, c⁻ⁿᵉ de Cosne, encore porté sur la carte de Cassini. — *Villachau*, 1157 (cart. gén. de l'Yonne, II, 75). — *Villa Chaus*, 1157 (ibid. 76). — *Vilchau*, 1157 (ibid.). — *Volla-Catali*, 1247-1259 (Bibl. hist. de l'Yonne, I, 500). — *Villechaux*, 1469 (arch. de l'Yonne, inv. de Cosne). — *Villechaux* et *Villechot*, XVIIIᵉ siècle (ibid.).

VILLECHAISSE, fief de la châtell. de Montreuillon, mentionné en 1689 (reg. des fiefs).

VILLECOSAULT (DIME DE), à Luthenay, mentionnée en 1689 (reg. des fiefs).

VILLECHAUD, fief de la châtell. de Saint-Verain, mentionné en 1689 (reg. des fiefs).

VILLECOURT, f. c^ne de Chevenon. — *Commune de Vetericula*. 1355 (cens. du chap. de Nevers). — *Vellocuart*. 1434 (A. N.).

VILLECOURT, f. et distillerie, c^ne de Decize. — *Viellecourt*, *Vieillecourt*, 1431 (C.). — *Villecour*, 1665 (A. N.). — *Villecourt et l'Étang-Neuf*, 1719 (A. D.). — Fief de la châtell. de Decize.

VILLECOURT, h. et m^in, c^ne de Coulanges-lez-Nevers. — *N. de Vetera-Curte*, 1317 (A. N.). — *Vuillecourt*, 1423 (ibid.).

VILLECOURT, h. détruit, c^ne de Montigny-sur-Canne, mentionné en 1537 (C.).

VILLECOURT, m. de camp. et f. c^ne de Biches. — 1620 (S.). — *Villecours*, 1564 (terrier de Bellevaux). — *Villcourt*, 1567 (C.).

VILLECOURT-CHAZAIL, fief de la châtell. de Monceaux-le-Comte, mentionné en 1689 (reg. des fiefs).

VILLE-FARGEAU, h. c^ne de Saint-Loup. — *Villefargel*, 1316 (A. N. fonds de Roches). — *Villefergeaul*, 1318 (ibid.).

VILLEFRANCHE, f. c^ne de Tresnay. — *Lhospital de Villefranche*, 1577 (A. N.).

VILLEFRANCHE, lieu détruit, près de Verneuil; seigneurie mentionnée en 1386 (Marolles).

VILLEFROIDE (La), h. c^ne de Cosne.

VILLEGEAI, f. c^ne de Cours-lez-Cosne. — *Grangia de Villegeai*, 1165 (Gall. christ. XII, col. 132). — *Villegeot* (Cassini).

VILLEGOURNOIS (Les), terrains boisés, c^ne de Saint-Loup, où se trouvait une abbaye de chanoines réguliers de l'ordre de Saint-Augustin, fondée vers 1120 et détruite depuis fort longtemps. — *Dimericus abbas Villæ Gundunis*, 1120 (cart. de Bourras, ch. 3). — *Sancta-Maria de Villari Gondonis*, 1136 (A. N.). — *Grangia de Villari Gandulphi*, 1165 (Gall. christ. XII, col. 132).

VILLE-LEZ-AZLEZY, c^ne de Saint Benin-d'Azy. — *Villa*, 966 (Gall. christ. XII, col. 314). — *Ecclesia de Villa*, 1121-1142 (cart. de Saint-Cyr de Nevers, ch. 37). — *Villa juxta Anlisiacum*, 1331 (cens. du chap. de Nevers). — *Villa prope Anlisiacum*, 1407 (A. N. fonds de l'évêché). — *Ville-lez-Anlezy*, 1483 (terrier de la Cour-des-Prés). — *La Maladerye de Villez-lez-Anlezy*, 1577 (A. N.).

VILLEMAIGRE, h. c^ne de Murlin. — 1762 (A. N.).

VILLEMAIGRE, h. c^ne de Saint-Aubin-les-Forges.

VILLEMARANT, h. détruit, c^ne de Nolay, mentionné en 1355 (cens. du chap. de Nevers).

VILLEMENANT, chât. et usine, c^ne de Guérigny. — *Villemenan*, 1341 (Marolles). — *Forge de Villemenant*.

1689 (A. N.). — *Villemenant*, 1518 (S.). — *Villemenand*, 1571 (A. N.). — Fief de la châtell. de Nevers, vassal d'Ourouer.

VILLEMOIRE, h. détruit, c^ne de Tracy, porté sur la carte de Cassini.

VILLEMOISON, h. c^ne de Saint-Père : voir l'art. de la Commanderie.

VILLEMOLIN, chât. et dépend. c^ne d'Anthien. — 1545 (arch. de Quinzize). — *Villemoulins*, 1601 (reg. de Corvon). — *Vilmolin*, 1730 (reg. d'Anthien).

VILLEMORCES, f. c^ne de Billy-sur-Oisy.

VILLENEUVE, f. détruite, c^ne de Remilly, mentionnée en 1533 (Lory).

VILLENEUVE, fief, c^ne de Bouhy. — *Ville-Neufve-lez-Bohy*, 1605 (A. N. fonds des filles aumônées). — Fief de la châtell. de Donzy.

VILLENEUVE, fief de la châtell. de Decize, mentionné en 1638 (Marolles).

VILLENEUVE, h. c^ne de Biches.

VILLENEUVE, h. c^ne de Chiddes. — *Villeneufve*, 1681 (reg. de Chiddes).

VILLENEUVE, h. c^ne de Lurcy-le-Bourg. — Fief de la châtell. de Montenoison.

VILLENEUVE, lieu détruit, c^ne de Brinay. — *Villa-Nova*, 1269 (S.). — *Villaneufve*, *Villaneuf*, 1494 (C.).

VILLENEUVE (La), f. c^ne de Billy-sur-Oisy.

VILLENEUVE (La), f. c^ne de la Nocle. — *Methayrie de la Villeneuve*, 1459 (C.).

VILLEPERTIS, h. c^ne de la Fermeté.

VILLEPERRAY, fief de la châtell. de Clamecy, mentionné en 1355 (Marolles). — *Villeprenay*, 1638 (ibid.); — *Villeprenet*, 1689 (reg. des fiefs).

VILLEPRUVOIRE, h. c^ne de Cours-lez-Cosne. — *Villeprevoy*, 1638 (Marolles). — Fief de la châtell. de Saint-Verain.

VILLERAY (La MOTTE DE), seigneurie près de Corbigny, mentionnée en 1314 (Marolles).

VILLE ROMAINE (CHAMP DE LA), lieu où l'on a trouvé des restes d'une villa gallo-romaine, c^ne de Chiddes.

VILLEROY, h. c^ne d'Alligny. — Fief de la châtell. de Saint-Brisson.

VILLERS, h. détruit, c^ne de Lucenay-les-Aix, mentionné en 1322 (Marolles).

VILLERS (GRANGE DE), lieu détruit, c^ne de Châtillon, mentionné en 1284 (S.). — *Grangia de Villarilous*, 1344 (C.). — *Chapelle de Villers*, 1464 (ibid.). — *Villiers*, 1466 (ibid.).

VILLESAISTOGER, m. c^ne de Saint-Martin-du-Tronsec.

VILLESANGE, h. c^ne de Bouhy.

VILLESEICHE, fief de la châtell. de Montreuillon, mentionné en 1638 (Marolles).

VILLETE, h. détruit, c^ne de Corvol-l'Orgueilleux, porté

sur la carte de Cassini: fief de la châtell. de Cernal-l'Orgueilleux, mentionné en 1689 (reg. des fiefs). — *Villotte*, 1575 (Marolles).

VILLETTE, chât. et f. c^{ne} de Poil. — Fief vassal de la Roche-Millay.

VILLETTE, f. et m. de garde, c^{ne} d'Anizy. — *Villotte*, 1525 (arch. de Marcilly). — Fief de la châtell. de Montreuillon.

VILLETTE, fief de la châtell. de Cercy-la-Tour, mentionné en 1689 (reg. des fiefs). — 1271 (Marolles) — *Vallotte*, 1638 (ibid.).

VILLETTE (LA), m^{on}, c^{ne} de Coulanges-lez-Nevers. — 1614 (A. N.).

VILLETTE-LES-FORGES, h. c^{ne} de Chiddes. — *Villotte*, 1638 (Marolles). — *Villotte-les-Forges*, 1689 (reg. des fiefs). — Fief double de la châtell. de Luzy.

VILLEVIELLE, h. c^{ne} de Verneuil. — *Villevieille*, 1290 (A. D.). — *Vieillevalle*, 1452 (C.). — *Vervelle*, 1689 (reg. des fiefs).

VILLE-YON (LA), h. c^{ne} de Fleury-sur-Loire.

VILLIERS, f. c^{ne} de Cessy-les-Bois. — Fief de la châtell. de Saint-Verain, mentionné en 1535 (Marolles).

VILLIERS, h. c^{ne} de Beuvron. — *Villiers-sur-Beuvron*, 1689 (reg. des fiefs). — Fief de la châtell. de Clamecy.

VILLIERS, h. c^{ne} de Ménestreau. — *Terre et seigneurie de Villiers*, 1335 (Marolles).

VILLIERS, h. détruit, près de Pougues, mentionné en 1481 (C.). — *Communes de Villario*, 1355 (cens. du chap. de Nevers).

VILLIERS, h. c^{ne} de Saint-Martin-du-Tronçet. — *Villiers-sur-Nohain*, 1598 (Marolles). — *Villiers-sur-Noin*, 1638 (ibid.). — Fief de la châtell. de Donzy.

VILLIERS, lieu détruit, près de Poiseux, mentionné en 1630 (A. N.).

VILLIERS-EN-LONG-BOIS, h. détruit, c^{ne} de Saint-Léger-de-Fougeret, mentionné en 1638 (Marolles). — *Villiers-en-Long-Boux*, 1689 (reg. des fiefs). — Fief de la châtell. de Moulins-Engilbert, vassal de Château-Chinon.

VILLIERS-LE-BOIS ou VILLIERS-LA-MONTAGNE, fief de la châtell. de Monceaux-le-Comte, mentionné en 1689 (reg. des fiefs). — *Ville de Villiers-le-Bois*, 1309 (Marolles). — *Villers-le-Boys*, 1638 (ibid.).

VILLIERS-LE-CORBIER, fief de la châtell. de Moulins-Engilbert, mentionné en 1689 (reg. des fiefs). — *Villers-le-Cordier*, 1456 (C.). — *Villers-le-Corbuer*, 1638 (Marolles).

VILLIERS-LE-SEC, c^{ne} de Varzy. — *Villare*, VIIIe siècle (cart. gén. de l'Yonne, II, XXXVII). — *Villiers le Secq*, XIIIe siècle (arch. de l'Yonne, fonds du chap. de Varzy). — *Villes-le-Sec*, 1483 (S.).

VILLIERS-SUR-YONNE, c^{ne} de Clamecy. 1575 (Marolles). — Fief de la châtell. de Clamecy.

VILLIERS-SUR-YONNE, écl. sur le canal du Nivernais, c^{ne} de Villiers-sur-Yonne.

VILLIGENERAY, h. c^{ne} de Ciez. — *Villeganeray* (Cassini).

VILLOROY, h. c^{ne} d'Entrains. — *Villaudour* (Cassini).

VILLORGES, h. c^{ne} de Cours-lez-Cosne. — *Villorgeu* (Cassini).

VILLORGEUL, h. c^{ne} de Pougny. — *Villergeul*, 1323 (A. N. fonds de Roches). — *Villorges*, 1508: *Villorgeul*, 1566 (Marolles). — *Villergeuil* 1568 (arch. de Marcilly). — *Villeurgeuil et Villargeto*, 1689 (reg. des fiefs). — Fief de la châtell. de Donzy.

VILLOTTE, h. c^{ne} d'Entrains. — *Ville de Vilet*, 1348 (Marolles).

VILLOTTE (LA), h. détruit, c^{ne} de Cizely, mentionné en 1567 (A. N.).

VILLORES, h. c^{ne} de Bitry. — *Vilours* (Cassini).

VILLURBAIN, h. c^{ne} de Saint-André-en-Morvand. — *Villurbin*, 1631 (arch. de Vésigneux). — *Ville-Urbain*, 1689 (reg. des fiefs).

VILROT, f. c^{ne} de Tracy.

VINADEUX, fief de la châtell. de Montreuillon, mentionné en 1689 (reg. des fiefs).

VINCELLES, fief de la châtell. de Monceaux-le-Comte, mentionné en 1689 (reg. des fiefs). — *Vincellum*, 1136 (A. N.).

VINCENCE (FORÊT DE), s'étend dans les c^{nes} de Biches et de Montigny-sur-Canne. — *Bois de Vincence*, 1461 (S.).

VINCENT (LE), éc. c^{ne} de Saint-Parize-en-Viry.

VINCENTS (LES), f. c^{ne} de Saint-Amand.

VINEAU, fief de la châtell. de Monceaux-le-Comte, mentionné en 1689 (reg. des fiefs).

VINGEUX, m^{on}, c^{ne} de Saint-Aubin-les-Forges. — *Vingeul*, 1355 (cens. du chap. de Nevers).

VINITIER, h. c^{ne} de Prépoiché. — *Venissien*, 1439 (Marolles). — *Venitien*, 1574 (Lory). — *Venissiau*, 1638 (Marolles). — *Vernisien*, 1699 (S.). — Fief de la châtell. de Moulins-Engilbert.

VINJEUX, f. c^{ne} de Poiseux. — *Vingueux*, 1571 (Marolles). — *Vingeux*, 1756 (A. N.).

VIODRAIE (LA), m. c^{ne} de Neuvy.

VIRIDI-PRATO (ECCLESIA DE), mentionné en 1185 (*Gall. christ.* XII, col. 183). — *Capella de Viridi-Prato*, de l'archiprêtré de Moulins-Engilbert en 1287 (reg. de l'év. de Nevers).

VIROT, éc. c^{ne} de Verneuil.

VIRY, h. c^{ne} de Cervon. — *Viriaco*, 606 (cart. gén. de l'Yonne, II, 2). — *Viriaco in pago Nivernensi*, 721 (ibid.). — *Viriacum*, 864 (*Gall. christ.* XII, col. 58). — Fief de la châtell. de Monceaux-le-Comte.

Viry (Le), petite contrée dont la circonscription correspondait à peu près à celle des c*** de Saint-Germain-en-Viry (canton de Decize) et de Saint-Parize-en-Viry (canton de Dornes). — *Vicaria Viriaco*, 900 (ch. de Saint-Andoche, aux arch. de l'év. d'Autun). — *Viriacum*, 1478 (pouillé de Nevers). — *Vyry*, 1551 (A. D.).

Vis-d'Argous (Les), h. c** de Vandenesse.

Visigny (Moulin de), h. et m***, c** de Chaumard. — *Visigny*, 1673 (reg. de Chaumard).

Vitraux (La Basse de), lieu où se trouvaient les fourches patibulaires de la seign. de Bazoches, mentionné en 1575 (terrier de Bazoches).

Vivet, h. c** de Lâché-Assary. — 1327 (Marolles).

Vivier (Les), h. c** de Brassy.

Vivier (Le), h. c** d'Urzy. — Communes de Vinaviu, 1355 (cens. du chap. de Nevers). — *Le Visier*, 1486 (A. N.).

Vivier (Le), lieu détruit, près de Cossaye, mentionné en 1621 (A. D.).

Vivier (Le Grand-), f. c** de Sougy. — *Virarius*, 966 (Gall. christ. XII, col. 318).

Vivier (Le Petit-), f. c** de Sougy.

Vizaine, h. c** d'Ouroux. — *Visnuelyum*, 1313 (A. D.). — *Visaigne*, 1586 (reg. d'Ouroux). — *Vizagne*, 1591 (ibid.). — *Haut et Bas Vizenne* (Cassini).

Viz-Cascues (Les), h. détruit, entre Nevers et Pougues, mentionné en 1481 (C.).

Voceras (Les), lieu détruit, près de Bellevaux, mentionné en 1462 (C.).

Voilots (Les), f. c** de Couloutre.

Voisin, h. détruit, c** de Garchizy, mentionné en 1623 (A. N.).

Voisvres, h. c** de Varennes-lez-Nevers. — *Verra*, 1281 (A. N.). — *Vevra-Margan*, 1336 (ibid.). — *Voevre*, 1506 (ibid.). — *Vousvre*, 1580 (ibid.). — *Vezvres*, 1598 (ibid.). — *Vousevre*, 1607 (ibid.).

Volray, h. c** de la Charité. — *Voulurais* (Cassini).

Vorroux, h. c** de Crux-la-Ville.

Vosgré, f. c** de Dun-sur-Grandry. — *Moulin de Vosgré* (Cassini).

Vossegrois, h. c** de Brassy. — *Vullecrovaria*, 721

(cart. gén. de l'Yonne, II, 2). — *Vallegrovaria*, 864 (Gall. christ. IV, col. 58). — *Vauzerou*, 1686 (reg. de Beauy). — *Vosegrois*, 1756 (ibid.). — *Vaux-Grois*, 1784 (ibid.).

Voteau (La), h. c** de Saxy-Bourdon.

Vouard, h. c** de Chaumard. — *Vouart* (Cassini).

Vouas (Les), h. c** de Corancy.

Vouastre (La), h. c** de Châtin. — *Vouaire* (Cassini).

Vouâtres (La), h. c** de Tamnay. — *Verra*, 1248 (S.).

Voûatres (Les), h. c** de Saint-Honoré.

Vouchot-Dessous, h. c** de Corancy. — *Vuochot* (Cassini). — Fief vassal de Château-Chinon.

Vouchot-Dessus, h. c** de Corancy.

Voccock, h. c** d'Arleuf.

Vouèvre (Croix de la), c** de Rémilly, portée sur la carte de Cassini.

Voumeaux (Les), f. c** de Dornes. — *Vomealz*, 1572 (Marolles). — *Les Grands et les Petits Voumeaux*, 1774 (plan de la seign. de Dornes).

Vouvray, h. c** de Sémelay; donne son nom à un bois voisin.

Vrains (Les), h. c** de Garchizy. — *Viringium*, 849 (Gall. christ. XII, col. 301). — *Villa quae Viringia dicitur*, 1049 (ibid. col. 325). — *Le Vrain* (Cassini).

Vraulieu, f. c** de Montigny-en-Morvand. — *Vraulieu*, 1715 (S.).

Vrignaudrie (La), h. c** d'Arquian.

Vrille, f. c** de Poiseux. — *Verille ou Montgrison*, 1571 (Marolles). — *Moulin de Verille*, 1579 (A. N.).

Vrille (La), riv. qui prend sa source dans le départ. de l'Yonne et se jette dans la Loire, après avoir traversé les c*** de Saint-Amand, Arquian, Annay et Neuvy.

Vrillon, h. c** de Ciez. — *Les Vrillons* (Cassini).

Vroux, f. c** de Thaix. — *Verro*, 1310 (S.). — *Vaire*, 1342 (arch. de Vandenesse). — *Veron*, 1385 (ibid.). — *Voro*, 1395 (A. N.). — *Voro*, 1396 (ibid.). — *Vourou*, 1396 (ibid.). — *Veroux*, 1610 (S.). — *Vroux*, 1666 (arch. de Vandenesse). — C'était un fief de la châtell. de Cercy-la-Tour, vassal de Codde.

X

Xotte (La), éc. c** de Saint-Parize-le-Châtel.

Y

YLES-DE-SAINT-PRIVÉ (Les), près de Decize, mentionnées en 1326 (A. D.).

YOLLES (Les), h. c"" de Magny-Cours. — *Les Iolles* (Cassini).

YONNE (L'), riv. prend sa source au lieu dit *les Sources de l'Yonne*, c"" de Glux, arrose les communes d'Arleuf, Château-Chinon-Campagne, Corancy, Chaumard, Mhère, Montreuillon, Mouron, Épiry, Sardy, Pazy, Chaumot-sur-Yonne, Corbigny, Chitry-les-Mines, Marigny-sur-Yonne, Dirol, Monceaux-le-Comte, Saint-Didier, Flez-Cuzy, Metz-le-Comte, Asnois, Brèves, Villiers-sur-Yonne, Dornecy, Armes, Clamecy, Surgy et Pousseaux, entre dans le département de l'Yonne, et va se jeter enfin dans la Seine à Montereau. — *Doo Icauni*, 11° siècle (inscription, Bibl. hist. de l'Yonne, I, 27). — *Inganna*, vers 519 (cart. gén. de l'Yonne, I, 3). — *Fluvius Ichauna*, IX° siècle (Bibl. hist. de l'Yonne, I, 339). — *Icauna*, IX° siècle (poëme d'Héric). — *Iquauna et Icauna*, 1157 (cart. gén. de l'Yonne, II, 87). — *Riveria Hicaunis*, 1184 (ibid. 356). — *Fluvium Icaune*, 1190-1191 (ibid. 429). — *Iuna*, 1213 (cart. de l'archev. de Sens, II, f° 103, Bibl. imp.). — *Yona*, 1217 (arch. de l'Yonne, fonds du chap. d'Auxerre). — *Ycana*, 1223 (ms de Balure, extr. du cart. de la chambre des comptes de Nevers). — *Yconia*, XIII° siècle (cart. de Crisenon, Bibl. imp. f° 381). — *Yone*, 1311 (A. N. fonds de Bellevaux).

Z

ZAGOTS (Les), partie du hameau des Barraques, c"" de la Machine.

TABLE DES FORMES ANCIENNES[1].

A

Aalyentum. *Aglaa* (Challuy).
Aacantum. *Aenan.*
Abundiaca; Abundiacum; Abundiacum. *Annay.*
Achain. *Achan.*
Achelay (Maison d'). *Archelay.*
Acacu. *Aunay. Châtillon-en-Bazois. Trait (Le).*
Acilli; Acilliacum. *Arcilly.*
Acolaaire. *Coldre (La).*
Acollin (L'). *Acolin (L').*
Admognes (Les); Admoignes (les); Admougnes (les). *Amognes (Les).*
Aglain. *Aglan (Lucenay-les-Aix).*
Agnum. *Agnos.*
Agra-Legum. *Argoulois (Saint-Hilaire).*
Agriers; Agries. *Agriés.*
Aguillin; Aguilly. *Eguilly.*
Aiglant. *Aglan* (Challuy).
Aigneau. *Aigneault.*
Aignelay (Rivière d'). *Acotin (L').*
Aignelay (Rivière d'). *Tenunes (Ruisseau des).*
Aignon; Aignum. *Agnon.*
Aigreuille. *Egreuil.*
Aigrie. *Agriés.*
Aiguely; Aiguilly. *Eguilly.*
Aillan. *Aglan* (Bona).
Aillant; Aillentum. *Aglan* (Challuy).
Ailloux (Les). *Aylloux (Les).*
Aisnay. *Ainay.*
Aissilly. *Arcilly.*
Aisy. *Azy (Garchisy).*

Azy-le-Vd. *Azy-le-Vif.*
Aisine (L'). *Haleine (L').*
Alaricus. *Allier (L').*
Albigniacum; Albiniacum; Albiniacum-Captivum. *Autruny-le-Chétif.*
Albues (Les). *Aubues (Les Grandes-).*
Alene. *Haleine (L').*
Alericum. *Allier (L').*
Aleux. *Arieuf.*
Aleyna. *Haleine (L').*
Alignaeum. *Alligny-en-Morvand.*
Alignayum. *Alligny (Cosne).*
Aligniacum. *Alligny (Livry).*
Aliniacum; Aligny. *Alligny (Cosne).*
Aligny. *Alligny-en-Morvand.*
Aligny. *Alligny (Tresnay).*
Alimentu. *Limenton.*
Aliots (Les). *Haillots (Les).*
Alisincum. *Alluy.*
Allegniacum. *Alligny (Cosne).*
Alleine; Alleuin. *Haleine (L').*
Allibroux (L'). *Allibroux (L').*
Alliger. *Allier (L').*
ALLIERT. *Cosne. Nevers.*
ALLIGNY-EN-MORVAND. *Montsauche. Servée (Ruisseau de la). Tavenus (Le).*
ALLIER. *Canal du Nivernais. Châtillon-en-Bazois. Tramboulin (Le).*
Alluya; Alluye-les-Chastillon. *Alluy.*
Almande (L'). *Allemande (L').*
Aloyne (L'). *Haleine (L').*
Altiberiensis Villa. *Mazille (Issenay).*
Altolium. *Altum Oculum. Authiou.*
Aluis; Alvisiacum. *Alluy.*
Amaisi. *Amazy.*
Amange. *Mange.*

Amangius (Villa). *Ammange.*
Amasi; Amasiacum; Amasyacum. *Amazy.*
Amar. *Canal du Nivernais. Premery. Savatin. Tannay.*
Amblenay; Amblenayum. *Blanay (Le).*
Ambues (Les). *Aubues (Les Grandes-).*
Amfiacum. *Imphy.*
Ammonis; Amoignie. *Amognes (Les).*
Amoignon. *Lamoignon.*
Amoniensis (Pagus); Amougnes (les); Amoygnes (les). *Amognes (Les).*
Amponay; Amponayum. *Apponay.*
Amparayum; Ampary. *Empury.*
Anantum. *Aenan.*
Anaya. *Anais.*
Andarge (L'). *Landarge.*
Andensye. *Audenes.*
Andres (Les). *André (Les).*
Ane (Rivière de l'). *Haleine (L').*
Anesiacum; Ancsy; Anesyacum. *Anisy (Le Petit-).*
Anesium. *Anois.*
Angelliers. *Angeliers.*
Angeries (Les); Angery. *Angeries (Les).*
Angle. *Angles (Les).*
Angles (Les). *Angloix (Les).*
Anglis (Les). *Angly.*
Anguy (Moulin d'). *Danguy.*
Anisi; Anisiacum. *Anisy (Le Petit-).*
Anlesiacum; Anlesy; Anlesiacum; Anlesis. *Anlesy.*
ANLEST. *Decize. Landarge. Thianges.*
Anlix. *Anlezy.*
Annaium; Annayum. *Annay.*
Annay. *Neuvy-sur-Loire. Vrille (La).*

[1] La Table donne les formes anciennes non indiquées dans le corps du Dictionnaire et placées dans les *Additions.*

TABLE DES FORMES ANCIENNES.

Auxeuil (Rivière d'). Helcone (L').
Auxis. Auxois.
Auphenum. Imphy.
Auxeolum (Les). Ensoiches (Les).
Ausidiacum. Aulezy.
Astmes. Autecis (L'). Corbigny. Larmes.
Autgen; Autuminum; Autunensis. Au-
  chien.
Autrain. Entrains.
Autrezy. Entrezy.
Autriu. Entrains.
Autuen. Authieu.
Auvers. Encorse.
Apaciacum; Apacy. Passy (Aubigny-
  le-Chétif).
Apinay. Pinet (Pariguy-les-Vaux).
Apiry. Épiry.
Apunat; Apouciam. Apponay.
Aponge. Apponge.
Appacy. Passy (Aubigny-le-Chétif).
Appilly. Apilly (Druy).
Appinay. Epinay.
Appinay. Pinet (Pariguy-les-Vaux).
Appollard. Appaulart.
Appona; Apponayum; Appounay; Ap-
  ponyacum. Apponay.
Appucy. Appussy.
Aprebourse. Arbourse.
Aprilis. Avril-sur-Loire.
Aptanuacus. Laptamiarie.
Apuille. Espeuilles.
Apvres; Apvres. Avrés.
Apvril-les-Loupes; Apvry. Avril-les-
  Loupes.
Aquæ Nisinei. Saint-Honoré.
Arbaults (Les). Menaults (Les).
Arbellats (Les). Arbalats (Les).
Arbource. Arbourse.
Arnocism. Châteauneuf-Val-de-Bargis.
  Nevers. Varzy.
Arbourse; Arbouse; Arbusse. Ar-
  bourse.
Arc-en-Bouy; Arceus. Arzembouy.
Arciacum. Arcy (Limanton).
Arconium. Arquian.
Arcubus (Villa de); Arcubus-in-Buxo
  (Villa de). Arzembouy.
Arcunciacus. Arquian.
Arcus (Villa). Arzembouy.
Arcy. Louanges.
Ardam; Ardant. Arden.
Ardeau. Ardeaux.
Ardeaux. Arreaux (Domaine d').
Ardereau. Loigne.
Ardilliers (Porte des). Paris (Porte de)
  (Nevers).
Are (L'). Laré.
Areciacum; Arecy. Arcy (Limanton).

Argene; Argenouille; Argenouil. Arge-
  nou.
Argalloye; Argulois; Argoudois; Argoa-
  loix. Argoulais (Montenarbe).
Ariacum. Héry.
Ari-y. Arcy.
Arida-Bursa. Arbourse.
Aridos-Lucus; Arkul. Arkeuf.
Arleux. Château - Chinon. Preparny
  (Ruisseau de). Yonne (L').
Arma. Armes.
Armes. Clamecy. Yonne (L').
Armes-les-Cismery. Armes.
Armenceaux. Armencessux.
Arnoux (Les). Arnuux (Les).
Aaquite. Bouillons (Les). Nouvy-sur-
  Loire. Vrille (Le).
Arquient. Arquian.
Arreaux (Les). Arreaux (Les) (Cercy-la-
  Tour).
Arreau; Arreaux; Arrellum. Arrieur.
Arrignat. Bignat.
Arringe. Aringe.
Arringetta. Aringette.
Arron; Arroneum. Aron (L').
Ars; Ars-en-Boux; Ars-en-Bouy. Ar-
  zembouy.
Arsilly. Arcilly.
Artado (Villa); Artay; Arteiam; Artel;
  Artey; Arthe; Arthoyum. Arthel.
Artell. Prémery.
Artum Oculus. Authion.
Aryzy. Arcy (Limanton).
Arzanbouy. Arzembouy.
Arzembout. Nièvre (Ruisseau de). Pré-
  mery.
Aschuin; Aschung. Achun.
Auglan. Aglan (Challuy).
Asilin. Selin.
Asnam. Asnan.
Asnan. Prémery. Tannay.
Asnays. Asnois.
Asnois. Canal du Nivernais. Prémery.
  Tannay. Yonne (L').
Asnoys. Asnois.
Aspeuille. Espeuilles.
Aspinay. Épinay.
Aspiry. Apiry.
Assard. Assiert.
Assards; Assardx. Assars.
Assartines. Essartenes (Campus de).
Assenay. Asnois.
Assoril; Asserti. Assars.
Assilly. Ascilly.
Athee; Athes. Albé.
Auriggny-le-Chétif. Anlezy. Landarge.
  Thianges.
Aubigny-les-Montenoison; Aubigny-

  lez-Montenoison. Aubigny (Monte-
  noison).
Aubues (Les); Aubuis (les); Aubur
  (les). Maubues.
Aubues (Les); Aubux (les). Eaubues
  (Les).
Aubux (Les). Haubues.
Aubry. Auby (Les).
Auchson; Auchons. Oxeux.
Auciacus. Oisy.
Aude. Audes.
Audenais; Audenaye; Audenoys; Au-
  denez. Audenan.
Auger; Augers; Augiars; Augiers;
  Augiers. Augiard.
Augone. Jouis.
Aula. Cour (La) (Colmery).
Aulbigny-le-Chestif. Aubigny-le-Chétif.
Aulenoyum. Aunay-en-Bazois.
Aultry. Autriacum.
Aulnay-en-Bazois. Château-Chinon. Châ-
  tillon-en-Bazois. Trait (Le).
Auron. Aron (L').
Auseux. Oxeux.
Ausicens. Oisy.
Auxois. Auxois (Corbigny).
Auto-Cour-de-La-Bourgoing. Gamard
  (Les).
Authoul. Authion.
Autmes. Brinon-les-Allemands. Nevers.
  Prémery.
Autiou. Authieu.
Autry. Autruy.
Auts-Buis. Eaubues (Les).
Auvrilly. Avrilly.
Auxbues (Les). Aubues (Les).
Auzon. Ozen.
Aveau. Avaux.
Avenyeres (Le mas de). Aveniores.
Averly. Auverly.
Avoinieres (Les). Avoignieres (Les).
Avoniers (Les). Avoinière (Les).
Avraium. Avré.
Avron. Avré.
Avreuil. Ouvrault.
Avréa. Chaussigne (Rivière de). Forges
  (Ruisseau des). Helcine (L'). Luzy.
  Moulins-Engilbert.
Avrees; Avreium; Avrez. Avrés.
Avriacum. Avril-les-Loups.
Avriacum. Avril-sur-Loire.
Avrigny. Cray (Germenay).
Avril-sur-Loire. Canal Latéral. Decize.
  Loire (La). Planquenay (Ruisseau de).
Avryaeum; Avry-sur-Loire. Avril-sur-
  Loire.
Azacum; Azciacum; Azi; Aziacum
  villa; Aziacum-Vivum. Azy-le-Vif.

TABLE DES FORMES ANCIENNES.

Aziacum. Azy (Garchizy).
Azy. Azy (Saint-Seine).
Azy (L'). Lazy.
Azy-le-Vif. Saint-Pierre-le-Moûtier.
Azy-les-Garchizis; Azy-les-Vignes. Azy (Garchizy).

B

Babis. Babier.
Bacon. Côte-Bacon (La).
Bafain. Fin (Soisy).
Bagneaux; Baigneaux; Baignoux. Bagneaux.
Bailleray. Belleray.
Baillies (Les). Bailly (Saint-Germain-Chassenay).
Bailly. Baillys (Les).
Baillys (Les). Bailly (Saint-Germain-Chassenay).
Baisne. Beuse (Sainte-Pereuse).
Baise. Aroux (Les).
Baizois (Le). Bazois (Le).
Balgiacum. Beaugy.
Balgiacus. Bouhy (Saint-Amand).
Ballebant (Moulin). Billebaux (Les).
BALLERAY. Guérigny. Houille (Ruisseau d'). Lurcy-le-Bourg.
Balleretum. Belleray.
Ballot (Le). Balais (Les).
Bally. Bailly (Magny-Lormes).
Balneolum. Bagneaux.
Banleyum. Benley.
Bannereaux (Les). Bannerins.
Baquet. Bâtier.
Baras (Les). Barats (Les).
Barbeau (Le). Barbeau.
Barbere. Barbery.
Barberons (Les). Barberans (Les).
Barbeth (Les). Barbette.
Barbas (Les). Barbier.
Barbiers (Les). Barbier.
Barbiers (Les). Barbier (Étang).
Barbo; Barbot; Barbot-les-Fours. Barbeau.
Bardene. Bardenet.
Bardiots. Bardieux (Les).
Bardy (Le). Bardy.
Bareau. Aubaron.
Barge; Barges. Berges.
Bargiacus. Châteauneuf-Val-de-Bargis.
Barle (Le). Berle.
Barnat. Bernards (Les).
Barnault. Barneau.
Barnay. Bernay.
Baron (Le). Chez-Baron.
Barons (Les). Berreau (Le).
Barrais (Le). Barret.

Barrelier (Le moulin); Barrelliers (les). Barelliers (Les).
Bas (Le). Chez-Barci.
Bazarne. Bazernes.
Bas-Chaumont (Le). Chaumont-sous-le-Bois.
Bas du Mont (Le). Bas-Monceaux (Les).
Basculas. Bazolles.
Bas-Monceau (Le). Monceau (Le Petit).
Baschers; Basechier; Basaichen. Bazoches.
Bassis; Basoiliae; Bazolles.
Bas-Peiret. Peirat-Dessous.
Bas-Ricueux. Bas-de-Rieux.
Basse-Vollis. Basseville.
Bassots (Les). Bassats (Les).
Bassotum. Bassou.
Bas-Thé. Thé.
Bazaulle. Bazolles.
Batoir. Battoir (Le).
Battier. Bâtier.
Battotterie (La). Batanterie (La).
Baubry. Beaubry.
Baudain; Bauduing; Baudouin. Baudin.
Baudreuil. Baudreville.
Baudain. Baudin.
Bangi. Beaugy (Avril-sur-Loire).
Baugiacum. Beaugy (Clamecy).
Bangiacus. Bouhy (Saint-Amand).
Baugis. Beaugis.
Baugis (Les). Beugy.
Baugy; Baugys. Beaugy (Avril-sur-Loire).
Bauldois. Baudin.
Baulgis (Les). Bougy.
Baulme-de-Geazy (La). Gené.
Bault. Bost (Rémilly).
Baunes. Beunés (Les).
Bazelle (La). Bazolle (La).
Bazetum. Bazois (Le).
Bazoules (La). Bazolle (La).
Bazoysii; Bazoyum. Bazois (Le).
Bazochea. Brinamo. Lormes.
Bazole; Bazolium. Bazolles.
BAZOLLES. Aunay. Canal du Nivernais. Lurcy-le-Bourg.
Bazollies; Bazoules. Bazolles.
Bazoys. Bazois (Le).
Béard. Decize. Druy. Loire (La). Thianges.
Beata-Maria. Sainte-Marie (Achun).
Beata-Maria. Sainte-Marie (Bouhy).
Beata-Maria-de-Bello-Loco. Beaulieu (Clamecy).
Beata-Maria-de-Bono-Radio. Bourras.
Beata-Maria-de-Flagelliis. Sainte-Marie (Saint-Saulge).

Beata-Maria-de-Jauna. Jauna.
Beata-Maria-de-Pomayo. Pomaye (Les).
Beata-Maria-de-Prato. Dun-sur-le-Pré.
Beata-Maria-de-Pressures. Pressures.
Beata-Maria-de-Rupibus. Roche (Myennes).
Beata-Maria-prope-Clameciacum. Sainte-Marie (Clamecy).
Beatorum Laurentii et Hilarii de abbatia (Ecclesia). Saint-Laurent.
Beatus-Johannes-de-Limieco. Saint-Jean-aux-Amognes.
Beatus-Petrus-de-Crevincu. Crecy-sur-Cane.
Beatus-Petrus-de-Domno-Petro. Dompierre-sur-Héry.
Beau (Le). Bruyères-le-Beau (Les).
Beauboir. Beauvoir (Saint-Germain-Chassenay).
Beauchards (Les). Beauchats (Les).
Beauchet (Les). Bauchet (Le).
Beaudeduict; Beaudedny; Beaudeduict. Beaudeduit.
Beauduron. Beuduron.
Beaugacho; Beaugachon. Baugarbon.
Beaularriz. Bellary.
Beauldeoudhuy. Beaudeduit.
Beaulieu. Prunet.
BEAULIEU. Saint-Révérien.
Beaulieu-de-Bellary (Maison de). Bellary.
Beaulieu-le-Pavillon. Beaulieu (Chaselgnes).
Beaumont. Beaumont (Alligny-en Morvand).
Beaumont-la-Ferrière. Beaumont-la-Ferrière.
Beaumont-sur-Sardoille; Beaumont-sur-Sardolle. Beaumont-sur-Sardolles.
Beaulon. Buchon (Le).
Beauregard. Beauregard (Chaumot).
BEAUMONT-LA-FERRIÈRE. Charité (La). Lurcy-le-Bourg. Nevers. Nièvre (La). Vauvergy (Ruisseau de).
Beaumont-les-Forges. Beaumont-la-Ferrière.
BEAUMONT-SUR-SARDOLLES. Armensy (Ruisseau d'). Sardolle (La). Thianges.
Beaunain. Bouin (Brassy).
Beauregard-en-Morvand. Beauregard (Cervon).
Beauregard-et-Chaumoy. Rabouau.
Beaurepere. Beaurepaire (Toury-Lurcy).
Beaureplay. Moulin-de-Beaureplet.
Beausirdieu. Beaucirodieu.

26.

TABLE DES FORMES ANCIENNES.

Beaumas; Beaumays; Beaumour. Beaumour (Saint-Germain-Chassenay).
Becay (Le). Bessey (Le).
Becherons (Étang des). Étang-Neuf (Parigny-la-Rose).
Bedices (Les). Bédines (Les).
Bedoires (Les). Bedoirs (Les).
Bene. Bent (Guérin).
Beise. Arnoux (Les).
Belague. Bellague.
Belemne. Blismes.
Belo-Vos. Belleveux.
Belins (Les). Blains (Les).
Belinse; Belinze; Beliumen. Blismes.
Belleigne. Bellague.
Belleam. Bethléem.
Bellevallensis (Ecclesia); Bellevallis (ecclesia); Belle-Vallis (abbatis); Bellevault; Bellevaulx; Belle-Voix (couvent de); Belleveaux; Belle-Voz. Bellevaux.
Bellidarici (Domus). Bellary.
Bello-Loco (Cura de). Beaulieu (Clamecy).
Bello-Loco (Prioratus de). Beaulieu (Luthenay).
Bello-Visu (Grangia de). Belleveux.
Bellus-Mons; Bellus-Mons-Ferrariæ; Bellus-Mons-Ferrarum. Beaumont-la-Ferrière.
Bellus-Mons; Bellus-Mons-super-Sardellam. Beaumont-sur-Sardolles.
Bellus-Respectus. Beauregard (Champvoux).
Bellus-Visus. Beauvoir (Saint-Germain-Chassenay).
Belorges; Belorgii. Boulorges.
Belouse (La). Blouse (La).
Belousse (La). Belouze (La).
Belvaux; Belveau. Bellevaulx.
Beme. Bene (Sainte-Pereuse).
Bergetterie (La). Berjatterie (La).
Berland. Tors.
Berlandier. Bretandier.
Bernard (Le). Bernard (Livry).
Bernarderie (La). Benarderie (La).
Bernas (Les). Bernards (Les).
Bernieres; Bernyere. Bernière.
Berreliere (La). Berlière (La).
Berrier (Domaine). Bré (Les).
Bertau (La). Bertoux (La).
Bertauche (La). Brétauche (La) (Arquian).
Bertauche (La). Brétauche (La) (Cosne).
Bertellois (Les). Berthelots (Les).
Bertes (Les). Berthes (Les) (Saint-Verain).
Bertes (Les). Berthes (Les) (la Chapelle-Saint-André).

Bertiers (Les). Louage-Berthier.
Bertiers (Les). Berthiers (Les) (Saint-Andelain).
Bertiguelle. Bretiguelles.
Bertignats (Les). Bertignaux (Les).
Bertrey (Bois de); Bertry; Bertrya. Bertric.
Benues; Besue-usdins-Sud. Bene (Sainte-Pereuse).
Besnage (Le). Bessey (Le).
Besteaux (Communauté des). Betioux (Les).
Bethlean. Bethléem.
Bethleon. Berthes (Les).
Bethyphagé. Betphagé.
Betricum. Bitry.
Beuchet (Le). Buchet.
Beudin. Beaudins (Les).
Beue (La). Boue (La).
Beue (La). Boue (La) (Varennes-les-Nevers).
Boullevain (Le). Bulain.
Bourière. Bourrière.
Bourtonnière (Le). Bretonnière (Bois de la).
Boussey-la-Poele. Bussy-la-Poele.
Beuvre. Bouvron.
Beuvron. Bouvron (Le). Carnet (Ruisseau de). Prémery. Tannay.
Bevra. Yèvre (La) (Germigny).
Bevron. Bouvron.
Beza. Arnoux (Les).
Bezy. Bizy (Toury-Lurcy).
Biard. Biard.
Biaunés (Les). Baunés (Les).
Biceux. Châtillon-en-Bazois.
Bichim. Biches.
Bié. Biez (Le) (Sémelay).
Biez (Le Moulin du). Biez (Le) (Sémelay).
Biffractus. Beuvray (Le).
Bilebot. Billebaux (Le).
Biliacum. Billy (Saint-Benin-d'Azy).
Biliacum; Billi; Billiscum. Billy-sur-Oizy.
Billiacum. Billy (Alligny-en-Morvand).
Billiscum. Billy (Saint-Benin-d'Azy).
Billins (Les Grands-). Billins (Les Grands et les Petits).
Billou. Bilour.
Billou. Grand-Rigny (Le).
BILLY-CHEVANNES. Lurcy-le-Bourg. Rosy.
BILLY-SUR-OIZY. Clamecy.
Biourres (Les). Biourre (Les).
Biourres (Les). Bourres (Les).
Bisches. Biches.
Bise. Bizy (Toury-Lurcy).

Bise; Buisseau. Bizy (Parigny-les-Vaux).
Bisant. Bisette.
Bisy. Bizy (Parigny-les-Vaux).
Bisy. Bizy (Toury-Lurcy).
Bitruicum; Bitriacum; Bitri-lez-Molins. Bitry.
Bixas. Saint-Amand.
Bixilli (Foresta de). Bixly (Bois de).
Bixerolles. Bizerolles.
Biza-la-Brucra. Bizy (Toury-Lurcy).
Blain. Bellins.
Blaisy. Blaizy.
Blancy. Blanzy.
Bizasus; Bizya. Blain.
Bozeus. Châtillon-en-Bazois. Montreuillon.
Board. Boire (Rougny).
Board. Bouard.
Bostier (Domaine). Billous (Les).
Bobe (La). Boue (La).
Bochards (Les). Beauchats (Les).
Bochet (Le). Bouchet (Le) (Nuars).
Bocheau (Le). Beauchet.
Borhet (Le). Bouchet (Le) (Nuars).
Bodequin. Huis-Bosnequin (L').
Boe (Le). Boue (Le) (Rémilly).
Boeli (Terra de). Boulay (Le) (Bouy).
Boenai. Bone.
Bohe (La); Bohee (la). Boue (La) (Rémilly).
Bohy. Bouhy (Saint-Ouen).
Bohy; Bohy-le-Tertre; Boixcum. Bouhy (Saint-Amand).
Boichaille (La). Bouchaille.
Boichet (Le). Bouchet (Le) (Nuars).
Boirents (Les). Boirats (Les).
Bois-de-Bussy-les-Clamecy (Le). Bussy (Ouroux).
Bois de l'Aulne (La). Bois-de-l'Aune.
Bois-de-Pouligny (Les). Coupes-de-Pouligny (Les).
Bois-Dieu (La). Bois-Dieux.
Bois-du-Monceau. Vendée (la Roche-Millay).
Bois-du-Mousseau. Bois-du-Monceau.
Bois-Gibault. Bois-Gibault (Petit-).
Bois-Giraut. Saint-Marc (Challement).
Boisgiset. Bois-Gizet.
Boisonerie (La). Boissonnerie (La).
Bois-Ratiz. Bourg-Rétif.
Bois-Rotis. Poil-Rôti.
Boissignard (Le champ). Bésignard (Bois).
Boisson. Boissons (Les).
Bois-Tachien. Boistaché.
Bolorge; Bolorges. Boulôrge.
BONA. Fontaine-de-Potot (Ruisseau de

TABLE DES FORMES ANCIENNES.

la). *Lemur* (*L'*). *Larcy-le-Bourg*. Saint-Sulpice.
Boast; Bouzy; Bouzy-les-Admoignes. *Bous*.
Bongrands (*Les*). Bongrands (*Les*).
Bonin. *Bonin*.
Bonna. *Bous*.
Bonnatre. *Bonnare*.
Bonnay. *Bonnay*.
Bonnay. *Bonay*.
Bonneyau. *Bous*.
Bonneau. Bois-de-Bonneau.
Bonneson. *Bonnesson*.
Bonorum-Hominum-prope-Varziacum (Prioratus). Saint-Marc (Corvol-l'Orgueilleux).
Bourays; Bonnes-Radise. Bourras-l'Abbaye.
Boons; Bonnay. *Bons*.
Boouley (*Le*). Bouley (*Le*) (Rouy).
Boquin (*Le*). Bonquin (*Le*) (Chaumot).
Borda. *Bordes* (*Les*) (Urzy).
Borde (*La*). Borde (*La Grande*).
Bordas. *Bordas* (*Les*) (Marzy).
Bordesien (Molin de). Moulins-Enbourdezin (*Les*).
Bordeselium. *Bourdoiseau*.
Borgueraut. *Bourgeraux* (*Les*).
Borneaux. *Beaurenaud*.
Borneuf. *Bourgneuf* (Pougues).
Bornoux-le-Haut. *Huis-Laurent* (*L'*).
Bos. *Bost* (Rémilly).
Bos. *Bost* (Saint-Hilaire).
Boschat (*Le*). Bouchat (Decize).
Boscheralles. *Bucherolles*.
Boschet. *Bouchat*.
Boschet. Bouchet (la Fermeté).
Boschet (*Le*). Bouchet (*Le*) (Nuars).
Bosco (Villa de). Bois (Château-Chinon).
Bosco (Villa de). Bois (Onlay).
Bosco-Viridi (Terra de). Boisvert.
Boscum. Bois (Limanton).
Boscum. *Debout*.
Boscum-Girauldi. Saint-Marc (Challement).
Boscum-Jardini. *Boisjardin*.
Bosnay. *Bona*.
Bosts. *Bost* (Rémilly).
Botoille (Bois de la). Bouteille (*La*) (Chantenay).
Bols. Bost (Rémilly).
Botle-Doyseau. *Bourdoiseau*.
Botuilla. *Bouteuil*.
Botz. *Bost* (Rémilly).
Boussier. *Chez-Boursier*.
Bouchat (Terra dou). Bouchot (la Fermeté).

Bouchon. *Bouchoux* (*Les*).
Bouchet (*Le*). Bouchet (*Le*).
Bunequain (*La*). Boupins (*Le*) (Chaumot).
Bone. *Debout*.
Bose-en-Longue-Salle (*La*). Bous (*La*) (Rémilly).
Bosier (*Les*). Chez-le-Roux.
Bougault. *Bougaults* (*Les*).
Bougneraux. *Bergroe*.
Bouhoe (*La*). Bour (*Le*) (Rémilly).
Bou sur. *Saint-Amand*.
Bouillarda (*Les*). Boyards (*Les*).
Bouimerie-Belair (*La*). Bounerie.
Bouis. *Bais* (*Les*) (Millay).
Boujs. *Bois* (*Les*) (Pousignol-Blismes).
Bouix. *Bouky* (Saint-Ouen).
Boulet. *Boulas* (*Les*) (Chassignes).
Boulay. Boulet (*Le*) (Chasnay).
Boulaye (*La*). Bouley (*Le*) (Perroy).
Bouleverie (*La*). *Boularie* (*La*).
Boulier. *Boulard* (*Le*) (Ouroux).
Boullay. Boulay (*Le*) (Rouy).
Boulley. Boulet (*Le*) (Chasnay).
Boullon. Boulon (Lurcy-le-Bourg).
Boulloye; Bourion (le); Bouloney. Boulois.
Bounay. *Barnay*.
Banquard (Forge de). Bocard (*Le*).
Bouquetée (*Les*). *Bouquettes* (*Les*).
Bouras-l'Abbaye. Bourras-l'Abbaye.
Bourbou. *Bourbons* (*Les*).
Bourdeaux (*Les*). Métairie-Bourdieux.
Bourdoseau. *Bourdoiseau*.
Bourdinot. *Bourdizeau*.
Bourdoisel; Bourdoizeau. Bourdoiseau.
Bourdys (*Les*). Bourdy (*Le*).
Bourg-la-Réunion. Lucenay-les-Aix.
Bourgs (*Les*). Chez-Bourg.
Bournay. *Bernay*.
Bourneuf; Bournenil (Moulin de). Bourgneuf (Beaumont-la-Ferrière).
Bournoult. *Bornoux*.
Bouron. *Bouront*.
Bourzons (*Les*). Bourons (*Les*).
Bouschet (*Le*). Bouchet (*Le*) (Nuars).
Bousgré. *Boussegré*.
Bouslard. Boulard (la Roche-Millay).
Boussats (*Les*). Buissons (*Les*).
Bousscon. *Bussenx*.
Busson (*Le*). Bousson.
Bousson (Moulin de). Boussey.
Bout-du-Pont (Domaine du). Brèves (Domaine de).
Bouteilles. Bouteille (*La*) (Millay).
Bouteloing. *Boutloin*.
Boutenet. *Boutenot*.

Bouteville; Bouteville (le Petit). Bouteuil.
Boutibaux. *Boutibault* (*Le*).
Boutilière (*La*). Boutelliers (*Les*).
Boutille. *Bouteuil*.
Bouxesson. *Boucsons*.
Boux. *Bost* (Rémilly).
Bouz; Bouz (*Le*). *Debout*.
Bouy. Bouhy (Saint-Amand).
Bouy. Bouhy (Saint-Ouen).
Bouy (*Le*). Bois (*Les*) (Millay).
Bovezon; *Bovesson*. *Boucsssons*.
Boveau. *Boueron*.
Box; Bux (*Le*). Bost (Rémilly).
Bux (*Le*). *Debout*.
Boy. Bouhy (Saint-Ouen).
Boy. *Bouy* (Forêt de).
Boyacum. Bouhy (Saint-Amand).
Boys. Bois (Sermoise).
Boys-Fullet (La chapelle du). Bois-Faullet (Vicairie de).
Buz. Bost (Rémilly).
Boz. *Bous* (Ulière).
Bracryum. *Brassy*.
Bramepin. *Bramenpain*.
Branzan. *Brain*.
Brasser. Châlaux. Corbigny. Faud (Ruisseau de). Millerais (Ruisseau des). Montour (Ruisseau de). Vernerion (Buisseau de).
Braults (*Les*). Broca (*Les*).
Bray. Brés (*Les*).
Bréan (*Le*). Bréaus.
Breaux (*Les*). *Breux*.
Brebandere (*La*). Château (*Le*) (Arquian).
Brefves. *Brives*.
Brein; Brein-super-Sevene. *Broin*.
Brenet. Brenets (*Les*).
Brenum. *Brain*.
Breo (La). Bréau (*Le*) (Sainte-Colombe).
Brery. *Bertriz*.
Brás (*Les*). Brois (*Les*).
Breaches. *Brèches*.
Bretelegno; Brethignelle. *Brotignelles*.
Bretlionniere (La). Bretonnière (*La*) (Bona).
Bretin. Bretins (*Les*).
Bretoche (*La*). Bretauche (*La*) (Cosne).
Bretoniere (*La*). Bretonnière (*La*) (Bazolles).
Bretonnere (*La*). Bretonnière (*La*) (Isenay).
Bretrix. *Bertrix*.
Breugno. *Breugnon* (Clamecy).
Bazzeron. Clamecy. Sauzay (*Le*).
Breuil. Bruit (*Le*) (Pousignol-Blismes).

TABLE DES FORMES ANCIENNES.

Breuil. Breuil (Le) (Brassy).
Breuil. Breuil (Le) (Poussignol-Blismes).
Breuille. Breuil (Le) (Lurcy-le-Bourg).
Breul. Breuille (La).
Breules (Les). Brulas (Les) (Avrée).
Breuille (La). Breuille (La) (Fertrève).
Breuillet (Le). Breuillat (Le).
Breules (Les). Brulas (Les) (Millay).
Breut (Le). Breux.
Breusen. Breins.
Brixen. Armanes (L'). Tannay, Yonne (L').
Brovise. Briata.
Briand (Étang des); Briel. Briart.
Brien. Briant.
Briensey; Briansayum. Briney.
Brienne. Brinon-les-Allemands.
Brière. Bruyères (Les) (Challuy).
Brieuille. Brieux (Les) (Fours).
Briffault. Brifaut.
Brillet; Brillette. Briette.
Brimzium; Brinaix. Briney.
Bamar. Aron (L'). Canal du Nivernais. Châtillon-en-Bazois. Trait (Le).
Barsos. Aroa (Ruisseau d'). Beuvron (Le). Clamecy. Cornet (Ruisseau de). Mouceaux-le-Comte. Nevers. Prémery.
Brinonium. Brinon-les-Allemands.
Brion. Briout.
Briosa. Brion (Le).
Brison (Haut et Bas). Brizon.
Brissotterie (La). Brissotterie (La).
Brisson. Brion.
Brissons. Chez-Brisson.
Britoneria villa. Bretonnière (La) (Bona).
Brivos. Brives.
Broce-au-Malade (La). Brosse (La Grande-) (Lanty).
Brocie. Brosse (La) (Varennes-les-Nevers).
Broing. Brois.
Bronche (Bois de). Montmartinges.
Brosse (La). Brosse-sur-Brons (La).
Brosse-au-Malade (La). Brosse (La Grande-) (Lanty).
Brosse-de-Doussains (La). Doussas.
Brosse-de-Tronsay (La). Tronçay.
Brosse-du-Guay (La). Brosse (La) (Decize).
Brosse-sous-Bouy (La). Brosse (La) (Bouy).
Brosses (Les). Brosse (La) (Devay).
Brossiers-du-Caroy (Les). Carroy (Le).
Brouères (Les). Domaine-des-Bruyères.
Broussière (La). Bandin.

Brusre. Bruro-Langeron.
Bruères (Les). Bruyères (Les) (Chaluhay).
Bruères-Chazenot (Les). Bruières-Charmin (Les).
Bruères-Baden (Les). Bruyères-Baden (Les).
Brueria. Bruyères (Les) (Saint-Laurent).
Brueria. Bruyères-des-Charbonnats (Les).
Brueria. Bruières (Les) (Château-Chinon-Campagne).
Brueria. Bruyères (Les) (Coulanges-lez-Nevers).
Brugno; Brugnoa. Brougnos (Clamecy).
Brugny; Brugy. Brougny.
Bruières-Chidy (Les). Chally.
Bruilletum. Brullet (Le).
Brulas (Les). Brulas (Les).
Brules (Les). Brulées (Les) (Saint-Anhin-les-Forges).
Brulez (Les); Brullez (les). Brûlés (Les) (Fours).
Brullies (Les). Brûlés (Les) (Avrée).
Brun. Brein.
Brunetœul; Bruneteau-Rapein. Bruneteau.
Bruro. Bruro-Langeron.
Brusseaux. Bruzeau.
Brusles (Les). Grande-Marc (La).
Bruslés (Les). Brûlés (Les) (Fours).
Bruslés (Les). Brûlés (Les) (la Collancelle).
Brutus-le-Magnanime. Saint-Pierre-le-Moûtier.
Bruy-en-Morvand. Bruit (Le) (Poussignol-Blismes).
Bruyflat. Brullet (Le).
Bruyt. Bruit (Le) (Poussignol-Blismes).
Bruzeaux (Les). Bruzeau.
Brynsy; Brynsyum. Briney.
Bryon. Brion.
Buciacum. Bussy-la-Pesle.
Buciacum; Bucieœus. Saint-Firmin (Saint-Benin-d'Azy).
Budices (Les); Budiciæ. Bédicées (Les).
Buenas; Buenays. Beunes.
Buffard. Buffets (Les).
Bugnon. Beugnon (Le).
Buisseriæ. Bussières (Basolles).
Buissières. Bussière (Champvert).
Bulciacum. Bulcy.
BULCY. Pouilly-sur-Loire. Varzy.
Bulley. Bulcy.
Bullevin. Bulvin.

Buris; Buresseus: Buisal; Musses: Bunays; Busoye (la chapelle de). Mounes.
Burges. Berges.
Burgum-Novum-versus-Pagani. Bourgneuf (Pougues).
Burninet. Bouchinet.
Busy. Buzy.
Busiacum. Bussy-la-Pesle.
Bussacum. Bounas.
Busseaulx. Russeaux.
Busseans. Busses (Le).
Busseium-en-Pesle. Bussy-la-Pesle.
Busses. Busseaux.
Bussera. Bussière (La Petite et la Grande) (Garchizy).
Busseria. Buxières.
Bussiacum. Bussy (Le Grand-).
Bussiacum-Sancti-Firmini. Saint-Firmin (Saint-Benin-d'Azy).
Bussiere. Bussières (Basolles).
Bussiere. Bussière (Charrin).
Bussiere (La). Bussière (La Petite et la Grande) (Garchizy).
Bussières. Buxières.
Bussieres-soubz-Tienges; Bussiersoubs-Thiauges. Bussière (Champvert).
Busso. Busson (Le).
Bussy. Bussy (Le Grand-).
Bussy-aux-Amognes. Saint-Firmin (Saint-Benin-d'Azy).
Bussy-la-Pesle. Bussy-la-Pesle.
Bussy-la-Pesle. Brinon-les-Allemands. Nevers. Prémery.
Bussy-les-Brinon. Thery.
Busseyèra (La). Bussière (La) (Sémelay).
Busueux (Les). Busseaux (Les) (Saint-Amand).
Butoaux (Les). Buttois (Les).
Butos. Buttes (Les) (Ursy).
Buxeium. Saint-Firmin (Saint-Benin-d'Azy).
Buxeria. Bussière (La Petite et la Grande) (Garchizy).
Buxes. Buxière.
Buxi. Bussy.
Buxiacum-prope-Montem-Nexium. Bussy-la-Pesle.
Buxiere (La). Bussière (La) (Sémelay).
Buxiere-soubz-Thienges. Bussières (Champvert).
Buxieres. Bussières (Charrin).
Buyssiere. Bussière (Ouroux).
Buysso. Busson (Le).
Byches. Biches.
Bylliacum. Billy (Saint-Benin-d'Azy).

TABLE DES FORMES ANCIENNES.

C

Cacheriat. *Cacheriat.*
Caduca (Les). *Cadoux.*
Cafaudaic (La). *Caffaudoux (Les).*
Caillons-Vauzelle (Les). *Caillots (Les).*
Caillots-lez-Decize. *Caillots (Les).*
Caira. *Maizodofroy.*
Calidus-Mons. *Chaumont (Limanton).*
Calma. *Chaume (Varennes-les-Nevers).*
Calma. *Chaume-sur-Cul-Rond (La).*
Calme. *Chaumes (Les) (Chaulgnes).*
Calmeto (Ecclesia de). *Chaillement.*
Calz. *Maizodofroy.*
Calz-en-Morvient. *Chaux (Dun-les-Places).*
Cambritum. *Chambon (Le).*
Cambertum. *Chambon.*
Camelou (Le). *Camelous (Les).*
Campdenais ; Campimilium. *Champlemy.*
Campions. *Martins (Les).*
Complemosium. *Champlemy.*
Campmorot. *Champ-Moreau.*
Compto-Merula. *Chantemerle (Ursy).*
Campus-Alamandi ; Campus-Alemanuas ; Campus-Allemandi. *Champallement.*
Campus-Dimixus ; Campus-Lemelii ; Campus-Limi ; Campus-Milii. *Champlemy.*
Campus-Rigandi. *Champrigault.*
Campus-Versus ; Campus-Vertus. *Champvert.*
Campus-Votus. *Champvoux.*
Canabum. *Champlin (Prémery).*
Candemisium. *Champlemy.*
Canettes (Moulin des). *Canettes (Les).*
Canna. *Canne (La).*
Canon (Le). *Canou (Le).*
Capella ; Capella-Balere ; Capella-Balleria. *Balleray.*
Capella-Sancti-Andree. *Chapelle-Saint-André (La).*
Capella-Sancti-Stephani. *Brosse (La Grande).*
Capitaine. *Lieu-Capitaine (Le).*
Cappæ ; Cappes. *Cheppes.*
Cappella. *Chapelle (La) (Guipy).*
Carage. *Carrage (Lazy).*
Carbouge. *Charbouge.*
Cardeaux (Les). *Cardots (Les).*
Carescum. *Carrés (Les) (La Noele).*
Caritarderie (La). *Caritarderie (La).*
Caritas-super-Ligerim. *Charité-sur-Loire (La).*
Carjo. *Carjots (Les).*

Carjo. *Garjots (Les).*
Carta. *Carlus.*
Castrum (Les). *Carus (Les).*
Cassanias. *Chassaignes (Anthien).*
Cassei ; Cassenium. *Chaney (la Charité).*
Cassiacum. *Chazay (Vignol).*
Cassiniacum. *Chazay (la Charité).*
Casa-Ursini (Casa de). *Chazeuil-Lenault.*
Castelen. *Châtelet (Le) (Châteauneuf).*
Castellio ; Castellio-en-Bazoya ; Castellio-in-Bazeio ; Castellio-in-Bazeto ; Castellio-in-Bazoyais ; Castellioum ; Castillio-Embauis. *Châtillon-en-Bazois.*
Castini villa ; Castinum. *Chitin.*
Castracum. *Chitry-les-Mines.*
Castrum-Cassinum. *Château-Chinon.*
Castrum-Novum. *Châteauneuf-Val-de-Bargis.*
Castrum-Sancti-Patricii. *Saint-Parize-le-Châtel.*
Caula. *Caune (Le).*
Caumen. *Chaumes (Les) (Saint-Bonnet).*
Cavaraca. *Cavaruppes. Chevroches.*
Cave (La). *Clave (La).*
Cave-soubs-Thianges (La). *Cave (La) (Beaumont-sur-Sardolles).*
Ceceigne. *Cosseigne.*
Cella. *Celle-d'en-Bas (La).*
Cella-Salvii ; Cella-Sancti-Dionysii. *Celle-sur-Nièvre (La).*
Cella-super-Ligerim. *Celle-sur-Loire (La).*
Cella-super-Nievram. *Celle-sur-Nièvre (La).*
Cella-sur-Loire (La). *Loire (La). Nouzy-sur-Loire. Œuf (Ruisseau de l').*
Cella-sur-Naivam (La). *Beaumont-la-Ferrière. Nièvre (La). Varzy.*
Cellula-Sancti-Remigii. *Celle-sur-Loire (La).*
Cembot. *Sembert-le-Bas.*
Cenisca. *Coutaxes.*
Centbouf. *Sembert-le-Bas.*
Cercia-a-Turris ; Corciacum. *Cercy-la-Tour.*
Cercy-Bourdon. *Sary-Bourdon.*
Cercy-la-Tour. *Aron (L'). Canal du Nivernais. Canne (La). Decize. Étang-Arrault (Ruisseau de l'). Haleine (L'). Moulins-Engilbert. Savigny-Poil-Fol.*
Cercy-sur-Arron. *Cercy-la-Tour.*
Cerée. *Serée.*
Cernet (Les). *Cernez (Les).*
Cervidunum. *Cervon.*

Cervon. *Anguison (L'). Auxois (L.) Corbigny. Grand-Font (Ruisseau du Grand-Rio (Ruisseau du).*
Cosseigne. *Cosseigne.*
Cessoy. *Cessy-les-Bois.*
Cessy-les-Bois. *Talcoeur (Le).*
Cevilhon. *Cavilhou.*
Ceulx (Le molin de). *Sax (Le).*
Chaalou. *Châtion-les-Coques.*
Chassayeum. *Chaney (Le) (Marzy).*
Chabay ; Chabbé ; Chabbel. *Chabel.*
Chachy. *Chazy (Moutigny-en-Morvaud).*
Chaciscum. *Chazy (Villo-lez-Aulezy).*
Chacy. *Chazy (Alluy).*
Chacy. *Chazy (Montreuillon).*
Chacy. *Chazy (Ouroux).*
Chaclou. *Chazelles (Chaulgnes).*
Chagunas (Le). *Chagnot (Le).*
Chagrious (Ruisseau des). *Étang-de-Germancy (Ruisseau de l').*
Chaignot (La). *Chagnot (Le).*
Chailaut ; Chailleutum ; Chailliaut. *Chaillaut.*
Chaillo. *Chailloux (Le Grand et le Petit).*
Chaillo. *Chaleux.*
Chaille (Le). *Chailloux (Le) (Fertrève).*
Chailloc. *Chailloie. Challuy.*
Chaillou (Le). *Chailloux (Les) (Chaulgnes).*
Chaillons. *Châtion-les-Coques.*
Chailloux (Le). *Voudauge (La).*
Chailloux (Les). *Chailloux (Le) (la Celle-sur-Loire).*
Chailloyacum. *Challuy.*
Chaillax (Les). *Chailloux (Les).*
Chaillui ; Chailluy ; Chailluyacum. *Challuy.*
Chailly. *Chally.*
Chaino. *Chalnot (Le).*
Chaine. *Chêne (Le) (Chaumard).*
Chainniacum. *Chougny.*
Chaises (Les). *Lieu-Barbier (Le).*
Chaigneaulx (Les). *Chagnot (Le).*
Chaisseignes-aux-Guignons ; Chaisseignes-aux-Syrots. *Seisseignes.*
Chaizes (Les). *Chaises (Les) (Dienne).*
Chalaud ; Chalaulx ; Chalaus. *Chaleux.*
CHALEUX. *Brassy. Puniot (Ruisseau du). Vault (Ruisseau de).*
Chalays. *Chaleux.*
Chalement ; Chalementum. *Challement.*
Chaleyn. *Challuy.*
Chaligniacum. *Chaligny (Chevenon).*
Chaliny. *Chaligny (Saint-Hilaire).*
CHALLEMENT. *Prémery. Tannay.*
Challenau. *Chalnot (Le).*
Challi. *Chailloux (Les) (Chaulgnes).*

Châtiniacum. Chatigny.
Chaîlion ; Chaîllons. Châtions-lès-Coques.
Chaîlons. Chalon.
Chailloy. Chailley.
Châlisacum. Chailley.
Chaîlnoe. Chalon.
Chaillai ; Châllaisacum. Chailley.
Chaillois. Chailleis.
CHAILLY. Canal Lateral. Nevers. Saint-Pierre-le-Moûtier.
Chaillaye. Chaillous (Les) (Moulins-Engilbert).
Chalaant. Chaîlement.
Chalmoux. Chalmoux (Les).
Chalo. Châtons-lès-Coques.
Chalorges ; Chalorgot ; Chalorgia. Salorges (Château-Chinon-Campagne).
Chalne. Chailluis.
Chalsy. Chailloux (Les) (Moulins-Engilbert).
Chaluy. Chailley.
Chalusium. Chalusy.
Chaly. Chailly.
Chamarii. Chanary.
Chambous. Chambout.
Chambreve. Sombrives.
Chambessière. Chambuffière.
Chamcomeaul. Champ-Commeau.
Chamdeo. Champdieux.
Chamenet. Chamoney.
Chamerel. Chamerelle.
Chamerons (Les). Chameron.
Chamisy. Chemizy.
Chamlemis. Champlemy.
Chamlevoy. Champlevois.
Chamlevrier. Champlevrier.
Chammartin. Champ-Martin.
Chamo ; Chamon. Chamons (Les).
Chamon. Chamont (Le).
Chamon-aux-Maillaux (Le) ; Chamon-aux-Maillots (le). Chambon (Le).
Chamon-des-Chemineaulx (Le). Chamon-Chemineaul.
Chamonge. Chamons (Les) (Fours).
Chamonium ; Chamon-Maillot (le). Chambon (Le).
Chamon-Maillot. Coldre (La).
Champaigne. Champagne (Champallement).
Champaigne (La). Champagnes (Les).
Champaigne - soubz - Mais - le - Conte ; Champaigne-soubz-Mehers. Champagne (Metz-le-Comte).
Champalemaul. Champallement.
CHAMPALLEMENT. Lurcy-le-Bourg. Nevers. Saint-Révérien. Sancenay (Ruisseau de).
Champanges. Sampanges.

Champenois. Champagne (La).
Champardelle. Champardelle.
Champarlement. Champallement.
Champertes-de-Torenult. Champare.
Champendon ; Champendam ; Champendon. Champedon.
Champault. Champoul.
Champanuserin. Champocerin.
Champeye. Champois.
Champaye. Champas.
Champaffieres ; Champ-Baffere. Champaffiere.
Champcharney ; Champcharmo ; Champcharmoux. Champ-Charmet.
Champcommault. Champ-Commeau.
Champ-Cornet. Cornet.
Champcour. Champcourt.
Champdeo ; Champdeul ; Champdio. Champdieux.
Champdeos ; Champdoul. Champdeux.
Champdye. Champdieux.
Champeaulx. Champeaux.
Champeaux. Champoul.
Champeurouz. Champereux (Alligny-en-Morvand).
Champcion. Champion.
Champleur. Champ-Cheur.
Champdipon. Champ-Philippon.
Champignol. Champignolle (Le Bas et le Haut).
ChampignoBes. Bouteinille.
Champjolis (Les). Champ-Joly (Le).
Champlesteau. Champlateau.
CHAMPLEMY. Charité (La). Nièvre (Les). Varzy.
Champlenais. Champlevois.
Champlepesses. Champs.
Champlevoix ; Champlevoys ; Champlois. Champlevois.
Champmorau. Champ-Moreau.
Champneumys. Champlemy.
Champonay. Champonnet.
Champorin. Champocerin.
Ciamppeaulx. Champeaux.
Champplain. Champlin.
Champregniault. Champreniaud.
Champrobert. Champrobé.
Champrond. Champlong.
Champroux. Champeroux.
Champs. Champ (Saint-Léger-de-Fougeret).
Champseur. Champ-Cheur.
Champt. Champs.
Champt-Aleman. Champallement.
Champt-Commaux. Champ-Commeau (Alligny-en-Morvand).
Champt-Creux. Champeroux (Alligny-en-Morvand).

Champsleup. Chanteloup (Guipy).
Champus. Champeur.
Champus ; Champurs. Champeurs.
CHANVERT. Aron (L'). Canal des Nivernais. Decize. Donjon (Ruisseau de). Thianges.
Champso ; Champsul ; Champsus. Champsus.
CHAMPYOEL. Charité (La). Nevers. Vaux de Nevers (Les).
Chamrobert. Champ-Robert.
Channes. Chanous (Les).
Chanaium. Chanay (la Charité).
Chaney. Charney (Sainçaise).
Chaney (Le) ; Chancey-lez-Nevers ; Chanayum. Chanay (Le) (Marzy).
Chancereau. Champelonp.
Chancharmon. Champ-Charmet.
Chancomeau. Champ-Commeau (Multrevillon).
Chandenot. Champ-Denot.
Chandeo ; Chandeol ; Chandoux. Champdieux.
Chandiery (Le). Champ-du-Bis.
Chandinot. Chenenot.
Chandion. Champdieux.
Chandoux. Champdeux.
Chaneium. Chaney (la Charité).
Chaneyum. Chaney (Le) (Marzy).
Changemes ; Changemoy. Changemois.
Changy. Saugy.
Chanicut. Chagnoux.
Chanisot ; Chanizot. Chenizot.
Chanlemi. Champlemy.
Chanlevrier. Champlevrier.
Chanlotte. Chantolle.
Chanselet. Champelée.
Chanteloup. Chanteloup (Guipy).
CHANTENAY. Saint-Pierre-le-Moûtier. Vatté (Ruisseau de).
Chantenayum. Chantenay.
Chantenoau. Chantenot.
Chantereau ; Chantereaul. Chantreau.
Chantoles. Chantelle.
Chaomo. Chaumot-sur-Yonne.
Chapelle-Baleray (La). Baleray.
CHAPELLE-SAINT-ANDRÉ (La). Entrains. Sauzay (Le). Varzy.
Chapelle-Saint-Gevras (La). Fontaine de Saint-Gevras (La).
Chappe. Chappes.
Charanssy. Charency.
Charboniere. Charbonnière (Sauvigny-les-Bois).
Charbonneau. Huis-au-Clair (L').
Charbonniere (La). Charbonnure (Tracy).
Chardeloup. Chargeloup.

TABLE DES FORMES ANCIENNES.

Chardenay. Chardonnay.
Charemeuium. Challement.
Charency; Charensay. Charency.
Charenta. Charenton (Pouilly).
Chari, Chariacum. Cherry.
Chariere. Charriere.
Charita. Charité-sur-Loire (La).
Charite (La). Charité-de-Chassaigne (La).
Charité-sur-Loire (La). Donzeline (La). Loire (La). Nevers. Pouilly-sur-Loire. Varzy.
Charli. Charly (Le Petit-).
Charliacum. Charly (Chaulgnes).
Charmey. Charmes (Les) (Cosne).
Charmoia. Charmoy.
Charnaie (La). Bouchet (Decize).
Charnaye. Charnais (La).
Charnoy (Le). Charnay (Le).
Charpoil. Charpois.
Charpoye. Charpois.
Charrain; Charrayn. Charrin.
Charrette. Chartes.
Charriera. Huis-Bouin (L').
Charriera. Charrier.
Charrais. Briffaut. Decize. Loire (La).
Charrisiacum. Chalazy.
Charrain. Charris.
Charusi; Charusiacum. Chalazy.
Chary. Cherry.
Chassault. Chazeau (Le) (Imphy).
Chasault. Chasseau.
Chasseigne. Chassaigne (La) (Rémilly).
Chasseles. Chazelle (Marigny-sur-Yonne).
Chaselium. Chazelles (Chaulgnes).
Chaseul. Chazeuil-Lavault.
Chaseule. Chazelle (Marigny-sur-Yonne).
Chasgnot (Le). Chagnot (Le).
Chadiet. Chally.
Chaslou-les-Cocques; Chaslons. Châlons-les-Coquer.
Chasly. Chally.
Chanbat. Châteauneuf-Val-de-Bargis. Grand-Font (Ruisseau de). Varzy. Veron (Ruisseau de).
Chasnay-au-Val-de-Bargis. Chasnay (la Charité).
Chasnon-les-Antrains (Le); Chasnoy (le). Chasnoy (Entrains).
Chassagne. Chassaigne (Anthien).
Chassagne (La). Chassaigne (La) (Avrée).
Chassagne (La). Chassaigne (La) (Saint-Parize-le-Châtel).
Chassaigne. Chassaigne (Moux).
Chassaigne (La). Chassaigne (La) (la Roche-Millay).
Chassaigne (La). Gôdo-d'en-Haut (Le).

Chassaigue (La). Chassaigne (La) (Limanton).
Chassenium. Chasenay (Saint-Germain).
Chassaygnum. Chassaigne (La) (Rémilly).
Chasseigne. Chassaigne (La) (Corvaye).
Chasseigne. Saigne (Sermages).
Chasseignum. Chassaigne (La) (Rémilly).
Chassena. Chasenay (Chevannes-Changy).
Chassenet. Chasenay (Saint-Germain-Chassenay).
Chassenay. Chassenet (Donzy).
Chassencux. Chazeau (Le) (Imphy).
Chassenoy. Chassenay (Saint-Jean-aux-Amognes).
Chasseygue (La). Chassaigne (La).
Chassin. Chassy (Alluy).
Chasseun. Chazeuil-Lavault.
Chassy-aux-Amognes. Chassy (Ourouer).
Chassy-Carvulde; Chassy-le-Hault. Chassy (Vignol).
Chasteau-Chignon. Château-Chinon.
Chasteau-les-Montreuillon. Château (Plauchez).
Chasteillon-aux-Bazois. Châtillon-en-Bazois.
Chastel-Chinon. Château-Chinon.
Chastel-de-Demain. Château-de-Demain.
Chastel-Gaillard. Château-Gaillard (Épiry).
Chastelier. Châtelier (Verneuil).
Chasteliet. Châtelet (Le) (Colmery).
Chastellette (La). Chastenette-le-Bas.
Chastellier. Châtelier (Verneuil).
Chastellon. Châtillon-en-Bazois.
Chastenoyum. Chassenay (Saint-Germain-Chassenay).
Chastillon-en-Bazois; Chastoillou; Chastoillon-en-Bezois. Châtillon-en-Bazois.
Chastin. Châtin.
Chastonyera (La). Châtonière (La).
Chastray. Châtré.
Chasuil. Chazue.
Chasuriacum. Chalazy.
Chat (Le). Chez (Le).
Chatayn. Châtain.
Château-Chinon. Aunay-en-Bazois. Bazois (Le). Montreuillon. Montsauche. Morvand (Le). Moulins-Engilbert. Nevers. Ouroux.
Château-Chinon-Campagne. Moulinette (Ruisseau de). Planchotte (Ruisseau de la). Venon (Le). Yonne (L').
Châteauneuf-de-Bargy; Châteauneuf-

en-Bargu. Château-Neuf-Val-de-Bargis.
Châteauneuf-Val-de-Bargis. Bargis (Val de). Charité-sur-Loire (La). Grand-Font (Ruisseau de). Nevers. Varzy.
Chatel-du-Bois. Château-du-Bois (Le).
Chatelle. Châtel.
Chatelneuf-sur-Allier. Châteauneuf.
Chatenay; Chatenayeum. Chastenay (Charrin).
Châtenoy. Châtenay (La Grea-).
Châtillon-en-Bazois. Aron (L'). Bazois (Le). Canal du Nivernais. Château-Chinon. Montreuillon. Moulins-Engilbert. Nevers. Saint-Saulge.
Chatin. Château-Chinon. Châtillon-en-Bazois.
Chatinge; Chatinyea. Satinges.
Chatinges. Châtin.
Chatingia. Satinges.
Châtre (La). Chetree (Guérigny).
Chats-Bourreaux (Les). Chabourreaux (Les).
Chattonniere-en-Vincence (La). Chatonière (La).
Chaufour. Grand-Chaufour.
Chaufourge. Chauffour (Clamecy).
Chaufourt. Chauffour (Saint-Loup).
Chaugne. Chaulgnes.
Chaulgnes. Charité-sur-Loire (La). Nevers. Pisserotte (La). Vaux-de-Nevers (Les).
Chaulmar. Chaumard.
Chaulme (La). Chaume (La) (Millay).
Chaulme (La). Chaume (La) (Saxy-Bourdon).
Chaulme (La); Chaulme-de-Cervou (la). Chaume (La) (Cervon).
Chaulmereuil. Chaumereuil.
Chaulme-Ronde (La). Chaumes-Rondes (Bois des).
Chaulmes. Chaumes (Varonnes-lez-Nevers).
Chaulmes; Chaulmes (Les). Chaume (Le).
Chaulmetiere. Chauvetière.
Chaulmien. Chaumien.
Chaulmigny. Chaumigny (Cercy-la-Tour).
Chaulmont. Chaumont (Courcelles).
Chaulmont. Chaumont (Limanton).
Chaulmot-sur-Yonne. Chaumont-sur-Yonne.
Chaulmoy; Chaulmoys. Chaumard.
Chaulvetiere. Chauvetière.
Chaumard. Arain (L'). Montreuillon. Oussière (L'). Yonne (L').
Chaumayum. Chaumard.

Nièvre.

27

210 TABLE DES FORMES ANCIENNES.

Chaume (La). Chaume-au-Cul-Rond (La).
Chaume-de-Nyon. Charnaye.
Chaume-Musedon (La). Chaume (Les) (Gimouille).
Chaumeguy. Chaumigny (Cercy-la-Tour).
Chaumers-Chaume (Châtillon).
Chaumetum; Chaumeyum. Chaumot-sur-Yonne.
Chaumoin; Choumoy. Chaumois (Empury).
Chaumodium. Chaumont (Le).
Chaumon. Chaumont (Saint-Léger-des-Vignes).
Chaumon. Chaumont (Le) (Chevenon).
Chaumonnery. Chaumonnerie.
Chaumot-les-Yonne. Canal du Nivernais. Corbigny. Larcy-le-Bourg. Nevers. Yonne (L').
Chaumoy. Chaumard.
Chausseluche. Saulas.
Chauvance. Charanes.
Chauveau. Chauveaux (Les).
Chauviguy-les-Chanoines. Sauvigny-les-Bois.
Chavano. Chevenon.
Chavenes. Chavannes (Gimouille).
Chavenne. Chevannes (Dceize).
Chavennes. Chavannes.
Chaylo. Chailloy.
Chayloe. Chailloy.
Chazault. Chazeau (Tintury).
Chazault (Le). Chazeau (Le) (Chaulgues).
Chazaulx. Chaseau.
Chazaux; Chazeaux. Chazot.
Chazel. Chazeuil (Montenoison).
Chazel. Chazelle (Moux).
Chazell. Prémery.
Chazeuille. Chazuil. Chazeuil.
Chebault; Chebaut. Chez-Sebot.
Chechaigne (La). Chasseigne (La) (Limanton).
Cheiddes. Chiddes.
Chemain (Le). Chemin (Le) (Anthien).
Chemeron. Chameron.
Chemilly. Chamilly.
Chemirot. Miraux (Les).
Chemoy (Le). Chenoy (Le).
Chenau (Les); Chenault (les). Eschenault (L').
Chenault; Chenaulx. Chanot.
Chenaurot. Chêne-au-Roi (La).
Chenayum. Charnay (Le) (Marzy).
Chenets. Chenet.
Cherau. Cherault.
Chereaux (Les). Cheriots (Les).

Chereney. Chalazy.
Chessigne. Chessaigne (Ouroux).
Chessigne (Moulin de). Chessaigne (Le) (Avrée).
Chessingues. Saisaigne.
Cheses (Les). Chaises (Les) (Brassy).
Chesrs (Les). Chaises (Les) (Diennes).
Chesseigne. Saisaigne.
Chesseigne (La). Saigne (La).
Chestendeauil; Chetandiol. Chetandieux (Les).
Chetifour. Chetif-Four (La).
Cheus. Coeurs.
Chevaignes; Chevaines. Chavannes.
Chevaines-les-Croz. Chevanne (Diennes).
Chevalliers (Les). Chevalier.
Chevance. Charance.
Chevane-les-Crotes. Chevanne (Diennes).
Chevanes. Chevannes (Dceize).
Chevanes. Chevannes (Gimouille).
Chevanez. Chevannes (Saint-Ouen).
Chevanes-Bureau. Chevannes (Moulins-Engilbert).
Chevanes-Ganeaulx; Chevanes-Gazeaulx. Chevannes (Billy-Chevannes).
Chevanes. Chevanne (Diennes).
Chevannæ-Gasellorum. Chevannes (Billy-Chevannes).
Chevanne. Chavannes.
Chevanne. Chevannes-Changy.
Chevanne-en-Levault. Vault (La) (Onlay).
Chevannes. Chevanne (Mars).
Chevannes-aux-Bureau. Chevannes (Moulins-Engilbert).
CHEVANNES-CHANGY. Brinon-les-Allemands. Nevers. Prémery.
Chevannes-Dagon. Chevannes-Dazon.
Chevannes-lès-Amazy. Chevannes (Amazy).
Chevannes-soubz-Corvol. Chevannes-Changy.
Chevannes-soubz-Montaron. Chevanne.
Chevannes-soubz-Monthenoison. Chevannes-Changy.
Chevanniæ. Chevannes-Changy.
Chevanniæ. Chevannes (Gimouille).
Chevanniæ. Chevannes (Coulanges-lez-Nevers).
Chevanniæ-Arcroz. Chevanne (Diennes).
Chevanniæ-propo-Montem-Errantem. Chevanne (Montaron).
Chevano; Chevanon. Chevenon.
Chevanum. Chevanne (Montaron).
Chevaynes-Ganeaulx. Chevannes (Billy).
Chevaynes-les-Crox; Chevaynes-les-Croz. Chevanne (Diennes).

Chevennes (Les). Chevannes (Les) (Curancy).
Chevenno. Chevenon.
Chevenon. Canal Latéral. Loire (La). Nevers. Saint-Pierre-le-Moûtier.
Cheveroche. Chevroches.
Chevigni. Chevigny (Germigny).
Chevigniacum-versus-Sarmesiam. Chevigny (Sermoise).
Chevonnes. Chevannes-Changy.
Chevre. Chèvres.
Chevre. Chevret.
Chevre (La). Donjon (Ruisseau de) (Saint-Honoré).
Chevreau (Le). Mont-Chevreau.
Chevres. Chèvre (Vandenesse).
Chevrier. Chevré.
Chevrocres. Canal du Nivernais. Clamecy. Prémery.
Chevygni. Chevigny (Sermoise).
Chezault. Chazeaulx (Moulins-Engilbert).
Chezault. Chazeau (Le).
Chez-Billou; Chez-Bortier; Chez-Bouthier. Billous (Les).
Chez-Charleuf. Charleux.
Chez-de-la-Font. Chez-Delafond.
Cheze. Chaises (Les) (Diennes).
Cheze (La). Cheize (La).
Cheze (La). Chaise (La) (Planchez).
Chez-Gachot. Gachots (Les).
Chez-Gueland. Glauds (Les) (Toury-Lurcy).
Chez-les-Moras. Morand.
Chez-Myé. Chez-Talet.
Chez-Raymond. Raimonds (Les).
Chez-Sebaux. Chez-Sebot.
Chichamp; Chichant. Sichamps.
CHIDDES. Forges (Ruisseau des). Rocho-Millay (La). Séglise (La).
Chidres. Chiddes.
Chief-du-Bois. Chef-du-Bois.
Chieveroche; Chieveroche-lès-Clamecy. Chevroches.
Chinon-la-Montagne. Château-Chinon.
Chiol. Scyolle.
Chissy; Chisy-le-Gros. Chigy.
Chitriacum; Chitriacus. Chitry-les-Mines.
CHITRY-LES-MINES. Amysison (L'). Aussois (L'). Canal du Nivernais. Corbigny. Yonne (L').
Chitry-les-Sainct-Léonard. Chitry-les-Mines.
Chitry-Montsabot; Chitry-soubz-Mousabot. Chitry (Neuffontaines).
Chitry-sous-Chaumot. Chitry-les-Mines.
Chitry-sur-Yonne. Chitry-les-Mines.

Chisame-les-Cruz. Chicanne (Dionnes).
Chirignacum. Chevigny (Decize).
Chivre. Chevres.
Chisy; Chisy-le-Gros; Chisy-le-Mezien; Chisy-le-Migyen; Chisy-le-Mouiel. Chigy.
Chœurs. Cœurs.
Chognai; Chognacum; Choigne. Chaugny.
Choigne; Choignin. Chaulgnes.
Choigniacum; Choigny. Chougny.
Chollet (Maison de). Cholet.
Chomay. Chomottes (Les).
Chome. Chaume (La) (Livry).
Chome (La). Chaume (La) (Suxy-Bourdon).
Chomot. Chaumot-sur-Yonne.
Chovigne. Chaulgnes.
Chovigne. Chougny.
Chora; Chore; Chores. Cure (La).
Chornay. Sornet.
Chosfort. Chiffort.
Chougne. Chougnis. Chaulgnes.
CHOCERY. Annay. Châtillon-en-Bazois.
Choullot (Maison de); Choulot. Saint-Roch (Clamecy).
Choumigny. Chaumigny (Cercy-la-Tour).
Choupillet. Chopillet.
Chouys. Chouix.
Chouzet. Sauzay.
Choygna. Chougny.
Choys. Chouix.
Chuffort; Chuflot. Chiffort.
Chungny. Chougny.
Chungny. Chevigny (Germigny).
Churon. Cirot.
Chury. Sury.
Chuy. Chouix.
Cieux (Le Molin de). Seu (Le).
Cize. Fontaine-Saint-Martin (Ruisseau de la). Saint-Amand.
Cigonie; Cigougne. Sigogne.
Cilles. Cyoles.
Ciron. Cirot.
Cisilliacum; Cisselliacum; Cissiliacum. Cizely.
Cissy-les-Bois. Cessy-les-Bois.
Citry. Chitry-les-Mines.
CIZELY. Anlezy. Landarge (La). Thianges.
Clainczy. Clenczy.
Clameciacum; Clameciacum. Clamecy.
CLAMECY. Beuvron (Le). Canal du Nivernais. Corvol-l'Orgueilloux. Entrains. Morvand (Le). Sauzay (Le). Taunay. Vaux-d'Yonne (Les). Yonne (L').

Clamicrium; Clamici; Clamiciacum; Clamiciacus. Clamecy.
Clamours. Clamouse. Clamour.
Ciogy. Pisons (Les).
Claulx. Craux.
Clansellum. Closerie (La).
Cloisot. Cloiseau.
Cloistre (Le). Cloître (Le).
Cloix (La). Clair (La).
Cloizeau. Cloiseau.
Clos-Bourguing. Vigne-Bourgoing.
Closelli. Closerie (La).
Cloustre (Le). Cloître (Le).
Cluse-Bardene; Cluze-Barduine. Cluze-Bardene.
Cocaium; Cocayum. Cossay.
Code; Coddes; Codes. Codds.
Codruyum. Coudray (Le) (Saint-Ouen).
Coenni. Cougny (Saint-Jean-aux-Amognes).
Coeron. Couéron.
Cœudres (Les). Queudre (La) (Sémelay).
Cognault; Cognaut. Cognants.
Cognet. Chez-Cognet.
Cogniacum. Cougny (Saint-Jean-aux-Amognes).
Cogniacum. Cougny (Saint-Pierre-le-Moûtier).
Cognies. Cognet.
Cogny. Cougny (Saint-Pierre-le-Moûtier).
Cogny-es-Amoygnes. Cougny (Saint-Jean-aux-Amognes).
Coheron. Couéron.
Colantay. Créantay.
Coignaut. Cognants.
Coigniacum; Coigny. Cougny (Saint-Pierre-le-Moûtier).
Coigny. Cougny (Saint-Jean-aux-Amognes).
Coin. Coing.
Coin. Comme (La) (Château-Chinon-Campagne).
Colanceile (La). Collancelle (La).
Colanges-les-Nevers; Colangiæ. Coulanges-lez-Nevers.
Colancella. Collancelle (La).
Colenges; Colenges-sous-Sercy. Coulonge.
Colengia-prope-Nivernis. Coulanges-lez-Nevers.
Colins (Les). Chez-Colin.
COLLANCELLE (LA). Canal du Nivernais. Corbigny. Lurcy-le-Bourg. Nevers. Vaux (Étang de).
Collange. Coulange.
Collangette. Coulangette.

Collancelle (La). Collancelle (La).
Colmaniacum. Commagny.
COLMERY. Donzy. Varzy.
Colvangiæ. Coulanges-lez-Nevers.
Coloise. Couloise.
Columa. Colombe.
Colombier-les-Saint-Privé-lez-Decize. Colombier (La) (Saint-Léger-des-Vignes).
Colomeriacum. Colmery.
Colomna. Colombe.
Colon. Coulon.
Coloncella; Coloncellum. Collancelle (La).
Colonges; Colongiæ. Coulange.
Colongetes. Coulangette.
Columba. Colombe.
Columberiacus. Colmery.
Comaguiacum; Comaigni; Commaguiscum; Commaigniacum; Commaigniacum. Commagny.
Commavorum (Pagus). Amognes (Les).
Comoleria. Petit-Moulin (Le) (Imphy).
Cona; Conda. Cosne.
Conclays; Conclez. Concley.
Condate. Cosne.
Condemaine (La). Candemins (La).
Condemine (La). Condemein (La).
Condida; Condita; Coue. Cosne.
Confort (Le). Reconfort.
Congny. Cougny (Saint-Jean-aux-Amognes).
Coniacum. Cougny (Saint-Pierre-le-Moûtier).
Connaille (La). Conaille (La).
Conne-sur-Loire. Cosne.
Cons. Comme (La) (Château-Chinon-Campagne).
Consculle. Conseuille.
Consolatio-Beatæ-Virginis. Reconfort.
Contræ; Contres. Contre.
Cops (Les). Coppes (Les).
Coquats (Les). Cocas (Les).
Coques (Les). Cocqs (Les).
Cora. Cure (La).
Corancelle (La). Collancelle (La).
Coraneeyum. Corancy.
CORANCY. Lacs (Ruisseau des). Ouroux. Oussière (L'). Yonne (L').
Corbegni. Corbigny.
Corbelain. Corbelin.
Corbigniacum. Corbigny.
CORBIGNY. Anguison (L'). Aussois (L'). Auxois (L'). Château-Chinon. Lormes. Monceaux-la-Comte. Montreuillon. Morvand (Le). Nevers. Saint-Révérien. Vaux-d'Yonne (Les). Yonne (L').
Corbiniacus; Corbiny. Corbigny.

TABLE DES FORMES ANCIENNES.

Corbolanum. Corbelin.
Corbolinum. Courbelin.
Corcelle. Corcelle (Marzy).
Corcelles. Corcelles (Neuville-lez-Decize).
Corcelle. Courcelles (Saint-Hilaire).
Corcelle (La). Courcelle (Les).
Corcelles. Courcelles (Brinon).
Corchochien; Corchien (La). Écorchien (L').
Cordat. Cordas.
Corcusi. Corancy.
Corgemain. Courgermain.
Cormery. Colmery.
Cornous. Lieu-Bergeron (Le).
Cornauax (Les). Cornaux (Le).
Cornelia. Courlis.
Corno. Cornat.
Corous. Courour (Les).
Corroaux (Les). Couraud.
Corsaille. Corcelles (Préporché).
Corson. Cosson.
Cortis. Cours (Magny-Cours).
Curvacus; Corvallis; Corvani; Corvillo; Corvo. Corvol-l'Orgueilleux.
Corvol-en-Dam-Bernard. Corvol-d'Embernard.
Corvol-d'Embernard. Brinon-les-Allemands. Prémery.
Corvolo-d'Embernard. Corvol-d'Embernard.
Corvolium. Corvol-l'Orgueilleux.
Corvolium; Corvolium-Domipni-Bernardi. Corvol-d'Embernard.
Corvolium-Superbum. Corvol-l'Orgueilleux.
Corvol-le-Dambernard. Corvol-d'Embernard.
Corvol-l'Orgueilleux. Clamecy. Sauzay (Le).
Corvol-Lorguilleux. Corvol-l'Orgueilleux.
Corz (Villa de). Vallée-de-Cour (La).
Corziliacum. Corseuille.
Cosay; Cossayum; Cossy. Sauzay (Le Grand).
Cosgny. Cougny (Saint-Jeau-aux-Amognes).
Cosne. Donzy. Loire (La). Nevers. Nohain (Le). Saint-Amand-en-Puisaye. Varzy.
Cosniers (Les). Cogners.
Cossa; Cossaie. Cossaye.
Cossate. Auzon (L'). Canal Latéral. Decize. Lucenay-les-Aix.
Cossey. Cossaye.
Cothereaux (Les). Cotereaux (Les).
Cottreaux (Les). Cotterraux (Les).

Cousaitz (Les); Consaiz (les). Cosault (Le).
Coadde; Couder. Codde.
Coudrayam. Coudray (Le) (Achun).
Coudream. Coudray (Le) (Couloutre).
Coudream. Coudray (Le) (Neuvy).
Coudroye (La). Coudraye (Le).
Cognant. Cognants.
Cougnye; Cougny-les-Saint-Pierre-le-Moûtier. Cougny (Saint-Pierre-le-Moûtier).
Coulanges-lez-Nevers. Nevers. Nièvre (La). Pennoilles (Ruisseau des). Thianges.
Couldray (Le). Coudray (Le) (Achun).
Couldray (Le). Coudray (Le) (Chalaux).
Couldray (Le). Coudray (Le) (Marzy).
Couldray (Le). Coudray (Le) (Neuvy).
Couldre (La). Queudre (La) (Saint-Honoré).
Couloise. Couloise.
Coulombier-autour-du-Pressoir (Le). Colombier-du-Pressoir (Le).
Coulloye. Couloise.
Couloir (Le). Champ-de-Couloire.
Couloir (Moulin du). Couloir.
Couloise. Couloise.
Coulome (La). Colome (La).
Coulonges. Coulonge.
Coulouaize. Couloise.
Couloultre. Couloutre.
Couloume (La). Colome (La).
Couloovra. Degnes (Ruisseau des). Donzy. Nevers. Nohain (Le). Varzy.
Coumery. Colmery.
Courancy; Courancy. Corancy.
Couranselle (La). Collanceille (La).
Courbigny. Corbigny.
Cour-Blau (La). Courblaud (La).
Courcella. Courcelles (Varzy).
Courcelle. Courcelles (Dun-sur-Grandry).
Courcelle. Corcelles (Préporché).
Courcelle; Courcelles. Corcelle (Marzy).
Courcelle (La). Corcelles (Montsuron).
Courcelles. Varzy.
Courgemain. Courgermain.
Cour-Godin (La). Cour-Gaudin (La).
Courgornet. Cours-Gornets (Les).
Cour-Montgazon (La). Mongazon.
Cournejons (Les). Cornejons (Les).
Courotte (La). Courotte.
Couroa. Couroux (Les).
Courrancy. Corancy.
Cours. Cosne.
Cours-Belons (Domaine des). Cours-Blond.

Cours-Bonics (Les). Coursbonnes (Les).
Cours-soubs-Maigny. Cours (Magny).
Cours-sous-Blesme. Cour (La) (Poussignol-Blismes).
Coursel. Courcelles (Saint-Hilaire).
Courson. Cousson.
Court (Le). Cour (La) (Colmery).
Courtil. Courtillats (Les).
Courtils (Les); Courtis. Courtille (La).
Coursy. Caury.
Cousrly-au-Loup. Courtil-au-Loup.
Couraud; Couraud-Lourguilloux. Corvol-l'Orgueilleux.
Courvoe (La). Corvée (La) (Moulins-Engilbert).
Courval-le-Dampbernard. Corvol-d'Embernard.
Courvaos (La). Corvée (La) (Moulins-Engilbert).
Courz. Couro-lez-Cosne.
Cosselange. Courcelanges.
Cosses. Couze.
Cossey; Cousaye; Coussays; Cousseyam. Cossaye.
Cousson. Cosson.
Coustures. Couturiaux (Les).
Coutin. Courtin.
Couts (Les). Coux.
Couvault. Couvaux.
Coyguiacum. Cougny (Saint-Pierre-le-Moûtier).
Coytions (Le Pont de). Pont-Coyon (Le).
Crais. Craux.
Crais; Craiz. Cray (Petit-).
Cranzy. Cengy.
Craupigny. Cropigny.
Cray; Cray (Le Grand). Cray (Grand-).
Cray. Cray (Petit-).
Cray; Crays. Craux.
Creages. Crage (Chevenon).
Creantois. Créantay.
Crociacum. Crécy (Decize).
Cremain (Le). Cremaine (La).
Cremanciacum; Cresancy. Crézancy.
Cresans (Les). Crezan (Le Grand et le Petit).
Cresency. Crezancy.
Cresma. Cremas.
Cressiacum; Cressi-les-Boys. Crécy-sur-Cosne.
Cressy. Crécy (Decize).
Cressy; Cressy-les-Fleury-la-Tour. Crécy-sur-Cosne.
Crota. Grotte (Decize).
Crote. Croteux.
Creules (Les). Creuilles (Les).
Creus. Crux-la-Ville.

TABLE DES FORMES ANCIENNES.

Crous; Crousay (Le). Crouzet (Le) (Rosy).
Croussy (Le). Crouzet (Le) (Nouville-lez-Decize).
Crouse. Quatre-Vents (Les) (Chaumard).
Crouse (La). Creuse (La) (Saint-Hilaire).
Crouset. Crouzet (Le) (Rosy).
Crousille (La). Crouzille (La).
Crousle. Croule.
Crousot (Le). Crouzet (Le) (Gouloux).
Crous. Croux.
Croux-la-Ville. Crux-la-Ville.
Crouzay (Le). Crouzet (Sardy).
Crouzey (Le). Crouzet (Le) (Rosy).
Crey. Cry (Petit-).
Crez. Crey (Germenay).
Crezeux. Crejeux.
Crie. Cry.
Crien. Crians.
Crieurs. Crieure.
Criainco villa; Criaincum; Criouincum. Crécy-sur-Canne.
Crissigniacum. Criosai.
Crissy. Crécy-sur-Canne.
Croa. Croux (Porte du).
Croc (Moulin du). Crot (Moulin du).
Crocant. Croquant.
Croc-Guillot (La). Crot-Guillot (Le).
Crocts; Crocts. Crotte (Decize).
Croc. Croux (Porte du).
Croges. Crège.
Croijeux. Crejeux.
Croix-au-Bost (La). Bou.
Croix-au-Goust (La). Croix-d'Or (La).
Croix-de-Beaumont. Beaumont (Clamecy).
Croix-de-Tartre (La). Croix (La) (Vauclaix).
Croix-de-Varennes (La). Croix (La) (Varennes-lez-Nevers).
Cros (Le). Crot (Le) (Tresnay).
Cros-Boulon. Boulon (Cosasye).
Crots. Crotte (Decize).
Crot-de-la-Noix. Crot-Noir (Le).
Crote. Crotte (Decize).
Crots (Les). Acroux.
Crotte-lès-Decize. Crotte (Decize).
Crotum. Crot (Le) (Urzy).
Crotum. Crot (Le) (Saint-Jean-aux-Amognes).
Croupillons (Les). Maison-Rouge.
Crous (Les). Acroux.
Crousot (Le). Quatre-Vents (Les) (Chaumard).
Cros (Les). Acroux.
Cruzille (La). Crouzille (La).
Crus. Crux-la-Ville.

Crus; Crux-Castro. Crux-la-Châtel.
Cruso; Cruso. Crux-la-Ville.
Cruso-Castro. Crux-la-Châtel.
Cruso-Villa; Crux-Villa. Crux-la-Ville.
Crux; Crux-Castrum. Crux-la-Châtel.
Crux-de-Varennis. Croix (La) (Varennes-lez-Nevers).
Crux-la-Ville. Arou (L'). Arou (Ruisseau d'). Larcy-le-Bourg. Saint-Saulge.
Crux-la-Châtel. Crux-la-Châtel.
Cryans. Crians.
Cuencize. Quincize.
Cucincum. Cuncy (Magny-Cours).
Cuailles. Cuil.
Cuillon. Couillon.
Cuontis; Cuantiss. Cuncy (Villiers-sur-Yonne).
Cuentises. Quincize.
Cuouldre (La). Quandre (La) (Cervon).
Cuours. Cours.
Cuffé. Cuffer.
Cultis; Cultis-subtus-Magniacum. Cours (Magny-Cours).
Cuncincum. Cuncy-lez-Varzy.
Cuncincum; Cuncincum-super-Yonam. Cuncy (Villiers-sur-Yonne).
Cuncy-lez-Varzy. Prémery. Varzy.
Curia Ultra. Couloutre.
Curie. Cours-lez-Cosne.
Curtil. Courty.
Curtils. Curty (Imphy).
Cartias. Cours (Magny-Cours).
Curtis. Cours-lez-Cosne.
Curtis; Curtis-subtus-Magniacum. Cours (Magny-Cours).
Curtis (Villa de). Vallée-de-Cour (La).
Curty. Miguot.
Curtya. Curty (Imphy).
Curva-Vallis. Corvol-l'Orgueilleux.
Cury; Cury-sur-Yonne; Cusir. Cuzy.
Cuys. Cuy (Chougny).
Cuzon (Haut et Bas). Queuson (Ouroux).
Cusy. Tannay.
Cyes. Cicz.
Cygoine. Cigogne.
Cymelay. Sémelay.
Cyrilliacum. Cisely.

D

Dampetra-subtus-Boyacum. Dampierre-sous-Bouhy.
DAMPIERRE-SOUS-BOUHY. Aiguillon (L'). Saint-Amand. Saint-Révérien.
DAMPIERRE-SUR-NIÈVRE. Nièvre (La).
Dampre. Dompierre-sur-Nièvre.

Daulon. Banioup (Bois).
Daozicum. Decy.
Dardeau. Dardault.
Dari; Darie; Dary. Dhère.
Daubinets (Les). Dobinets (Les).
Daumon; Daumont; d'Aumont. Dumont.
Davaciacum, Davaciam; Davacucum. Decy.
Davides. Davide (La).
Davides (Les). Davids (Les).
Davyon. Davion (Le Grand et le Petit).
Decarcellerie (La). Decarcellerie (La).
Deccidon; Docutia. Decize.
Decize. Anlezy. Aron (L'). Canal Latéral. Étang-de-Germency (Ruisseau de l'). Loire (La). Lucenay-les-Aix. Nevers. Nocle (La). Reuillons (Ruisseau de).
Decize-le-Bucher. Decize.
Defons (Le). Deffond (Le).
Degens. Decize.
Demain. Château de Demain.
Demares. Demaure.
Dency. Denesy.
Dencey; Denessy. Donnecy.
Déré; Dores (Moulin de). Dhère.
Darnés (Les). Deruures (Les).
Derus (Les). Bruyères-Deruses (Les).
Descolles (Les). Domaine-de-l'École.
Deugas (Nemus). Gaux (Les) (Saint-Martin-du-Puits).
Deuize. Decize.
Deuville. Deux-Villes.
Devaciacum. Decy.
Devau. Decize. Loire (La).
Deveum; Devey; Deveyum. Decy.
Dhiene. Dionnes.
Dhoue La); Dhoue (la). Doues (La).
Dhun; D'hun; Dhung. Dun-sur-Grandry.
Diana. Dionnes.
Dicexia (Leprosaria de). Saint-Thibault (Decize).
Dianne. Dionnes.
Diannes. Anlezy. Dinote (La). Thiangry.
Dignets. Dinots (La).
Dinon. Dinons (Les).
Dinos. Canal du Nivernais. Larcy-le-Bourg. Metz-le-Comte. Yonne (L').
Dirollii; Dirou; Diroul. Dirol.
Diry. Dhéré.
Disenay. Isenay.
Disse; Diceais; Disisie; Disisia; Dissesia. Decize.
Dizans (Les). Vaucoret.
Dodoia. Doudois.
Dodon-le-Terrier. Don (Le).

TABLE DES FORMES ANCIENNES.

Dubec (La). Douce (La).
Dubert (La). Douaire (La).
Dulcisterio (La). Delicaterie (La).
Dulmus. Huis-Douloins (L').
Dumaine Blaise. Blaise.
Domaine Bourbon. Bourbon (Le) (Corsaye).
Domaine Chapelain. Chapelains (Les).
Domaine Coquelin. Saizy (Montarou).
Domaine Cosson. Cosson.
Domaine Dareau. Cardonneaux (Les).
Domaine des Alouettes. Crots (Les) (Coulanges-lez-Nevers).
Domaine des Religieuses. Religieuses (Les).
Domaine du Grand-Anisy. Anisy (Le Grand-).
Domaine du Greux. Greux (Le).
Domaine du Bangou. Grand-Bangout (Le).
Domaine Gadat. Gadat (Saint-Germain-Chassenay).
Domaine Gerard. Saigne (La).
Domaine Guyot. Guyot.
Domaine Limousin. Limouzin.
Domaine Midaut. Midault.
Domaine Millin. Millins (Les).
Domaine Pitton. Pitons (Les).
Domaine Remond. Remont.
Domaine Richard. Richard.
Domaine Simon. Simons (Les).
Domaine Tharoult. Tarreau.
Domiciacus. Donzy.
Domini-Lupi (Nemus). Danloup (Bois).
Dominus-Martinus. Dommartin.
DOMMARTIN. Château-Chinon. Châtillon-en-Bazois. Venon (Le).
Domno-Petro (Ecclesia de). Dompierre-sur-Héry.
Domont. Domont.
Dompetra-super-Nievram. Dompierre-sur-Nièvre.
DOMPIERRE-SUR-HÉRY. Cornot (Ruisseau de). Prémery.
DOMPIERRE-SUR-NIÈVRE. Châteauneuf-Val-de-Bargis. Lurcy-le-Bourg. Nevers. Varzy.
Dompno-Petra. Dompierre-sur-Héry.
Dompno-Martino (Ecclesia de). Dommartin.
Domus-Comitis. Maison-Comte.
Domus-Dei. Maison-Dieu (La).
Domus-in-Longa-Sylva. Fours.
Domus-Regnaudi. Maison-Regnaud.
Done. Dosne.
Donna-Petra. Dompierre-sur-Héry.
Doupmartin. Dommartin.
Donzi; Donzineum. Donzy.

DORZY. Cosne. Saigne (Ruisseau de). Arvers. Nohain (Le). Saint-Verain. Talconne (La).
Dordain. Dordan.
Dordres. Dorde.
Durlange. Domaine-Rocul (Le).
Dorna. Dornes.
Dornand. Dornant.
Dorne. Dornes.
Dorneci; Dorneciacum. Dornecy.
DORNECY. Armance (L'). Clamecy. Yonne (L').
DORNES. Durin (Ruisseau). Decize. Dornette (La). Nevers. Rimorin (Ruisseau de).
Dorney. Dornecy.
Douceaux. Douceaux.
Doue (Le). Lodoue.
Douere (La). Douaire (La).
Doubee (La). Douer (La).
Dourdan. Dordan.
Dournecy. Dornecy.
Douzas. Doussas.
Draciacum. Dracy.
Dractineus. Tracy-sur-Loire.
Dragny. Dreigny.
Draigne (Le); Draigue (la). Dragne (Villapourçon).
Drain. Montjournal.
Drapcy. Dracy.
Draptineus. Tracy-sur-Loire.
Dressuy. Montjournal.
Drigny. Dreigny.
Drouy; Druiaeum; Druiseus; Druy-le-Marnay. Druy.
DRUY. Thianges.
Druzy. Druzy.
Dua-Villa. Deux-Villes.
Dubies (Les). Chez-Dubier.
Dulas. Lac (Le) (Ougny).
Dumesnils (Les). Dumenils (Les).
Dumflau; Dumflaug; Dumphlain. Dumphlun.
Dumsatio. Doussas.
Dung. Dun-les-Places.
Dung. Dun-sur-Grandry.
DUN-LES-PLACES. Brassy. Cure (La). Vermot (Ruisseau de).
Dunsatium. Doussas.
DUN-SUR-GRANDRY. Châtillon-en-Bazois. Montreuillon. Venon (Le).
Dunum. Dun-sur-Grandry.
Dunum; Dunus. Dun-les-Places.
Dupré. Château-Dupré.
Duprez. Duprés (Les).
Dureux. Chez-Dureau.
Durellum. Dirol.
Dutoul. Tour (Le) (Vandenesse).

Dyana; Dyane; Dyanum. Decize.
Dyguete. Dincte (La).
Dyonsis; Dyoine. Decize.

E

Eau-de-l'Arche (L'). Haut-de-l'Arche (Le).
Ebirno. Nevers.
Ebay. Buis (Les) (Poussignol-Blisme).
Écart-des-Moutons (L'). Quarts (Les) (Boux).
Écluze-Bardine (L'). Cluze-Bardenne.
Égreuille. Égreuil.
Eguillon (L'). Aiguillon (L') (Magny-Cours).
Elebrunense castrum. Marne.
Eliniacus. Alligny (Cosne).
Emerys (Les). Émérion (Les).
Emoraus. Morand.
Empli; Emphiseum. Imphy.
EMPURY. Brinjame. Briname. Corbigny. Lormes.
Es-Brenas. Sous-Bernard.
En-Chastion. Château (Planchez).
En-Creuzot. Creuzots (Les).
En-Croy. Ancray.
Endenas. Andenas.
Enffert. Enfert (Mhère).
Enguison. Anguison (L').
Enlezy. Anlezy.
En-Montas. Montas.
En-Teneau. Teneau.
Enthien. Anthien.
Estrain. Estrains.
ESTRAINS. Clamecy. Nevers. Nohain (Le). Saint-Nicolas (Ruisseau de).
Entrin. Entrains.
Enty. Luty.
Épinay. Pinet (Parigny-lex-Vaux).
ÉPIRY. Corvon. Lurcy-le-Bourg. Nevers. Yonne (L').
Epouliere. Poulières (Les).
Epuliacum. Pouilly (Le Grand-).
Ermitage de Saint-Thomas (L'). Étang du Fond-Thomas (L').
Erry. Héry.
Erue. Ruos (Les) (Châtin).
Esbuis. Buis (Les) (Poussignol-Blisme).
Escandunum. Achun.
Escaux (Les). Écots (Les Grands-).
Escayum; Eschadunum; Eschaum. Achun.
Escheroust. Échereau.
Écluze-Bardine. Cluze-Bardenne.
Escoctz (Les); Escoli; Escols (les); Escotx (les). Écots (Les Grands-).
Escouez (Les); Escouits (les). Couez (Les).

TABLE DES FORMES ANCIENNES.

Escur (Les). Écus (Les Grandes-).
Esgarez (Les). Égare (L').
Espaciacum. Passy (Aubigny-le-Chétif).
Espallum. Épeau (L').
Espeuille. Espeuilles. Espeuilles.
Espinasseum. Pinet (Parigny-les-Vaux).
Esporiacum; Espury. Épiry.
Espoisses - de - Lurcy (Les) : Espoisses - Époisses (Bruyère des).
Essards. Assars.
Essards (Les). Esserts (Les) (Saint-Ouen).
Essartu. Assars.
Essartez ; Essarti. Esserts (Les) (Saint-Ouen).
Essereau (Dessus). Siaux (Les) (Saint-Martin-du-Puits).
Estampe. Temples (Les).
Estang (L'). Étang (L') (Neuvy-sur-Loire).
Estaules (Ville d'); Estaules (les); Estoulles. Taules (Les).
Estevauf; Estevauft. Estevaults; Estiot. Étiveaux.
Estoules; Estoulles. Étoulr.
Estreulches. Estroches.
Estrevaulx; Estuaulds; Estussel; Estuelle. Étiveaux.
Étiveau. Étiveaux.
Etuau. Étiveaux.
Eugne. Eugnes.
Eugny-sur-Yonne. Eugny.
Eurzy. Urzy.
Eusages-de-Narcy (Les). Usages-de-Narcy (Les).
Évêque (L'). Évêque (L').

F

Fache (La). Faches.
Fachens. Fâchin.
Faia. Fay (Bois de).
Faia. Faye (Sauvigny-les-Bois).
Faix (La). Faye (La) (Montsauche).
Fanjats (Les). Fangeots (Les).
Farcy. Forcy.
Faschen; Faschien. Fâchin.
Faubourg (Le). Guyots (Les).
Fauchersing. Fourcheronne.
Faugere (La). Fougère (La) (Champvert).
Faugillet. Fougillot.
Faulain. Faulin.
Faulles (Les). Faules (Les).
Faurillon. Fourillon.
Faurillon. Fournillon (Le).
Faveroy. Favray.

Favré (Haut et Bas). Favray (Grand et Petit).
Favrotterie (La). Favotterie (La).
Fay. Faye (Verneuil).
Fay (Le). Faye (Le Grand-).
Fay (Le Petit). Faye (Le Petit-).
Faya; Faye (la). Faye (Saussigny-les-Bois).
Faye (Bois de). Fay (Bois de).
Faye (La); Faya. Faye (Verneuil).
Fay-Saint-Étienne. Fay (Le).
Fayz. Faye (Verneuil).
Feuillouse (La). Fillouse (La) (Suilly-la-Tour).
Feilou (Le). Filou (Le).
Feleuze (La). Fillouse (La) (Suilly-la-Tour).
Ferrieres. Ferrière (Grand et Petit).
Feritas. Ferté (La) (Chantenay).
Fermeté (La). Angelot (L'). Défens (Forests de). Lixure (L'). Pouart (Forests de).
Fermete-sur-Lixeure (La). Fermeté (La) (Saint-Benin-d'Azy).
Ferrieres. Ferrière (Grand et Petit).
Ferrieres. Ferrière (Montigny-sur-Canne).
Ferte (La); Ferte-aux-Nonnains (la). Fermeté (La) (Saint-Benin-d'Azy).
Ferte-Chauderon (La); Ferte-Chaudront (la); Ferte-Chaulderon (la). Ferté (La) (Chantenay).
Ferte-es-Nonnains (La); Ferte-sur-Lixurre (la). Fermeté (La) (Saint-Benin-d'Azy).
Ferté-Langeron (La). Ferté (La) (Chantenay).
Fertrève. Tromboulin (Le).
Fortreves. Fertrève.
Fery (Le). Ferry (Le).
Festigny. Fétigny.
Feuillot. Feuillot (La).
Feuillouse. Fillouse (La).
Feuillox. Feuilloux (Avril-sur-Loire).
Feula; Foule; Faules. Feuille (Urzy).
Feulhoux. Feuilloux (Avril-sur-Loire).
Foulle. Feuille (Saint-Révérien).
Feullouz. Feuilloux (Brinon-les-Allemands).
Feuilloux; Feulloux (la); Feullyoux; Feu-Loux (le). Feuilloux (Avril-sur-Loire).
Fey. Fay (Bois de).
Fey (Le). Fez.
Firmitas. Fermeté (La) (Saint-Benin-d'Azy).
Firmitas; Firmitas-Calderonis; Firmitas-Chalderonis. Ferté (La) (Chantenay).
Firmitas - Monialium. Fermeté (La) (Saint-Benin-d'Azy).
Flactiacus. Flety.
Flacy. Flassy (Nuilly).
Flagelliis (Sancta-Maria-de-); Flagerus-Sancta-Marie (Saint-Saulge).
Flaiseum; Flaiscus. Flez (Tannay).
Flaiseum villa. Flez (Saint-Pierre-du-Mout).
Flaicty; Flaitby; Flaity; Flatiy. Flats Flety.
Flay. Flez (Saint-Pierre-du-Mout).
Flayseum. Flez (Tannay).
Flayty. Flety.
Flee. Flez (Saint-Pierre-du-Mout).
Fleez. Flez (Neufontaines).
Flety. Luzy.
Fleuri-le-Mesnier. Fleury (Biches).
Fleuriacum-super-Ligerim. Fleury-sur-Loire.
Flecey-la-Toce. Anlezy. Canne (La) Chatillon-en-Bazois.
Fleury-le-Métier. Fleury (Biches).
Flerry-sur-Loire. Canal Latéral, Inter (La). Saint-Pierre-le-Moûtier.
Fley. Flez (Neufontaines).
Flez-Cery. Corbigny. Moureaux-la-Comte. Yonne (L').
Flez-Flaucour. Flez (Neufontaines).
Flie. Flez (Saint-Pierre-du-Mont).
Flix. Flyz.
Flopiere. Floppière.
Flori; Floriacum. Fleury-la-Tour.
Floriseum; Floriseum-super-Ligerim Fleury-sur-Loire.
Flory; Flory-en-Bazois; Flory-la-Tour. Fleury-la-Tour.
Flory-sur-Loire. Fleury-sur-Loire.
Floury-la-Tour; Flary. Fleury-la-Tour.
Foadon. Foudon (Le).
Fouilloux. Feuilloux (Avril-sur-Loire).
Foissards (Les). Foisans (Les).
Folin. Faulin.
Folioux. Feuilloux (Avril-sur-Loire).
Folle (La). Folie (La) (Magny-Cours).
Foloins. Faulin.
Fonergray; Foncegraye; Foncegrays. Foncgyré.
Foncelins; Foncerains; Foncerayne. Foncelin (Varennes-lez-Nevers).
Foncover. Foncouverte.
Fond (La). Jeans-du-Fond (Les).
Fondelain. Fondelin.
Fonderoie (La). Fondroie (La).
Fondraux (Les). Fondereaux (Les).
Fonfay. Fonfaye.

216 TABLE DES FORMES ANCIENNES.

Fonjadas. Fond-Judas (Grand-).
Fons-ad-Rabosas. Rabosas.
Fons-Sancti-Germani. Fontaine (La) (Allay).
Fons-Sancti-Luppi. Fontaine-Saint-Loup.
Fons-Secretus. Fonsègre.
Fous-Scrauus. Fonségre.
Font (La). Lafonds (Les).
Fontaignes. Fontaines (Les) (Suilly-la-Tour).
Fontaillier. Fontallier.
Fontaine. Fontaines (Les) (Pougny).
Fontaine (La). Domaine de la Fontaine.
Fontaine-d'Ante (La). Fontaine-d'Antan.
Fontaine-Saint-Germain (La). Fontaine (La) (Allay).
Fontaines. Fontaine (Saint-Hilaire-Fontaine).
Fontalier. Fontallier.
Fontana. Fontaine (Saint-Hilaire-Fontaine).
Fontanella. Fontenelle.
Fontarabie. Fontarsby (Dompierre-sur-Nièvre).
Font-du-Vernay (La). Fond-aux-Vernes (La).
Fontenailles; Fontenoille. Fontenaille.
Fontenay; Fontenay-Saint-Marc. Saint-Marc (Corvol-l'Orgueilleux).
Fontenella-subtus-Jaugi. Fontaine-sous-Jaugy (La).
Fontenes. Fontaines (Charrin).
Fontenetum-prope-Corvolium. Saint-Marc (Corvol-l'Orgueilleux).
Fontenilles. Fontenille (Marzy).
Fontenne. Fontaine (Saint-Hilaire-Fontaine).
Fontenoy. Saint-Marc (Corvol-l'Orgueilleux).
Fontenyl; Fontenys. Fonteny.
Fontfay. Fonfaye.
Fontinetum-juxta-Corvolium-Superbum. Saint-Marc (Corvol-l'Orgueilleux).
Font-Judas. Fond-Judas (Grand-).
Fonts-Bouillants (Les). Fonds-Bouillants (Les).
Fonzay. Foujay.
Foraye (La). Forest (La) (la Nocle).
Forboisie. Forboiserie (La).
Fordevau (Le). Four-de-Vaux (Le).
Forest (La). Forêt (La) (Mars).
Forest (La). Forêt (La) (Saint-Gratien).
Forest (La). Forêt (La) (Saint-Sulpice).
Forest (La). Forêt (La) (Surgy).
Forest (La). Forêt-Chailloy (La) (Suilly-la-Tour).

Foresta. Forêt (La) (Saint-Aubin-les-Forges).
Forest-Chailloy (La). Forêt-Chailloy (La) (Suilly-la-Tour).
Forest-Chenu. Forêt-Chenue (La).
Forest-de-Chaulme (La). Forêt (La) (Saint-Sulpice).
Forest-de-Leurcy (La); Forest-de-Lurcy (la); Forest-de-Lurey (la). Forêt (La) (Toury-Lurcy).
Forest-des-Chaumes (La). Forêt (La) (Saint-Sulpice).
Forest-en-Taulmier (La). Forêt (La) (Mars).
Forest-soubs-Bouhy (La). Forêt (La) (Bouhy).
Forest-Thaulmier (La). Forêt (La) (Mars).
Forest-Vermoise (La); Forest-Vesmoy (la). Forêt (La) (la Roche-Millay).
Forest-Vingueux (La). Forêt (La) (Saint-Aubin-les-Forges).
Foresti (La). Forêt (La) (Toury-Lurcy).
Forestz-Taulmier (La). Forêt (La) (Mars).
Foretz (La). Forêt (La) (Saint-Sulpice).
Forge. Grosse-Forge.
Forge. Forges (Sauvigny-les-Bois).
Forge (La). Forge-de-Guinard (La).
Forge-Basse. Forge-Bas.
Forge de Jean-Lard. Jean-Lard (Narcy).
Forge de la Poilonnerie. Poëlonnerie (La).
Forge de la Vallée. Vallée (La) (Saint-Germain-Chassenay).
Forge de Neuilly. Neuilly (Azy-le-Vif).
Forge de Toury. Moulin de Toury (Le).
Forge du Marais. Forge (La) (Saint-Benin-d'Azy).
Forge du Moulin-Neuf (La). Forge-Neuve (Avril).
Forge-Neuve. Baverolles.
Forgero (La). Forge (La) (Surgy).
Forges. Forge (La) (Dampierre-sur-Bouhy).
Forges (Les). Huard.
Forges-lez-Nevers; Forgie. Forges (Sauvigny-les-Bois).
Fort (Le). Fort-de-Lanty (Le).
Forterive. Fertrève.
Furz. Fours.
Fossa. Fosse (La) (Urzy).
Fossas (Les). Foissas (Les).
Fosse (La). Foulon-de-la-Roche (Le).
Fossegillet. Fougillet.

Fosses (Les). Fosses (Les) (Champlemy).
Foucheroyue. Fourcherenne.
Fouchere (Moulin de la). Fougère (La) (Champvert).
Foucherenes. Fourcherenne.
Fouchés (Les). Fouchers (Les).
Foudreaux (Les). Foudereaux (Les).
Fougeraines. Fourcherenne.
Fougere; Fougiere (la). Fougère (La) (Champvert).
Fougieres. Fougère (Millay).
Fouguere (Moulin de la). Fougère (La) (Champvert).
Foulou (Le). Foulon-Marbre (Le).
Foultriers (Les). Foutriers (Les).
Fouquelle (La). Menault (Les).
Fourchambault. Loire (La).
Fourcherainne; Fourcherayne; Fourcherennes. Fourcherenne.
Four-de-Vaulx (Le). Four-de-Vaux (Le).
Fourest-des-Chaulmes. Forêt (La) (Saint-Sulpice).
Fourneau (Le). Fourneau (Le Vieux-).
Fourneau (Le). Fourneau-d'Azy (Le).
Fourneau (Le). Fourneau-de-Druy.
Fourneau (Le). Julnay.
Fous. Bazois (Le). Brifaut. Hatoins (L'). Nevers. Nocle (La). Savigny-Poil-Fol.
Fourt-au-Voueuvre (Le). Four-au-Verre (Le).
Fourt-de-Vaul (Le). Four-de-Vaux (Le).
Fourz. Fours.
Fouscure. Fourchure.
Fousse (Moulin de la). Fosse (La) (Urzy).
Fousses (Les). Fossés (Les) (Champlemy).
Foussez (Les). Fossés (Les) (Ourouer).
Fouvelle; Fourviel. Four-Vieux (Le).
Foyleor. Frelord.
Fragne. Fresne (Le) (Mont et Marré).
Fragne. Fresne (Le) (Lormes).
Fragny. Fragny-sur-Goust.
Fraigne. Fresne (Le) (Lormes).
Fraigny. Fragny-sur-Goust.
Fraigny. Fragny (Villapourçon).
Fralion. Frayons (Les).
Franay. Frasnay-le-Ravier.
Franay-les-Chanoines; Franayum; Franayum-Canonicorum. Frasnay (Saint-Aubin-les-Forges).
Franayum-Case-Dei. Franay (Aunay).
Franayum-juxta-Castrum. Franay (Châtillon).
Franayum-le-Ravier; Franayum-Raverii. Frasnay-le-Ravier.

TABLE DES FORMES ANCIENNES.

Framoyum-subtus-Castellum. *Framay* (Châtillon).
Franchot. *Verrières* (Saint-Ouen).
Franci. *Gue-Franci* (Le).
Francou. *Franceu.*
Franhiacum. *Framay* (Saint-Aubin-les-Forges).
Franios (Les). *Fregniot.*
Franoy ; Franoy-le-Ravier. *Framay-le-Ravier.*
Fransillons (Les). *Franchillons* (Les).
FRASNAY-LE-RAVIER. *Anlezy. Landarge. Châtillon-en-Bazois.*
Fraseny-les-Chanoines. *Frasnay* (Saint-Aubin-les-Forges).
Frasnay-lès-Châtillon. *Franay* (Châtillon).
Frasnayum-Raverii ; Frasnoyum-lou-Ravier ; Frasuiacum. *Frasnay-le-Ravier.*
Frasuiacum ; Frasnoy. *Frasnay* (Saint-Aubin-les-Forges).
Fraynay. *Franay* (Châtillon).
Freynayum-lou-Raver. *Frasnay-le-Ravier.*
Fraxinetum. *Franay* (Châtillon).
Fraxinetum ; Fraxiniacum. *Frasnay* (Saint-Aubin-les-Forges).
Frayfontaine. *Fraisfontaine.*
Frelor (Domaine). *Frelord.*
Fremougeot ; Fremouget ; Fremouzet. *Fremouzet.*
Fresinacum. *Frasnay* (Saint-Aubin-les-Forges).
Fretei ; Fretey ; Freteyum ; Fretois. *Frétoy.*
Fretiz (Bois de). *Fraitis* (Les).
FRETOY. *Oussières* (L'). Planches (Ruisseau des). *Reinache* (Ruisseau de) *Velud* (Ruisseau de).
Frimay. *Frameau.*
Froidefond. *Frédefonds.*
Froit-Fontaine. *Fraisfontaine.*
Fromaget. *Fremouzet.*
Fromajeux (Les). *Fromajots* (Les).
Frossarts (Les). *Frossards* (Les).
Frotoy. *Fretoy.*
Fundetinum. *Fondelin.*
Furnis (Villa de). *Fours.*
Fussille ; Fuysely. *Fucilly.*

G

GACOGNE. *Anguison* (L'). Brassy. Corbigny. Étang-des-Chouettes (Ruisseau de l').
Gacougne ; Gaconne ; Gacougne. *Gdcogne.*

Gaichy. *Garchy.*
Gaicky. *Guicky* (Le).
Gaing. *Gain.*
Guide (La). *Guette* (La) (Corcy-la-Tour).
Goitte (La). *Goutte* (La) (Luzy).
Goitte (La). *Goutte* (La) (Montsauche).
Gaiardon. *Gaillardon.*
Gallans (Les). *Gallants* (Les) (Saint-Verain).
Galliacus. *Vailly.*
Galliots (Les). *Gaillots* (Les).
Garaine (La). *Garenne* (La) (Avril-sur-Loire).
Garambe ; Garambez. *Garambert.*
Garchesiacum. *Garchizy.*
Garchineum. *Garchy.*
Garchigy ; Garchiset ; Garchisi ; Garchisiacum. *Garchizy.*
GARCLERT. *Loire* (La). Vaux de Nevers (Les).
Garchum. *Garchy.*
GARLEY. *Pouilly-sur-Loire. Varzy.*
Garcires (Les). *Bois-de-Tronçay.*
Garda. *Garde* (La) (Saint-Pierre-le-Moûtier).
Garde-lez-Donzy (La). *Garde* (La) (Perroy).
Garember ; Garembertum. *Garambert.*
Garenne-d'Avril (La). *Garenne* (La) (Avril-sur-Loire).
Garenne-de-Suilly (La). *Garenne* (La) (Suilly-la-Tour).
Garenne-du-Gué (La). *Garenne* (La) (Ville-lez-Anlezy).
Garennes (Les). *Garenne* (La) (Suilly-la-Tour).
Garigni ; Carigniacum ; Garigny. *Guérigny* (Pougues).
Gaschot (la communauté). *Gachots* (Les).
Gascoigne (La) ; Gascougne. *Gdcogne.*
Gastina. *Gatine* (La) (Saint-Loup).
Gatine. *Iliot-du-Saule* (Le).
Gâtines. *Lieu-Babillard* (Le).
Gâtines (Les). *Gâtines* (Les Petites-).
Gâtine (Les). *Gâtines* (Les) (Cours-lez-Cosne).
Gaucheterie (La). *Gauchotterie* (La).
Gaudiacum ; Gaudium ; Gaudyum. *Joye.*
Gouris. *Goris* (Les).
Gauthés (Les). *Gauthé* (Les).
Gautiererie (La). *Gauthiérie* (La).
Gedde. *Chassaigne* (La) (Cossaye).
Goddes ; Gedes. *Gedo-d'en-Haut.*
Gelbons (Les). *Gilbons* (Les).
Genar (Metairie de) ; Gena. *Genard.*
Genny. *Gené.*
Gendins (Les). *Chez-Jeandin.*

Genet. *Genard.*
Genevraye. *Genevray.*
Gentillers. *Gentiers* (Les *Grands* et *Petits*).
Gentid. *Chez-Genty.*
Gourgeats (Les). *Gorgeats* (Les).
Gerange (Domaine de). *Sadange.*
Germanayum. *Germenay* (Brinon-les-Allemands).
Germanté (Moulin de). *Germentay.*
Germeigniacum. *Germigny* (Pougues).
GERMENAT. *Corbigny. Premery.*
Germenet. *Germenay* (Brinon-les-Allemands).
Germigniacum ; Germigniacum-super-Ligerim. *Germigny* (Pougues).
GERMIGNY. *Loire* (La). Pisserotte (La). *Pougues-les-Eaux. Vaux de Nevers* (Les).
Germigny. *Gémigny.*
Germigny-sur-Loyre ; Germiniacum ; Germiniacus. *Germigny* (Pougues).
Gery. *Giry.*
Geverziacum ; Gevredy. *Giverdy.*
Gevry. *Giry* (Vandenesse).
Gibardiere (La) ; Gibodiere (la). *Gybaudiere* (La).
Gibon (Moulin de). *Gibbon.*
Gien. *Gien-sur-Cure.*
GIEN-SUR-CURE. *Cure* (La). Ouroux.
Gieverdy. *Giverdy.*
Gillots (Les). *Ravets* (Les).
Gimoillie ; Gimoilliee. *Gimouille.*
GIMOUILLE. *Canal Latéral. Loire* (La). Nevers. *Saint-Pierre-le-Moûtier.*
Gimouilles ; Gimouilles. *Gimouille.*
Gippy. *Gipy.*
Girards (Les). *Giraud.*
Giraudria. *Girauderie* (La) (Colmery).
Girault (Les). *Giraud* (Les).
Giri ; Girineum. *Giry.*
GIRY. *Nièvre* (Ruisseau de). *Prémery. Val-de-Lurcy* (Le).
Givrediacum ; Givredy. *Giverdy.*
Givriacum. *Givry* (Vandenesse).
Glanon (Bois de). *Glenons* (Bois des).
Glenon. *Glainon.*
Glenum (Foresta de) ; Gleynou (forêt de). *Glenons* (Bois des).
Glos (Les). *Glauds* (Les) (Lucenay-lès-Aix).
Glouve. *Glone.*
Glue. *Glux.*
GLUX. *Arleuf. Château-Chinon. Châtillon-en-Bazois. Moines* (Ruisseau des). *Moths* (Ruisseau de la). *Séglise* (La).
Glux-en-Glenne. *Glux.*
Godelanum. *Gondelins* (Les).

Nièvre. 28

Godins (Les). *Gaudin.*
Gouards (Les). *Godards (Les).*
Guinars (Les). *Guimards (Les).*
Goudelain. *Gondelins (Les).*
Gonette (La). *Vers-la-Croix.*
Gouots (Les). *Gouvots (Les).*
Gorangy; *Gorangiacum. Courangy.*
Gouas (Les). *Gouais (Les).*
Goucie (La). *Goutte (La).*
Goueanerie (La). *Guinarie (La).*
Gouflers (Les). *Gouffier (Étang).*
Gougeau. *Goujou.*
Gouilla. *Gouliat (Le).*
Goules. *Goulour.*
Goulot-Bussière. *Goulot (Lusy).*
Goulotte. *Bussière (Lusy).*
Goulout. *Goulour.*
GOULOUX. *Cure (La). Montsauche. Nevers. Saut-de-Gouloux (Le). Vignant (Ruisseau de).*
Goupière (La). *Presle (Cours-les-Cosne).*
Goute (La). *Goutte (La).*
Goutelean (La). *Gutte-l'Eau (La).*
Goutie-Tillot (La). *Goutte-Noire.*
Gouttes-Godard (Les). *Gouttes (Moulin des).*
Govilis. *Goulour.*
Goy. *Goix.*
Gozaugy. *Courangy.*
Grainge (La). *Grange (La) (Cossaye).*
Granan. *Grenant.*
Grandbos. *Grandbeau.*
Grand-Champ. *Champs (Les) (Anlezy).*
Grandchams. *Grand-Champ (Druy).*
Grand-Charly (Le). *Charly (Chaulgues).*
Grand-Chevannes (Le). *Chevanne (Montaron).*
Grande et Petite Ronce (La). *Ronce (La).*
Grande-Maison-Tiers (La). *Tiers.*
Grande-Métairie-d'Agnon (La). *Charpois.*
Grand et Petit Chanlon. *Grand-Champ-Long.*
Grand et Petit Hugue (Le). *Grand-Hugue.*
Grand et Petit Varennes (Le). *Varenne (Floury-sur-Loire).*
Grand-Gibeaul; Grand-Gybeau. *Grange-Bault.*
Grandmaison. *Grande-Maison (La) (Cizely).*
Grand-Marié. *Haut-de-Marié.*
Grand-Moutot (Le). *Moutot (Le) (Ougne).*
Grand-Mussy (Le). *Mussy (Parigny-les-Vaux).*

Grandrye. *Grandry (Dun-sur-Grandry).*
Grande-Bois (Les). *Grand-Bois (Le).*
Grande-Margiers (Les). *Margers (Les).*
Grand-Trémigny. *Tremigny.*
Grandum-Campum. *Grand-Champ (Bony).*
Grange (La). *Grange-Voisà (La).*
Grange-au-Felard (La); Grange-au-Flart (la). *Grange-Bœuf (La).*
Grange-Beau. *Grange-Bault.*
Grange-Billion (La). *Grange-Billon (La).*
Grange-Bouie (La). *Grange-Bœuf (Le).*
Grange-Boyau. *Grange-Bault.*
Grange-Cartel (La). *Grange-Carteau (La).*
Grange-Champcourt (La). *Metz-Linard (Le).*
Grange-d'Armenée (La). *Grange-d'Armenes (La).*
Grange-de-Chaulmont (La). *Chaumont (Le) (Charrin).*
Grange-Jouneau (La). *Grange-Journeaux (La).*
Grange-Loiselot. *Grange-Loiselcau (La).*
Grange-Morinat (La). *Pitié.*
Grangeotte (La). *Segangeotte (La).*
Grangeourueaux. *Grange-Renault (La).*
Grange-Quartaud (La); Grange-Quarteau (la). *Grange-Carteau (La).*
Grange-Renot. *Grange-Renault (La).*
Granges (Les); Granges-de-Maguy (les); Granges-les-Maguys (les). *Granges (Moulin des).*
Grangia-Boui-Radii. *Bourras-la-Grange.*
Grangia-de-Chaumont. *Chaumont (Le) (Chevenon).*
Grangim. *Granges (Les) (Sermages).*
Grangia-Rubea. *Grange-Carteau (La).*
Granpré. *Grand-Pré (Lormes).*
Granrie. *Grandry (Dun-sur-Grandry).*
Grant-Rye. *Grandry (Dun-sur-Grandry).*
Grant-Rye. *Grandry (Sermages).*
Granz-Brules. *Brules (Les) (la Noele).*
Gratcloup. *Grattaloup.*
Gratais (Le); Grateis (le); Cratoix (la Brosse de); Gratel (le). *Graté.*
Grateys (Le). *Graté.*
Grattay. *Grattin.*
Graveaux (Les). *Gravots (Les).*
Gravelus (Les). *Gravelat (Le).*
Graveroche (La). *Gravoche (La).*
Grehieres (Étang de). *Gracière (La).*
Grenabre. *Guenabre.*
Grenan; Grenat. *Grenaut.*

Grenaissart; Grenessay; Grenescieu; Grenesso. *Grenesset.*
Grenne-de-Pers. *Garenne-de-Pairs (La).*
Grenois. *Tannay.*
Grenoix. *Grenois.*
Grenollière (La). *Grenouillère (La) (Epiry).*
Grenotte (Ruisseau de). *Fontenasse (Ruisseau de).*
Grenouillere (La). *Grenouillere (La) (Annay).*
Greuyssart. *Grenesset.*
Grevrier. *Gructres.*
Gris (Le). *Gris (Les).*
Groitiers (Les). *Griotier (La).*
Grolotz. *Gros-Louis (Le).*
Gros-Boux. *Gros-Bout.*
Grosse (Haut et Bas). *Grosse.*
Grosse-Metayrie. *Grosse-Metairie (La).*
Grosse-Pierre. *Grosses-Pierres (Les).*
Grosses (Les); Grosso (terra de). *Grosses.*
Gryuissart. *Grenesset.*
Guacheiam; Guachiacum; Guachy. *Guichy (Le).*
Guarambe. *Garambert.*
Guarene (La). *Garenne (La) (Châtillon-en-Bazois).*
Guarenne-d'Apvril (La). *Garenne (La) (Avril).*
Guarigny. *Guérigny (Pougues).*
Guay (Les). *Gué (Moulin du).*
Guay-le-Frise. *Gué-de-Frise (La).*
Gubilium. *Goulour.*
Gue (Le). *Moulin du Gue (Le) (Montigny-sur-Canne).*
Guecte (La). *Guette (La) (Cercy-la-Tour).*
Gue-de-Flin (Le). *Gué-de-Filin (Le).*
Guedeullon (Le). *Gué-d'Henillon (Le).*
Guelaud. *Saurril.*
Guelaux (Les). *Glauds (Les) (Toury-Lurcy).*
Gueran. *Guérot.*
Guerchy. *Garcliy.*
Guerignaux (Les). *Guerignault (Le).*
GUÉRIGNY. *Lurcy-le-Bourg. Nevers. Nièvre (La).*
Gues-de-la-Bergere. *Gué-de-la-Bergère (La).*
Guesno (La). *Guienne (La).*
Gueste (La). *Guette (La) (Cercy-la-Tour).*
Guette-Bony. *Guttes-Bonin (Les).*
Guette-Frise. *Gué-de-Frise (Le).*
Gueudrain. *Queudrine (Les).*
Guicherand; Guicherant. *Guicheran.*

TABLE DES FORMES ANCIENNES.

Guete (La). *Guette (La) (Cercy-la-Tour).*
Guignaudrie. *Guingauderie (La).*
Guignebert. *Guignebards (Les).*
Guilma. *Guillemat.*
Guin. *Gain.*
Guippi; Guippiscum. *Guipy.*
GUIPY. Cornut *(Buissons de). Lurcy-le-Bourg. Saint-Révérien.*
Guispe; Guispeium. *Guipy.*
Guise. *Guiss.*
Guitards; Guitars. *Guittards (Les).*
Guitte-de-Pouques (La). *Guitte (La).*
Gouts (Les). *Cousuls (Les).*
Gutte-de-Pouques (La). *Guitte (La).*
Guychard. *Chaume-Guichard (La).*
Guya (L'hôpital de). *Gain.*
Guynou (Rivière de). *Guignon (Les).*
Guyou. *Guilloo.*
Guyppy. *Guipy.*
Guyverdy. *Giverdy.*
Gymoilles. *Gimouille.*
Gyppy. *Gipy.*

H

Habundiaco; Habuniacs. *Annay.*
Hairy. *Héry.*
Hameau-sur-Chiry. *Sur-Chiry.*
Harlaut. *Arlot.*
Harlaut (L'). *Angelot (L').*
Hatruya. *Atruie.*
Hatruye. *Atruy.*
Haulte-Cour-Bourgoing (La). *Gamards (Les).*
Haulte-Feuille. *Bris.*
Haut-Chaumont. *Chaumont-Dessus.*
Haut-de-Pinelay (Le). *Pignelin.*
Hantelou. *Hôtelous.*
Haut-Montour. *Huis-Montour (L').*
Haut-Moussus (Le). *Moussu (Le Grand-).*
Haut-Thé. *Thé.*
Hayes (Les). *Maison-Rouge (La) (Saint-Révérien).*
Heldinus. *Oudan.*
Heriacum. *Héry.*
Hermitage-du-Goulot (L'). *Botte-à-Beurre (La).*
Herry. *Héry.*
Héry. *Corbigny. Prémery.*
Héry (L'). *Léry.*
Heugne; Heugnes. *Eugnes.*
Heugny. *Eugny.*
Heulmes (Les). *Ulmes (Les).*
Hiars. *Maison-Gaulon (La).*
Hiunnia. *Yonne (L').*
Hodots (Les). *Oudots (Les).*
Hollieres (Les). *Oullières (Les).*

Honat. Aunat *(Le Grand-).*
Honoré-la-Montagne. *Saint-Honoré.*
Hôpital (L'). *Domaines-de-l'Hôpital (Le Grand).*
Hôpital-Saint-Blaise (L'). *Saint-Antoine (Challay).*
Hors-le-Pont-de-Loire. *Sables (Les) (Nevers).*
Hoschia. *Ouche (la Marche).*
Hospitau (L'). *Hôpitot (L').*
Houllieres (Fontaine de-). *Houllières (Les).*
Houroucr. *Ourouer.*
Housey. *Ousay.*
Huans. *Brinon-les-Allemands.*
Hubent; Huben; Hubentum. *Hubans.*
Hues (Les). *Huets (Les).*
Huis-Baudequin (L'). *Huis-Bonnequin (L').*
Huderie. *Champ-d'Autan.*
Huis-au-Noir (L'). *Huis-Gousuot (L').*
Huis-Baudequin (L'). *Huis-Bonnequin (L').*
Huis-Beliard (L'). *Huis-Billard (L').*
Huis-Bleu (L'). *Huis-Blin (L').*
Huis-Brochard (L'). *Huis-Brochard (L').*
Huis-des-Rats (L'). *Huis-des-Rapes (L').*
Huis-Louvrot (L'). *Louvreau.*
Huis-Montlion (L'). *Huis-Montliot (L').*
Hullya. *Houille.*
Hulmes (Les). *Ulmes (Les).*
Humbantum. *Hubans.*
Humlay. *Onlay.*
Hunes. *Huez (Bona).*
Huyguon. *Eugnes.*
Huyllia. *Houille.*

I

Icauna; Icaune; Icauni; Ichaune; Imgauna. *Yonne (L').*
IMPHY. Izeure (L'). *Loire (La). Nevers. Sardolle (La). Thianges.*
Inliscomum. *Liscomus.*
Inseche; Insesche. *Insèches.*
Insula. *Isle (L') (Mars).*
Interanum; Interamii; Interamnis; Interamnum; Interannis; Interannum; Interranum; Intranimis. *Entrains.*
Iolles (Los). *Yolles (Les).*
Iry. *Iliry.*
ISENAY. *Aron (L'). Canal du Nivernais. Montigny-sur-Canne. Moulins-Engilbert.*
Isle-de-Mars (L'). *Isle (L') (Mars).*
Issard-Fouchier. *Issard-Fauche.*

Iuna. *Ionne (L').*
Izenay. *Isenay.*

J

Jaclins (Les). *Jacquelins (Les).*
Jaigny. *Jugny.*
Jailliacum. *Jailly (Saint-Saulge).*
Jaillois. *Jallois.*
Jaillmes (Les). *Jalluères (Les).*
JAILLY. Canne (La). *Lurcy-le-Bourg. Saint-Saulge.*
Jailly. *Jailly (Le Grand-).*
Jailly-le-Chastel. *Jailly (Saint-Saulge).*
Jaloys. *Jallois.*
Jamares (Les). *Jamards (Les).*
Jamme. *James.*
Jandins (Les). *Jeandins.*
Jangny. *Jugny.*
Janua. *James.*
Jarie (La). *Jarrie (La) (Ciez).*
Jarlan; Jarlant; Jarlaud. *Garland.*
Jarnot. *Jerney.*
Jarri (Le); Jarriacum. *Jarry (La).*
Jarri (La). *Jarrerie (La).*
Jarry (Le); Jarrye. *Jarry (La).*
JAUGENAY. *Magny-Cours. Saint-Pierre-le-Moûtier.*
Jaugenayum. *Jaugenay.*
Jaul. *Jeaux.*
Jaulgenay. *Jaugenay.*
Jault. *Jeaux.*
Javot. *Jarrot (Le).*
Jaye. *Joye.*
Jeangeloup. *Jangelou.*
Jeuigny. *Jugny.*
Jiarlan. *Garland.*
Joannerie (La). *Jouannerie (La).*
Joen. *Gien-sur-Cure.*
Joigny. *Jugny.*
Jonebere (La); Joncheria. *Jouchere (La).*
Jonsat (Le). *Jouceau.*
Jorlan. *Jourland.*
Jorlins (Les). *Jourlins (Les).*
Jousseaul. *Jusseau.*
Juigny. *Jugny.*
Juizard. *Jeusard.*
Juliacum. *Jailly (Gâcogne).*
Jullien. *Julien.*
Jussl. *Jussy.*
Jussiniere (La). *Jossnière (La).*
Jyon. *Joyon.*

K

Kaile. *Quaisis.*
Karitas. *Charité-sur-Loire (La).*

220 TABLE DES FORMES ANCIENNES.

L

Lac-de-Chargeloup (Le). *Chargeloup.*
Lac-des-Bucs (Le). *Grand-Bois (Les)* (la Chapelle-Saint-André).
Lac-Gochat (Le), *Gachotte (La).*
Lachay. *Lachayum. Léché.*
Lacmi-Amass. *Bois-Malade. Lurcy-le-Bourg. Saint-Révérien. Savigny (Ruisseau de).*
Lachet; Lachey. *Lâche.*
Laegne. *Laigne.*
Laichoul. *Lachau.*
Lailly. *Lally.*
Lakeux. *Lakeuf.*
Lamena; Lamenat-sur-Loire. *Lamenay.*
Lamenat. *Canal Latéral. Loire (Le). Lucenay-les-Aix.*
Lamenoyum. *Lamenay.*
Lamirault. *Amireaux (Les).*
Lanciscus. *Lanty.*
Lancroy. *Lancray (Montigny-sur-Canne).*
Lancys. *Laucy.*
Landa (Moulin de); Landay. *Landay (Le).*
Landes (Les). *Élans (Bois des).*
Landoys. *Landay (Le).*
Lange. *Ange (L').*
Langero. *Langeron.*
Langeros. *Saint-Pierre-le-Moûtier.*
Langeronum. *Langeron.*
Langes. *Ange (L').*
Laugi; Langiarum. *Lanjy.*
Langia. *Ange (L').*
Langles. *Langle (Chaulgnes).*
Langlois. *Anglois (L').*
Lanti. *Lanty.*
Lantigny; Lantilly. *Nantilly.*
Lantilly. *Lentilly (Château-Chinon-Campagne).*
Lanty. *Luzy.*
Lardilly. *Ardillis (Les).*
Larre. *Laré.*
Las, Lacs (Les) (Colmery).
Lascheium. *Léché.*
Lastelier. *Atelier (L').*
Lastoron. *Lathenon.*
Lateygny. *Latigny.*
Lathellier. *Atelier (L').*
Latiniacensis vicaria. *Luthenay.*
Laubepin. *Lappin.*
Laubespin. *Aubepin (L').*
Laubucs (Les). *Aulbus (Les).*
Laumarquau. *Haut-Marcot (Le).*
Loupepin. *Lappin.*
Laurens (Les). *Laurent (Domaine).*

Laurents (Les). *Endangos (Les).*
Lausia. *Luzy.*
Lautochaux. *Haut-de-Chaux (Le).*
Lautrecourt (Village de). *Hautecour (La) (Ourouer).*
Lautrevel. *Autrevelle (L').*
Lautrion. *Lautryon.*
Lauxergesc. *Lauvergeot.*
Lebas. *Chez-le-Bas.*
Lechenault. *Échenault (L').*
Legers (Les). *Ligers (Les) (Saint-Vérain).*
Lentille; Lentilli; Lentilliacum; Lentilly. *Nantilly.*
Lescheusault. *Huis-Beaupied (L').*
Lesgane-les-Montreuillon. *Saint-Maurice (Montreuillon).*
Lespau. *Espeau (L').*
Lesperon. *Éperon (L').*
Lestang (Moulin de). *Étang (L') (Annay).*
Letoil. *Étoile (L').*
Leurbigny. *Lurbigny.*
Leurci-le-Bourg. *Lurcy-le-Bourg.*
Leurcy-le-Chastel. *Ligny (Saint-Benin-d'Azy).*
Leurcy-sur-Abron. *Lurcy-sur-Abron.*
Leuretdes (Les). *Beaurepaires (Les).*
Leurpey. *Lurcy-sur-Abron.*
Lhault-du-Mery. *Moiry.*
Lhopital-de-Rebourse. *Hopital (L').*
Lhostel-Cordellier. *Cordeliers (Les).*
Lhuis-au-Clerc. *Huis-au-Clair (L').*
Lhuis-Autour. *Huis-Hauteur (L').*
Lhuis-Brediau. *Huis-Bourdieu (L').*
Lhuis-de-Douloin; Lhuis-de-Loing. *Huis-Douloins (L').*
Lhuis-Diolot. *Huis-Guyolot (L').*
Lhuis-du-Boux. *Huis-Deloux (L').*
Lhuis-du-Mets. *Huis-Dumée (L').*
Lhuis-et-Morot. *Huis-Morot (L').*
Lhuis-Guiollot. *Huis-Guyolot (L').*
Lhuis-Meulé. *Huis-Meunier (L').*
Lhuis-Missiau. *Missiot (Le).*
Lhuis-Morin. *Huis-Morin (L').*
Lhuis-Naulin. *Huis-Nolin (L').*
Lhuis-Prault. *Huis-Perrault (L').*
Lhuis-Prégermain. *Prégermain.*
Lhuis-Ravet. *Huis-Meunier (L').*
Lhuis-Seurilleau. *Huis-Seuillot (L').*
Lhuis-Voltois. *Huis-Voltois (L').*
Lhuy-Belin. *Huis-Blin (L').*
Lhuy-Blondot. *Huis-Blondeau (L').*
Lhuyo-au-Roué. *Huis-au-Roué (L').*
Lhuyo-Boulard. *Huis-Boulard (L').*
Lhuyo-Bré. *Huis-Brée (L').*
Lhuyo-Guillault. *Huis-Guillau (L').*
Lhuy-Morin. *Huis-Morin (L').*

Lhuy-Nodin. *Huis-Naudin (L').*
Lhuy-Beniault. *Huis-Renault (L').*
Lhuys-Maupoix. *Queue-de-l'Étang (La) (Saint-Brisson).*
Lhuys-Sereuillet. *Huis-Sereuillet (L').*
Lichincum. *Lichy.*
Lichien. *Lichen.*
Lichy. *Saint-Sulpice (Saint-Benin-d'Azy).*
Lie. *Liez.*
Lie. *Lys.*
Lie (La). *Lye (La) (Limanton).*
Lieu-Calot. *Callot.*
Lieu-Chevalier (Le). *Chevalier.*
Lieu-Court (Le). *Tanmouis (Les).*
Lieu-David dit Gueland (Le). *Saueril.*
Lieu-de-la-Machine (Le). *Machine (La).*
Lieu-Dieu (Le). *Lieu-Dieu.*
Lieu-Duffou. *Chez-Duffoux.*
Lieu-Dure. *Chez-Duroy.*
Lieu-Gleau. *Vieux-Gleut (Le).*
Lieu-Guillot (Le). *Chez-Guillot.*
Lieu-Janot. *Lieu-Jeannot (Le).*
Lieu-Loco. *Lieu-Cot (Le).*
Lieu-Pechegrin. *Pissegrain.*
Lieu-Pizet. *Chez-Pizet.*
Lieu-Pizet. *Louange-Pizet.*
Lieu-Possat. *Poissat.*
Lieu-Prot. *Chez-Prault.*
Lieu-Quillet (Le). *Petits-Corets (Les).*
Lieu-Raquet. *Raquet (Neuville-lez-Decize).*
Lieu-Saquard (Le). *Saquards (Les).*
Lieu-Travet (Le). *Chez-Travet.*
Liger. *Loire (La).*
Ligeron. *Ligerons-du-Bas (Les).*
Ligniaeum-Castrum. *Ligny (Saint-Benin-des-Bois).*
Liguon. *Lignons (Les).*
Ligny castro. *Ligny (Saint-Benin-des-Bois).*
Limanton. *Aron (L'). Canal du Nivernais. Moireau (Rivière de). Moral (Le). Moulins-Engilbert. Venon (Le).*
Limonto; Limenton; Limentum. *Limanton.*
Limon. *Rouy (Saint-Saulge). Thianges.*
Limonet. *Limonet (Le Grand-).*
Limons. *Limon.*
Limosins (Les). *Limousins (Les).*
Limus. *Limon.*
Linieres. *Lignières.*
Liriacum. *Léry.*
Lischy. *Lichy (Bona).*
Liscrons (Les). *Ligerons-du-Bas (Les).*
Lisle. *Isle (L') (Mars).*
Lisle. *Île (L') (Saint-Gratien).*
Lissy. *Lichy (Cossaye).*

TABLE DES FORMES ANCIENNES. 221

Luxriacum. Livry.
Lixey. Saint-Pierre-le-Moûtier.
Lixeura ; Lixars ; Lixarre. Lixure (L').
Lixy. Lichy (Bona).
Locaterio-Beuli. Bonde (La) (Lucenay).
Locu (Cura de). Glux.
Loge-Fralion. Loges-Frayons (Les).
Loge-Garnesa (La). Loge (La) (Beaumont-sur-Sardolles).
Logene (La). Longeaux (La).
Loge-Patouillat (La). Loge (La) (Tronsanges).
Lugus-de-Lancray (Les). Usage-de-Lancray (L').
Loges-de-Moutarou (Les). Loges (Les) (Moutaron).
Loges-de-Pontigny (Les). Coupes-de-Pontigny (Les).
Loges-des-Lices (Les). Bruyères-des-Lices (Les).
Loges-de-Voidoux (Les). Bruyères-Voidoux (Les).
Loges - du - Champ - Donjon (Les). Champs-Donjon (Les).
Loges-Lafa (Les). Bruyères-de-Lafa (Les).
Loges-Patouillot (Les) ; Loges-Patouillas (les). Loge (La) (Tronsanges).
Loges-Saint-Honoré (Les). Loges (Les) (Saint-Honoré).
Loget. Marnas.
Loins (Les). Foins (Les).
Lomoy ; Lomoye ; Lomoya. Laumoy.
Longboue. Longbout.
Longuefroy. Longfroid.
Lopieres (Les). Lapières (Les).
Loppepin ; Loppia. Lappin.
Lorge. Lorgue.
Lorma ; Lorme. Lormes.
Lormes. Aussois (L'), Auxois (L'). Château-Chinon. Clamecy. Conty (Ruisseau de). Corbigny. Cornillat (Ruisseau). Etang-Doré (Ruisseau de l'). Goulot (Ruisseau du). Monceaux-le-Comte. Saint-Brisson.
Lormes-Châlone. Lormes.
Lormes-Château-Chinon. Lormes.
Lothenay ; Lothenayacum ; Lothenayum. Luthenay.
Louas (Les). Louats (Les).
Louche-Billat. Billard.
Lousse. Loucet.
Lucenay-les-Aix. Auzon (L'). Decize. Nevers. Pontot (Ruisseau du).
Lucenay-les-Haix ; Lucenayum ; Lucenoyum-Ayarum ; Lucenayum-les-Ayes. Lucenay-les-Aix.
Lucery. Lucory.

Luchiacum ; Luciscu (villa). Lichy (Bona).
Lucinisacum ; Lucinisacum. Lucenay-les-Aix.
Luengii. Luengea.
Laguen. Lagne (Le Grand-).
Luinodiu. Huis-Saudin (L').
Luissac. Huissier (L').
Luissy. Lucy (Kousy).
Lunus. Loge (La) (Beaumont-sur-Sardolles).
Luperciacum ; Lupereiscum-Burgum. Lurcy-le-Bourg.
Luperciacum-Castrum. Ligny.
Luperciacum-super-Abronem. Lurcy-sur-Abron.
Luperciacum-Villa. Lurcy-le-Bourg.
Luppiacum ; Luppy. Lupy.
Lurbyguy. Lurbigny.
Lurceium ; Lurci-le-Bour. Lurcy-le-Bourg.
Lurciacum-super-Abronem. Lurcy-sur-Abron.
Lurcy-le-Bocac. Fontenasse (Ruisseau de). Granotte (Ruisseau de). Nevers. Nièvre (La). Val de Lurcy (Le).
Lurcy-le-Chastel. Ligny.
Lurciacum. Lurcy-le-Bourg.
Lussery. Luxery.
Lutheray. Canal Latéral. Loire (La). Magny-Cours. Saint-Pierre-le-Moûtier.
Luthenayum. Luthenay.
Luurse. Lurcy-le-Bourg.
Luxenay-les-Haix. Lucenay-les-Aix.
Luxi. Lucy (Neuvy).
Luxiacum. Saint-Jean-aux-Amognes.
Luy-Moria. Huis-Morin (L').
Luzeium ; Luzi. Luzy.
Luyr. Haleine (L'). Maladière (Ruisseau de la). Moulins-Engilbert. Nevers. Savigny-Poil-Fol. Siglies (La).
Lya ; Lye. Lys.
Lyee. Liez.
Lyeu. Glux.
Lyes. Lys.
Lymanton ; Lymenthon. Limanton.
Lymon. Limon.
Lys. Prémery. Tannay.
Lyssiacum. Lichy (Bona).
Lyssiacum. Saint-Jean-aux-Amognes.

M

Maagny (Le). Magny (Le) (Limanton).
Maagnys. Magny-Cours.
Masigni. Magny (Le) (Fourchambault).

Mauloye. Maulair.
Maaur. Maux.
Macenay. Marcenay.
Machi ; Machiacum. Machy.
Macheas (La). Decize. Valottes (Ruisseau des).
Machine - Haut - Debout. Pavillon - des - Bois (Le).
Machy-le-Bas. Michy.
Maclongex. Matouge.
Macy. Michy.
Maeri. Mars-sur-Allier.
Maeri. Mary (Moulins-Engilbert).
Magdelaine (La). Madeleine (La) (la Celle-sur-Loire).
Magdelaine (La). Madeleine (La) (Châtillon).
Magus-Bosseria. Bussière (La Cornude-).
Magnamout. Magnémont.
Magniacum. Magny-Cours.
Magnia-Mossia. Grand-Mousser (Le).
Maguy. Magny (Le) (Fours).
Magny. Magny (Le) (la Fermete).
Magny. Magny (Le) (Limanton).
Magny. Magny (Le) (Suilly-la-Tour).
Magny-Cocna. Saint-Pierre-le-Moûtier.
Magny-Lormes. Aurois (L'). Corbigny. Lormes.
Magny-Mont. Magnémont.
Magnys (Les). Magny (Fourchambault).
Mahera. Mhère.
Mahers. Metz-le-Comte.
Maigniacum. Magny (Le) (la Celle-sur-Loire).
Maigniacum. Magny-Cours.
Maigniacum ; Maigniacus. Magny-Lormes.
Maigny. Magny (Le) (Livry).
Maigny ; Maignyacum. Magny-Cours.
Maigny (Le). Magny (Le) (Fours).
Maigny-en-Bruyeres. Magny (Toury-Lurey).
Maingny. Magny (Le) (Limanton).
Maingot. Mingot (Châtillon).
Maingot. Mingot (Druy).
Maingy. Magny (Milly).
Mairiacum. Maré (Mars).
Maiseres. Mézières.
Maisereules. Mazerouille.
Maisillie. Mazille (Isenay).
Maison-à-Longue-Sale. Fours.
Maison-Barbier. Henrys (Les).
Maison-Batteau. Bateau.
Maison-Blanche (La). Maison - Rouge (La) (Cosne).
Maison-Bourgoing. Clos-Bourgoin.
Maison-Charleuf. Charleuf.

Maison-Comte. *Maison-Comte.*
Maison-de-Dobvingt. *Huis-Douloins (L').*
Maison-de-Fray. *Maizodefroy.*
Maison-des-Pages (La). *Pages.*
Maison-d'Espaillard (La). *Paillards (Les) (Perroy).*
Maison-des-Renouards.*Chez-Renouard.*
Maison-Ilise (La). *Armances (L'). Tannay.*
Maison-Dizien. *Huis-Châtelain (L').*
Maison-Duret (La). *Village-Duret (Le).*
Maison-Fort-de-Bitry (La). *Maison-Fort (La) (Bitry).*
Maison-Gueux. *Mezangueux.*
Maison-Neuve (La). *Moulky.*
Maison-Rouge. *Crespillons (Les).*
Maison-Talon. *Talone (La).*
Maisonnat (Les). *Massonnais (Les).*
Maisons-du-Boux. *Maison-du-Bois (La) (Montigny-sur-Canne).*
Maisons-de-Boux (Les). *Bout-du-Bois-de-Montigny (Le).*
Maisons-du-Bois (Les). *Maison-du-Bois (La) (Saint-Jean-aux-Amognes).*
Maisons-du-Bout (Les). *Bout-du-Bois-de-Montigny (Le).*
Maisons-en-Longue-Salle. *Fours.*
Maisons-Golon (Les). *Maison-Gaulon (La).*
Maive. *Méves.*
Maizières. *Mezières.*
Maladerie (La). *Maladrerie (La).*
Maladrerie (La). *Montcaprice.*
Malaium. *Moulaix.*
Mala-Palude (Terra de). *Mallepallus.*
Malchangy. *Mersangy.*
Malchatte (Buisson de). *Malescint (Buisson de).*
Maleboscum. *Maubour (Saint-Sulpice).*
Malechiere. *Mallechires (Les).*
Malenay. *Malnay.*
Malepalut. *Mallepallus.*
Malgouverne. *Malgenverne.*
Malicrot. *Manicrot.*
Malis (Cura de). *Maux.*
Maliversine. *Malvoisine.*
Mallegnum; Malleuay. *Malnay.*
Malledium. *Moulaix.*
Malliacum. *Maillet.*
Malmaison. *Malmaisons (Les).*
Malmantrot. *Marmantray.*
Malnet. *Malnay.*
Maltrasse. *Maltrace.*
Malum-Campum. *Mauchamp.*
Malum-Pertusum. *Maupertuis (Parigny-les-Vaux).*
Malvaux. *Malvaux-le-Hameau.*
Malvaux. *Maloot.*
Manny. *Vielmanay.*

Mangeu. *Menge.*
Maniamont. *Magnemont.*
Mannacense - Monasterium; *Maumayau. Vielmanay.*
Mantelvy; *Muntelayum. Mentelet.*
Mantelvy. *Mentelot (châtellenie de Cercy-la-Tour).*
Mantelloi; *Mantletel; Mantelayum. Mentelet.*
Maol. *Mour.*
Marabais (Le). *Marabs (Le).*
Marais (Le). *Marais (Le Grand-).*
Marais-Chandoux (Les). *Marais (Le) (Dienzes).*
Marais-lès-Nevers; Marais (le); *Marais (les). Marais (Le) (Gimouille).*
Maraix (Le). *Marais (Le Grand-).*
Marat-les-Forêts. *Saint-Saulge.*
Marault. *Maraults (Les) (Garchizy).*
Maraulx; Maraulx (le); *Maraut. Marault (Le) (Magny-Cours).*
Maruye; Muraz (La). *Marais (Le Grand-).*
Marbault (Moulin de). *Marchebaut.*
Marcay. *Marcst.*
Marcae (La). *Charite-sur-Loire (La), Douceline (La). Loire (La). Nevers. Vaux de Nevers (Les).*
Marchis. *Marche (La).*
Marciacum. *Marcy (Varzy).*
Marciliacum. *Marcilly (Cervon).*
Marcilineo (Allodium de). *Marcilly (Beaulieu).*
Marcilli-sur-Yonne; Marcillium. *Marcilly (Cervon).*
Marcium. *Mars-sur-Allier.*
Marcou. *Marcoux.*
Marcy (Le Grand et le Petit). *Marcy-(Guérigny).*
Marcy. *Varzy.*
Marcy-lès-Saint-Léonard. *Marcy (Chitry).*
Marcy-sur-Nièvre. *Marcy (Poiseux).*
Marcy-sur-Yonne. *Marcy (Chitry).*
Marcys. *Marcy (Champvert).*
Mare. *Marré-le-Hault.*
Mareau. *Marault (Le) (Arleuf).*
Marencie; Marencey; Maronssy. *Marency.*
Mareniacum. *Marigny (Sauvigny-les-Bois).*
Marepont (Moulin de). *Morogue.*
Maresca. *Moraches.*
Mareschal (Le). *Maréchal (Le).*
Maresium. *Marais (Le) (Gimouille).*
Marest (Le). *Marais (Le Grand-).*
Maretz (Le); Maretz (le). *Marais (Le) (Gimouille).*

Maretz (Le); Marez (le). *Marais (Le Grand-).*
Margis. *Margie.*
Margua. *Margat.*
Mari. *Mary (Moulin-Engilbert).*
Mariacum. *Mary (Montenoison).*
Marie-en-Barois. *Marre.*
Marie-le-Grand. *Marie (Le Grand-).*
Marie-le-Petit. *Marie (Le Petit-).*
Mariez. *Marie (Le Grand-).*
Mariges. *Marings.*
Marigneis. *Marigny (Suinceize).*
Marigniacum. *Marigny (Montigny-aux-Amognes).*
Marigniacum. *Marigny-d'Église.*
Marigniacum. *Marigny-sur-Yonne.*
Marigniacum-Junior. *Marigny-le-Jeune.*
Marigniacum-super-Yonam; *Marigny. Marigny-sur-Yonne.*
Marignieu. *Marigny (Aunay).*
Marigny (La Motte de). *Marigny (Chevenon).*
Marignyacum-Vetus. *Marigny (Sauvigny-les-Bois).*
Marigny-a-Montigny. *Marigny (Montigny-aux-Amognes).*
MARIGNY-L'ÉGLISE. *Brassy. Chalaux. Cure (La).*
Marigny-le-Hault. *Marigny (Montreuillon).*
Marigny-le-Viel. *Marigny (Sauvigny-les-Bois).*
MARIGNY-SUR-YONNE. *Canal du Nivernais. Corbigny. Lurcy-le-Bourg. Yonne (L').*
Marillons (Les). *Marillon.*
Marilly. *Marcilly (châtellenie de Châteauneuf-Val-de-Bargis).*
Mariniacum; Mariniacum-super-Yonam. *Marigny-sur-Yonne.*
Marisy. *Marizy (Les).*
Marizeaux. *Marizot.*
Marlanvaile. *Merlanvaux.*
Marli; Marly-lès-Decize. *Marly (Decize).*
Marmoigne. *Marmaigne.*
Marnau. *Marnaut.*
Marnay. *Marnet.*
Marnay; Marnet. *Marne.*
Marquerault. *Marquereau.*
Marquereau. *Mont-Marquereau.*
Marquerie. *Moquerie (La).*
Marraigne. *Moragne.*
Marran. *Marant.*
Marregniacum. *Marigny (Saint-Germain-Chassenay).*
Marri. *Marré.*

TABLE DES FORMES ANCIENNES.

Marri; Marriacum. Marry (Sémelay).
Marriacum. Mary (Moulins-Engilbert).
Marriacum; Marriacum-in-Bazeto. Marre.
Marri-en-Bazois. Marre.
Marriguiacum; Marrigny. Marigny (Aunay).
Marry-en-Bazois. Mary (Moulins-Engilbert).
Marry-sous-la-Montagne. Marry (Sémelay).
Mars. Magny-Cours. Saint-Pierre-le-Moûtier.
Marsi. Marcy (Champvert).
Marsiacum; Marsiacum-Magonum. Marzy.
Mart. Mars.
Martange. Mont-Martinges.
Marteguy. Martigny (Cercy-la-Tour).
Marteletum. Martelet.
Martengy. Martangy.
Martheletum. Martelet.
Marthoux. Matoux.
Martigny-les-Cercy. Martigny (Cercy-la-Tour).
Martium. Mars.
Martoux. Matour.
Martroy; Martroy (le). Martray (Le).
Mary; Mary-les-Chasses. Mary (Moulins-Engilbert).
Marz. Mars.
Marzeium; Marziacum. Marzy (Nevers).
Marzy. Loire (La). Nevers. Vaux de Nevers (Les).
Marzy-lès-Nevers. Marzy (Nevers).
Masetum. Mazeau.
Massages. Message.
Massava. Méves.
Massigny. Machigny.
Massilia. Mazille (Isenay).
Massua. Méves.
Maternense castrum. Marné.
Matoges; Matonges; Matoyngnes. Matonge.
Matras. Matrat (Le).
Matriacus. Marquis (Les).
Matterio-Coquat (La). Cocas (Les).
Maubatue; Mauberte. Mauvitu.
Maubou. Mauboux (Livry).
Maucheru. Mont-Cherus.
Maulois. Maulaix.
Maulaix. Cressonne (La). Moulins-Engilbert. Nocle (La).
Mauluix (Les). Petits-Molais (Les).
Maulboux (Chapelle de); Maulbox (bois de); Moulboys (bois de). Mauboux (Saint-Sulpice).

Maulbuisson. Maubuisson.
Maulchamp. Mauchamp.
Maulevant. Malevaut.
Maullais. Maulair.
Maulmigay. Maumigny.
Mauloys. Maulair.
Maulpertuis. Maupertuis (Pariguy-les-Vaux).
Maulpertuis; Maulpertuys. Maupertuis (Biches).
Maulx. Meur.
Mantois (Les). Moutois (Les) (Chasnay).
Mauvetu. Mauvitu.
Maux. Châtillon-en-Bazois. Moulins-Engilbert. Vesvre (Le).
Mavaux (Les). Maleaux-le-Hameau.
Mayers. Metz-le-Comte.
Maygni (Lou). Maygny (Le) (Limanton).
Maysons. Fours.
Mazeau (Le). Mazeau.
Mazelles. Mazille (Isenay).
Mazieres. Mazières.
Mazières. Maizières (Dun-sur-Grandry).
Mazignen. Mazignien.
Mazilles; Mazilles-les-Luzy. Mazille (Luzy).
Mealois. Meauce.
Mears. Méard.
Measse. Meauce.
Meat. Méas.
Meaulce; Meaulse; Meaulsse; Meausse. Meauce.
Mechins (Les). Méchins (Les Grands-).
Meera; Mehers; Mehers. Mhère.
Mehs; Meis-le-Comte. Metz-le-Comte.
Meix-au-Guedefroy. Maizoedefroy.
Meix-Augueux. Mezaugueux.
Meix-au-Guichard. Mezauguichard.
Meix-de-Chalaux (Le); Meix-de-Challault (le). Meix (Le).
Meix-du-Champ (Le). Metz-du-Champ (Le).
Meix-du-Presbytère (Le). Velle-sous-Moux (La).
Meix-le-Comte. Metz-le-Comte.
Meix-Richard; Meix-Richard (le). Maréchal (Le).
Melaux. Mulot (châtellenie de Mouceaux-le-Comte).
Melines. Melesse.
Mellesiæ. Meauce.
Mellincum. Maillet.
Melloire. Meloire.
Meloise-du-Meou (La); Meloize (la). Meloisse (La) (Millay).

Melous. Meulot (Montigny-aux-Amognes).
Melus; Melois. Meauce.
Membrat. Membras (Les)
Mena. Myennes.
Menabert. Benoist-Bart.
Menaton. Monoton.
Menay. Mency.
Menbra; Membray. Membres (Les).
Menesayaux (Bois de). Usages-de-Bussusson (Les).
Menestel; Menesterellum; Menestel. Ménestreau.
Mézeureau. Donzy. Nohain (Le). Varzy.
Menetereault. Ménestreau.
Menetot. Meneton.
Menetreau. Ménestreau.
Menetreu. Ménetreuil.
Menog. Nevers. Varzy.
Menoux (Les). Menroux (Les).
Merat. Merard.
Merderiau (Riau de). Merden au Che (Toury-Lurcy).
Mere. Mhère.
Merga (Le). Margat.
Meries (Les). Meris (Les).
Merly. Marly (Derize).
Merri. Marri.
Merry. Marry (Sémelay).
Merry (Maison de). Mery (Beaumont-sur-Sardolle).
Mery. Moiry.
Meseray. Mezeray.
Mesalei. Meulx.
Messiers. Mussier.
Messignen. Maziguien.
Mesus-Richardi. Maréchal (Le).
Mesves. Méves.
Mezziere. Maizières (Gurchy).
Métairie-Feré (La). Métairie-Ferree (La).
Métairie Ganteron. Gateron (Domaine).
Métairie Neuve. Neuf (Domaine).
Métairie Postalier. Postaillerie (La).
Métairie Rouge. Maison-Rouge (La).
Metz-Bouchot (Le). Bouchot (Le) (Fricoy).
Metz-Rollin. Metz-Roldin (Le).
Metz-le-Comte. Armance (L'). Tannay. Yonne (L').
Meule (La). Basse-Meule (La).
Mouleau. Meulot (Poussignol-Blisures).
Moulenots. Meulnot.
Meulle (La). Meulle (La Haute-).
Meullots (Les). Meulot (Montigny-aux-Amognes).
Meulnot. Mulnot.
Meulon. Meulot (Saint-André-en-Morvand).

Meulot-sur-Arroa (Moulin de). *Meulot* (Bichre).
Meure. *Demeure.*
Meure. *Meures* (Les).
Meurlin. *Murlin.*
Meurry. *Meurzy.*
Meurs. *Demeurs.*
Meva. *Mève.*
Mèxes. *Loire* (La). *Pouilly-sur-Loire.* Varzy.
Mex-Guichy (Le). *Guichy* (Le).
Mex-lez-Chatelneuf. *Meze-lez-Châtelneuf.*
Mex-Richard (Le). *Maréchal* (Le).
Mex-Vignault. *Vignot* (Le) (Vaudenesse).
Mexuuguedefroy. *Maizoedefroy.*
Mezrguichy. *Guichy* (Le).
Mex-Garnier. *Metz-Garnier.*
Mezunconte. *Maisonconte.*
Muizs. *Anguison* (L'). *Brassy. Corbigny. Yonne* (L').
Mhetz; Mhez. *Metz-le-Comte.*
Michauges. *Michaugues.*
Michaugges. *Brinon-les-Allemands.*
Michaulgues. *Michaugues.*
Michault (Domaine); Michots (les). *Michaut.*
Mideau. *Midault.*
Mieuz; Miene; Mienne-le-Châtel. *Myennes.*
Mierra. *Mhère.*
Migin. *Chigy.*
Mignage. *Mininge.*
Mignee (Le Petit-). *Minier* (Le Petit-).
Migneres. *Mignée* (Le Petit-).
Migniaulte (Les). *Mignot.*
Migniers. *Mignée* (Le Grand et le Petit).
Miguioux (Les). *Migioux* (Les).
Mignos (Les). *Mignot.*
Mignot. *Chez-Mignot.*
Migny-Chapelle-Saint-Laurent; Migny-lez-Varzy. *Migny* (Varzy).
Milai; Milayum; *Liliacus. Millay.*
Millay. *Haleine* (L'). *Luzy, Maladière* (Ruisseau de la). *Roche-Millay* (La), *Seplins* (La).
Milleboau. *Mirbault.*
Milleraius; Milleroins; Milleroing. *Millerins.*
Millet. *Millay.*
Mil-Loup. *Mirloup.*
Miloise (La). *Méloise* (La).
Mimon. *Mimont.*
Mineroy. *Mineray* (Le).
Mingor; Mingortum; Mingotum. *Mingot* (Châtillon).

Miniscum. *Migny* (Varzy).
Miniera. *Mignez* (Le Petit-).
Miniera. *Mignez.*
Minsonat. *Massonats* (Les).
Miquaiserie. *Miquaiserie.*
Mirebean. *Mirbault.*
Mirebeau. *Mirbeau.*
Miriscla. *Mizerelle.*
Mischaugues. *Michaugues.*
Missy. *Misy.*
Mo. *Mou* (Le).
Moas. *Mouas* (la Collancelle).
Moasse. *Mouasse.*
Moetz. *Mouas* (la Collancelle).
Mocq; Mocques. *Mocque.*
Moesse. *Mouasse* (La Grand-).
Mœurs (Les). *Meures* (Les).
Mogu; Mogues. *Mougues.*
Moindraux (Les). *Moindrots* (Les).
Moineaux (Les). *Monots* (Les).
Moiraigne. *Moragne.*
Moissy; Moissy-le-Molinot; Moissy-Molinot. *Moissy-Moulinot.*
Moisser-Moulinot. *Corbigny. Monceaux-le-Comte.*
Mol (Le). *Mou* (Le).
Molea-Villa. *Moulot.*
Molendini-in-Prioratu-de-Comagulaeo. *Moulins-Engilbert.*
Molendinum. *Moulin* (Le) (Saint-Parize-le-Châtel).
Molendinum Archam-Albeyas; Molendinum-Arche-Albeynrum. *Moulin-de-Prye.*
Molendinum-au-Maigre. *Moulin au Maygre* (Le).
Molendinum Bernardi. *Moulin Bernard* (Le).
Moleuni. *Mouligny.*
Molessard. *Mollesar.*
Moligny. *Mouligny.*
Molin-Aujou. *Moulin-Aujard* (Le).
Molin-de-Bordesien. *Moulins-Enbourdezin* (Les).
Molin-de-la-Foutayue. *Fontaine-de-la-Sourde* (La).
Molin-de-la-Plauche. *Planche* (La) (Millay).
Molin-do-Meulocts (Le); Molin-de-Meulotz (le). *Moulin de Meulot* (Le).
Molin-des-Planches (Le). *Planches* (Les) (Parigny-les-Vaux).
Molin-d'Orguilloux. *Moulin de Chassy* (Le).
Moliuette. *Moulinette.*
Molin-Folet. *Moulin-Follet* (Le).
Molin-Gamard (Le). *Molin-Gavard* (Le).
Molini; Molini Engenbertorum; Mo-

lini Enjenberti; Molini Engilbertorum; Molini Enjubertorum; Molini-les-Engilbers; Molini-les-Engibers; Molini-les-Enjubers. *Moulins-Engilbert.*
Molin-Joseau. *Moulins-Joizeau* (Les).
Molin-Maulgin; Molin-Maulguin. *Moulin-Maugain.*
Molinos; Molinot. *Moulinot* (Moisey).
Molinot. *Moulinot* (Lormes).
Molin-Ravery. *Ravery.*
Molin-Saint-Ambrois. *Moulins-Saint-Ambroise* (Les).
Molins-de-Vaulx (Les). *Vaux* (Moulin de).
Molins-d'Heugny (Les). *Eugny.*
Molins-les-Angeliberts; Molins-les-Engibers; Molins-les-Engilbers. *Moulins-Engilbert.*
Molins-Neutz (Les). *Moulin-Neuf* (Le) (Entrains).
Molinum. *Moulins-Engilbert.*
Mollin-de-Montermin. *Moulin de Montarmin* (Le).
Mollin-Porcher. *Moulin Porcher* (Le).
Molot. *Meulot.*
Molveron. *Meuvron.*
Mombaron. *Moubaron.*
Momigny. *Maumigny.*
Monasterellum. *Ménestreau.*
Monasterium. *Saint-Pierre-le-Moûtier.*
Monasterium-Anglenon; Monasterium-in-Glanone. *Moûtiers-en-Glenon.*
Monasterium-Longoretense. *Saint-Laurent* (Pouilly).
Monasterium-Sancti-Petri. *Saint-Pierre-le-Moûtier.*
Monasterium Vulfini. *Saint-Laurent* (Pouilly).
Monaton. *Monoton.*
Monbouchoux. *Bouchot* (Le Grand).
Monceau (Le). *Mousseau* (Le) (Villapourçon).
Moncesauches. *Montauche.*
Monceaul (Le). *Monceau* (la Roche-Millay).
Moncaul (Villa dou). *Monceaux* (Villa dou) (Château-Chinon).
Monceaul-les-Loups (Les); Monceault. *Monceaux* (Luzy).
Monceault; Monceaulx. *Monceau* (la Roche-Millay).
Monceaulx. *Mousseau* (Decize).
Monceaulx-le-Comte. *Monceaux-le-Comte.*
Monceaunin. *Montsaunin.*
Monceaux. *Mousseau* (Le) (Lucenay-les-Aix).

TABLE DES FORMES ANCIENNES.

Monceaux. *Montrault.*
Monceaux. *Mousseau (Le) (Isenay).*
Monceaux. *Mousseau (Le) (Saint-Honoré).*
Monceaux. *Mousseaux (Montigny-aux-Amognes).*
Monceaux (Le). *Mousseaux (Le) (Vandenesse).*
Monceaux (Motte de). *Mousseau (Decize).*
MONCEAUX-LE-COMTE. *Canal du Nivernais. Corbigny. Yonne (L').*
Monceaux-les-Loups. *Monceau (Luzy).*
Monceaux-sur-Aisi ; Monceaux-sur-Azy. *Mousseaux (Saint-Benin-d'Azy).*
Monceaux-sur-Yonne ; Moncelli ; Moncelli-Comitis. *Monceaux-le-Comte.*
Moncelli ; Moncelli-super-Asiscum. *Mousseaux (Saint-Benin-d'Azy).*
Moncellus castrum. *Monceaux-le-Comte.*
Moncenetum. *Monicenet.*
Moncenoult ; Monceneous. *Mouceneau.*
Moncerlou. *Moncharlon.*
Monceus. *Mousseau (Le) (Isenay).*
Moncevé. *Moulcoré.*
Monchanu. *Mont-Chanu.*
Monchauche. *Montsauche.*
Monchernot. *Mont-Chalnot.*
Monchové. *Montchève (Rémilly).*
Moncorou. *Glands (Les) (Toury-Lurcy).*
Moncoublain. *Montgoublin.*
Moncourcon. *Montcrecon.*
Moncouroux. *Glands (Les) (Toury-Lurcy).*
Moncrecon. *Montcrecon.*
Moncy-Moulinot. *Moissy-Moulinot.*
Monesterellum ; Monestol. *Ménestreau.*
Monfrobe. *Monfrobé.*
Mongason. *Mongazon.*
Mongaudet. *Mongaudon.*
Mongerdin. *Monjardin.*
Mongogier. *Mongorget. Mongogé.*
Mongoublin. *Montgoublin.*
Mongoul. *Mingot (Châtillon).*
Monin-Cree. *Cray (Germenay).*
Mon Jaoul ; Menjaoust-lez-Molins ; Monjoul. *Montjoux.*
Monlifey. *Monliffé.*
Monmien. *Montmien.*
Monpansy. *Montpensy.*
Monperroux. *Montperoux.*
Monpillard. *Montpillard.*
Monquien. *Montquin.*
Mons. *Mont (Béard).*
Mons. *Mont (Ruages).*
Mons. *Mont (Saint-Parize-le-Châtel).*
Mons. *Mont-en-Bazois.*

Monsabot. *Montsabot.*
Mons-Aglant ; Mous-Aglenti. *Mons-Aiglant.*
Mons-Amberti. *Montambert (Fours).*
Monsauge. *Montsauche.*
Monsaulnin. *Montsaunin.*
Mons-Benedicti. *Mont-Benoît.*
Mons de Muri. *Murat.*
Monsceaulx. *Mousseau (Le) (Lucenay).*
Monseaunin. *Montsaunin.*
Monseaux. *Mousseau (Decize).*
Mons-en-Genevray. *Mont (Maux).*
Monsenot. *Moncenau.*
Mons-Errans. *Montaron.*
Mons-in-Podio. *Montempuy.*
Mons-Jocosus. *Montjour.*
Mons-Limon. *Limon.*
Mons-Martini. *Montmartin.*
Monsmedius. *Montmien.*
Mons-Noizon ; Mons-Noxius ; Mons-Onesii ; Mons-Onisii. *Montenoison.*
Mous-Pacis ; Mons-Pasii. *Montapas.*
Monsperlieux. *Maupertuis (Biches).*
Mons-Rumilionis ; Mons-Rupellionis ; Mons-Ruppilionis. *Montreuillon.*
Mons-sur-Arron. *Mont (Limanton).*
Monstreuil. *Montreuil (Le).*
Mons-Umberti. *Montambert (Fours).*
Mout. *Mont (Le) (Rémilly).*
Mont. *Saint-Pierre-du-Mont.*
Munt (Le). *Mont (Ouroux).*
Mont (Village de). *Aubues (Les Petites).*
Montacot. *Montcot.*
Montague. *Montagne (La) (Buley).*
Montagne-André (La). *Saint-André-en-Morvand.*
Montagne-Saint-Honoré (La). *Montagne (La) (Saint-Honoré).*
Montaigne (La). *Montagne (La) (Rouy).*
Montaigne (La). *Montagne (La) (Saint-Honoré).*
Montaillon. *Montailleau.*
Montalien. *Montalin.*
MONTAMBERT-TANNAY. *Brisaut. Cressonne (La). Fours. Noels (La).*
Montampuis ; Montampuy. *Montempuis.*
Montana. *Montagne (La) (Grenois).*
Montantchaulme. *Montanteaume.*
Montapa. *Montapas.*
Montapains (Les). *Montapins (Les).*
MONTAPAS. *Aron (L'). Châtillon-en-Bazois. Saint-Saulge. Ville (Ruisseau de la).*
Montapastz. *Montapas.*
Montarmain ; Montarmint. *Montarmin.*
MONTARON. *Donjon (Ruisseau). Monti-*

gny-sur-Canne. Moulins-Engilbert Saint-Michel (Rivière de).
Montarrou. *Montaron.*
Montartinges. *Montmartinges.*
Montasser. *Montasset.*
Moutau (Le). *Montot (Le).*
Montauber. *Montambert (Fours).*
Montaubry. *Montaubria.*
Montauche. *Montsauche.*
Montauduè. *Mont-au-Gur.*
Montautlier ; Montautlier. *Montautheur.*
Montbaron-le-Sauvage. *Montbaron.*
Montbe. *Monbe (Le Grand-).*
Mont-Benoist. *Mont-Benoît.*
Montbenoist. *Maubenoist.*
Montbue. *Montbuce.*
Montcenault. *Mouceneau.*
Montcharluys. *Charluy.*
Montcharlon. *Moncharlon.*
Montcheimi. *Montchanson.*
Montchenault. *Mont-Chenu.*
Mont-Chennelon. *Mont-Chalnot.*
Mont-Chereau. *Mont-Chereau.*
Mont-Chermage. *Mont-Sermage.*
Montchoigny. *Monchougny.*
Mont-Clavin (Le). *Montclarin.*
Montcublyn. *Montgoublin.*
Montcorion. *Montcrecon.*
Montcoublin. *Montgoublin.*
Montcouroux. *Glands (Les) (Toury-Lurcy).*
Montcrocon. *Montcrecon.*
Mont-de-Genièuvre. *Mont-Genièvre.*
Mont-de-Levault (Le). *Mont (Le) (Ouley).*
Mont-de-Marigny (La). *Mont (Le) (Marigny-l'Église).*
Mont-de-Prye (Le). *Monde-Prye.*
Mont-de-Rivière (Le). *Rivière (la Roche-Millay).*
Mont-de-Sougy (Le). *Mont (Béard).*
Monteaux (Les). *Montots (Les) (Colmery).*
Monteeneison. *Montenoison.*
Montegieux. *Montheleux.*
Montelesme. *Monteleme.*
Montelum. *Montet (La).*
Montenault. *Monceneau.*
Montengenevroy. *Mont (Maux).*
MONTENOISON. *Fontenasse (Ruisseau de). Prémery.*
Montenos. *Monceneau.*
Montenteaulme. *Montanteaume.*
Montenteaume. *Montanteaume.*
Montepodium. *Montempuis.*
Monteran ; Monterant. *Montaron.*
Monterou ; Montereul (le) ; Montereulx. *Montreuil (Le).*

Nièvre.

TABLE DES FORMES ANCIENNES.

Montermann. *Montermain.*
Montes. *Mont* (Bauges).
Mont-Escot. *Montecot.*
Montes-en-Genevray. *Mont* (Maux).
Monter-in-Bazeio. *Mont-en-Bazois.*
Montesleme. *Montelême.*
Montespex. *Montespus.*
Montes-super-Arrouem. *Mont* (Limanton).
Mont-et-Marré. *Canal du Nivernais.*
Mont-et-Marré. *Mont-en-Bazois.*
Montceillion; Monteuillon. *Montsuillon.*
Montfarcon. *Monfaucon.*
Montgaudon. *Mongaudon.*
Montgayson. *Mongazon.*
Montgeby. *Mongeby.*
Mont-Goblin. *Montboblin.*
Montgrainbault; Montgrimbault. *Montrimbault.*
Montgrison. *Vrille.*
Montgyvre. *Montgievre.*
Montharmain. *Montarmin.*
Montheroul. *Montreuil* (Le).
Montibus (Cura de). *Saint-Pierre-du-Mont.*
Montiene. *Montheux.*
Montifaux. *Montifault.*
Montifaul. *Montifaut.*
Montigniacum. *Montigny-sur-Canne.*
Montigniacum. *Montigny-en-Morvand.*
Montigniacum; Montigniacum-in-Amoniis. *Montigny-aux-Amognes.*
Montigniacum-in-Morvento. *Montigny-en-Morvand.*
Montigniacum-supra-Cannam. *Montigny-sur-Canne.*
Montigni-in-Admogniis. *Montigny-sur-Amognes.*
Montigny. *Montigny* (Le Grand).
Montigny-aux-Admougnes. *Montigny-aux-Amognes.*
Montigny-aux-Amognes. *Lurcy-le-Bourg. Noilla* (Ruisseau de). *Saint-Sulpice.*
Montigny-en-Admoignes. *Montigny-aux-Amognes.*
Montigny-en-Maurevand. *Montigny-en-Morvand.*
Montigny-en-Morvand. *Châtillon-en-Bazois. Montreuillon. Nevers.*
Montigny-ex-Amognes. *Montigny-aux-Amognes.*
Montigny-sur-Canne. *Bouront. Canne* (La). *Moulins-Engilbert.*
Montiol. *Montiau.*
Montivim (Nemus de). *Montvigne.*
Montjalmin. *Mont-Galmain.*
Montjardin. *Monjardin.*
Montjault; Montjou. *Montjoux.*

Mont-Ligon. *Molignon.*
Mont-Ligon. *Moulignon.*
Montmartange. *Montmartinge.*
Montmyen. *Montmirn.*
Montmoison. *Montmoisson.*
Montoir (Le). *Montois* (Saint-Verain).
Montoize (La). *Montoise* (La).
Montolran. *Montaron.*
Montorge. *Montorges.*
Montoel. *Montosts* (Les) (Cohmry).
Montoulon. *Moutouillon.*
Montoy. *Montois* (Saint-Verain).
Montoy (Le). *Montois* (Le) (Sichamps).
Montpauty. *Monpezay.*
Montperroux. *Montperoux.*
Montperroux. *Montperoux* (Fertrêve).
Montragne. *Moragne.*
Montrelemois. *Huis-Beaupied* (L').
Montreuil (Le Petit-). *Montreuil* (Le).
Montreullon. *Baie* (La). *Château-Chinon. Châtillon-en-Bazois. Nevers. Youne* (L').
Mont Reullon. *Moutreuillon.*
Montribauld; Montriabault. *Montrimbault.*
Montrivaux. *Montriveaux.*
Montruillon. Montrullon. *Montreuillon.*
Monts. *Mont* (Béard).
Monts. *Mont* (Limanton).
Monts. *Mont* (Saint-Honoré).
Monts. *Mont* (Le) (Saint-Benin-des-Bois).
Mont-Saint-Sulpice. *Mont* (Le) (Saint-Sulpice).
Montsauchæ. *Montsauche.*
Montsauche. *Château-Chinon. Cura* (La). *Marconnay* (Le). *Nevers. Ouroux. Saint-Brisson.*
Monts-en-Bazois. *Mont-en-Bazois.*
Monts-en-Genevray. *Mont* (Maux).
Montserain; Montserin. *Monserin.*
Montseve. *Montchée.*
Monts-les-Dyenne. *Mont-de-Dienne.*
Montsoumé. *Mantsoumé.*
Mont-sur-Arron. *Mont* (Limanton).
Montuillon. *Montsuillon.*
Montuin. *Mondin.*
Montureau. *Montury.*
Montvier; Montviez. *Montviel.*
Montz. *Mont* (Alligny-en-Morvand).
Monvier; Monvielle. *Montviel.*
Monz-en-Bazois. *Mont-en-Bazois.*
Monz-en-Genebruy. *Mont* (Maux).
Mool. *Moux.*
Moraches. *Corbigny. Cornot* (Ruisseau de). *Prémery.*
Moraiches. *Moraches.*
Moraigne. *Moragne.*

Morain. *Moran.*
Moramayum. *Marnet.*
Moraney. *Marancy.*
Morant. *Moran.*
Morasches. *Moraches.*
Morats. *Morand.*
Moraudr (Les). *Morinads* (Les).
Morcq. *Mocque.*
More (La). *Maure* (La).
Moreaulx (Les). *Moriands* (Les).
Moreaux (Rivière de). *Limanton* (Ruisseau de).
Moreugie. *Moringes.*
Moresch. *Moraches.*
Moresches; Moreschiæ. *Moraches.*
Moriers. *Moiriers* (Les).
Morigaux. *Moriquot* (Les).
Mormantray. *Marmantray.*
Moruaigne. *Mornanges* (La).
Moruaium. *Marnet.*
Moron. *Mouron* (Corbigny).
Morouers (Les). *Morrouhees* (Les).
Morters; Mortiers. *Mortier* (Le).
Mortvent (Pays du); Morvunt (la terre du); Morvennum; Morventum; Morvin (ager); Morvinus pagus. *Morvand* (Le).
Mosseya. *Moussee* (Saint-Hilaire).
Mossia. *Meaulce.*
Mossia. *Mousses* (Le Grand).
Mossiacum. *Moussy* (Prémery).
Mossiacum. *Mussy* (Pariguy-les-Vaux).
Mossy. *Moissy-Moulinot.*
Mostereul (Le). *Montreuil* (Le).
Mosthier-en-Glenon. *Montier-en-Glenon.*
Mota. *Motte* (La) (Perroy).
Mote-Charente (la). *Motte* (La) (Decize).
Mote-Ferrechat (La). *Motte-Farchat* (La).
Mote-sur-Loyre (La). *Motte* (La) (Decize).
Mothe (La). *Motte* (La) (Limanton).
Mothe-Arcy (La). *Lathier* (Cossaye).
Mothe-Carreaul (La). *Motte-Carreau* (La).
Mothe-es-Girauds (La). *Motte-aux-Girauds* (La).
Mothe-Ferchat (La). *Motte-Farchat* (La).
Motte-Augeraux (La). *Motte-aux-Girauds* (La).
Motte-au-Gras (La). *Mothe* (La) (Sainte-Colombe).
Motte-Bourbery (La). *Bourberis* (Les).
Motte-Bourbery (La). *Motte* (La) (Livry).

TABLE DES FORMES ANCIENNES.

Motte-Carreau-lès-Nevers (La). *Motte-Carreau* (La).
Motte-Chambureau (La). *Champ-Foureau*.
Motte-d'Arthe (La). *Motte* (La) (Arthe).
Motte-de-Billy (La). *Motte* (La) (Billy).
Motte-de-Breon (La). *Thair*.
Motte-de-Charenton (La). *Motte* (La) (Decize).
Motte-de-la-Grange (La). *Grange* (La) (la Charité).
Motte-de-Pastoureau (La); Motte-de-Pastureau (la). *Patureau* (Le) (Trousanges).
Motte-de-Saint-Germain (La). *Motte* (Bois de la).
Motte-des-Bous (La). *Motte-des-Bouis* (La).
Motte-des-Chaises (La). *Chaises* (Les).
Motte-des-Vaux (La); *Motte-de-Vaux* (la). *Vaux* (Avril).
Motte-dou-Gue (La). *Guet* (Le).
Motte du Plessis (La). *Motte* (La) (Moulins-Engilbert).
Motte-ès-Espoisses (La). *Époisses* (Bruyère des).
Motte-Forchas (La). *Motte-Parchat* (La).
Motte-Guyot-de-Renon (La). *Motte-Guyot-de-Renon* (La).
Motte-Jocerun (La). *Motte* (La) (Perroy).
Motte-Joseau (La). *Jouzeau*.
Motte-Josserand (La). *Motte* (La) (Perroy).
Motte-Jousseaux (La). *Jusseau*.
Motte-Marceaux (La). *Monmarceaux*.
Motte-Marenut (La). *Motte-Marceau* (La).
Motte-Monaton (La). *Monaton*.
Motte-Pavillon (La). *Motte* (La) (Moulins-Engilbert).
Motte-Rabuteau (La). *Rabuteau*.
Motte-Saint-Michau (La); Motte-Saint-Michel (la). *Saint-Michel* (Rémilly).
Motte-Sauçier (La). *Motte-Sauçier* (La).
Motte-Tramboulin (La). *Motte-du-Tremboulin*.
Motte-Vacheresse (La). *Vacheresse*.
Mou. *Mou* (Le).
Moudain; Mouduin; Mouduin. *Moudin*.
Monduyn. *Moudoin*.
Mougne; Mougnes (les). *Mougues*.
Mouille-en-Mont. *Mouille*.
Mouillet (Moulin de). *Mouille* (Le Domaine).
Moul. *Mour*.
Moulais. *Moulais*.

Moulin (Le). *Moulin de Valotte* (Le).
Moulin-Aubourdezin (Le). *Moulin-de-Bourdezin* (Le).
Moulin-au-Favre. *Moulin-au-Fuiere* (Le).
Moulin-Balherand. *Moulin-de-l'Isle* (Le).
Moulin-Chevillou (Le). *Chevillon*.
Moulin de Bouez. *Moulin Durian* (Le).
Moulin de Briond. *Moulin de Codde* (Le) (Cercy-la-Tour).
Moulin-de-Certaine. *Certaine-le-Moulin*.
Moulin de Guet. *Moulin du Gué* (Le).
Moulin-de-la-Brosse. *Brosse* (La) (Moulins-Engilbert).
Moulin de la Roche. *Moulin de Champmartin* (Le).
Moulin de la Bourse. *Moulin de Bouser* (Le).
Moulin de Neufville. *Moulin de Baley* (Le).
Moulin de Poirousse. *Moulin Tripier* (Le).
Moulin de Sainte-Seigne. *Moulin du Pont-Sarre* (Le).
Moulin de Tournesacq. *Tournesac*.
Moulin-d'Imphy. *Petit-Moulin* (Le) (Imphy).
Moulin-Dorguillou; Moulin-d'Ourguilou. *Moulin de Chassy* (Le).
Moulin-du-Batoir (Le). *Battoir* (Le).
Moulin du Bois. *Moulin de l'Étang* (Le).
Moulin du Bouchot. *Moulin Bouchot* (Le).
Moulin-du-Guay. *Moulin-du-Gué* (Fertrève).
Moulin-du-Guay; Moulin-du-Guet. *Moulin-du-Gué* (Montigny-sur-Canne).
Moulin-du-Milieu. *Redouterie* (La).
Moulin du Soul. *Sol* (Le).
Moulin-Faubin. *Moulin-Grouard* (Le).
Moulin Gadat. *Moulin de Lurcy* (Le).
Moulin-Galeron. *Moulin* (Le) (Bona).
Moulin-Gigot. *Moulin-Gigneau* (Le).
Moulin Goulnot. *Moulin Goulneau* (Le).
Moulin-Goulnot. *Goulnot*.
Moulin-Grillot. *Moulin Perreux* (Le).
Moulin-d'Asne. *Lassenault*.
Moulin-Loget. *Moulin-des-Cocas* (Le).
Moulin Monnot (Le). *Moulin Moineau* (Le).
Moulin-Neuf. *Moulin Pojet* (Le).
Moulin-Neuf (Le). *Moulin du Boy* (Le).
Moulin-Neuf (Le). *Forge-Neuve* (Avril).
Moulin-Neuf-sur-Arron. *Moulin-Neuf* (Châtillon).
Moulin Paillard. *Moulin des Paillards* (Le).
Moulin-Rabuteau. *Rabuteau*.
Moulins (Les). *Bourg-des-Moulins* (Le).
Moulins-Angilbert. *Moulins-Engilbert*.

Moulins-Engilbert. *Anixy* (Ruisseau d'). *Bazois* (Le). *Château-Chinon*. *Druguc-Gara* (Le). *Guigoou* (La). *Luzy*. *Montigny-sur-Canne*. *Morvand* (Le). *Nevers*. *Roche-Millay* (La).
Moulins-la-République. *Moulins-Engilbert*.
Moulin-Tabourneau. *Tabourneau*.
Moulin-Tralbout. *Moulin-de-Troie-le-Bourg*.
Moulin-Valet. *Moulin-de-Valet*.
Moulois. *Meulois*.
Moulot (Le). *Moulot* (Le) (Ouagny).
Moult-Bougloa. *Montreuillon*.
Moulynot. *Moulinot* (Moissy).
Mourache. *Moraches*.
Mourague. *Morague*.
Mouro. *Mouron* (Corbigny).
Mouroz. *Carvou*. *Corbigny*. *Rus* (Ruisseau du). *Yonne* (L').
Mourouz (La). *Mourioux*.
Mourron. *Mouron* (Corbigny).
Moury. *Mourry*.
Mousce. *Mousse*.
Mousches; Mouschez. *Mouches* (Pazy).
Mousches (Les). *Mouches* (châtellenie de Montenoison).
Mousiacum. *Moussy* (Prémery).
Moussart. *Moussard*.
Mousse (La). *Sainte-Radegonde* (Chapelle de) (Montigny-sur-Canne).
Mousseau (Le). *Monceau* (la Roche-Millay).
Mousseaux. *Mousseau* (Decize).
Mousseaux (Les). *Mousseau* (Vandenesse).
Moussée (La). *Sainte-Radegonde* (Chapelle de) (Montigny-sur-Canne).
Moussiet. *Mousset*.
Moussy. *Moissy-Molinot*.
Mouser. *Grenotte* (Ruisseau de). *Lurcy-le-Bourg*. *Prémery*. *Saucenay* (Ruisseau de).
Moustier-en-Glenon. *Moûtier-en-Glenon*.
Moutié (La). *Vilotte*.
Moux. *Cure* (La). *Lannay* (Ruisseau de). *Molignon*. *Montanuche*. *Ouroux*. *Prés-Derniers* (Ruisseau des). *Tureune* (La).
Mouxi-soubz-Montenoyson. *Moussy* (Prémery).
Movoron. *Mouron*.
Moyes. *Maux*.
Moys. *Maux*.
Moysiacum. *Moussy* (Prémery).
Moyssia. *Meauce*.
Moyssiocus. *Moissy-Molinot*.

TABLE DES FORMES ANCIENNES.

Mucy (Le Petit-). *Mussier.*
Mulenault. *Mulneau.*
Mulenaulx. *Mulnot.*
Mullenxy. *Mulnay.*
Mulnay. *Mulnet.*
Mulnetum. *Munot.*
Mulnot. *Meulnot.*
Munet; *Munetum. Munot (la Marche).*
Munet (Forêt de). *Mulnet.*
Murgerii; Murgii. *Murgers (Les).*
Murlacum. *Murlin.*
Murlées (Les). *Murlaye (La).*
MURLIN. *Beaumont-la-Ferrière. Saint Vincent (Ruisseau de). Varzy.*
Murodon. *Moraudin.*
Murs (Les); Murz (les). *Meures (Les).*
Mursault. *Mourceau.*
Mussi; Mussiacum. *Mussy (Parigny-les-Vaux).*
Mussiacum. *Mussy (Challuy).*
Mussy. *Saizy (Montaron).*
Mussy; Mussy (le Petit-). *Mussier.*
Mussy (Les). *Mussy (Le Grand-).*
Mussy-les-Decize. *Mussy (Avril).*
Myé. *Chemier (Le).*
MYENNES. *Cosne. Loire (La).*
Myniers. *Minier (Le Grand-).*
Mysy. *Misy.*

N

Naison. *Nerou.*
Nalou. *Narloup.*
Namvinia. *Menou.*
Nannaium. *Nannay.*
NANNAY. *Châteauneuf-Val-de-Bargis. Girandfont (Ruisseau de). Varzy.*
Nannayum. *Nannay.*
Nantay. *Nanton.*
Nanthay (Rivière de). *Saint-Sulpice (Ruisseau de).*
Nanthieu. *Nanteuil.*
Nantin (Le). *Nantin.*
Nantiniacus. *Nannay.*
Nantivinea. *Menou.*
Nantoniacus. *Nannay.*
Nantum. *Nanton.*
Nanveigne; Nanvigne; Nanvignen; Nanvigneix. *Menou.*
Narhault. *Narbois-le-Haut.*
Narciacum; Narciacus. *Narcy.*
Narcis. *Narcys (Les).*
NARCY. *Charité-sur-Loire (La). Fontaines-de-la-Vache (Ruisseau de la). Varzy.*
Narloeum; Narlodum; Narlot; Narlotum; Narloux. *Narloup.*
Natalou; Nathaloup. *Nataloux.*

Naulay. *Nolay.*
Naulay. *Nolet.*
Naully. *Neuilly (Brinon).*
Naully (Rivière de). *Aron (Ruisseau d').*
Naunay. *Nonnay.*
Naychat. *Ninchat.*
Neberni civi. *Nevers.*
Neecha. *Ninchat.*
Nefville. *Neuville-lez-Brinon.*
Nemus Geraudi. *Saint-Marc (Challement).*
Nervium fluvium. *Nièvre (La).*
Neucheze; Neufcheses. *Neufchaises.*
Neuffondz; Neuffons. *Neufond.*
NEUF'ONTAINES. *Armance (L'). Corbigny. Lornes. Moulages (Ruisseau de).*
Neulfontenes; Neuffontennes. *Neuffontines.*
Neufvelle. *Neuvelles.*
Neufville. *Neuville (Bulcy).*
Neufville. *Neuville (Champlemy).*
Neafville. *Neuville (Donzy).*
Neufville. *Neuville-lez-Decize.*
Neufviz. *Neuvy-sur-Loire.*
Neuilli. *Neuilly (Villapourçon).*
NEUILLY. *Aron (Ruisseau d'). Beuvron (La). Lurcy-le-Bourg. Saint-Revérien.*
Neuilly (Forge de). *Ragon.*
Neuilly. *Neuilly (Brinon).*
Neuilly. *Neuilly (Varennes-lez-Nevers).*
Neuilly; Neuly. *Neuilly (Villapourçon).*
Neully (Forge de). *Ragon.*
Neunay. *Nannay.*
Neurz. *Neurre.*
Neusiaco (Villa). *Neuzy (Saint-Père).*
Neusilly. *Neuzilly (Le Grand-).*
Neusy. *Neuzy (Saint-Pierre-du-Mont).*
Neuviacum. *Neuvy-sur-Loire.*
NEUVILLE. *Bouron (Le). Brinon-les-Allemands. Cornot (Ruisseau de). Prémery.*
Neuville. *Neuville-lez-Decize.*
NEUVILLE-LEZ-DECIZE. *Decize. Étang-Cosset (Ruisseau de l').*
Neuviz. *Neuvy-sur-Loire.*
NEUVY-SUR-LOIRE. *Cosne. Loire (La). Vrille (La).*
Neuzy. *Saint-Père.*
Nevernensis pagus. *Nivernais (Le).*
Nevernis civitas; Nevernum. *Nevers.*
NEVERS. *Canal Latéral. Guérigny. Loire (La). Nièvre (La). Pougues-les-Eaux. Saint-Sulpice.*
Neviacum. *Neuvy-sur-Loire.*
Nevirnum. *Nevers.*
Nioux. *Niault (Onlay).*
Niepvre (La); Nieuvre (la). *Nièvre (La).*
Nigrum-Spinetum. *Noirespinay.*

Niolles. *Noille.*
Nion. *Nioult.*
Nion. *Nioux.*
Niro. *Niroux.*
Niscrel. *Nizerelle.*
Nisy. *Anisy (Le Petit-).*
Niverneusis comitatus; Nivernensis pagus. *Nivernais (Le).*
Nivernis; Nivers. *Nevers.*
Noaing. *Nohain.*
Noussegaudi (Terra). *Noussaygaud.*
Noblot. *Domaine-Noblot (Le).*
Nocla. *Nocle (La).*
NOCLE (LA). *Decize. Fours. Nevers.*
Noelle. *Grand-Noel.*
Noelle. *Noille.*
Noent. *Nohain.*
Noers (Les). *Noyers (Les).*
Noes (Les); Noes (moulin des). *Noues (Les) (Saincaise et Chevenon).*
Nogle. *Noille.*
Noiers (Les). *Noyers (Les).*
Noin (Rivière de). *Nohain (Le).*
Noiras (Les). *Grand-Domaine (Chantenay).*
Noireterre. *Noirterre.*
Noiselée (La). *Noizelée (La).*
Noison. *Nérou.*
Noison-soubz-Montenoison. *Noison.*
NOLAY. *Guérigny. Lurcy-le-Bourg. Bendères (Ruisseau de). Val de Larcy (Le).*
Nolayum. *Nolay.*
Nolle. *Noille.*
Nolot. *Noulot (Magny-Cours).*
Nonayum. *Nonnay.*
Noriacum. *Nourry.*
Normands (Domaine des). *Normand (Bois).*
Norry. *Nourry.*
Noscla (La). *Nocle (La).*
Nosson. *Noison.*
Nostre-Dame-de-Confort. *Reconfort.*
Nostre-Dame-de-Faye-les-Nevers. *Faye (Sauvigny-les-Bois).*
Notre-Dame. *Notre-Dame-d'Argenou (Chapelle de).*
Notre-Dame-de-Beaulieu (Chapelle de). *Beaulieu (Clamecy).*
Notre-Dame-de-Bellevaulx. *Bellevaux.*
Notre-Dame-de-Bourras. *Bourras.*
Notre-Dame-de-Coulonges. *Coulonges.*
Notre-Dame-de-Fauboulin. *Fauboulin.*
Notre-Dame-de-Galles. *Cosne.*
Notre-Dame-de-l'Orme. *Bonne-Dame-de-l'Orme (La).*
Notre-Dame-de-Montot. *Montot (Le).*
Notre-Dame-de-Pomay. *Pommais (Les).*
Notre-Dame-de-Pressures (Chapelle

TABLE DES FORMES ANCIENNES.

de); Notre-Dame-de-Présure. *Presures.*
Notre-Dame-de-Savault. *Savault.*
Notre - Dame - des - Roches. *Roches* (Myennes).
Notre-Dame-de-Vannoise. *Vanoise.*
Notre-Dame-du-Champ. *Notre-Dame-du-Charme.*
Notre - Dame - du - Val - Saint-Jean -de-Basseville. *Basseville.*
Nouain (Le). *Nohain (Le).*
Nouly. *Nolay.*
Nouleau *Noulot* (Prémery).
Nouleau (Le Petit-). *Noulot* (Nolay).
Nourriacum. *Nourry.*
Nouveigues; Nouvigue. *Menou.*
Noux (Le). *Boulins (Les).*
Nova-Villa. *Neuville-lez-Brinon.*
Novu-Villa. *Neuville-lez-Decize.*
Noveium. *Neuvy-sur-Loire.*
Novem-Fontes. *Neuffontaines.*
Novem-Fontes. *Neufond.*
Noviacum. *Neuvy-sur-Loire.*
Novilleta. *Neuvillotte.*
Noviodunum. *Nevers.*
Novum-Castrum. *Châteauneuf-Val-de-Bargis.*
Novus-Vicus. *Neuvy-sur-Loire.*
Noyn. *Nohain (Le).*
Noyzille (La). *Noizelée (La).*
Nuarre. *Nuars.*
Nuars. *Arcy (L'). Armance (L'). Corbigny. Monceaux-le-Comte.*
Nuau. *Niault* (Onlay).
Nuorre. *Nuars.*
Nuisiacum. *Saint-Père.*
Nuisilly. *Neuzilly (Le Grand-).*
Nuisy. *Neuzy* (Saint-Père).
Nulliacum; Nully. *Neuilly* (Brinon).
Nully. *Neuilly* (Brinon).
Nully. *Neuilly* (Villapourçon).
Nunlayum. *Nolay.*
Nusilly. *Neuzilly (Le Grand-).*
Nuyliacum. *Neuilly* (Brinon).
Nuyllincum. *Neuilly* (Pougues).
Nuysilliacum ; Nuysilly ; Nuxilly. *Neuzilly (Le Grand-).*
Nuzy. *Neuzy* (Saint-Père).
Nuzy. Saint-Père.
Nyevre (La). *Nièvre (La).*
Nyfond. *Nifond.*
Nyo. *Nioult.*

O

Oaigne. *Ouagne.*
Obus (Les). *Haubus.*
Ocy. *Oussy.*
Odan. *Oudan.*
Ode. *Audes.*
Odent-lez-Varzy; Odeutum. *Oudan.*
Odilles (Les). *Oudilles (Les).*
Ogny; Oigniacum. *Ougny.*
Oisiacum. *Oisy.*
Oisy. *Clamecy.*
Olecy. *Olcy.*
Olieres (Les). *Oullières (Les).*
Olivault. *Olivaux.*
Olivey. *Olry.*
Ollieres (Les). *Ouliers (Les).*
Ollivault; Ollyvault. *Olivaux.*
Olnay. *Port-Tarreau (Le).*
Olo; Olon. *Oulon.*
Ombreaux (Les). *Ombrots (Les).*
Onu. *Grand-Annat (Le).*
Onachium ; Onacum ; Onay ; Onayum. *Annay-en-Bazois.*
Onlav. *Dragne. Moulins-Engilbert.*
Onlay - les - Moulins - Engilbert ; Onlayum. *Onlay.*
Oolum. *Oulon.*
Opter. *Aubeterre.*
Orathorium ; Oratorium. *Ourouer.*
Oratorium. *Ourour.*
Oratorium-in-Admogniis. *Ourouer.*
Oratorium-in-Morvento. *Ourour.*
Orbay. *Orbec.*
Orecy. *Oley.*
Orgue (L'). *Lorgue.*
Orgues. *Orgue.*
Origni ; Origniscum - prope - Nivernis. *Origny.*
Orlenge. *Domaine-Racot.*
Ormo (L'). *Lormes.*
Ormeaulx ; Ormeaux (Maison d'). *Ormeaux (Les).*
Orna ; Ornayum. *Aunay-en-Bazois.*
Oroer. *Ourouer.*
Oroez. *Ourouz.*
Orouer. *Ourouer.*
Oschiæ. *Ouche* (la Marche).
Osiacum. *Oisy.*
Osnay. *Aunay-en-Bazois.*
Otiou. *Authiou.*
Ouagne. *Beuvron (Le). Clamecy.*
Ouagnes (Le) ; Ouaigne ; Ouayne. *Ouagne.*
Oudan. *Nevers. Sauzay (Le). Varzy.*
Oudant ; Oudent. *Oudan.*
Ougeon (Le ruisseau d'). *Jonc (Le).*
Ougniacum. *Ougny.*
Ougny. *Aunay-en-Bazois. Châtillon-en-Bazois. Trait (Le).*
Oulieres (Les). *Oullières (Les).*
Oullières (Les). *Houillères (Les).*
Oullon. *Oulon.*
Oulon. *Fontenasse (Ruisseau de). Prémery.*
Oultre-Cure. *Outrecure.*
Oultre-laigue. *Moulin aux Clercs (Le).*
Ourouë. *Ourouer.*
Ouroer. *Ourigny. Lurcy-le-Bourg.*
Ourour. *Ourouer.*
Ouroux. *Anguison (L'). Aunin (L'). Chalaux. Château-Chinon.*
Ouroy. *Ourouer.*
Outrelegue. *Moulin aux Clercs (Le).*
Ouxiere (Rivière d'). *Oussière (L').*
Oygny. *Ougny.*
Oysi; Oysy. *Oisy.*

P

Paci ; Paciacum. *Passy* (Brinon).
Paciacum ; Pacy. *Passy (Varennes-lez-Narcy).*
Pacy. *Passy* (Brinon).
Pagatiacum. *Pazy.*
Pages (Les). *Pages.*
Pailleau. *Paillot.*
Pains. *Pain.*
Pairs. *Part.*
Paisiacum. *Pazy.*
Pal-Communon ; Pal-Communion. *Palquemignon.*
Palezot. *Paluizot.*
Pallemarrou ; Palmerault. *Palmarouv.*
Palmereau. *Paumereau.*
Palmerie. *Palmery (La).*
Palu (La). *Lupellut.*
Paluellum. *Palluau.*
Panetiers (Les). *Pannetais (Les).*
Panierats (Les). *Planiera (Les).*
Panissot ; Panussot ; Panussot. *Panneceau.*
Pantennerii (Burgus) ; Pantenor ; Pantenorii (burgus) ; Pantonerii (burgus). *Bethléem.*
Papeterie. *Foulon (Le) (Urzy).*
Papeterie-de-Sembrève. *Moulin-Savard.*
Papoderie. *Pacanderie (La).*
Paraise. *Paraize.*
Parance ; Puranches ; Paranges. *Parenche.*
Parc. *Parray.*
Parc (Le). *Part (La).*
Parciacum. *Parzy* (Garchizy).
Parelles. *Parêle.*
Parese. *Paraize.*
Parigniacum. *Parigny-les-Vaux.*
Parigniacum ; Parignacum-super-Sardolam. *Parigny* (Druy).
Parigny-la-Rose. *Varzy.*

Pariguy-les-Vaulx. *Parigny-les-Vaux.*
Parigniaco-Vaux. *Pisserotte* (*La*). *Pougues-les-Eaux. Vaux de Nevers* (*Les*).
Parigny - soubz - Sardolle. *Parigny* (*Druy*).
Parnay. *Pernay* (*Nannay*).
Parrenchia. *Parenche.*
Parrigne; Perrigniacum; Parriguincum-in-Vallibus. *Parigny-les-Vaux.*
Parrigny. *Parigny* (*Alligny*).
Parrigny. *Perrigny* (*Tazilly*).
Parrigny-sur-Sardolle. *Parigny* (*Druy*).
Parriniacum. *Parigny-les-Vaux.*
Parroy. *Paroy.*
Pars. *Pert.*
Part-Dessous. *Huis-au-Page* (*L'*).
Part-les-Gouloux (*Le*). *Parc* (*Le*) (*Dun-les-Places*).
Parziacum. *Parzy* (*Garchizy*).
Passenson. *Passengny.*
Pastureau-Coignet. *Chez-Cognet.*
Pastureaui-Fromont (Village du); Pasturellum. *Patureau-Fromont* (*Le*).
Patriniacum. *Parigny* (*Alligny*).
Patriniacum (Villa). *Parigny-les-Vaux.*
Patris. *Patry.*
Paul (Grange de la). *Paux.*
Pauliacum-super-Ligerim; *Pauliacum. Pouilly-sur-Loire.*
Pautiers (Les). *Mousseaux* (*Montigny-aux-Amognes*).
Pavillon (Le). *Pavillon-de-Cougny* (*Le*).
Pavillon (Le). *Pavillon-d'Œsloup* (*Le*).
Pavillon-Margot (Le). *Pavillon* (*Le*) (*Jailly*).
Paysi; Paysiacum; Pazi; Paziacum. *Pazy.*
Pazy. *Canal du Nivernais. Corbigny. Lurcy-le-Bourg. Nevers. Yonne* (*l'*).
Peautrats (Les). *Pautrats* (*Cicz*).
Pelnya. *Peuilly* (*Le Grand-*).
Peleterie (La). *Pelletier.*
Pellue. *Moulin de Pelus.*
Pellus (Les). *Pelus* (*Les*).
Pellut. *Moulin de Pelus.*
Penieraux. *Péniaraux* (*Les*).
Penolle. *Pénouilles* (*Les*).
Penssieres. *Pansière.*
Peras. *Perats* (*Les*).
Perigny. *Perrigny* (*Tazilly*).
Peron; Peron-Seron (le). *Pron.*
Perouse (La). *Porouse* (*La*).
Perralz; Perras; Perrax. *Perats* (*Les*).
Perrenges. *Perrange.*
Perrial (Le). *Perrias.*
Perrignacum. *Parigny-la-Rose.*
Perrigny. *Parigny* (*Alligny*).
Perrin (Le Lieu-). *Perrins* (*Les*).

Perrine (La). *Perine* (*La*).
Perrots (Les). *Domaine-Perrean.*
Perrou; Perroux. *Perou* (*Le*) (*Saint-Martin-du-Puits*).
Perroux (Le). *Perou* (*Le*) (*Saint-Jean-aux-Amognes*).
Persor. *Donzy. Nevers. Nolain* (*Le*). *Varzy.*
Pertroyum. *Perroy* (*Douzy*).
Pers. *Pert.*
Pertuisot; Pertuyseaux. *Pertuiseau.*
Petit-Arcaux (Le). *Petit-Arriaux* (*Le*).
Petites-Oullieres (Les). *Oullières* (*Les*).
Petit-Marié. *Maré* (*Mussy*).
Petit-Moulin. *Moulin-des-Cocus* (*Le*).
Petit-Mussy (Le). *Mussy* (*Parigny-les-Vaux*).
Petit-Narcy (Le). *Narcys* (*Les*).
Petit-Nedy (Le). *Nedy.*
Petit-Reault (Le). *Petit-Riot* (*Le*).
Petit-Saulay (Le). *Sauloy* (*Le*).
Petit-Trémigny. *Trémigny.*
Phiole (La). *Fiole* (*La*).
Pictio. *Poil.*
Pierreficte; Pierrefistes. *Pierrefitte.*
Pierres (Les). *Perrières* (*Les*).
Pierreseiche; Pierre-Seuche. *Pierre-Sèche.*
Piffond. *Pifons.*
Pigneau. *Pignault.*
Pigneles. *Pignelin.*
Pignolle; Pignolles. *Pignol.*
Pilavoine (Moulin). *Pille-Avoine.*
Pilles. *Pille.*
Pillot. *Chez-Pillot.*
Pinay. *Pinet* (*Parigny-les-Vaux*).
Pinelay; Pinoles; Pinolii. *Pignelin.*
Piry. *Epiry.*
Pisces. *Poissons* (*Parigny-les-Vaux*).
Pisces. *Poissons* (*Thianges*).
Plaugni; Plaaignineum. *Plagny* (*Sermoise*).
Placeix (Le). *Places* (*Les*) (*Ternant*).
Plaicoys (Le). *Plessis* (*Le*) (*Varennes-lez-Nevers*).
Ploigniacum. *Plagny* (*Sermoise*).
Plaisis (Le). *Plessis* (*La*) (*Sémelay*).
Plaisscis (Le). *Plessis* (*Le*) (*Montigny-sur-Canne*).
Plaisseix (Le); Plaisseyum. *Plessis* (*Le*) (*Moulins-Engilbert*).
Plaissis (Le). *Plessis* (*Ouagne*).
Plaissis (Le). *Plessis* (*Le*) (*Sémelay*).
Plammont; Plamon (bois). *Plémont* (*Bois de*).
Planchor. *Planchards* (*Les*).
Planche-Premaude (La); Planche-Premaudon. *Prémaudé.*

Plauche; Plauchers. *Planche.*
Plancheta. *Planchotte.*
Plancheviene; Planchevyne. *Planchecienne.*
Planchez. *Cure* (*La*). *Ouasierre* (*L'*). *Velné* (*Ruisseau de*).
Plantard. *Chez-Plantard.*
Plauvoit. *Plancoy.*
Ploseix (Le); Plesseium. *Plessis* (*Le*) (*Moulins-Engilbert*).
Plesseix (Domus dou). *Plessis* (*Le*) (*Varennes-lez-Nevers*).
Plessiacum. *Plessières* (*Les*).
Pluteria. *Platière* (*La*).
Plecis (Les). *Plessis* (*Maison du*).
Pleine. *Plaine* (*La*) (*Billy-Chevannes*).
Pleinefuis. *Plainefus.*
Pleine-Fueille. *Pleinefeuille.*
Ples (Les). *Pelé* (*Le*).
Ples (Les). *Peleu* (*Les*).
Ples (Les). *Plés-d'en-Bas* (*Les*).
Plesseys. *Plessis* (*Le*).
Plesseys. *Plessis* (*Le*) (*Sémelay*).
Plesseys (Le). *Plaissis* (*Le*).
Plesseys (Le). *Plessis* (*Ouagne*).
Plessiacum. *Plessis* (*Le*) (*Varennes-lez-Nevers*).
Plessieis (Le). *Plessis* (*Le*) (*Moulins-Engilbert*).
Plessis (Le). *Hopital* (*L'*).
Plessis (Le). *Plaissis* (*Le*).
Plessis-de-Montascort (Le). *Plessis* (*Le*) (*Sémelay*).
Plessis-de-Rebourse (L'Hôpital du); Plessis-Rebourre (le). *Hopital* (*L'*).
Plessis-Rebours (Le). *Arbourse.*
Plesny (Le). *Plessis* (*Le*) (*Cicz*).
Plessy (Le); Plessys (le). *Plessis* (*Le*) (*Sémelay*).
Plexum (Nemus de). *Plessières* (*Les*).
Plottot. *Plotot.*
Plus (Le). *Pelus* (*Les*).
Poeseux. *Poiseux.*
Poga. *Pougues-les-Eaux.*
Pogniacum. *Pougny.*
Pogus; Pogues. *Pougues-les-Eaux.*
Poigny. *Pougny.*
Poix. *Luzy.*
Poilciau. *Peuilly* (*Le Grand-*).
Poilli; Poilly. *Pouilly* (*Rémilly*).
Poilly. *Pouilly* (*Brinay*).
Puilly. *Pouilly-sur-Loire.*
Puilly (Rivière de). *Trait* (*Le*).
Poiques. *Pougues.*
Poirut (Lieu du). *Perrins.*
Poisne. *Poyant* (*Le*).
Poiseia. *Puisaye* (*La*).
Poiseu. *Poiseux-d'en-Bas.*

TABLE DES FORMES ANCIENNES.

Poisaa. *Guerigny. Lurcy-le-Bourg. Vieore (Le)*.
Poisoie (La). *Puisaye (La)*.
Poissats (Les). *Poissat*.
Poissenetum. *Poussignol*.
Poissons. *Poisson* (Arleuf).
Poissons. *Poisson* (Poiseux).
Poiz. *Puil*.
Polegum. *Pouligny*.
Polenges. *Poulanges (Les)*.
Polineum. *Pouilly* (Brinay).
Polineum. *Pouilly* (Rémilly).
Polineum. *Pouilly-sur-Loire*.
Poliniacum; *Poligny-sur-Arron. Pouligny*.
Pollanga. *Poulanges (Les)*.
Polligny; *Polligny-le-Vaux. Pouligny*.
Polly. *Pouilly* (Le Grand-).
Polly. *Pouilly* (Rémilly).
Polly; *Pollyacum. Pouilly* (Brinay).
Polongii. *Poulanges (Les)*.
Polygny. *Pouligny*.
Pomart (Foresta de). *Fermeté (La)*.
Pomats (Les); Pomay; Pomayum. *Pommais (Les)*.
Pomeray. *Pommeray*.
Pomereux. *Pommereuil*.
Pomereya. *Pommerée (La)*.
Pommeret. *Pommeray*.
Ponay (Notre-Dame-de). *Apponay*.
Ponay-lès-Savigny; Poney; Pounay. *Pouay*.
Poneeru. *Poiseru*.
Pons. *Pont (Le)* (Bouy).
Pons-Sancti-Desiderii. *Saint-Didier*.
Pons-Sancti-Ursi; Pons-Sancti-Ursini. *Pont-Saint-Ours (Le)*.
Pontcharraud. *Pont-Charreau*.
Pout-Coquion (Ruisseau du). *Pont-Cotion (La)*.
Pont-de-Maulchamp. *Pont-Mourhand (Le)*.
Pont-d'Oridenne. *Pont-Doridanne (Le)*.
Pont-des-Aix. *Pont (Le)* (Lusy).
Pont-du-Chailloux (Le). *Pont (Le)* (Montigny-sur-Canne).
Pontcaux (Les). *Pontot (Le)* (Saint-Malo).
Pontes. *Pont (Le)* (Alluy).
Ponthis-Sancti-Ursi (Vicaria). *Pont-Saint-Ours (Le)*.
Ponti. *Ponty*.
Pont-Quarreaul (Le). *Pont-Carreau*.
Pont-Sainct-Didier. *Saint-Didier*.
Pont-Saint-Or; Pont-Saint-Our; Pont-Saint-Tourt. *Pont-Saint-Ours (Le)*.
Pontz. *Pont (Le)* (Lusy).
Poquæ; Poques. *Pouques*.

Poray. *Puret*.
Porcheranges. *Pourcelange*.
Pornay. *Pornat*.
Pornelle (L'Huis). *Huis-Prunelle (L')*.
Port-à-la-Dame; Port-Aubry-lès-Cosne (Le). *Port-Aubry (Le)*.
Port-de-Champvert (Le). *Port (Champvert)*.
Port-de-Mortier. *Mortier (Le)*.
Port-de-Neufvy. *Port (Le)* (Neuvy-sur-Loire).
Port-des-Boys (Le). *Port-des-Bois (Le)*.
Port-Lambert. *Port-des-Lamberts (Le)*.
Port-Obry (La maison du). *Port-Aubry (Le)*.
Posoya. *Puisaye (La)*.
Possellerie. *Postaillerie (La)*.
Possery. *Poussery*.
Possignol; Possignot; Possignotum. *Poussignol*.
Potrais. *Pantray*.
Poueques. *Pouques*.
Pouget. *Pougues-les-Eaux*.
Pougnis. *Pougny*.
Pocery. *Cosne. Pisserotte (La). Vargy*.
Pocures. *Vaux de Nevers (Les)*.
Pouilly. *Charité (La). Châtillon-en-Bazois. Loire (La). Varzy*.
Pouison. *Poizeau*.
Poujas. *Poujats*.
Poularderie (La). *Foularderie (La)*.
Poulin. *Maison-Rouge* (Langeron).
Pouliniacum. *Pouligny*.
Poulligny-le-Bouz. *Bout-de-Pouligny (Le)*.
Pouly. *Pouilly* (Brinay).
Pouly. *Pouilly* (Rémilly).
Poupin. *Pépin*.
Pouque. *Pouques*.
Poques. *Corbigny. Fongrois* (Ruisseau de). *Lormes. Nevers*.
Pournas. *Pornat*.
Pourprise. *Pauprise*.
Poussain. *Poussin*.
Poussay. *Pousson*.
Pousseau. *Pousseaux*.
Pousseaux. *Canal du Nivernais. Yonne (L')*.
Poussen. *Poussin*.
Poussere. *Poussiere*.
Poussignetum. *Poussignol*.
POUSSIGNOL-BLESME. Baie (La). Châtillon-en-Bazois. Montreuillon. Nevers.
Poursignot. *Poussignol*.
Poussoit (Lo). *Empoussoné*.
Pousson. *Poussoir (Le)*.
Poy. *Poil*.
Poy. *Puits (Le)*.

Poylliseum. *Pouilly* (Brinay).
Poys. *Poil*.
Poyseulx. *Poyeux*.
Poyseulx; Poyseux; Poyeux. *Poiseux*.
Poyreons. *Poisson* (Poiseux).
Praeale (La). *Presle* (Cheveroux).
Pratis (Villa de). *Prés (Les)* (Châtillon-en-Bazois).
Prats. *Planche-Creuse*.
Prayaux. *Pruiaux*.
Pré (Le). *Château-Dupre*.
Preautiers (Les). *Prolliers*.
Preaux (Les). *Pruniaux (Les)*.
Procelnay. *Parchenet*.
Precepault. *Prissepeaux*.
Prechenay. *Perchenat*.
Precineum. *Précy* (Livry).
Precu. *Pricu*.
Precy-lès-Guipy. *Précy*.
Pré-de-Bruille. *Pré-de-la-Breuille (Le)*.
Pré-du-Boire-de-Narcy. *Pre-du-Broue (Le)*.
Presle. *Presle* (Montigny-sur-Canne).
Pretius. *Prenat*.
Prelar. *Pretard*.
Prele. *Presle* (Montigny-sur-Canne).
Pre-lès-Donzy (Le). *Donzy-le-Pré*.
Prelois; Prelouis; Preluy. *Pré-Louis*.
Premuson. *Prémaison*.
PRÉMERY. *Charité-sur-Loire (La). Nevers. Nièvre (La). Nièvre* (Ruisseau de). *Vaux de Montenoison (Les)*.
Premosson. *Prémaison*.
Premevost. *Pruneaux*.
Preole (La). *Prôle (La)*.
Preou. *Priou (Le)*.
PRÉPONCÉ. *Moulins-Engilbert*.
Preporcherii; Prepourche. *Preporche*.
Prescha. *Pierre-Sèche*.
Presle. *Presle* (Montigny-sur-Canne).
Presluy. *Pré-Louis*.
Presour-le-Comte. *Sous-le-Comte*.
Pressepault. *Prissepeaux*.
Pressoures. *Pressures*.
Pressiacum. *Précy* (Livry).
Pressoires. *Pressoir (Le)*.
Pressure. *Pressures*.
Pressy. *Précy* (Cervon).
Pressy. *Précy* (Château-Chinon-Campagne).
Pressy. *Précy* (Guipy).
Pressy. *Précy* (Livry).
Pressy. *Précy* (châtellenie de Monceaux-le-Comte).
Presure. *Pressoir (Le)* (châtellenie de Donzy).
Prez (Les). *Prés (Les)* (Clamecy).
Pria. *Prier*.

TABLE DES FORMES ANCIENNES.

Pria. *Prye.*
Pria Porcherii. *Preporche.*
Pria-subtus-Surram; Pria-super-Lixuram; Pria-super-Surram. *Prye.*
Price. *Prier.*
Pricets (Les). *Prissets (Les).*
Prier. *Prier.*
Prin-Porchier. *Preporche.*
Prie-sur-Lisseure; Prie-sur-Lixeure. *Prye.*
Prinz. *Prier.*
Primeriacum; Primuriacum. *Premery.*
Print. *Preau.*
Prin-Porchier. *Preporche.*
Prissenay. *Perchenot.*
Prissiacum. *Précy (Guipy).*
Prissiacum villa. *Précy (Château-Chinon-Campagne).*
Prissy. *Precy (Cervon).*
Prissy. *Précy (Livry).*
Prissy. *Precy (châtellenie de Monceaux-le-Comte).*
Prisy. *Prery (Bona).*
Priviaco villa. *Prye.*
Prodin. *Prodins (Les).*
Prond. *Pron.*
Prouliers (Les). *Prolliers.*
Proux (Les). *Angelters (Les Petits-).*
Proye (La). *Praye (La).*
Pruineus. *Prye.*
Prunevulli; Prunevaulx. *Pruneraux.*
Pruvia villa; Prye-sur-Lixeurre. *Prye.*
Pryporchier. *Preporche.*
Pry-sur-Lixeurre. *Prye.*
Psautes (Les). *Pessottes (Les).*
Puciolus. *Poussoir (La).*
Puilly. *Pouilly (Le Grand-).*
Puis. *Puis (Les).*
Puisots (Les). *Puisac.*
Puliacum; Pully; Puly. *Pouilly (Le Grand-).*
Puscein; Puscya. *Puisaye (La).*
Pusignetum. *Poussignol.*
Puteoli; Putheoli. *Poiseux.*
Putheum-de-Chaulmont. *Puy (Le) (Chomot).*
Putolii. *Poiseux.*
Puycharles. *Puits-Charles (Le).*
Puysoie. *Puisaye (La).*

Q

Quarres (Les). *Carrés (Les) (Saint-Malo).*
Quarrouge (Le). *Carouge (Le) (Villapourçon).*
Quarruge (Terra dou). *Carrouge-en-Loup.*
Quatre-Vents. *Quatre-Vents-de-Chassaigne (Les).*
Quemure (La). *Cure (La).*
Quenoille (La). *Quenouille (La).*
Quere (La). *Cure (La).*
Queron. *Couron.*
Queste. *Quaiste.*
Queue-de-l'Étang (La). *Étang (L') (Suzy-Bourdon).*
Queugne. *Ceugne.*
Queuillon. *Cœuillon.*
Queure (La). *Cure (La).*
Queusne (La). *Canne (La).*
Queuxdris (Le). *Crouse (La) (Thianges).*
Queuzou. *Couzon.*
Quinciacum. *Cuncy-lez-Varzy.*
Quincises. *Quinzize.*
Quincy; Quincy-le-Vicomte. *Cuncy (Villiers-sur-Yonne).*
Quogniacum. *Cougny (Saint-Pierre-le-Moûtier).*
Quoiron. *Couron.*

R

Raboutieres. *Rabotieres.*
Raboulin. *Rabotin.*
Ruchoniere (La); Ruchonnière (la). *Ranchonnière (La).*
Raillier. *Railly.*
Raiz. *Raix.*
Rameilliacum; Ramilly. *Rémilly (Luzy).*
Ranceau. *Butte-de-Ronceau.*
Ranconnerie (La). *Ranchonnerie (La).*
Rancyacum; Rancy-lez-Prie. *Rancy.*
Rangleaux. *Rangleau.*
Raselot (Haut et Bas). *Gouvault.*
Russonniere (La). *Ranchonnière (La).*
Ratoules. *Retoulle.*
Raul (Le). *Riaut (Le).*
Raveau. *Charité-sur-Loire (La). Fontaine-de-la-Vache (Ruisseau de la). Vacquets (Ruisseau des). Varzy.*
Ravellon; Ravellum. *Raveau.*
Ravés (Les). *Ravées (Les).*
Ravier. *Chez-Ravier.*
Ravisi; Ravisiacum; Ravisy. *Ravizy (Alluy).*
Ray (Village du). *Village-Duret.*
Raymelly. *Rémilly (Luzy).*
Raye. *Bruyères-de-Ray (Les).*
Rayo; *Raix.*
Raye (La). *Raie (La) (Nevers).*
Rays. *Raye.*
Rayz. *Raix.*
Razoux. *Razou.*
Reau (Le). *Reot.*
Reau (Le). *Rinax (Les) (Decize).*

Reau (Le). *Riot.*
Reaule (Lu). *Riole (La).*
Reaulx (Les). *Riaux (Les) (Lutheuay).*
Rebouilleaux (Les). *Rebouillots (Les).*
Rebourse (L'hôpital de). *Arboure.*
Regloix. *Régluis.*
Reguard. *Renard.*
Reguard (Le). *Renards (Les) (Sougy).*
Reguiaux (Les). *Regnauds (Les).*
Relieures. *Releure.*
Reimeilly; Remelly. *Remilly (Luzy).*
Remiguy. *Tremigny.*
Remilli; Remilli; Remilliacum. *Remilly (Luzy).*
RÉMILLY. *Balcin. Haleine (L'). Luzy. Moulins-Engilbert. Naille (Rivière des. Saint-Michel (Rivière de).*
Remoillous (Les). *Remoillon.*
Remous (Les). *Raimonds (Les).*
Remors. *Remous.*
Renards (Les). *Renard (Le) (Saint-Martin-du-Troussec.*
Renault. *Rousseau.*
Repperoux. *Reparoux.*
Rest. *Raiz,*
Retoules. *Retoulle.*
Retz; Retz; Retz-les-Espoisses. *Raix.*
Reugniacum. *Rougny (Saint-Benin-d'Azy).*
Revoillio. *Réveillon.*
Revenus (Bois de). *Revenue (La) (Fours).*
Revery. *Rovery.*
Revillon. *Réveillon.*
Riaget; Riaiget. *Riégeot.*
Riau (Le). *Reaux (Les) (Dompierre-sur-Nièvre).*
Riau (Le). *Reot.*
Riau (La). *Riaux (Les) (Decize).*
Riau (Le). *Riot.*
Riau (Le). *Riots (Les).*
Riau-Gaillard (Moulin du). *Rio-Gaillard.*
Riauger; Riaugetum. *Riégeot.*
Riaul (Le). *Riaut (Le).*
Ricardot. *Richardot.*
Richerand. *Richeran.*
Ridaigne. *Ridagne.*
Rie (Villa dou). *Rier (Le).*
Rigniacum. *Rigny (Nolay).*
Rigniacum; Rignyacum. *Rigny (Ougny).*
Rigot. *Chez-Racot.*
Rinneium. *Rigny (Ougny).*
Rinthieux. *Rincieux.*
Rioget. *Riégeot.*
Riotard. *Rouettard.*
Riparia. *Rivière (La) (Couloutre).*

TABLE DES FORMES ANCIENNES. 233

Ris. Ris.
Risdaigne. Budaigne.
Rival (Le). Garenne-de-Lurcy (La).
Riveillon. Reveillon.
Rivieres (Les). Rivieres-de-Saint-Aignan (Les).
Rivieres (Les). Rivieres-de-Saint-Père (Les).
Rivaux; Riz. Ris (Le) (Varennes-lez-Nevers).
Riz. Raurron (Le). Clamecy.
Riz; Riz. Ris (Le) (Cossaye).
Riz. Ris (Le) (Varennes-lez-Nevers).
Riz. Riz
Robelette (La). Roblette (La).
Robins (Les). Robin.
Roca. Roche (La) (Premery).
Roca-Forti (Grangia de). Rochefort (Narcy).
Rocha (Vicaria Sancti-Silvani de). Roche (La) (châtellenie de Châteauneuf-sur-Allier).
Rocha de Mileyo. Roche-Millay (La).
Rochas. Roches (Myennes).
Roche (Haut et Bas). Roche (Montsauche).
Roche-de-Mars (La). Roche (La) (châtellenie de Châteauneuf-sur-Allier).
Roche-de-Milay (La). Roche-Millay (La).
Rocheix (La perriere du). Rocher (Le) (Urzy).
Roche-Masson. Roche-Maçon.
Roche-Millay (La). Haleine (L'). Luzy. Moulins-Engilbert. Séglise (La).
Roche-sur-Arron. Roche (Champvert).
Roches; Roches-sur-Auron. Roche (Champvert).
Roches (Les). Robes (Les).
Roctard. Roustard.
Rogemont. Rosemont.
Rogemont. Rougemont.
Roiacum. Rouy (Saint-Saulge).
Roiche-de-Milay (Lu). Roche-Millay (La).
Roigemont. Rosemont.
Roignons (Les). Rognon (Le).
Roisturs. Roustard.
Romenay-le-Petit. Romenay (Aubigny-le-Chétif).
Romeron. Remeron.
Rommenay. Romenay (Bichos).
Romon. Raumont.
Romon. Remond.
Ronde (La). Breux.
Rondeaux (Les). Rondeau (La) (Annay).
Rondiots (Les); Bondot (locaterie du).

Rondeau (Le) (Saint-Pierre-le-Moûtier).
Rougoul. Grand-Rangoul (Le).
Roporcuno villa. Villapourçon.
Rosarii. Rosier (Magny-Cours).
Rose (La). Ross (Varennes-lez-Nevers).
Rosci Mons; Roscomons. Rosemont.
Roserii; Roserii. Rosière.
Roserii; Roziers (Les). Rosier (Magny-Cours).
Roussier. Quatre-Fenêtres (Les).
Rouetterre; Rouetteur. Roustard.
Rougemont. Rosemont.
Rouix. Rouy (Saint-Martin-du-Puits).
Roulans (Les). Rollands (Les).
Roumenay. Romenay (Aubigny-le-Chétif).
Rousemond. Rosemont.
Rousse. Chez-Rousse.
Roussi. Roussy (Corvol-l'Orgueilleux).
Roussi. Roussy (Saint-Parize-le-Châtel).
Roussière. Rosier (Magny-Cours).
Rocy. Canne (La). Châtillon-en-Bazois. Nevers. Pont-Rapins (Ruisseau du).
Rouyacum. Rouy (Saint-Saulge).
Rouzemont. Rosemont.
Rouzières. Rosier (Magny-Cours).
Roy; Royaume. Rouy.
Royches. Roches (Myennes).
Roygemont; Rozemont. Rosemont.
Rozay. Rosay (Saint-Bonnot).
Rozay; Roze. Rosay (Langeron).
Rozay (Le). Rosay (Arzembouy).
Roze. Rose.
Rozeaulx (Les). Roseau.
Roziere. Rosiers (Saint-Père).
Rozieres. Rosière.
Roziers. Rosier (Magny-Cours).
Roziers. Rosiers (Saint-Père).
Ruagen. Auxois (L'). Corbigny. Monceaux-le-Comte.
Ruan (Le). Reot.
Ruatorta. Roustard.
Ruchette. Ruchette (La) (Villapourçon).
Rue-au-Saint (La). Rue-aux-Saints (La).
Ruée (La). Laruez.
Ruciges. Ruages.
Ruenni. Reugny (Saint-Benin-d'Azy).
Ruere. Guette (La) (châtellenie de Corvol).
Ruero; Rueres; Rueria. Rhuère.
Ruerges. Ruages.
Rueria. Ruère (Gâcogne).
Ruerre. Ruages.
Ruges. Rurges.
Rugni; Rugniacum; Ruguy. Reugny (Saint-Gratien-Savigny).
Rugny. Reugny (Cossaye).

Ruiges. Burges.
Buiguiacum; Ruigny. Reugny (Saint-Gratien-Savigny).
Rumiliacum; Ruminiaro villa. Remilly (Luzy).
Ruot. Reot.
Rupes. Roche (Champvert).
Rupes. Roches (Myennes).
Rupes-de-Milai; Rupes-de-Milayo. Rupes-de-Millay. Roche-Millay (La).
Ruy. Rouy (Saint-Saulge).
Ruyaul (Le). Reot.
Ruyguiacum. Reugny (Saint-Benin-d'Azy).
Byuget. Riegeot.
Ryaul (Le). Riaux (Les) (Decize).
Byaulget (Le). Riegeot.
Byaulx (Les). Riaux (Les) (Luthenay).
Ryegot. Riegeot.
Ryosse. Riousse.
Rys. Ris (Le) (Cossaye).
Rys. Riz.
Byvyere. Rivière (châtellenie de Saint-Verain).

S

Sauli. Sullay (Le).
Saaliacum. Saulaies (Les) (Murzy).
Sabotterie (La Grande et la Petite). Sabotterie (La).
Sacenay. Chassenay (Saint-Jean-aux-Amognes).
Sacy-Bourdon. Saxy-Bourdon.
Sagent. Séjean.
Saiscaize. Magny-Cours. Saint-Pierre-le-Moûtier.
Saincayse. Saincaize.
Sainct-Andre-lez-Luzy. Saint-André.
Sainct-Benin-d'Aisy. Saint-Benin-d'Azy.
Sainct-Begnin-des-Boys. Saint-Benin-des-Bois.
Sainct-Begnin-des-Champs. Saint-Benin-des-Champs.
Saincte-Marie-de-Flagelles; Saincte-Marie-de-Flagueilles. Sainte-Marie (Saint-Saulge).
Sainct-Esloy. Saint-Éloi.
Saincte-Valière-lez-Nevers. Sainte-Valière.
Sainct-Fermain. Saint-Firmin (Montaron).
Sainct-Firmin-de-Bussy; Sainct-Firmin-de-Buxi-es-Amoignes. Saint-Firmin (Saint-Benin-d'Azy).
Sainct-Forjeu. Saint-Fargeau.

Nièvre.

30

Sainct-Franchy-en-Aschire. Saint-Franchy (Saint-Saulge).
Sainct-Germain-en-Viry. Saint-Germain-Chaumnay.
Sainct-Gildas-lez-Nevers. Saint-Gildard.
Saint-Gracien. Saint-Gratien.
Sainct-Hillere. Saint-Hilaire-en-Morvand.
Sainct-Legier. Saint-Léger (Mars).
Sainct-Léonard. Corbigny.
Sainct-Ligert-de-Fregrois; Sainct-Ligier-de-Fougeray. Saint-Léger-de-Fougeret.
Sainct-Lorent-l'Abbaye. Saint-Laurent (Pouilly).
Sainct-Loup-er-Boys. Saint-Loup (Cosne).
Sainct-Mullo-lez-Boys. Saint-Milo.
Sainct-Martin-de-la-Bretonnerie. Saint-Martin (Sainte-Marie).
Sainct-Maurice-lez-Decize. Saint-Maurice (Decize).
Sainct-Oing; Sainct-Ouing. Saint-Ouen.
Sainct-Pere-a-Ville; Sainct-Pere-a-Ville-aux-Admoignes. Saint-Peraville.
Sainct-Perrasu. Sainte-Perrnse.
Sainct-Pryve. Saint-Privé.
Sainct-Sulpice-le-Chastel; Sainct-Supplex. Saint-Sulpice (Saint-Benin-d'Azy).
Sainct-Varin; Sainct-Verain-des-Boys. Saint-Verain.
Sainey. Saint-Cy.
Saint-Agnan, Cousin (Le). Michule (Ruisseau des). Montsauche.
Saint-Agnan-la-Chapelle. Saint-Agnan.
Saint-Albin. Saint-Aubin-des-Chaumes.
Saint-Amand. Aiguillon (L'). Cosne. Nevers. Saint-Verain. Vrille (La).
Saint-Andelais. Pouilly-sur-Loire. Varzy.
Saint-André-en-Morvand. Beaujame (Le). Cure (La). Lormes.
Saint-André-en-Morvent. Saint-André-en-Morvand.
Saint-Aubin-des-Chaumes. Corbigny. Lormes.
Saint-Aubin-les-Forges. Beaumont-la-Ferrière. Nevers. Nièvre (La).
Saint-Aulbin; Saint-Aulbin-sous-Fresnay-les-Chanoines. Saint-Aubin-les-Forges.
Saint-Bauldiere. Saint-Baudière.
Saint-Benigne-des-Champs. Saint-Benin-des-Champs.
Saint-Benin-d'Azy. Bazois (La). Ixeure

(L'). Landarge. Nevers. Bouy (Saint-Saulge). Saint-Saulge. Thianges.
Saint-Benin-des-Bois. Lurcy-le-Bourg. Nièvre (La). Saint-Saulge. Val de Lurcy (Le).
Saint-Borbot. Premery.
Saint-Busson. Montsauche. Nevers. Liguon (Ruisseau de).
Saint-Caise; Saint-Cayse. Saincaize.
Saint-Cifraiteraive; Saint-Cyr-Frotteraves. Saint-Cy.
Saint-Cyre-lez-Entraine. Saint-Cyr.
Saint-Didier. Canal du Nivernais. Premery. Tannay. Yonne (L').
Sainte-Anne. Chapelle Sainte-Anne.
Sainte-Brigitte. Chapelle Sainte-Brigitte.
Sainte-Colombe-des-Bois. Sainte-Colombe.
Sainte-Colombe. Donzy. Varzy.
Saint-Éloi. Loire (La). Nevers. Penuailles (Ruisseau des).
Sainte-Marie. Canne (La). Lurcy-le-Bourg. Saint-Saulge. Val de Lurcy (La).
Sainte-Marie-de-Flayolle. Sainte-Marie.
Sainte-Perreuse. Aunay. Châtillon-en-Bazois. Nevers. Venon (Le).
Saint-Firmin. Ixeure (L'). Saint-Sulpice.
Saint-Forgeux. Saint-Fargeus.
Saint-Franchy. Beuvron (Le). Châtillon-en-Bazois. Lurcy-le-Bourg. Tentures (Ruisseau des). Val de Lurcy (Le).
Saint-Franchy. Saint-Franchy-lez-Aunay.
Saint-Franchy-en-Archere; Saint-Franchy-en-Archers; Saint-Franchy-en-Archire; Saint-Francon; Saint-Francy. Saint-Franchy (Saint-Saulge).
Saint-Fremain. Saint-Firmin (Montaron).
Saint-Fremin-de-Bichy. Saint-Firmin.
Saint-George (Chapelle de). Saint-Georges (Corvol-l'Orgueilleux).
Saint-George-de-Gaing (L'hospital de). Gain.
Saint-Germain-Chassenay. Decize. Dornette (La). Saint-Pierre-le-Moûtier.
Saint-Germain-d'Autibro. Mazille (Isenay.)
Saint-Germain-des-Bois. Beuvron (Le). Premery. Tannay.
Saint-Gourmange. Saint-Gremanges.
Saint-Gratien. Canal du Nivernais. Canne (La). Cercy-la-Tour. Moulins-Engilbert.
Saint-Gravien. Saint-Gratien.
Saint-Hilaire-en-Morvand. Château-

Chinon. Châtillon-en-Bazois. Monette (Ruisseau de). Venon (Le).
Saint-Hilaire-Fontaine. Briaut. Loire (La). Cressonne (La). Norle (La).
Saint-Hoing. Saint-Ouen.
Saint-Honoré. Donjon (Ruisseau de). Moulins-Engilbert. Saint-Michel (Rivière de).
Saint-Jacques-de-Chambon. Chaulnes.
Saint-Jean (Grand et Petit). Saint-Jean (Le Petit).
Saint-Jean-aux-Amognes. Lurcy-le-Bourg. Saint-Sulpice (Saint-Benin-d'Azy).
Saint-Jean-Davin. Saint-Jean (Le Petit).
Saint-Jean-de-la-Vernbée. Ieruve (La) (Saint-Martin-du-Puits).
Saint-Jean-de-Licby. Saint-Jean-aux-Amognes.
Saint-Jean-des-Curtils. Saint-Jean (Chiddes).
Saint-Jehan-de-Lixi. Saint-Jean-aux-Amognes.
Saint-Jehan-Goux. Saint-Gengoult.
Saint-Ladre-lez-Nevers. Saint-Lazare (Nevers).
Saint-Laurent. Cosne. Varzy.
Saint-Léger-de-Craux. Craux.
Saint-Léger-de-Fougerenne. Saint-Léger-de-Fougeret.
Saint-Léger-de-Fougeret. Château-Chinon. Châtillon-en-Bazois. Garat (Le). Guignon (Le). Nevers.
Saint-Léger-des-Vignes. Decize. Loire (La). Thianges. Valottes (Ruisseau des).
Saint-Ligé-des-Vignes-les-Decize. Saint-Léger-des-Vignes.
Saint-Ligier-de-Fogeray; Saint-Ligier-de-Fougeret. Saint-Léger-de-Fougeret.
Saint-Ligier-des-Vignes. Saint-Léger-des-Vignes.
Saint-Loup. Cosne.
Saint-Loup-des-Bois; Saint-Loup-les-Cosne. Saint-Loup (Cosne).
Saint-Milo. Nièvre (La). Varzy.
Saint-Marc. Chapelle-Saint-Marc (la Fermeté).
Saint-Marc-lès-Fontenoy. Saint-Marc (Corvol-l'Orgueilleux).
Saint-Martin-de-la-Bertonerie. Saint-Martin (Sainte-Marie).
Saint-Martin-Deuille. Saint-Martin d'Heuille.
Saint-Martin-d'Heuille. Guérigny (Pougues). Heulle (Rivière d'). Lurcy-le-Bourg.

TABLE DES FORMES ANCIENNES.

Saint-Martin-Douille. Saint-Martin-d'Heuille.
Saint-Martin-du-Puits. Brinanne (Le). Corbigny. Lormes.
Saint-Martin-du-Puy; Saint-Martin-du-Puys. Saint-Martin-du-Puits.
Saint-Martin-du-Troussy. Saint-Martin-du-Trousse.
Saint-Martin-du-Trossel. Cosne. Nohain (Le).
Saint-Martin-du-Vaulx. Saint-Martin-des-Vaux.
Saint-Maurice. Saint-Saulge.
Saint-Maurice-les-Montreuillon. Saint-Maurice (Montreuillon).
Saint-Maurice-les-Saint-Saulge. Saint-Maurice (Saint-Saulge).
Saint-Michel (Rivière de). Donjon (Ruisseau de).
Saint-Michel-de-Longue-Salle; Saint-Michel-en-Longue-Salle; Saint-Michel. Saint-Michel (Rémilly).
Saint-Morise. Saint-Maurice (Decize).
Saint-Oin; Saint-Oingt. Saint-Ouen.
Saint-Oen. Druy. Loire (La). Thianges.
Saint-Pange. Sampanges.
Saint-Parize-en-Viry. Derize. Dornette (La).
Saint-Parize-le-Châtel. Étang-au-Prot (Ruisseau de l'). Magny-Cours. Saint-Pierre-le-Moûtier.
Saint-Piat. Cosne. Varzy.
Saint-Père-du-Mont. Saint-Pierre-du-Mont.
Saint-Père-de-Neuzy; Saint-Père-de-Nuzy. Saint-Père.
Saint-Père-du-Mont. Saint-Pierre-du-Mont.
Saint-Père-du-Trespas. Saint-Père.
Saint-Père-en-Ville. Saint-Peraville.
Saint-Père-le-Moûtier. Saint-Pierre-le-Moûtier.
Saint-Perreuse; Saint-Perruse. Sainte-Pereuse.
Saint-Pierre-de-Nuzy, dit du Trespas. Saint-Père.
Saint-Pierre-de-Semelay. Sémelay.
Saint-Pierre-du-Mont. Clamecy. Nevers. Varzy.
Saint-Pierre-le-Moûtier. Druy. Magny-Cours. Petit-Millereux (Ruisseau du).
Saint-Prive-les-Decize. Saint-Privé.
Saint-Quaize. Saincaize.
Saint-Quentin. Cosne. Nohain (Le). Varzy.
Saint-Révérien. Aron (Ruisseau d'). Corbigny. Lurcy-le-Bourg.
Saint-Roch. Chapelle Saint-Roch.

Saint-Roch-de-Moulbois. Chapelle de Moulbois.
Saint-Romain-les-Mais (Prieuré de). Lucenay-les-Aix.
Saint-Saulce. Canne (La). Lurcy-le-Bourg. Nevers. Vieula Vines. Ville (Ruisseau de la).
Saint-Savin (Chapelle de). Roche (La) (châtellenie de Châteauneuf-sur-Allier).
Saint-Seigne. Saint-Seine.
Saint-Seine. Crossonne (La). Nocle (La).
Saint-Spise. Saint-Sulpice (Saint-Benin-d'Azy).
Saint-Sulpice-le-Châtel. Lurcy-le-Bourg. Nevers. Thianges.
Saint-Thibault-les-Saint-Prives. Saint-Thibault (Decize).
Saint-Verain. Cosne. Jourdain (Le). Nevers. Saint-Amand.
Saint-Vrain-les-Boys. Saint-Verain.
Suisiceus. Saizy (Tannay).
Saissiacum-Burdonis. Sazy-Bourdon.
Salsey-les-Bois. Corbigny. Douzy. Varzy.
Saisy. Swaney (Maison de).
Sauy. Monceaux-le-Comte.
Salsorgiæ. Salorges (Château-Chinon-Campagne).
Sule. Sallay (La).
Saligny. C.aligny.
Saligny-les-Annois. Saligny (Amazy).
Sulle. Sallay (Le).
Salligny. Saligny (Amazy).
Salligny-les-Croix-Bidon. Saligny (châtellenie de Clamecy).
Salligny (Chapelle de). Saligny (Chevenon).
Salvars (Les). Salcard.
Salviniacum. Savigny-les-Bois.
Sambel; Sambert. Sembert-le-Bas.
Sana-Casa; Sancaise. Saincaize.
Sanceyum: Sonceinum. Sancy (Saint-Franchy).
Sancta-Camilla. Sainte-Camille.
Sancta-Columba-in-Nemoribus. Sainte-Colombe.
Sancta-Genovefa. Grenois.
Sancta-Maria-de-Caritate. Charité-sur-Loire (La).
Sancta-Maria-de-Montencsio. Montenoison.
Sancta-Maria-de-Villari-Gondonis. Villagondone (Les).
Sancta-Maria-Donziaci. Donzy-le-Pré.
Sancta-Maria-Vallis-Sancti-Georgii. Val-Saint-Georges (Le).

Sancta-Maria-Vallis-Sancti-Johannis-de-Bassaville. Bassevelle.
Sancta-Genovefa-de-Masciaco (Prioratus). Remilly (Marcy).
Sancta-Maria-de-Bethleem (Capella). Bethleem.
Sancta-Valeria-propa-Nivernis (Prioratus). Sainte-Valière.
Sancti-Humberti (Prioratus); Sancti-Humberti (Capella). Saint-Imbert.
Sancti-Johannis dicta Darien (Præceptoria). Saint-Jean-le-Petit.
Sancti-Laurentii-de-Abbacia (Abbatia). Saint-Laurent (Pouilly).
Sancti-Lazari et Sancti-Rochi prope Clameciacum (Leprosaria). Saint-Roch (Clamecy).
Sancti-Lazari-Nivernensis (Leprosaria); Sancti-Lazari prope Nivernis (domus hospitalis). Saint-Lazare (Nevers).
Sancti-Martini in qua corpus sancti Salvii requirescit (Capella). Saint-Saulge.
Sancti-Nicolay extra villam Premeriaci (Capella). Saint-Nicolas (Premery).
Sancti-Pantaleonis (Leprosaria). Saint-Puntaleon.
Sancti-Patricii (Abbatia). Saint-Parize-le-Châtel.
Sancti-Petri-Villa. Saint-Peraville.
Sancti-Reveriani (Cella). Saint-Reverien.
Sancti-Sulpicii-Castrum. Saint-Sulpice-le-Châtel.
Sancti-Sylvani (Capella). Saint-Sylvain.
Sancto-Lupo (Nemus de). Daubup (Bois).
Sanctus-Albinus. Saint-Aubin-les-Forges.
Sanctus-Amandus. Saint-Amand.
Sanctus-Andelanus. Saint-Andelain.
Sanctus-Andrea. Saint-André-en-Morsand.
Sanctus-Anianus. Saint-Aignan.
Sanctus-Audoenus. Saint-Ouen.
Sanctus-Baudelins. Saint-Baudière.
Sanctus-Baudelius-de-Cessiaco-in-Nemoribus. Cessy-les-Bois.
Sanctus-Bauderius. Saint-Baudière.
Sanctus-Begninus; Sanctus-Begninus-de-Asiaco; Sanctus-Benignus, Saint-Benin-d'Azy.
Sanctus-Benignus. Saint-Benin-des-Bois.
Sanctus-Benignus. Saint-Benin-des-Champs.

TABLE DES FORMES ANCIENNES.

Sanctus-Benignus-de-Asiaco. Saint-Benin-d'Azy.
Sanctus-Benignus-de-Campis. Saint-Benin-des-Champs.
Sanctus-Benignus-in-Nemoribus. Saint-Benin-des-Bois.
Sanctus-Bouetus; Sanctus-Bonitus. Saint-Bonnot.
Sanctus-Bricius; Sanctus-Brixius. Saint-Brisson.
Sanctus-Christophorus; Sanctus-Christophorus-de-Asiaco. Saint-Christophe-d'Azy.
Sanctus-Ciricus-de-Interamnis; Sanctus-Cyricus-de-Interamnis. Saint-Cyr.
Sanctus-Desiderius. Saint-Didier.
Sanctus-Domnolenus. Saint-Audelain.
Sanctus-Eligius-prope-Nivernis. Saint-Eloi.
Sanctus-Franchi; Sanctus-Franchiseus; Sanctus-Franchisius; Sanctus-Francoveus. Saint-Franchy (Saint-Saulge).
Sanctus-Francoveus. Saint-Franchy-lès-Aunay.
Sanctus-Gedaldus; Sanctus-Geldardus. Saint-Gildard.
Sanctus-Gengulphus. Saint-Gengoult.
Sanctus-Georgius-de-Aulesiaco. Saint-Georges (Aulezy).
Sanctus-Georgius-de-Senduno. Achun.
Sanctus-Germanus-de-Oratorio. Ouroux.
Sanctus-Germanus-in-Nemore; Sanctus-Germanus-in-Nemoribus. Saint-Germain-des-Bois.
Sanctus-Germanus-in-Viriaco. Saint-Germain-Chassenay.
Sanctus-Gildardus; Sanctus-Gildardus prope Nivernis. Saint-Gildard.
Sanctus-Gradianus; Sanctus-Gratianus. Saint-Gratien.
Sanctus-Grimangius. Saint-Gromanges.
Sanctus-Hilarius. Saint-Hilaire-en-Morvand.
Sanctus-Honoratus. Saint-Honoré.
Sanctus-Hylarius. Saint-Hilaire-en-Morvand.
Sanctus-Hylarius. Saint-Hilaire-Fontaine.
Sanctus-Jangulphus; Sanctus-Jangulphus. Saint-Gengoult.
Sanctus-Johannes-de-Lichiaco; Sanctus-Johannes-de-Lixiaco; Sanctus-Johannes-de-Luxiaco. Saint-Jean-aux-Amognes.
Sanctus-Laurentius-de-Abbatia. Saint-Laurent (Pouilly).

Sanctus-Leodegarias. Saint-Léger-des-Vignes.
Sanctus-Leodegarias; Sanctus-Leodegarius-de-Fougereto. Saint-Léger-de-Fougeret.
Sanctus-Leodegarias-in-Vineis. Saint-Léger-des-Vignes.
Sanctus-Leonardus. Corbigny.
Sanctus-Lupus. Saint-Loup-sur-Aron.
Sanctus-Lupus; Sanctus-Lupus-in-Nemoribus; Sanctus-Lupus-juxta-Rupes. Saint-Loup (Cosne).
Sanctus-Maculus. Saint-Malo.
Sanctus-Martinus; Sanctus-Martinus-de-Bertoueria; Sanctus-Martinus-de-Bretouneriis. Saint-Martin (Sainte-Marie).
Sanctus-Martinus-de-Campis. Saint-Martin (Langeron).
Sanctus-Martinus-de-Huyllin; Sanctus-Martinus-de-Oleo. Saint-Martin-d'Heuille.
Sanctus-Martinus-de-Podio. Saint-Martin-du-Puits.
Sanctus-Martinus-de-Troncoyo; Sanctus-Martinus-de-Tronciaco; Sanctus-Martinus-de-Truncclo. Saint-Martin-du-Trousse.
Sanctus-Martinus-de-Ullis. Saint-Martin-d'Heuille.
Sanctus-Martinus-de-Vallibus; Sanctus-Martinus-in-Vallibus. Saint-Martin-des-Vaux.
Sanctus-Mauricius. Saint-Maurice (Decize).
Sanctus-Mauricius in prioratu Sancti-Salvii. Saint-Maurice (Saint-Saulge).
Sanctus-Mauricius-prope-Disesiam; Sanctus-Mauritius. Saint-Maurice (Decize).
Sonctus-Michael; Sanctus-Michael in Longa Silva. Saint-Michel (Rémilly).
Sanctus-Patricius. Saint-Parize-le-Chatel.
Sanctus-Patricius; Sanctus-Patricius-in-Viriaco. Saint-Parize-en-Viry.
Sanctus-Patritius. Saint-Parize-le-Châtel.
Sanctus-Petrus. Roche-Millay (La).
Sanctus-Petrus-de-Longineo. Langy.
Sanctus-Petrus-de-Monasterio. Saint-Pierre-le-Moûtier.
Sanctus-Petrus-de-Montibus. Saint-Pierre-du-Mont.
Sanctus-Petrus-de-Montigniaco-in-Ammoniis. Saint-Pierre (Montigny-aux-Amognes).

Sanctus-Petrus-de-Villa; Sanctus-Petrus-in-Villa. Saint-Paraville.
Sanctus-Petrunius-in-Morvano; Sanctus-Petronius in prioratu de Commagniaco. Sainte-Pereuse.
Sanctus-Petrus-Monasterii. Saint-Pierre-le-Moûtier.
Sanctus-Privatus. Saint-Privé.
Sanctus-Quintinus. Saint-Quentin (Pouilly).
Sanctus-Salvius. Saint-Saulge.
Sanctus-Secanus; Sanctus-Sequanus. Saint-Seine.
Sanctus-Stephanus-de-Ayriaco. Saint-Étienne-d'Azy.
Sanctus-Sulpicius; Sanctus-Suppicius. Saint-Sulpice-le-Châtel.
Sanctus-Sydronius prope Clumeciacum. Saint-Sidroine.
Sanctus-Verandus; Sanctus-Veranus. Saint-Verain.
Sanziacum. Sanizy.
Sanglé. Sanglier.
Saniziacum; Saniziacum; Sauzisiacum in prioratu Sancti-Salvii. Sanizy.
Sansenay. Sancenay.
Sancy. Sancy (Saint-Franchy).
Sapilineum. Sardy.
Saproye. Sept-Voies (Les).
Saraux (Les). Sarrots.
Sarcy. Sardy-les-Forges.
Sarcy-la-Tort; Sarcy-la-Tour. Corcy-la-Tour.
Sardelle (La). Sardolle (La).
Sardelle. Sardolles.
Sardelle (La). Sardolle (La).
Sardiacum. Sardy.
Sardoille (La). Sardolle (La).
SARDOLLES. Nevers. Sardolle (La). Thianges.
SARDY. Canal du Nivernais. Cercon. Lurcy-le-Bourg. Nevers. Yonne (L').
Sardy. Sardy-les-Forges.
Sardy-en-Morvand; Sardy-lès-Espiry. Sardy.
Sermaiges. Sermages.
Sarmasia; Sarmasim; Sarmasius; Sarmaysia; Sormesia. Sermoise.
Sarpoil. Charpois.
Sarre; Sarres. Serre.
Serre (La). Serre (La).
Sarziacus. Sardy.
Sascigne. Chasseigne (Antbien).
Sassenayum. Chassenay (Saint-Germain-Chassenay).
Sassiacense-Monasterium. Cossy-lès-Bois.

TABLE DES FORMES ANCIENNES.

Sassi-Bourdon. *Sary-Bourdon.*
Sassini. *Sassaigné.*
Sauchet (Le). *Suchet (Le).*
Sauge. *Saugue.*
Sougeots (Les). *Saujois (Les).*
Saugniere. *Saulnière.*
Saulay (Le). *Saulaies (Les) (Marzy).*
Saulaye (La). *Saulaie (La).*
Saulcis (La). *Saule (La).*
Saulerii. *Solières.*
Saulet (Le). *Saulaies (Les) (Marzy).*
Saulieres; Sauliers. *Solières.*
Saulmon. *Chamons (Les).*
Sault-de-Moulin-sur-Noyn. *Sault-de-Villemouson (Le).*
Saultray. *Soultrait.*
Saulvery. *Sauvry-d'en-Bas.*
Saulvigny. *Sauvigny (Gros).*
Soulvigny-sur-Yonne. *Sauvigny (Marigny-sur-Yonne).*
Saulvin. *Sauvin.*
Saumey. *Sommées.*
Saune. *Sonne.*
Sous-les-Decize. *Saulx.*
Sauvages; Sauvagii. *Sauvage.*
Sauvaiges. *Sauvages.*
*Sauvaux (Les). *Sauault.*
Sauvery. *Sauvril.*
Sauves (Les). *Saure (La) (Moulins-Engilbert).*
Sauvigny-le-Bruslé. *Sauvigny (Aubigny-le-Chétif).*
SAUVIGNY-LES-BOIS. *Angelot (L'). Mariniacensis ager. Nevers. Thianges.*
Sauvigny-les-Chanoynes. *Sauvigny-les-Bois.*
Sauvry. *Sauvril.*
Saux. *Saulx.*
Sauzaium; Sauzay (le Grand-); Sauzet. *Sanzay.*
Savene. *Savenay.*
Saviniacum. *Sauvigny-les-Bois.*
Savigniacum. *Savigny-sur-Canne.*
Savigniscum-Combustum; Savigniscum-le-Brule. *Sauvigny (Aubigny-le-Chétif).*
Savigniacum-Peiffol. *Savigny-Poil-Fol.*
Savigniacum-super-Cannam; Savigniscum-super-Caulam. *Savigny-sur-Canne.*
Savigny. *Sauvigny (Aunay).*
Savigny-les-Chanoines. *Sauvigny-les-Bois.*
Savigny-l'Étang. *Chaume (La) (Millay).*
Savigny-Poelfol; Savigny-Poiffol. *Savigny-Poil-Fol.*
SAVIGNY-POILFOL. *Bulvin. Luzy.*

Savigny-Poiffoul; Savigny-Poyle. *Savigny-Poilfol.*
Sariniacum-Canonicorum. *Sauvigny-les-Bois.*
Savoye. *Sept-Voies (Les).*
Saxsia-Bordin. *Sary-Bourdon.*
Saxiacense-Cenobium; *Saxiacum. Cessy-les-Bois.*
Saxiscum. *Sary-Bourdon.*
SAXY-BOCRDON. *Canne (La). Lurcy-le-Bourg. Rony.*
Saxy-en-Glanion. *Sazy-en-Glenon.*
Saysaiacum-Bordon. *Sary-Bourdon.*
Sazy. *Seizy (Tannay).*
Sceau (Le). *Seizu.*
Scen (Étang et bois du). *Seu (Le).*
Sealherii. *Solières.*
Seaule. *Scyolle.*
Sechague. *Chassagne (Ouroux).*
Sechsigne (La). *Saigne (La).*
Segaugei; *Segaugeties. Segaugeotte (La).*
Seiant. *Séjean.*
Seigne (La). *Gerard.*
Seigne (La). *Saigne (La).*
Seines (Maison des). *Perrier.*
Séjan. *Séjean.*
Selgiacus. *Sougy (Decize).*
Selin. *Selins.*
Seline. *Celine.*
Selle (La). *Celle-sur-Loire (La).*
Selle (La); *Selle-les-Lucenay (La). Celle-d'en-Bas (La).*
Selle-sur-Nyevre (La). *Celle-sur-Nièvre (La).*
Semanday. *Servandet.*
Semelaium. *Simelay.*
SÉMELAY. *Haleine (L'). Luzy. Saint-Michel (Rivière de).*
Semelin. *Simelins.*
Semelins. *Semelin-Dessous.*
Semelins-le-Mingot; Semulini; *Semulins. Sémelins.*
Senaux (Les). *Senots (Les).*
Senciacum-Verre-Rapis. *Saint-Cy.*
Sénéchaux. *Chennechot.*
Sénechaux. *Sénéchot.*
Senesi. *Sanity.*
Seneugle; Seneuille; Seneulle. *Seneuil.*
Senosse. *Chenosse.*
Sepouse. *Spouse.*
Sepvoix; Sepvoye. *Sept-Voies (Les).*
SERMAGES. *Châtillon-en-Bazois. Guignon (La). Moulins-Engilbert.*
Sermagiæ; Sermaiges. *Sermages.*
Sermaise; Sermaisin; Sermaso; *Sermasin. Sermoise.*
Sermentray. *Sermantray.*

Sermillyere (La). *Sermilis.*
SERMOISE. *Canal Latéral. Loire (La). Nevers. Saint-Pierre-le-Moûtier.*
Sermoyse. *Sermoise.*
Serra. *Serre (La).*
Serrés (Les). *Serrees (Les).*
Sertaines. *Certaine.*
Servanday. *Servandet.*
Servenou. *Cervenon (Premery).*
Seseigne. *Cesseigne.*
Seseigne. *Saigne (Sermages).*
Sesiacum-in-Nemoribus. *Cessy-les-Bois.*
Seugny. *Cheugny.*
Squilli; Seuilly. *Suilly-la-Tour.*
Seuilly-Magny. *Magny (La) (Suilly-le-Tour).*
Seuls; Seule; Seully. *Suilly-la-Tour.*
Sex-Campi. *Sichamps.*
Sexsul (Le). *Cezeau.*
SICHAMPS. *Lurcy-le-Bourg. Vierre (La. Premery).*
Sicongues. *Cigogne.*
Siez. *Cier.*
Siez (Le molin de). *Seu (Le).*
Sigoigne; Siguignes; *Siguignes. Cigognes.*
Sigy. *Chigy.*
Simelayum. *Simelay.*
Simonnos (Les). *Simonots (Les).*
Sinehaux. *Sénéchot.*
Sincy. *Saint-Cy.*
Singeons (Les). *Sainjons (Les).*
Sipiciacum. *Épiry.*
Sirvenon. *Cervenon (Premery).*
Sixchamp. *Sichamps.*
Sizeliacum; Sizelly; Sizely. *Cizely.*
Sofin. *Sophin.*
Sogiaceum; Sogy. *Sougy.*
Soisseron. *Sousseron.*
Solanges. *Soulungy.*
Solay. *Saulaies (Les) (Nevers).*
Solengiacum; Solengy. *Soulangy.*
Soletref; Soletret. *Soultrait.*
Soliaeus. *Suilly-la-Tour.*
Sollengy. *Soulangis.*
Soltraiet; Soltref; Soltret. *Soultrait.*
Somery. *Summery.*
Soray. *Soret.*
Sorgiacum; Sorgiacus. *Surgy (Clamecy).*
Sorgiæ. *Sorgiaco (Villa de).*
Sorgy. *Sougy (Decize).*
Sornay. *Sornet.*
Soublelle; Soubscelle. *Soubzville.*
Soubsletraict; Soubzletre; Soubz-le-Tref; Soubz-le-Trest. *Soultrait.*
Soubzy. *Souris (Le Grand-).*

Soucille (La). Soucille (La).
Soucy. Soucis (Les).
Souffin. Sophin.
Sougiacum. Sougy (Decize).
Souguy. Cougny (Saint-Jean-aux-Amognes).
Sorces. Druy. Thianges. Valettes (Ruisseau des).
Sougy. Sougy.
Soulières. Solières.
Soultraict; Soultray. Soultrait.
Sourcy. Sorgy (Clamecy).
Soury. Souris (Le Grand-).
Sous-le-Trest. Soultrait.
Souvigny-les-Brulés. Sauvigny (Aubigny-le-Chétif).
Souzay. Sanzay.
Souzay. Sauzay (Le Grand-).
Souzi. Souris (Le Grand-).
Souvigny-les-Beaulnes. Sauvigny (Aunay).
Souvigny-les-Chauvyues. Sauvigny-les-Bois.
Soxaul. Sauzeau (Le).
Suzay. Sauzay.
Suzzy (Le Grand-); Souzay. Sauzay (Le Grand-).
Spallum. Épeau (L').
Spiriacum. Épiry.
Stagnum. Étang (L') (Sardolles).
Suenri; Sueuciacum; Sueuciacum-Vevre-Rupis; Suency. Saint-Cy-Fortress.
Suency; Suensy; Surancy. Souncy (Maison de).
Sugeium. Sougy (Decize).
Suignes; Suigny-le-Bas. Chougny.
Suilliacum. Souilly.
Suilliacum; Sailly. Sailly-la-Tour.
SUILLY-LA-TOUR. Donzy. Jaigur (Ruisseau de). Nohain (Le).
Sullineum. Sailly-la-Tour.
Sullizot. Sullizeau.
Sully-le-Magny. Magny (Le) (Sailly-la-Tour).
Surancy. Souancy (Maison de).
Surges. Sorgiaco (Villa de).
Surgeum. Sur-Jour.
SURGY. Clamecy. Yonne (L').
Suriacum. Sury.
Surpaliz; Surpallis; Surpalys. Surpalis.
SURPE. Leure (L').
Suryacum; Sury-en-Bois. Sury.
Suy. Choux.
Suygniacum-Altum; Suygniacum-Bassum. Chougny.
Symelay; Symelle. Sémelay.

T

Taguieres (Les). Taiguières.
Taigny. Taigny.
Taiche. Taiche.
Taigniacus; Taigny. Taigny.
Tailleres (Les). Taillières (Les).
Taillis (Les). Taillis (Le Grand-).
Taintes (Port de). Taintes.
Tainturiacum-versus-Castellinoncem. Tintury.
Taissillineus. Tazilly.
Taisim; Taix. Thaix.
Taizilly. Tazilly.
Talal. Tallot.
Talaya; Tidayum. Talaye.
Tallieres (Les). Taillières (Les).
Tallon-Judas. Talon.
Tallot. Tillot.
Talon. Taloux.
Talos. Tannay.
Tamenay; Tamenayum; Tameu-t. Tannay (Châtillon-en-Bazois).
TANNAY. Châtillon-en-Bazois. Trait (Le).
Tamnayum. Tannay (Châtillon-en-Bazois).
Tanjeres (Les). Taiguières.
Tannau. Tanneau.
TANNAY. Canal du Nivernais. Clamecy. Monceaux-le-Comte. Nocle (La). Prémery. Vaux d'Yonne (Les).
Tannayum; Tanneium; Tannet. Tannay.
Taunieaul. Tanneau.
Tannium. Tannay.
Tantibeau. Tautibault.
Tauturiacum. Tintury.
Tar. Thard.
Tarnu. Tharoau.
Tardits (Les). Tardys (Les).
Tariblerie (La). Terriblerie (La).
Tars. Tharo.
Tars; Tart. Thard.
Tartre (La). Tartre (Le).
Tartre (Le); Tartre-de-Vauclois (le). Tartre (La) (Vauclais).
Tas. Thard.
Tas. Thar.
Tasnay. Tannay (Montambert).
Tassiliacus. Tazilly.
Taupins (Les). Taupin.
Taupray (Le). Tauperat.
Tauriacum. Toury-sur-Abron.
Taveneau-sur-Yonne. Thevenesu.
Tays. Thaix.
Taselli. Tazilly.
Taziere. Tazières.
Tazieres. Fontenille.

Tazlily. Haleine (L'). Lazy. Meprois (Ruisseau de). Seghine (La).
Teclegne. Traizaigle.
TELLET. Armance (L'). Corbigny. Monceaux-le-Comte.
Teleur. Theuleur.
Temple (La). Trembie (Le).
Tenjere. Taiguières (Les).
Tereau (Le). Tourreau-de-Lion (Le).
Ternaus. Ternant (Fours).
TERNAUT. Nocle (La).
Ternoir. Terre-Noire.
Ternoir. Terres-Noires (Les).
Terry (Les). Terris (Les).
Tertre (Le). Tartre (Le); (Vauclois).
Tesgonum. Montreuillon.
Tête-de-Dronne. Montauuche (Signal de).
Thaes; Thaïs. Thaix.
THAIX. Buremont (Bois de). Corcy-la-Tour. Haleine (L'). Moulins-Engilbert. Ridague (Ruisseau de).
Thameuet. Tamenai.
Thanedus. Tannay (Montambert).
Thars. Thard.
Thaveneaul. Thaveneau.
Thays; Thaz. Thaix.
Thezilly. Tazilly.
Theloutre. Theuleur.
Thernant. Ternant (Fours).
Therrenaul. Terrenu-de-Poil (Le).
Thevenpis (Les). Thèvenoits (Les).
Thevenaul (Domaine). Thevenot.
THIANGES. Anlezy. Londarge. Nevers.
Thianges (Ruisseau de). Baraton.
Thibaudous (Les). Thibeaudons (Les).
Thienges. Thianges.
Thorau. Toreau-Destault (Le).
Thoraulx (Les). Toreau (Le).
Thoriacum. Thory.
Thoriacum. Toury-sur-Abron.
Thoriacum; Thoriacum-in-Surgeis. Toury-sur-Jour.
Thoriacum-super-Abron; Thoriacum-super-Abrum. Toury-sur-Abron.
Thori-en-Surges. Toury-sur-Jour.
Thorigniacum; Thorigny. Turigny (Annay).
Thory. Toury-sur-Abron.
Thory-en-Surget. Toury-sur-Jour.
Thory-souba-Abron; Thory-sur-Abron. Toury-sur-Abron.
Thouan. Tout-Vent.
Thoué. Thouez.
Thouin (Le). Tonnin (Le).
Thoury. Thory.
Thoury. Toury-sur-Abron.
Thoux. Thou.

TABLE DES FORMES ANCIENNES.

Thuillerie. Tuilerie (La).
Thumerie (La). Quassnerie (La).
Thurygny. Turigny (Aunay).
Tieugie. Thianges.
Tiergauge; Tiergat (Le). Tirgage.
Tilleux. Tilleul (Le).
Tilloux. Tilleux.
Tincte. Teintes.
Tinja. Tingout.
Tintre. Teintes.
Tintariacum. Tintury.
Tintury. Châtillon-en-Bazois. Troubou-lin (Le).
Tiveau (La). Latireau.
Tiy. Thil.
Toleurre. Theuleur.
Topeau. Topeaux (Les).
Torcy. Tracy.
Toriacum. Toury-sur-Abron.
Toriscum. Toury-sur-Jour.
Turigny. Turigny (Aunay).
Tornellum; Tornelle; Tornelle (la). Tournelle (La).
Torutes. Thorot.
Tors-le-Pré; Torts; Tortz. Tort.
Tory. Thory.
Touez. Thouez.
Touful. Touffou.
Tounin. Tannin (Le).
Tour-Bateau (La). Tour (La) (Challement).
Tour-Dacre. Tour-d'Ocle (La).
Tour-de-Chevenon (La). Tour (La) (Chevenon).
Tour-de-Mons (La). Mont (Béard).
Tournis. Tourny.
Tournoel; Tournoer. Tournoir.
Tourpimpeau (La). Tourpinpot (La).
Tour-Rabateau (La); Tour-Rabateau (la). Tour (La) (Challement).
Toury. Thory.
Toury-en-Séjour; Toury-en-Surgeo. Toury-sur-Jour.
Toury-Lurey. Toury-sur-Abron.
Toury-sur-Abron. Abron (L'). Decize. Lucenay-les-Aix.
Toury-sur-Jour. Saint-Pierre-le-Moûtier. Vatel (Ruisseau de).
Touteule. Touteuille.
Tout-Fou. Touffou.
Touvan; Touvant. Tout-l'ent.
Tozol. Tozeaux (Les).
Traciacum. Tracy-sur-Loire.
Traclain. Traclin.
Tracy-sur-Loire. Cosne. Loire (La). Varzy.
Traict (Le). Trait (Le).
Traigny. Treigny.

Trainacum; Traines; Trainnayum: Traissai. Tresnay.
Traines. Traines (Les) (Souvigny-les-Bois).
Tralbout (Moulin de). Trois-le-Bourg (Moulin de).
Tramblay (Le). Tremblay (Le) (Cosnaye).
Tramblay (Le). Tremble (Le).
Trambley (Le); Tramblayum. Trembley (La) (Chaulgnes).
Trambleyum. Trembley (Le) (Isenay).
Trambleyum. Trembley (Le) (Saint-Parize-le-Châtel).
Trangiaco (Villa); Trangiacum. Treigy.
Trasnay. Tresnay.
Travan; Travencia (territorium de). Traveut.
Traynay; Traynayum. Tresnay.
Tresul (La). Latreuil.
Tregny; Treiguiacum. Treigny.
Trembini. Tremblay (Le) (Chaulgnes).
Tremblays (Les). Tremblay (Le) (Saint-Parize-le-Châtel).
Trembles (Kemus de). Tremblout (Bois du).
Tremenceau. Tramençon.
Tremple (Le). Tremble (Le).
Trenaium. Tresnay.
Trenigeum. Treigny.
Tressigues; Tres-Aquæ. Traizaigle.
Tressau. Allier (L'). Petit-Moulin (Ruisseau du). Saint-Pierre-le-Moûtier. Vatté (Ruisseau de).
Tresselles. Tresolle.
Tres-Vevres; Tres-Vevres; Tres-Virgæ. Trois-Vèvres.
Trezillen; Trezillion. Trezilleu.
Triaclin. Traclin.
Trigny. Treigny.
Trina. Tresnay.
Troches (Les). Estroches.
Trogny; Troigny. Treigny.
Troil. Troyet.
Trois-Aigues. Traizaigle.
Trois-Enes. Tresseux.
Troisfont. Trois-Fonds (Les).
Trois-Onnes; Troisones; Trois-Sonnes. Tresseux.
Troisvèvre. Trois-Vèvres.
Trois-Vèvres. Thianges.
Trolliera (La). Trouillière (La).
Troncay (La). Troncay.
Tronceinges. Tronsanges.
Troncelle (La). Tronçain (Le).
Troncengii; Troncoïnges. Tronsanges.
Troncsanges. Charité-sur-Loire (La).

Loire (La). Nevers. Vaux de Nevers (Les).
Tronsanges. Tronsanges.
Troncay. Troncay.
Troncengii. Troncengii. Tronsanges.
Trosses (Les). Estroches.
Trottier (Les). Trotiers (Les).
Trousches (Les). Estroches.
Trouillière (La). Trouillière (La).
Trousselles; Troussoel. Tresselles.
Troys-Aigues. Traizaigle.
Trozongie. Tronsanges.
Trachy. Tracy.
Truciacus-Superbus. Trucy-l'Orgueilleux.
Trucy-l'Orgueilleux. Clamecy. Surry (Le).
Trucy-Lorgueilleux. Trucy-l'Orgueilleux.
Truliere (La). Trouillère (La).
Tuciacum. Tussy.
Turgage. Tirgage.
Tuilerie-de-Talon (La). Tuilerie (La) (Tallon).
Tuilerie-Michelet. Bourre (La) (Chaurin).
Tuillerye (La). Tuilerie (La) (Lamatton).
Turreaux (Les). Thureaux (Les) (Cizy).
Turigny. Thurigny.
Tyangia; Tynages. Thianges.

U

Ugnes; Ugny. Eugny.
Uley. Ursier.
Ulmi; Ulmus. Lormes.
Uulayum; Uoliacum. Oulay.
Urcey; Urseau. Ursier.
Ursiacum; Urziacum; Urzi; Urziacum. Urzy.
Ursy. Guerigny (Pougues). Nièvre (La). Vaux de Nevers (Les).
Ursyacum. Urzy.
Usages-du-Villand. Villault.
Useau. Usseau (Parigny-les-Vaux).
Usiaceum. Urzy.
Usilo. Ureloup.
Usseaul. Usseau (Montigny-sur-Canne).
Usseaul. Usseau (Parigny-les-Vaux).
Usellacu; Usellum; Uuelo, Ureloup. Usselo. Ureloup.
Uzeaul. Usseau (Montigny-sur-Canne).
Uzeaul. Usseau (Parigny-les-Vaux).
Uzello; Uzellou; Uzello. Uxeloup.
Uyllon (Ripparia d'). Houille (Ruisseau d').

TABLE DES FORMES ANCIENNES.

V

Vacuus (Parrochia de). Vaux (Bouë).
Vacy. Vacy.
Vadou-du-Libou; Vadum-Duylleu. Gué d'Hruillon (Le).
Vagius; Vaigne (Le). Onagne.
Vainingra. Veningen.
Vairryo-du-la-Bouë. Verrère (La).
Vairo. Vroux.
Vaivre. Voivres (Tannay).
Valentinges; Valentingos. Valentinge.
Valerinus (Les). Vallerins (Les).
Valette (La). Vallée (La) (Dray).
Valiers. Vallière.
Vallauge. Valanche.
Valle. Valles (La) (Parigny-les-Vaux).
Vallecrovaria. Vossegrois.
Vallea-Buivau (La). Vallée (La) (Dieunes).
Vallee-de-Court (La). Vallée-de-Cour (La).
Vallee-des-Granges (La). Vallées (Les Grandes-).
Vallegrovaria. Vossegrois.
Valleis. Valles (La) (Parigny-les-Vaux).
Valletoix; Vallotoys. Huis-Vallois (L').
Valletta. Villette (châtellenie de Cercy-la-Tour).
Vallincus. Baillys (Les).
Vallibus (Archipresbyteratus de). Vaux de Nevers (Les).
Vallière. Vallière.
Vallis (Archipresbyteratus de). Vaux de Nevers (Les).
Vallis-Clausa. Vauclaix.
Vallis-Noxia. Vanoise.
Vallis-Sancti-Georgii (Cartusia). Val-Saint-Georges (Le).
Vallis-Sancti-Johannis-de-Bassaville. Basseville.
Valnosia. Vanoise.
Vanay. Vannay.
Vandenessa. Vandenesse.
Vandenesse. Dragne (La). Moulin-Engilbert. Vernoy (Ruisseau de).
Vandonesse. Vandenesse.
Vandonne; Vandosme. Vendosme.
Vanna. Vanne (La).
Vannet. Vannay.
Vanoise (Ecclesia de); Vannoise; Vanoize. Vanoise.
Vante-du-Rousselot (La). Rousselots (Les).
Vanzay. Vanzé.
Varannes. Varennes (Pazy).

Varciaco (Villa); Varciacus; Vacy. Varzy.
Varegny. Varigny.
Varenae. Varennes-les-Nevers.
Varenna. Varennes-lez-Narcy.
Varenne; Varennae-in-Glenone. Varenne (Sougy).
Varenna-Monasterium; Varennes (monasterium quod dicitur). Varennes-lez-Narcy.
Varenne (La). Varenne (Fleury-sur-Loire).
Varennerie (La). Verrinerie (La).
Varennes. Varenne (La) (Sainte-Pérouse).
Varennes (Les). Varennes-d'en-Bas et Varenne-d'en-Haut.
Varennes-en-Arcy. Varennes-lez-Narcy.
Varennes-en-Glenion. Varenne (Sougy).
Varennes-lez-Narcy. Charité-sur-Loire (La). Fontaine-de-la-Vache (Ruisseau de la). Fontaine-Saint-Jean (Ruisseau de la). Varzy.
Varennes-lez-Nevers. Parigny-les-Vaux. Vaux de Nevers (Les).
Varennes-soubs-Bouillon; Varennes-versus-Sarciacum. Varennes-lez-Narcy.
Varennis. Varenne (Sougy).
Varie. Varry.
Varigaux. Varigot.
Varilles (Les). Varillons (Les).
Variniacum. Guérigny (Pougues).
Vario; Varion. Various (Les).
Varlange. Valanche.
Varminot. Vauminot.
Varnay; Vornay (Le) (Challuy).
Varnée (La). Vernée (La) (Château-Chinon-Campagne).
Varye. Varry.
Varziaco (Leprosaria de). Saint-Lazare (Chapelle de) (Varzy).
Varziacum; Varziacus. Varzy.
Varzy. Clamecy. Corvol-l'Orguilleux. Nevers.
Vasnay. Vannay.
Vatny. Vatté.
Vau. Vaux (la Fermeté).
Vau (La). Vault (La) (Millay).
Vau (Le). Vaux (Sainte-Colombe).
Vau (Moulin de la). Vault (La) (Fretoy).
Vaucery. Vauchery.
Vauché. Vauchey.
Vauclaix. Anguison (L'). Corvon. Corbigny. Prébeud (Ruisseau de).
Vauclois. Vauclaix.

Vaucloix (Moulin de). Vauclaix (Moulin de).
Vauclot; Vauclovs. Vauclaix.
Vaucorniaux. Vaucornieu.
Vaucreux (Ruisseau de). Aron (Ruisseau d').
Vau-de-Ferrieres. Vault-des-Ferrières (La).
Vau-de-Fretoy (La). Vault (La) (Fretoy).
Vau-de-Venoux (La). Vault (La) (Saint-Benin-d'Azy).
Vaudresse. Vaudreuil.
Vauflery. Vauchery.
Vaujoly. Usage-Vaujoly (L').
Vaul (La). Vault (La) (Saint-Benin-d'Azy).
Vauban. Vauban.
Vauchochon. Vauchieux.
Vaucloye. Vauclaix.
Vaudoisy. Vaudoizy.
Vaujolly. Usage-Vaujoly (L').
Vaulli; Vaulliaco (Leprosaria de). Vailly.
Vauiprovoyre (Domus-Dei de). Vauprevoir.
Vault. Vaux (Fléty).
Vaularais. Voluray.
Vaulx. Vaux (la Collancelle).
Vaulx. Vaux (Fléty).
Vaulx. Vaux (Suilly-la-Tour).
Vaulx-soubs-Saisy. Vaux (Saisy).
Vaumely; Vaumery. Veaumery.
Vauprainge. Vauprange.
Vaus (Grangia de). Saint-Loup.
Vaut (La). Vault (La) (Brassy).
Vaut (Le). Vault (La) (Ouly).
Vautreilles. Vaureille (Champvert).
Vauvrille. Vouvreil.
Vauvrillie. Vaurille (Champvert).
Vaux (La Motte-des-). Vaux (Avril).
Vaux (Les). Chez-d'Avaux.
Vaux (Les). Hacots (Les).
Vaux (Les). Vaux (Les).
Vauxgrois. Vossegrois.
Vauzaine. Vouzeine.
Vauzecroix. Vossegrois.
Vauzeille. Vauzelle (Decize).
Vauzelle. Vauzelle (Decize).
Vauzelle. Vauzelles (Varennes-lez-Nevers).
Vauzelle; Vauzelles. Vaudelle (La).
Vauzelles. Vauzelle.
Vauzelles; Vauzelles-les-Caillots. Vauzelle (Decize).
Vausenes. Vauzène.
Veau-de-Millay (Le). Vault (La) (Millay).

TABLE DES FORMES ANCIENNES.

Venaice. Veauce (La).
Venarin. Vauria.
Venaux. Arault.
Vefvres. Veuvres (Bouy).
Veguioux. Vignol.
Veillard. Viard.
Velcia. Veaucx (La).
Velex. Velez.
Velleria. Bulcia.
Vendée. Bois-de-Mousseau.
Vendenesus; Vendenimus; Vendunesse. Vandenesse.
Vendusque. Vendious (La).
Venduque. Vendunse.
Venoul. Vignol.
Verniol. Vignol.
Venisianus; Venisiens; Venitien. Vinitien.
Venua. Venue (La).
Verchere (La). Verchière.
Vercisus. Verger.
Verdun (La); Verdoue (la). Verdeur (La).
Verdier (La). Verdier.
Verenne (La). Varenne (La) (Limanton).
Vergerii. Vergers.
Vergers. Vergé.
Vergiers. Vergers.
Vergne (Le). Verne (Le).
Veriacum villa. Saint-Parize-en-Viry.
Verille. Vrille.
Vermoul. Vicmont (Frasnay-le-Ravier).
Vernais (Le). Vernois.
Vernay (Le). Vernière (La) (Fours).
Varnay-Busson. Vernay-Bousson.
Verne... Vernay (Le) (Marzy).
Verneau. Vernoux.
Vernes (Nemus de). Vernets (Bois des Grands-).
Vernenon. Vernesson.
Vernet (Le). Vernay (Le) (Chantenay).
Vernet (Le). Vernay (Le) (Sémelay).
VERNEUIL. Aron (L'). Canal du Nivernais (Le). Cercy-la-Tour. Landerge. Saies (Ruisseau de). Thianges.
Verneyum. Vernay (Le) (Challuy).
Verneyum. Vernay (Le) (Imphy).
Verney. Vernizy.
Vernillat; Vernillot. Vornilla.
Verniou. Vornilloux.
Vernisien. Vinitien.
Vernoisy. Vernizy.
Vernolium. Vernouil.
Vernoul. Verneuil.
Vernoy. Vornay (Le) (Challuy).
Vernoy. Vornay (Le) (Imphy).
Vernoy. Vernot-des-A.

Vernoy (Le). Vernay (Le) (Marzy).
Vernoy (Le). Vernay (Le) (Sémelay).
Vernoy (Le). Vernous (Le).
Vernoy (Le). Vernoy (Suilly-la-Tour).
Vernuces. Vernucie. Vernuche.
Veruil. Verneuil.
Vernusse. Vernuche.
Vero: Veros: Verous. Vrous.
Verproux. Verpoux.
Verremenoux. Vermenoux.
Verrere. Verrières (Saint-Ouen).
Verrerie-de-Boue (La). Verrerie (La) (Rémilly).
Verrière. Verrières (Saint-Ouen).
Verriere; Verrière (la Petite et la Grande). Verrières (Les) (Saint-Pierre-le-Moutier).
Verriere (Bisière de). Noille (Ruisseau de).
Verro. Vrous.
Verseine (La). Verseine (Moulin de la).
Vertenet. Vertenay (Cuncy-lez-Varzy).
Verten..aco (Grangia de). Vertenay (Cuncy-lez-Varzy).
Vorvella. Villovelle.
Verville. Varagies.
Vesdor (Nemus de). Bruyères-Vaidons (Les).
Vesignoul. Vésignoux.
Veslins (les Grands et les Petits). Vélins (Les).
Vesvres. Veuvre (La) (Luthenay).
Vesvres. Vesvre (châtellenie de Champvert).
Vesvres (Bois de). Vèvres (Tannay).
Vetabium. Vattó.
Veteri Campi. Vieux-Champ.
Veteri-Culte (Communes du). Villecourt (Chevenon).
Veteri-Culte (Communes de). Villecourt (Coulanges-lez-Nevers).
Veuez. Huez (Bona).
Veulerot. Vollerot.
Veusvre (La). Vèvre (La) (Cossaye).
Vevra. Veuvre (Bouy).
Vevra. Vèvre (La) (Germigny).
Vevra. Vousvre (La).
Vevra; Vevra-Margan. Vaisvres.
Vevre. Vesvre (Bouy).
Vevria. Vesvre (Guipy).
Vieillevelle. Villovelle.
Vieil-Mannay (Le). Vielmanay.
Viele (La). Vieille (La).
Viellecort; Viellecourt. Villecourt (Decize).
Viellecourt. Villecourt (Chevenon).
Vielle-Foux. Vielfoux.
VIELMANAY. Pouilly-sur-Loire. Varzy.

Vichmoulin. Vieux-Moulin (Vichmanay).
Vigne; Vigne-le-Hault. Vigne-le-Haut.
Vignelles. Vignelle (La).
Vignellum. Vignaud.
Vignes. Vigne-le-Haut.
Vignes. Corbigny. Grande-Fontaine (Ruisseau de la). Montceaux-le-Comte.
Vignudes. Vignol.
Vilaca. Villars (Saint-Parize-le-Châtel).
Vilascot. Villarot.
Vilbourse. Ville-Bourse.
Vilchese. Villochaise.
Vilers. Villars (Biches).
Vilers. Villars (Sainte-Pereuse).
Vilers. Villard (Lormes).
Vilet. Villotte.
Villa. Ville-lez-Aulezy.
Villa-a-Pouzron. Villepouzron.
Villaco. Villacot.
Villa-Catuli; Villachou; Villa-Chaud. Villechaud.
Villa-Gundonis. Villegondons (Les).
Villaine; Villaines; Villaines-le-Moulin. Vuzine (Moulins-Engilbert).
Villa-juxta-Aulesiacum. Ville-lez-Aulezy.
Villa-Mosouis. Commanderie (La) (Saint-Père).
Villani. Vilaine (Moulins-Engilbert).
Villa-Nova. Villeneuve (Brinay).
Villa-Porcorum. Villepourron.
VILLAPOURÇON. Dragne. Forges (Les). Roche-Millay (La).
Villapoursons. Villepourçon.
Villa-prope-Aulesiacum. Ville-lez-Aulezy.
Villards. Viard.
Villards. Villars (Biches).
Villards. Villars (Limanton).
Villards-des-Bouys; Villards-le-Bouy. Villard (Préporché).
Villards. Villars (Saint-Parize-le-Châtel).
Villare. Villiers-le-Sec.
Villargote. Villargot.
Villari. Villars (Biches).
Villari. Villars (Limanton).
Villaribus (Grangia de). Villers (Grangia de) (Châtillon).
Villaris-Gundulphi. Villegondons (Les).
Villarium. Villiers (Pouques).
Villarneau. Villarnault.
Villarnou. Villarnon.
Villa Roporcoo. Villapourçon.
Villars. Viard.
Villars. Villard (Fleury-sur-Loire).
Villars. Villard (Pousignol-Blismes).
Villars-le-Bouys. Villard (Préporché).

Nièvre.   31

TABLE DES FORMES ANCIENNES.

Villars-le-Comte. *Villars* (Saint-Parize-le-Châtel).
Villa-Salvigiacum. *Bellary.*
Villacat. *Villacet.*
Villate; Villatte; Vallatte (la). *Villate* (Le Grand-) (Varenne-lez-Narcy).
Villatte. *Villatte* (Corvol-l'Orgueilleux).
Villaudour. *Billodoux.*
Villaynes. *Villaine* (Larcy-le-Bourg).
Villecaut. *Villacat.*
Villeardeau. *Villardeau.*
Villebourgeuil. *Villorgot.*
Villechau; Villechaux; Villecheau; Villechot. *Villochaud.*
Villecort; Villecours. *Villecourt* (Biches).
Villecourt et l'Étang-Neuf. *Villecourt* (Decize).
Villecray; Villecraye. *Vicrais.*
Ville-ez-Perces. *Villepeurçon.*
Villefargeoul; Villeforgeul. *Villefargeau.*
Villegeneray. *Villegeneray.*
Villegost; Villegots. *Villegost.*
VILLE-LEZ-ASLEZI. *Aulczy. Landarge. Thianges.*
Villemeunand; Villemenent. *Villemenant.*
Villemoison; Villemoisou; Villemosum. *Commanderie (La)* (Saint-Père).
Villemoulins. *Villemolin.*
Villemosson; Villemoson. *Commanderie (La)* (Saint-Père).
Villanes. *Villaines* (Varzy).
Villeneuf; Villeneufve. *Villeneuve* (Brinay).
Villeneufve. *Villeneuve* (Chiddes).
Ville-Neufve-lez-Baby. *Villeneuve* (Bouhy).
Villeprenet; Villeprenoy. *Villepernay.*
Villeprevoy. *Villeprevoire.*
Villergeoul. *Villorgot.*
Villers. *Villard* (Avril-sur-Loire).
Villers. *Villars* (Biches).
Villers. *Villars* (Limanton).
Villers. *Villars* (Saint-Parize-le-Châtel).
Villers-le-Buys. *Villiers-le-Bois.*
Villers-le-Comte. *Villars* (Saint-Parize-le-Châtel).
Villers-le-Corbuer; Villers-le-Cordier. *Villiers-le-Corbier.*

Villes. *Ville.*
Villecapsorons. *Villepeurçon.*
Villescot. *Villacot.*
Villes-le-Sec. *Villiers-le-Sec.*
Villespourrons. *Villepeurçon.*
Villete. *Villatte* (Le Grand-).
Ville-Thibert. *Thibert (Le).*
Villette. *Villatte (La)* (Coulanges-lez-Nevers).
Villette; Villatte (la). *Villatte* (Corvol-l'Orgueilleux).
Villevieille. *Villevelle.*
Villezpourçon. *Villepeurçon.*
Villienon. *Vincent.*
Villiers. *Villars* (Grange de) (Châtillon).
Villiers-en-Long-Boux. *Villiers-en-Long-Bos.*
Villiers-la-Montagne. *Villiers-le-Bois.*
VILLIERS-LE-SEC. *Varzy.*
Villiers-le-Secq. *Villiers-le-Sec.*
Villiers-sur-Bouvron. *Villars* (Bouvron).
Villiers-sur-Kohain; Villiers-sur-Noin. *Villiers* (Saint-Martin-du-Tronne).
VILLIERS-SUR-YONNE. *Canal du Nivernais. Tannay. Yonne (L').*
Villorgeau. *Villorgot.*
Villorgeol; Villorgeot; Villorgeul. *Villorgot.*
Villotte. *Villatte* (Le Grand-).
Villotte. *Villatte* (Aunay).
Villotte. *Villatte-lez-Forges.*
Vilmolin. *Villemolin.*
Vilsapourson. *Villepourpun.*
Vincellum. *Vincelles.*
Vingeoul. *Vingeux.*
Vingoux; Vingueux. *Vinjeux.*
Viriaco (Vicaria); Viriscum. *Viry (Le).*
Viriaco; Viriscum. *Viry* (Cervon).
Viringia; Viringium. *Vraines* (Les).
Vissaigne; Vissenelyum. *Vizains.*
Visignous; Visinoul. *Voisignous.*
Visingy. *Vissingy* (Moulin de).
Vitriacus. *Bitry.*
Vivarius. *Vivier* (Le Grand-).
Vivorium. *Vivier (Le).*
Vixagne; Vizenne (Haut et Bas). *Vizaine.*
Vodium. *Huez* (Bona).
Voevre. *Voisvres.*

Voidusay. *Vaudussy.*
Vojully. *Usage-Vaujoly (L').*
Volly. *Jolly.*
Volotte (La). *Valotte (La).*
Vomeauix. *Vonneaux (Les).*
Vona (Le). *Honat.*
Vorin. *Vaurin.*
Vors. *Vroux.*
Vosegrois. *Vosegrois.*
Vos-Gré (Moulin de). *Vosgre.*
Vousagne; Vousaigne. *Ousagne.*
Vousart. *Vouard.*
Voustre. *Voustre.*
Vonavre (Croix de la). *Ouavre (La).*
Vouchot. *Vouchot-Dessous.*
Vouclois. *Vauclaix.*
Vouasvre; Vouevre. *Voisvres.*
Vouzu. *Vroux.*
Vosezme. *Vauzeine.*
Vrain (La). *Vrains (Les).*
Vreudiens. *Vrouliou.*
Vriguanderie (La). *Grignanderie (La).*
Vrillons (Les). *Vrillon.*
Vuard. *Huard.*
Vuce; Vucez; Vucrz; Vues; Vuez. *Huez (Bona).*
Vuillecourt. *Villecourt* (Coulanges-lez-Nevers).
Vuzay. *Vanzé.*
Vyry (Le). *Viry (Le).*

W

Wagnia. *Ouagne.*
Warchi. *Garchy.*
Wariniacum. *Guérigny* (Pougues).
Warziacum. *Varzy.*
Williane. *Villaines* (Varzy).
Wispeium. *Guipy.*
Widonacum. *Vaux* (Saisy).

Y

Ycana; Ycanna; Yconiæ. *Yonne (L').*
Ymphiacum; Ymphy. *Imphy.*
Yona; Yone; Yqusana. *Yonne (L').*
Yri; Yriacus. *Hiry.*
Ysenay; Ysenayum. *Isenay.*
Ysarda (Bois des). *Ichard.*
Ysolou. *Useloup.*

ADDITIONS ET CHANGEMENTS.

P. 3. Ajoutez : Ase (Fontaine de l'), c⁰ⁿ de Luzy, au pied du mont Dône; source de la rivière d'Haleine.

P. 4. Art. Antully, ajoutez : *Anton*, 1195 (cart. d'Autun, 116).

P. 5. Art. Arleuf, ajoutez : *Arleu*, 1239 (cart. d'Autun, 156).
Art. Artull, ajoutez : *Artay*, 1575 (A. N.).

P. 7. Art. Autheuil, ajoutez : *Autheuil*, 1577 (A. N.).
Art. Aux-le-Vif, ajoutez : *Aziacum villa*, 900 (ch. de Saint-Andoche, arch. de l'év. d'Autun).

P. 11. Art. Beauregard (Chaumot-sur-Yonne), ajoutez : *Bellus Respectus*, 1298 (cart. d'Autun, 305).

P. 14. Art. Benzan, ajoutez : *la chapelle de Bunoys*, 1577 (A. N.).

P. 15. Art. Belvray (Le), ajoutez : *ecclesia de Busvait*, 1233 (cart. d'Autun, 148). — *Bifratus*, 1248 (*ibid.* 332).

Ajoutez : Bize (Molendina, pastoralia sive paasqueis sol), lieu détruit, c⁰ⁿ de Marigny-sur-Yonne, mentionnée en 1298 (cart. d'Autun, 305).

Ajoutez : Billy, c⁰ⁿ de Saint-Benin-d'Azy. — *Bylliacum*, 1287 (reg. de l'év. de Nevers). — *Biliacum*, 1678 (pouillé de Nevers). — Billy-Chevannes, depuis la réunion de Chevannes.

P. 18. Ajoutez : Bois-Feullet (Vicaria de), chapelle vicariale qui se trouvait dans les Lois de Prémery, entre cette ville et Lurcy-le-Bourg, mentionnée en 1478 (pouillé de Nevers). — *La chappelle du Boys-Follet*, 1577 (A. N.).

P. 20. Ajoutez : Bordenaso (Villa), lieu détruit, mentionné en 849 (*Gall. christ.* XII, col. 301), qui se trouvait près de Nevers.

Ajoutez : Boscheto subter Montem-Onisium (Domus leprosorum de), léproserie qui se trouvait près de Montenoison, mentionnée en 1257 (Lebeuf, IV, 111).

Ajoutez : Bosco Sancti-Gondulfhi (Capella de), lieu mentionné en 1301 comme étant près de l'abbaye de Roches (A. N. fonds de Roches).

Art. Bossot, ajoutez : et chapelle ruinée.

P. 21. Art. Bouchaille, ajoutez : *la Boichaille*, 1361 (A. N.).

P. 26. Art. Broin, ajoutez : et château ruiné.

P. 30. Ajoutez : Caldaqua in pago Nivernensi (Villa cujus vocabulum est), mentionnée en 825 (*Gall. christ.* IV, col. 266).

Ajoutez : Campus Belcini, lieu détruit, c⁰ⁿ de Marigny-sur-Yonne, mentionné en 1298 (cart. d'Autun, 305).

ADDITIONS ET CHANGEMENTS.

P. 31. Art. CELLE-D'EN-BAS (La), ajoutez : *Cella*, 900 (ch. de Saint-Andoche, arch. de l'év. d'Autun).

P. 32. Ajoutez : CHAILLOTTE, fief de la châtell. de Saint-Verain, mentionné en 1689 (reg. des fiefs).
Art. CHAILLOTS (LE) (Moulins-Engilbert), au lieu de : m**, lisez : lieu dit.

P. 33. Art. CHALLEMENT, ajoutez : *Ecclesia de Calurto*, 1121-1142 (cart. de Saint-Cyr de Nevers. ch. 37).

P. 34. Ajoutez : CHAMBARON, fief de la châtell. de Moulins-Engilbert, mentionné en 1689 (reg. des fiefs).
Ajoutez : CHAMBOS, lieu détruit, c^{ne} de Dompierre; fief mentionné en 1689 (reg. des fiefs).
Art. CHAMBOT, ajoutez : *Camburtum villa in pago Nivernensi*, 885 (Bulliot, II, 16).
Ajoutez : CHAMORET, fief de la châtell. de Clamecy, mentionné en 1689 (reg. des fiefs).

P. 38. Ajoutez : CHAMPTROUX, lieu détruit, près de Decize, mentionné en 1568 (S.).

P. 39. Art. CHAPPES, ajoutez : *Cappas*, 721 (cart. de l'Yonne, II, 2).

P. 41. Art. CHASSY, ajoutez : *Cassiacum*, 721 (cart. de l'Yonne, II, 2).

P. 44. Art. CHÂTIN, ajoutez : *Villa Castini*, 900 (ch. de Saint-Andoche, arch. de l'év. d'Autun).

P. 46. Art. CHAUMOT-SUR-YONNE, ajoutez : *Chaumetum*, 1298 (cart. d'Autun, 305).
Art. CHAUX, ce lieu est le même que *Maizedefroy* (voy. ce nom).

P. 47. Ajoutez : CHEMIN BAUBECROS (LE), chemin allant de Saint-Pierre-le-Moûtier à Langeron, mentionné en 1544 (arch. de Saint-Pierre-le-Moûtier).

P. 50. Art. CHEZ-SABOT, ajoutez : *Chebault*, 1432 (arch. de la Montagne).

P. 52. Art. CLUZE-BARDENNE, ajoutez : *Lecluse Bardine*; *Escluse Bardine*; *Cluze-Bardiene*, 1427 (arch. de la Montagne, terrier de la Montagne).

P. 53. Art. COLOMBE, ajoutez : *mazures de l'ancienne abbaye de Colombe*, 1777 (arch. de la Montagne).

P. 54. Art. CORANCY, ajoutez : *Coranceium*, 1296 (cart. d'Autun, 298).
Art. CORBIGNY, ajoutez : *Corbiniacum*, 1195; *Corbeniacum*, 1305; *Corbigni*, 1294 (cart. d'Autun, 117, 124, 291).

P. 55. Art. CORVOL-L'ORGUEILLEUX, ajoutez : *Corvol-le-Belliqueux*, 1793 (A. N.).

P. 57. Art. COULOIRE, ajoutez : *Coulloyes*, 1548; *Coloies*, 1557; *Couloumize*, 1653 (arch. de la Montagne).

P. 58. Art. COURS (Magny-Cours), ajoutez : *Villa vocabulo Curtim in pago Nivernensi in vicaria Latiniacense super fluvium Ligeris* (?), 881 (*Gall. christ.* XII, col. 307).
Ajoutez : COURSAUDON, lieu détruit, c^{ne} de Dornes, porté sur un plan de cette seigneurie de 1774.

P. 59. Art. CRAUX, ajoutez : *Clauls*, 1490 (arch. de la Montagne).

P. 65. Art. DOMMARTIN, ajoutez : *Domnomartino (Bertrandus de)*; *Donno Martino (villa de)*, 1216 (cart. d'Autun, 132, 336).

P. 73. Art. FLEZ, c^{ne} de Saint-Pierre-du-Mont, ajoutez : *Villa Flaiacum in parrochia Sancti-Petri-de-Montibus*, 1176 (cart. de l'Yonne, II, 279).
Ajoutez : FOSSEY, lieu détruit, c^{ne} de Saint-Parize-le-Châtel, mentionné en 1525 (A. N.).

P. 80. Art. GÂCOGNE, ajoutez : *Gasconia*, 1150-1170 (cart. d'Autun, 100).

P. 83. Art. GIVRY (Vandenesse), ajoutez : *Gevry*, 1499 (arch. de Vandenesse).
Art. GLOUX, ajoutez : *Clouvé*, 1650 (arch. d'Uxeloup).
Art. GLUX, au lieu de *Lyon*, lisez *Lyon*.

P. 86. Art. GRANGE-CASTEAU (LA), ajoutez : *métayrie de la Grange-Quarteul*, 1550 (A. N.).
Art. GRANGE-D'ARMENCE, au lieu de *Armence*, lisez *Armenès*.

P. 87. Art. GRÉSIGNY, ajoutez : *Dîmerie de Grésigny*, 1774 (plan de la seign. de Dornes).

P. 90. Art. HALEINE (L'), au lieu de : à la fontaine d'Haleine, dans la commune de la Roche-Millay, lisez : à la fontaine de l'Âne, au pied du mont Dône, c^{ne} de Luzy. Puis ajoutez : *Rivière de lane*, 1575 (A. N.).

P. 97. Art. LATAIS (Les), ajoutez : *terra de Latoy*, 1296 (cart. d'Autun, 337).
Art. LATIGNY, supprimez : *Vicaria Latiniacensis* (?), 881 (*Gall. christ.* XII, col. 307).

P. 99. Art. LICHY, c^{ne} de Cossaye, ajoutez : *Lissy*, 1463; *Lizy*, 1469 (arch. de la Montagne).

ADDITIONS ET CHANGEMENTS.   245

P. 102. Art. Lurcy-le-Bourg, ajoutez : *Lurcy-le-Sauvage, Brutus-le-Bourg*, 1793 (A. N.).
P. 103. Art. Lutenay, ajoutez : *Vicaria Latiniacensis super fluvium Ligeris* (?), 881 (*Gall. christ.* XII, col. 307).
         Art. Lys, ajoutez : *Luzencum*, 1269 (cart. d'Autun, 335).
P. 109. Art. Marigny-l'Église, ajoutez : *Marrigneyum in Morvenio*, 1293 (cart. d'Autun, 297) ; *Marigny-la-Montagne*, 1793 (A. N.).
         Art. Marigny-sur-Yonne, ajoutez : *Villa Mariniacu quæ jacet super Icaunum fluvium*, 677 ; *Mariniacum*, 883 ; *Madriniacus*, 1112 ; *Mariniachum*, 1195 ; *Marigniacum*, 1198 ; *Marigny-sur-Yonne*, 1294 ; *Marigny*, *Marignacum-super-Yonam*, 1298 ; *Marius*, XIII° siècle (cart. d'Autun, 23, 81, 91, 110, 119, 292, 305, 195).
P. 112. Art. Mazille, c⁰⁰ d'Isenay, au lieu de *Saint-Germain d'Antibre*, lisez *Saint-Germain d'Antibre*.
P. 114. Art. Metz-le-Comte, ajoutez : *Metz-la-Montagne*, 1793 (A. N.).
P. 115. Art. Mezeray, ajoutez : *mansus de Maserey*, 1239 (cart. d'Autun, 332).
         Art. Mhère, ajoutez : *Moder*, 1150-1170 (cart. d'Autun, 100).
         Art. Michaugues, ajoutez : *Michaigues*, 1241 (cart. d'Autun, 162).
         Art. Millay, ajoutez : *Milacum*, 1239 (cart. d'Autun, 332).
P. 117. Art. Monceaux-le-Comte, ajoutez : *Moncellum castellum*, vers 1112 ; *Moncellus castrum*, 1150-1170 (cart. d'Autun, 91, 100).
P. 120. Art. Montécot, ajoutez : *villa de Montequot*, 1253 (cart. d'Autun, 178).
P. 127. Art. Moulin Bottilay (Le), supprimez *détruit* et ajoutez : Ce moulin prit son nom d'une famille fort marquante en Nivernais au XVI° et au XVII° siècle.
P. 133. Art. Myennes, ajoutez : fief érigé en marquisat, en 1661, en faveur de René de Vieilbourg.
P. 142. Art. Pazy, ajoutez : *Paysi*, 1462 (arch. de Vandenesse).
         Art. Perrière (La) (Fresnay-le-Ravier), ajoutez : *Perreris*, 1253 (cart. d'Autun, 178).
P. 147. Art. Poil, ajoutez : *ecclesia de Poil*, 1233 ; *Polium*, 1296 (cart. d'Autun, 148, 298).
P. 150. Art. Polques, ajoutez : *Pogua*, 1296 (cart. d'Autun, 298).
P. 154. Art. Puisaye (La), ajoutez : *la Poisoie*, 1385 (extr. de Baluze).
         Ajoutez : Quarts (Les), lieu détruit, c⁰⁰ de Saint-Parize-en-Viry, porté sur un plan de la seigneurie de Dornes de 1774.
         Art. Quenouille (La), ajoutez : *la Quenolle*, 1551 (arch. de Vandenesse).
P. 160. Art. Roche-Millay (La), ajoutez : *ecclesia de Rupe*, 1233 ; *Roche de Mila*, *castrum de Rocha*, 1253 (cart. d'Autun, 148, 178).
         Art. Romenay (Biches), ajoutez : *mons qui dicitur Romanacus*, 1178 (cart. d'Autun, 109).
P. 163. Art. Saincaize, ajoutez : *Caize-la-Vallée*, an II (A. N.).
P. 165. Art. Saint-Gengoult, ajoutez : *Sanctus Jangolphus*, 1233 (cart. d'Autun, 148).
P. 168. Art. Saint-Martin-du-Puits, ajoutez : *Puits-l'Affranchi*, 1793 (A. N.).
         Art. Saint-Parize-le-Châtel, ajoutez : *Brenery*, an II (A. N.).
P. 170. Art. Saint-Sulpice (Saint-Benin-d'Azy), ajoutez : *Roche-la-Montagne*, 1793 (A. N.).
P. 172. Art. Sauvigny (Marigny-sur-Yonne), ajoutez : *Sauvigniacum*, 1198 ; *Sauens, grangie Salviniari*, 1205 ; *Salviniacum*, 1241 ; *Sauvigne*, XIII° siècle (cart. d'Autun, 119, 124, 123, 339, 195).
P. 176. Ajoutez : Spineto (Molendinum de), m¹⁰ détruit, c⁰⁰ de Marigny-sur-Yonne, mentionné en 1195 (cart. d'Autun, 116). — *Molendinum de Lespinat*, 1241 (ibid. 339).
P. 179. Art. Tazilly, ajoutez : *Thasilliacum, Thasille*, XIII° siècle ; *Taisilleum*, 1296 (cart. d'Autun, 332, 298).
         Art. Teigny, ajoutez : *Tenigost*, 880 (cart. d'Autun, 87).
P. 186. Art. Vallée (La) (Millay), ajoutez : ancien prieuré. *Ecclesia Sancti Petri de la Vallée*, 1233 (cart. d'Autun, 148).

P. 187. Art. Vanoise, ajoutez : *ecclesia de Vanoisia*, 1333 (cart. d'Autun, 148).
P. 195. Art. Villarpoteux, ajoutez : *ecclesia de Villa en Porcau*, 1333 (cart. d'Autun, 148).
Art. Villers (Biches), ajoutez : *clausum de Villers*, 1178 (cart. d'Autun, 109).
P. 196. Ajoutez : Ville Loing, lieu détruit, c⁵⁵ de Marigny-sur-Yonne, mentionné en 1294 (cart. d'Autun, 292).

———

N. B. Depuis l'impression des premières feuilles de ce Dictionnaire, quelques nouveaux dépôts de documents, non indiqués dans l'introduction, nous ont été ouverts ; nous citerons en particulier les archives du château de la Montagne (c⁵⁵ de Saint-Honoré), appartenant à M. le marquis d'Espeuilles, sénateur, et les archives de M. Pougault de Mourceaux, de Moulins-Engilbert.

Nous avons aussi mis à profit le *Cartulaire de l'église d'Autun*, importante publication de la Société Éduenne.

www.ingramcontent.com/pod-product-compliance
Lightning Source LLC
Chambersburg PA
CBHW070619170426
43200CB00010B/1847